D1755064

Rolf Wunderer/Wendelin Küpers   Demotivation – Remotivation

Rolf Wunderer/Wendelin Küpers

Demotivation – Remotivation

Wie Leistungspotenziale
blockiert und reaktiviert werden

Luchterhand

Bibliografische Information der Deutschen Bibliothek

Die Deutsche Bibliothek verzeichnet diese Publikation in der Deutschen Nationalbibliografie; detaillierte bibliografische Daten sind im Internet über http://dnb.ddb.de abrufbar.

ISBN 3-472-05267-8

Luchterhand, ein Imprint der Wolters Kluwer Deutschland GmbH

Alle Rechte vorbehalten.

© 2003 by Wolters Kluwer Deutschland GmbH, München, Kriftel und Neuwied
Das Werk einschließlich aller seiner Teile ist urheberrechtlich geschützt. Jede Verwertung außerhalb der engen Grenzen des Urheberrechtsgesetzes ist ohne Zustimmung des Verlages unzulässig und strafbar. Das gilt insbesondere für Vervielfältigung, Übersetzung, Mikroverfilmung und die Einspeicherung und Verarbeitung in elektronischen Systemen.
Umschlaggestaltung: Schneider & Schneider-Reckels, GraficDesign, Wiesbaden
Satz: Satz- und Verlags-Gesellschaft mbH, Darmstadt
Druck und Binden: Wilhelm & Adam, Heusenstamm
Printed in Germany, Dezember 2002

Gedruckt auf säurefreiem, alterungsbeständigem und chlorfreiem Papier

Vorwort

> »Sie gehn umher, entwürdigt durch die Müh,
> sinnlosen Dingen ohne Mut zu dienen,
> und ihre Kleider werden welk an ihnen,
> und ihre schönen Hände altern früh.«
>
> R. M. Rilke: Das Stundenbuch (1903)

Was der Dichter Rilke als Wirkung unpersönlicher Arbeits- und Lebensbeziehungen beklagt, ergänzt etwa 50 Jahre später der Philosoph Karl Popper mit einem Therapievorschlag. Mit seinem Konzept des »negativen Utilitarismus« verfolgt er das Ziel, eher menschliches Leid zu mindern als sozialökonomische Glücksmaximierung zu propagieren. Ganz in diesem Sinn will dieses Buch einen Beitrag zur Minderung einer speziellen, aber weit verbreiteten und in Wissenschaft und Managementpraxis sehr vernachlässigten »Leidensproblematik« leisten: die Blockierung von Motivationskräften.

Wir zählen uns zwar keineswegs zu Vertretern der bisher empirisch nie belegten These, der Mensch sei grundsätzlich nicht durch andere motivierbar, auch wenn wir Grenzen extrinsischer Anreize auf Arbeitsleistungen und -zufriedenheit sehen. Aber eher bedeutsamer und wirkungsvoller – für Leistungsmotivierte wie für Lageorientierte – schätzen wir Ansätze zur Vermeidung von Motivationsblockaden ein.

Bei Analysen von Rolf Wunderer zur unternehmerischen Motivationsstruktur von Führungskräften und Mitarbeitern seit 1995 ergab sich immer wieder ein Anteil von um 50% unternehmerisch Motivierter. Dies nach Einschätzung von befragten direkten Führungskräften oder von Personalverantwortlichen. Wozu müssen diese »Leistungsträger« noch zusätzlich motiviert werden? Aber blockieren kann man ihre Energien und Leistungspotenziale in vielfältiger Weise.

Dies führte zu einem speziellen Forschungsprojekt im Jahre 1998 zusammen mit Wendelin Küpers, in dem wir im Institut für Führung und Personalmanagement mit Unterstützung des Grundlagenforschungsfonds der Universität St. Gallen mehrere Ziele verfolgten:

- Förderung des internen Unternehmertums durch Vermeidung bzw. Reduktion von Motivationsbarrieren

- Die integrierte Auswertung motivationspsychologischer und arbeitswissenschaftlicher Forschung

- Die Ergänzung aktionsorientierter Managementansätze durch Überlegungen zu einem »Unterlassungsmanagement« zur Verhinderung von vermeidbaren Demotivatoren
- Die Relativierung ausgereizter Anreizkonzepte im Vergleich zur Sicherung von Energie- und Motivationspotenzialen
- Die Analyse von aktuellen Leistungsbarrieren und ihrer Bedeutung für Leistungsminderung
- Die Ermittlung und Entwicklung von Maßnahmen zur Vermeidung und Verminderung von Demotivation sowie zu wenigstens teilweiser Remotivierung
- Die Aufdeckung starker potenzieller Motivationsbarrieren – auch für die Entwicklung präventiver Motivationsstrategien.
- Das Leisten eines Beitrags zur Verminderung von Arbeitsunzufriedenheit und Produktivitätsverlust, die nach unseren Erhebungen schon für mittelstark Demotivierte zwischen 20 und 25% betragen!

Das nun vorliegende Werk fasst die bisher gewonnenen Ergebnisse unserer Forschungs-, Beratungs- und Lehrtätigkeit zu diesem Thema zusammen. Der Stoff wird in drei Hauptkapiteln diskutiert. Im ersten Teil werden grundlegende und relevante theoretische Ansätze und Erkenntnisse diskutiert und das Forschungskonzept entwickelt. Im zweiten Teil werden Ergebnisse von Befragungen von über 200 mittleren Führungskräften zu potenziellen und aktuellen Motivationsbarrieren und ihrer Wirkungen auf Arbeitszufriedenheit und Leistungen differenziert dargestellt. Untermauert werden die Ergebnisse durch weitere publizierte empirische Forschungen. Im dritten Kapitel werden schließlich Gestaltungsvorschläge zur Vermeidung und Verminderung zentraler potenzieller und aktueller Motivationsblockaden entwickelt.

Die Lektüre erleichtern Inhaltsübersicht und -verzeichnis, eine einführende und ausführliche Zusammenfassung, viele Kapitelverweise sowie Tabellen, Übersichten und Abbildungen. Ein Manual fasst praktische Hilfestellungen zusammen, umfassende Stichwort- und Literaturverzeichnisse runden das Werk ab.

Ohne vielfältige Unterstützungen hätte das Buch nicht in der vorliegenden Fassung erstellt werden können. Vor allem danken wir den vielen Führungskräften für ihre geduldige und konstruktive Mitwirkung bei der Entwicklung und Umsetzung des Befragungskonzepts in schriftlicher Form sowie in Interviews. Kollegen aus dem Hochschulbereich haben mit uns die Thematik diskutiert und in einer Tagung des IFPM im Jahre 2001 einer ersten Generalprobe unterzogen. Dem Grundlagenforschungsfonds der Universität St. Gallen sind wir für wertvolle finanzielle, dem IFPM und weiteren Mitarbeitern für organisatorische Unterstützung verbunden. Schließlich danken wir dem Luchterhand-Verlag, insbesondere Reiner Straub, Richard Kastl, Jutta Karrasch sowie der Satz- und Verlags-GmbH für die verlegerisch wieder optimale Betreuung.

Wir hoffen nun, wissenschaftlich bzw. praktisch Interessierten einen Überblick, aber auch Anregungen, Hilfen sowie Ansatzpunkte zu weiterführenden bzw. unternehmensspezifischen Überlegungen und Aktivitäten zur Vermeidung und Reduzierung von Motivationshemmnissen geben zu können.

St. Gallen/Hagen im Oktober 2002

Rolf Wunderer   Wendelin Küpers

Hinweise für die Leser

Zur sachlichen Orientierung und praktischen Verwendung des Buches dienen folgende Lesehilfen:

Kurzübersicht und Inhaltsverzeichnis

Neben einer Inhaltsübersicht orientiert ein detailliertes Inhaltsverzeichnis.

Einführung, Gesamtzusammenfassung, Manual

Im Anschluss an die Einführung wird eine Gesamtzusammenfassung gegeben, die einen Überblick über das gesamte Buch vermittelt. Ein Manual fasst Gestaltungsempfehlungen zusammen.

Kapitelverweise

Sofern wichtige Aussage gleichzeitig in einem anderen Abschnitt oder Kapitel thematisiert oder umfassender erläutert werden, wird bei zentralen Verweisen im Text *kursiv*, sonst in Endnoten auf diese hingewiesen.

Literaturquellen

Die Literaturquellen werden in den Endnoten nur durch die Autoren und das Erscheinungsjahr benannt. Vollständig werden sie im Literaturverzeichnis am Schluss des Buches aufgeführt. Quellenverweise werden am Schluss jedes Hauptteils zusammengefasst.

Stichwortverzeichnis

Ein Stichwortverzeichnis am Ende des Buches dient mit seinen Seitenangaben als umfangreiches Sachregister zum Auffinden von Schlüsselbegriffen im Text. Fettgedruckte Stichworte bedeuten, dass hier eine zentrale oder umfassende Erläuterung erfolgt.

Synonyme Begriffsverwendung

Wenn von Unternehmen, Betrieben und Organisationen gesprochen wird, sind damit auch öffentliche Verwaltungen und Institutionen gemeint.

Geschlechtsneutrale Interpretation

Es wird aus Stil- und Platzgründen durchgehend die männliche Form verwendet (z. B. der Vorgesetzte, der Mitarbeiter, der Mitunternehmer, der Kunde; andererseits: die Führungskraft); es ist damit aber immer zugleich die weibliche Form angesprochen.

Kurzübersicht

Inhaltsverzeichnis..	X
Abbildungsverzeichnis....................................	XXV
Kapitel I. Einführung, Gesamtzusammenfassung, Manual......	1
Teil A Konzeptionelle Grundlagen und Theorien.........	53
Kapitel II. Bezugsrahmen, Grundbegriffe, Dimensionen und Indikatoren zur Demotivation und Remotivation.....	57
Kapitel III. Theoretische Ansätze zur Erklärung von Demotivation und Remotivation...............................	94
Teil B Empirik.......................................	173
Kapitel IV. Empirische Untersuchungen zu Motivationsbarrieren .	177
Teil C Gestaltungspraxis.............................	283
Kapitel V. Prävention gegen Demotivation	289
Kapitel VI. Strukturell-systemische Führung und personalpolitische Maßnahmen zum Demotivationsabbau und Remotivation...............................	301
Kapitel VII. Interaktiv-direkte Führungsbeziehungen und Demotivationsabbau bzw. Remotivierung...........	415
Kapitel VIII. Mitunternehmertum als integriertes Transformationsmodell zur Demotivationsüberwindung und Remotivation.................................	444
Kapitel IX. Grenzen des Demotivationsabbaus und der Remotivation.................................	463
Literaturverzeichnis.......................................	491
Stichwortverzeichnis	585

Inhaltsverzeichnis

I.	Einführung, Gesamtzusammenfassung, Manual	1
1.	Einführung	1
2.	Gesamtzusammenfassung	7
2.1.	Grundlagen und Grundfragen........................	8
2.2.	Theoretische Erklärungsansätze zu Ursachen, Folgen und Entwicklungen von Demotivation................	15
2.3.	Empirische Analysen zu Motivationsbarrieren	22
2.4.	Gestaltungsansätze	32
2.5.	Handlungs- und Forschungsbedarf....................	42
3.	Manual – Komprimierte Gestaltungsempfehlungen zur Vermeidung und Verminderung von Demotivation	44
3.1.	Leitsätze für Mitarbeiter, Führungskräfte und die Personalabteilung	44
3.2.	Gestaltungsansätze zur strukturellen und interaktiven Führung..	47
3.3.	Gestaltungsansätze zu den zentralen Motivationsbarrieren unserer Umfragen	49
Teil A	Konzeptionelle Grundlagen und Theorien	53
II.	Bezugsrahmen, Grundbegriffe, Dimensionen und Indikatoren zur Demotivation und Remotivation	55
1.	Bezugsrahmen zur Demotivation und Remotivation	55
2.	Grundbegriffe: Identifikation, Motiv, Motivation und Motivierung...	57
3.	Phänomen, Begriff und Wirkungen der Demotivation.....	60
4.	Phänomen und Begriff der Remotivation und der Remotivierung......................................	69
5.	Dimensionen der Demotivation und der Remotivation	71
6.	Demotivationsindikatoren und Remotivationsbedarf......	75
7.	Einflussfelder demotivationalen und remotivationalen Verhaltens..	77
8.	Dimensionen und Arten von Demotivationskonflikten	79
9	Demotivation im Zusammenhang mit Mikropolitik.......	83
10.	Gestaltungsrahmen für strukturell-systemische und interaktive Führung	86

III.	**Theoretische Ansätze zur Erklärung von Demotivation und Remotivation**	92
1.	Arbeitszufriedenheitsforschung	92
2.	Stressforschung	97
3.	Inhaltsorientierte Motivationstheorien	100
3.1	Maslows Bedürfnismodell	101
3.2	Alderfers Motivationstheorie	103
3.3	Herzbergs Zweifaktorentheorie	105
3.4	McClellands Bedürfnisfaktoren	108
3.5	Kritische Würdigung an McClellands Ansatz	110
4.	Prozesstheorien der Motivation und ihre Bedeutung für Demotivation und Remotivation	112
4.1	Der Anreiz-Beitrags-Ansatz	113
4.2	Erwartungs-Valenz-Modell von Vroom	115
4.3	Gleichheitstheorie von Adams und Demotivation bzw. Remotivation	120
4.4	Attributionstheorien	121
4.5	Zielsetzungstheorien und Demotivation bzw. Remotivation	124
4.6	Gesamtbeurteilung der Prozesstheorien zur Demotivation und Remotivation	126
5.	Die Bedeutung »psychologischer Verträge«	129
6.	Theorien der kognitiven und emotionalen Dissonanz	131
6.1	Theorie der kognitiven Dissonanz	132
6.2	Theorie der emotionalen Dissonanz	135
6.3	Kognitive und emotionale Dissonanzen und das »Flow-Erleben«	137
6.4	Zusammenhänge von Dissonanz, Reaktanz und Demotivation	138
7.	Willenstheorien und Eskalationsmodell	140
8.	Entfremdung und innere Kündigung	143
9.	Systemischer Integrationsansatz zur Demotivation und Remotivation	147

Anmerkungen, Literaturhinweise, Endnoten zu Teil A ... 152

Teil B Empirik ... 173

IV.	**Empirische Untersuchung und theoretische Analysen zu Motivationsbarrieren**	175
1.	Das Forschungsdesign	175
2.	Gesamtergebnisse der empirischen Untersuchung zu Motivationsbarrieren	180

2.1	Potenziell besonders starke Motivationsbarrieren	180
2.2	Aktuelle Motivationsbarrieren	181
2.3	Vergleich aktueller und potenzieller Motivationsbarrieren	189
2.4	Bilanzierung und Verluste durch Motivationsbarrieren	189
2.5	Motivationsbarrieren im Zusammenhang ihrer Bezugsebenen	190
3.	Einzelergebnisse empirischer Untersuchungen	192
3.1	Personale Motivationsbarrieren	193
3.2	Interpersonelle Motivationsbarrieren	209
3.3	Strukturell-organisationale Motivationsbarrieren	225
4.	Einflusskontexte der Motivationsbarrieren	235
4.1	Arbeitskontext	236
4.2	Beziehungskontext	241
4.3	Kulturkontext	254
5.	Grenzen der empirischen Untersuchung	259
6.	Gesamtwirtschaftliche und gesellschaftlich-kulturelle Makroebene der Demotivation	261
6.1	Gesamtwirtschaftlicher Kontext der Demotivation	261
6.2	Folgen und Kosten der Demotivation aus ökonomischer Sicht	262
6.3	Sozio-kultureller Kontext der Demotivation	262

Anmerkungen, Literaturhinweise, Endnoten zu Teil B 269

Teil C Gestaltungspraxis 283

V.	**Prävention gegen Demotivation**	287
1.	Formen der Sinnvermittlung zur Demotivationsprävention	289
2.	Strukturelle Prävention durch Gestaltung der Organisationskultur	290
3.	Frühwarnsystem zur strategischen Demotivationserkennung	291
4.	Aufbau und Sicherung von Umsteuerungspotenzialen (»slacks«) zur organisationalen Demotivationsprävention	292
5.	Demotivationsberücksichtigende Personalauswahl, -pflege und -förderung	293
6.	Führungsspezifische Prävention von Demotivation	295
VI.	**Strukturell-systemische Führung zu Demotivationsabbau und Remotivation**	299
1.	Kulturgestaltung zum Demotivationsabbau und Remotivation	301

	1.1	Verankerung und Umsetzung (re-)motivationsrelevanter Werte in Unternehmens- und Führungsgrundsätzen	302
	1.2	Praxis eines kulturbewussten und symbolischen Managements	305
	1.3	Unterschiedliche Ansätze zur Kulturgestaltung von Organisationen	307
	1.4	Grenzen kultureller Steuerung und Bedeutung der Kooperationskultur	309
	1.5	(Re-)Identifikation und Wiedergewinnung des Commitments	310
	2.	Strategiegestaltung zum Demotivationsabbau und Remotivation	322
	2.1	Phasenzyklische Abbaustrategie	323
	2.2	Ermächtigungsstrategien	326
	2.3	Ressourcenverfügbarkeit	330
	2.4	Honorierungs- und Anreizsysteme	334
	2.5	Intrinsische und extrinsische Orientierung	340
	2.6	Strategien der Konflikthandhabung	344
	3.	Organisationsgestaltung zu Demotivationsabbau und Remotivation	351
	3.1	Organisationale Steuerungskonfigurationen und Führungsorganisation	352
	3.2	Erweiterung der Handlungsspielräume und Formen der Selbstorganisation	356
	3.3	Laterale Netzwerke zur Demotivationsüberwindung	365
	3.4	Organisationsentwicklung zu Demotivationsabbau bzw. Remotivation	367
	3.5	Organisationales Lernen und Wissensmanagement zu Demotivationsabbau und Remotivation	373
	4.	Gestaltung der qualitativen Personalstruktur und -entwicklung zu Demotivationsabbau und Remotivation	379
	4.1	Personalselektion und -beurteilung	379
	4.2	(Re-)Qualifizierung und Weiterbildung	382
	4.3	Personalentwicklung	385
	4.4	Coaching	392
	4.5	Unterstützung des »Demotivations-Copings«	397
	4.6	Supervision zum Demotivationsabbau und Remotivation	402
	4.7	Counseling und Employee-Assistance-Center zum Demotivationsabbau und zur Remotivation	404
	4.8	Mentoring	407
	4.9	Promotoren für Demotivationsabbau und Remotivation	409

VII.	Interaktiv-direkte Führungsbeziehungen und Demotivationsabbau bzw. Remotivierung..............	413
1.	Führungsbeziehungen und Demotivation	414
2.	Situative Gestaltung der Führungsbeziehungen zur Demotivationsüberwindung und Remotivation	416
2.1	Die Bedeutung des zielgruppenspezifischen Reifegradansatzes	416
2.2	Möglichkeiten und Grenzen situativer Führung	419
3.	Prosoziale und partizipative Führungsbeziehungen	420
3.1	Die Bedeutung einer Vertrauenskultur für Führungsbeziehungen	420
3.2	Zielvereinbarungen und Mitarbeitergespräch als partizipative Führungspraxis........................	422
4.	Einzelne Führungsstile in Beziehung zu Demotivation bzw. Remotivation	423
4.1	Autoritär-Patriarchalische Führung	424
4.2	Konsultative Führungskonzepte	426
4.3	Kooperative Führung	429
4.4	Delegative Führung.................................	431
VIII.	**Mitunternehmertum als integrierter Ansatz zur Demotivationsüberwindung und Remotivation**.........	442
1.	Konzept des Mitunternehmertums.....................	443
2.	Aktivierung mitunternehmerischer Schlüsselkompetenzen zur Demotivationsüberwindung und Remotivation	447
3.	Förderung der Selbstentwicklung und Selbst-Remotivation	453
4.	Extra-Rollenverhalten und Demotivation bzw. Remotivation......................................	455
5.	Grenzen des Demotivationsabbaus und der Förderung von Remotivation durch Mitunternehmertum	457
IX.	**Grenzen des Demotivationsabbaus und der Remotivation**	461

Anmerkungen, Literaturhinweise, Endnoten zu Teil C 466

Literaturverzeichnis 491

Stichwortverzeichnis....................................... 585

Abbildungsverzeichnis

Abb. 1:	Bezugsrahmen zur Demotivation und Remotivation	56
Abb. 2:	Bezugsebenen der Demotivation	63
Abb. 3:	Dimensionen der Demotivation	73
Abb. 4:	Kontinuum der Demotivation	74
Abb. 5:	Einflussfelder demotivationalen Verhaltens	78
Abb. 6:	Konfliktursachen lateraler Kooperation in Großunternehmen	81
Abb. 7:	Strukturelle und interaktive Führung zum Demotivationsabbau und Remotivation	87
Abb. 8:	Menschenbilder nach Schein	89
Abb. 9:	Unreife-Reife-Kontinuum nach Argyris	91
Abb. 10:	Typen von Mitarbeitern je nach Verhaltensmuster im Umgang mit Ansprüchen	94
Abb. 11:	Typologie der Arbeitszufriedenheit von Agnes Bruggemann	96
Abb. 12:	Bedürfnisgruppen nach Dringlichkeit und Phase im Lebenszyklus	101
Abb. 13	Alderfers Hypothesen zur Frustration	104
Abb. 14:	Herzbergs Auswertungsergebnis	106
Abb. 15:	Motivatoren nach Herzberg	106
Abb. 16:	Hygienefaktoren nach Herzberg	107
Abb. 17:	Folgen unterschiedlicher Kausalattribuierung	122
Abb. 18:	»High-Performance-Cycle«	125
Abb. 19:	Gesamtübersicht zu prozesstheoretischen Ansätzen	128
Abb. 20:	Typologie relevanter psychologischer Verträge	130
Abb. 21:	Strategien zur Reduktion von Dissonanz	134
Abb. 22:	Kognitive und emotionale Dissonanzerfahrungen im Verhältnis zur Demotivation	134
Abb. 23:	Ein Flow-Modell	139
Abb. 24:	Elemente der Flow-Erfahrung	139
Abb. 25:	Vereinfachtes Grundmodell der Motivation und Volition	141
Abb. 26:	Auswirkungen auf die Persönlichkeit des innerlich Gekündigten	147
Abb. 27:	Rekursive und zirkuläre Prozesse der Demotivation	150
Abb. 28:	Fragebogen zu Motivationsbarrieren	178
Abb. 29:	Gesamtergebnisse der empirischen Untersuchungen zu potenziellen Motivationsbarrieren	181

Abb. 30: Gesamtergebnisse der empirischen Untersuchungen zu aktuellen Motivationsbarrieren.	182
Abb. 31: Gesamtergebnisse zu Unterpunkten aktueller Motivationsbarrieren	187
Abb. 32: Vergleich von aktuellen mit potenziellen Motivationsbarrieren	189
Abb. 33: Bilanzierung und Verluste durch Motivationsbarrieren	191
Abb. 34: Untersuchte potenzielle Motivationsbarrieren in verschiedenen Bezugsebenen	191
Abb. 35: Untersuchte aktuelle Motivationsbarrieren in verschiedenen Bezugsebenen	191
Abb. 36: Personale Demotivationsfaktoren.	194
Abb. 37: Interpersonelle Demotivationsfaktoren	209
Abb. 38: Korrelationszusammenhänge der Arbeitskoordination	215
Abb. 39: Strukturell bestimmte Demotivation in der Organisation.	226
Abb. 40: Korrelationen der Organisationskultur	230
Abb. 41: Einflusskontexte der Motivationsbarrieren	235
Abb. 42: Korrelationen des Arbeitskontextes	236
Abb. 43: Kernmerkmale und Folgen demotivierender Arbeitsprozesse	237
Abb. 44: Merkmale der Aufgabengestaltung und deren Demotivationsproblematik	238
Abb. 45: Korrelationen des Beziehungskontextes	241
Abb. 46: Korrelationen des Kulturkontextes	254
Abb. 47: Das FOSI-Prinzip	257
Abb. 48: Wandel berufsbezogene Orientierungsmuster	266
Abb. 49: Lebensorientierung der Deutschen.	267
Abb. 50: Zur Prävention und Therapie potenzieller bzw. aktueller Demotivatoren	286
Abb. 51: Gesamtergebnisse der empirischen Untersuchungen zu potenziellen und aktuellen Motivationsbarrieren	288
Abb. 52: Massnahmen zur Prävention von Demotivation.	298
Abb. 53: Strukturelle und interaktive Führung zum Demotivationsabbau und Remotivation	299
Abb. 54: Dimensionen strukturell-systemischer Kontextgestaltung zu Demotivationsabbau und Remotivation	300
Abb. 55: Fragebogen zur Identifikation.	313
Abb. 56: (Re-)Identifikationsstrategien	316
Abb. 57: Instrumente und Maßnahmen der (Re-)Identifikationspolitik	318
Abb. 58: Phasenzyklus zum systematischen Demotivationsabbau	323
Abb. 59: Beispiel einer Analyse von Demotivationskosten	325

Abb. 60:	Dimensionen des Empowerments für den Demotivationsabbau und Remotivation	328
Abb. 61:	Leitfragen zum Empowerment für Demotivationsabbau und Remotivation	329
Abb. 62:	Gerechtigkeitsdimensionen der Vergütung	336
Abb. 63:	Materielle Honorierungssysteme	338
Abb. 64:	Materieller Beteiligungssysteme für Mitarbeiter	338
Abb. 65:	Regeln zur selbststeuernden Konfliktbewältigung	347
Abb. 66:	Erweiterte Steuerungs- und Führungskonfiguration	354
Abb. 67:	Handlungsspielräume im Zusammenhang mit Zielen und Rückmeldungen	357
Abb. 68:	Fünf Lernfähigkeiten nach Senge	376
Abb. 69:	Typologie von Mitarbeitern nach mitunternehmerischer Kompetenz	391
Abb. 70:	Grundmuster eines Demotivations-Coachings	395
Abb. 71:	Grundfragen und -regeln für das Demotivationsgespräch	400
Abb. 72:	Feedback-Regeln für ein Demotivationsgespräch	400
Abb. 73:	Coaching und Mentoring im Vergleich	408
Abb. 74:	Funktionen und Einfluss verschiedener Promotorentypen	411
Abb. 75:	Strukturelle und interaktive Führung zum Demotivationsabbau und Remotivation	413
Abb. 76:	Das Reifegradmodell von Hersey/Blanchard	417
Abb. 77:	Einflussfaktoren auf Führungsstil und Führungserfolg	419
Abb. 78:	Führungsstiltypologie nach Wunderer	424
Abb. 79:	Ziele und Funktionen einer Führung durch Zielvereinbarung	434
Abb. 80:	Kriterien bzw. Gesprächsinhalte zur Operationalisierung von Zielvereinbarungen	435
Abb. 81:	Komponenten transformationaler Führung	438
Abb. 82:	Vom Mitarbeiter zum Mitunternehmer – ein Förderungsprozess	444
Abb. 83:	Mitunternehmerische Schlüsselkompetenzen	448
Abb. 84:	Beispiele motivationaler Aspekte für Gestaltungs-, Handlungs- und Sozialkompetenzen	450
Abb. 85:	Ansatzpunkte zur Förderung der Komponenten des Mitunternehmertums und Demotivationsüberwindung	453

Einführung, Gesamtzusammenfassung, Manual

1. Einführung

Seit langem werden in der Organisations- und Personalforschung Motivationsfaktoren untersucht. In unzähligen Untersuchungen wurden arbeits- und organisationspsychologisch Motivation, Zufriedenheit und Leistung behandelt. Der Fokus dieser Forschungen richtete sich vornehmlich auf Bedingungen der Motivation bzw. Techniken der Motivierung von Mitarbeitern. Dabei wurde die Diskussionen einer »Demotivation« sowie Wege zu ihrer Überwindung oder Möglichkeiten einer »Remotivation« vernachlässigt.

Die meisten Führungskräfte und Mitarbeiter sind jedoch bereits intrinsisch motiviert und bedürfen daher keiner Förderung durch weitere Motivierung. Bei ihnen kommt es vielmehr auf die Vermeidung und den Abbau von demotivierenden Einflüssen und die Schaffung remotivierender Bedingungen an. Denn Motivationsbarrieren schränken das Entfaltungspotenzial der Mitarbeiter und damit potenzielle Effizienzen und Produktivitäten für das Unternehmen ein. Anderseits führt Remotivierung zu einer Aktualisierung des eingeschränkten Potenzials von Mitarbeitern.

- **Zielsetzung**

Im Folgenden sollen Ursachen, Formen und Wirkungen des komplexen Phänomens der Demotivation untersucht werden. Durch die theoretische und empirische Erfassung von Motivationsbarrieren und Entwicklungsprozessen der Demotivation sollen Möglichkeiten einer gezielten Reduzierung sowie Remotivation ermittelt werden. Dabei verfolgt die Arbeit nachstehende Ziele:

- **Konzeptionelle und theoretische Erschließung des Phänomens Demotivation**
  - Entwicklung eines Bezugsrahmens für den Zusammenhang von Demotivation und Remotivation
  - Bestimmung der Grundbegriffe, Beschreibung des Phänomens, Dimensionen sowie von Einflussfeldern und Wirkungen von Demotivation und Remotivation
  - Aufarbeitung und kritische Reflexion demotivationsrelevanter theoretischer Ansätze zur Erklärung und Begründung von Demotivation und Remotivation

- Entwicklung eines systemischen Eskalations- und Integrationsmodells der Demotivation

- **Empirische Untersuchung von Motivationsbarrieren**
  - Entwicklung eines Forschungskonzepts, Ermittlung und Darstellung empirischer Erkenntnisse zu personalen, interpersonellen und strukturellen Motivationsbarrieren
  - Integration der Ergebnisse und Erkenntnisse in komprimierende Metafaktoren der Demotivation

- **Entwurf von Gestaltungsmöglichkeiten**
  - Ableitung und Entwicklung von Strategien und Maßnahmen zu Prävention und Abbau von Demotivation sowie Förderung von Remotivation
  - Vorschläge struktureller Führungsinstrumente (Kultur, Strategie, Organisation und qualitativer Personalstruktur) sowie Maßnahmen interaktiver Führung zur Demotivationüberwindung und Remotivierung
  - Gestaltungsempfehlungen einer zielgruppenspezifischen Organisations- und Personalentwicklung für Umgang mit Demotivation und Förderung von Remotivationsprozessen
  - Diskussion verschiedener Führungsstile und -beziehungen in Hinblick auf Demotivation und Remotivierung
  - Ableitung eines Manuals mit Leitfragen und Gestaltungspraktiken

- **Ausrichtung der Fragestellung**

Mit den genannten Zielen verfolgt die Arbeit eine bestimmte Fragerichtung. Es wird nicht nach Möglichkeiten des Aufbaus zusätzlicher Motivation(-spotenziale) oder weiterer Formen der Motivierung gefragt. Stattdessen wurden nach Verminderung einschränkender Faktoren bzw. Möglichkeiten zur Wiedergewinnung von Motivationsenergien geforscht.

Die Leitfragen lauten:

- Welche hemmenden Barrieren und Einflussfaktoren stehen einem engagierten Verhalten von schon hinreichend qualifizierten und motivierten Mitarbeitern entgegen?
- Wie hängen sie zusammen, und wie entwickeln sie sich?
- Wie wirken Motivationsbarrieren und welche Effekte und Folgen haben sie für den Einzelnen, interpersonelle Beziehungen und die Gesamtorganisation?
- Wie können blockierte Energien wieder aktiviert werden?
- Wie und in welchen Ansatzbereichen kann eine Remotivation aktiviert werden?

- **Methodik**

Zur Thematik Demotivation und Remotivation gibt es bisher kaum Untersuchungen. Deshalb wurde ein eigenes Forschungsdesign konzipiert. Dessen mehrstufige Forschungsmethodik gründet sich – neben einer Auswertung relevanter Literatur – auf die Konzeption eines theoretischen Ansatzes und empirische Umfragen. Diese wurden bei über 250 befragten mittleren Führungskräften von Mittel- und Großunternehmen in der Schweiz, Deutschland und Österreich durchgeführt. In einem dafür entwickelten und mehrfach überarbeiteten Fragebogen wurden zentrale Motivationsbarrieren erhoben und Mittelwerte sowie Korrelationsanalysen vorgenommen und ausgewertet. Zusätzlich wurde in einem Unternehmen eine Einzelbefragung mit 57 Teilnehmern durchgeführt.

Ergänzt wurden diese quantitativen Analysen durch 25 qualitative Interviews mit Teilnehmern der Fragebogenuntersuchung. Die Ergebnisse wurden inhaltsanalytisch ausgewertet. Weiterhin wurden Expertengespräche mit Vertretern der Personalforschung und -praxis geführt und die Erkenntnisse verschiedener Fallstudien sowie Ergebnisse anderer themenverwandter Forschungsansätze und empirischer Untersuchungen verarbeitet.

- **Aussagefähigkeit und Generalisierbarkeit der empirischen Ergebnisse**

Die Auswertung der Fragebögen zeigte wiederkehrende Gewichtungstendenzen bestimmter Motivationsbarrieren. Die gewählte Methodenkombination von schriftlicher Umfrage und mündlicher Befragung ermöglichte eine partielle Überprüfung der Validität. So bestätigten und vertieften die qualitativen Tiefeninterviews die Zwischenergebnisse der schriftlichen Befragung und erhöhten damit die Interpretationssicherheit. Dabei wurden spezifische Muster und Eigendynamiken von Demotivation und Remotivationsmöglichkeiten erkennbar.

- **Aufbau des Buches**

Zunächst wird eine **fragegeleitete Zusammenfassung** der wichtigsten Inhalte des Buches einschließlich eines Manuals mit praktischen Hinweisen angeboten. Die Arbeit gliedert sich dann in einen konzeptionellen und theoretischen **Beschreibungsteil (A)**, einen **empirischen Teil (B)** sowie einen praktischen **Gestaltungsteil (C)**. Im ersten **Teil (A)** werden die konzeptionellen und theoretischen Grundlagen der Arbeit gelegt. Zunächst wird ein Bezugsrahmen dargestellt, der den Gesamtzusammenhang von Demotivation und Remotivation aufzeigt. Dieser bildet eine Strukturierungshilfe und Orientierungsraster und ist bestimmend für die Gliederung des Buches. Danach werden die Begriffe Identifikation, Motiv, Motivation, Demotivation sowie Remotivation definiert und als Phänomene beschrieben. Mit Indikatoren werden erste diagnostische Bestimmungen zu Demotivationserscheinungen und des Remotivationsbedarfs ermittelt. Des Weiteren werden verschiedene Dimensionen und Einflussfelder von Demotivation und Remotivation bestimmt. Anschließend werden dazu relevante theoretische Forschungsansätze zur Erklärung betrachtet. Diese tragen zu einem besseren Verständnis und Erklärung von Demotivation bei. Sie zeigen auch Möglichkeiten für deren Überwindung sowie für Remotivation bzw. Remotivierung.

Zu den theorierelevanten Ansätzen gehören neben den Erkenntnissen der Arbeitszufriedenheits- und Stressforschung auch inhalts- und prozessorientierte Motivationstheorien. Berücksichtigt werden zudem Aspekte »psychologischer Verträge«. Mit der Theorie der kognitiven und emotionalen Dissonanz wird der Zusammenhang verschiedener Erfahrungs- und Reaktionsformen der Demotivation erfasst. Darüber hinaus wird die Bedeutung von Willens- und Handlungsprozessen und der Entfremdung bzw. »innerer Kündigung«, zur Untersuchung der Ursachen und Entwicklung von Demotivation ermittelt. Zum Abschluss des theorieorientierten Teils werden ein dynamisches Eskalationsmodell sowie Möglichkeiten und Grenzen eines systemischen Integrationsmodells zur Demotivation diskutiert.

Der **zweite Teil (B)** stellt die Ergebnisse eigener empirischer Untersuchungen zu Motivationsbarrieren vor. Zunächst werden Ziele, Forschungsdesign sowie die Erhebungs- und Auswertungsmethodik der empirischen Untersuchung aufgezeigt. Nach einer Übersicht des Gesamtergebnisses der Studie folgen die Einzelresultate zu den verschiedenen Motivationsbarrieren. Diese werden durch weitere empirischen Studien ergänzt und im Zusammenhang diskutiert. Anschließend werden die Korrelationszusammenhänge der einzelnen Barrieren zu Einflusskontexten verdichtet. Dazu werden die Kontexte »Arbeit«, »Beziehungen« und »Kultur« vertiefend diskutiert und erste Folgerungen für den Demotivationsabbau und die Remotivation abgeleitet.

Der abschließende **dritte Teil (C)** behandelt Grundstrategien zur Vermeidung und zum Abbau von Demotivation sowie Möglichkeiten der Remotivation. Neben verschiedenen Möglichkeiten zur Prävention, werden strukturelle und beziehungsbezogene, personalpolitische Maßnahmen und Instrumente vorgestellt. Einen Schwerpunkt der Strukturführung bilden demotivationsabbauende und remotivierende Kultur- Strategie- und Organisationsansätze. Diese werden ergänzt durch Vorschläge im Bereich der qualitativen Personalstruktur und Personal- und Teamentwicklung. Dazu gehören neben Möglichkeiten der (Re-)Qualifikation und zielgruppenspezifischen Maßnahmen u. a. Coaching, Counseling, Mentoring und die Rolle von Promotoren zur Demotivationsüberwindung bzw. Remotivation.

Anschließend werden im Kontext interaktiver Führung verschiedene Führungsstile und -beziehungen hinsichtlich ihres Einflusses auf Demotivation und Remotivation untersucht und Möglichkeiten einer führungsspezifischen Remotivierung beschrieben. Dann wird noch ein besonderer Bezug zum Konzept des Mitunternehmertums als integratives Transformationsmodell vorgestellt. Abschließend werden noch Grenzen der Demotivationsüberwindung und Remotivation aufgezeigt.

Einführung

Lesehilfen zur Kapitelübersicht

Teil A Konzeption/Theorie	Teil B Empirik	Teil C Gestaltung

• Kapitel II.
  • Bezugsrahmen
  • Grundbegriffe
  • Dimensionen
  • Indikatoren
  • Einflussfelder
  • Demotivationskonflikte
  • Indikatoren
  • Mikropolitik
  • Gestaltungsrahmen
• Kapitel III.
  • Arbeitszufriedenheitsforschung
  • Stressforschung
  • Motivationstheorien
  • Psychologische Verträge
  • Dissonanztheorien
  • Willenstheorien
  • Entfremdungsforschung
  • Innere Kündigung
  • Systemischer Integrationsansatz
	Kapitel IV.
	• Konzeption
	• Gesamtergebnisse
	  – potenzielle Motivationsbarrieren
	  – aktuelle Motivationsbarrieren
	• Einzelergebnisse
	  – personale Motivationsbarrieren
	  – interpersonelle Motivationsbarrieren
	  – strukturelle Motivationsbarrieren
	• Einflusskontexte
	  – Arbeitskontext
	  – Beziehungskontext
	  – Kulturkontext
	• Grenzen der empirischen Untersuchung
	• Gesamtwirtschaftliche und gesellschaftlich-kulturelle Makroebene der Demotivation
		Kapitel V.
		Prävention gegen Demotivation
		
		Kapitel VI.
		Strukturell-systemische Führung
		
		Kapitel VII.
		Interaktiv-direkte Führungsbeziehungen
		
		Kapitel VIII.
		Mitunternehmertum als integriertes Transformationsmodell
		
		Kapitel IX.
		Grenzen des Demotivationsabbaus und der Remotivation

	Teil A Konzeption/Theorie	Teil B Empirik	Teil C Gestaltung
Einführung	Dieser Teil bietet einen Bezugsrahmen und Überblick über die konzeptionellen und theoretischen Grundlagen zu Ursachen und Entwicklung von Demotivation bzw. Remotivation. Zunächst werden Grundbegriffe sowie Phänomen, Dimensionen, Indikatoren, Einflussfelder von Demotivation bzw. Remotivation erklärt. Auch werden Demotivationskonflikte, der Zusammenhang mit Mikropolitik sowie ein Gestaltungsrahmen vorgestellt. Anschließend werden einzelne theoretische Ansätze zur Erklärung von Demotivation und Remotivation vorgestellt und in einem systemischen Integrationsansatz verbunden.	In diesem Teil wird zunächst das Forschungsdesign der empirischen Untersuchung vorgestellt. Anschließend werden die Gesamtergebnisse aktueller und potenzieller Motivationsbarrieren sowie Einzelergebnisse personaler, interpersoneller und struktureller Barrieren dargestellt. Die Ergebnisse werden in Einflusskontexte (Arbeit, Beziehung, Kultur) zusammengefasst und die Grenzen der Untersuchung aufgezeigt. Abschließend werden noch gesamtwirtschaftliche und gesellschaftlich-kulturelle Einflüsse aus der Makroebene diskutiert.	Hier werden Grundstrategien zunächst zur Prävention und dann zum Abbau von Demotivation sowie Förderung von Remotivation behandelt. Die strukturellen Ansatzpunkte (Kultur, Strategie, Organisation und qualitative Personalstruktur) werden durch Möglichkeiten direkter-interaktiver Führungsbeziehungen ergänzt. Anschließend wird das Mitunternehmertum als Transformationsmodell vorgestellt. Danach werden Grenzen der Gestaltung des Demotivationsabbaus und der Remotivation aufgezeigt.

2. Gesamtzusammenfassung

Die Managementpraxis versucht bevorzugt, über extrinsische – meist finanzielle – Anreizkonzepte und Motivierungsstrategien die Leistungsbereitschaft und das Engagement der Mitarbeiter zu sichern und zu erhöhen. Die personalökonomische Forschung konzentriert sich sogar zunehmend auf Bedingungen und Möglichkeiten äußerer Motivation. Warum und wie Mitarbeiter demotiviert werden, stand und steht deswegen nicht im Blickfeld der betrieblichen Praxis und theoretischer Betrachtungen.

Einführung

Viele Mitarbeiter sind oder waren jedoch bereits durch die Arbeit intrinsisch motiviert – teilweise in überdurchschnittlichem Maße. Dieser Aspekt zeigte sich augenfällig im Zusammenhang mit Analysen zu unternehmerischer Qualifikation und Motivation von Führungskräften.[*] Hier nannten uns über 200 Personalverantwortliche einen Anteil von 67% Führungskräften und 45% Mitarbeitern ohne Führungsfunktion als sogar unternehmerisch motiviert. Wozu sollten diese noch grundsätzlich – dazu primär finanziell – motiviert werden?

Bei diesen Leistungsträgern kommt es vor allem auf die **Vermeidung und den Abbau von Motivationsbarrieren** an. Denn sie schränken ihr Energie- und Entfaltungspotenzial sowie damit ihre Arbeitszufriedenheit, Produktivität und Wertschöpfung ein. Zusätzlich stoßen in einer sich wandelnden Arbeitswelt mit ihren neuen Anforderungen und veränderten Wertehaltungen fremdbestimmte Motivierungsversuche immer mehr an ihre Grenzen. Im zunehmenden Wettbewerb können es sich Unternehmen immer weniger leisten, demotivierte Mitarbeiter zu halten oder demotivierende Praktiken zu ignorieren.

In einer theoretischen und empirischen Untersuchung haben wir Konzept und Ursachen von Demotivation erforscht sowie Möglichkeiten zu Vermeidung und Abbau von Motivationsbarrieren entwickelt.

Im Folgenden werden die wichtigsten Erkenntnisse dieser Forschung und Ergebnisse der empirischen Untersuchung zusammengefasst. Zunächst werden Definition, Phänomen, Indikatoren, Dimensionen und Einflussfelder von Demotivation und die Unterscheidung von potenziellen und aktuellen Barrieren beschrieben. Anschließend werden Demotivation als systemischer Zusammenhang sowie Einflüsse aus der Makroebene diskutiert.

---

[*] Vgl. Wunderer 2001, S. 62.

Danach sind theoretische Erklärungsansätze zu Ursachen, Entwicklungen und Wirkungen von Demotivation dargestellt. In einem nächsten Schritt werden zentrale Ergebnisse der empirischen Studie über Motivationsbarrieren zusammengefasst. Abschließend werden Gestaltungsmöglichkeiten zu Vorbeugung und Abbau von Demotivation sowie zur Remotivation sowie der Handlungs- und Forschungsbedarf bestimmt.

2.1. Grundlagen und Grundfragen

2.1.1 Bezugsrahmen und Definitionen von Demotivation und Remotivation

Um die komplexe Thematik von Demotivation und Remotivation anzugehen, ist es sinnvoll zunächst einen Bezugsrahmen aufzustellen (vgl. Abbildung 1). Er gibt einen Überblick über den Zusammenhang von Demotivation und Remotivation und dient als **Leitorientierung** und als **Übersichtsgliederung** für das Buch.

In diesem Bezugsrahmen sind verschiedene Ebenen, Ansatzpunkte und Beziehungen von Demotivation und Remotivation strukturiert und zusammengefasst. Im **Teil A** werden konzeptionelle Beschreibungen und theorieorientierte Erklärung zu Phänomenen, Ursachen und Entwicklungen von Demotivations- bzw. Remotivationprozessen angeboten. **Teil B** stellt die Gesamt- und Einzelergebnisse der empirischen Untersuchung zu Motivationsbarrieren vor. In **Teil C** werden praktische Gestaltungsseiten zu Prävention, Demotivationsabbau und Remotivation aufgezeigt. Erst das Zusammenwirken der verschiedenen Ebenen und Faktoren aller drei Teile macht Demotivation bzw. Remotivation verstehbar, wirksam bzw. überwindbar. Daher sind Theorie, Empirie und Gestaltung immer im Zusammenhang zu sehen. Zwischen den drei Hauptteilen stehen **personale, interpersonelle und strukturelle Kontexte** und deren Makroebene. Diese Kontexte sind bei der theoretischen Beschreibung, empirischen Erfassung sowie Gestaltung zu berücksichtigen. Unter ihnen sind empirisch abgeleitete Einflusskontexte angeordnet. Diese **Arbeits-, Beziehungs- und Kulturkontexte** dienen als eine Art Strukturmuster, nach denen Motivationsbarrieren gruppiert werden können. Schließlich können aus dem Theorieteil und empirischen Einflusskontexten Möglichkeiten zur Prävention und Überwindung von Demotivation sowie Ansatzpunkte zur Remotivation für die Gestaltungspraxis abgeleitet werden.

Abb. 1: Bezugsrahmen zur Demotivation und Remotivation

Teil A: Beschreibung/Theorie

Konzeption (Begriffe, Indikatoren, Dimensionen)

Erklärungsansätze
- Arbeitszufriedenheitsforschung
- Stressforschung
- Motivationstheorien
- Anreiz-Beitragstheorie
- Theorie psychologischer Verträge
- Dissonanztheorien
- Handlungs-/Willenstheorie
- Entfremdungstheorien/Innere Kündigung

Teil B: Empirische Ergebnisse

Makro-Kontext

Interpersoneller Kontext
Vorgesetzte, Mitarbeiter, Kollegen, Kunden, private Kontakte

Struktureller Kontext
Kultur, Strategie, Organisation, Personalstruktur

Personaler Kontext

Einflusskontexte für Motivationsbarrieren
- **Arbeitskontext:** Arbeitsinhalt, -koordination, -durchführung; Ressourcen, Anerkennung, Verantwortung, Identifikation, Perspektiven
- **Beziehungskontext:** Verhältnis zu Kollegen, direkten Vorgesetzten, höherem Management, Identifikation, Perspektiven, Anerkennung, Honorierung, Verantwortung Einflüsse auf das persönliches Leben
- **Kulturkontext:** Organisationskultur, Identifikation, Verantwortung, Verhältnis zu direkten und höherem Management und anderen Abteilungen, Unternehmens- und Personalpolitik, Anerkennung, Honorierung, Perspektiven

Möglichkeiten zur Demotivationsprävention und -überwindung

Remotivationsbedarf und Remotivierungschancen/ Ansatzpunkte zur Remotivation und Remotivierung

Selbstgesteuerte Remotivation
Fremdgesteuerte Remotivierung

Teil C: Prävention/Therapie
- Maßnahmen
- Instrumente
- Methoden
  durch:
  - strukturelle Führung
  - interaktive Führung
- Grenzen

Einführung

9

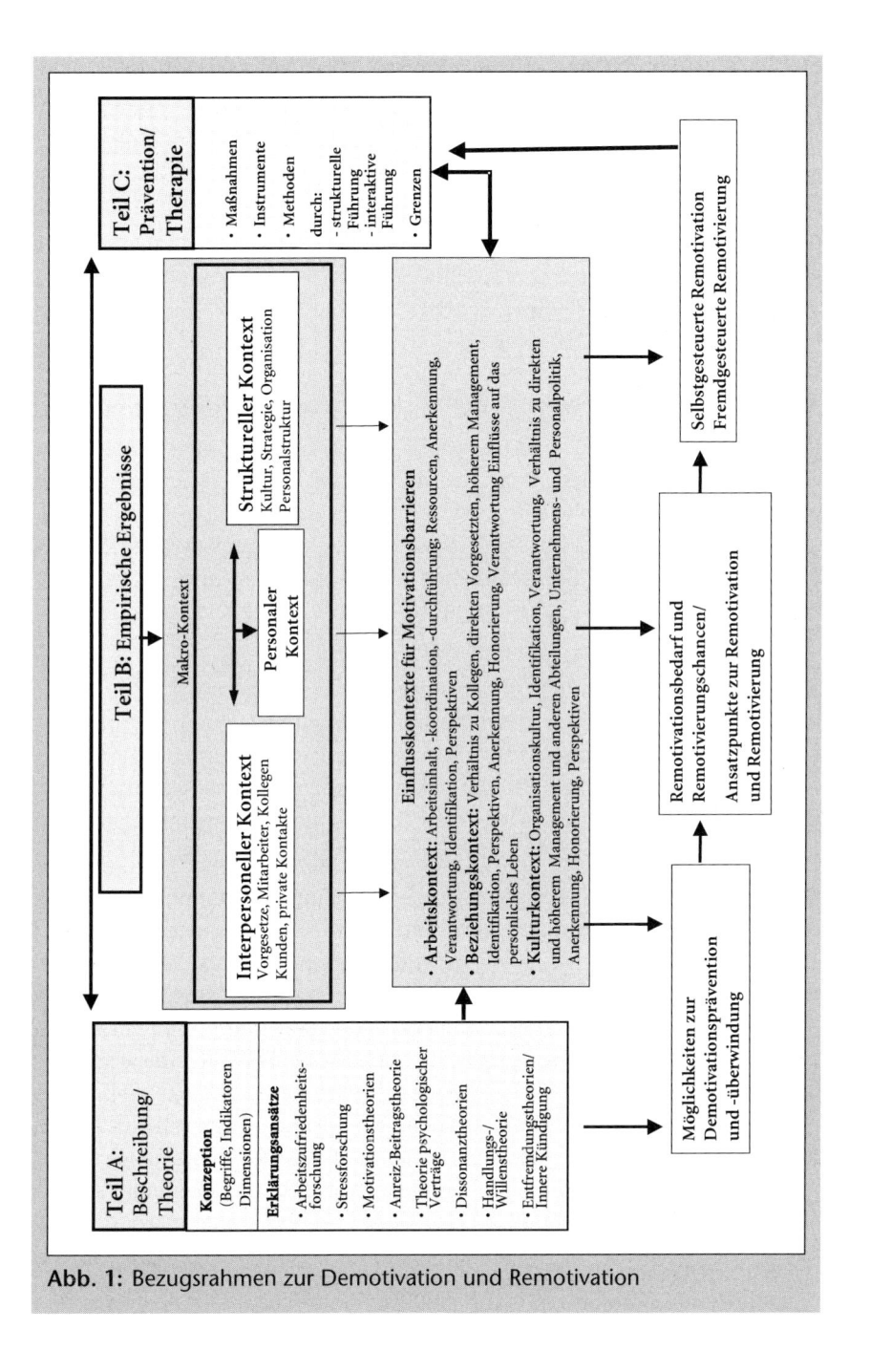

Einführung

- **Was ist unter »Demotivation« zu verstehen?**

Demotivation ist eine Einschränkung, Blockierung oder der Verlust von Motivationsenergien oder des Leistungsverhaltens durch Motivationsbarrieren. Demotivierendes Fühlen und Handeln schränkt Form, Richtung, Stärke und Dauer des Einsatzes der Betroffenen für Ziele oder Rollen der Organisation ein. Jedoch ist Demotivation nicht nur eine einfache Umkehrung von Motivation. Demotiviertes Handeln bewirkt nicht nur »Nicht-Tun« oder weniger Leistungseinsatz, sondern verweist auch auf ein Engagement in eine unerwünschte Richtung.

- **Was ist unter »Remotivation« und »Remotivierung« zu verstehen?**

Remotivation versucht, beeinträchtigte oder verlorene (Motivations-)Energien und Potenziale wiederzugewinnen. Sie kann über den direkten Abbau von bestehenden Motivationsbarrieren oder indirekt über Substitution durch andere Motivatoren aktiviert werden. Ansatzmöglichkeiten für Remotivation liegen auf der personalen, interpersonellen und strukturellen Ebene, die durch zielgruppen- und führungsspezifische Maßnahmen zu ergänzen sind.

Remotivierung bezeichnet eine fremdgesteuerte Beeinflussung der Einstellungen und Verhalten von demotivierten Mitarbeitern zur Aktivierung ihrer Leistungsbereitschaft und Motivierungspotenziale (z. B. über anreizpolitische, interaktive oder strukturelle Interventionen). **Selbst-Remotivierung** mobilisiert beeinträchtigte Motivationsenergien aus eigener Kraft und reduziert so Demotivationseinstellungen oder -situation.

Remotivation will dazu beitragen, eingeschränkte oder verlorene Motivationskräfte wiederzugewinnen. Im Sinne einer »Renovation« geht es um einen erneuernden Um- bzw. Wiederaufbau von Motivation. Der Verlust an Arbeitsfreude und Produktivität wird meist nur teilweise und nur durch wenige Motivationsbarrieren verursacht. Zusätzlich erfordern höhere Ansprüche und veränderte Werthaltungen der Mitarbeiter wie auch die Begrenztheit bisheriger Motivations- und Anreizansätze eine verstärkte Selbst-Remotivierung. Neben dem direkten Abbau von Motivationsbarrieren können über eine »**substitutive Remotivation**« (z. B. Übertragung interessanter Aufgaben oder Wechsel in ein anderes Team) blockierte Motivationsenergien revitalisiert werden.

Als Aktivierungsprozess, vermag Remotivation eine (Demotivations-)Krise in eine Chance zu wandeln, wenn sie Mitarbeiter aus ihrem demotivierten Zustand herausführt und deren Engagement wiedergewinnt. Selbstgesteuerte Remotivation ist effektiver, da sie nachhaltiger wirkt; aber sie reicht nicht immer aus und erfordert dann eine fremdgesteuerte **Remotivierung**.

Remotivation und Remotivierung sind komplexe Vorgänge, für die es keinen »one-best-way« gibt. Sie werden auch von situativen Faktoren mitbestimmt. Frustrationen und Verletzungen durch Demotivation wirken oft tief und werden dann nicht leicht vergessen oder verarbeitet. Durch erkennbare Hilfen beim Abbau von Barrieren oder der Eröffnung realer Remotivierungschancen, kann es jedoch zu einem »Verzeihen« und einer neuen Aktivierung der blockierten Energien kommen. Unter Umständen wird das zuvor bestandene Motivationsniveau jedoch nicht mehr erreicht.

2.1.2 Phänomen, Indikatoren, Dimensionen und Einflussfelder von Demotivation

- **Wann und wie tritt Demotivation in Erscheinung?**

Demotivation bewirkt oft Enttäuschungserfahrungen oder gesteigerte Belastungen, besonders bei hoch rangierten Motivationspotenzialen. Sie ist umso stärker, je langfristiger und häufiger die Enttäuschungen und Belastungen sind oder Versuche der Demotivationsüberwindung erfolglos bleiben und je stärker die spezifische Motivation eingeschränkt wird. Demotivation wird oft informell mit Arbeitskollegen kommuniziert und dies meist indirekt. Wie ein »Virus« kann sich schleichend ein demotivierendes Klima verbreiten und ganze Organisationseinheiten ergreifen. Subjektive »Demotivationseinstellungen« führen zu negativen Bewertungen von Potenzialen, Leistungen und Beziehungen des Arbeitslebens. Sie können aber auch andere »überstrahlen«. Um so wichtiger ist es, Demotivationssymptome frühzeitig zu erkennen.

- **Mit welchen Indikatoren kann Demotivation erkannt werden?**

Erste Anzeichen können bereits durch äußere Beobachtung wahrgenommen werden. So zeigt die Art und Weise des Empfangs, die Ausstattung von Arbeitsplätzen oder der Umgangston ein mögliches Demotivationsklima an. Dazu treten symbolische Aspekte der Unternehmenskultur (z. B. Gerüchte, Anekdoten, Slogans, Rituale). Auch Mangel an Humor oder die Art, wie Mitarbeiter vor Dritten über den Betrieb, den Vorgesetzten, die Kollegen oder die Arbeit sprechen und wie sie die Zukunft einschätzen gehören dazu. Ferner bieten betriebliche Statistiken Indikatoren (z. B. Kennzahlen zu Leistungsergebnissen oder Fehlzeiten, insbesondere zu Krankenstand, Absentismus bzw. Fluktuation oder zum Arbeitsumfang). Die noch vorgestellten Motivationsbarrieren unserer empirischen Untersuchung sind zentrale Indikationsfelder.

Beeinflussen individuelle oder gruppenbezogene Demotivationsprobleme das Unternehmen stärker, können die Abwehrkräfte insgesamt geschwächt werden und sich zu einer Unternehmenskulturpathologie ausweiten. Daher kommen einer frühzeitigen Prävention sowie dem Aufbau von Remotivation grundlegende Bedeutung zu.

- **Wer ist anfällig für Demotivation?**

Besonders anfällig sind Mitarbeiter, die schon eine Demotivationsneigung (z. B. innerlich Gekündigte) oder eine ausgeprägte »Lageorientierung« haben. **Lageorientierte** haben niedrigere Selbstwirksamkeitsüberzeugung und geringeren Leistungsanreiz. Sie werden v. a. von den Arbeitsbedingungen beeinflusst. Auch Mitarbeiter, die überwiegend durch extrinsische Anreize aktiviert werden, sind gefährdet, da bei ihnen intrinsische Motivation verdrängt werden kann.

Von Demotivation können aber gerade auch motivierte und engagierte Mitarbeiter betroffen sein, insbesondere **Leistungsträger**, die sich bisher überdurchschnittlich eingesetzt haben. Gerade bei ihnen ist deshalb ein Abbau von Barrieren wichtig, um ihrem höheren Energie- und Leistungspotenzial Entfaltungsspielraum zu geben. Unternehmen mit einer schwachen Unternehmenskultur, die sich in fundamentalem Wandel oder Krisensituationen befinden, sind eher gefährdet als stabile und gesunde. Demotivation tritt bei solchen Organisationen als zusätzlicher Belastungsfaktor auf, der die schwierige Unternehmenssituation noch verschlimmert. Andererseits kann Demotivation auch Auslöser und Chance für positiven, individuellen und organisatorischen Wandel sein.

- **Welche Dimensionen und Phasen von Demotivation können unterschieden werden?**

Demotivation kann als Teilphänomen oder umfassende Gesamtdemotivation verstanden werden. Auch kann zwischen intrinsischer Bedürfnisorientierung der Person und extrinsischen bzw. situativen Anreizbedingungen unterschieden werden. Bei Ersterer ergibt sich Demotivation durch unbefriedigte Bedürfnisse oder (inter-)personale Beziehungen, während Letztere durch anreizspezifische Situations- oder Umweltaspekte bedingt ist. So lassen sich psychosomatische Reaktionen oder interpersonelles Konfliktverhalten oft durch personale Bedürfnisfaktoren erklären. Dagegen macht eine Analyse situationsspezifischer Merkmale das demotivierende Verhältnis gegenüber konkreten Objekten und Anreizen im Organisationsumfeld deutlich, evtl. prognostizierbar und damit beeinflussbar.

Demotivation tritt meist in einem **dynamischen Kontinuum** auf, dessen Ausprägung von »nicht-demotiviert« bis »stark demotiviert« reicht. Zwischen den Extrempolen können – je nach Häufigkeit, Dauer und Art sowie Zusammenwirken der Demotivationsprozesse – verschiedene Intensitätsgrade bestimmt werden. Dabei kann sich ein Mitarbeiter gleichzeitig auf verschiedenen Motivationslagen bzw. Niveauebenen befinden. So kann er für Aufgaben motiviert, in sozialen Beziehungen zugleich demotiviert sein. Zeitlich betrachtet kann Demotivation als vorübergehende Reaktion oder als relativ dauerhafter Zustand auftreten. Dabei gibt es auf- und absteigende **Demotivationsphasen** mit spezifischen Eigendynamiken. Das Demotivationsniveau variiert dabei auch nach den Kompensationsmöglichkeiten im Privatleben.

- **Durch welche Einflussfelder wird Demotivation bestimmt?**

Auf der personalen Ebene kann demotiviertes Verhalten durch Unvermögen (i. S. v. »**Nicht-Können**«) verursacht werden. Dazu zählen fehlende Ressourcen oder unzureichende Qualifikationen der Person. Bei persönlichem »**Nicht-Wollen**« fehlt es an Einsatzbereitschaft bzw. Commitment. Kann eine Absicht nicht realisiert werden, liegt das oft an sozialem »**Nicht-Dürfen**« bzw. »**Nicht-Sollen**«. Ungünstige Arbeits- und Organisationsgestaltung auf interpersoneller oder struktureller Ebene schränken zusätzlich das Engagement situativ ein. Diese Beschränkungen werden durch hemmende Soll- bzw. Ist-Kultur oder Unternehmenspolitik noch verstärkt.

2.1.3 Potenzielle und aktuelle Motivationsbarrieren

Potenzielle Motivationsbarrieren beziehen sich auf mögliche Reaktionen bei Demotivation. Der eine würde nach eigenen Aussagen besonders von unterfordernden Arbeitsinhalten demotiviert; der andere durch gestörte Teambeziehungen. **Aktuelle** Barrieren verweisen auf die gegenwärtige Betroffenheit. Da potenzielle Barrieren oft gefährdete Bereiche sind, erfordern sie besondere Beachtung. Für sie sind vorzugsweise vorbeugende Maßnahmen einzusetzen. Prophylaktisch kann für die Befriedigung der relevanten Bedürfnisse oder Anreize gesorgt werden. Zur Reduktion aktueller Barrieren sind dagegen therapeutische Abbaumaßnahmen. Auch die Förderung von Remotivation trägt zur konstruktiven Überwindung dieser Demotivatoren bei.

2.1.4 Demotivation als systemischer Zusammenhang und Einflüsse aus der Makroebene

- **Inwiefern ist Demotivation ein systemischer Zusammenhang?**

Bei Demotivation wirken individuelle, zwischenmenschliche sowie organisationsspezifische Prozesse ursächlich zusammen. Sie ergibt sich so aus mehrdimensionalen, interdependenten und kumulativen Prozessen. Deshalb kann sie nicht durch eine isolierte Betrachtung von Einzelaspekten

Einführung

verstanden und überwunden werden. Über personale, interpersonelle und strukturelle Prozesse bzw. Ebenen ist sie zudem in eine Makroebene eingebettet (vgl. Abbildung 2).

- **Welche Einflüsse auf der Makroebene sind demotivationsrelevant?**

Zu **marktwirtschaftlichen Belastungen** gehören neben einem zunehmenden Wettbewerbs- und Kostendruck die intensivierte Beschleunigung wirtschaftlicher Wandlungsprozesse (z. B. durch Technisierung, Globalisierung). Eine ungünstige Arbeitsmarktlage zwingt Arbeitssuchende häufig, Arbeitsstellen »zweiter oder dritter Wahl« anzunehmen. Eine schwierige Wirtschaftslage und Arbeitslosigkeit reduzieren zudem die Fluktuations- oder Kündigungsbereitschaft demotivierter Mitarbeiter. Schließlich steht Demotivation in einem besonderen Verhältnis zum aktuellen, kulturellen **Wertewandel**, mit dem die berufliche Arbeit weniger als Pflicht verstanden bzw. eigene Selbstentfaltung, Bewahrung von Gesundheit und Lebensgenuss (Freizeitgesellschaft) erwartet wird. Mit diesen Werthaltungen verliert Arbeit an Bedeutung zu anderen Lebensinteressen (z. B. zur Erhaltung der »Work-Life-Balance«) und führt zu höheren Ansprüchen an die Administration. Daraus wird eine partielle Abwendung von wenig befriedigender

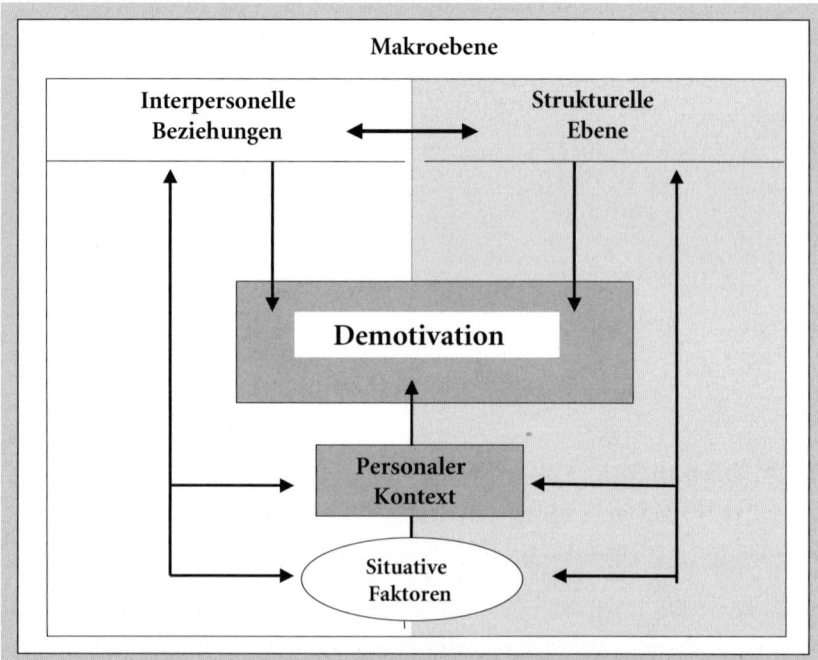

Abb. 2: Demotivation im systemischen Zusammenhang ihrer Bezugsebenen

beruflicher Arbeit und Verschiebung auf das Privatleben erklärbar. Zusätzlich schränken neue Wertorientierungen die Bereitschaft zur Remotivation ein. Mit individualistischen und hedonistischen Werterhaltungen (»Ich will alles und zwar sofort«) ist ein Verlust an Verzichtsethik und »Aufschubfähigkeit« verbunden, der auch die Remotivationsbereitschaft beeinträchtigt.

2.2. Theoretische Erklärungsansätze zu Ursachen, Folgen und Entwicklungen von Demotivation

2.2.1 Erkenntnisse der Stressforschung, Zufriedenheitsforschung sowie der Inhalts- und Prozesstheorien der Motivation

- Welchen Beitrag leistet die Arbeitszufriedenheitsforschung zur Erklärung?

Demotivation aktiviert, verstärkt und liefert Indikatoren für Arbeits(un-)zufriedenheit. Insbesondere, wenn Bedürfnisse nicht befriedigt oder Werte, Zielvorstellungen und Ansprüche nicht erreicht werden. Es können **Formen** einer progressiven, stabilen, resignativen und »Pseudo-Arbeitszufriedenheit« bzw. konstruktiven oder fixierten Arbeits(un-)zufriedenheit unterschieden werden. Bei einem **fixierten** Zustand kommt es weder zu Demotivationsabbau noch zur Remotivation. Dies tritt besonders bei nicht versuchten oder nicht gelingenden Remotivationsinitiativen auf. Die entgangene Bedürfnisbefriedigung kann dann zu einer Suche nach Erfüllung in anderen Bereichen (z. B. Freizeit) führen oder in krankhafte bzw. destruktive Kompensationsversuche (z. B. psychosomatisches Leiden bzw. Mobbing) ausarten. Trotz Demotivation »**pseudo-zufrieden**« zeigt sich, wer seine demotivationsbedingte Unzufriedenheit erfolgreich verdrängt. Dauerhafte Demotivation kann auch zu **resignativer** Arbeitszufriedenheit führen, bei der das Niveau der Ansprüche gesenkt wird. Wird dagegen Demotivation aktiv zu überwinden versucht oder Remotivation positiv erlebt, ergibt sich **progressive** Arbeitszufriedenheit, die eine anspruchserhöhende Eigendynamik für weiteres Engagement freisetzt. Neben inhaltlichen und methodischen Problemen, erfasst die Arbeitszufriedenheitsforschung nur unzureichend die dynamischen Wechselwirkungsprozesse von Personen und Situation sowie strukturellen Zusammenhänge der Demotivation. Die zeitpunktbezogenen Modelle der Arbeitszufriedenheitsforschung beschränken sich auf kognitiv-motivationale Aspekte und Soll-Ist-Abwägungen. Für eine tiefergehende Betrachtung der Demotivationsproblematik und Entwicklung von Remotivationsmöglichkeiten sind auch emotionale Beziehungsprozesse sowie unerfüllte Bedürfnisse und Ansprüche zu berücksichtigen. Auch ist dabei der Zusammenhang von Arbeits- und Lebens(un-)zufriedenheit zu beachten.

- **Was zeigen die Erkenntnisse der Stressforschung?**

Durch ein Missverhältnis zwischen Anforderungen und Erfüllungsmöglichkeiten, entstehen Stresszustände. Demotivation ist eine »Störung« von Person-Aufgaben- bzw. Person-Umwelt-Beziehungen. Sie wird durch Stressoren hervorgerufen oder hat selbst Stresseffekte. Nach unseren Analysen gehen besonders von unproduktiven Arbeitssitzungen und Zeitdruck Demotivationswirkungen für die Arbeitsdurchführung bzw. -koordination aus. Das Ausmaß der Demotivation sowie mögliche Reaktions- und Bewältigungsformen hängen dabei besonders vom wahrgenommenen Verlust eigener Kontrollmöglichkeiten ab. Werden die stressverursachten Belastungen als übermächtig empfunden oder verfügt die betroffene Person nicht über hinreichende Bewältigungstechniken, Problemlösungskompetenzen oder soziale Netzwerke, dann werden Widerstandskraft, Selbstbewusstsein und ein konstruktiver Umgang beeinträchtigt.

- **Was sagen inhaltsorientierte Motivationstheorien für die Demotivation aus?**

Wie bedeutsam die inhaltliche Dimension für die Demotivation ist, zeigte sich darin, dass »**Arbeitsinhalt**« in unseren Analysen mit Abstand als stärkste **potenzielle Motivationsbarriere** genannt wurde. Andererseits belastet Demotivation die Motivation und Verwirklichung von inhaltlichen Orientierungen. Nach **Maslows Ansatz** sollten zunächst die »Defizitbedürfnisse« befriedigt sein. »Wachstumsmotive« werden aber meist stärker gewichtet und rangiert. Werden sie nicht befriedigt, verstärkt dies besonders das Demotivationspotenzial. Für eine Erfassung frustrationsbedingter Demotivation und dessen Reaktionen ist **Alderfelders erweitertes Bedürfnismodell** hilfreich. Seine motivspezifischen Prinzipien, die den dynamischen Zusammenhang von Befriedigung, Frustration, Regression und Progression beschreiben, verweisen auf Gefahren einer Eskalationsdynamik. **Herzbergs »Unzufriedenheitsmacher«** (Hygienefaktoren oder »Dissatisfaktoren«) entsprechen weitgehend Kontextfaktoren für Demotivation. Prophylaktische Berücksichtigung dieser Faktoren fördert die »Hygiene einer Organisation« und schützt vor Ausbreitung des »Demotivationsvirus«. Wobei »Nicht-Unzufriedenheit« noch kein Garant fehlender Demotivation ist. **McClellands Motivdimensionen** (Leistung, Macht, Sozialität, Vermeidung) und deren Verhaltenskonsequenzen können als Ursache- und Reaktionszusammenhang für Demotivation berücksichtigt und für die Entwicklung von Abbau- und Remotivationsstrategien verwendet werden.

Bedürfnisorientierte Motivationsmodelle vernachlässigen meist Identifikation als Voraussetzung und Grundlage der Motivation bzw. selbstorganisierter Remotivation. Ihre undifferenzierte und oft statische Anwendung führte zu übergeneralisierten Motivationskonzepten, die der individuellen und dynamischen Bedürfnisstruktur des Einzelnen nicht gerecht werden. Insbesondere die Motivationspyramide von Maslow wurde über- und fehlinterpretiert. Dies gilt speziell für die Annahme, dass ab gewissen Entwicklungsstufen »niederwertige« Defizitmotive nicht oder kaum mehr relevant sind und dass es eine »Stufenleiter« zu höherwertige Motivation gibt. Auch die idealtypischen Differenzierungen von Herzberg wurden einseitig interpretiert. Dies führte u. a. zu einer eindimensionalen Interpretation des Einkommens auf einen Hygienefaktor. Dabei wurde übersehen, dass mit Entlohnung auch wesentliche Funktionen von Anerkennung, Selbstachtung und Statuseinschätzung angesprochen sind. Zudem sind die kontextuellen Hygienefaktoren zu aktualisieren und durch willenstheoretische Aspekte zu erweitern. Schließlich konzentrieren sich Herzbergs Motivationsempfehlungen überwiegend auf den Aufbau oder die Verstärkung intrinsischer Motivation.

Das Hauptproblem mangelnder Effizienz inhaltlicher Motivationstheorien unter Demotivations- und Führungsaspekten liegt jedoch darin, dass sie implizit davon ausgehen, ein attraktives inhaltliches Motivationsangebot würde schon ein entsprechendes Leistungsverhalten sichern. Demotivationsprobleme entstehen jedoch nicht nur durch inhaltliche Bedürfnis- und Motivationsaspekte und können nicht allein durch sie gelöst werden. Für eine umfassende Untersuchung von Demotivations- und Remotivationsprozessen sind inhaltstheoretische Ansätze durch prozesstheoretische Einflussgrößen, wie z. B. Erwartungswerte oder Instrumentalitäten zu ergänzen.

- **Welche Bedeutung haben Prozesstheorien der Motivation für die Demotivation?**

Unabhängig von jeweiligen Motivationsinhalten konzentrieren sich Prozessmodelle auf den Entscheidungs- und Handlungsprozess des Einzelnen. Der Fokus liegt dabei auf der individuellen Auswahl und Bewertung attraktiver Motive sowie deren Bedeutung für zielorientiertes Leistungsverhalten. Zudem können sozialer Vergleich, Ungleichheitsaspekte und Zuschreibungsmechanismen systematisch einbezogen werden.

Die Anreiz-Beitrags-Theorie erklärt Demotivation als Ungleichgewicht von Anreizen und erfahrenen Belastungen. Demnach verringern Anreizdefizite oder Belastungsüberschüsse die Bereitschaft, sich für die Verwirklichung der Organisationsziele einzusetzen. Bei einem Ungleichgewicht erhöht sich der Wunsch nach alternativen Beschäftigungsformen oder Kompensationen (z. B. in der Freizeit). Der Anreiz-Beitrags-Ansatz zeigt, dass

Demotivation nicht nur die *Abwendung von* Arbeitsbelastungen, sondern auch eine *Hinwendung zu* arbeitsexternen Aktivitäten mit höherem Anreizwert indiziert. Führung soll deshalb, zur Prävention und Reduktion von Demotivation, für die Sicherung eines sachlichen und sozialen Anreiz-Beitragsgleichgewichts im Unternehmen sowie für Möglichkeiten der Kontrolle und Einflussnahme durch die Betroffenen sorgen.

Prozesstheoretische Erkenntnisse aus dem **Erwartungs-Valenz-Modell von Vroom** ermöglichen wichtige Unterscheidungen hinsichtlich Valenz, Instrumentalität und Erwartungshaltung. Demnach gibt es eine »Quasi-Valenz« und »Quasi-Erwartungshaltung« für Demotivation. Eine negative Bewertung der Nutzenerwartung bzw. der Handlungsfolgen verstärkt die Demotivationsneigung. Andererseits vermindern Demotivationserfahrungen positive Erfolgserwartungen und Belohnungswerte. Wie unsere empirischen Ergebnisse zeigen (z. B. Ressourcen) demotiviert schon eine unzureichende »Instrumentalität«. Denn ausreichende Mittel und Wege sind gerade für Remotivation entscheidend. Der **Integrationsansatz von Lawler und Porter** erweitert das prozesstheoretische Grundmodell durch Berücksichtigung von umfassenderen Aspekten der Personen und Arbeitstätigkeit. Durch Einsichten in den Zusammenhang von Erwartung und Belohnungen kann ein optimales Anreiz- und Ausführungsniveau bestimmt werden. Mit der **Gleichheitstheorie von Adams** wird die demotivationsrelevante Bedeutung sozialer Vergleichsprozesse und die Wahrnehmung unfairer Behandlungen erkennbar – insbesondere am Beispiel des Einkommens. Mit dem »Equity-Ansatz« können bei der Gestaltung von Honorierungs- und Anreizsystemen zum Demotivationsabbau Gleichheits- und Gerechtigkeitsüberlegungen systematisch berücksichtigt werden. Fühlt sich ein demotivierter Mitarbeiter fair behandelt, erhöht dies auch die Bereitschaft eines Remotivationsengagements. Allerdings sind Gewichtung, Zurechnung und Operationalisierung von Gerechtigkeitsprozessen nicht einfach zu gestalten. **Attributionstheorien** machen die Relevanz von Zuschreibungsmechanismen als soziale Konstruktion von Demotivationswirklichkeiten deutlich. Damit können Bewertungsmuster besonders für misserfolgsorientierte Demotivierte erkannt und eher überwunden werden. Attributionskonzepte zeigen auch die Bedeutung eines laufenden Feedbacks (z. B. zum Remotivationserfolg) auf. Demotivation wird jedoch nicht nur durch kognitive und kausale Zuschreibungen hervorgerufen. Und die Beeinflussung von Attributionsprozessen stellt besondere Anforderungen an die Führungskräfte. Mit den **Zielsetzungstheorien** wird die Bedeutung von Zielvereinbarungen und die Dynamik eines »Low-Performance-Zyklus« der Demotivation offenbar. Zieltheorien zeigen auch die demotivationspräventive und -abbauende Bedeutung von ziel- bzw. ergebnisorientierten Delegationskonzepten auf.

Nachteile und Grenzen der Prozessmodelle beziehen sich besonders auf das hier bevorzugte Menschenbild eines primär rational entscheidenden und selbstständig wählenden und handelnden Mitarbeiters. Das zugrundeliegende Prinzip individueller Nutzenmaximierung ist mit einer folgenreichen **Vernachlässigung sozialer und normativer Dimension** verbunden. Auch erschweren kognitiv orientierte Prozessmodelle den Zugang zu emotionalen Prozessen und willensbezogenen Handlungsrealisationen. Die Komplexität zwischen Erwartungen, Ansprüchen und Alternativvergleichen sowie Ergebnissen kann mit den formalen Modellen nicht erfasst werden. Ungeklärt bleibt z. B., welche **kontextuellen Einflüsse** die unterstellte rationale Auswahl, Kalkulation und Bewertung verschiedener Alternativen mitbestimmen.

Aus prozesstheoretischer Perspektive wird dennoch deutlich, wie wichtig Informations-, Interpretations- und Unterstützungsfunktionen für eine konstruktive Erwartungshaltung und Bewertung sind. Über strukturelle Führung sind besonders subjektive Erfolgseinschätzungen positiv zu beeinflussen sowie Instrumentalitäten für den konkreten Abbau von Barrieren und zur Remotivation bereitzustellen bzw. zu vermitteln.

- **Grenzen von Motivationstheorien für die Demotivation**

Sowohl inhalts- als auch prozesstheoretische Motivationsmodelle vernachlässigen bislang die Motiv- bzw. **Demotivationsstruktur des Vorgesetzten**. Auch deren bedürfnisorientierte Motivationsinhalte, Erwartungen, Valenzen, Instrumentalitäten und Bewertungen sollten berücksichtigt werden. Zudem wird keine **rollenspezifische Differenzierung** der Motivations- bzw. Demotivationsbeziehung zwischen Vorgesetzten und Mitarbeitern vorgenommen. Für eine gemeinsame Vorbeugung und Demotivationsüberwindung sowie wirkungsvolle Remotivation sind diese wechselseitigen Beziehungen aber oft entscheidend. Ferner ist eine Verbindung von inhalts- und prozessorientierten Ansätzen anzustreben, um so personen- und situationsangepasste Gestaltungskonsequenzen zu gewinnen.

2.2.2 Weitere theoretische Ansätze zur Erklärung von Demotivation

»Psychologische Verträge« verweisen auf freiwillige Verpflichtungen und wechselseitig respektierte Übereinkünfte, die Erwartungen von Mitarbeitern und der Organisation bestimmen. Während erfüllte psychologische Verträge eine Basismotivation erzeugen, bewirken Verletzungen Demotivation. Strategien zur Vermeidung und Abbau von Demotivation sollten für eine Übereinstimmung von psychologischen Vertragsinhalten (z. B. Möglichkeiten höherer Eigenverantwortung) mit den Zielen der Organisation sorgen. Von einer Neubestimmung der psychologischen Vertragsbeziehungen gehen auch Remotivationseffekte aus.

Theorien der kognitiven und emotionalen Dissonanz helfen, demotivierende Ursachen, Verhaltensweisen und Wirkungen in Organisationen zu verstehen. Eine Sanktionierung oder erfolglose Reduktionsstrategien bei kognitiven Dissonanzen demotivieren. Ebenso sind emotionale Dissonanzprozesse hier einzubeziehen.

Dissonanzen demotivieren auch, weil sie **Flowerfahrungen** einschränken. »Flow« verweist auf ein intrinsisches Handeln. Da Demotivierte keinen Zugang zu befriedigendem »Flow« haben, ist es Aufgabe demotivationsabbauender Führung hohe Flow-Erlebnisse (»peak-experiences«) zu vermitteln (z. B. durch explorative Freiräume zur Erprobung von Formen des Wissens und Könnens). Durch klare Zielvorstellungen, Rückmeldungen und ein Gleichgewicht von Aufmerksamkeit und Tun bzw. Herausforderungen und Fähigkeiten sowie Selbstkontrolle und Zeitfreiheit kann Flow auch zur Remotivation beitragen.

Wie sehr Demotivation sich aus unzureichender Umsetzung von Intentionen und Zielen ergibt, wird durch Beachtung von **Willensprozessen** und deren phasenspezifische Handlungsorientierungen deutlich. Verharrungstendenzen durch eingeschränkte Willensrealisierung verstärken Passivität. Zur Förderung erfolgreicher Intentions- und Willensprozesse sind spezifische Maßnahmen anzuwenden (z. B. spezifische, herausfordernde Zielbestimmung, Handlungsoptionen sowie Feedback und Trainingsmaßnahmen).

Demotivation steht in einem hohen Zusammenhang mit **Entfremdungserfahrungen**. Als Typen demotivierender Arbeitsentfremdung treten empfundene Macht- bzw. Bedeutungslosigkeit in der Arbeit und soziale Isolation in der Organisation sowie Selbstentfremdung auf. Diese Entfremdungsarten führen zu fehlendem Involvement der Betroffenen. **Innere Kündigung** manifestiert den Bruch des psychologischen Vertragsverhältnisses und verweist auf eine besondere Art von Entfremdung. Sie ist eine **extreme Form** von Demotivation, da innerlich Gekündigte ihre Motivationskräfte verloren oder aufgegeben haben. Andererseits kann starke Demotivation auch (Teil-)Ursache für innere Kündigung sein. Innerlich gekündigte Mitarbeiter reduzieren ihre Kooperation bzw. Bereitschaft, an Problemlösungen (z. B. zur Demotivationsüberwindung) aktiv mitzuwirken und ziehen sich schließlich resigniert auf einen »Dienst nach Vorschrift« zurück.

2.2.3 Wirkungen und Ambivalenz der Demotivation

- Welche Wirkungen und Folgen gehen von Demotivation aus?

Mehrdimensionale und indirekte Demotivationswirkungen sowie deren Multiplikationseffekte sind oft schwer zu messen. Die Wirkungen betreffen den Einzelnen, aber auch zwischenmenschliche Beziehungen sowie das Team oder das Gesamtunternehmen. Für die **Person** können neben psychophysischen Reaktionen auch kognitive und emotionale Effekte (z. B. Leistungsschwankungen, Konzentrationsschwächen oder Ängste, Frustration, Ärger) auftreten. In Extremfällen kann ein »**Burn-Out-Zyklus**« einsetzen, der Erschöpfung oder gar Depression bewirkt. Zudem besteht die Gefahr einer Problemübertragung auf den familiären Bereich bzw. (Sucht-)Kompensation im außerberuflichen Lebensbereich.

Demotivationswirkungen für die **zwischenmenschlichen Beziehungen** zu Kollegen, Vorgesetzten oder Kunden beziehen sich besonders auf Formen von sozialem Stress (z. B. durch Rollenkonflikte und -überlastungen). Dazu treten Störungen der sozialen Beziehungen (z. B. Projektion negativer Gefühle oder Rückzug aus informellen Kontakten). Dies kann mit Intoleranz, Spannungen, Misstrauen und Konflikten einhergehen, die wiederum zu Koordinationsproblemen und mangelnder Flexibilität führen. Diese persönlichen und interpersonellen Effekte wirken auf die **organisatorische Effizienz** negativ. Kostenrelevante Folgen sind: steigende Fehlzeiten, Absentismus, Arbeitsunfälle, Fluktuation oder eine quantitative und qualitative Leistungsverschlechterung bzw. sinkende Produktivität. Dazu treten eine Verschlechterung des Organisationsklimas sowie belastete Kundenbeziehungen und -zufriedenheit.

- Inwiefern ist Demotivation ambivalent und was ist eine »konstruktive Demotivation«?

Im Gegensatz zu den zuvor überwiegend als negativ beschriebenen Problem- und Wirkungszusammenhängen hat Demotivation auch funktionale und »positive« Aspekte. So kann Demotivation dazu beitragen, zu einem ausgewogeneren Verhältnis zum eigenen Selbst, zur Arbeit sowie zu anderen zu kommen. Als **Zustandsindikator zeigt Demotivation** personale, interpersonale und systemisch-strukturelle Probleme auf sowie organisationale Defizite an (z. B. unbefriedigte Bedürfnisse, unbeachtete Interessen von Mitarbeitern oder unzureichende Arbeits- bzw. Beziehungsqualitäten). Als kritisches und veränderungsinteressiertes Widerspruchsverhalten führt »**konstruktive Demotivation**« aus lethargischen und konservativen Zuständen heraus und setzt Veränderungsprozesse in Gang. Durch Demotivation hervorgerufene »schöpferische« Unzufriedenheit kann so zu einem

»(Re-)Motivationsfaktor« werden. Entscheidend ist jedoch, dass die Organisation für die Energien »schöpferischer Unruhe« konkrete und konstruktive Gestaltungsformen bietet. Sonst besteht die Gefahr, dass Demotivierte ihre Bedürfnisbefriedigung nur außerhalb der Organisation suchen oder dass sich die Energien destruktiv auswirken (z. B. als Mobbing).

2.3. Empirische Analysen zu Motivationsbarrieren

2.3.1 Konzeption der Untersuchung

- Was sind Motivationsbarrieren und wie wurden sie empirisch untersucht?

Motivationsbarrieren manifestieren individuelle, zwischenmenschliche sowie organisationale Hemmfaktoren, welche die Leistung und das Engagement von Mitarbeitern einschränken. Sie sind durch Situationseinflüsse mitbedingt und zugleich eingebettet in die gesamtwirtschaftliche und -gesellschaftliche Makroebene. Zur ihrer Analyse wurde als Pilotstudie ein eigenes Forschungsdesign konzipiert. Mit einem standardisierten Fragebogen wurden – nach mehreren Testphasen – über 250, meist **mittlere Führungskräfte** verschiedener Mittel- und Großunternehmen und Branchen aus der Schweiz, Deutschland und Österreich im Rahmen von Nachdiplomkursen in unterschiedlichen Hochschulen befragt. Die befragte Population war eine **homogene, spezifische Gruppe** des mittleren Managements. Die Untersuchungen dieser Gruppe erbrachten daher sehr ähnliche Ergebnisse. Ihr Durchschnittsalter lag bei ca. 35 Jahren. Um die Anonymität zu sichern, haben wir keine weiteren Strukturdaten oder Angaben zur Position und Funktion im Unternehmen erhoben. Es wurden zwischen Januar 2000 und Januar 2001 insgesamt acht **Befragungsrunden** in Form einer »**Klassenzimmerbefragung**« durchgeführt, was eine hohe Beteiligungsquote von über 90% ermöglichte. Dabei wurden die Teilnehmer nur in das Thema und den Fragebogen eingeführt, erhielten aber keine weitere Informationen. Sie wurden gebeten, zunächst aus einer Auswahl von **17 Motivationsbarrieren**, die für sie **wichtigsten 3 potenziellen** zu nennen und dann erst die aktuellen zu gewichten sowie deren relevante **Unterpunkte** zu bestimmen.

Die quantitativen Untersuchungen wurden mit Hilfe von Datenverarbeitungsprogrammen erfasst und statistisch ausgewertet. Damit wurden neben Rangreihen und Mittelwerten Korrelationsbeziehungen und Interkorrelationen ermittelt.

- **Was sind nach den empirischen Untersuchungen die wichtigsten potenziellen und aktuellen Motivationsbarrieren?**

Im Verlauf der Untersuchung wurde deutlich, dass zwischen potenziellen und aktuellen Barrieren zu unterscheiden ist. Daher konnten nicht bei allen Befragten potenzielle Demotivatoren ermittelt werden. Auch ist die Bedeutung für einzelne Befragte unterschiedlich. Weiterhin zeigt ein Vergleich mit den gewichteten, aktuellen Motivationsbarrieren, welchen Einfluss Letztere auf die gesamte Demotivation nehmen (können), insbesondere für die Arbeitsfreude und die eigene Produktivität.

- **Potenzielle Motivationsbarrieren**

Sie verweisen auf mögliche Demotivation. Da sie besonders stark akut werden können, erfordern sie besondere Aufmerksamkeit und **Prävention**. Tabelle 1 zeigt die Rangfolge der **potenziellen Motivationsbarrieren** und deren jeweiligen Anteil an der Gesamtnennung. Es wurden aber von den 193 Antworten der Befragten aus den 17 nur die drei stärksten potenziellen Barrieren ausgewählt, was deren Bedeutung und Einfluss deutlich erhöht.

Rang	Potenzielle Motivationsbarrieren	Gesamtnennungen (N =193)
1	Arbeitsinhalt	103 (42,9%)
2a	Verhältnis zum direkten Vorgesetzten	46 (19,2%)
2b	Verhältnis zu Teamkollegen	46 (19,2%)
2c	Einflüsse auf das persönliche Leben	46 (19,2%)
3a	Anerkennung	40 (16,7%)
3b	Organisationskultur	40 (16,7%)
4	Identifikation – Motivation	37 (15,4%)
5	Perspektiven	35 (14,6%)
6	Verantwortung	27 (11,3%)
7a	Unternehmens- – Personalpolitik	17 (7,1%)
7b	Sonstige Motivationsbarrieren	17 (7,1%)
8	Ressourcen	15 (6,3%)
9	Honorierung	13 (5,4%)
10	Arbeitskoordination	12 (5,0%)
11	Verhältnis zum höheren Management	8 (3,3%)
12	Arbeitsdurchführung	6 (2,5%)
13	Verhältnis zu anderen Abteilungen	5 (2,1%)

Tab. 1: Gesamtergebnisse zu potenziellen Motivationsbarrieren

Der **Arbeitsinhalt** erwies sich mit Abstand als wichtigste mögliche potenzielle Barriere. Nach den Aussagen von Interviews liegt dies auch darin begründet, dass mit ihr die zentrale Sinndimension der eigenen Arbeit angesprochen ist. Demotivierend wird ein Arbeitsinhalt besonders, wenn er nicht als herausfordernd, sinnvoll oder ganzheitlich wahrgenommen wird sowie wenn die Arbeit keinen Spaß macht. Neben der Inhaltsdimension sind auch **Beziehungsfaktoren** als potenzielle Barriere relevant. So werden Beziehungen zur direkten Führung und Kollegen sowie zum Privatleben gleichwertig rangiert. Auch die hohe Rangierung von »Anerkennung« zeigt, die Bedeutung von Respekt, Hochachtung und Lob durch soziale Kontakte.

- **Aktuelle Motivationsbarrieren**

Sie verweisen auf die momentane Beeinträchtigung in der Arbeitssituation. Die Befragung von 251 Führungskräften (mittleres Management) im Rahmen von Nachdiplomkursen und Weiterbildungsseminaren in den Jahren 1999–2001 ergab folgendes Ergebnis (vgl. Tab. 2):

Rang	Aktuelle Motivationsbarrieren	Gesamt-Mittelwerte (2000-2001/ N=251)
1	Arbeitskoordination	3,04
2	Organisationskultur	2,97
3	Einflüsse auf das persönliche Leben	2,83
4	Ressourcen	2,79
5	Arbeitsdurchführung	2,76
6a	Verhältnis zum höheren Management	2,72
6b	Unternehmens- und Personalpolitik	2,72
7	Perspektiven	2,64
8	Verhältnis zum direkten Vorgesetzten	2,58
9	Honorierung	2,54
10	Arbeitsergebnis/Anerkennung	2,52
11	Verantwortung	2,42
12	Identifikation/Motivation	2,37
13	Arbeitsinhalt	2,35
14	Verhältnis zu anderen Abteilungen	2,33
15	Sonstige Barrieren (Einflüsse aus dem persönlichen Leben, wirtschaftliche Situation, externe Beziehungen)	2,31
16	Verhältnis zum Team/Kollegen	2,17
Die Gewichtung erfolgte durch die Skala: Trifft: 1 = nicht 2 = gering 3 = mittelstark 4 = stark 5 = sehr stark zu.		

Tab. 2: Ergebnisse zu aktuellen Motivationsbarrieren der empirischen Untersuchung

Insgesamt wirken die Barrieren der befragten Führungskräfte daher **mittelstark bis gering**. Bei der stärksten Barriere »**Arbeitskoordination**« demotivieren besonders »unproduktive Arbeitsitzungen« und »unklare Kommunikation bzw. Kompetenzabgrenzung«.

Die Interviews bestätigten, dass persönliche Animositäten, »Rangkämpfe« und Zielkonflikte die Koordinationsprozesse belasten. In Sitzungen werden oft **latente Konflikte manifest**. Arbeits- und Teambesprechungen werden oft als »**dramaturgische Bühnen**« benutzt, auf denen es zur »Inszenierung« organisatorischer und persönlicher Rollen kommt. Wie in einem Kristallisationspunkt spiegelt sich in Sitzungen die Organisations-, Kooperations- und Führungskultur eines Unternehmens wider. Bei den Korrelationen sind besonders die Beziehungen zu »Identifikation/Motivation«, »Organisationskultur« und »Arbeitsinhalt« von Bedeutung. Auffälligerweise korrelieren »Verantwortung« und »Verhältnis zu direkten Vorgesetzten« gleich stark zur Arbeitskoordination. Dies zeigt, dass gestörte Koordination auch mit unklarer Verantwortung zusammenhängt sowie von der direkten Führung (z. B. des Sitzungsleiters) mitbeeinflusst wird. Die folgende Abbildung zeigt, wie hoch andere Barrieren mit Arbeitskoordination korrelieren.

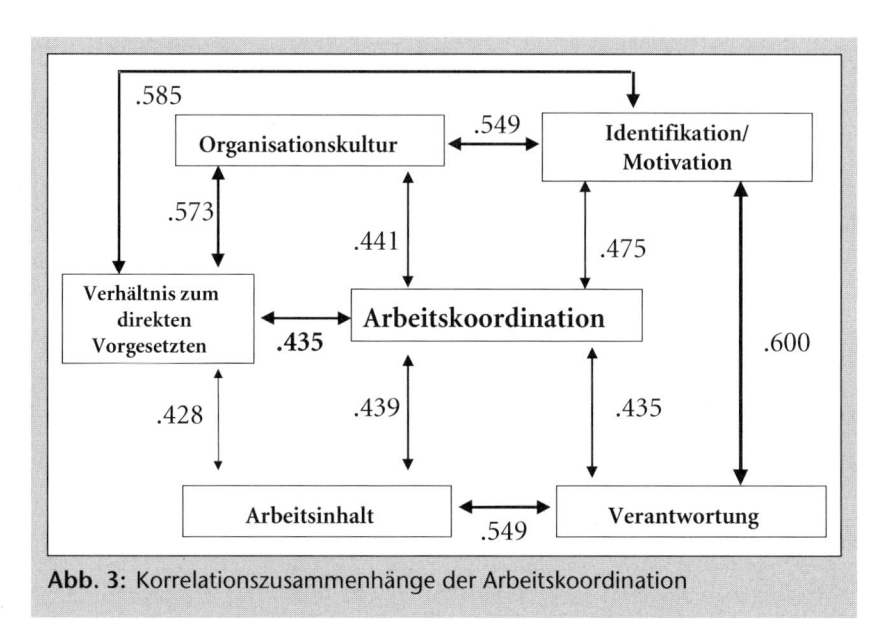

Abb. 3: Korrelationszusammenhänge der Arbeitskoordination

Beeinträchtigte Koordinationsprozesse in der Arbeit gefährden auf Dauer die Arbeitseffektivität sowie das Wohlbefinden der Mitarbeiter. Unzureichende Arbeitskoordination stellt eine Art »**Generator**« und »**Multipli-**

kator« dar, von dem vielfältige Demotivationseffekte für weitere interpersonelle wie strukturelle Zusammenhänge der Gesamtorganisation ausgehen oder beeinflussen. So bewirkt eine unbefriedigende Arbeitskoordination oft Stressbelastungen, die durch unzureichendes Feedback oder unfaire Kritik verstärkt werden. Fehlt dann noch eine konstruktive Kooperations- und Konfliktlösungskultur, und treten Probleme aus dem persönlichen Leben hinzu, vervielfachen sich die Demotivationseffekte.

Die **zweitstärkste Motivationsbarriere »Organisationskultur«** – die zugleich drittstärkster potenzieller Demotivator ist – zeigt hohe Korrelationen mit personalen und interpersonalen sowie strukturellen Barrieren. So betreffen **starke Korrelationsbeziehungen** (>.5) das »Verhältnis zum direkten Vorgesetzten«, »Identifikation/Motivation«, »Perspektiven« und »Verhältnis zum höheren Management« sowie »Unternehmens- und Personalpolitik«.

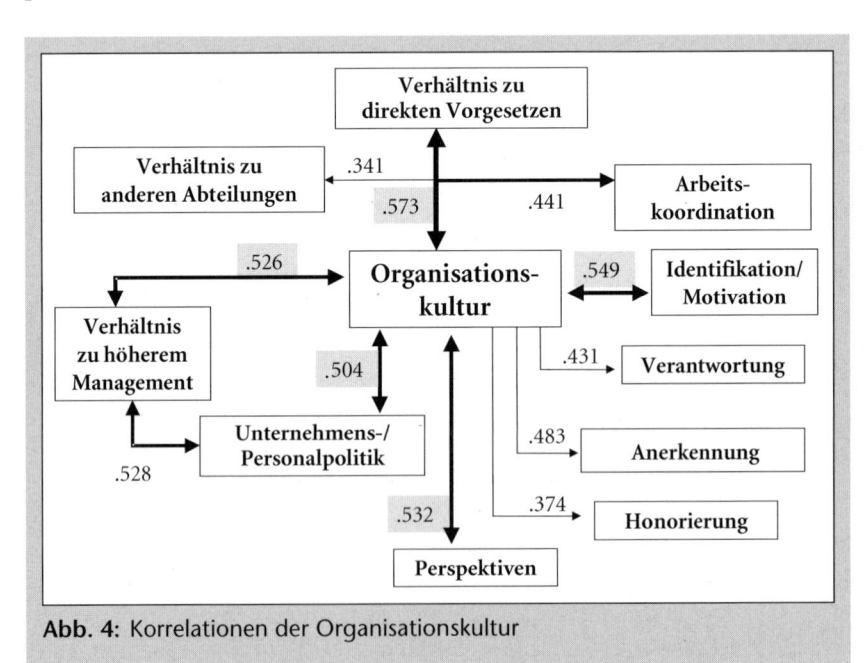

Abb. 4: Korrelationen der Organisationskultur

Die Korrelationen zu Vorgesetzten und Top-Management sowie Unternehmenspolitik und Anerkennung zeigen den Einfluss eines problematischen Führungsverhaltens bzw. -politik auf die Kultur. Dabei bestätigen die zentralen Demotivationsaspekte – wie Diskrepanz zwischen Reden und Tun bzw. unzureichende Kulturformen (z. B. Misstrauen, fehlende Kooperationskultur bzw. Konfliktbewältigung), wie gravierend nicht-integere Umgangsweisen sind. Treten dazu noch mangelnde Ressourcen inklusive hemmender oder undurchsichtiger Strukturen auf, bildet sich eine demotivierende Organisationskultur aus, die nur schwer zu überwinden ist. Die Korrelationsbeziehungen zur »Identifikation« und »Perspektiven« weisen auch darauf hin, wie sehr die Organisationskultur die Handlungs- und Entscheidungsmuster und Zukunftshaltung der Organisationsmitglieder beeinflusst. Ebenso betrifft sie die Arbeitskoordination und das Verhältnis zu anderen Abteilungen.

Prägt eine demotivierende Organisationskultur das Klima eines Unternehmens, hat dies weitreichende Folgen. So kann die Dynamik einer »**Demotivationskultur**« die gesamte Organisation sowie externe Beziehungen erfassen. Dabei sind jedoch kulturspezifische und situative Besonderheiten sowie informelle Subkulturen zu berücksichtigen. Vermag eine Organisation keine Sozialintegration zu vermitteln, schränkt dies die Motivationslage der Mitarbeiter noch mehr ein. Fordert sie Leistung in der Arbeit ohne Sinn oder Identifikationsmöglichkeiten zu bieten, erhöht sich die Wahrscheinlichkeit von Demotivation. Die Barriere »**Einflüsse auf das persönliche Leben**« hat eine **hohe Bedeutung** sowohl als potenzieller wie **drittwichtigster aktueller Faktor.** Dabei demotiviert v. a. eine fehlende Balance zwischen Arbeit und Freizeit.

Aktuelle **Ressourcenprobleme,** als viertwichtigste Barriere, werden besonders durch mangelnde Anzahl und Qualität von Mitarbeitern hervorgerufen. Demotivierende **Arbeitsdurchführung** (Rang 5) ist insbesondere durch zu großen Zeitdruck bedingt. Auch demotiviert unzureichendes Kommunikations- und Führungsverhalten des »höheren Managements« (Rang 6) sowie eine inkonsequente Umsetzung und intransparente »Unternehmens- und Personalpolitik« (Rang 7). Die »Perspektiven« (Rang 8) demotivieren v. a. durch zu geringe Entwicklungschancen. Von ihr geht auch der stärkste Korrelationswert zur Barriere »Identifikation/Motivation« aus. Beim »Verhältnis zum direkten Vorgesetzten« (Rang 9) ist besonders die unbefriedigende Vorbildfunktion bestimmend. Während bei »Honorierungen« (Rang 10) fehlende Leistungsgerechtigkeit demotiviert, ist es bei »Anerkennung« (Rang 11) das unbefriedigende Feedback. Auch demotivieren unklare »Verantwortung« (Rang 12), fehlende »Identifikation« (Rang 13) mit Leistungsprozessen und Management und nicht herausfordernder Arbeitsinhalt (Rang 14). Schließlich bilden eine gestörte Kooperation im Verhältnis zu anderen Abteilungen« (Rang 15) und fehlender Unternehmenserfolg als sonstige Barriere (Rang16) sowie mangelnde Zusammenarbeit mit Kollegen (Rang 17) niedriger bewertete Barrieren.

- **Vergleich aktueller und potenzieller Motivationsbarrieren**

Potenzielle Barrieren thematisieren – ähnlich wie Herzbergs »**Kontentfaktoren**« – eher intrinsische Aspekte der Arbeit, die sich vor allem auf die Ausgestaltung und Förderungspotenziale der Zufriedenheit und der Arbeitsleistung beziehen.

Dies belegt die These, dass intrinsische Demotivatoren auch stärkere Wirkung auf die Gesamtdemotivation zeigten. Als **aktuelle Barrieren wurden dagegen** vorwiegend »**Hygienefaktoren**« (»Unzufriedenheitsmacher« oder »Frustratoren«) im extrinsischen Arbeits- und Beziehungsumfeld genannt.

Motivationsbarrieren	Ra	Rp	ΔR
Arbeitskoordination	1	10	+ 9
Organisationskultur	2	3b	+ 1
Einflüsse auf das persönliche Leben	3	2c	– 1
Ressourcen	4	8	+ 4
Arbeitsdurchführung	5	12	+ 7
Verhältnis zum höheren Management	6	11	+ 5
Unternehmens-/Personalpolitik	7	7a	0
Perspektiven	8	5	– 3
Verhältnis zum direkten Vorgesetzten	9	2a	– 7
Honorierung	10	9	– 1
Anerkennung	11	3a	– 8
Verantwortung	12	6	– 6
Identifikation	13	4	– 9
Arbeitsinhalte	14	1	–13
Verhältnis zu anderen Abteilungen	15	13	– 2
Verhältnis zu externen Anspruchsgruppen (Kunden)	16	7b	– 9
Verhältnis zu Arbeitskollegen	17	2b	–15
Rang als **Ra**: aktuelle Barriere **Rp**: potenzielle Barriere **ΔR**: Rangabweichung			

Tab. 3: Vergleich zwischen potenziellen und aktuellen Motivationsbarrieren

Die potenziell relevanten »Einflüsse auf das persönliche Leben« und »Organisationskultur« stellen zugleich auch wichtige aktuelle Barrieren dar. »Unternehmens- und Personalpolitik« sowie »Perspektiven« nehmen beide eine eher mittlere Position ein. Die wichtigen potenziellen Barrieren »Arbeitsinhalt« und »Anerkennung« wurden als aktuelle Faktoren geringer gewichtet.

Die zweitwichtigste potenzielle Barriere »Verhältnis zum direkten Vorgesetzten« erhält aktuell nur eine mittlere Position, die sich damit als relativ geringe Demotivationsursache erweist. Das potenziell hoch rangierte »Verhältnis zu Kollegen bzw. Team« nimmt sogar nur den letzten Rang bei aktuellen Barrieren ein. Auch weicht die untere Rangierung von »Honorierung«, »Verhältnis zum höheren Management«, »Arbeitsdurchführung« und vor allem »Arbeitskoordination« und »Ressourcen« bei den potenziellen Barrieren auffallend von deren aktuellen Relevanz ab.

- **Bilanzierung und Verluste durch Motivationsbarrieren**

Über einzelne Motivationsbarrieren hinaus untersuchten wir, wie stark die Befragten grundlegend oder eingeschränkt **motiviert** sind und inwieweit sie sich im Vergleich zum Vorjahr stärker beeinträchtigt fühlen. Schließlich wurden die Befragten gebeten, ihren durchschnittlichen **Verlust an Spaß an der Arbeit sowie Produktivität** einzuschätzen. Dabei ergab sich Folgendes (vgl. Tab. 4):

Aktuelle Motivationsbarrieren	Gesamtergebnisse (2000-2001/N = 251)
Motiviert	3,78
Eingeschränkt motiviert	2,52
Im Vergleich zum Vorjahr stärker eingeschränkt	2,41
Skala: trifft 1 = nicht 2 = gering 3 = mittelstark 4 = stark 5 = sehr stark zu	
Ø Verlust von Spaß an der Arbeit – Arbeitsfreude	26,5%
Ø Verlust von Produktivität – Arbeitsleistung	22,7%

Tab. 4: Bilanz und Verluste durch Motivationsbarrieren

Die Mehrheit der befragten Manager schätzte sich, mit einer **starken Gewichtung motiviert** und auch im Vergleich zum Vorjahr **eher gering eingeschränkt** ein. Dennoch zeigen bei dieser Motivlage die **Verluste** von rund 27% der Arbeitsfreude und fast 23% der Produktivität die Größenordnung der verlorenen Potenziale der Mitarbeiter durch Motivationsbarrieren! Eine kostenmäßige Erfassung dieser Einbußen (z. B. als Opportunitätskosten) und deren Folgekosten (z. B. durch Ausfälle oder Abbaumaßnahmen) würde das Ausmaß der Demotivation noch deutlicher vor Augen führen. Bei den ermittelten Werten handelt es sich um Durchschnittswerte mit starker Streuung der Antworten.

Ergänzt wurden die Auswertungen durch Expertengespräche mit Personalpraktikern sowie Ergebnissen von Fallstudien und anderer empirischer Un-

Einführung

tersuchungen. Auch wurden 25 **qualitative Telefoninterviews** mit Betroffenen geführt, welche Ergebnisse der quantitativen Fragebogenuntersuchung absicherten, begründeten oder erweiterten. Dabei wurden exemplarische **Demotivationsmuster** erkennbar, die auch von den Korrelationsanalysen gestützt wurden (z. B. Einfluss von Arbeits- oder Beziehungskontexten).

So bewirkt z. B. eine unbefriedigende Arbeitskoordination Stressbelastungen, die durch unzureichendes Feedback oder unfaire Kritik verstärkt werden. Dazu kommen oft noch eine fehlende Kooperations- und Konfliktlösungskultur sowie Probleme aus dem persönlichen Leben. Wenn unklare Ziele, unbefriedigende Arbeitsgestaltung, unproduktiven Arbeitssitzungen oder fehlende Perspektiven keine kompensierenden Motivationserfahrungen gegenüberstehen, intensiviert sich die Demotivationsdynamik.

- **Interkorrelationen in Einflusskontexten**

Werden alle Motivationsbarrieren in einen korrelativen Zusammenhang gebracht, lassen sich **drei Hauptkontexte** interpretieren:

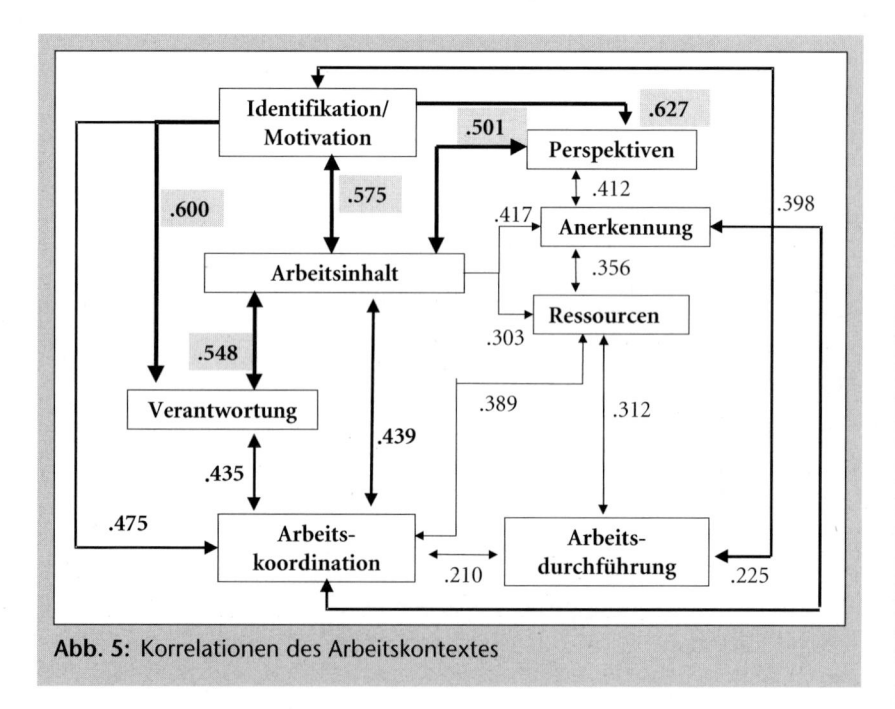

Abb. 5: Korrelationen des Arbeitskontextes

– **Arbeitskontext**

Der Arbeitskontext betrifft Ursachen, Entwicklungen und Wirkungen sowie Überwindungsmöglichkeiten von Demotivation in der täglichen

Arbeit. Dazu gehören sowohl potenzielle (v. a. »Arbeitsinhalt«, »Anerkennung«) wie aktuelle Barrieren (v. a. »Ressourcen«, »Arbeitskoordination und -durchführung«). Dazu treten grundlegende Beziehungen zur Arbeit, die über »Identifikation/Motivation« bzw. »Verantwortung« sowie »Perspektiven« bestimmt werden. Folgende Abbildung zeigt die stärksten Wechselbeziehungen (> 0.2) der einzelnen Faktoren.

– **Beziehungskontext**

Als wichtige potenzielle Motivationsbarrieren erwiesen sich die Beziehungen zur direkten Führung und Kollegen sowie die Anerkennung. Zum Beziehungskontext gehören auch das Verhältnis zum »höherem Management« sowie zu »anderen Abteilungen«. Aber auch und »Identifikation/Motivation«, »Anerkennung«, »Honorierung«, »Verantwortung« und »Perspektiven«, sind darin zuzuordnen, sofern sie über die Mitarbeiter- oder Führungsbeziehung vermittelt werden. Schließlich ist der Bezug zum »persönlichen Leben« zu berücksichtigen. Folgende Abbildung fasst die wichtigsten Korrelationsbeziehungen der einzelnen Faktoren zusammen.

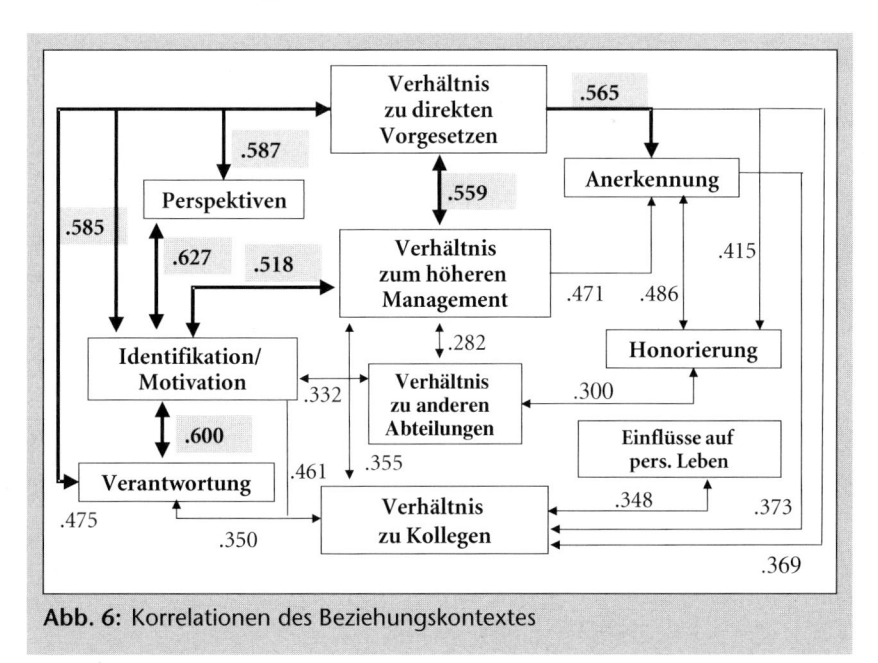

Abb. 6: Korrelationen des Beziehungskontextes

– **Kulturkontext**

»Organisationskultur« erwies sich als zweitstärkste aktuelle und drittwichtigste potenzielle Motivationsbarriere. Zum kulturellen Kontext gehören aber auch »Identifikation/Motivation«, »Perspektiven«, »Anerkennung«

und »Honorierung« sowie das »Verhältnis zu anderen Abteilungen«. Schließlich manifestiert auch die »Unternehmens- und Personalpolitik« und die Verhältnisse zum »direkten« und »höheren Management« wichtige kulturkontextuelle Demotivatoren. In folgender Darstellung sind die Korrelationsbeziehung des kulturellen Kontextes zusammengefasst:

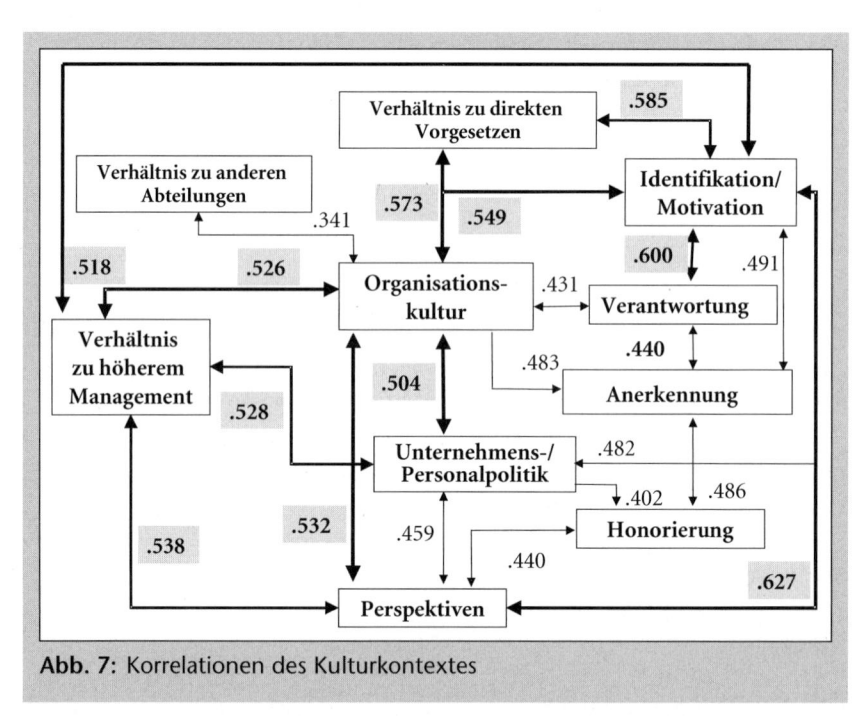

Abb. 7: Korrelationen des Kulturkontextes

Für die diskutierten Kontexte können spezifische Arbeits- und Situationsfaktoren, Gruppen- und Führungsbeziehungen und Besonderheiten eines Organisationsklimas bestimmt werden. Zum Abbau einzelner Motivationsbarrieren in den Kontexten sind therapeutische Maßnahmen und eine Unterstützung der Remotivation bzw. Selbst-Remotivierung grundlegend.

2.4. Gestaltungsansätze

2.4.1. Prävention von Demotivation

Prävention meint die systematische **Vermeidung** von Störungen bzw. Verringerung von Risikofaktoren. Hier sind damit insbesondere vorbeugende Maßnahmen gegen das Auftreten von Demotivation und deren Wirkungen gemeint, was aufwändige, kostenintensive und z. T. wirkungslose Abbau- und Remotivationsmaßnahmen erspart.

Für die Prävention sind insbesondere **potenziell starke Motivationsbarrieren** – also mögliche, aber dann besonders verletzende Barrieren relevant. Da mit dem empirisch wichtigsten Faktor »Arbeitsinhalt« die Sinndimension angesprochen wird, sind Formen der Sinnvermittlung und Maßnahmen zur Gestaltung der Organisationskultur anzuwenden. Diese können allerdings nicht »von oben« vorgeben, da Sinn letztlich selbst gefunden sowie kommunikativ entwickelt wird. Deshalb geht es hier um eine **sinnvermittelnde Kontextsteuerung** und die **Entwicklung gemeinsamer Sinnangebote bzw. -bezüge** (z. B. Einsicht in Bedeutung von Zwischenprozessen oder von individuellen Beiträgen zur gesamten Wertschöpfung). So gehören zur Prophylaxe der potenziellen Barriere »Arbeitsinhalt« eine bedürfnisorientierte Arbeitsgestaltung, die durch Vielfalt und Bedeutungs- und Lerngehalt der Aufgaben, sowie durch Kreativität und Kontrolle des eigenen Handelns gesichert wird.

Als strategische Präventionsmöglichkeit dient auch ein **Frühwarnsystem** zur individuellen und zielgruppenspezifischen Demotivationserkennung. Dieses kann helfen, mögliche demotivationsbegünstigende Entwicklungen oder potenzielle Demotivatoren frühzeitig aufzudecken und pro-aktiv prophylaktisch zu agieren. **Strategische Frühaufklärung** erkennt die durch die Demotivation eingeschränkten Erfolgspotenziale, indem sie z. B. über »schwache Signale« Unverträglichkeiten (z. B. Dissonanzen zwischen Bedürfnissen und Projektaufgaben) identifiziert. Über die Ermittlung strategischer Informationen sowie Bereitstellung und Koordinierung von Orientierungswissen trägt sie zur Reduktion von Wissens- und Kommunikationsdefiziten bei. Damit dient sie auch zur Verbesserung der Entscheidungsgrundlage und Flexibilisierung von Handlungsmöglichkeiten und kann so umfassende organisationale Lernprozesse unterstützen.

Als organisationale Maßnahmen dienen auch der Aufbau von **Umsteuerungspotenzialen** (»slacks«) einer Vermeidung von Demotivation. Damit sind organisationale **Ressourcenüberschüsse oder Flexibilitätspotenziale** gemeint (z. B. Zeitreserven, Dispositionsspielräume, zusätzliche Mitarbeiter). Solche »Slacks« werden durch Mehrfachqualifizierung, überlappende Aufgaben und vielseitige Rollenverteilung sowie Entscheidungsdelegation und Integration selbstorganisatorischer Prozesse aufgebaut.

Mit einer **demotivationsberücksichtigenden Personalauswahl, -einstellung und -beurteilung** will man die Mitarbeiter finden oder fördern, die von ihren Persönlichkeitseigenschaften und Sozialverhalten eher in der Lage sind, Demotivationsprobleme zu bewältigen (z. B. durch Stresstoleranz). Die **Personalauswahl** sollte auf der Basis von Schlüsselqualifikationen bzw. Persönlichkeitskompetenzen (z. B. Sozialkompetenz und selbstmotivieren-

Einführung

de Fähigkeiten) durchgeführt werden. Fehlende oder mangelhafte Arbeitsplatzbeschreibungen bzw. unklar formulierte Aufgaben können gerade neue Mitarbeiter verunsichern und Leistungsängste hervorrufen. Deshalb sollte eine informative Darstellung der Unternehmens- und Arbeitssituation bereits bei der Stellenausschreibung, im Assessment-Center oder in Bewerbungs- bzw. Einstellungsgesprächen, spätestens bei der Einführung erfolgen. Für den **Personaleinsatz** können mit gezielten Informationen durch Vorgesetzte oder »Paten« bzw. Mentoren betriebliche Gegebenheiten einsichtig gemacht und unrealistische Erwartungen korrigiert werden. Auch sind Austausch- und Lernprozesse zwischen den Generationen förderlich (z. B. durch entsprechende Teamzusammensetzung). **Personalbeurteilungen** können unternehmensweit, teambezogen oder individuell vorhandene Potenziale von Mitarbeitern ermitteln und anerkennen, die zu einem konstruktiven Umgang mit Demotivation fähig sind. Dies kann dann Entscheidungskriterien für die Personalplanung (Stellenbesetzung, Nachfolgewahl, Laufbahn- und Karriereplanung, Versetzung) sowie für spezifische Anreiz- und Förderkonzepte (Beförderungen, Gehaltsbestimmung) und Weiterbildungsprogramme bereitstellen.

Präventiv kann Demotivation auch durch Maßnahmen zur sog. **Personalpflege** entgegengewirkt werden. Sie bezieht sich auf die ausgleichende Unterstützung von (demotivierten) Mitarbeitern als Pendant zur Förderung und Entwicklung. Dabei soll das Verhältnis von Anforderungen und Belastungen bzw. Ressourcen zwischen Organisation und Mitarbeiter in ein ausgewogenes Gleichgewicht gebracht werden.

Dies kann z. B. durch arbeitsorganisatorische Maßnahmen zur Begünstigung ganzheitlichen Arbeitserlebens oder Eindämmung negativer Einflüsse auf das persönliche Leben erfolgen (z. B. Sicherung der »Work-Life-Balance«).

Soziale Unterstützung am Arbeitsplatz vermittelt den Mitarbeitern Interesse, Freundlichkeit und Hilfe durch entsprechende Beziehungen zu Kollegen und Anerkennung oder Fürsorge von Vorgesetzten. Sie »puffert« negative Wirkungen von demotivierenden Belastungen ab (z. B. soziale Isolation oder Entfremdung) und aktiviert die Remotivationsbereitschaft. Dies wird auch durch die Entwicklung einer offenen Vertrauens- und Kommunikationskultur gefördert.

Präventive Führung ermittelt »Demotivationsroutinen« und Verhinderungsschleifen, macht sie diskussionsfähig und vermittelt Überwindungsmöglichkeiten. Damit wird ein konstruktiver Umgang mit Demotivation geschaffen oder verbessert. Die Führung anerkennt und unterstützt dabei die Mitarbeiter so, dass sie ihre zwischenmenschlichen und arbeitsbezogenen Beziehungen auch als förderlich für ihr Selbstwertgefühl und Selbstverwirklichung einschätzen. Schließlich kann durch ein »**Unterlassungsmanagement**«, also dem bewussten Nichtintervenieren durch Führungskräfte, Demotivation vorgebeugt werden.

2.4.2 Gestaltungsstrategien zur Demotivationsüberwindung und Remotivation

Demotivation verweist auf Situations- und Gestaltungsdefizite, zu deren Überwindung **integrierte Strategien** erforderlich sind. Dazu bieten sich Maßnahmen indirekter, strukturell-systemischer und direkter personaler Führung an. **Strukturelle Führung** versucht über Kontextgestaltung ein optimales, d. h. demotivationreduzierendes bzw. remotivierendes Umfeld zu schaffen. Sie bilden die normative und strategische Grundlage für die **interaktive Situations- und Beziehungsgestaltung**. Ansatzpunkte struktureller Führung liegen in den Bereichen Kultur, Strategie, Organisation und qualitative Personalstruktur, die durch personen- und zielgruppenspezifische Möglichkeiten direkter Führung zu ergänzen sind (vgl. Abbildung 8).

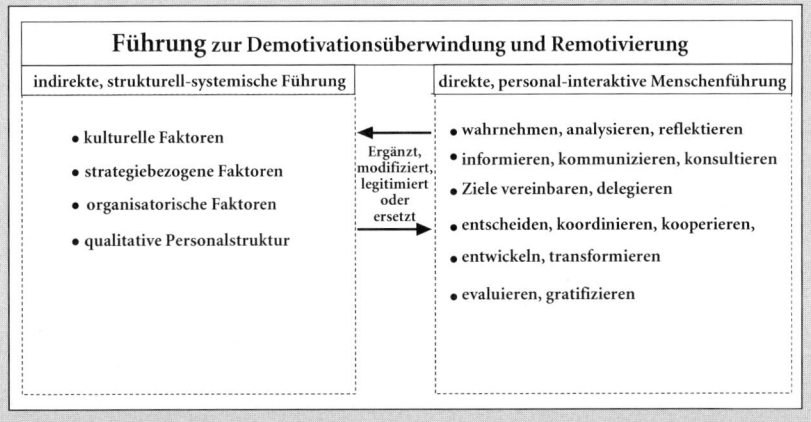

Führung zur Demotivationsüberwindung und Remotivierung	
indirekte, strukturell-systemische Führung	direkte, personal-interaktive Menschenführung
• kulturelle Faktoren • strategiebezogene Faktoren • organisatorische Faktoren • qualitative Personalstruktur	• wahrnehmen, analysieren, reflektieren • informieren, kommunizieren, konsultieren • Ziele vereinbaren, delegieren • entscheiden, koordinieren, kooperieren, • entwickeln, transformieren • evaluieren, gratifizieren

Ergänzt, modifiziert, legitimiert oder ersetzt

Abb. 8: Strukturelle und interaktive Führung zum Demotivationsabbau und Remotivation

- Strukturell-systemische Führung und Demotivationsabbau bzw. Remotivation

• **Welche Bedeutung hat die Unternehmens- und Führungskultur?**

Die Unternehmenskultur beeinflusst über gelebte Wertvorstellungen das Denken, Handeln und Fühlen der Mitarbeiter und einer Organisation. Wie

Einführung

die empirischen Ergebnisse bestätigten*, trägt insbesondere eine Misstrauenskultur bzw. gestörte Kooperationskultur maßgeblich zur Demotivation bei. Mit entsprechender Kulturgestaltung sollen Werthaltungen und Handlungsmuster organisationsweit so etabliert und beeinflusst werden, dass möglichst viele Organisationsmitglieder demotivationspräventiv bzw. -mindernd handeln können und wollen. Gemeinsam geteilte Kooperationswerte und Orientierungsmuster vermindern Ängste und vermitteln Sicherheit. Die konkrete Kulturgestaltung hängt dabei von der Einschätzung der Beeinflussbarkeit der Unternehmenskultur (Gestaltungsphilosophie) sowie vom allgemeinen Organisations- und Führungsverständnis und dem Vorleben der Führungskräfte ab. Kulturelle Werte sind aber nur begrenzt und allenfalls mittelfristig veränderbar, denn sie sind – als sozio-kulturell entstandene Ordnungsformen – nicht beliebig instrumentalisierbar. Eine **kulturbewusste Demotivationspolitik** sollte dabei kooperative, selbstorganisierende und – wenn notwendig – fremdgesteuerte Möglichkeiten der Kulturgestaltung strategisch koordinieren und kombinieren (z. B. mit betrieblichen Honorierungs-, Anreiz- bzw. Weiterbildungsstrategien).

Da Demotivation auf Identifikationsprobleme bzw. -verluste von Mitarbeitern verweist, kommt einer **(Re-)Identifikation** zu deren Bindung an Aufgaben, Ziele oder Teams grundlegende Bedeutung zu. Strategische (Re-) Identifikationspolitik setzt bei Auswahl und frühzeitiger Einbindung neuer Mitarbeiter oder Bereitstellung attraktiver Identifikationsangebote an. Auch die Wiedergewinnung des **Commitments** (z. B. als freiwillige Selbstverpflichtung) führt zu engagierterem Verhalten.

Aufgaben und Möglichkeiten **demotivationsabbauender Strategie** beziehen sich auf die systematische Verknüpfung von wertfundierten Zielen mit Mitteln, Instrumenten und Gestaltungsmaßnahmen. Zielgerichtete und strukturelle **Ermächtigungsstrategien** helfen Demotivation abzubauen, wenn sie durch regelmäßiges Feedback, Teamentwicklung und Lernprozesse unterstützt werden. **Empowerment** (z. B. durch Delegation von Verantwortung) erhöht durch Anpassung der Rollen, Funktionen und Organisationsstrukturen die Wirksamkeit von Remotivation. Dies erfordert eine Qualifikation der Mitarbeiter und Führungskräfte. Sonst wird die zusätzliche Verantwortung leicht als »Zumutung« oder demotivationsverstärkende Überforderung empfunden. Die Bereitstellung oder Stärkung erforderlicher **Ressourcen** stellt eine weitere Voraussetzung zum Demotivationsabbau dar. Wie die empirischen Ergebnisse zeigen, gehören dazu neben dem Budget, der Arbeitsplatzausstattung und Informationszugängen, die Anzahl bzw. Qualität von Mitarbeitern. Letztere kann durch entwicklungsorientierte

---

* Vgl. Teil B I. Empirische Untersuchung zu Motivationsbarrieren.

Personalauswahl und -entwicklung unterstützt werden. Für die Ressource »Zeit« bieten sich flexible Arbeitszeitmodelle an. Weiter können materielle **Beteiligungsformen und Honorierungs- bzw. Anreizsysteme** verwendet werden. Dabei ist das diffizile Verhältnis von intrinsischer bzw. extrinsischer Wirkungen zu beachten. Bei der **Handhabung von »Demotivationskonflikten«** sind interaktive, strukturelle sowie rollenspezifische Möglichkeiten des Konfliktmanagements zweckvoll. Dazu bieten sich neben selbstgeregelten auch fremdvermittelte Formen (z. B. Vorgesetzte als Schlichter, Mediation oder Moderation) an.

Ein zentraler Ansatzpunkt ist die **Organisation(-skultur)**, die nach den empirischen Untersuchungen die zweitstärkste Motivationsbarriere ist. Neben der »Diskrepanz von Reden und Tun« demotiviert besonders eine mangelnde Kultur der Zusammenarbeit bzw. Konfliktlösung oder »Misstrauenskultur« sowie »hemmende Bürokratie«. Aspekte der stärksten Barriere **Arbeitskoordination** betreffen Fragen der Organisation (u. a. »unproduktive Sitzungen«, »unklare bzw. sozial unbefriedigende Kommunikation« bzw. »Kompetenzabgrenzung« und problematische Schnittstellen). Eine demotivationsreduzierende Anpassung der Struktur- und Prozessorganisation kann über Dezentralisierung und Entbürokratisierung, Flexibilisierung und Dynamisierung sowie Einsatz neuer Organisationsformen erfolgen. Besondere Bedeutung kommt der **(Selbst-)Organisation** zu. Selbstverantwortete Vermeidung und selbstgesteuerter Abbau von Demotivation bzw. Selbst-Remotivierung sind wirksamer als fremdgesteuerte Interventionen. Voraussetzung dazu ist jedoch die Erweiterung von Handlungsspielräumen (z. B. Entscheidungs-, Tätigkeits- sowie Kooperationsspielräume) im Rahmen der Organisationsentwicklung. Zur Umsetzung und für selbstwirksames Kompetenzerleben bieten sich Formen der Selbstorganisation (z. B. Projektgruppen, Qualitätszirkel sowie teilautonome Gruppenarbeit und Netzwerke) an.

Organisationales Wissen und problemadäquate Lernansätze eignen sich für den Abbau einstellungsbedingter und systemisch verursachter Demotivation (z. B. durch Veränderung der Wissensbasis). Sie tragen zur Entwicklung von Remotivationsfähigkeiten (z. B. Umsetzungskompetenzen) bei. Über eine Veränderung der (inter-)subjektiven Wirklichkeitskonstruktionen und Erweiterung von Verhaltensmöglichkeiten kann auch ein »**Verlernen**« von Demotivation unterstützt werden. Neben verschiedenen Lernformen (z. B. Verbesserungs-, Veränderungslernen sowie informelles Lernen), dient auch die Entwicklung eines organisationalen Wissenssystems (z. B. für bewährte Problemlösungen) einer selbstorganisationsfähigen Vorbeugung und Reduktion von Demotivation.

- **Welche Bedeutung hat die Steuerung über soziale Netzwerke und interne Märkte?**

Mit ihren emotional fundierten und längerfristigen, vertrauensvollen Beziehungen sind **soziale Netzwerkstrukturen** demotivationspräventiv sowie für sozial orientierte Remotivation bedeutsam. Im Vergleich zur hierarchischen Steuerung sind sie weit weniger weisungsbezogen, fremdorganisiert und formalisiert, dafür mehr abstimmungsorientiert und proaktiv. Sie erfordern allerdings intensive und offene Information und Kommunikation.

Marktgesteuerte Koordinationsprozesse innerhalb von Unternehmen unterstützen schnelle und kostengünstige Selbstorganisation des Demotivationsabbaus. Vorteilhaft ist auch die erhöhte Transparenz, die für klare Kommunikation sowie Reduktion von Leistungsungerechtigkeiten bzw. unzureichender Anerkennung sorgt. Durch Ausrichtung auf Markt- und Lernprozesse wird zudem ein Erfolgs- und Veränderungsdruck ausgeübt, der besonders bei Lageorientierten remotivierend beeinflusst. Andererseits demotivieren interne Konkurrenz- und Marktdynamik überforderte Mitarbeiter zusätzlich.

Auch können spezifische Remotivationspraktiken (z. B. Weiterbildung) unterdrückt werden, die für den internen Markt als zu teuer oder kurzfristig nicht effizient erscheinen. Zur erfolgreichen Demotivationsüberwindung sollten durch eine **Mischkultur und -organisation von Markt (fairer Wettbewerb) und sozialem Tausch (Kooperation)** die Vorteile beider Steuerungsformen vereint bzw. deren Nachteile reduziert werden. Diese Kombination (»Co-operation«) unterstützt auch selbstorganisierte Remotivationsansätze, die auf aktive, problemlösende, kooperative und selbstständige Mitarbeiter setzen. Hierarchie und bürokratische Steuerung können zwar für eine strukturell-formale Demotivationsüberwindung eingesetzt werden, erhalten aber nachrangige Bedeutung oder beschränken sich auf spezifische Anwendungen (z. B. extreme Demotivationskrisen).

Schließlich trägt auch die Entwicklung einer **qualitativen Personalstruktur** zur wirksamen Vorbeugung und Überwindung von Demotivation bei. **(Re-)Qualifizierung** sollte entsprechend den spezifischen Anforderungen sowie den Berufs- und Qualifikationsbiographien zielgruppenorientiert erfolgen und die Betroffenen in die Entwicklungsplanung integrieren (z. B. durch Zielvereinbarungsprozesse, Mitarbeitergespräche, eignungs- und neigungsgerechten Personaleinsatz). Schwierigkeiten und Probleme liegen insbesondere bei mangelnder Lern- und Weiterbildungsmotivation oder fehlenden Entwicklungsangeboten. Erfahrungsgeleitete Vermittlung, weiterbildungsfreundliches Betriebsklima sowie entsprechende Entwicklungsanreize sind hier förderlich. Zentrales Motiv einer **Personalentwicklung** zur Demotivationsüberwindung ist die Transformation von demotivierten zu remotivationsbereiten Mitarbeitern. Auch wenn dies letztlich Aufgabe der Betroffenen bleibt, können Führungskräfte und die Personalabteilung unterstützen. Personalentwicklung als Potenzialentfaltung verbindet damit die Selbstentwicklung der Demotivierten mit der Gestaltung remotivierender Prozesse und Strukturen. Die Personalentwicklung umfasst auch Teamentwicklung und sollte auch zielgruppendifferenziert und invidualisiert erfolgen.

- Welche Relevanz haben Coaching, Supervision, Counseling Mentoring und Promotoren zur Demotivationsüberwindung?

Diese Aufgaben sind zentrale Rollen einer erwünschten Führung. Die Bedeutung des »**Coaching**« durch die Führung liegt in einer situationsgerechten Beratung und Begleitung, mit denen Wahrnehmungsblockaden gelöst und Prozesse der Selbststeuerung initiiert werden. Gerade bei Demotivationskrisen sollte Coaching auch sozio-emotionale Aspekte berücksichtigen. Weitere Vorteile sind konstruktives und individuelles Feedback zu demotivationsspezifischen Problemen und die Entwicklung persönlicher Lösungsmöglichkeiten. »Demotivations-Coaching«, Supervision und Unterstützung des Bewältigungsverhaltens (»Coping«) kann in Form eines »Demotivationsdialogs« oder durch Thematisierung von Demotivationsproblemen in Mitarbeitergesprächen erfolgen. Auch wird so die Stärkung des Selbstvertrauens der Betroffenen und damit deren Remotivationsengagement gefördert.

Auch **Counseling** und sog. »**Employee-Assistance-Programme**« sind hilfreiche Beratungsmöglichkeiten, die sich besonders auf psycho-soziale (Demotivations-)Probleme ausrichten. Eine langfristigere Ausrichtung und persönlichere Betreuung ist durch **Mentoring** möglich. Dies vermittelt auch bei akuten Demotivationskrisen beratende Unterstützung durch erfahrene Führungskräfte.

Schließlich sind noch **Promotorenrollen** zu nennen, die Führungskräfte, aber auch Kollegen übernehmen können. Fachpromotoren helfen mit ihrem Experten- und Erfahrungswissen, demotivierende Einflüsse des »Nicht-Wissens«, Machtpromotoren solche des »Nicht-Könnens« bzw. »Nicht-Wollens« zu überwinden, und Prozess- und Beziehungspromotoren vermitteln zwischen unterschiedlichen Bedürfnissen und Interessen und fördern soziale Remotivation.

– Demotivationsabbau und Remotivation als Aufgabe direkter Führung

• **Welche Bedeutung haben Führungsbeziehungen für Demotivatoren?**

Einführung

Gerade qualifizierte Leistungsträger werden durch hemmende oder unzureichende Führung demotiviert! So erwies sich empirisch das Verhältnis zum direkten Vorgesetzen als zweitstärkster potenzieller Demotivator. Ein problematisches »Verhältnis zum höheren Management« und unzureichende »Unternehmens- bzw. Personalpolitik« wurden dagegen als aktuelle Motivationsbarrieren hoch gewichtet. Hier zeigt sich die Bedeutung von führungsbezogenen Barrieren für Prophylaxe und Therapie.

Demotivationsabbau und Remotivierung durch Führung soll beeinträchtigte Wertschöpfungsprozesse bzw. -potenziale ziel- und ergebnisorientiert ausrichten. **Direkte, persönliche Einfluss- und Beziehungsgestaltung** erfüllt situationsspezifische Interpretations-, Kommunikations- und Koordinationsaufgaben. Auch kann sie Mängel der Strukturführung ausgleichen (z. B. praktische »Übersetzung« struktureller Maßnahmen).

Weitere Aufgaben der direkten Führung betreffen eine ökonomisch und sozial effiziente Veränderung demotivierender Arbeitsgestaltung und Führungsbeziehungen (z. B. Abgrenzung von Verantwortungsbereichen, verbindliche Entscheidungen oder Delegation). Sie dient damit der Feinsteuerung zur Beeinflussung von demotivationalen Verhaltensweisen und der Remotivierung im direkten Kontakt mit den Betroffenen. Dabei ist es Aufgabe der Führungskraft, in jedem Einzelfall – möglichst gemeinsam mit dem Mitarbeiter – zu prüfen, wo die zentralen Probleme liegen und gezielt nach Lösungsmöglichkeiten zu suchen. Schließlich gehört es zur direkten Führung, Leistung und Verhalten von demotivierten Mitarbeitern systematisch und regelmäßig zu evaluieren, Feedback zu geben, Anerkennung auszudrücken oder konstruktive Kritik zu üben.

Für eine wirkungsvolle Demotivationsüberwindung und Remotivation ist die **strukturelle mit der interaktiven Führung, wert- und situationsgerecht zu verbinden.** Dabei gilt es, indirekte Struktur- und direkte Personenführung an die jeweilige Demotivations- und Remotivationssituation anzupassen sowie diese mit der Unternehmenspolitik zu koordinieren.

• **Wie hängen Führungsstil und Demotivation zusammen?**

Autoritäre Führungsformen fördern bei den vorherrschenden Werthaltungen oft Demotivation. Für einen Abbau sind sie nur sehr eingeschränkt zu verwenden. Aber schon bei **konsultativer** Führung können Mitarbeiter auf Anfrage Demotivationsprobleme aufzeigen sowie bei der Entwicklung von

Vorbeugungs- und Abbaustrategien mitwirken. Sie lässt sich noch bei niedrigerem Reifegrad von demotivierten Mitarbeitern, in Vorentscheidungsphasen oder als Vorstufe zu kooperativ-delegativen Führungsformen einsetzen. Mit seiner partizipativen sowie prosozialen Beziehungsorientierung eignet sich der **kooperative** Führungsstil zur gemeinschaftlichen, teamorientierten Vorbeugung und Abbau von Demotivation. Wegen Implementationsschwierigkeiten und fehlenden Voraussetzungen (z. B. Zeit, soziale Kompetenz der Beteiligten, Vertrauen) ist er nicht immer einsetzbar.

Delegative Führung stellt noch höhere Anforderungen an Qualifikation und Motivation der beteiligten Personen sowie den kulturellen und organisationalen Reifegrad der Organisation. Hinreichend kompetente Mitarbeiter erhalten jedoch bei delegativen Konzepten jene Frei- und Experimentierräume, die selbstorganisierte Problemlösungen und eigenverantwortliche Vorbeugung Demotivationsabbau und Remotivation fördern.

Transaktionale Führung als Spezialfall delegativer Führung trägt über Zielvereinbarungen bzw. Klärung von Wegen und Zielen zu einer Reduktion und Vorbeugung von Demotivation bei. Da diese Einflussnahme nur begrenzt wirkt, sollte sie durch werteorientierte **transformationale Führung** ergänzt werden. Mit dieser werden Mitarbeiter auf höhere Motivebene transformiert, insbesondere in Richtung Selbstentwicklung und Sinnerfüllung. Dabei sind deren problematische Aspekte wie »Charisma« (Missbrauchsgefahren, Abhängigkeit) und Visionen (Erwartungsenttäuschungen) im Auge zu behalten. Eine Kombination beider Führungsformen fördert die Wirkung besonders.

Im Gegensatz zur Auffassung, dass alle externe Remotivierung durch die Führung nur demotiviere (Sprenger), gehen wir davon aus, dass remotivierende Zielsetzungen und Leistungsanreize auf Demotivierte konstruktiven Einfluss nehmen können. Wie **situative Führungsansätze** jedoch zeigen, hängt erfolgreiche Führung von der jeweiligen (Demotivations-)Situation, der Mitarbeiterreife und Umweltfaktoren (z. B. Zeitdruck) ab. Situative und individualorientierte Führung ist deshalb zwingend erforderlich. Dafür kann ein **normatives Führungsleitbild** (z. B. als Teil der Führungsgrundsätze) mit überzeugenden Werten und klaren Handlungsspielräumen zur Demotivationsüberwindung entwickelt und als Orientierungsgrundlage dienen. Anstelle sozio-technologischer, kurzfristiger Führungseffizienz wird so eine werteverankerte, mittel- und langfristige Führungseffektivität im Umgang mit Demotivation und zur Förderung von Remotivation gewonnen.

2.4.3 Mit-Unternehmertum und Selbstentwicklung zur Demotivationsüberwindung und Remotivation

- **Mit-Unternehmertum als integrierter Transformationsansatz zur Demotivationsüberwindung und Remotivation**

Einführung

Für Mitunternehmer ist die Reduzierung von Demotivation wichtiger als extrinsische Anreize. Denn sie sind ja schon intrinsisch motiviert. Ein Abbau von Demotivation kann wesentlich zur Entfaltung eines mitunternehmerischen Potenzials beitragen. Entwickeltes Mit-Unternehmertum wirkt zudem demotivationsvorbeugend. Auch können spezifische mitunternehmerische Komponenten (z. B. Mitwissen bzw. -denken, Mitentscheiden, Mitverantworten) dazu beitragen, Demotivation abzubauen und Remotivation zu unterstützen.

- **Selbstentwicklung und -remotivation**

Strukturen und Beziehungen des Demotivations- und Remotivationszusammenhangs sind zu vernetzt, um sie allein über direkte Interventionen zu steuern. Eine »Verordnung« von isolierten Abbau- oder Remotivierungsprogrammen wirkt eher kontraproduktiv. Wenn auch Gestaltungsmaßnahmen und -instrumente wichtige Mittel zur Demotivationsüberwindung sind, kommt der **Selbstentwicklung und -remotivation** eine entscheidende Rolle zu. Anstelle einer »top-down-Vorgabe« sind daher – je nach Reifegrad der Mitarbeiter und der Organisation – zielgruppenspezifische Initiativen von Prozessen zur Selbstentwicklung zu unterstützen.

2.4.4 Grenzen des Demotivationsabbaus und der Remotivation

Zu den **Grenzen** der Demotivationsüberwindung zählen – neben allgemeinen Schwierigkeiten einer Fremdsteuerung und -motivation – ein noch wenig ausgereiftes Diagnoseinstrumentarium und die begrenzte Beeinflussung von »tiefsitzenden« Demotivationseinstellungen. Dazu kommen Probleme der Praktikabilität und Wirtschaftlichkeit sowie Evaluation von Maßnahmen zum Demotivationsabbau und Remotivation, die durch fehlenden Fokus bzw. mangelnde Instrumente und Problemlösungsansätze noch erschwert wird. Schließlich gibt es keine Garantie einer dauerhaften Überwindung; Demotivation bleibt vielmehr eine **latente** sowie hoch **volatile Größe**, die immer wieder auftreten kann und deshalb laufend beachtet werden muss.

2.5. Handlungs- und Forschungsbedarf

Demotivation wird in der Führungspraxis oft vernachlässigt. Die direkten bzw. indirekten Kosten werden nicht analysiert. Mitarbeiter, Führungskräfte und Organisationen, die Demotivation nicht wahr- und ernstnehmen, sind selbst ein Demotivationsproblem! Die derzeitigen Umstrukturierungen und zukünftigen Entwicklungen von Organisationen erhöhen zudem das Demotivationspotenzial. Es besteht daher verstärkter und zugleich steter **Handlungsbedarf zur Vorbeugung und Überwindung** von Demotivation, auch um mögliche Folgewirkungen und -kosten zu vermeiden oder zu reduzieren. Wegen der Grenzen extrinsischer Motivationstechniken werden dabei selbstorganisierte Demotivationsüberwindung und Remotivationsinitiativen bedeutsamer.

Demotivation ist ebenso in der **Organisations-, Personal- und Führungsforschung** ein vernachlässigtes Themenfeld. Auch hier konzentriert man sich sogar zunehmend auf extrinsische Anreizkonzepte, insbesondere gilt dies für ökonomische Ansätze. Für ein umfassenderes Verständnis der Demotivation, sind daher **weitere theoretische Untersuchungen** mit interdisziplinärem Ansatz notwendig. Schließlich sind auch **weitere empirische Studien** erforderlich, um Demotivation nach Zielgruppen und situativen Einflussfaktoren vertieft zu erforschen.

3. Manual – Komprimierte Gestaltungsempfehlungen zur Vermeidung und Verminderung von Demotivation

Einführung

Zur Prävention und Bewältigung von Demotivation werden nun sehr verdichtet und vereinfacht praktische Empfehlungen in Form von Leitfragen, Hinweisen und Ansatzbereichen gegeben. Dies im Wissen, dass sie **nicht als Rezepte und »goldene Regeln«** verstanden werden dürfen. Vielmehr handelt es sich um eine Zusammenfassung wichtiger Aspekte mit einem handlungspraktischen Ansatz, der auch im Lichte der Grenzen zu verstehen ist.

Das folgende Manual stellt daher eine Anregung für die Gestaltung zur Demotivationsüberwindung und Remotivation dar. Es will Möglichkeiten für eine konkrete Herangehensweise und zur Reflexion der eigenen Situation anbieten. Es ist daher nur eine einfache handlungsanleitende Checkliste, die selbst reflektiert und modifiziert werden muss.

Zunächst werden Leitsätze und -fragen zur Demotivationsüberwindung für demotivierte Mitarbeiter, Führungskräfte und die Personalabteilung formuliert. Dann werden Gestaltungsansätze zur strukturellen und interaktiven Demotivationsprävention bzw. Remotivation sowie Evaluation dargestellt. Abschließend werden Ansatzpunkte und Handlungsempfehlungen für zentrale aktuelle Motivationsbarrieren aufgezeigt.

3.1. Leitsätze für Mitarbeiter, Führungskräfte und die Personalabteilung

3.1.1. Leitsätze und -fragen zur Demotivationsüberwindung für demotivierte Mitarbeiter

- Bestimme zunächst Deine stärksten Demotivatoren bzw. Motivationsbarrieren!
- Welche Ursachen und Entwicklungen haben Deine Demotivation?
- Bespreche Motivationsbarrieren offen mit Deinem Vorgesetzten!
- Welche Wirkungen hat Demotivation auf Deine Arbeitszufriedenheit und Leistung?
- Welche Wirkungen gehen von Deinem »Demotiviertsein« auf Andere aus?
- Inwieweit kannst Du Demotivation selbst überwinden und Dich remotivieren?
- Aktiviere Dein Selbstmotivierungspotenzial und remotiviere Dich selbst!

- Setze Dir als Lernziel, eine erhöhe Stresstoleranz zu entwickeln!
- Welche Mittel oder externe Hilfe ist notwendig?
- Trage dazu bei, dass auch bei Anderen Demotivation vermieden wird!

3.1.2 Leitsätze und -fragen zur Demotivationsüberwindung für Führungskräfte

> Einführung

- Betrachte Demotivationsabbau und Remotivation als eine Führungsaufgabe!
- Erweitere Deinen Motivationsfokus auf De- und Remotivation!
- Erhebe den Abbau von Demotivation zu einem strategischen Programm!
- Verhindere präventiv potenzielle Motivationsbarrieren Deiner Mitarbeiter!
- Evaluiere achtsam, differenziert und regelmäßig eigene Anteile an zentralen aktuellen Demotivatoren – auch über Beurteilung durch die eigenen Mitarbeiter!
- Achte auch auf schwache Signale und Indikatoren, die auf Demotivation hinweisen!
- Gehe zentrale aktuelle Demotivatoren gezielt an!
- Setze strukturell-systemische Maßnahmen um – v. a. über die Gestaltung von Kultur, Organisation und sozialen Netzwerken sowie einer qualitativen Personalstruktur!
- Finde und praktiziere passende Führungsformen und erhöhe Deine Mitarbeiterorientierung (z. B. durch Aufmerksamkeit, Zeitbudget) für nötigen Demotivationsabbau und Remotivation!
- Überprüfe Dein Kommunikationsverhalten! (Frage Dich z. B.: Höre ich aktiv meinen Mitarbeitern zu? Ist mein Feedback optimal?)
- Verstärke Dein »Unterlassungsmanagement« um weniger Demotivation zu verursachen – insbesondere als »Macher«!
- Fördere v. a. Selbstentwicklung und Selbstmotivation bei Deinen Mitarbeitern!
- Beachte bestimmte Zielgruppen, insbesondere Leistungsträger und sog. »Lageorientierte«!
- Betreibe systematisch Remotivierung als Coach und Mentor Deiner Mitarbeiter!
- Gehe im Mitarbeitergespräch auf mitarbeiterspezifische Demotivatoren ein und vereinbare mit den Betroffenen Wege zu deren Abbau sowie zur Remotivierung!
- Unterstütze selbstgesteuertes Bewältigungsverhalten (Coping) bei Demotivierten!

- Handhabe Demotivationskonflikten konstruktiv!
- Koordiniere und integriere Dein »Demotivationsmanagement« mit anderen führungspolitischen Maßnahmen!
- Gehe konstruktiv mit der Ambivalenz (z. B. auch als ein Lernansatz) von Demotivation um!

3.1.3 Leitsätze und -fragen zur Demotivationsüberwindung für die Personalabteilung

- Analysiere regelmäßig (z. B. in Umfragen) und anlassbedingt frühzeitig potenzielle und aktuelle Demotivatoren!
- Weise auf die hohen Verluste an Arbeitsfreude und Produktivität durch gezielte Untersuchungen hin!
- Sensibilisiere und trainiere Führungskräfte für dieses Thema!
- Entwickle mit Führungskräften in Projekten organisationsspezifische Maßnahmen!
- Implementiere Präventionsstrategien zur Demotivationsvorbeugung!
- Fördere bei Auswahl und Einsatz von Mitarbeitern solche mit »remotivationsfähigem« Bewältigungsverhalten! Biete Laufbahnberatung und -begleitung an!
- Vermittle gezielte Informationen (z. B. im Rahmen spezieller Einführungsprogramme) bei neuen Mitarbeitern, um organisationsspezifische Zusammenhänge aufzuzeigen oder unrealistische Erwartungen zu korrigieren!
- Implementiere eine Personalbeurteilung, die über regelmäßiges Feedback die Selbst(re-)motivationskräfte der Mitarbeiter unterstützt!
- Richte Maßnahmen der (individuellen) Personalentwicklung und personalpolitische HR-Strategien auf Demotivationsüberwindung aus (z. B. Aufgaben bzw. Personaleinsatz, Kompetenzerweiterung, Empowerment, Beförderung)!
- Unterstütze Teamentwicklung und kooperative Organisationsformen!
- Führe subsidiär auch Demotivationsgespräche mit Betroffenen!
- Biete ein demotivationsbewusstes und remotivierendes Employee Assistant-Programm an!
- Wende ein gezieltes aber faires Outplacement für Mitarbeiter an, die sich trotz diverser Bemühungen mittelfristig nicht remotivieren lassen (z. B. weil sie den falschen Beruf gewählt haben, sich mit der Branche, dem Unternehmen ihren Aufgabenbereich oder speziellen Tätigkeit nicht identifizieren können)!

3.2. Gestaltungsansätze zur strukturellen und interaktiven Führung

Ansatz-bereiche	Demotivations-prävention	Demotivationsabbau und Remotivation	Evaluation
Kultur	• Diagnose von potenziellen, Demotivationsmustern • Sinnvermittlung und Vertrauensbildung • Erhaltung oder Entwicklung einer kooperativen Unternehmenskultur • Verankerung (re-) motivationsrelevanter Werte in Unternehmens- und Führungsgrundsätzen	• Diagnose aktueller Motivationsbarrieren • Praxis eines kulturbewussten Managements (z. B. Aufmerksamkeitszuwendung, symbolisches Management) • wertorientierte Formen der Remotivation • Re-Identifikationspolitik • Wiedergewinnung von Commitments • Bewusste Gestaltung und Pflege der Unternehmens-, Führungs- und Kooperationskultur	• Achtsame Beobachtung • Mitarbeiterumfragen (z. B. zur Zufriedenheit) • Benchmarking mit anderen Unternehmen
Strategie	• Frühwarnsysteme – strategische Frühaufklärung (z. B. durch Beobachtung schwacher Signale) • Aufbau und Sicherung von »slacks« und Ressourcenverfügbarkeit • proaktive Ermächtigungsstrategien • Einsatz von Zielvereinbarungen • individuelle, anforderungs- und leistungsgerechte Entlohnung bzw. Beteiligungsformen • Strategien zur Konfliktvermeidung	• Phasenzyklischer Demotivationsabbau • Diagnose Ist-Zustand, Ermittlung Soll-Zustand, Integration, Umsetzung, Evaluation • gezieltes Empowerment • Bereitstellung von Ressourcen • zielgruppenspezifische Anreizsysteme • Strategien zur Konflikthandhabung	• Ressourcen-Controlling • Führungs- und Kooperations-Controlling • Evaluation von Abbaustrategien und Remotivationsfortschritte • Bewertung im Zielvereinbarungs- bzw. Mitarbeitergespräch (z. B. durch Soll-Ist-Vergleich) • Wirkungen von Motivationsbarrieren
Organisation	• Optimierung der Steuerungskonfiguration und Koordinationssysteme • Gewährung von Handlungsspielräumen • Förderung Selbstorganisation	• Kombination von sozialen Netzwerken und internem Markt fördern • Klimagestaltung durch Organisationsentwicklung und (re-)motivationsorientierte Teambildung und Entwicklung	• Interner Marktvergleich • Bewertung organisationaler Arbeitsbedingungen (z. B. work-flow-Analyse) • Erhebungen zu Arbeits(platz)zufriedenheit (z. B. Studien zum Organisationsklima)

Einführung

→

Ansatz-bereiche	Demotivations-prävention	Demotivationsabbau und Remotivation	Evaluation
	• Förderung lateraler Kooperation zwischen Organisationseinheiten • Organisations- und Teamentwicklung • Entwicklung von organisationalen Lern- und Wissenskonzepten	• Erweiterung organisationaler Spielräume • Förderung selbstorganisierter Remotivation • Implementierung von Lernsystemen und Wissensmanagement	• Bewertung der Remotivationsfortschritte durch Organisationsentwicklung und Selbstorganisation • Feedbacksitzungen der Teams • Lern- und Wissens-Controlling
Personalstruktur	• strategische Personalauswahl und -beurteilung (z. B. nach Schlüsselqualifikationen, »remotivationsfähigem« Bewältigungsverhalten) • Prophylaktische Personalpflege und soziale Unterstützung • Investitionen in Qualifikation und Weiterbildungsangebote • Proaktives Coaching • Proaktives Counseling • Proaktives Mentoring • Proaktive Promotorenförderung	• Realistische Darstellung von Unternehmen und Arbeitssituation bei Personalgewinnung und -auswahl und Einführung neuer Mitarbeiter • gezielter Personaleinsatz • Re-Qualifikation • zielgruppenspezifische und individualisierte Personalentwicklung • Demotivations-Coaching • Demotivations-Coping unterstützen • Einsatz von Supervision • Einsatz von Counseling • Einsatz von Mentoring • Einsatz von Promotoren	• Personalbeurteilungen im Mitarbeitergespräch • Vorgesetzen – oder sogar 360° Grad Beurteilung • Bewertung von Remotivationsfortschritten durch Personalentwicklung • Bewertung der Wirksamkeit von Coaching, Supervision, Counseling, Mentoring, Promotoren
Maßnahmen interaktiv-direkter Führungsbeziehungen	• Präventive Führung (z. B. durch »Unterlassungsmanagement«) • Beobachtung und direktes Ansprechen von Demotivationsindikatoren • situative Gestaltung der Führungs- und Kooperationsbeziehungen • Aufbau Vertrauenskultur und Pflege informeller Beziehungen und sozialer Kontakte (z. B. Feiern, »Management by walking around«)	• Vorleben von selbstmotivationaler Praxis • Demotivationsabbau und Remotivation als Teil der Zielvereinbarungen • Beachtung von Entwicklung und Eskalation aktueller und unbewältigter Demotivationskonflikte • kooperativ-delegative Führung und Zusammenarbeit • Beachtung spezifischer, differenzierter Zielgruppen (z. B. Leistungsträger und Lageorientierte)	• aufmerksames Wahrnehmen und Beobachten des (De- bzw. Remotivations-)Verhaltens • Vorgesetzten- oder 360° Grad Beurteilung • Zielvereinbarung, Bewertung und Feedback im Mitarbeitergespräch • Mitarbeiterumfragen

Ansatz-bereiche	Demotivations-prävention	Demotivationsabbau und Remotivation	Evaluation
	• Demotivationsbewältigung und Remotivation als Entwicklungsziel vereinbaren • kooperativ-delegative Führungskonzepte • regelmäßiges, informelles und formelles Feedback • Förderung von Selbstentwicklung und Extra-Rollenverhalten	• faire Kritik und konstruktives Feedback zu Demotivations- und Remotivationsverhalten	

3.3. Getaltungsansätze zu den zentralen Motivationsbarrieren unserer Umfragen

3.3.1 Potenzielle Motivationsbarrieren

potenzielle Motivationsbarriere	Präventionsmaßnahmen
Arbeitsinhalt	• Sinnvermittlung im Arbeitskontext • Sicherung der Ressourcenverfügbarkeit und »slacks« für herausfordernde Arbeitsprozesse • Erhöhung Anforderungsvielfalt, Ganzheitlichkeit, Bedeutsamkeit von Arbeitsaufgaben sowie Autonomie und Lern- und Entwicklungsmöglichkeiten in der Arbeit • Vergrößerung von Entscheidungs-, Tätigkeits- und Kooperationsspielräumen
Verhältnis zum direkten Vorgesetzten	• Sicherung und Entwicklung einer Vertrauenskultur und Pflege informeller Beziehungen und sozialer Kontakte • Präventive Führung (z. B. durch »Unterlassungsmanagement«) • Vorgesetzte als »Impresario« und »Networker« • situative und kooperativ-delegative Gestaltung der Führungs- und Kooperationsbeziehungen • transformationale Führung versuchen • Reden und Tun übereinstimmen • regelmäßiges, informelles und formelles Feedback sowie Zielvereinbarungen im Mitarbeitergespräch
Verhältnis zu Teamkollegen	• Gestaltung Organisationskultur und -klima • strategische Personalauswahl und -beurteilung (z. B. nach Schlüsselqualifikationen, besonders Sozialkompetenz) • prophylaktische Personalpflege, soziale Unterstützung und Entwicklung sozialer Netzwerke

→

potenzielle Motivationsbarriere	Präventionsmaßnahmen
	• bewusste Teamzusammenstellung und -entwicklung • Strategien zur Konfliktvermeidung • Einsatz von Beziehungspromotoren
Einflüsse auf das persönliche Leben	• neue Werthaltungen stärker berücksichtigen • Selbstverantwortung und präventives Selbstmanagement der Mitarbeiter stärken • Erhöhung der Flexibilität, Stabilisierung und Ausgleichsmöglichkeiten durch Umsteuerungspotenziale bzw. Ressourcenüberschüsse (»slacks«) und Einsatz von Formen der Arbeitszeitflexibilisierung zur Sicherung der »Work-Life-Balance« • Sonderbelastungen frühzeitig und einvernehmlich regeln bzw. für Ausgleich sorgen • Personalpflege und soziale Unterstützung • Förderung betrieblicher Gesundheitsprävention (z. B. Arbeitschutz, Betriebssport)

3.3.2 Aktuelle Motivationsbarrieren

Aktuelle Motivationsbarriere	Unterpunkt	Maßnahmen
Arbeitskoordination	• unproduktive Arbeitssitzungen	– Reduktion der Agenda – mehr Einzelbesprechungen – Analyse und Erhöhung der Sitzungseffizienz (z. B. bei Vorbereitung und Durchführung) – stärkere Ergebnisorientierung – Einsatz von Moderationstechniken und Hilfsmitteln (z. B. Meta-Plan) – Qualifizierung durch Kommunikations- und Moderationstraining
	• unklare Kommunikation	– Abbau von Kommunikationsbarrieren (z. B. durch Gesprächs- und Kommunikationstraining) – zeitnahe und regelmäßige Information – offene, aktive Kommunikationspolitik (z. B. durch Diskussionsforen, »open-book«- und »open-door-Policy«) – konstruktive, offene, auch informelle Feedback-Kultur

Aktuelle Motivationsbarriere	Unterpunkt	Maßnahmen
	• unklare Kompetenzabgrenzung	– Eindeutige Zielbestimmung (z. B. durch zielorientierte Führung) – bürokratische Erwartungshaltungen abbauen
Organisationskultur	• »Reden« und Verhalten differieren • fehlende Innovations-/Kooperations- oder Konfliktlösungskultur	– Vorleben integerer, umsetzungsorientierter Führungs- und Handlungspraxis – Fehlertoleranz und Lernkultur – mehr Entscheidungs- und Mitwirkungsmöglichkeiten – Unternehmensleitbild zur Führung und Zusammenarbeit – Einsatz und Training von Konfliktstrategien und – Mediation
	• hemmende Bürokratie	– Entbürokratisierung (z. B. durch kurze Dienstwege, Reduktion von Formalisierung und Verregelung) – Einsatz flexibler, virtueller Organisations- und Kommunikationsformen – Förderung der Selbstorganisation
	• Misstrauenskultur	– transparente Unternehmenspolitik – kooperativ-delegativer Führungsstil – Aufbau einer Vertrauenskultur (z. B. Abbau von Statussymbolen) – Fehler zugeben und tolerieren – Konflikte offen aussprechen – Reden mit Handeln abstimmen – Integrität als Kooperationsmaxime
Einflüsse auf das persönliche Leben	• fehlende Balance zwischen Arbeit und Freizeit • Gefährdung physischer und psychischer Gesundheit • Beeinträchtigung des Familienlebens	– neue Werthaltungen stärker berücksichtigen – Selbstverantwortung der Mitarbeiter dafür stärken – Arbeitszeitflexibilisierung – Sonderbelastungen frühzeitig und einvernehmlich regeln bzw. für Ausgleich sorgen

→

Aktuelle Motivationsbarriere	Unterpunkt	Maßnahmen
Ressourcen	• ungenügende: Anzahl/Qualität von Mitarbeitern • Ungenügende: Informationszugänge Budgets Arbeitsplatzausstattung	– gezielte Personalgewinnung, und -auswahl, unterstützt durch koordinierte Teambildung. – Informationsbereitstellung (z. B. durch transparentes Informationssystem, »open-book-Management«) – Budgetverantwortung auch über dezentrale Führung regeln – bessere Arbeitsplatzausstattung (z. B. Informationstechnologien) – ergonomische Belastungen etc. reduzieren
Arbeitsdurchführung	• zu großer Zeitdruck/ -mangel	– Programme zur Arbeitszeitflexibilisierung – Prioritäten setzen und einhalten – Training in Zeitmanagement – Vermeidung von Überforderungen
	• ungünstige Arbeitsprozesse • unbefriedigender Leistungserfolg • ungünstige Arbeitsbedingungen	– Veränderung der Prozess-/ Arbeitsorganisation (z. B. durch Job Enlargement, Job Enrichment und Job Rotation) – Schnittstellenmanagement – eindeutige Zielbestimmung (z. B. durch ziel- und ergebnisorientierte Führung) – Schaffung von Entscheidungs- und Gestaltungsspielräumen – Qualitätszirkel, Verbesserungsvorschläge fördern

Teil A:
Konzeptionelle Grundlagen und Theorien

Kapitel II.
Bezugsrahmen, Grundbegriffe, Dimensionen und Indikatoren zur Demotivation und Remotivation

1. Bezugsrahmen zur Demotivation und Remotivation
2. Grundbegriffe: Identifikation, Motiv, Motivation und Motivierung
3. Phänomen, Begriff und Wirkungen der Demotivation
4. Phänomen und Begriff der Remotivation und der Remotivierung
5. Dimensionen der Demotivation und Remotivation
6. Demotivationsindikatoren und Remotivationsbedarf
7. Einflussfelder demotivationalen und remotivationalen Verhaltens
8. Dimensionen und Arten von Demotivationskonflikten
9. Demotivation im Zusammenhang mit Mikropolitik
10. Gestaltungsrahmen für strukturell-systemische und interaktive Führung

Kapitel III.
Theoretische Ansätze zur Erklärung von Demotivation und Remotivation

1. Arbeitszufriedenheitsforschung
2. Stressforschung
3. Inhaltsorientierte Motivationstheorien
4. Prozesstheorien der Motivation und ihre Bedeutung für Demotivation und Remotivation
5. Die Bedeutung »psychologischer Verträge«
6. Theorien der kognitiven und emotionalen Dissonanz
7. Willenstheorien und Eskalationsmodell
8. Entfremdung und inneren Kündigung
9. Systemischer Integrationsansatz zur Demotivation und Remotivation

Anmerkungen, Literaturhinweise, Endnoten zu Teil A

II. Bezugsrahmen, Grundbegriffe, Dimensionen und Indikatoren zur Demotivation und Remotivation

1. Bezugsrahmen zur Demotivation und Remotivation

Um die komplexe Thematik von Demotivation und Remotivation anzugehen, ist es sinnvoll, zunächst einen mehrdimensionalen Bezugsrahmen aufzustellen (vgl. Abbildung 1). Er gibt einen Überblick über den Zusammenhang von Demotivation und Remotivation und dient als **Leitorientierung** und als **Übersichtsgliederung** für das Buch.

In diesem Bezugsrahmen sind verschiedene Ebenen, Ansatzpunkte und Beziehungen von Demotivation und Remotivation strukturiert und zusammengefasst. Im **Teil A** werden konzeptionelle Beschreibungen und theorieorientierte Erklärung zu Phänomen, Ursachen und Entwicklungen von Demotivations- bzw. Remotivationprozessen angeboten. **Teil B** stellt die Gesamt- und Einzelergebnisse der empirischen Untersuchung zu Motivationsbarrieren vor. In **Teil C** werden praktische Gestaltungsseiten zu Prävention, Demotivationsabbau und Remotivation aufgezeigt. Erst das Zusammenwirken der verschiedenen Ebenen und Faktoren aller drei Teile macht Demotivation bzw. Remotivation verstehbar, wirksam bzw. überwindbar. Daher sind Theorie, Empirie und Gestaltung immer im Zusammenhang zu sehen. Zwischen den drei Hauptteilen stehen **personale, interpersonelle und strukturelle Kontexte** und deren Makroebene. Diese Kontexte sind bei der theoretischen Beschreibung, empirischen Erfassung sowie Gestaltung zu berücksichtigen. Unter ihnen sind empirisch abgeleitete Einflusskontexte angeordnet. Diese **Arbeits-, Beziehungs- und Kulturkontexte** dienen als eine Art Strukturmuster, nach denen Motivationsbarrieren gruppiert werden können. Schließlich können aus dem Theorieteil und empirischen Einflusskontexten Möglichkeiten zur Prävention und Überwindung von Demotivation sowie Ansatzpunkte zur Remotivation für die Gestaltungspraxis abgeleitet werden.

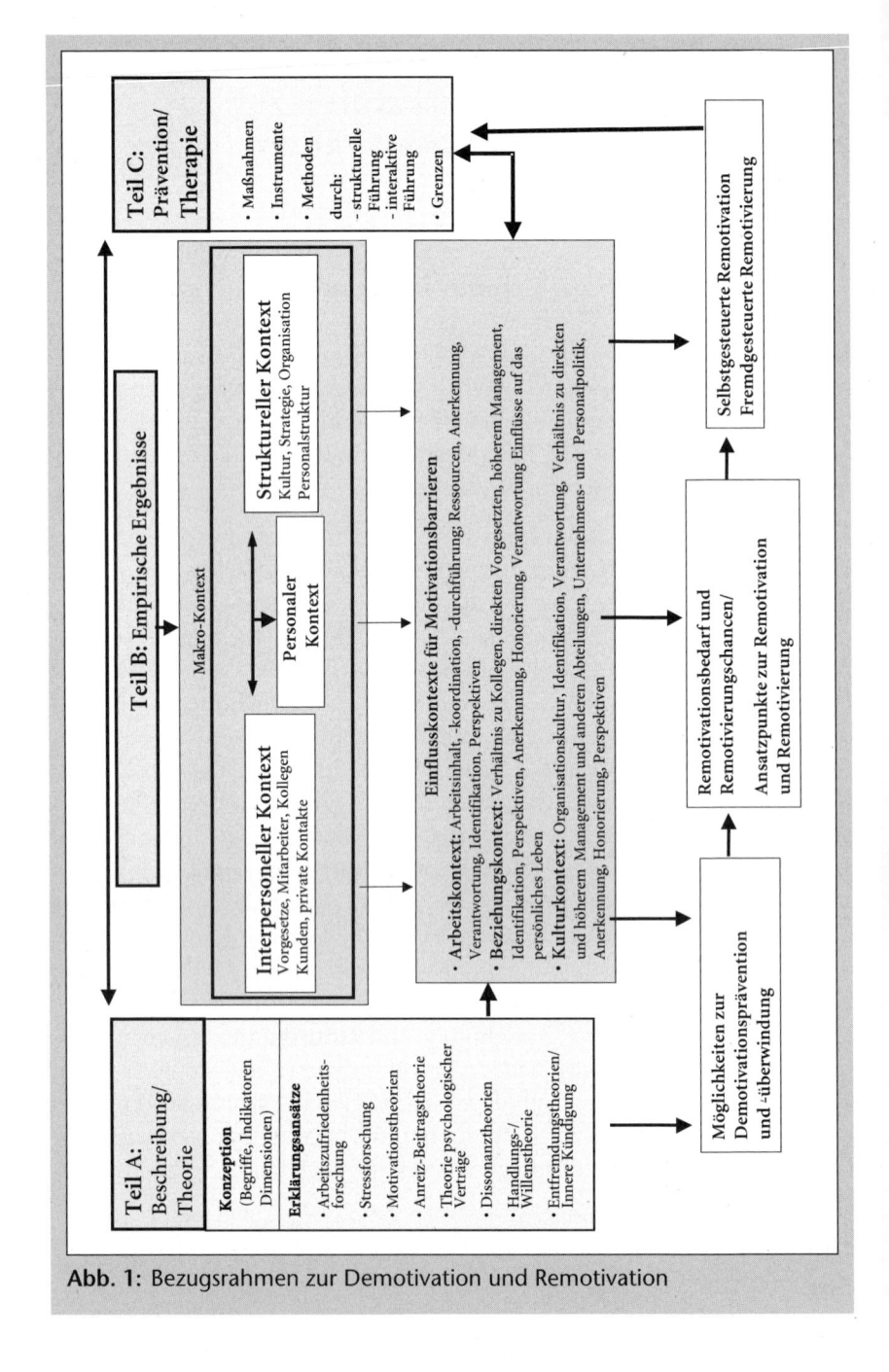

Konzeption und Theorien

Teil A: Beschreibung/Theorie

Konzeption (Begriffe, Indikatoren Dimensionen)

Erklärungsansätze
- Arbeitszufriedenheitsforschung
- Stressforschung
- Motivationstheorien
- Anreiz-Beitragstheorie
- Theorie psychologischer Verträge
- Dissonanztheorien
- Handlungs-/Willenstheorie
- Entfremdungstheorien/Innere Kündigung

Teil B: Empirische Ergebnisse

Makro-Kontext

Interpersoneller Kontext
Vorgesetze, Mitarbeiter, Kollegen Kunden, private Kontakte

Personaler Kontext

Struktureller Kontext
Kultur, Strategie, Organisation Personalstruktur

Einflusskontexte für Motivationsbarrieren
- **Arbeitskontext:** Arbeitsinhalt, -koordination, -durchführung; Ressourcen, Anerkennung, Verantwortung, Identifikation, Perspektiven
- **Beziehungskontext:** Verhältnis zu Kollegen, direkten Vorgesetzten, höherem Management, Identifikation, Perspektiven, Anerkennung, Honorierung, Verantwortung Einflüsse auf das persönliches Leben
- **Kulturkontext:** Organisationskultur, Identifikation, Verantwortung, Verhältnis zu direkten und höherem Management und anderen Abteilungen, Unternehmens- und Personalpolitik, Anerkennung, Honorierung, Perspektiven

Teil C: Prävention/Therapie
- Maßnahmen
- Instrumente
- Methoden

durch:
- strukturelle Führung
- interaktive Führung
- Grenzen

Möglichkeiten zur Demotivationsprävention und -überwindung

Remotivationsbedarf und Remotivierungschancen/ Ansatzpunkte zur Remotivation und Remotivierung

Selbstgesteuerte Remotivation
Fremdgesteuerte Remotivierung

Abb. 1: Bezugsrahmen zur Demotivation und Remotivation

2. Grundbegriffe: Identifikation, Motiv, Motivation und Motivierung

Hier werden nun grundlegende Begriffe für eine Untersuchung der Demotivation definiert und erklärt. Dazu gehören neben der »Identifikation« die Grundbegriffe »Motiv« und »Motivation« bzw. »Motivierung«.

- **Begriffsbestimmung »Identifikation«**

> **Identifikation** ist die selbstständige Wahl von Identifikationsobjekten für die eigene Lebens- und Arbeitsgestaltung.[1] Als freigewählte Verankerung von Werten (Lebens-, Arbeits- und Organisationswerte) kann sie sich auf sachliche Objekte der Arbeitswelt (Arbeitsplatz, Leistungsprogramm, Abteilungsziele) oder personelle Beziehungen (zu Kollegen oder Vorgesetzte als Vorbild oder Kunden) ausrichten.

II. Bezugsrahmen, Grundbegriffe, Dimensionen und Indikatoren zur Demotivation und Remotivation

Identifikationsdisposition meint die individuelle Bereitschaft, sich mit Personen und Gegebenheiten im Unternehmen und am Arbeitsplatz zu identifizieren.[2] Als Identifikations- und Steuerungsmuster kann zwischen **Idealität** (Werte und Ziele repräsentieren erstrebenswerte Ideale), **Similarität** (Ähnlichkeit zu eigenen Werten oder Zielen) und **Identität** (Übereinstimmung mit eigenen Werten und Zielen) unterschieden werden.[3] Die Diskussion der Einbindung wird nicht nur mit der Institution als Ganzes, sondern auch mit ausgewählten Objekten in Organisationen (z. B. Aufgaben oder Projekten) bestimmt. Auch werden Identifikationen zunehmend stärker durch die betriebliche Umwelt (Gesellschaft, Familie) als nur durch spezielle Arbeits- und Organisationswerte im Unternehmen beeinflusst. Identifikation bildet die **Grundlage einer wert- und zielorientierten Selbststeuerung und Selbstmotivation** von Mitarbeitern. Sie stellt ferner eine Voraussetzung und Grundlage für Motivierung[4] bzw. Remotivierung durch Führung dar. Denn wer sich mit seiner Tätigkeit identifizieren kann, vermag sich selbst und andere eher zu motivieren bzw. zu remotivieren. Daher müssen Motivationsanreize, -instrumente und -prozesse dahingehend überprüft werden, ob sie auf zentrale Werte und Identifikationsorientierungen aktueller und potenzieller Mitarbeiter aufbauen und sie nicht unterlaufen. Eine Motivationspolitik sollte durch attraktive Gestaltung wichtiger Anreizpotenziale solche Arbeitssituationen schaffen, die Selbststeuerungs- und Identifikationspotenziale mit Aufgaben, Gruppen und Abteilungszielen begünstigen.[5] Demotivationserscheinungen verweisen auch auf Identifikationsverluste, die durch eine (Re-)Identifikationspolitik wiedergewonnen werden können.[6]

- **Begriffsbestimmung »Motiv«**

> **Motive** sind Beweggründe des Handelns, die meist von bestimmten Zielvorstellungen geprägt sind, z. B. von dem Drang, Bedürfnisse zu befriedigen. Motive können bewusst oder unbewusst sein, im Menschen selbst oder aus seiner Umwelt auf ihn wirken.

Konzeption und Theorien

Motive sind »hypothetische Konstrukte«[7], die von unterschiedlichen Antriebskräften und Bedürfnissen bestimmt werden.[8] Im Gegensatz zu angeborenen Instinkten und Trieben (»primäre Motive«) sind (Arbeits-)Motive zum großen Teil gelernt sowie durch kulturelle Einflüsse sozial ausgeformt und gestaltet.[9] Durch gezielte Förderung bzw. Unterdrückung bestimmter Bedürfnisse in Lern- und Sozialisationsprozessen entstehen sog. »sekundäre Motive« (z. B. Streben nach Leistung, Macht, Status oder sozialem Anschluss).

Thematisch verwandte Beweggründe können als Inhaltsklassen für das Handeln zusammengefasst werden.[10] Motive können zudem in eine intrinsische (aus der Tätigkeit selbst) und extrinsische (von äußeren Einflüssen bestimmte) Orientierung eingeteilt werden. Intrinsische Motive sind zunächst zweckungebunden und prozessbezogen, im Gegensatz zu den von äußeren Verstärkern (z. B. Belohnung und Bestrafung) abhängigen extrinsischen Motiven.[11]

- **Begriffsbestimmung Motivation**

> **Motivation,** meint allgemein die Antriebskraft und Bereitschaft zu einem bestimmten Verhalten und die Wahrscheinlichkeit seines Auftretens.

Der Begriff »Motivation« ist aus dem lateinischen Wort »motivus« (»Bewegung auslösend«) abgeleitet. Der Wortstamm wird ergänzt durch die Verbformen »se movere« bzw. »movere«, was deren reflexiven und dynamischen Charakter (i. S. »sich selbst oder jemanden in Bewegung zu versetzen«) zeigt.[12] Die Motivationspsychologie[13] fragt, wodurch Bewegungen ausgelöst werden und welche Richtung, Intensität und Ausdauer menschliches Verhalten annimmt.[14] Damit werden kausale Beziehungen zwischen situativen Bedingungen und beobachtbaren Verhaltensweisen erklärt.

»Motivation« wird üblicherweise definiert als psychische Kraft (i. S. eines Verhaltenspotenzials), die hinter der Intensität, Dauerhaftigkeit und Zielrichtung von Verhalten liegt.[15] Dies bleibt jedoch eine abstrakte Definition, die zu tautologischen Erklärungsversuchen verführt: Ein bestimmtes Verhalten wird durch eine entsprechende Motivation bewirkt, diese ist aber aus Charakteristika des Verhaltens zu erschließen.[16] Um nicht in »zirkuläre Fallen« zu geraten, sind spezifische Arten verhaltensbestimmender Prozesse innerhalb eines situativen Kontextes zu berücksichtigen.[17] Beschreibungscharakter erhält der Motivationsbegriff, wenn Erlebnisse des »Motiviert-seins« erfasst werden.[18] Dieses ist mit kognitiven Inhalten verbunden und zugleich durch emotionale Einflüsse charakterisiert. Motivation kann daher als mobilisierende Antriebsbereitschaft von integrierten Denk-, Fühl- und Verhaltensprogrammen aufgefasst werden.[19] Diese Programme sind jedoch nicht völlig festgelegt, sondern haben dynamische Variationsmöglichkeiten mit spontanen Freiheitsgraden.

Beim **Steuerungsniveau** kann unterschieden werden zwischen:

- Motivation als Eigensteuerung des Individuums durch intrinsische Selbstmotivation[20]
- Motivierung als Fremdsteuerung über Erzeugen, Erhalten oder Steigern der Verhaltensbereitschaft durch Vorgesetze bzw. Anreize.[21]

Motivation, als aktueller Zustand innerer Steuerung verweist auf vorgängige Entscheidungen über allgemeine Lebens- und Berufswerte sowie einer Orientierung an Aufgaben, Personen oder Institutionen.[22] Die Motivation in der beruflichen Tätigkeit ist dabei nur ein Ausschnitt aus dem umfassenden Lebenszusammenhang des Menschen.[23]

Demgegenüber verstehen wir unter fremdbestimmter **Motivierung** die attraktive Gestaltung, Präsentation, Kommunikation und Interpretation von bedürfnisbefriedigenden Optionen (z. B. Einkommen, Verantwortung, Sicherheit) der Arbeitswelt auf der Grundlage von bestimmten (Leistungs-) Werten und Identifikationsobjekten.[24]

Die **Stärke** der Motivation bzw. der Motivierung ist abhängig vom Wert der Wünschbarkeit einer Bedürfnisbestimmung, den Erwartungen sowie kognitiven und emotionalen Bedingungen des Verhaltens.[25] Die Motivation in einer gegebenen Situation etwas zu verändern, ist um so stärker, je mehr die Bewertung der eigenen Lage hinter den Erwartungen und Realisationsmöglichkeiten zurückbleibt. Dabei sind Ansprüche, Erwartungshaltungen und Umsetzungsmöglichkeiten durch kulturelle Vorgaben[26], soziale Normen und Situationsfaktoren mitbestimmt.[27]

Herkömmliche Motivationstheorien beschäftigen sich primär mit der Frage nach den Motivationsinhalten bzw. der kognitiven Wahl und Bewertung von Handlungsalternativen.[28] Die Klärung, wie es zu einem **demotivierten Verhalten** kommt, erfordert einen eigenen Ansatz, der auch emotionale Einstellungen und Erfahrungen sowie willentliche Prozesse des Handelns selbst systematisch berücksichtigt.

3. Phänomen, Begriff und Wirkungen der Demotivation

Alltagssprachlich wird unter Demotivation ein verminderter Antrieb zu bestimmten Denk-, Fühl- und Handlungsweisen verstanden. »Demotiviert« ist, wer keine Initiative ergreift oder nicht aktiv tätig ist. Jedoch verweist demotiviertes Handeln in Bezug auf bestimmte Aufgaben nicht nur auf ein bloßes »Nicht-Tun«, sondern auch auf ein Engagement in die »falsche Richtung«. Demotiviertes Handeln kann damit als ein **nichtrollen- bzw. zielkonformes Verhalten** interpretiert werden. Kniehl bezeichnet einen »demotivierten Mitarbeiter« als eine Humanressource, die ihre Potenziale der Organisation entzieht, um sie anderweitig, z. B. im Freizeitbereich oder anderen Beschäftigungsformen einzusetzen.[29] Solch »fehlgeleitete« Motivation und non-konformes Verhalten führt zu einem reduzierten oder sogar »organisationsfeindlichen« Engagement. Als Zustand starker Unzufriedenheit kann sie dabei Handlungen und Verhaltensweisen mit oft kontraproduktiven Folgen auslösen (z. B. Mobbing). Andererseits kann eine »konstruktive Demotivation« als Auslöser für ein verändertes Handeln selbst zu einem Motivationsfaktor werden. Damit ist Demotivation nicht die einfache Umkehrung von Motivation und umfasst mehr als eine bloße »Nicht-Motivation« oder Gleichgültigkeit.

Analog zur Motivation kann Demotivation als **Beschreibungsbegriff und als Erklärungskonstrukt** verwendet werden.[30] Beschreibungscharakter erhält der Begriff, wenn konkrete Erfahrungsaspekte und Intensitäten des »Demotiviertseins« untersucht werden, also »wie« Demotivation tatsächlich erlebt wird (z. B. als belastend, produktivitätsvermindernd oder veränderungsanregend). Erklärungskraft gewinnt der Demotivationsbegriff, wenn zwischen situativen Bedingungen und beobachtbaren Verhaltensweisen vermittelt wird. Damit können inhaltliche Ausrichtungen, kausale Ursache-Wirkungszusammenhänge sowie zeitliche Entwicklungen demotivierten Verhaltens erklärt werden. So wird es möglich, wiederkehrende Muster zu erfassen, Vorhersagen zu wagen sowie präventive bzw. gestaltungspraktische Maßnahmen abzuleiten.

- **Demotivation als Einstellung**

Einstellungen sind Bereitschaften (Dispositionen) einer Person, ihre Erfahrungswelt in bestimmter Weise aufzufassen, zu bewerten und zu gestalten. Sie können als individueller und relativ stabiler Zusammenhang von Gedanken, Gefühlen und Handlungsvorgaben charakterisiert werden.[31] Sie beeinflussen grundlegend das menschliche Verhalten gegenüber Erfahrungen, Objekten, Personen und Beziehungszusammenhängen. Mit Demotivation geht eine spezifische Einstellung zu personalen oder situativen Inhalten und

Bedingungen der Betroffenen einher. »Demotiviert« zu sein oder demotivationsähnliche Einstellungen scheinen zum Bestandteil des privaten und beruflichen Lebens der Menschen zu gehören. Tätigkeiten in Organisationen waren schon immer durch Phasen des »Motiviert- und Demotiviert-Seins« und entsprechende Ausgleichsmechanismen gekennzeichnet. Bedingt durch organisationsinterne und -externe Einflüsse (z. B. Changeprozesse, Wertwandel) hat jedoch das Ausmaß und die Reichweite von Demotivationseinstellungen und -erfahrungen zugenommen. Auch können es sich Unternehmen immer weniger leisten, demotiviert eingestellte Mitarbeiter zu dulden bzw. halten.[32]

Hinsichtlich der Einstellungsform kann zwischen potenzieller und faktischer Betroffenheit unterschieden werden. **Potenzielle Demotivationseinstellungen** beziehen sich auf grundsätzliche oder mögliche Barrieren oder Demotivationsfaktoren (z. B. Arbeitsinhalt) des Einzelnen. Hoch rangierte Barrieren wären besonders belastend bzw. einschränkend. Daher kommt der Vermeidung solcher möglichen Motivationsbarrieren eine besondere produktivitätsrelevante und zukunftssichernde Bedeutung zu.

Faktische Einstellungen zur Demotivation verweisen auf **akute** und konkrete Erfahrungen und Situationen im beruflichen Alltag (z. B. Verhältnis zu Kollegen oder Vorgesetzten). Sie können auch durch vergangene Demotivationserlebnisse mitverursacht sein. Erinnerungen an Demotivationserfahrungen wirken oft in die Gegenwart hinein. Faktische Demotivationseinstellungen führen zur negativen Bewertung eigener Potenziale und Leistungen sowie zu Verlusten an Produktivität und Arbeitsfreude.

Subjektive »Demotivationseinstellungen« können auch mit gruppen- oder situationsabhängigen Prozessen (z. B. Gruppendruck, situative Anreizlosigkeit oder -hemmung) zusammenwirken. Daraus kann sich eine Eigendynamik entwickeln, die Mitarbeiter davon abhält, bestimme Ziele anzustreben, Leistungen zu erbringen oder kooperative Beziehungen zu gestalten.[33]

- **Demotivation im Zusammenhang frustrierender Enttäuschungserfahrung**

Neben ungenügender inhaltlicher Bedürfnisbefriedigung, problematischen Umsetzungsmöglichkeiten sowie unzureichenden Bewertungshaltungen zur Zielverwirklichung verweist Demotivation auch auf **enttäuschte Erwartungen**. Dies gilt besonders für solche mit hohem Bedeutungsgehalt und umso stärker, je mittelfristiger und häufiger Enttäuschungen auftreten. Verstärkt wird dieser Prozess dadurch, dass zu wenig oder erfolglos versucht wurde, Demotivation zu überwinden. Bei fehlender Selbstverarbeitung oder wirkungslosen Remotivationsprozessen werden Demotivationsprobleme zunehmend externen Einflüssen zugeschrieben. Damit gehen weitere Remotivierungspotenziale verloren.

Enttäuschungen durch Demotivationserfahrungen oder fehlende Remotivationschancen erhöhen die Arbeitsunzufriedenheit. Dies tritt jedoch nicht immer offen zu Tage, denn u. U. wird aus Loyalität oder Verpflichtung (Commitment) das bisherige Leistungsniveau noch gehalten. Der Verlust der Motivation oder Freude an der Arbeit geht daher nicht immer mit einer direkten und gleich starken Einschränkung der Produktivität einher. Auch kann Demotivation nach Außen geheimgehalten oder mit einer äußeren Betriebsamkeit bzw. sogar Arbeitssucht überkompensiert werden.[34] Damit ist Demotivation oft zunächst nicht sichtbar und kann häufig nur indirekt erschlossen werden. Schließlich sind auch Stresstoleranz und Frustrationsniveau unterschiedlich ausgeprägt.

Die durch Demotivation und fehlende Remotivationsmöglichkeiten bedingte Frustration wird eher informell mit Arbeitskollegen als mit Führungskräften kommuniziert. Im alltäglichen Organisationsleben wird sie oft auch eher indirekt an andere weitergegeben. Wie ein »Virus« verbreitet sich dann schleichend ein demotivierendes Klima, das nicht nur Remotivationspotenziale der Betroffenen reduziert, sondern immer mehr Mitarbeiter erfasst.

Anfällig für Demotivation sind besonders solche Mitarbeiter, die bereits eine unterschwellige Demotivationsneigung, eine ausgeprägte »Lageorientierung«[35] haben oder aber besonders leistungsorientiert sind. Da **Lageorientierte** einen geringeren Tätigkeitsanreiz und eine niedrigere Selbstwirksamkeitsüberzeugung zur Zielerreichung zeigen, bleiben bei ihnen Initiativen zur Remotivation stecken oder werden abgewehrt. Von Demotivation sind auch grundsätzlich motivierte und engagierte Mitarbeiter betroffen, insbesondere Leistungsträger, die sich oft schon übermäßig eingesetzt haben. Sie fühlen sich durch Motivationsbarrieren und demotivierende Beziehungen besonders enttäuscht oder quasi »bestraft«. Besonders bei ihnen ist ein Abbau von Barrieren wichtig, um ihrem Leistungspotenzial Entfaltungsspielraum zu geben. Schließlich sind auch Mitarbeiter, die überwiegend durch **extrinsische Anreize aktiviert** werden, gefährdet, da bei ihnen die intrinsische Motivation verdrängt werden kann.

Es hängt von Art und Konsequenz mit der Demotivation abgebaut wird sowie der Reichweite von Remotivierungsmöglichkeiten ab, ob ein früheres Motivationsniveau wiedergewonnen wird. Enttäuschungsbedingte Verletzungen durch Demotivation reichen aber meist sehr tief und werden daher kaum »vergessen«. Durch das Angebot konkreter Abbaumöglichkeiten oder Eröffnung realer Remotivierungschancen, kann es jedoch zu einem »Verzeihen« bzw. Aktivierung von Remotivationsenergien kommen. Besonders wenn der Verlust an Vertrauen groß ist, wird das zuvor bestandene Motivationsniveau jedoch nicht mehr erreicht. Daher ist der Erhalt bzw. Wiederaufbau einer Vertrauenskultur eine wichtige Voraussetzung zur Prävention und Reduktion von Demotivation sowie zur Förderung von Remotivation.

- **Demotivation als systemisches Phänomen**

Mit ihren vielfältigen Ursachen, Einflussfaktoren und komplexen Wirkungen ist Demotivation als dynamischer Systemzusammenhang zu verstehen. Statt nur getrennte Demotivationsaspekte zu beleuchten, kommt es darauf an, zusammenhängende Wechselwirkungen und Muster zu erkennen.

Definition:
Demotivation reduziert und blockiert Motivationsenergien oder Leistungspotenziale von Mitarbeitern sowie deren Engagement für die Organisation. Sie wird durch Motivationsbarrieren und demotivierende Prozesse innerhalb eines personalen, interpersonellen und/oder strukturellen Kontextes verursacht. Sie kann aber über Prävention vorgebeugt und durch Barrierenabbau und Remotivation vermindert oder überwunden werden.

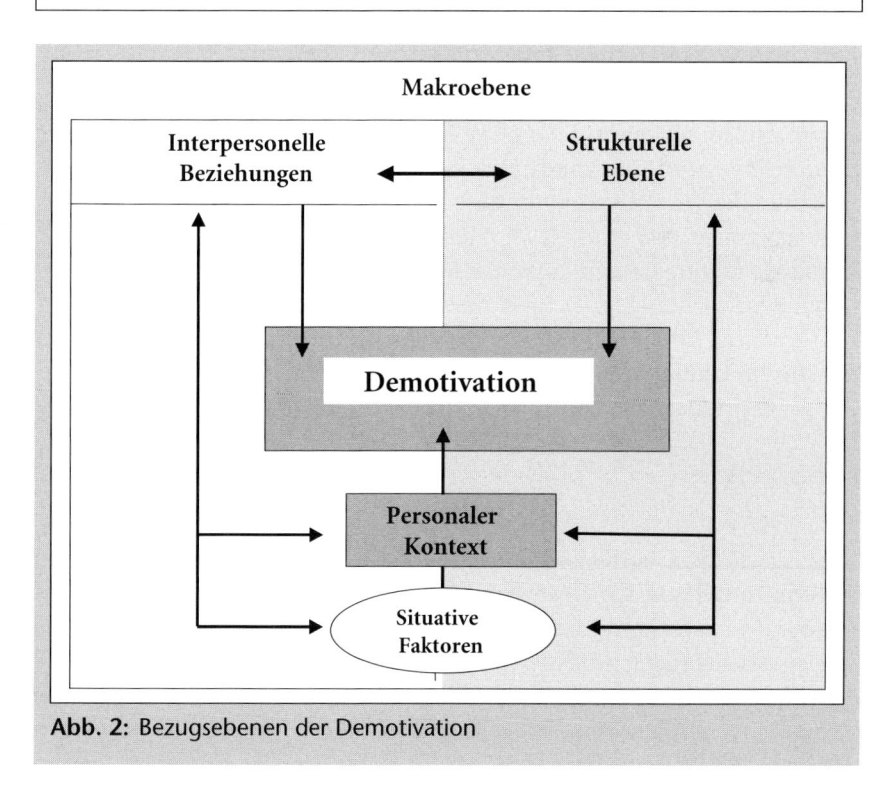

Abb. 2: Bezugsebenen der Demotivation

Demotivierende Ereignisse des Einzelnen verweisen – neben persönlichen, zwischenmenschlichen und strukturellen Einflüssen – auch auf außerbetriebliche und Zusammenhänge auf der Makroebene. Abbildung 2 zeigt die Bezugsebenen der Demotivation.

Wie durch die Pfeile veranschaulicht, stehen die einzelnen Bereiche in Wechselwirkung zueinander. Nicht nur bringt jede Ebene spezifische Demotivationen hervor, diese können sich auch wechselseitig verstärken. Alle Ebenen werden durch situative Faktoren und Einflüsse aus der gesamtwirtschaftlichen und gesellschaftlichen Makroebene beeinflusst.

Aus systemischer Sicht gibt es Organisationen, die stärker »**demotivationsanfällig**« sind als andere. So sind Unternehmen mit einer schwachen Unternehmenskultur, die sich in fundamentalem Wandel oder Krisensituationen befinden, eher gefährdet. Bei ihnen tritt Demotivation als zusätzlicher Belastungsfaktor hinzu. Andererseits kann Demotivation auch Chance und Auslöser für einen anstehenden Wandel sein.

- **Wirkungen der Demotivation**

Wirkungen und Folgen der Demotivation sind oft schwer zu messen und zu quantifizieren.[36] So sind z. B. ungenutzte Chancen oder Potenziale und indirekte Wirkungszusammenhänge (Multiplikatoreffekt) nicht leicht zu erfassen. Zudem erschwert eine phasenweise Veränderung des dynamischen Demotivationsprozesses eindeutige Zurechnungen. Das zeitliche Wirkungsspektrum der Demotivation umfasst kurzfristige sowie mittel- bis langfristige Reaktionen, während die Wirkungsbereiche von Demotivation physiologische, emotionale und kognitive Muster betreffen. Als systemisches Beziehungsgeschehen hat Demotivation mehrdimensionale Auswirkungen auf personale, interpersonelle sowie strukturelle Bereiche.[37] Einige der spezifischen **Wirkungen** für die Person, die zwischenmenschlichen Beziehungen sowie die Organisation, werden in der folgenden Typologie aufgelistet.

Für die Person:

- kognitive Effekte (Leistungsschwankungen, Konzentrationsschwächen, Vergesslichkeit, reduzierte Koordination und Problemlösungsfähigkeit, Fehlhandlungen, Arbeitsunfälle)
- kognitive und emotionale Dissonanz (z. B. Überlastung oder persönliche Unzufriedenheit bzw. Unterdrückung ins Unbewusste)
- emotionale Effekte (Ängste, Schuldgefühle, Ärger, Frustration, Gereiztheit, direkte Aggression, Ermüdung, Apathie, Depression)
- psychophysische Reaktionen (Stress, psycho-somatische Beschwerden – Erkrankungen)

- Burn-Out-Zyklus, emotionale Erschöpfung bis hin zu Depression
- Rückzug (Vermeiden von Situationen, in denen Demotivationen auftreten können)
- innere Kündigung
- Übertragung in den familiären Bereich[38], oder (Sucht-)Kompensation im außerberuflichen Lebensbereich

Personale Wirkungen werden durch bestimmte Einflussgrößen wie Ungewissheit oder wahrgenommene Einflusslosigkeit (z. B. geringe Stresskontrolle) verstärkt.[39]

Für zwischenmenschliche Beziehungen (z. B. zu Kollegen, Vorgesetzten, Externen):

- sozialer Stress, Rollenkonflikte und -überlastungen (z. B. Mobbing)
- Pseudoharmonie bzw. »Oberflächenidylle«[40]
- Rückzug aus dem sozialen Miteinander (de-personalisierter Umgang mit Anderen)
- Übertragung von negativen Empfindungen auf Andere (indirekte Aggression) und Projektion (spezifische Übertragung der eigenen Gefühle auf eine andere Person als Form der Verteidigung)
- Intoleranz, Spannungen, Misstrauen, Kritikabweisung oder Konflikte
- Koordinationsprobleme bzw. mangelnde Flexibilität

Für das Unternehmen:

Die genannten personalen und interpersonellen Effekte haben auch negative Auswirkungen auf die organisatorische Effizienz. Für eine betriebswirtschaftliche Betrachtung sind folgende Aspekte als leistungs- und kostenrelevante Folgen bedeutungsvoll:

- steigende Fehlzeiten, Absentismus[41], Arbeitsunfälle, Krankenstände, Fluktuation
- quantitative und qualitative Leistungsverschlechterung
- Verlust von Flexibilität und Innovation bzw. Qualität
- sinkende Produktivität, steigende Ausschussquoten und erhöhte Kosten
- mangelndes Engagement und verminderte Bereitschaft zu extra-funktionalem »Commitment«
- Beeinträchtigung von Teamprozessen in Arbeitsgruppen[42]
- Verschlechterung des Organisationsklimas[43]
- Sabotage (Diebstahl, zerstörerische Handlungen und Verschwendung oder Verweigerung von Zusammenarbeit)[44]
- verschlechtere Kundenbeziehungen, -zufriedenheit bzw. rückläufige Auftragseingänge

- Indifferenz im Verhältnis zu Unterstellten, Arbeitskollegen
- Gefährdung des betrieblichen Friedens
- reduzierte Wertschöpfung und die Gefährdung des Unternehmenswertes durch fehlende Nutzenstiftung für die zentralen Bezugsgruppen

- **Ambivalenz der Demotivation**

Bisher wurden hauptsächlich negative Wirkungen und Folgen der Demotivation beschrieben. Auch überwiegt in der bisherigen Analyse eine problematisierende Betrachtung. Damit besteht die Gefahr einer einseitigen Interpretation. Denn Demotivation bewegt sich in dynamischen Zusammenhängen, die auch funktional »positive« Bedeutungen umfassen. Sie erfüllt auch psychodynamische und soziale »Aufgaben« und damit »sinnvolle« und u. U. »positive« Funktionen. So gibt es subjektiv bzw. objektiv verständliche Beweggründe und Ursachen für Demotivation, die sie als durchaus angemessen, gegebenenfalls sogar »sachgemäß« erscheinen lassen. Deshalb werden nun diese »**vorteilhaften**« **Aspekte** für die Person, für interpersonelle Beziehungen und für die Organisation beschrieben.

Für die Person:

Demotivation kann als eine »gesunde« personen- und situationsangepasste Reaktionsweise auftreten, die für die Betroffenen bedeutsam ist bzw. spezifische, persönliche »Vorteile« mit sich bringt. Dazu gehören:

- »Nichtbeteiligung« bzw. zeitweiser Ausstieg aus der Dynamik überzogener Erwartungen und überfordernder Leistungserfordernisse
- »Ausgleich« von als unerträglich empfundenen Belastungen und Bedrohungen[45]
- indirekter Versuch zur Wiedergewinnung von Souveränität oder Verteidigung des Eigenwertes und eines authentischen Selbstbezugs
- Gewinnung von »Muße« für die Bearbeitung grundlegender arbeitsbezogener Probleme bzw. Versuch einer Wiederherstellung von Freiräumen für kreative Selbstgestaltung und Remotivation
- Regenerative Entspannung nach stark motiviertem Engagement und vollem Commitment (z. B. zur Stabilisierung von geschwächten Abwehrkräften)
- Ansätze für bewusstere und positive Arbeits- und Lebensgestaltung.

Der Umgang mit Demotivation kann:[46]

- ein Tauschverhältnis (Sozialpakt) neu begründen sowie veränderte gegenseitige Verpflichtungen schaffen (z. B. entgegenkommende Remotivationsangebote mit Einsatzfreude beantworten)[47]

- den Stand der Machtverteilung klären bzw. Machtdemonstration ermöglichen
- Aufmerksamkeit hervorrufen und binden (z. B. die eigentlich fällige Leistungs- oder Ergebnismessung substituieren)
- symbolische Selbstdarstellung ermöglichen (z. B. als »schonungsbedürftig«, überlastet auf Seiten von Demotivierten oder als verständnisvoll (Großzügigkeit) oder konsequent (Strenge) auf Seiten der Führungskräfte.

Wird die eigene Demotivation wahrgenommen sowie reflektiert, und löst sie dann noch nachhaltige Veränderungen aus, kann sie ein »Medium« für anstehende oder sinnvolle Wandlungsprozesse und individuelle Remotivation sein.

Für andere Arbeitskollegen, Teams oder die Organisation:

- Signalwirkung für Grenzen des Arbeitsalltags, die von Arbeitskollegen und Gruppenmitgliedern nicht (mehr) gesehen werden
- Verweis auf gefährdetes emotionales Gleichgewicht im Gruppenzusammenhang
- »Heilsame« Relativierung von überfordernden Leistungsprozessen durch Gruppendynamik und »group-think« sowie Verhinderung übereilter Handlungen
- Förderung einer »gesunden« Teamentwicklung (z. B. als eine Art »Gegengewicht« zu einer überzogenen Teamdynamik)
- Als abweichendes Verhalten dient Demotivation als »Projektionsmedium« für ausgleichende Zuschreibungsmechanismen, denn mit ihr wird vor- und ausgelebt, was andere nicht wagen, zuzugestehen oder zu praktizieren.

- **Bedeutung der Demotivation als Zustandsindikator und Auslöser für Veränderungen**

Demotivation legt personale, interpersonelle und systemisch-strukturelle Probleme und organisationale Defizite offen. Sie stellt eine indirekte, oft implizite Verhaltensartikulation von unbefriedigten Bedürfnissen und unbeachteten Interessen der Mitarbeiter dar. Demotivation kann so als Indikator für eine unzureichende Arbeitsqualität oder Organisationspraxis gesehen werden.[48] Damit werden auch über Demotivation hinausgehende Schwierigkeiten, Konflikte und verborgene Psycho- und Soziodynamiken angezeigt und Zugänge zu unzulänglichen Bedingungen, Strukturen und Prozesse erschlossen. Demotivationsphänomene verweisen so auf anstehende oder gewünschte Veränderungen im Organisationskontext. Sie zeigen Mängel an, die remotivierender Antrieb für anstehende oder notwendige qualitative

Veränderungen sein können. Demotivationskrisen enthalten so neben Bedrohungen auch Chancen zum Wandel, indem sie bisher nicht bekannte innovative Kräfte und Remotivationspotenziale freisetzen.[49]

Tritt sie als kritisches und veränderungsinteressiertes Widerspruchsverhalten auf, führt Demotivaton aus selbstgefälligen, lethargischen und konservativen Zuständen einer Selbst-Zufriedenheit heraus und setzt kreative Prozesse in Gang.

- **»Konstruktive Demotivation«**

Wie March und Simon zeigten, ist eine gewisse Unzufriedenheit sogar eine notwendige Bedingung für leistungsbezogenes Verhalten.[50] Denn eine der Möglichkeiten der Reduktion von Unzufriedenheit ist ein erhöhter Leistungseinsatz.

Unzufriedenheit wird so selbst zu einem **(Re-)Motivationsanlass**, der über die Überwindung eines als unzureichend empfundenen Status-quo, zu einer erhöhten Einsatzbereitschaft führt. »Die Motivation zur Leistung ist zurückzuführen auf einen gegenwärtigen oder erwarteten Zustand der Unzufriedenheit und auf die Wahrnehmung einer direkten Verbindung zwischen der individuellen Leistung und einem zukünftigen Zustand der Zufriedenheit.«[51]

Es wäre aber problematisch, Arbeitsunzufriedenheit und Demotivation generell zu Voraussetzung hoher Leistungsbereitschaft zu erklären. Unzufriedene oder demotivierte Mitarbeiter sind nicht zwangsläufig leistungsbereiter. Dennoch gibt es Formen »konstruktiver Demotivation«. Als Quelle von (Sozial-)Innovationen und notwendigen Wandlungsprozessen aktiviert, trägt oder verstärkt sie dynamische Prozesse der Persönlichkeits- und Organisationsentwicklung. Unterstützt von Dringlichkeitssinn und Bereitschaft zum Wandel kann »**schöpferische Unzufriedenheit**«[52] i. S. »konstruktiver Demotivation« Schöpferkraft und nachhaltigen Leistungswillen hervorrufen. Dass unzufriedene Mitarbeiter diese Schöpferkraft zugunsten der Organisation »ausleben«, ist dabei nicht gewährleistet. Bietet die Organisation keine Möglichkeiten, Energien der »schöpferischen Unruhe« in praktische oder betriebliche Gestaltungsformen einzubringen, können sie sich verlagern oder sogar destruktiv auswirken. Demotivierte Mitarbeiter, die in ihrer Arbeit keine oder nur enttäuschte Möglichkeiten zur Veränderungen und Remotivation erleben, werden dann ihre Bedürfnisbefriedigung außerhalb der Organisation suchen; oder potenziell konstruktive Energien kippen kontraproduktiv in ein destruktives Ausagieren (z. B. zu Mobbing, Sabotage) um.[53]

Demotivation ist damit nicht von vornherein nur als negativ zu bewerten. Es ist anzuerkennen, dass mit ihr auch »positive« Aufgaben und Funktionen verbunden sind. Werden die Implikationen von Demotivationsvorfällen in größeren Zusammenhängen gesehen, eröffnen sie strategische Möglichkeiten dafür, dass organisationale Prozesse, Strukturen und Regelungen laufend überprüft und gegebenenfalls angepasst oder weiterentwickelt sowie Remotivationschancen vermittelt werden. Zur Demotivation gehören somit Mehrdeutigkeiten und Mehrwertigkeiten. Werden diese wahrgenommen und als legitim anerkannt, eröffnen sie Handlungsspielräume für Remotivation. Schließlich geht mit der Achtung der Ambivalenz der Demotivation die Befreiung vom Mythos einer völligen, rationalen Beherrschbarkeit und restlosen Demotivationsüberwindung einher.

> II.
> Bezugsrahmen, Grundbegriffe, Dimensionen und Indikatoren zur Demotivation und Remotivation

4. Phänomen und Begriff der Remotivation und der Remotivierung

Während Demotivation Motivationskräfte bzw. das Engagement von Mitarbeitern einschränkt oder zerstört, strebt Remotivation an, deren (Motivations-)Energien bzw. Leistungspotenziale zu reaktivieren.

> **Definition:**
> **Remotivation** versucht beeinträchtigte oder verlorene (Motivations-)Energien und Potenziale wiederzugewinnen. Sie kann über direkten Abbau von Motivationsbarrieren oder indirekt über eine Substitution aktiviert werden.
> Ansatzmöglichkeiten dafür liegen auf der personalen, interpersonellen und strukturellen Ebene, die durch zielgruppen- und führungsspezifische Maßnahmen zu ergänzen sind.

Wie Demotivation ist Remotivation auch **systemisch** zu verstehen, bei dem persönliche und beziehungsbezogene sowie strukturelle Prozesse zusammenwirken und sich verstärken. Zudem sind reale Remotivationschancen von situativen Faktoren abhängig.

Im Gegensatz zur Motivierung folgt Remotivation einer anderen Zielsetzung. Es geht nicht darum, Mitarbeiter noch mehr zu motivieren, sondern über den Abbau von Hemmfaktoren Motivationsenergien wiederzubeleben. Der Fokus richtet sich dabei besonders auf Möglichkeiten, wie Mitarbeiter sich selbst remotivieren können bzw. remotivierbar sind. Metaphorisch gesprochen, meint Remotivation eine »**Renovation**« oder »**Restauration**«, bei der es nicht um einen »Neubau«, sondern um einen erneuernden Um- bzw. Wiederaufbau geht. Anstelle mit einem »Zero-Base-Ansatz« einfach bei Null auf der »grünen Wiese« zu beginnen, ist dabei vom gegebenen »Material« oder vorhandener »Innenarchitektur« auszugehen. Weil betroffene Mitarbeiter durch vielfältige negative Erfahrungen (z. B. Enttäuschungen, Frustrationen, Vertrauensverlust) belastet sind, ist die Ausgangslage für eine Wiederherstellung der Motivationskräfte viel schwieriger. Da aber der Verlust an Arbeitsfreude und Produktivität durch Demotivation nach unseren Umfragen hoch ist, lohnt es sich, die »Substanz« zu restaurieren. Zudem tritt Demotivation weniger als absolute, sondern meist als eine partielle Erscheinung auf. Oft ist es das Zusammenwirken weniger, aber einflussreicher Motivationsbarrieren, die bestimmend sind. Auch ist eine völlige Demotivation und Verweigerung jeglicher Remotivation die Ausnahme.

Fähigkeiten und Möglichkeiten sich zu remotivieren, hat es in Organisationen schon immer gegeben. Remotivationsprozesse gehören zum »normalen« Bewältigungsvermögen des beruflichen Alltags. Handeln in Organisationen würde ohne dieses Vermögen nicht funktionieren. Durch den aktuellen Wandel in Unternehmen und deren Umwelten haben sich aber Bedingungen, Anforderungen und Beziehungsprozesse (in) der Arbeit verändert. Dabei haben sich Anfälligkeit für Demotivation und Bedarf nach Remotivation erhöht.

Der **Beschreibungs- und Erklärungsbegriff** hilft, Entwicklungen, Förderungsmöglichkeiten und Wirkungen sowie das Erleben von Remotivation zu untersuchen. Der **Gestaltungsbegriff** von Remotivation verweist auf Möglichkeiten zum direkten Demotivationsabbau sowie Chancen einer indirekten Wiedergewinnung verlorener Motivationskräfte.

Bei Remotivation kann zwischen unmittelbarer Reduktion von bestehenden Barrieren (»**direkte Remotivation**«) und »substitutiver« bzw. ausgleichender Remotivation (»**indirekte Remotivation**«) unterschieden werden. Letztere will über Veränderungen z. B. der Aufgaben oder des Personaleinsatzes (Motivations-)Energien revitalisieren. Kompensation wird dann erforderlich, wenn Motivationsfaktoren nicht beeinflussbar oder individuelle Lösungen nicht möglich sind. Demotivation kann dann z. B. durch interessante Projektaufgaben ausgeglichen werden. Eine Aktivierung kann beim Einzelnen, bei spezifischen Zielgruppen, zwischenmenschlichen Beziehungen oder strukturellen Aspekten ansetzen.

Mit **Selbstremotivierung** mobilisiert der Mitarbeiter beeinträchtigte Motivationsenergien aus eigener Kraft und überwindet so seine Demotivationseinstellung oder -situation weitgehend selbst. Selbstgesteuerte Remotivation hat Vorrang, auch weil sie nachhaltiger wirkt. Ist dies nicht möglich, wird u. U. eine fremdgesteuerte **Remotivierung** notwendig.

> **Definition:**
> **Remotivierung** bezeichnet eine primär fremdvermittelte Aktivierung von Motivationspotenzialen bzw. der Leistungsbereitschaft sowie Beeinflussung von Einstellungen und Verhalten demotivierter Mitarbeiter durch Führungskräfte oder Strategien. Dies kann über anreizpolitische, interaktive oder strukturelle Interventionen erfolgen.

Die mit Remotivierung teilweise verbundenen Beschränkungen oder Anstrengungen werden durch heutige Werterhaltung oft abgelehnt, die individualistisch und hedonistisch (i. S. »Ich will alles und zwar sofort«) orientiert sind. Dieser Verlust an Verzichtsethik und »Aufschubfähigkeit« schränkt Möglichkeiten einer verzögerten Remotivierung ein. Ähnliches gilt, wenn erhöhte Ansprüche an Sinnhaftigkeit, Sinnhaltigkeit und Spaß an der Arbeit nicht mit höherer Motivationsleistung einhergehen.

Remotivation und Remotivierung sind komplexe Vorgänge, für deren Realisation es keinen »one-best-way« gibt. Vielmehr bieten sich für die Umsetzung vielfältige Remotivationschancen und -felder sowie Ansatzpunkte an.[54] Sind Bereitschaft und Fähigkeit zur Remotivation gegeben, kann eine (Demotivations-)Krise in eine Chance verwandelt werden.

5. Dimensionen der Demotivation und der Remotivation

Ähnlich wie bei Konzepten zur Arbeitszufriedenheit,[55] können auch für Demotivation folgende Dimensionen unterschieden werden:

- **Einzel- und Gesamtdemotivation**

Eine Betrachtung **einzelner Phänomene** beschränkt sich auf das einmalige Auftreten von Demotivation oder spezifischer Aspekte. Damit können konkrete Schwierigkeiten des Einzelnen (z. B. personale bzw. situative Belastungen) bestimmt und angegangen werden. Eine **Gesamtdemotivation** umfasst den übergreifenden Zusammenhang verstärkender Teildemotivationen mehrerer demotivierte Mitarbeiter oder der Gesamtorganisation. Dabei ist die Gesamtdemotivation immer mehr und anderes als nur die Summe von Einzel-Demotivationen. Damit kann auch die Eskalationsdynamik von Demotivationsprozessen erfasst werden. Eine Bestimmung der gesamten Demotivation führt auch den Produktivitätsverlust und Folgewirkungen plastisch vor Augen.

- **Bedürfnis- und Anreizorientierung**

Die Unterscheidung zwischen bedürfnisorientierten (intrinsischen) und anreizorientierten (extrinsischen) Ansätzen bezieht das demotivationale

Handeln auf die **Person** oder die **Situation**. Ersteres untersucht, inwiefern sich Demotivationen durch unbefriedigte Bedürfnisse oder personale Bezüge ergeben; während Letzteres nach verursachenden, anreizspezifischen Situations- oder Umweltbedingungen fragt. So lassen sich z. B. psychosomatische Reaktionen oder interpersonelles Konfliktverhalten oft durch personale Bedürfnisse erklären. Dagegen macht eine Analyse der situationsspezifischen Merkmale das demotivierende Verhältnis zu konkreten Objekten und Anreizen im Organisationsumfeld verständlich und damit beeinflussbar. Die Kenntnis beider Orientierungen ist auch für Präventionsmaßnahmen bedeutsam. So kann Demotivation z. B. durch Befriedigung potenzieller oder aktueller Bedürfnisse oder Schaffung notwendiger Anreize vermieden werden. Beim Einsatz therapeutischer Abbaumaßnahmen aktueller Demotivation über Anreize ist aber das diffizile Verhältnis zur intrinsischen Orientierung zu beachten.

- **Demotivation als zeitlicher Prozess**

Demotivation wandelt sich im Zeitverlauf. So können verschiedene **Demotivationsphasen** unterschieden werden, deren Schwankungen durch individuelle und zwischenmenschliche Einflüsse sowie strukturelle Veränderungen in der Organisation oder deren Umfeld bedingt sind. Für den Demotivationsumgang sind je nach Phase verschiedene Prioritäten zu bestimmen. So kann man die Lösung von akuten Demotivationsproblemen zurückstellen, wenn anderen Aufgaben Vorrang zukommt. Andererseits kann eine Demotivationsproblematik so drängend werden, dass zunächst ihre Überwindung in Angriff genommen werden muss.

Ob Demotivation als vergangenheitsbezogener Wirkungszusammenhang oder als zukunftsbezogene Erwartung bestimmt wird, ist für strategische Gestaltungsmaßnahmen zur Vorbeugung und Abbau bedeutsam. So können durch eine Rekonstruktion historischer Entstehungszusammenhänge (z. B. Ursachenkomplexe) organisationale Defizite beleuchtet und evtl. zukunftswirksame Folgerungen abgeleitet werden. Entscheidend ist jedoch immer die Demotivationserfahrung in konkreten Beziehungen und Situationen (i. S. Gegenwartsorientierung) zu sehen.

- **Potenzielle und aktuelle Demotivation**

Schließlich kann auch zwischen potenziellen und aktuellen Demotivationen unterschieden werden. Erstere beziehen sich auf **mögliche** Demotivationserfahrungen, unabhängig von der gegenwärtigen Ausprägung. Demgegenüber verweisen Letztere auf eine **momentane** Betroffenheit. Potenzielle Demotivation erfordert eine besondere Prophylaxe damit sie nicht akut wird;

während für aktuelle Demotivationen therapeutische Maßnahmen notwendig sind. Abbildung 3 fasst die Dimensionen der Demotivation zusammen:

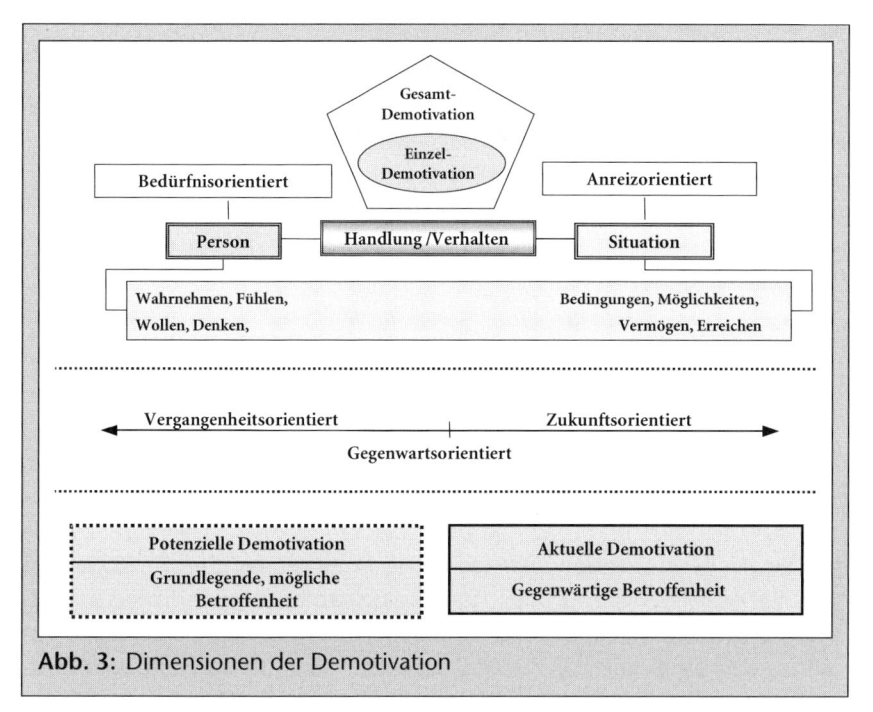

```
                    ┌─────────────┐
                    │   Gesamt-   │
                    │ Demotivation│
                    │  ┌────────┐ │
                    │  │ Einzel-│ │
 ┌───────────────┐  │  │Demotiv.│ │  ┌───────────────┐
 │Bedürfnisorient.│  │  └────────┘ │  │Anreizorientiert│
 └───────────────┘              └───────────────┘
          │                              │
     ┌────────┐    ┌──────────────┐    ┌──────────┐
     │ Person │────│Handlung/Verh.│────│ Situation│
     └────────┘    └──────────────┘    └──────────┘
  Wahrnehmen, Fühlen,              Bedingungen, Möglichkeiten,
  Wollen, Denken,                  Vermögen, Erreichen

  ◄──── Vergangenheitsorientiert  |  Zukunftsorientiert ────►
                    Gegenwartsorientiert

  ┌─────────────────────┐    ┌─────────────────────┐
  │Potenzielle Demotiv. │    │ Aktuelle Demotivation│
  │Grundlegende, mögliche│    │Gegenwärtige Betroffen│
  │    Betroffenheit    │    │       heit          │
  └─────────────────────┘    └─────────────────────┘
```

Abb. 3: Dimensionen der Demotivation

II. Bezugsrahmen, Grundbegriffe, Dimensionen und Indikatoren zur Demotivation und Remotivation

- **Demotivationsphasen und -niveaus in einem dynamischen Kontinuum**

Demotivation tritt in einem dynamischen Kontinuum auf, dessen Extrempunkte von »nicht-demotiviert« bis »stark demotiviert« reichen. Damit können auch verschiedene **Intensitäten** der Demotivation bestimmt werden. Diese hängen von Häufigkeit, Dauer und Art der Demotivationsprozesse ab. Innerhalb dieses Spektrums kann sich ein Mitarbeiter gleichzeitig auf verschiedenen Ebenen befinden. So kann er für seine Aufgaben motiviert, hinsichtlich sozialer Beziehungen eher demotiviert sein.

In diesem Kontinuum gibt es ein **auf- und absteigendes Demotivationsniveau,** das auch nach Kompensationsmöglichkeiten im Zusammenhang mit dem Privatleben variiert. Demotivation erweist sich so als **eigendynamischer Prozess,** der je nach Auftreten und relativer Stärke bei den Betroffenen oder in der Organisation Anpassungsprozesse auslöst. Gerade kumulierende Häufungen von Belastungen können zu progressiven Reaktionen führen. Einzelfälle sind dabei oft von den Betroffenen selbst nur indirekt erkennbar und isoliert kaum bewertbar. Eine Aggregation reaktiviert auch vergessene oder verdrängte Demotivationsvorfälle.

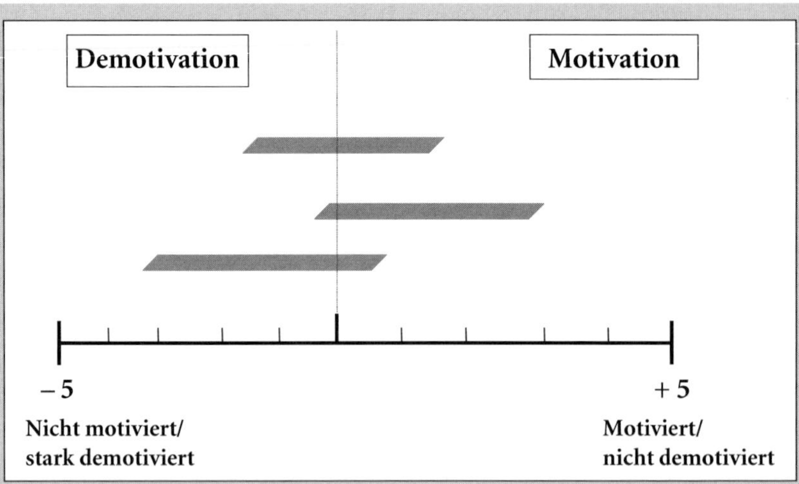

Abb. 4: Kontinuum der Demotivation

Dimensionen der Remotivation

Wie bei der Demotivation, gibt es analoge Dimensionen für die Remotivation. So kann zwischen **Einzel- und Gesamtremotivation** unterschieden werden. Erstere bezieht sich auf direkte Anlässe oder spezifische Remotivationsinitiativen einzelner Betroffener. Eine Gesamtremotivation bündelt Remotivationen mehrerer Mitarbeiter oder der ganzen Organisation. Damit können Synergien und Verstärkungseffekte genutzt werden. Eine Gesamtremotivation ist damit mehr als die Summierung einzelner Remotivationsprozesse.

Für die Remotivation kann ebenfalls zwischen **Person- und Anreizebene** differenziert werden. Personenbezogene Bedürfnisorientierung kann als eine intrinsische Remotivation interpretiert werden. Betroffene remotivieren sich dabei selbst, um ihre unbefriedigende Bedürfnislage zu verändern (z. B. die eigene Selbstwirksamkeit wiederaufbauen, nach der Devise: »Ich kann das auch allein«.) Selbstorganisierte Remotivierungen sollten besonders unterstützt werden, da sie nachhaltiger wirksam sind. Eine fremdgesteuerte Remotivierung wird über Anreize und externe Auslöser (z. B. strukturelle Veränderungen oder remotivierende Incentives) vermittelt. Damit kann es – neben Disziplinierungseffekten – auch zur Aktivierung oder Verstärkung intrinsischer Orientierungen kommen.

Wie Demotivation, ist auch **Remotivation ein dynamischer Zusammenhang**, der zeitlich und inhaltlich variiert. Je nach personalen, zwischenmenschlichen oder strukturellen Einflüssen wandeln sich Art, Dauer und Niveau von Remotivation und bewirken phasenabhängige Ausgleichs- und

Entfaltungsprozesse. So ist es möglich, gleichzeitig für bestimmte Aspekte remotiviert (z. B. neue, herausfordernde Aufgaben) und für andere weiterhin demotiviert (z. B. Routinefunktionen) zu sein.

6. Demotivationsindikatoren und Remotivationsbedarf

Demotivation kann oft weder durch direkte Beobachtung noch einfache kausale Zuschreibung bestimmt werden. Um dennoch zur Beschreibung von demotivationalen Handlungsabläufen zu kommen, werden diese zunächst über Indikatoren erfasst. Demotivation wird (auch für Außenstehende, z. B. für Kunden) durch folgende **Symptome bzw. Indikatoren** erkennbar:[56]

– Ausstattung der Räume und Flure (z. B. fehlende Gestaltungsinitiative und persönliche Note oder bewusste Beschädigungen)
– Art und Weise der Begrüßung (z. B. gleichgültiger oder unfreundlicher Umgangston in der Telefonzentrale, in den Vorzimmern oder im Kontakt mit Kunden)
– Form der nicht-verbalen Kommunikation (z. B. Körperhaltung, Gang, Gestik und Mimik als Ausdruck der Psyche)
– weitere verbale, interaktive und artifizielle Symbole der Unternehmenskultur[57] (z. B. äußere Erscheinung, Statussymbole, Anekdoten, Slogans, Tabus, Riten)
– distanziertes, unterkühltes Klima oder »Pseudoharmonie«
– Mangel an Humor
– Gestaltung von Betriebszeitschriften und Mitarbeiterinformationen (z. B. Anschlagsbrett, Stil in Anschreiben und Ansprache)
– Art, wie die Mitarbeiter vor Dritten über den Betrieb, den Vorgesetzten, die Kollegen und die Arbeit sprechen und wie sie die Zukunft einschätzen

Auf Mitarbeiter bezogen, kann es als **Indikator** für eine Demotivation gedeutet werden, wenn ein Mitarbeiter:

– ungern an seine Arbeit denkt
– kein Interesse mehr oder gesteigertes Interesse an Auseinandersetzungen hat
– zum typischen Ja- oder Nein-Sager oder zum Konformisten geworden ist
– Führungsentscheidungen nicht mehr, nur zustimmend oder stets kritisch kommentiert
– nur kritisch mit Dritten über Betrieb, Vorgesetzten, Kollegen und die Arbeit spricht und seine Zukunft negativ einschätzen
– seine Kompetenz nicht mehr ausschöpft oder sich stur darauf beruft
– Eingriffe in seinen Kompetenzbereich hinnimmt

- keine Karriere- und Weiterbildungsinteressen mehr äußert
- sich beim Auftreten zurückhält oder als Cliquenführer agiert

Demotivationssymptome werden auch an **ökonomischen Statistiken** deutlich, die zur Beurteilung des Betriebserfolgs und -klimas dienen.[58] Dazu gehören:

- Zufriedenheitsanalysen in Mitarbeiterumfragen oder Beurteilung von Vorgesetzten
- Leistungsergebnisse (Abteilungs- und Betriebs-Deckungsbeiträge, Qualität, Gewinn, Umsatz)
- Fehlzeiten (insbesondere Kennzahlen zu Krankenstand und Absentismus)[59]
- Fluktuationsrate
- Ausschussquote, Produktivitätskennzahlen, Bearbeitungszeiten, Inventurdifferenzen
- Anzahl von eingeholten Aufträgen
- Quantität und Qualität der Kundenreklamationen
- Qualität und Quantität der Verbesserungsvorschläge im Rahmen des betrieblichen Vorschlagswesens oder von Qualitätszirkeln
- Qualität und Quantität der Wortmeldungen bei Mitarbeiterbesprechungen, Betriebsversammlungen und Tagungen
- Ausmaß von Eigeninitiative und Vorschläge zu Weiterbildungsmaßnahmen
- wie weit Angebote im sozialen Bereich (z. B. Betriebsfeiern, Kantine, Sport, Kulturveranstaltungen) von den Mitarbeitern wahrgenommen werden
- geleistete Überstunden bzw. Mehrarbeit und freiwillige Übernahme von Sonderaufgaben (z. B. bei funktionsübergreifenden Projekten)

Allerdings ist zu berücksichtigen, dass all diese Symptome auch andere Ursachen als die der Demotivation haben können. So kann ein zurückhaltendes Auftreten charakterspezifisch (introvertierte Person) oder eine hohe Ausschussquote materialtechnisch bedingt sein. Dennoch liefern solche Indikatoren, insbesondere als Kombination, wichtige Warnsignale für mögliche Demotivationszustände und geben Hinweise für Behandlungsmöglichkeiten oder Ansatzpunkte zur Remotivation.[60]

- **Demotivationssyndrom**

Treffen verschiedene Symptome zusammen oder kommt es zu einer Symptomunterdrückung kann von einem »Syndrom« gesprochen werden.[61] In Analogie zum »Motivationssyndrom«[62] sprechen wir von einem »Demotivationssyndrom«. Es ist gekennzeichnet durch:

- vermindertes Selbstwertgefühl und -steuerung sowie verringertes Bewusstsein für eigene Leistungsfähigkeit der Betroffenen
- sinkende Bedeutung geteilter Werte und gemeinsamer Identifikation
- reduziertes Vertrauen gegenüber Mitarbeitern oder Führungskräften
- verminderte interne Wertschätzung der Anstrengungen und des Engagements für Zielerreichung
- geringe pro-aktive und konstruktive Problemorientierung auch bei lateralen Beziehungen
- abnehmende Hoffnung auf bzw. Glauben an eine bessere Zukunft.

Ein Demotivationssyndrom zeigt dringenden Remotivationsbedarf an. Werden Anzeichen nicht rechtzeitig wahr- und ernstgenommen oder nicht angemessen reagiert, begünstigt dies eine weitere Verbreitung der »Demotivationskrankheit«. Bleiben akute Demotivationsvorfälle »unbehandelt« oder werden »Demotivationswunden« und vergebliche Remotivationsbemühungen ungenügend »versorgt«, kann es zu »Infektion« oder »Verschleppung« mit bösartigen Nachwirkungen kommen. Solche Krankheiten können auf der Ebene des Individuums[63], wie der Gruppe auftreten.[64] Wiederholen sich individuelle Demotivationsschwierigkeiten oder finden sie kollektive Akzeptanz, kann sich der »Demotivationsvirus« auf immer mehr Gruppenmitglieder übertragen. Werden demotivierende Gruppenstörungen für das gesamte Unternehmen kulturprägend, schwächen sie die Abwehrkräfte organisationsweit. Aus individuellen oder gruppenbezogenen Demotivations- bzw. Remotivationsproblemen entwickeln sich Systemstörungen, die das ganze Unternehmen betreffen und mit anderen »krankmachenden« Organisationsprozessen zu pathologischen Unternehmenskulturen führen.[65] Um das Syndrom zu »heilen« oder remotivierende »Selbstheilungskräfte« zu aktivieren, genügt eine äußere Behandlung und »Medikamentation« nicht, sondern macht eine tiefergreifende »Kur« erforderlich.

7. Einflussfelder demotivationalen und remotivationalen Verhaltens

Einflussfelder der Demotivation kann man in einen personalen und interpersonell-strukturellen Bereich unterscheiden. Auf der Ebene der Person kann demotiviertes Verhalten durch persönliches Unvermögen bedingt sein. Dieses bezieht sich nicht nur auf fehlende Ressourcen oder Instrumentalitäten für den Einzelnen, sondern auch auf eine unzureichende Qualifikation (z. B. Fertigkeiten oder Kompetenzen) für eigenständiges Handeln. Mit diesem »**Nicht-Können**« kann auch ein persönliches »**Nicht-Wollen**« wirksam werden. Hier fehlt es weniger an praktischen Möglichkeiten, sondern an (selbst-)verpflichtendem Commitment. Soziales »**Nicht-Dürfen**« oder »**Nicht-Sollen**« tritt auf, wenn ein intendiertes Handeln aufgrund vorherrschender Werte und Normen oder unzureichender Ermächtigung nicht realisierbar ist. Auch unzureichende Arbeits- und Organisationsgestaltung schränkt als organisationales »**Nicht-Haben**« potenzielles Engagement ein. Dies kann wiederum durch unzureichende normative Kultur-, oder Strategiepraxis verstärkt werden. Abbildung 5 veranschaulicht die Einflussfelder mit ihren Wechselwirkungen.

- **Einflussfelder Remotivation**

Diese Einflussfelder der Demotivation gelten auch für Remotivation. Sie verweisen auf psycho-soziale Einflusskräfte, eine Remotivation nicht praktizieren zu können, zu wollen oder zu dürfen bzw. zu sollen. »Nichtremotiviert-sein-zu-**Können**« bezieht sich auf fehlende Fähigkeiten oder Ressourcen für Remotivation bzw. Selbstremotivierung. »Nicht-remotiviert-sein-zu-**Wollen**« zeigt einen Mangel an Bereitschaft bzw. freiwilliger Verpflichtung für ein remotiviertes Engagement an. Wenn sich demgegenüber Intentionen und das Interesse an Remotivation durch vorherrschende Werte oder fehlende Ermächtigung nicht entfalten können, kommt es zu einem »Nicht-Remotivert-sein-**Dürfen bzw. -Sollen**«.

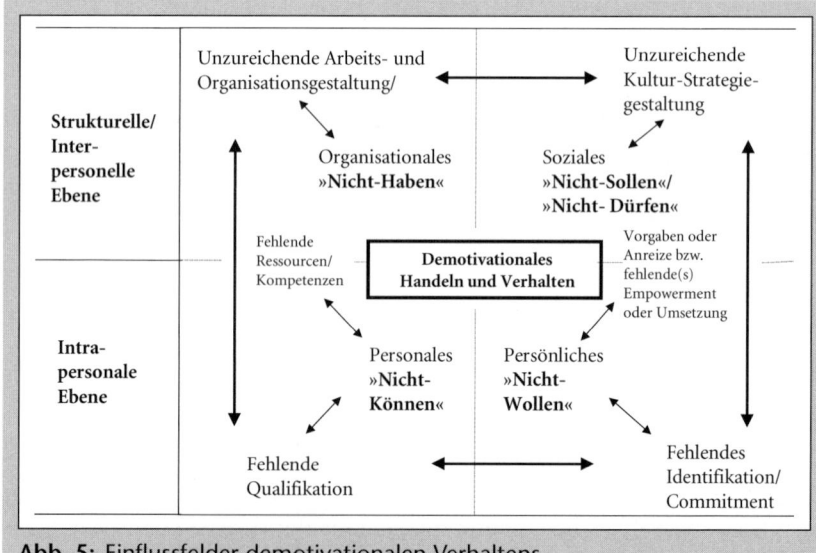

Abb. 5: Einflussfelder demotivationalen Verhaltens

8. Dimensionen und Arten von Demotivationskonflikten

Konflikte sind unvermeidbare Begleitphänomene des zwischenmenschlichen Zusammenlebens und der Zusammenarbeit in Organisationen. Sie können Ursache wie Indikator für Demotivation sein. Unter »Demotivationskonflikten« werden hier demotivierende wie demotivationsverursachende Konflikte verstanden:

1. Konfliktverursachende Demotivation

Sie entsteht meist durch Enttäuschungen, Frustration oder Stressbelastungen. Auch unzureichend gelöste bzw. verdeckte Konflikte führen zu Abwehrmechanismen, Vorwürfen oder Beschuldigungen.[66] Außerdem können Konflikte latente Demotivationsbereitschaft aktivieren oder vorhandene Demotivation verstärken. Schließlich schränken demotivierende Konflikte die Remotivation ein.

2. Demotivationsverursachende Konflikte

Auf der anderen Seite lösen viele Motivationsbarrieren und Demotivationsfaktoren Konfliktprozesse erst aus. So bewirken eine demotivierende Arbeitskoordination, Organisationskultur oder Ressourcendefizite vielfältige Sach- und Beziehungskonflikte. Demotivierte Mitarbeiter sind auch »konfliktanfälliger«.

Grundlegend kann zwischen personalen, interpersonellen und sachlichen (organisationale und umweltbezogene) **Konfliktpotenzialen** unterschieden werden.[67]

- **Personale** »Demotivationskonflikte« der Betroffenen mit dem persönlichen Bereich (z. B. Missverhältnis zwischen Beruf und Freizeit, existenzielle Sinnkrise durch starke Demotivation)
- **Interpersonelle** Konflikte mit Vorgesetzten und Kollegen (z. B. demotivationsbedingte Disharmonie oder Streit bei der Zusammenarbeit)
- **Sachliche** Konflikte (z. B. Ungerechtigkeiten bei Honorierung, demotivierende Ressourcenprobleme, oder wachsender Rationalisierungs- und Leistungsdruck)

In der organisationspsychologischen Konfliktforschung wird der Konfliktbegriff meist auf den Bereich des zwischenmenschlichen Verhaltens bezogen.[68] Konflikte zwischen Menschen entstehen demnach oft aufgrund von Spannungen durch gegensätzliche oder unvereinbare Soll-Diskrepanzen.[69] So können Bedürfnisse und Interessen Einzelner oder mehrerer Personen in Konflikt mit Aufgabenerfordernissen oder sozialen Normen geraten. Wobei

Konzeption und Theorien

erst die subjektive Deutung einer unverträglichen Situation die Konflikterfahrung begründet (z. B. widerstreitende Ansprüche aus Familien- und Berufsleben, oder Auftragsvergabe mit überfordernden Vorgaben).

Je nach Zusammenhang von Konfliktpotenzial und -verhalten kann zwischen **latenten oder manifesten Konflikten** unterschieden werden.[70] Das konkrete Konfliktverhalten hängt dabei von vorhandenen Spannungen (z. B. demotivationsspezifische Bedrohungspotenziale) sowie taktischen Überlegungen und verfügbaren Machtmitteln ab. Einflussreich für das Ausmaß von Konflikten sind erkennbare Alternativen, Wirkungsprognosen und Folgenabschätzungen.

- **Konfliktarten**

Je nach Handlungsweisen können folgende **Konfliktarten** differenziert werden:[71]

– **Beurteilungskonflikte:** Unterschiedliche Informationsquellen und Kenntnisstände (Qualifikationen, Erfahrungen) der Konfliktparteien führen zu abweichenden Einschätzungen über den jeweiligen Streitpunkt (z. B. Durchführungspraktiken)
– **Bewertungs- und Rollenkonflikte:** Sie werden durch gegensätzliche Ziele und Rollenanforderungen hervorgerufen
– **Verteilungskonflikte:** Dabei wird eine ungleiche Verteilung von Ressourcen und Gratifikationen (z. B. wie Geld, Macht, Prestige, Statussymbole, Beförderungen) wirksam
– **Beziehungskonflikte:** Diese entstehen durch mangelnde Anerkennung oder persönliche Kränkung durch andere

- **Laterale »Demotivationskonflikte«**

Neben den Konflikten im Verhältnis zu Vorgesetzten[72], sind gerade Konflikte mit Kollegen und Team- oder Projektpartnern oft für Demotivation mitverantwortlich.[73] Laterale »Demotivationskonflikte« in Organisationen werden hier verstanden als demotivierende oder demotivationsverursachende Belastungs- und Spannungszustände zwischen zur Zusammenarbeit verpflichteten, führungsorganisatorisch etwa gleichrangigen Organisationsmitgliedern oder -einheiten. Sie können nicht mit den Mitteln der direkten Weisung, sondern nur über Klärung und Konsensfindung gelöst werden.

Ursachen lateraler (Demotivations-)Konflikte können in strukturelle und personale Gründe unterschieden werden, die faktisch jedoch eng zusammenhängen. Empirische Untersuchungen[74] zeigten folgende Bewertung der Ursachen:

	Mittelwert (Rang) (1 sehr geringe Bedeutung, 8 sehr hohe Bedeutung)		
Ursachen für Kooperationskonflikte aus der Sicht von 1884 repräsentativ befragten Führungskräften und Spezialisten	Industriebetrieb n = 440	Dienstleistungsbetrieb n = 746	Dienstleistungsbetrieb n = 698
a) strukturelle Ursachen	4.8	4.3	5.3
1. Abhängigkeit von der Leistung anderer Organisationseinheiten	5.7	4.7	5.7
2. Zielkonflikte mit anderen Organisationseinheiten	5.1	4.3	5.6
3. ungleiche Erfolgs-/Anerkennungschancen	4.7	4.4	5.1
4. mangelnde Gesprächsgelegenheit	4.6	4.4	–
5. Weisungen aus anderen Organisationseinheiten	4.3	4.5	5.0
6. Weitergabe von externem Druck an andere Organisationseinheiten	4.6	3.9	–
7. unzureichende Aufgabenabgrenzung zwischen Organisationseinheiten	4.3	3.8	5.2
b) personelle Ursachen	4.8	4.3	5.5
1. mangelnde Kenntnis der Probleme/ Aufgaben anderer	5.2	4.7	6.1
2. einseitige Orientierung auf die eigene Organisationseinheit	5.3	4.6	5.8
3. mangelnde Einsicht in die Notwendigkeit der Kooperation	4.9	4.6	–
4. mangelnde Bereitschaft zu kooperativem Verhalten	4.9	4.4	5.1
5. mangelnde Orientierung an gemeinsamen Zielen	5.0	4.2	–
6. Konkurrenzgefühl zwischen Mitarbeitern der Organisationseinheiten	4.3	4.2	5.6
7. mangelnde Fähigkeit zu kooperativem Verhalten	4.4	4.0	–
8. wenig qualifizierte Vorgesetzte/Mitarbeiter in einzelnen Organisationseinheiten	4.2	3.8	–
Gesamtbewertung	4.8	4.3	5.4

Abb. 6: Konfliktursachen lateraler Kooperation in Großunternehmen

II. Bezugsrahmen, Grundbegriffe, Dimensionen und Indikatoren zur Demotivation und Remotivation

- **Ambivalenz von »Demotivationskonflikten«**

»Demotivationskonflikte« sind doppelwertig, da mit ihnen sowohl Vor- wie Nachteile sowie funktionale und dysfunktionale Wirkungen einhergehen. Zudem bieten sie potenziell remotivationsfördernde wie -hemmende Möglichkeiten.

»Vorteile« von »Demotivationskonflikten«

- »Demotivationskonflikte« fördern das Interesse, den Wissensdurst und Ideen
- Konstruktiver Umgang mit »Demotivationskonflikten« erzeugt einen Lösungsdruck und aktiviert Energien
- »Demotivationskonflikte« können Voraussetzung oder Auslöser von Wandlungsprozessen sein
- Gemeinschaftliche Handhabung und Lösung von demotivationsspezifischen Gruppenkonflikten fördert die Gruppenkohäsion und integriert isolierte, demotivierte Mitarbeiter
- Ausgetragene »Demotivationskonflikte« reduzieren Spannungen und Stressbelastungen

Nachteile von »Demotivationskonflikten«

- Extreme »Demotivationskonflikte« können zu emotionalen Entladungen, zur Instabilität und irrationalem Chaos führen
- Starke »Demotivationskonflikte« unterbrechen den Handlungsfluss und belasten und verändern die Organisation in unabsehbarer Weise
- Langanhaltende »Demotivationskonflikte« reduzieren das Vertrauen in eine vernünftige Überwindbarkeit und verursachen aggressive oder andere destruktive Verhaltensweisen

Funktionale Wirkungen von »Demotivationskonflikten«[75]

- Allgemeine »Vorteile«: Erhöhung des Problemverständnisses, Lösungsdrucks und Interaktionen
- Ökonomische Effizienz: Höhere Anpassungsfähigkeit der Organisation und Lösungsqualität, Auffinden innovativer Lösungen und mit evtl. Leistungssteigerung
- Soziale Effizienz: Berücksichtigung der Mitarbeiterbedürfnisse, Verbesserung des Organisationsklimas, der Konflikttoleranz und der Kooperationsfähigkeit

Dysfunktionale Auswirkungen von »Demotivationskonflikten«:

- Allgemeine Nachteile: organisatorische und sozio-emotionale Störungen
- Ökonomische Ineffizienz: Verschlechterung der Leistungs-Kosten-Relation und Verminderung der organisatorischen Integration und Stabilität
- Soziale Ineffizienz: Frustration der Mitarbeiterbedürfnisse, Verschlechterung der sozialen Beziehungen und psychisch bzw. physische Belastung

Möglichkeiten zur Bewältigung von »Demotivationskonflikten« werden als strategische Maßnahmen im Gestaltungsteil C besprochen.[76]

9. Demotivation im Zusammenhang mit Mikropolitik

Demotivationsverhalten und -strategien können als Regulierungsprozesse von Konfliken verstanden werden. Sie bleiben dabei oft zunächst unterhalb der Ebenen offener Auseinandersetzungen, können aber weitreichende Konfrontationen auslösen. Demotivation ist daher ein politisches Unzufriedenheitssignal und auch Drohgeste, Sicherheitsventil, Auslastungskorrektiv sowie »Tauschwährung« für die Einhaltung von Konzessionen.[77]

Als Medium mikropolitischer Auseinandersetzungen dient Demotivation als Mittel zum Aufbau und Einsatz von Macht und Herrschaft in Organisationen.[78] Sie ist damit Teil eines politischen Kontextes und eine Form von Machtpraxis. Dabei kann sie Reaktion auf bestimmte Unternehmens-, Leistungs- und Kontrollpolitik oder selbst »quasi-politisch« sein. Mittels spezifischer Techniken, Ressourcen und Taktiken wird sie als »Kampfmittel« eingesetzt, um eigene Interessen durchzusetzen[79] oder um eine Balance im Dauerkonflikt zwischen Herrschaft und Unterordnung, Macht und Ohnmacht zu finden.[80] Sie dient als Machtstrategie zur Bewältigung oder Handhabung von organisationalen Unsicherheitszonen.[81] Auch können Problemdruck oder mögliche Lösungen zur Demotivation über symbolische Politik und Techniken dargestellt, personalisiert oder dramatisiert werden.[82]

- **Techniken der Mikropolitik**[83] **sind häufig:**

- **Informationskontrolle**
  z. B. Schönfärberei, Informationsfilterung und -zurückhaltung, Information durchsickern lassen, Gerüchte verbreiten, Informationsmonopole erwerben.

- **Kontrolle von Verfahren, Regeln, Normen**
  z. B. Entscheidungsprozeduren kontrollieren/ändern, Präzedenzfälle schaffen, passende Kriterien etablieren.

- **Beziehungspflege**
  z. B. Netzwerke und Bündnisse bilden (»Seilschaften«), unbequeme Gegner isolieren, Loyalität belohnen, Nepotismus.
- **Selbstdarstellung**
  z. B. positive Selbstdarstellung »Impression Management«, die eigene Sichtbarkeit erhöhen, demonstratives Imponiergehabe.
- **Situationskontrolle, Sachzwang**
  z. B. Dienst nach Vorschrift, Sabotage, vollendete Tatsachen schaffen, Fakten vertuschen/verschleiern.
- **Handlungsdruck erzeugen**
  z. B. emotionalisieren, begeistern, einschüchtern, schikanieren, pokern, Termine setzten/kontrollieren, »Kuhhandel«.
- **Timing**
  z. B. verfügbar sein, den richtigen Zeitpunkt/Gelegenheiten/Überraschungseffekte nutzen, abwarten (können).

- **Mikropolitische Demotivationssituationen werden durch folgende Parameter bestimmt:**[84]

- **Machtorientierung**
  Interaktionen und Transaktionen des Demotivationsverhaltens werden unter dem Gesichtspunkt der Ausweitung eigener und/oder der Einengung fremder Handlungsmöglichkeiten betrachtet. Es geht darum, Ungewissheitszonen zu kontrollieren, anderen den eigenen Willen diktieren zu können und dies auch zu tun.

- **Interessensgeladenheit**
  Demotivierte betrachten und behandeln einander sowie ihre Umstände instrumentell, d. h. unter dem Blickwinkel der Verwertbarkeit für eigene Interessen und nicht für ein »fiktives« Gesamtwohl.

- **Legitimationsbedarf**
  Es wird versucht, das Demotivationsverhalten als legitim erscheinen zu lassen, d. h. den Eindruck zu erwecken, es sei durch geltende Gewohnheiten, Traditionen oder Werte gedeckt.

- **Wechselseitige Abhängigkeit**
  Weil Demotivierte oft einander – genauer die jeweiligen Ressourcen – ausnutzen wollen, um eigene Ziele zu erreichen, sind sie voneinander abhängig und daran interessiert, Beziehungen – wenngleich als asymmetrische – aufrechtzuerhalten.

- **Inter-Subjektivität**
Mikropolitische Demotivationssituationen sind soziale Situationen, die sich zwischen konkreten Subjekten abspielen. Die Akteure sind auf vielfältige, womöglich instabile und kaum durchschaubare Weise miteinander vernetzt. Demotivierte sind nicht nur als isolierte Individuen zu sehen, sondern bilden soziale Konfigurationen aus. Zwischen den Akteuren und in diesen Konstellationen gibt es Spannungen, Aversion aber auch Koalitionen und Freundschaften, die der individuelle »homo oeconomicus« mit seinen sachorientierten Kalkülen nicht berücksichtigt.

- **Zeitabhängigkeit**
Es kommt auf die Aufeinanderfolge von Aktionen, den günstigen Zeitpunkt, die Vorgeschichte und Zukunft, die Synchronisation von Handlungen etc. an. Demotivation ist stark zeitabhängig, da sie sowohl in ihrem Verlauf und ihrer Intensität zeitlich variiert, wie auch durch eine zeitbedingte Verkettung von bestimmten (unglücklichen) Umständen hervorgerufen werden kann.

- **Ambiguität**
Die Situation ist mehrdeutig, mehrdimensional, widersprüchlich, intransparent, komplex, unsicher, facettenreich usw. Wo alles eindeutig, klar, präzise, einfach geregelt ist, kann es kaum Demotivation geben.

Schon Begriff und Verständnis von »Demotiviert-sein« meint auch eine **politische Definition**. Welche Demotivationsarten differenziert, wie sie erfasst, von wem oder was und wem sie zugerechnet werden, sind politische Vorgänge. Um auch kontextuelle Aspekte zu berücksichtigen bieten sich folgende **Leitfragen** an:

- Warum eröffnet die Arbeit keine Herausforderung und Freude oder Anlass für ein selbstständiges und verantwortungsvolles Engagement mehr?
- Warum ist Demotivation als Mittel und Gegenstand von Auseinandersetzungen gewählt worden?
- Über welche Durchsetzungsmacht wurden bestimmte Interessen der demotiviert reagierenden Mitarbeiter nicht beachtet?
- Gibt es einen Anteil unvermeidlicher Demotivation und wie hoch ist dieser?
- Ist eine zeitweise oder »konstruktive« Demotivation impliziter Teil des Arbeitslebens?
- Wie weit sollte man den ambivalenten Charakter der Demotivation berücksichtigen?[85]

10. Gestaltungsrahmen für strukturell-systemische und interaktive Führung

> **Definition:**
>
> **Führung** wird verstanden als ziel- und ergebnisorientierte, wechselseitige und soziale Beeinflussung zur Erfüllung gemeinsamer Aufgaben in und mit einer strukturierten Arbeitssituation.[86]

Konzeption und Theorien

Sie vermag als dynamischer, wechselseitiger und dazu situativ differenzierter Einflussprozess, demotivationsabbauende und remotivierende Entscheidungs-, Arbeits- und Beziehungsprozesse aktivieren und mitgestalten. Gestaltungsmaßnahmen durch die Führung tragen dazu bei, durch Demotivation eingeschränkte Wertschöpfungsprozesse bzw. Leistungspotenziale ziel- und ergebnisorientiert auszurichten. Dazu kann zwischen einer indirekten, strukturell-systemischen und einer direkten, personal-interaktiven Führungspraxis unterschieden werden.[87] **Strukturell-systemische Führung** versucht, über normative und strategische Kontextgestaltung (Ordnungsrahmen) ein optimales, d. h. hier demotivationsreduzierendes bzw. remotivierendes Umfeld zu schaffen. Ansatzpunkte dazu sind Kultur, Organisation, Strategie und qualitative Personalstruktur. **Direkte persönliche Einfluss- und Beziehungsgestaltung** erfüllt im Rahmen struktureller Kontextsteuerung wichtige, situationsspezifische Informations-, Kommunikations- und Koordinationsaufgaben, die nicht generell und personenunabhängig geleistet werden können. Dazu gehören insbesondere Feedback, Anerkennung oder konstruktive Kritik. Teil der personal-interaktiven Menschenführung ist, Demotivationsprobleme wahrzunehmen, zu analysieren und zu reflektieren. Weitere Aufgaben der direkten Führung betreffen remotivierende Zielvereinbarungen, verbindliche Entscheidungen sowie Delegation von Aufgaben und Kompetenzen. Sie dient damit der Feinsteuerung zur Transformation von Demotivierten und Entwicklung von Remotivierung. Schließlich gehört es zur direkten Führung, auch Leistung(-sdefizite) und Verhaltensweisen demotivierter Mitarbeiter systematisch zu beurteilen und gegebenenfalls Remotivationsinitiativen zu gratifizieren.

Strukturelle und direkte Führung können sich **wechselseitig ergänzen**. So kann die interaktive Führung Mängel der Strukturführung ausgleichen (z. B. »Übersetzung« struktureller Abbaumaßnahmen in anschlussfähige Operationalisierung). Auch legitimieren, verändern oder ersetzen sich beide Führungsdimensionen. Abbildung 7 stellt beide Ansätze gegenüber.

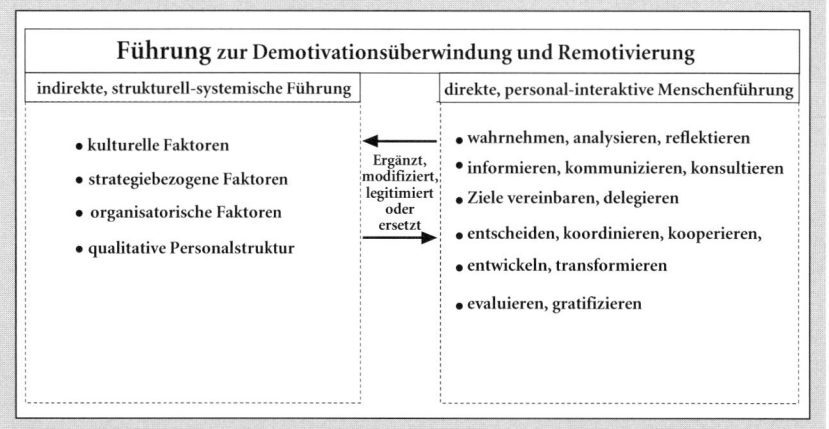

Führung zur Demotivationsüberwindung und Remotivierung	
indirekte, strukturell-systemische Führung	direkte, personal-interaktive Menschenführung
• kulturelle Faktoren • strategiebezogene Faktoren • organisatorische Faktoren • qualitative Personalstruktur → Ergänzt, modifiziert, legitimiert oder ersetzt ←	• wahrnehmen, analysieren, reflektieren • informieren, kommunizieren, konsultieren • Ziele vereinbaren, delegieren • entscheiden, koordinieren, kooperieren, • entwickeln, transformieren • evaluieren, gratifizieren

Abb. 7: Strukturelle und interaktive Führung zu Demotivationsabbau und Remotivation

II. Bezugsrahmen, Grundbegriffe, Dimensionen und Indikatoren zur Demotivation und Remotivation

Für eine wirkungsvolle Demotivationsüberwindung und Remotivation ist der **strukturell-systemische Ansatz mit der interaktiven zu verbinden**. Struktur- und Personenführung sind dabei wertorientiert und situationsspezifisch auszurichten sowie mit der Unternehmens- und Personalpolitik zu koordinieren.

- **Menschenbilder als Hintergrund der Gestaltungspraxis**

Schließlich sind auch zugrundeliegende Menschenbilder als einflussreiche Orientierung und implizite oder explizite Gestaltungsphilosophie zu beachten.[88]

Ein Menschenbild ist eine grundsätzliche, relativ dauerhafte Auffassung über das Wesen sowie die Bedürfnisse, die Einstellungen und Verhaltensmuster des Menschen. Es konkretisiert sich in Werten, Erwartungen und Beurteilungen oder im Umgang mit Menschen.[89] Menschenbilder haben so eine normativ-wertende, d. h. verhaltenslenkende Funktion.[90] Sie bestimmen die Sicht auf die eigene Person und die Mitmenschen und beeinflussen dadurch auch Möglichkeiten und die Praxis eines demotivationspräventiven und -reduzierenden Handelns.

Nach dem **polaren Konzept von McGregor**[91] werden Mitarbeiter in zwei unterschiedliche Typen eingeteilt. Das Menschenbild der **Theorie X** beschreibt die Mitarbeiter als grundsätzlich verantwortungslos und unreif. Der durchschnittliche Arbeiter hat eine natürliche Abneigung gegen Arbeit und keinen Ehrgeiz. Er legt keinen Wert auf Verantwortung und zieht es vor, autoritär geführt zu werden. Auch steht er den Unternehmenszielen gleichgültig gegenüber und wehrt sich gegen Veränderungen. Sein größter Wunsch ist seine eigene Sicherheit, vor allem im materiellen Sinn. Auf der Grundlage des Menschenbildes eines rational-ökonomischen Menschen nach der Theorie X würden zur Demotivationsüberwindung nur Anreizsysteme oder verstärkte Kontrollen eingesetzt werden, um die Motivations- und Leistungsbereitschaft zu aktivieren oder zu überwachen.

Der **Theorie Y** zufolge liegt Arbeit in der Natur des Menschen, der verantwortungsvoll handelt, wenn er sich mit den Unternehmenszielen identifizieren kann, besonders wenn er mit seiner Arbeit zufrieden ist. McGregor stützt seine Annahmen dazu v. a. auf das Argument, dass bei den meisten Mitarbeitern das Bedürfnis nach materieller Sicherheit bereits befriedigt ist und deshalb nicht mehr relevant sei. An seine Stelle trete das Bedürfnis nach Erfolg, Anerkennung und Selbstverwirklichung. Die Aufgaben des Managements sind demnach vor allem die Unterstützung der Entfaltung des Mitarbeiters, dem die Möglichkeit geboten werden soll, sich mit den Unternehmenszielen zu identifizieren und sie zu übernehmen. Es unterlegt deshalb einen hohen Reifegrad bei diesen Mitarbeitern. Die Motivation der Mitarbeiter erfolgt nicht mehr extrinsisch durch Geld oder Bestrafung, sondern durch die Möglichkeit der aktiven Teilnahme an Entscheidungsprozessen, durch Anerkennung und Aufstiegschancen im Unternehmen. Bildet die Arbeit für den Menschen einen integrierten Bestandteil des Lebens bzw. einer sinnvollen Lebensgestaltung, wird Leistung durch eine intrinsische Orientierung positiv gesehen. Damit verlieren Versuche zur aktiven Leistungsmotivierung durch ausschließlich extrinsische Anreize bzw. Sanktionen ihre Wirkung. Vielmehr ist hier zur Schaffung von Remotivations- und Leistungsmöglichkeiten der Abbau von Motivationsbarrieren entscheidend.

Beide Menschenbilder X und Y sind idealtypische Konstrukte, die erst durch eine Überführung in ein Kontinuum sowie einer anschließenden empirischen, systemischen und situationsspezifischen Analyse für praktische Gestaltungsvorschläge verwendbar sind.

Schein differenziert nach vier **Grundtypen**, die schon näher an einer differenzierten Wirklichkeit liegen:[92]

> **Der rational-ökonomische Mensch.**
> – bezieht Motivation hauptsächlich aus monetären Anreizen
> – ist passiv und manipulierbar
> – ist durch rationale Maßnahmen zu steuern
>
> **Der soziale Mensch**
> – bezieht Motivation aus kommunikativen, sozialen Beziehungen
> – zieht sich in einer mechanischen Arbeitsumgebung in soziale Beziehungen zurück
> – wird durch die Einbindung in die Gruppe stärker beeinflusst als durch Vorgesetzte
> – akzeptiert Führungshandlungen nur, wenn sie seine sozialen Bedürfnisse berücksichtigen
>
> **Der sich selbst verwirklichende Mensch**
> – setzt Selbstverwirklichung an die Spitze einer Hierarchie von Bedürfnissen
> – sieht Arbeit positiv, wenn sie der Selbstverwirklichung dient
> – kann durch eigenverantwortliche, rationale Entscheidungen die Organisation unterstützen
> – ist in der Lage und will sich selbst kontrollieren und motivieren
>
> **Der komplexe Mensch**
> – ist lern- und wandlungsfähig
> – hat veränderliche und damit volatile Motive, welche die Sichtweise seiner Stellung in der Organisation beeinflussen und seine Entwicklungsbedürfnisse befriedigen
> – hat in unterschiedlichen Situationen differenzierte Motive und Ziele

Abb. 8: Menschenbilder nach Schein[93]

Gerade bei dem komplexen Menschentypus von Mitarbeitern kommt es darauf an, Motivationshemmnisse aufzudecken und abzubauen, welche einer eigenständigen Verpflichtung und einem entsprechenden Engagement der Mitarbeiter entgegenstehen. Damit geht eine andere personalwirtschaftliche Orientierung und Fragerichtung einher. Es wird weniger danach gefragt, wie das Verhalten der Mitarbeiter auf die betrieblichen Anforderungen hin gesteuert werden soll, als vielmehr, was die Betroffenen dazu bewegt, sich abweichend von diesen zu verhalten.[94]

Eine Organisation mit dem Bild eines wandlungs- und lernfähigen komplexen Menschen thematisiert demotivierende Führungs- und Arbeitsbeziehungen und versucht *mit* den Mitarbeitern, sinnvolle und zweckmäßige Veränderungsmöglichkeiten zur Entfaltung der Leistungsbereitschaft und -fähigkeit sowie Selbst(re-)motivation zu entwickeln. Dabei können über den Abbau von Motivationsbarrieren Möglichkeiten dazu geschaffen werden, dass sich die intrinsische (Selbst-)Remotivation von kreativ, sozialkompetent und eigenverantwortlich handelnden Menschen frei entfaltet.

Wir postulieren nicht, dass alle Menschen in der Arbeitswelt Selbstmotivation zeigen können oder wollen. Auch hier gehen wir von einer Art Normalverteilung aus, bei der sowohl X- und Y- Motivationstypen von McGregor als auch die verschiedenen Menschentypen nach Schein in unterschiedlichen Ausprägungsgraden vertreten sind. Weiterhin bevorzugen wir – anstelle eines Polarisierens – einen Kontinuumansatz, der verschiedene Ausprägungen zulässt. Wir meinen mit C. G. Jung, dass bei Menschen beide Wertemuster zu finden sind. Jung nennt dies Licht- und Schattenseite der gleichen Person.[95] Je nach Umfeldanreizen (einschließlich einer Sozialisation in Gesellschafts- und Unternehmenskulturen) wird das eine oder andere Menschenbild begünstigt, gelebt oder unterdrückt. Manager, die gestaltend Demotivation abbauen und Remotivation aufbauen wollen, sollten ihr eigenes Menschenbild hinsichtlich der beschriebenen Typen überprüfen und optimal ausrichten. Dazu ist es hilfreich, dass sie sich ihres implizit verwendeten »Skriptes«[96] im Umgang mit Mitarbeitern bewusst werden.

- **Theorien des entwicklungsfähigen Selbst**

Hinter einem Menschenbild steht auch ein Verständnis des »Selbst« des Menschen. Inwiefern ein demotiviertes Selbst als entwicklungs- und damit remotivationfähig angenommen wird, ist zur Bestimmung von Gestaltungsformen von grundlegender Bedeutung. Menschen verhalten sich in ihrer Wahrnehmung und Beurteilung tendenziell so, dass sie ihren Selbstwert bewahren oder steigern.[97] Das Selbst ist dabei dynamisches und vielfältiges Phänomen, welches sich aus (Selbst-)Bildern, Schemata und Prototypen sowie Beziehungen mit anderen bildet.[98] Die Selbstbeziehung ergibt sich aus dem Zusammenspiel eines wahrnehmenden Selbst im Verhältnis zu dem eigenen aktuellen Selbstwert und den sozialen Beziehungen sowie zu einem »Ideal-Selbst« bzw. einem idealen Set aus sozialen Identitäten.[99]

Mit diesem Selbstverhältnis entwickeln Handelnde spezifische »Arbeitshypothesen« oder »Gebrauchstheorien« und überprüfen diese in ihrem Alltags- und Berufshandeln.[100] Bei Bewährung behalten sie diese bei, sonst werden sie verändert oder verworfen. Auch das Demotivations- und Remotivationsverhalten wird von solchen handlungsleitenden Konstrukten beeinflusst, die immer durch kognitive, emotionale und soziale sowie strukturell-systemische Prozesse miteinander verbunden sind.

Nach **Argyris** entwickelt sich das Selbst in einem **Kontinuum von Unreife zu Reife**. »Reifen« bedeutet dabei Mündigkeit und Wille, Verantwortung selbst zu tragen; ein Gleichgewicht zwischen Gefühlen, Fremderwartungen zum eigenem Ich zu finden, Bereitschaft, sich mit inneren und äußeren Konflikten auseinander zu setzen, sie nicht zu verschleiern oder zu verstecken.[101] Argyris differenziert den Entwicklungsprozess einer unreifen und reifen Persönlichkeit jeweils durch folgende sieben Dimensionen:

Charakteristika einer unreifen Person	Charakteristika einer reifen Person
1. Passivität	1. Aktivität
2. Abhängigkeit	2. Unabhängigkeit
3. wenige Verhaltensalternativen	3. viele Verhaltensalternativen
4. kurze Zeitperspektive	4. lange Zeitperspektive
5. oberflächliche Interessen	5. tiefergehende Interessen
6. Unterordnung	6. Gleich- oder Überordnung
7. fehlende Selbstkenntnis/Fremdkontrolle	7. Selbsterkenntnis und -kontrolle

Abb. 9: Unreife-Reife-Kontinuum nach Argyris[102]

Jede dieser Dimensionen bildet ein eigenständiges Kontinuum, so dass sich der einzelne Mensch in bestimmten Lebensphasen an unterschiedlichen Punkten auf den Kontinua befinden kann. »Reife« eines Menschen heißt dabei nicht, einen Entwicklungspunkt zu erreichen, sondern verweist eher auf eine fortlaufende Selbsterziehung und einen offenen Entwicklungsprozess.[103] Der Humanist Argyris vermerkt kritisch, die meisten Organisationen würden mit ihren Strukturen, Führungsmechanismen und Führungsverhalten die Mitarbeiter eher als unreife Persönlichkeiten behandeln.

Demotivation kann als hemmender Faktor sowohl die »Selbstentfaltung« und den Reifungsprozess des Einzelnen als auch die Leistung eines sinnvollen Beitrags zur Realisierung organisationaler Ziele beeinträchtigen. Jedoch sind demotivierte Mitarbeiter entwicklungsfähig und verfügen oft über ein nur behindertes Potenzial, sich aus ihrem aktuellen Demotivationszustand hinaus weiterzuentwickeln und sich auch im organisationalen Kontext wieder remotiviert einzubringen. Demotivationsüberwindung stellt so eine herausfordernde Chance und Lernforderung dar. Abbau von Demotivation und Möglichkeiten zur (Selbst-)Remotivation tragen daher auch zur Selbstentfaltung und Reifung des Menschen bei.[104]

III. Theoretische Ansätze zur Erklärung von Demotivation und Remotivation

Konzeption und Theorien

Demotivation wird durch ein Zusammenwirken von personalen, interpersonellen und strukturellen Prozessen beeinflusst. Oft ist es ein ganzes Demotivationsbündel, von dem vielschichtige Belastungen und Folgewirkungen ausgehen. Demotivation ist so in ein vielfältiges Ursachen- und Wirkungsfeld eingebettet, das verschiedenen Einflussbedingungen unterliegt und in das unterschiedliche Erfahrungs- und Bewertungsprozesse einfließen. Um diesen systemischen Prozesszusammenhang zu untersuchen und zu erklären, ist es hilfreich, theoretische Ansätze heranzuziehen. Dies erleichtert auch, erste Möglichkeiten zum Demotivationsabbau und Remotivation zu erarbeiten.

Dazu werden nun Erkenntnisse der Arbeitszufriedenheits- und Stressforschung, inhalts- und prozessorientierte Motivationstheorien, Einsichten der Anreiz-Beitragstheorie und Ansätze zu psychologischen Verträgen diskutiert. Mit den Theorien zur kognitiven und emotionalen Dissonanz und zu Willensprozessen sowie zur Entfremdung und inneren Kündigung werden weitere relevante Erklärungsansätze berücksichtigt. Abschließend wird ein Eskalationsmodell sowie Möglichkeiten und Grenzen eines systemtheoretischen Ansatzes für die Demotivation beschrieben.

1. Arbeitszufriedenheitsforschung

Demotivation ist ein Zustand von Arbeitsunzufriedenheit. Sie kann dabei Ursache wie Folge einer Unzufriedenheit mit und in der Arbeit sein. Als auslösender Faktor kann sie latente Arbeitszufriedenheit aktivieren bzw. verstärken. Andererseits werden Mitarbeiter, die in ihrer Arbeit Unzufriedenheit erleben, gerade dadurch demotiviert. »Arbeitszufriedenheit« gehört zu den am häufigsten verwendeten Untersuchungsobjekten der betrieblichen Verhaltensforschung.[105] Damit gehen allerdings sehr verschiedene Begriffe, Messungen und Auslegungen einher. Ohne die lange Geschichte und intensive theoretische Diskussionen zur Arbeitszufriedenheitsforschung aufzuzeigen[106], sollen hier nur einige grundlegende und demotivationsrelevante Erkenntnisse betrachtet werden.

- **Begriff und Einflussprozesse der Arbeits(un-)zufriedenheit**

Man kann Arbeits- oder Mitarbeiterzufriedenheit als Teil der Berufs- und Lebenszufriedenheit auffassen.[107] Zufriedenheit verweist auf einen positiven seelischen Zustand sowie ausgeglichenes, emotionales Empfinden (»Frieden der Seele«).[108] Dies wird wesentlich durch einen hohen Grad an Übereinstimmung zwischen Ansprüchen der Arbeitenden und Merkmalen der Arbeitssituation, i. S. einer ganzheitlichen Erlebnisqualität mitbestimmt.[109] Bruggemann definiert Arbeitszufriedenheit als »zusammenfassende Einstellung zu einem betrieblichen Arbeitsverhältnis mit allen seinen Aspekten«[110], als wertende Stellungnahme zur Arbeit.[111]

Als wesentliche **Einflussprozesse der Arbeits(un-)zufriedenheit** können folgende Aspekte unterschieden werden:[112]

- (Nicht-)Befriedigung von Bedürfnissen und Erwartungen
- (Nicht-)Verwirklichen von Werten
- (un-)befriedigende intrinsische und extrinsische Prozesse
- positive bzw. negative Bewertung der (Arbeits-)Situation.

Werden zudem das Arbeitshandeln immer wieder gestört oder wichtige Ziele nicht erreicht, nimmt die Unzufriedenheit zu. Diese äußert sich dann als stressreiche Angespanntheit, die mit Zerrissenheit, Unerfülltheit oder Druck einhergeht.

Aufbauend auf der Gerechtigkeits- sowie Diskrepanztheorie[113] tritt nach **Lawler** Unzufriedenheit besonders bei folgenden Mitarbeitern eher auf:[114]

- Menschen, die ihre Arbeit für anspruchsvoll halten, sind mit Arbeitsumständen eher unzufrieden.
- Menschen, die ihre Leistung hoch einschätzen, sind eher unzufrieden.
- Je mehr Menschen glauben, dass andere höhere Ergebnisse erzielen, desto unzufriedener sind sie mit eigenen Ergebnissen; insbesondere, wenn die anderen ähnliche oder gar weniger anspruchsvolle Arbeiten verrichten.
- Menschen, die glauben, dass andere Personen ein günstigeres Gleichgewicht zwischen Leistung und Ergebnissen haben, sind eher unzufrieden als solche, die ihre eigene Balance als ähnlich oder besser im Vergleich zu anderen wahrnehmen.
- Menschen, die nur eine relativ niedrige Ergebnisebene erreichen, werden unzufriedener sein als solche mit hohem Ergebnisniveau.

- **Verbreitung von (Un-)Zufriedenheit**

Nach einer demoskopischen Untersuchung[115] ist der Anteil der Berufstätigen, der mit ihrer Arbeit »völlig zufrieden« ist, in Westdeutschland von 50%

(1990) auf 44% (1997) zurückgegangen. Die Quote der »nicht Zufriedenen« erhöhte sich zudem von 5% (1990) auf 7% (1997). Allerdings nahm der Anteil der »einigermaßen Zufriedenen« von 43% (1990) auf 48% (1997) zu. Aufschlussreich sind Aussagen in Bezug auf das Arbeitsleben. So stieg der Anteil derjenigen, die einschätzten, dass nicht genug von ihnen verlangt würde und dass sie mehr leisten könnten von 23% (1997) auf 26% (1997). Auch beklagten 21% (1997) der Befragten – gegenüber nur 15% (1979) – eine fehlende Aufmunterung und Anerkennung.

- **Dynamik und Ambivalenz der Arbeitszufriedenheit und -unzufriedenheit**

Zufriedenheit kann nicht mit der völligen Abwesenheit negativer individueller Erfahrungen (z. B. demotivierenden Belastungen) gleichgesetzt werden.[116] In höherem Maße als durch die Summe positiver bzw. negativer Empfindungen wird das Gefühl von Zufriedenheit durch ein bestimmtes Verhältnis zwischen beiden bestimmt. Arbeitszufriedenheit erweist sich so als ein dynamisches Konstrukt, welches sich auch in Abhängigkeit von Anpassungsprozessen verändern kann.[117] Wie Motivation und Demotivation ist auch Arbeits(un-)zufriedenheit daher eine **volatile Größe**. Je nachdem, wie demotivierte Mitarbeiter mit Ansprüchen auf eine erfüllte, persönlichkeitsförderliche Arbeit und mit Handlungs- und Entscheidungsspielräumen umgehen, können folgende fünf **Typen** unterschieden werden:[118]

- identifikatorischer Typ (Anspruch wird erfüllt)
- kompensatorischer Typ (Anspruch wird ersetzt)
- resignativer Typ (Anspruch wird aufgegeben)
- negatorischer Typ (Anspruch wird verleugnet)
- indifferenter Typ (Anspruch wird vermisst, aber nichts dagegen unternommen)

Abb. 10: Typen von Mitarbeitern je nach Verhaltensmuster im Umgang mit Ansprüchen

Unzufriedenheit ist nicht nur als etwas Negatives aufzufassen. So sehen schon March und Simon[119] gerade in der Unzufriedenheit eine wichtige **Antriebskraft zum Handeln**. Sie ruft die Tendenz hervor, Wege zu einem Zufriedenheitszustand zu suchen und anzustreben. Unzufriedenheit wird so zu einer wichtigen Bedingung des Leistungsverhaltens. Wird eine antizipierte Belohnung auf höherem Anspruchsniveau erreicht, so steigt auch die Arbeitszufriedenheit; wobei sich das Niveau der Ansprüche und die angebotenen Anreize wechselseitig verstärken. Bleiben die zunehmend aufwendigeren Anreize unterhalb des Anspruchsniveaus, erhöht sich jedoch wieder die

Unzufriedenheit. Damit beginnt ein neuer Suchprozess nach Möglichkeiten der Beseitigung der Unzufriedenheit, bei dem neben verstärktem Leistungsverhalten auch leistungsfremde Verhaltensalternativen offenstehen.[120] Wie bei solchen ambivalenten Unzufriedenheitsprozessen können auch von einer »**konstruktiven Demotivation**« positive Wirkungen ausgehen.

- **Konstruktive Arbeitszufriedenheitsforschung**

Bruggeman hat in ihrem einflussreichen Modell versucht, das Person-Umwelt-Verhältnis und eine dynamisch-prozessuale Perspektive systematisch zu berücksichtigen. Dabei hat sie zur Untersuchung der Entwicklung von Arbeitszufriedenheit Wahrnehmungs-, Anspruchsniveau- und Problemlösungstheorien verbunden.[121] Damit differenzierte sie zwischen **verschiedenen Formen von Arbeitszufriedenheit**. Diese hängen davon ab, ob Wahrnehmungsverfälschungen, Änderungen des Anspruchsniveaus oder individuelle Verarbeitungsprozesse unternommen werden. Je nach Ansprüchen und Problemlösungsverhalten können progressive, stabile, resignative oder Pseudo-Zufriedenheiten sowie konstruktive und fixierte Arbeits(un-)zufriedenheit unterschieden werden (vgl. Abbildung 11).[122] Da sie miteinander verbunden sind, können sie auch gemeinsam auftreten.

Progressive Arbeitszufriedenheit

Ihr liegt eine erlebte Befriedigung von Ansprüchen zugrunde, die eine sukzessive Erhöhung des Anspruchsniveaus erlaubt. Sie stellt eine Einstellung dar, die durch die Zuversicht bestimmt wird, dass erweiterte Ansprüche im Arbeitszusammenhang verwirklicht werden können.

Stabilisierte Arbeitszufriedenheit

Diese resultiert auch aus der Befriedigung von Ansprüchen. Sie verbindet sich aber nicht mit einer Erhöhung des Anspruchsniveaus, sondern stabilisiert sich auf einem erreichten Niveau.

Resignative Arbeitszufriedenheit

Werden Ansprüche nicht verwirklicht, führt dies zu einer Reduzierung des Anspruchsniveaus, was eine spezifische Zufriedenheit »im Nachhinein« ermöglicht (z. B. bei »innerlich Gekündigten«).

Pseudo-Arbeitszufriedenheit

Hierbei handelt es sich um eine Zufriedenheit, die durch Verdrängungen der Wirklichkeit bestimmt ist, um die Situation zu ertragen. Dabei verfälscht der Betroffene seine Problemlage um die Situation als erträglich zu empfinden.[123]

Konzeption und Theorien

> **Fixierte Arbeitszufriedenheit**
> Bei ihr bleiben Erwartungen unerfüllt und es bestehen keine Absichten und Vorstellungen diesen Zustand durch Selbsthilfe aufzulösen. Dies blockierte Verhalten kann zu pathologische Effekten und Entwicklungen führen.
>
> **Konstruktive Arbeitszufriedenheit**
> Auch hier bleiben Ansprüche unbefriedigt; es bestehen jedoch konstruktive Absichten diesen Zustand selbstorganisiert zu überwinden. Um aktiv Lösungsalternativen zu suchen, muss jedoch eine ausreichende Frustrationstoleranz erforderlich sein, die auch in einer unbefriedigenden Situation die Wahrung des Anspruchsniveaus ermöglicht.

Abb. 11: Typologie der Arbeitszufriedenheit von Agnes Bruggemann[124]

Für das Verständnis von Demotivation ist diese Differenzierung zwischen konstruktiven und eher »destruktiven« Arbeitsunzufriedenheiten hilfreich. So sind generell oder hoch **demotivierte Mitarbeiter** wohl am ehesten in den Bereichen der fixierten bzw. pseudohaften oder resignativen Arbeitszufriedenheit zu finden. Dabei zeigen sich unterschiedliche Reaktionsweisen und Bewältigungsstrategien. Bei einem **fixiert** arbeitszufriedenen Zustand kommt es weder zum Demotivationsabbau noch zur Remotivation. Dies kann sich auch als Folge von nicht erfolgreichen Problemlösungs- oder Remotivationsversuchen ergeben. Die entgangene Bedürfnisbefriedigung führt dann wahrscheinlich zu einer Erfüllungssuche in anderen Bereichen (z. B. Freizeit) oder resultiert in krankhaften (z. B. psychosomatische Krankheiten) bzw. destruktiven Kompensationsversuchen (z. B. Mobbing).[125] Trotz Demotivation »**pseudo-zufrieden**« ist, wer seine demotivationsbedingte Unzufriedenheit erfolgreich verdrängt. Demotivation wird dabei nicht bewusst wahrgenommen, wirkt sich jedoch unbewusst oder indirekt aus. Dauerhafte Demotivation kann zu **resignativer** Arbeitszufriedenheit führen, bei der das Niveau von Ansprüchen gesenkt wird. Wird Demotivation aktiv zu überwinden versucht und Remotivation erlebt, kann sich **progressive** Arbeitszufriedenheit ergeben, die eine anspruchserhöhende Eigendynamik für weiteres Engagement freisetzt. Über Remotivation kann so eine stabilisierte oder sogar gesteigerte Arbeitszufriedenheit gewonnen werden.[126]

- **Grenzen der Arbeitszufriedenheitsforschung für die Demotivationsanalyse**

Die empirische Arbeitszufriedenheitsforschung hat eine Vielzahl von einflussreichen Einzelfaktoren untersucht[127], wobei die Interpretation der Resultate meist unbefriedigend bleibt.[128] Denn Zufriedenheit bzw. Unzufriedenheit sind nicht nur Resultat zeitpunktbezogener und rational bewertender Soll-Ist-Vergleiche.[129] Auch das Erweiterungsmodell einer konstruktiven Arbeitszufriedenheit wurde inhaltlich wie methodisch kritisiert.[130] Empirische Studien zeigten, dass globale Arbeits(un-)zufriedenheit nicht unmittelbar und kausal-logisch mit konkretem Demotivationsverhalten (wie z. B. Fluktuation, Absentismus)[131] oder erhöhter Arbeits(un-)produktivität und Leistungsverhalten[132] verbunden ist. Problematisch bleibt v. a., dass Arbeitszufriedenheit nur als psychische Disposition[133] bzw. personenspezifische Einstellung gegenüber der Arbeit betrachtet wird. Damit können dynamische Wechselwirkungsprozesse von Person und Situation[134] sowie Zusammenhänge einer »**demotivationsspezifischen Arbeitsunzufriedenheit**« nur begrenzt erfasst werden.[135] Dazu sind neben Wert- oder Arbeitsorientierungen[136] auch Beziehungskontexte (z. B. Gruppenprozesse)[137] und der Zusammenhang von Arbeits- und Lebenszufriedenheit[138] stärker zu berücksichtigen. Ferner wäre zu untersuchen, wann es zu Veränderungen des Anspruchsniveaus kommt und welche Rolle emotionale Bedürfnisse und willentliche Prozesse dabei spielen.[139] Auch sind Voraussetzungen für Problemlösungsstrategien zur Überwindung demotivationsbedingter Arbeitsunzufriedenheit und Remotivation zu bestimmen[140] (z. B. Commitment[141]).

2. Stressforschung

- **Begriff und Arten von Stress**

Unter »Stress« ist im Allgemeinen die Summe der bewusst und unbewusst auf uns einwirkenden, überschwelligen Reize bzw. die Anpassungsreaktionen des Körpers darauf zu verstehen. Dabei kann zwischen positiven, anregenden sog. »Eu-Stress« und schädlichen, dem sog. »Dis-Stress«, der den Menschen überlastet, unterschieden werden.[142] Es gibt eine **Zone von optimalem Stimulus**, der hohe Leistungen und Engagement bewirkt, während Situationen mit zu geringem oder zu starkem Stress (Überbeanspruchung), zu eingeschränkten Leistungsergebnissen führen.[143]

Demotivation und Stress sind eng verknüpft. Einerseits wird sie durch Stressoren hervorgerufen, andererseits hat sie selbst Stresseffekte. Stress verweist auf situative Belastungen bzw. auf ein »Misfit« zwischen Person und Situation.[144] Er stellt dann eine Reaktion auf Fehlbeanspruchungen (z. B. starke Über- oder Unterforderungen der Leistungsvoraussetzungen[145]) oder das Infragestellen wesentlicher Ziele dar.

Folgende Stressoren können unterschieden werden:[146]

- aufgabenbedingter Stress (quantitative und qualitative Über- oder Unterforderung, Zeitdruck, störende Ablenkungen, unzureichende Arbeitsmittel, nicht avisierte Aufgabenwechsel)
- rollenbedingter Stress (Rollenkonflikte, Rollenmehrdeutigkeit, Rollenüberlastung, Mangel an Status und Managementunterstützung)
- kommunikationsbedingter Stress (Anforderungen aus den Beziehungen mit Vorgesetzten[147], Mitarbeitern, Kollegen, Kunden)
- organisationsbedingter Stress (unklare Kommunikation, Verantwortungsbereiche oder Mobbing)
- führungsbedingter Stress (Diskrepanz zwischen postuliertem Führungsstil und realem Führungsverhalten)
- berufs- und karrierebedingter Stress (Arbeitsplatzunsicherheit, zu langsame, zu schnelle Beförderung, unzureichende Vorbereitung für neue Position)
- organisationsexterne Stressoren (Familie, ökonomische Situation, Umweltverschmutzung, kritische Lebensphase, Wertewandel)

- **Verbreitung und Kosten von Stress**

Nach einer aktuellen Befragung fühlen sich über 80 % der Erwerbstätigen in der Schweiz gestresst.[148] Viele davon können damit umgehen und beschweren sich nicht über gesundheitliche Probleme. Dagegen können rund 12% der oft bzw. sehr oft gestressten Personen ihre Belastungen nicht bewältigen. Sie bezeichnen ihren Gesundheitszustand als schlecht, beanspruchen medizinische Hilfe und müssen ihre beruflichen und privaten Tätigkeiten einschränken. Frauen und Jüngere fühlen sich häufiger gestresst als Männer und ältere Mitarbeiter.

Stress verursachte in der Schweiz rund 4,2 Milliarden Franken an direkten **Kosten**, damit 1,2 % des BIP.[149] Davon entfallen 1,4 Milliarden Franken auf medizinische Kosten, 348 Millionen Franken auf Selbstmedikation und 2,4 Milliarden Franken auf Absenzen am Arbeitsplatz. Im Vergleich zu früheren Studien haben arbeitsbedingte gesundheitliche Beschwerden zugenommen. Die Studie zeigt zudem einen statistisch signifikanten Zusammenhang zwischen empfundenem Stress und fehlender sozialer Unterstützung. So sind beispielsweise von den Personen, die nie von ihren Vorgesetzten unterstützt werden, fast 38 % oft oder sehr oft gestresst. Die Führungsbeziehungen erwiesen sich auch in unserer Untersuchung als zentraler potenzieller Demotivator (*vgl. Kapitel IV., 2.1 Potenziell besonders starke Motivationsbarrieren*). Auch scheint die Unterstützung aus dem beruflichen Umfeld – wie durch Vorgesetzte oder Arbeitskollegen – eine wichtigere Rolle bei der Stressbewältigung zu spielen als die Unterstützung durch Familie und Freunde. Die geschätzten volkswirtschaftlichen Gesamtkosten arbeitsbedingter Gesundheitsstörungen liegen in Österreich bei 2,6 Milliarden Euro oder 1,4% des BIP und in Deutschland sogar bei 45 Milliarden Euro, oder 2,4% des BIP.[150]

- **Auswirkungen von und Reaktionen auf Stress**

Die mit Stress verbundenen Kontrollverluste gehen mit Gefühlen der Bedrohung, des Ausgeliefertseins oder der Abhängigkeit einher.[151] Als Wirkungen von Stress können dabei folgende **Effekte** eintreten:

- **motorisch-physiologische Folgen** (z. B. Verspannungen, Erhöhung des Blutdrucks und -zuckers, Herz-Kreislauferkrankungen, Schlaf- und Konzentrationsschwierigkeiten, Magengeschwüre)
- **kognitiv-emotionale Wirkungen** (z. B. Gefühle der Angst[152] oder unlustbetonte Erregungszustände, wie Wut, Gereiztheit)
- **Hilflosigkeit**, die zur inneren, emotionalen Erschöpfung (Burn-Out) führen kann[153]

Zudem kann es zu einer eigenen Art von »**Demotivationsstress**« kommen. Damit sind Formen von Stress gemeint, die durch demotivierende Erfahrungen entstehen. Diese sind um so stärker, wenn es den Betroffenen weder gelingt demotivierenden Belastungen auszuweichen noch durch eigene Bewältigung oder Remotivationshandeln ihre Situation zu verändern.

Entsprechend der Vielzahl der Formen der Verursachung und Wirkung von Stress gibt es verschiedene **Reaktionen** für den Stressumgang. Zur Stressbewältigung im Demotivationskontext kann es zu folgenden **Verhaltensweisen** kommen:

- **Informationssuche**
Sie setzt dann ein, wenn die Situation für die demotivierten Personen relativ neu, mehrdeutig und komplex ist. Die Betroffenen sind sich dann über Inhalt und Ausmaß der eigenen Demotivation nicht im Klaren und können damit ihre Bewältigungschancen weder beurteilen noch entwickeln. Gestresste Demotivierte suchen dabei nach Wissen, wie Motivationsbarrieren abgebaut werden oder welche Remotivation möglich ist.
- **direktes Handeln**
Dieses stellt den aktiven Versuch dar, mit erlebten Belastungen stresshafter Demotivation einen konstruktiven Umgang zu finden. Es wird erfolgreich sein, wenn Demotivierte einen informierten Situationsüberblick haben und bewährte Fähigkeiten für ein Stressmanagement anwenden können.
- **Handlungshemmung**
Sie ist dann angemessen, wenn Demotivationsstress durch zu rasches, unüberlegtes Handeln oder fehlende Kontrolle zu negativen Folgen führt

(z. B. emotionale Entladung oder Fluchtmechanismen). Temporäres »Nichthandeln« kann dann einer Reflexion über angepasstes Verhalten oder wohlüberlegte Remotivation dienen. Problematisch wird diese Handlungszurückhaltung, wenn sie chronisch wird (Stressblockaden) und in eine Lageorientierung verfällt.[154]

- **intrapsychische Anpassungen**
Diese betreffen Veränderung der subjektiven Einschätzung bzw. Einstellung zum Demotivationsstress. Belastungen der Demotivation werden verharmlost bzw. negative Folgen ausgeblendet oder aber zu Chancen umdefiniert.

Unterschiedliche Persönlichkeitsausprägungen beeinflussen die Strategien zur Stressbewältigung.[155] Die **Wahl der Reaktionsformen** für den Umgang mit Demotivationsstress hängt u. a. ab vom:

- Grad der Ungewissheit bzw. Unentschiedenheit in (Demotivations-) Situationen
- Kontrollstil bei Demotivationsstress (z. B. erlernte Hilflosigkeit oder Lageorientierung)
- Niveau der subjektiv bewerteten Bedrohung bzw. Belastung durch Demotivation
- Ressourcen (z. B. soziale Unterstützung) zur Remotivation

Subjektive Wahrnehmungen, Einstellungen, Erwartungen und Fähigkeiten der Betroffenen beeinflussen entscheidend das Ausmaß negativer Stresswirkungen und Bewältigungsmöglichkeiten. Glaubt eine Person, ihr eigenes Schicksal nicht verändern zu können und fremden Einflüssen ausgeliefert zu sein, neigt sie eher zu Demotivationsstress. Wird die Belastung als übermächtig empfunden oder verfügt die Person nicht über Bewältigungstechniken, Handlungsspielräume oder soziale Netzwerke, dann werden Widerstandskraft, Selbstbewusstsein und ein kreativer Umgang beeinträchtigt. Demgegenüber tragen problembezogene Bewältigungsmuster, die Reduktion von stressreichen Motivationsbarrieren sowie Remotivationsmöglichkeiten zur Stressentlastung bei *(vgl. Kapitel VI., 4.5 Unterstützung des »Demotivations-Copings«)*. Konstruktiver Umgang mit Stress kann auch »Auslöser« für selbstorganisiertes Remotivationsengagement sein.

3. Inhaltsorientierte Motivationstheorien

Unbefriedigte inhaltliche Bedürfnisse demotivieren. Ein demotivierter Zustand schränkt andererseits auch die Verwirklichung inhaltlicher Orientierungen ein. Inhaltsorientierte Theorien der Motivation beschäftigen sich besonders mit sinn- und bedürfnisrelevanten Einflussgrößen, die bei Menschen ein bestimmtes (Motivations-)Verhalten auslösen oder einschränken. Als inhalts- und bedürfnisorientierte Konzepte versuchen sie aufzudecken, *was* im Individuum oder seiner Umwelt ein Verhalten erzeugt und aufrechterhält[156]. Sie folgen der Leitfrage: Wonach strebt der Mensch, und was muss dazu inhaltlich erfüllt sein bzw. was hindert ihn? Im Weiteren werden Hauptvertreter inhaltsorientierter Motivationstheorien vorgestellt und deren Bedeutung für Demotivation und Remotivation diskutiert.

3.1 Maslows Bedürfnismodell

In seiner ganzheitlichen Theorie der menschlichen Motivation beschreibt Maslow, wie persönliches Wachstum, das Streben nach Gesundheit, nach Identität und Autonomie, sowie das Verlangen nach Selbstverwirklichung universelle, menschliche Bestrebungen sind. Dabei betont er auch, dass es regressive, angstvolle und selbstwertverringernde Tendenzen gibt. Nach **Maslows Ansatz** müssen zunächst die »Grundbedürfnisse« befriedigt sein, um i. S. einer Selbstverwirklichung zu wachsen.[157] Maslow geht dabei von einer dynamischen Aktualisierungsabfolge aus, nach der die Inhalte jeder nächsthöheren Ebene erst dann ihre motivationale Bedeutung erhalten, wenn die Bedürfnisse vorgeordneter Stufen erfüllt sind.

III. Theoretische Ansätze zur Erklärung von Demotivation und Remotivation

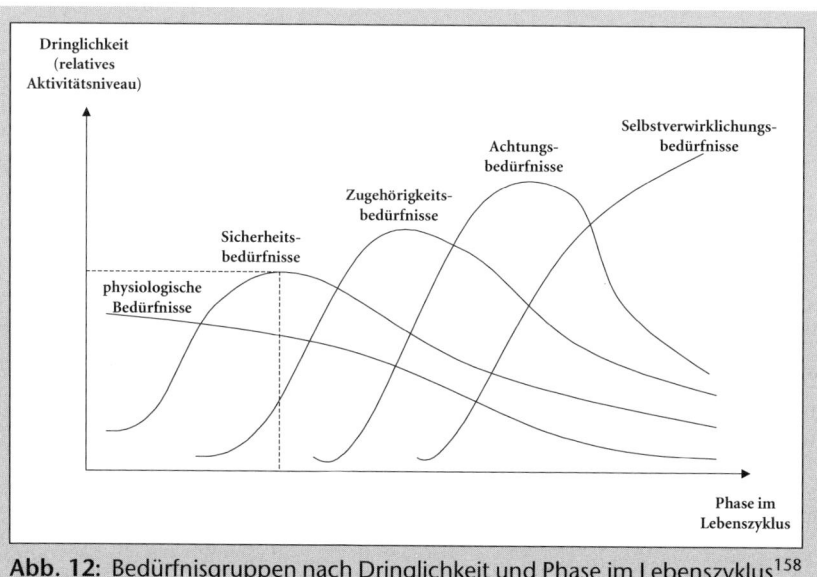

Abb. 12: Bedürfnisgruppen nach Dringlichkeit und Phase im Lebenszyklus[158]

Menschen wachsen, indem sie die verschiedenen Stufen von Bedürfnissen durchleben. Ein höheres Engagement ist nach Maslow erst zu erwarten, wenn die Arbeit die Befriedigung der Wachstumsmotive ermöglicht. Wachstumsmotiven stellt Maslow sog. »**Defizitmotive**« gegenüber. Deren Erfüllung vermeidet Spannungszustände und Krankheit und ruft bei Nichterfüllung Pathologien hervor.[159] Defizitbedürfnisse sind nur solange Motive für das Handeln, solange sie nicht befriedigt werden. Die Befriedigung von Defizitmotiven allein führt noch nicht zum »Wohlergehen« (»well-being«). Dies tritt erst ein, wenn man über eine realistische Wahrnehmung der eigenen Situation verfügt, sich dabei selbst und andere akzeptiert sowie spontan und selbstbestimmt handelt und so auch seine kreativen Potenziale verwirklicht.[160]

- **Kritische Würdigung von Maslows Inhaltstheorie der Motivation**

Aus dem inhaltlichen Motivansatz von Maslow wurden Vorschläge zur motivierenden Arbeitsgestaltung abgeleitet.[161] Sein Modell gibt dem Praktiker Orientierungshilfe zur Frage, wodurch Mitarbeiter in einer arbeitsteiligen Organisation inhaltlich motiviert werden.[162] Maslows These, dass Menschen nach selbstbestimmten Handlungen streben und durch diese intrinsisch motiviert werden, erklärt sich aus dem Streben nach Kompetenz und Autonomie des Ichs.[163] Dies kann aber nicht unabhängig von sozialer Verankerung und gegenseitiger Hilfe gelingen.[164]

Methodologische und normative Kritik

Maslow wird vielfach seine hierarchische Anordnung der Bedürfnisse zum Vorwurf gemacht.[165] Faktisch hat Maslow aber in keiner seiner Veröffentlichungen eine statische Anordnung postuliert, wie sie in der Pyramidenform dargestellt wird, die sich nur in der Sekundärliteratur findet.[166] Vielmehr geht er nur von einer relativen Stufengliederung aus, die sich auf das jeweilige Aktivationsniveau eines Motivs und die Gesamtstruktur bei verschiedenen Menschen bezieht. Auch der Begriff der Selbstverwirklichung muss daher vor dem Hintergrund der individuellen Entwicklung gesehen werden, was eine Übertragung in den organisatorischen Arbeitskontext erschwert.[167]

Problematisch bleibt die globale Charakterisierung einzelner Bedürfnisse und die damit verbundene Schwierigkeit ihrer Operationalisierung[168] und Überprüfung.[169] Durch das Fehlen kognitiver und zeitlicher Variablen werden weder Veränderungen des Umfeldes noch individuelle Unterschiede und interpersonelle Prozesse erfasst (z. B. Sozialisation, situative Arbeitsplatzsicherheit). Empirische Untersuchungen zeigen[170], dass sich die Motivinhalte nicht in der von Maslow angenommenen Weise voneinander abgrenzen lassen, sondern sich auch überlappen bzw. situativ variieren.

Verallgemeinerungen inhaltsmotivationaler Bedeutungshierarchien sind daher nur begrenzt möglich.[171] Zudem beschränkt sich Maslow in seiner Theorie auf die Beschreibung von Motivklassen, ohne motivationsbestimmende Anreize systematisch einzubeziehen. Nach Nerdinger ist Maslows Theorie »ein philosophisch-anthropologisches Modell menschlicher Antriebe mit normativem Charakter«[172], die auch hinsichtlich ihres weltanschaulichen Gehalts und Menschenbildes kritisch zu betrachten ist.[173]

Kritik in Bezug auf Demotivation

Demotivation wird als Phänomen von Maslow **nicht explizit behandelt.** Er beschreibt eher die Wirkung von Bedrohungen und Frustrationen auf die Bedürfnisbefriedigung[174] und diskutiert unmotivierte und zwecklose Reaktionen.[175] Im Anschluss an Maslows Ansatz kann jedoch gesagt werden, dass Demotivation als ein unzureichender bzw. defizitärer Motivationszustand dazu beiträgt, dass Menschen ihr persönliches Wachstum und ihre Selbstverwirklichung nicht realisieren können. Daher haben Remotivationen mit wiedergewonnenem Wachstum auch existenzielle Bedeutung.

3.2 Alderfers Motivationstheorie

Eine Modifikation und Verdichtung von Maslows Ansatz stellt Alderfers E.R.G.-Theorie dar, die nur drei Motivklassen unterscheidet:[176]

- E = Existence = Grundbedürfnisse,
- R = Relatedness = soziale Beziehungen,
- G = Growth = Selbstentfaltung und Selbstverwirklichungsbedürfnisse.

Die Verwirklichung dieser Grundmotive kann auch durch Demotivation frustriert werden. **Frustration** bestimmt einen Zustand der Enttäuschung, dass eine vom Individuum angestrebte Bedürfnisbefriedigung durch ein äußeres Hemmnis, das außerhalb seiner Kontrolle liegt (z. B. strukturelle Motivationsbarrieren), nicht erreicht wird.[177] Wie bereits beschrieben[178], entsteht Demotivation oft durch Enttäuschungen und Frustrationen. Diese reduzieren nicht nur die Zufriedenheit, sondern auch die Remotivationsbereitschaft. Dies kann Demotivation noch verstärken. Frustrationen haben je nach Bedeutung der Bedürfnisse und Demotivationssituation unterschiedliche Verhaltenskonsequenzen.[179] So können sie zur konstruktiven Suche nach Überwindungsmöglichkeiten oder zu destruktiven Formen führen. Alderfer formulierte folgende **Prinzipien**, mit denen die **Reaktionsformen und Bedingungen veränderter Motivbedeutung** bestimmt werden (vgl. Abbildung 13):[180]

Frustrations-Aggressions-Hypothese	⇒ Ein nichtbefriedigtes Bedürfnis wird dominant[181]
Frustrations-Regressions-Hypothese	⇒ Wird ein Bedürfnis nicht befriedigt, so wird das hierarchisch niedrigere Bedürfnis dominant
Befriedigungs-Progressions-Hypothese	⇒ Durch die Befriedigung eines Bedürfnisses wird das hierarchisch höhere aktiviert
Fixierung, Rechtfertigung/ Ausgleich	⇒ Frustrationen werden beibehalten, rationalisiert oder kompensiert
Frustrations-Progressions-Hypothese	⇒ Frustrationen (d. h. Scheitern, Misserfolgserlebnisse) können auch zur Reifung der Person beitragen bzw. höhere Bedürfnisse aktivieren

Abb. 13: Alderfers Hypothesen zur Frustration

Alderfers Ansatz stellt eine erweiterte Relativierung der hierarchischen Bedürfnisordnung von Maslow dar. Demnach können auch mit Anreizen, die bereits auf zufriedengestellte Bedürfnisse wirken, weitere motiviert werden. Monetäre Anreize, die bei Maslow den Defizitmotiven zugeordnet wurden, werden damit auch im instrumentellen Sinne eines Wachstumsmotivs interpretierbar (z. B. Finanzierungseffekt des Berufslebens zur Selbstverwirklichung im Bereich alternativen Beschäftigungsformen).

Alderfers Modell kommt, ähnlich wie das von Maslow, bei einer konkreten Umsetzung und Gestaltung in der Unternehmenspraxis an seine **Grenzen**.[182] Für eine Erklärung der Ursachen und Entwicklung von **frustrationsbedingter Demotivation** können seine Hypothesen wie folgt angewandt werden: Bleibt ein als wichtig bewertetes Bedürfnis unbefriedigt, kann dies den Mitarbeiter bereits demotivieren (Frustrations-Aggressions-Hypothese). Geht beispielsweise mit einem gestörten Gleichgewicht von Beruf und Familie eine Dauerfrustration einher, kann sich dies stark demotivierend auswirken. Auch die Rückkehr auf ein niedriges Bedürfnisniveau (Frustrations-Regressions-Hypothese) kann demotivieren, wenn Mitarbeiter in ihren Bedürfnissen nach Selbstentfaltung oder sozialen Beziehungen dauerhaft frustriert und nur zur Befriedigung von Grundbedürfnissen (Einkommen) arbeiten. Als Reaktion auf Frustration kann es zu Fixierung und Rechtfertigung bzw. Kompensation kommen.[183] Demotivationales Verhalten kann auch dazu führen, dass ein offensichtlich unzureichendes Arbeitsverfahren beibehalten wird; oder demotivationsbedingte Misserfolge werden als vermeintliches Gelingen rationalisiert.[184] Schließlich kann versucht werden, Demotivationsfrustration (z. B. in Form von Mobbing) zu kompensieren.

Andererseits können demotivationsbedingte Misserfolge **konstruktive Auslöser** zur Aktivierung höherer Bedürfnisse sein. Demotivationserfahrungen ermöglichen dann Mitarbeitern daran, i. S. der Frustrations-Progression zu wachsen. Damit werden demotivierende Situationen konstruktiv bewältigt und ein Remotivationsengagement gewonnen.

3.3 Herzbergs Zweifaktorentheorie

Herzberg versucht, über eine Beschreibung von Ereignissen und Situationen die Bedingungen von Zufriedenheit zu bestimmen und deren Bedeutung zu ermitteln. In seinen empirischen Untersuchungen unterscheidet er zwei, voneinander unabhängige Dimensionen der Arbeitszufriedenheit.[185] Entsprechend differenziert er zwischen Unzufriedenheit bzw. Nicht-Unzufriedenheit sowie zwischen Zufriedenheit bzw. Nichtzufriedenheit. Beide bilden jeweils ein Kontinuum.

a) Nicht-Unzufriedenheit .... Zufriedenheit

b) Unzufriedenheit .... Nicht-Unzufriedenheit

Die beiden Dimensionen werden nach Herzberg von unterschiedlichen Faktoren der Arbeitssituation beeinflusst. Faktoren für einen Wechsel von Nicht-Zufriedenheit zur Befriedigung/Zufriedenheit liegen im Bereich der Arbeitsinhalte und der Leistungsanerkennung. Während der Übergang von Unzufriedenheit zur Nicht-Unzufriedenheit durch Bedingungen der Arbeitsumgebung, der interpersonellen Beziehungen und Führung verantwortlich sind. Herzberg unterschied damit zwischen sog. »Zufriedenheitsmachern« (Motivatoren oder Satisfaktoren) und »Unzufriedenheitsmachern« (Hygienefaktoren oder »Dissatisfaktoren«)[186] die er empirisch untersuchte. Dabei ergab sich folgendes Ergebnis (vgl. Abbildung 14):

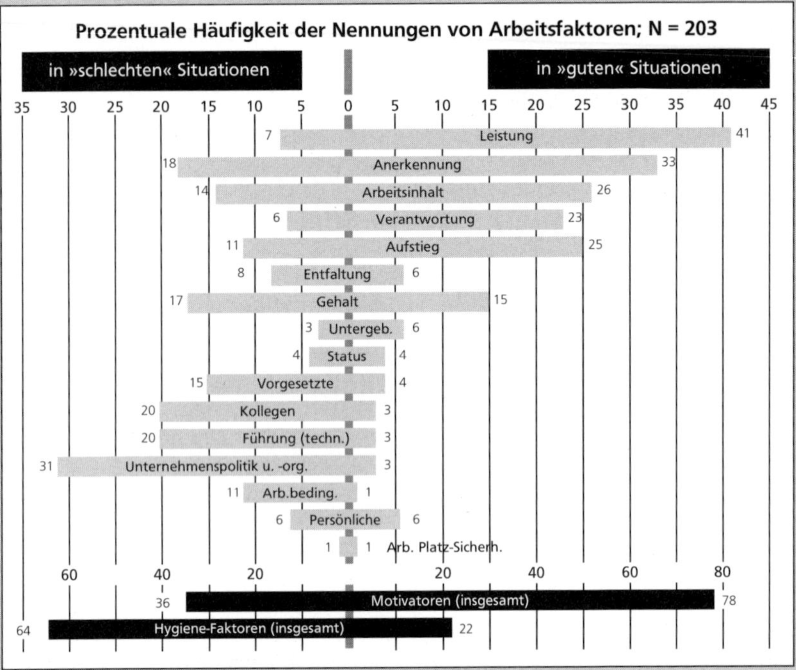

Abb. 14: Herzbergs Auswertungsergebnis[187]

Die »**Motivatoren**« oder »**Kontentfaktoren**« thematisieren überwiegend intrinsische Aspekte der Arbeit, die sich vor allem auf die Ausgestaltung und Förderungspotenziale der Zufriedenheit und der Arbeitsleistung beziehen. Herzberg ermittelte und bezeichnete in seinen Untersuchungen als spezifische Motivatoren (Nennung in der Rangfolge der Häufigkeit):

1. Leistung erbringen/Leistungserfolg
2. Anerkennung finden
3. einen interessanten Arbeitsinhalt haben
4. Verantwortung übernehmen
5. Fortschritt/Aufstieg

Abb. 15: Motivatoren nach Herzberg

Diese Motivatoren erwiesen sich für die Arbeitszufriedenheit von entscheidender Bedeutung. Werden sie zumindest annähernd befriedigt, werden Engagement und hohe Leistung gefördert.

Dem gegenüber stehen die **Hygienefaktoren oder »Kontextfaktoren«** im Zusammenhang mit erlittener Unzufriedenheit im extrinsischen Arbeits- und Beziehungsumfeld. Als »Unzufriedenheitsmacher« oder »**Frustratoren**« wurden in folgender Rangfolge genannt:

1. Unternehmenspolitik bzw. -organisation
2. die Art der Personalführung
3. Beziehung zu Vorgesetzten und Kollegen
4. Gehalt (das aber bedingt auch als »Zufriedenheitsmacher« gilt)
5. äußere Arbeitsbedingungen

Abb. 16: Hygienefaktoren nach Herzberg

Bei Fehlen bzw. Nichtbefriedigung (z. B. durch unzureichende Ausgestaltung) von Hygienefaktoren wird bei Mitarbeitern Unzufriedenheit und damit auch Demotivation ausgelöst. Ihr Vorhandensein ruft dagegen noch keine (Leistungs-)Motivation bzw. Remotivation hervor. Motivation zur Leistung bewirken nach Herzberg nur die zufriedenheitsstiftenden Motivatoren. Während diese rollenkonformes und leistungssteigerndes Verhalten verstärken, lösen »Frustratoren« eine Suche nach alternativen Beschäftigungsformen aus oder führen bei Verbleib in der Organisation zu innerer Kündigung *(vgl. Kapitel III., 8 Entfremdung und innere Kündigung)* und/oder Demotivation. Das wird durch fehlende Remotivationsmöglichkeiten noch verstärkt.

- **Kritische Würdigung von Herzbergs Zwei-Faktorenansatz**

Eine der interessanten Einsichten von Herzbergs Zweifaktorenmodell ist, dass man zugleich befriedigt und unbefriedigt sein kann. Ferner macht es deutlich, dass bestimmte motivierende Faktoren (z. B. bessere Arbeitsbedingungen) allein nicht schon Befriedigung hervorrufen oder sie erhöhen, sondern nur den Anteil erfahrener Unbefriedigtheit vermindern. Sein vom Geist humanistischer Psychologie getragener Ansatz hat der Praxis wesentliche Impulse für eine inhaltsorientierte Arbeitsgestaltung (Job Design, Arbeitsstrukturierungsmodelle, Job-Enrichment) gegeben.[188] Seine Gestaltungsempfehlung lautete, zunächst die negativen Aspekte in den Hygiene-Faktoren zu eliminieren und sich dann auf Motivatoren zu konzentrieren.

Methodologische und normative Kritik

Die Ausrichtung auf Bedürfnisse als einzige Quelle der Motivation sowie die unzureichende Berücksichtigung situativer und interindividueller Unterschiede verweist auf die Grenzen dieses frühen Grundmodells auch für die Demotivation.[189] Die Zweifaktorentheorie hat nur eine begrenzte Eignung[190] zur Anwendung für Demotivationsüberwindung bzw. -forschung, weil:

- das normative Konstrukt »Zufriedenheit« nicht hinreichend präzisiert ist[191]
- der Zwischenbereiche von Zufriedenheit und Unzufriedenheit bzw. Befriedigung und Unbefriedigtheit nicht erfasst wurde[192]
- die Wirksamkeit der Hygienefaktoren einseitig bzw. pessimistisch beurteilt wurden

Weitere methodologische Kritik richtet sich gegen eine unzureichende empirische Fundierung und Validität[193] sowie die Auswertung[194] und Interpretation der Ergebnisse.[195] So können bestimmte Faktoren über Attributionsprozesse sowohl zu Zufriedenheit als auch zur Unzufriedenheit führen. Das auffälligste Beispiel ist »Gehalt«, das wegen einer einzigen Nennung (17 statt 16-mal) mehr als ein »Hygiene-Faktor« klassifiziert wurde und damit übersehen ließ, dass mit dem Einkommen auch Anerkennung, Selbstachtung und Statuseinschätzung angesprochen sind. Herzbergs Theorie erweist sich so als sehr voraussetzungsvolle Klassifikation möglicher Gründe für (Un-)Zufriedenheit, ohne Anspruch und Möglichkeit, Beziehungen zu anderen Erlebens- und Verhaltensvariablen aufzuklären.[196] So wurde Herzbergs Ansatz wegen unzureichender Berücksichtigung von Wirkungen auf Arbeitsausführung (»job performance«)[197] und wegen Nichtbeachtung situativer Variablen kritisiert.[198]

3.4 McClellands Bedürfnisfaktoren

McClelland postuliert, dass eine Anzahl von Bedürfnissen und Motiven durch Sozialisation in der Kindheit und Gesellschaft gelernt wird.[199] Anders als Maslow geht McClelland nicht von einer hierarchischen Beziehung zwischen den Bedürfnissen aus. Sein Ansatz untersucht vielmehr die spezifischen Verhaltenskonsequenzen von Bedürfnissen.[200] Nach McClelland erklärt sich das Verhalten von Menschen nicht alleine aus *einem* Motiv. Vielmehr ist es Ergebnis eines Zusammenspiels grundlegender Motive, die im Menschen unterschiedlich stark ausgeprägt sind. McClelland analysierte insbesondere **vier Bedürfnisebenen:** Leistungs-, Affiliations- und Machtbedürfnisse sowie das ergänzende Vermeidungsmotiv.

- **Leistungsbedürfnisse (»need for achievement«)**[201]

Das einflussreiche Leistungsbedürfnis gilt nach McClelland als relativ stabile Disposition des Strebens nach Leistungsverbesserung und Erfolg.[202]

Typisches Verhalten dafür ist das Streben, andere zu beeinflussen, die Suche nach innovativen Aufgaben mit einem hohen Maß an Eigenverantwortung und schnellem, direktem Feedback. Leistung ist dabei sowohl Verhaltensdisposition,[203] wie auch Mittel zur Bedürfnisbefriedigung.

Bezug zur Demotivation:

Demotivierte entwickeln keine herausfordernden Leistungsziele und übernehmen oft keine persönliche Leistungsverantwortung. Bei ihnen kommt es nicht zu einem Involvement mit herausfordernden Zielen und Aufgaben. Da Feedback über eigene Leistungen bei ihnen oft enttäuscht wurde, wird es nicht mehr aktiv gesucht. Demotivationsbedingte Leistungseinschränkungen reduzieren auch die (Selbst-)Remotivation.

- **Affiliationsbedürfnisse (Zugehörigkeitsmotiv)**[204]

Beim Zugehörigkeitsgefühl folgt McClelland Maslow. Es umfasst den Wunsch nach kontaktintensiver Interaktion, nach Zugehörigkeit zu sozialen Gruppen sowie nach Anerkennung und Liebe.

Bezug zur Demotivation:

Bei Demotivierten sind soziale und kommunikative Interaktionen häufig gestört. Auch sind sie oft von internen, sozialen Netzwerken und damit verbundener Anerkennungen ausgeschlossen.[205] Fehlende Kompensationen und Konflikte im sozialen Miteinander verstärken die Demotivation noch und schränken Möglichkeiten sozialer Remotivation ein.

- **Machtbedürfnisse (»need for power«)**[206]

Das Machtmotiv manifestiert sich im Streben, eine überlegene Position zu erreichen.[207] McClelland hat in seinen einflussreichen Machtuntersuchungen verschiedene Stadien des Machterlebens und deren Pathologien diskutiert.[208] Auch hat er Zusammenhänge von Machtmotiven und Führungsverhalten in Organisationen untersucht.[209]

Bezug zur Demotivation:

Mitarbeiter und Führungskräfte, die Machtbedürfnissen nachgehen, können durch ihr Dominanzverhalten andere demotivieren. Dies betrifft besonders Mitarbeiter mit geringer Selbstwertschätzung. Andererseits kann Demotivation auch als eine Reaktionsform »passiver« mikropolitischer Machtausübung interpretiert werden *(vgl. Kapitel II., 9 Demotivation im Zusammenhang mit Mikropolitik)*. Über Remotivation kann eine verlorene Machtposition wiedergewonnen werden.

> III. Theoretische Ansätze zur Erklärung von Demotivation und Remotivation

- **Vermeidungsmotiv (»avoidance motive«)**[210]

Dieses bezieht sich auf Vermeidung von Versagen, Ablehnung, Misserfolg und spiegelt die anderen drei Bedürfnisklassen wider. Ein »Vermeidungsbedürfnis« wird auch verletzt, wenn die Erfüllung eines angestrebten Ziels direkt mit dem Eintritt eines unerwünschten Ergebnisses verbunden ist.[211]

Bezug zur Demotivation:

Demotivation führt oft zu Vermeidungsverhalten. Nach Problemlösungsversuchen werden demotivierende Erfahrungen vermieden. Das kann schließlich bis zur inneren Kündigung[212] führen. Fehlt Remotivationsengagement, wird Demotivation verstärkt.

- **Kritische Würdigung an McClellands Ansatz**

McClelland nahm Fragen aus den Anwendungsfeldern der Praxis auf und suchte i. S. einer »psychologischen Technologie« Möglichkeiten für die Beeinflussung konkreter Verhaltensweisen zu finden und daraus praktische Folgerungen zu ziehen. So entwickelte er aus seiner anwendungsorientierten Forschung ein Trainingsprogramm zur Förderung des Leistungsmotivs.[213] Die aus seinem theoretischen Konzept hervorgegangenen empirischen Forschungen haben zu einflussreichen Einsichten in das Leistungsverhalten geführt. Demnach hängt höhere Leistung nicht nur vom Leistungsmotiv ab. Vielmehr kann höhere Leistungsbereitschaft auch durch Vermeidung von Sanktionen oder dem Wunsch begründet sein, jemandem zu helfen.[214] **Leistungsmotive allein sind damit noch kein Garant für rollenkonformes oder nicht-demotiviertes Handeln** in Organisationen.[215] McClellands Klassifikation stellt aber keine empirisch gesicherten Aussagen zur Auftretenswahrscheinlichkeit, Verteilung sowie hierarchiespezifischen Gewichtung der Grundbedürfnisse bereit. Motive sind immer individuell ausgeprägt und es gibt Unterschiede zwischen wahrgenommener Motivstärke und tatsächlicher Motivlage des Einzelnen.[216] Auch ist die wechselseitige Beeinflussung intrinsischer und extrinsischer Orientierungen zu berücksichtigen *(vgl. Kapitel VI., 2.5 Intrinsische und extrinsische Orientierung)*.

3.5 Gesamtbeurteilung der Inhaltstheorien für Demotivation und Remotivation

Theorien zu Motivationsinhalten geben, der Führungspraxis praktikable Informationen, wie bestimmte inhaltliche Motivationen bzw. Demotivationen verschiedener Mitarbeitergruppen ausgeprägt bzw. gewichtet sein können. Zweitens begründen sie, warum bestimmte Angebote (z. B. Unternehmenspolitik, Arbeitsbedingungen) allein noch nicht zu Zufriedenheit und Demotivationsüberwindung führen. Sie geben drittens den Anstoß, sich auf Wachstumsmotive (Maslow) bzw. Motivatoren (Herzberg) zu konzentrieren und dabei die Arbeitsinhalte anzureichern (Job-Enrichment) bzw. individuell zu erweitern (Job-Enlargement). Viertens regen Inhaltstheorien an, über Organisations- und Führungskonzepte (z. B. Partizipation, Delegation) sowie Qualifizierungsmaßnahmen den Grad der Selbstständigkeit und Verantwortung zu erhöhen.[217] Fünftens verweisen sie auf die Bedeutung von Anerkennung und Selbstachtung für den Zusammenhang von Führung und Zusammenarbeit. Im Kontext des Wertewandels[218] und der dabei wachsenden Bedeutung intrinsischer Motivation, leisten Inhaltstheorien damit wertvolle Beiträge für eine zeitgemäße Gestaltung und Entwicklung der Arbeitsorganisation.

- **Inhaltstheorien und Demotivation**

Nach Maslows Ansatz verursacht oder verstärkt eine **mangelnde Befriedigung von Defizit- und Wachstumsmotiven** Demotivation. Um sie zu überwinden, müssen zunächst Grundbedürfnisse befriedigt sein. Remotivation kann eine Wachstumsorientierung wieder erhöhen. Für eine Erfassung **frustrationsbedingter Demotivation** und deren Reaktionen ist Alderfers Bedürfnismodell hilfreich. Seine motivspezifischen Prinzipien, die den dynamischen Zusammenhang von Befriedigung, Frustration, Regression und Progression erfassen, sind für ein dynamisches Eskalationsmodell zur Demotivation verwendbar (*vgl. Kapitel III., 7 Willenstheorien und Eskalationsmodell*).

Herzbergs »**Unzufriedenheitsmacher**« (Hygienefaktoren oder »Dissatisfaktoren«) sind Kontextfaktoren für Demotivation, da deren unzureichende Gestaltung demotivationsverursachend bzw. -verstärkend sind. Prophylaktische Berücksichtigung dieser Faktoren fördert die »Hygiene einer Organisation« und schützt vor Ausbreitung des »Demotivationsvirus« (*vgl. Kapitel V., Prävention gegen Demotivation*). Wobei »Nicht-Unzufriedenheit« allein noch kein Garant zur Verhinderung von Demotivation ist.

Die von McClelland beschriebenen **Motivdimensionen** (Leistung, Macht, Sozialität, Vermeidung) und Verhaltenskonsequenzen können als **Ursache- und Reaktionszusammenhang für Demotivation** berücksichtigt und für eine Entwicklung von Abbau- und Remotivationsstrategien verwendet werden.

- **Nachteile und Grenzen der Inhaltstheorien für die Demotivation**

Bedürfnisorientierte Motivationsmodelle vernachlässigen Identifikation als Voraussetzung und Grundlage der Motivation (Demotivation). Ihre undifferenzierte und meist statische Anwendung führte zu **übergeneralisierten Motivationskonzepten**. Insbesondere die Motivationspyramide von Maslow wurde über- und fehlinterpretiert. Dies gilt speziell für die Annahme, dass ab gewissen Entwicklungsstufen »niederwertige« Defizitmotive nicht oder kaum mehr relevant sind (z. B. Einkommen) und dass es eine »Stufenleiter« zu höherwertiger Motivation gibt. Auch die **idealtypischen Differenzierungen** von Herzberg wurden einseitig interpretiert. Dies führte z. B. zu einer Reduktion des Einkommens auf einen Hygienefaktor, wobei übersehen wurde, dass mit der Entlohnung auch (re-)motivierende Funktionen von Anerkennung, Selbstachtung und Statuseinschätzung angesprochen sind. Zudem sind die kontextuellen Hygienefaktoren als Demotivatoren unter Beachtung der aufgeführten normativen, inhaltlichen und methodischen Kritik sowie prozess- und willenstheoretischen Erweiterungen zu aktualisieren.

Das Hauptproblem mangelnder Effizienz inhaltlicher Motivationstheorien unter Demotivationsaspekten liegt in der schlichten homo-oeconomicus-These, ein attraktives inhaltliches Motivationsangebot würde auch schon ein entsprechendes Leistungsverhalten sichern. **Demotivationsprobleme** entstehen jedoch **nicht nur durch inhaltliche Bedürfnis- und Motivationsaspekte** und können nicht allein durch sie hinreichend gelöst werden. Für eine umfassende Untersuchung von Demotivations- und Remotivationsprozessen sind daher inhaltstheoretische Ansätze mit prozesstheoretischen Untersuchungen zu Erwartungswerten, instrumentellen Mitteln für den Handlungsverlauf sowie deren Ergebnisbewertung zu ergänzen oder zu ersetzen.[219]

4. Prozesstheorien der Motivation und ihre Bedeutung für Demotivation und Remotivation

Motivationstheoretisch verweist Demotivation auf enttäuschte Erwartungen bzw. negative Einstellungen, behinderte Umsetzungsmöglichkeiten zur Zielverwirklichung sowie problematische Leistungsbewertungen. In den Prozesstheorien der Motivation werden diese Mechanismen thematisiert. Sie wollen erklären, *wie* Arbeitsmotivationen **unabhängig vom Inhalt** initiiert, durchgeführt, beendet und bewertet werden. Grundannahme ist, dass der rational kalkulierende Mensch bei Handlungsalternativen Optionen mit höchsten Belohnungswerten auswählt, um seine Lust zu maximieren. Im Weiteren werden einflussreiche Prozesstheorien vorgestellt und hinsichtlich ihrer Bedeutung für Demotivation und Remotivation diskutiert.

4.1 Der Anreiz-Beitrags-Ansatz

Demotivation stellt ein gestörtes Verhältnis von Anreizen und Beiträgen des Einzelnen in Beziehung zu seiner Arbeit und Organisation dar. Als Anreize oder Gegenleistungen gelten insbesondere Anerkennung, Sicherheit, sozialer Kontakt aber auch Einkommen oder berufliche Aufstiegsmöglichkeiten und Wachstum.[220] Zu den Beiträgen gehören Arbeitseinsatz, Kreativität, Gesundheit, Zeit, Energie. Anreizdefizite oder Beitrags- bzw. Belastungsüberschüsse verringern die Bereitschaft Einzelner oder einer Gruppe, sich für die Verwirklichung der Organisationsziele einzusetzen.[221] Gleichzeitig erhöhen sie damit den individuellen oder kollektiven Wunsch nach alternativen Beschäftigungsformen (z. B. in der Freizeit).[222]

Demotivation kann durch fehlende oder zu geringe Attraktivität der Organisationsmitgliedschaft entstehen. Die Attraktivität der Organisation oder eine aktive Beteiligung in ihr gleicht bei Demotivierten nicht die erwarteten Verhaltensanforderungen aus. Die möglichen Vorteile einer aktiven Mitgliedschaft (z. B. Bezahlung, Karrierechancen) kompensieren z. B. nicht automatisch demotivierende Handlungsabläufe oder Organisationsbedingungen. **Formen demotivationsrelevanter Unattraktivität** sind v. a. eingeschränkte:

- Kommunikationen und oktroyierten Entscheidungen in einer Organisation
- Beziehungen bzw. Realisationsmöglichkeiten von Werten oder Zwecken
- Formen der ausgewählten Handlungsabläufe und Objekte des Arbeitens
- Verwirklichungsmöglichkeiten (z. B. für Geld, Status, Macht)

Entscheidend sind nicht nur die tatsächliche Anreiz- bzw. Beitrags- oder Belastungshöhe, sondern Möglichkeiten der Einflussnahme im Verhältnis zu Alternativangeboten.[223] Eine personalpolitische Aufgabe besteht in der Verwirklichung einer Anreiz-Beitrags-Balance, die erforderliche Beitragsleistung der Mitarbeiter erreicht sowie Gefühle der Benachteiligung oder der Überpriviligierung minimiert.[224] Mit zunehmender Komplexität der Beitragsleistungen und mit abnehmender sozialer Distanz zwischen Führungskräften und Mitarbeitern sinkt das Ausmaß der Regulierung von Beitragsleistungen und steigt die Bedeutung immaterieller Anreizformen.[225]

Zur **Kritik an der Anreiz-Beitrags-Theorie** sind folgende Aspekte zentral:[226]

- Ihr liegt das beschränkte »homo-oeconomicus Modell« zugrunde. Das Teilnehmerverhalten wird rein adaptiv bzw. kalkulativ gegenüber den Anreizen der Organisation betrachtet. Sie fördert kalkulatives Verhalten, das Misstrauenskultur begünstigt, weil es ständig auffordert, zu überwachen, zu belohnen oder zu bestrafen, um andere dazu zu bringen, was den eigenen Interessen entspricht.
- Eine eindeutige Bestimmung des Organisationsgleichgewichts ist nicht möglich, da über den Inhalt von Anreizen und Beiträgen keine konkreten Angaben gemacht werden. Zentrale Begriffe, wie subjektiver Nutzen und individuelle Arbeitszufriedenheit, werden nicht operationalisiert.
- Eine asymmetrische Verteilung von Anreizen und Beiträgen auf die Organisation wird nicht problematisiert.
- Sie suggeriert eine pseudo-objektive Rationalität, obwohl die Differenzierung von Anreiz und Beitrag sowie ihre Bewertung beim Einzelnen und im Vergleich intersubjektiv bestimmt wird.
- Sie klammert nicht-rationale und machtpolitische Dimensionen sowie den qualitativen Eigenwert und Sinn von Arbeit aus.
- Sie festigt »autoritäre Verhältnisse« und vernachlässigt die Bedeutung einer kooperativen Kultur.

- **Fazit zur Anreiz-Beitrags-Theorie**

Die Anreiz-Beitrags-Theorie macht deutlich, dass Demotivation nicht nur eine Abwendung von Arbeitsbelastungen, sondern auch Hinwendung zu arbeitsexternen Aktivitäten mit höherem Anreizwert ist.[227] Demotivation ist nicht nur irrationaler Protest oder Folge »delinquenter« Persönlichkeitsstrukturen, sondern auch rationales, kalkuliertes Verhalten.

Mit den zugrundeliegenden ökonomischen Annahmen werden Demotivationsprozesse aber nur eingeschränkt betrachtet. Das Paradigma der rationalen Wahl von Anreizen und Beiträgen des Einzelnen blendet relevante kontextuelle Einflusskräfte aus. Auch wird das Zusammenwirken einzelner Einflussgrößen nicht hinreichend erfasst. Mit einem Ausgleich von Anreizen und Beiträgen bzw. Belastungen allein können aktuelle Probleme der Demotivation nicht hinreichend gelöst werden. Der Ansatz erlaubt auch keinen Zugang zur intrinsischen Selbstmotivation und zu selbstorganisierter Remotivationsinitiativen der Betroffenen. Denn die zentrale Grundaussage der Anreiz-Beitrags-Theorie lautet, dass Vorgesetzte die Geführten in eine psychologische Lage versetzen sollen, in der Anreize der Organisation den Beiträgen des Individuums subjektiv entsprechen.[228]

4.2 Erwartungs-Valenz-Modell von Vroom

Die Erwartungs-Valenz-Theorie stellt ein Grundmodell der Prozesstheorien dar. Danach maximieren Menschen ihren Nutzen durch eine Optimierung folgender Komponenten:[229]

- **Valenz** (»Valency«) ist der bewertete Nutzen des angestrebten Ereignisses bzw. der jeweiligen Folgen eines Handlungsergebnisses.
- **Instrumentalität** (»Instrumentality«) eines Weges ist die Wahrscheinlichkeit, mit der er zum Ziel führt (z. B. über positive oder negative Anreize und Mittel zur Handlungs- und Leistungserreichung).
- **Subjektive Erwartung** (»Expectancy«) einen bestimmten Weg auch gehen zu können bzw. spezifische Arbeitsergebnisse zu erreichen.

Diese Komponenten können in folgende Formel zur Bestimmung der Leistungsbereitschaft zusammengefasst werden:

$$\text{Leistungsbereitschaft} = f\,(\text{Valenz} \times \text{Instrumentalität} \times \text{Erfolgs- bzw. Nutzenerwartung})$$

Der Leistungseinsatz wird hoch sein, wenn:

a) die selbsteingeschätzte Erwartung hoch ist, dass der Leistungseinsatz zu vielen direkten Ergebnissen führt (1. Ordnung),
b) die direkten Ergebnisse in enger instrumenteller Beziehung zu vielen Endresultaten stehen (2. Ordnung)
c) diese Resultate jeweils hohe Valenz aufweisen, also den individuellen Wertprioritäten entsprechen.[230]

Mittel werden dann als positiv eingeschätzt, wenn sie zu erwünschten Konsequenzen führen oder unerwünschte Folgen vermeiden. Die Instrumentalität verweist somit auf die Erwartung, dass ein bestimmtes Handlungsergebnis (»first-level-outcome«) zur Erreichung bestimmter Ziele (»second-level-outcome«) führt. Die funktionale Beziehung zwischen Valenz und erreichtem Einzelergebnis ist davon abhängig, inwiefern sie zur Erreichung anderer Ergebnisse geeignet ist.

- **Bezug des Erwartungs-Valenzmodells zur Demotivation und Remotivation**

Aus den prozesstheoretischen Erkenntnissen können folgende Differenzierungen abgeleitet werden:

1. Valenz und Demotivation

- Negative Valenz führt zu Demotivation. Ungünstige Bewertung von Handlungsnutzen oder -folgen demotivieren Mitarbeiter, insbesondere Leistungsmotivierte.
- Es gibt eine »Quasi-Valenz« für Demotivation. Demotivationale Erwartungs-Nutzenbewertung ist von einer demotivationalen Haltung des Betroffenen bestimmt.
- Demotivation führt zu niedriger Valenz. Demotivierte erwarten einen subjektiv geringen Belohnungswert des eigenen Handelns.

2. Instrumentalität und Demotivation

- Unzureichende Instrumentalität (z. B. fehlende Mittel oder negative Anreize beim Handeln) demotiviert. Dies gilt besonders bei Remotivationsversuchen durch fehlende Ressourcen.
- Nicht konstruktive Demotivation schränkt die Suche nach instrumentellen Realisierungsprozessen ein. Dies äußert sich beispielsweise als fehlendes Interesse für zielversprechende Wege und Mittel bzw. Anreize.

3. Erfolgserwartung und Demotivation

- Enttäuschte subjektive Erfolgserwartung der Arbeitsergebnisse demotiviert. Frustrierte Erwartungen, einen bestimmten Weg erfolgreich gehen zu können, demotivieren Mitarbeiter.
- Es gibt eine »Quasi-Erwartung« von Demotivation. Demotivierte antizipieren weitere demotivierende Ergebniskonsequenzen.
- Demotivationserfahrungen oder -zustände vermindern positive Erfolgserwartungen. Vergangene Erfahrungen von Demotivation oder ein aktueller Demotivationszustand führen z. B. dazu, dass verunsicherte Mitarbeiter ihr Handeln nicht zum Abschluss bringen.

Aus diesen Unterscheidungen ergibt sich folgende **prozesstheoretische Formel zur Demotivation**:

$$\text{Demotivation} = f(\text{Niedrige Valenz} \times \text{eingeschränkte Instrumentalität} \times \text{geringe Erfolgs- bzw. Nutzenerwartung})$$

Dabei sind die einzelnen Komponenten nicht nur als homogene Faktoren zu betrachten. Sie prägen sich je nach spezifischem Demotivationskontext unterschiedlich aus.

Für die **Remotivation** ergibt sich folgende Formel:

> (erhöhte) Remotivationsbereitschaft = f (Remotivationsvalenz × vermittelte Instrumentalitätsmöglichkeiten × wiedergewonnene Erfolgs-Nutzenerwartung der Demotivationsüberwindung)

Entscheidend ist es also, Remotivationsinitiativen aufzuwerten, praktische Instrumentalitäten bereitzustellen sowie positive Erfolgserwartungen auch zur Selbstremotivation zu vermitteln.

- **Kritik des Modells von Vroom und seine Grenzen zur Erklärung von Demotivation**

Das plausible Erwartungs-Wert-Modell mit seinen vielfältigen Interpretationsmöglichkeiten hat die Grundlagenforschung zu Verhaltensweisen in Organisationen maßgeblich beeinflusst.[231] Andererseits wurde es auch einer vielfältigen Kritik unterzogen.[232]

Methodologische Kritik

Die methodische Kritik an diesem Modell betrifft v. a. Schwierigkeiten der Abgrenzung der beiden Ergebnis-Ordnungen sowie der Bestimmung der einzelnen Variablen.[233] So soll die Komponente »Valenz« wenig zu Vorhersage von Wahlentscheidungen oder Anstrengungsniveau beitragen.[234] Auch ist die Erfassung der Dynamik der vermeintlich unabhängigen Variablen untereinander und ihre Verrechnung zu einer »Gesamtvalenz« problematisch.[235] Wichtige methodische Voraussetzungen zur Anwendung des Modells sind oft nicht gegeben (z. B. Trennung von Erwartung und Valenz oder bewusste Kenntnis bzw. Ermittlung spezifischer Ziele und Parameter für jeden Entscheider).[236] Die Komplexität zwischen Erwartungen, Anspruchs- und Vergleichsniveaus der Alternativen und realisierten Ergebnissen kann mit den kognitiv-formalen Prozessmodellen nicht erfasst werden. Auch werden individuelle Unterschiede und interpersonelle Vergleichs- und Attributionsprozesse sowie normative Dimensionen (z. B. verhaltenssteuernde Wirkung von Normen und Rollen) vernachlässigt.[237] Die kognitive Perspektive wird hingegen überbewertet, indem unbewusstes Gewohnheitshandeln, gefühlsgesteuerte Verhaltensweisen und willentliche Handlungsprozesse ausgeklammert bleiben.[238] Die Erwartungs-Wert-Modelle wurden damit als rationalistisch, objektivistisch und zu universalistisch kritisiert.[239]

Normative Kritik

Erwartungs-Valenz-Modelle folgen einem reduzierten Menschenbild. Demnach verhält sich der Mensch nur zweck-rational und nicht intrinsisch. Er bestimmt nicht selbst über Wahrscheinlichkeiten, Instrumentalitäten oder Werte, sondern verrechnet sie lediglich im Rahmen eines vorgegebenen Programms der Lust- bzw. Nutzenmaximierung.[240] Diese zugrunde liegenden normativen Annahmen sind nur eingeschränkt sinnvoll und realistisch. [241]

Kritik in Bezug zur Demotivation

Konzeption und Theorien

Auch das Erwartungs-Valenz-Modell kann nur begrenzt Entstehung, Entwicklung und Wirkung von Demotivation erfassen. Ungeklärt bleibt, welche **kontextuelle Einflüsse** die unterstellte rationale Auswahl, Kalkulation und Bewertung verschiedener Alternativen und der reduzierte Leistungseinsatz haben. Valenzbestimmungen, Erwartungsorientierungen und Instrumentalitätspraktiken hängen von der spezifischen Demotivationssituation ab. Zudem sind Veränderungen der Erwartungen und Valenzen durch Lernprozesse zu berücksichtigen.[242] Auch müsste bestimmt werden, wie positive oder negative Konsequenzen der Demotivation zugerechnet werden.

Da der Motivations- und Zielprozess bis ins Unendliche fortgesetzt werden kann, ist es nicht möglich, zu den verschiedenen Demotivationsformen konkrete Gestaltungsempfehlungen für die Praxis abzuleiten.[243] So können z. B. für Lageorientierung (z. B. »in Passivität zu verharren« oder »Aussitzen«) noch keine Hinweise zu deren Überwindung gegeben werden.[244] Demotivationale Handlungstendenzen entstehen auch unbewusst oder spontan aus dem Augenblick oder der Situation heraus, die mit den Modellen noch nicht erfasst werden.[245] Verschiedene Demotivierte unterscheiden sich bei der **Verwendung des Erwartungs- und Instrumentalitätswissens**[246] und folgen nicht nur eindimensionaler Entscheidungsrationalität. Demotivation wird nicht nur durch das Entscheidungsverhalten, sondern auch durch unzureichenden Bezug zu Aufgaben und Tätigkeiten sowie Zielkonflikten hervorgerufen. In den Prozessmodellen werden jedoch Entscheidung und Handlung in eins gesetzt, womit demotivationsverursachende Diskrepanzen zwischen kognitivem Entschluss (Handlungswunsch) und tatsächlichem Tun unberücksichtigt bleiben. So sind nicht nur die Wahlmöglichkeiten und Präferenzen relevant[247], sondern auch konkrete Anstrengungen im Leistungsprozess.[248] Die Auswirkungen einer Wahl für das Handeln bzw. demotiviertes Verhalten sind auch durch **emotionale und willentliche Prozesse** mitbestimmt *(vgl. Kapitel III., 6 Theorien der kognitiven und emotionalen Dissonanz und Kapitel III., 7 Willenstheorien*[249]*)*. Mit seiner strikten Zweck-Mittel-Beziehung liegt der Fokus des Modells auf extrinsische Belohnungsprozesse, was leicht die Bedeutung »intrinsischer Remotivation« übersehen lässt. Schließlich müssten auch für die Remotivation spezifische Erwartungen, Valenzbezüge sowie Instrumentalitäten entwickelt werden.

- **Integrationsmodell von Porter und Lawler**

In Erweiterung des klassischen Prozessansatzes, beschreiben Porter und Lawler[250], wie sich Arbeitsausführung bzw. Leistung und Zufriedenheit aus einer vielfältigen Kombination von Fähigkeiten, Fertigkeiten, Erwartungen, Anstrengung, Belohnungen und Rollenwahrnehmungen ergeben. Arbeitstätigkeiten und Leistungen bringen dabei je nach Anstrengung, Persönlichkeitszügen und Rollenwahrnehmung extrinsische und intrinsische **Belohnungen** hervor, welche auch die Zufriedenheit mitbestimmen. Zufriedenheit tritt ein, wenn die effektiven Belohnungen den als angemessen erlebten Gegenleistungen entsprechen oder sie übersteigen. Bleiben sie dagegen unter den Erwartungen oder erscheint die Art der Belohnung nicht relevant, entsteht demotivierende Unzufriedenheit. **Demotivation** kann so als **Resultat eines negativen Vergleichs zwischen erwarteter und tatsächlich erhaltener Belohnung** verstanden werden (*vgl. Kapitel III., 4.1 Der Anreiz-Beitrags-Ansatz*). Je größer die Diskrepanz zwischen beiden ist, desto unzufriedener bzw. demotivierter ist der Mitarbeiter.[251] Mit diesem Erweiterungsansatz wird die klassische Annahme überwunden, nach der die Leistung immer vom Ausmaß der Zufriedenheit abhängt.[252] Auch kann damit ein optimales Anreiz- und Ausführungsniveau (z. B. angepasste Incentivesysteme für Remotivationsanstrengungen) bestimmt werden (*vgl. Kapitel VI., 2.4 Honorierungs- und Anreizsysteme*).

Viele der Kritikpunkte, die zu den anderen Prozesstheorien erhoben wurden, gelten auch für die Erweiterungsmodelle. Demotivation kann nicht allein über Aspekte der Arbeitstätigkeit oder Diskrepanzen aus Ist-Soll-Vergleichen erfasst werden. Zudem bleibt die Annahme rationaler, kognitiver Vergleichsprozesse von Inputs und Ergebnissen und daraus ableitbaren Einstellungen und Verhaltensweisen eine Unterstellung. Ergänzend wäre zu fragen, warum demotivationale Erwartungen entstehen und wieso es trotz Belohnungen nicht zu zielorientiertem Leistungsverhalten oder Remotivation kommt.

Dazu tritt die Problematik einer **Angemessenheit der Belohnung.** Die Subjektivität sowohl vom Mitarbeiter (z. B. Überbewertung eigener Leistungen) als auch von der Organisation (z. B. Unterbewertung fremder Leistungen oder -möglichkeiten) verzerrt die Bewertungen von Belohnungen. Gegenstände des »Goodwill-Austausches« bestehen auch aus immateriellen Werten (z. B. Wertschätzung, Verantwortung, Dispositionsfreiheit), die nicht als messbare Größen erfasst werden können. Auch werden nicht selten den von einer Seite zu Recht erwarteten Belohnungen auf der anderen Seite Sachzwänge entgegenstehen, die das Bemühen um situative Gerechtigkeit einschränken oder sogar vereiteln.[253]

4.3 Gleichheitstheorie von Adams und Demotivation bzw. Remotivation

Die Gleichheitstheorie kann als eine kognitive Gerechtigkeitstheorie mit motivationalem Charakter interpretiert werden.[254] Grundlegend geht sie von einem nach Harmonie strebenden Menschen aus, der versucht, ein kognitives Gleichgewicht zwischen Selbstempfindung und Wahrnehmungen seiner persönlichen Umgebung aufrechtzuerhalten oder herbeizuführen.[255] Das Sozialverhalten wird nach diesem Ansatz vom Gleichheits- oder Gerechtigkeitsprinzip geleitet.[256] Zufriedenheit bestimmt sich durch den Vergleich des eigenen Input/Outcome-Verhältnisses mit dem relevanter Bezugsgruppen. Ungleichheit liegt vor, wenn eine Person wahrnimmt, dass das Verhältnis ihrer Erträge (z. B. Geld, Anerkennung) zu ihren Einsätzen (z. B. Erfahrung, Anstrengung) von dem Ertrags-Aufwandsverhältnis einer Vergleichsperson oder -gruppe abweicht. So wird der Einfluss wahrgenommener Ungerechtigkeit z. B. bezüglich des Einkommens[257] zum Maßstab der Zufriedenheit. Bedingungen für die Entstehung von **wahrgenommener Unfairness** sind v. a. Entscheidungsverfahren mit ungünstigen Ergebnissen oder verletzte Regeln des »Fair-Play« (Verfahrensgerechtigkeit).[258]

Die dauerhafte Abwesenheit einer Gleichbehandlung bzw. Gerechtigkeit (»equity«) in menschlichen Austauschbeziehungen führt nach Adams zu folgenschwerer Unzufriedenheit.[259] So wurden in aktuellen empirischen Untersuchungen der Zusammenhang von empfundener Ungerechtigkeit, Arbeits(un-)zufriedenheit und psychosomatischen Folgen nachgewiesen.[260] Andererseits führt der Versuch, ungleichgewichtige Bedingungen und Abweichungen zu beseitigen, zu spezifischen Reduktionsstrategien. Dabei wird versucht, das verlorene Gleichgewicht wiederherzustellen, z. B. durch:

- Änderung des eigenen Inputs oder Outputs
- Veränderte Wahrnehmung des eigenen oder fremden Inputs oder Outputs
- Interventionen oder Verhandlungen der betroffenen Personen
- Wechsel der Vergleichsperson

- **Kritische Würdigung von Adams Gleichheitsansatz**

Die »Equity-Theorie« berücksichtigt wichtige soziale Vergleichsprozesse und subjektiv wahrgenommene Unausgeglichenheit sowie deren Folgen. Die systematisch berücksichtigte Fairness gehört zu den zentralen Kategorien, die die Zufriedenheit in Organisationen definieren. Neben methodischen Problemen[261] bleibt aber fraglich, ob und wie eine Übertragbarkeit in die Praxis möglich ist und wer letztlich den »gerechten« Maßstab anlegt.[262]

Das Modell erlaubt nur eine tendenzielle Wirkungsprognose demotivierender Arbeitssituationen.[263]

Durch die Herausarbeitung der Bedeutung relativ gerechter Belohnung hat die Gleichheitstheorie einen **verständnisfördernden Wert zur Erklärung von demotivativiertem Verhalten** in sozialen Interaktionen.[264] Denn von einer als ungerecht empfundenen Honorierung gehen einflussstarke Demotivationswirkungen aus.

Mit Hilfe des Modells können Gestaltungsempfehlungen zur Demotivationsüberwindung insbesondere im Bereich gerechter Verhaltensbeurteilungen besonders bei Anerkennung oder Honorierungen *(vgl. Kapitel VI., 2.4 Honorierungs- und Anreizsysteme)* und extrinsischer Anreiz- und Zielsetzungssysteme begründet werden.[265] Gerechtigkeitsüberlegungen haben auch eine wichtige **Sensibilisierungsfunktion**. So müssen Linienmanager bei der Verteilung von monetären und nichtmonetären Anreizen berücksichtigen, dass die Angemessenheit nicht nur nach dem persönlichen Anreiz-Belastungs-Saldo der Mitarbeiter beurteilt wird, denn diese ist auch vom Vergleich mit Anreizen und Belastungen anderer Vergleichspersonen abhängig.[266] Die Gestaltung von Anreizsystemen sollte deshalb eindeutige, klar kommunizierte Kriterien zur Leistungsbemessung enthalten[267] oder eine aktive Teilnahme der Mitarbeiter am Beurteilungsprozess anstreben.[268] Wer als Demotivierter sich gerecht behandelt fühlt oder wer bei Ungerechtigkeit Kompensationen erfährt, ist zu remotiviertem Engagement besonders bereit.

4.4 Attributionstheorien

»Attribution« kann allgemein als Interpretationsprozess verstanden werden, bei dem soziale Ereignisse, Handlungen sowie das Leistungsverhalten bestimmten Gründen oder Personen zugeschrieben werden.[269] Aus kognitionspsychologischer Perspektive leisten solche Attributionsprozesse einen Beitrag zur Reduktion von Mehrdeutigkeiten und dienen dem Verstehen des eigenen und fremden Handelns.[270] Nach Atkinson ist die Motivation eine Funktion des Leistungsverhaltens.[271] Dieses wird bestimmt von emotionalen Konflikten zwischen Hoffnung auf Erfolg und Angst vor Versagen.[272] Wie empirisch in einer Langzeitstudie nachgewiesen wurde, können in einem von Angst geprägten Betriebsklima, zwar demotivierender Frust und Misstrauen, nicht aber Kreativität und Motivation gedeihen.[273] Nach dieser Studie werden die **Kosten von Ängsten** auf 16 Milliarden DM Fluktuationskosten, 68 Milliarden DM Kosten zur inneren Kündigung, 19 Milliarden DM für angstbedingten Medikamentenkonsum, 48 Milliarden DM durch Alkoholkonsum und 30 Milliarden DM aufgrund von Mobbing-Prozessen sowie 18 Milliarden DM durch angstverursachte Fehlzeiten geschätzt.

Ferner sind auch Bewertungen der Erfolgserwartung und -zurechnung durch den Mitarbeiter im Motivationsprozess relevant. Für die Erfolgszuschreibung wurden spezifische Einflussfaktoren von Erfolg bzw. Misserfolg bestimmt:[274] **Begabung und Anstrengung** gelten als personenabhängige Ursachen, während **Aufgabenschwierigkeit und Zufall/Glück** situationsbedingten Gründen zugewiesen werden. Entsprechend gelten die Faktoren Begabung und Aufgabenschwierigkeit als tendenziell zeitlich konstante (stabile) Ursachen, während Anstrengung und Zufall/Glück eher zeitlich instabil (variabel) sind. Aus der kausalen Attribuierung ergeben sich verschiedene Folgeprozesse und Rückkoppelungseffekte (vgl. Abbildung 17).

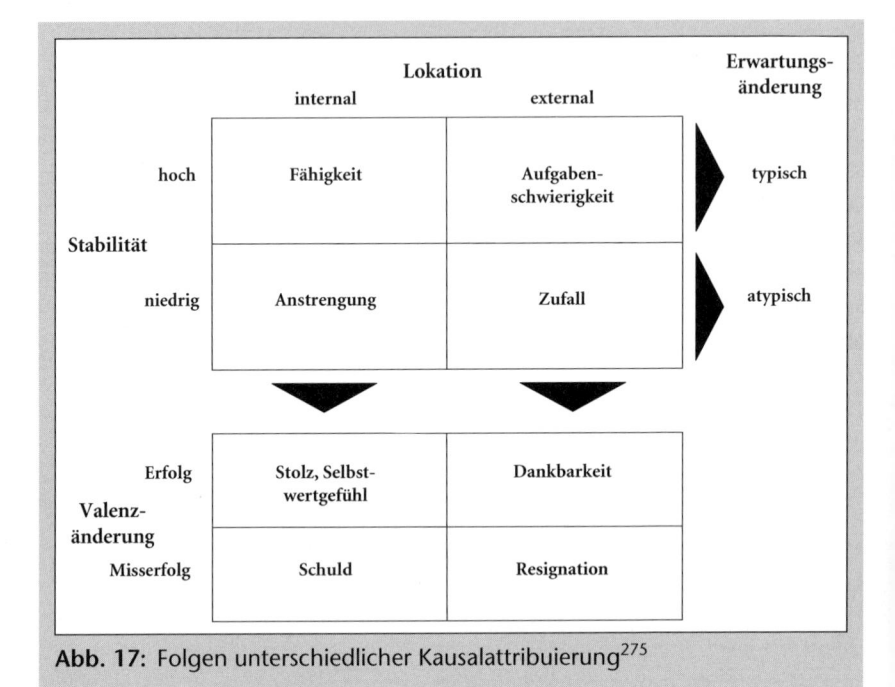

	Lokation		Erwartungsänderung
	internal	external	
Stabilität hoch	Fähigkeit	Aufgabenschwierigkeit	typisch
Stabilität niedrig	Anstrengung	Zufall	atypisch
Valenzänderung Erfolg	Stolz, Selbstwertgefühl	Dankbarkeit	
Valenzänderung Misserfolg	Schuld	Resignation	

Abb. 17: Folgen unterschiedlicher Kausalattribuierung[275]

Aus Korrelations- und Experimentalstudien[276] wurden **persönlichkeitsspezifische Konzepte der Ursachenzuschreibung** für Erfolg bzw. Misserfolg abgeleitet. Erfolgsmotivierte neigen demnach dazu, Erfolge der eigenen Begabung oder Anstrengung zuzurechnen, während sie für Misserfolge die ungünstige Arbeitssituation (z. B. Aufgaben, Arbeitsumwelt und -platz) verantwortlich machen. Misserfolgszurechner schreiben dagegen Erfolge eher günstigen Arbeitssituationen zu, während Misserfolge v. a. auf mangelnde Begabung oder Motivation zurückgeführt werden. Diese Zurechnungen üben zentralen Einfluss auf demotivationales Verhalten aus.[277]

Wer sich selbst etwas zutraut, wird auch versuchen, hoch gewichtete Bedürfnisse zu realisieren und ist so zielorientiert motiviert. Erfolgszurechner schreiben externe Demotivatoren äußeren Bedingungen und zusätzlichen Misserfolgsfaktoren zu. Das gegenteilige Verhalten tritt bei Misserfolgszurechnern ein, die sich besonders bei Demotivierten finden. Sie neigen eher dazu, demotivationsbedingte Misserfolge ihrer mangelnden Motivation zuzuschreiben. Um bei **misserfolgsorientierten Demotivierten** zielorientierte Aktivitäten auszulösen, reicht es nicht aus, bedürfnisbefriedigende Optionen attraktiv zu gestalten und zu präsentieren. Vielmehr müssen ihre Erfolgseinschätzungen und Zuschreibungen von Zielen und Mitteln positiv beeinflusst werden, um zu konstruktiven Handlungstendenzen (z. B. auch Remotivation) zu kommen.[278] Untersuchungen haben die Bedeutung der **Zuschreibungen von Leistungen** des Mitarbeiters durch Vorgesetzte nachgewiesen.[279] Demnach tendieren Führungskräfte dazu, für schlechte (z. B. demotivationsbedingte) Leistungen eher die Mitarbeiter als externe Faktoren oder ihr eigenes demotivierendes Führungsverhalten verantwortlich zu machen.[280] Diese Tendenz nimmt jedoch mit der Erfahrung des Vorgesetzten[281] sowie mit der Möglichkeit zu intensiver Gesprächsführung ab.[282] Ferner spielt bei der Bewertung der Leistung die **Beziehungsqualität** zwischen Vorgesetztem und Mitarbeiter eine entscheidende Rolle.[283] Bei guten Beziehungen werden erfolgreiche Ergebnisse häufiger Mitarbeitern zugerechnet, während schlechte Resultate auf externe Faktoren bzw. eigenes Führungsverhalten zurückgeführt werden.

- **Kritische Würdigung der Attributionstheorie**

Attributionen spielen bei Motivations- und Demotivationsprozessen eine wesentliche Rolle zur Informationssammlung, -verarbeitung und -bewertung.[284] Die Attributionstheorie zeigt, dass soziale Wirklichkeit nicht einfach gegeben ist, sondern von Handlungsträgern auf der Basis ihres Weltbildes oder über Interpretationen Dritter hergestellt wird. Diese **konstruktivistische Erkenntnis** macht Denk- und Bewertungsmuster von Demotivation bewusst und veränderbar. Dies gilt für Selbstzuschreibungen der Mitarbeiter (z. B. Misserfolg oder Verantwortungsübernahme für Demotivationsabbau) und für demotivierende Verhaltensweisen durch Führungskräfte (z. B. Beurteilungsfehler, unzureichende Anerkennung).[285] Für die Vorhersage von demotivierenden Führungs- und Mitarbeiterverhalten sind kausale Attributionen jedoch nur eingeschränkt verwendbar. Denn Zuschreibungen sind nur ein Aspekt des Demotivationsverhaltens. Die vielfältigen und vernetzten Einflüsse personaler, interpersoneller sowie struktureller und situationsabhängiger Faktoren übersteigen einfache Ursache-Wirkungs-Attributionen.[286] Ereignisse und Bedingungen von Demotivation haben nie nur »einen« Erwartungswert bzw. »den« Anreizwert, sondern sind immer kontextabhängig.[287] So ist für das Demotivationsempfinden entscheidend, von wem, wann und in welcher Weise ein zugeschriebenes Verhalten oder Ergebnis erwartet und beurteilt wird.[288] Dennoch ist als wichtige attributionstheoretische Konsequenz für ein **regelmäßiges Feedback** zum Stand der Zielerreichung sowie Gründen für positive oder negative Abweichungen zu sorgen. Dabei sind auch bewertende Rückmeldungen relevant, denn sie vermitteln, wie erfolgreich Mitarbeiter z. B. bei Remotivationsfortschritten sind bzw. eingeschätzt werden.[289]

4.5 Zielsetzungstheorien und Demotivation bzw. Remotivation

Zielsetzungs-Theorien wollen die **verhaltenssteuernde Wirkung von Zielen** systematisch berücksichtigen. Auf der Basis empirischer Untersuchungen belegen die Hauptaussagen der Zielsetzungstheorie einen Zusammenhang von Zielniveau, Leistungshöhe und Zufriedenheit.[290] Es besteht demnach eine positive lineare Beziehung zwischen dem Anforderungsgehalt von Zielen und der Leistung, solange ein Individuum noch nicht an seine Leistungsgrenze gestoßen ist. Begründet wird dies dadurch, dass anspruchsvollere Ziele zu größerer Anstrengung und Beharrlichkeit führen als leicht zu erreichende Ziele. Dabei müssen aber die Ziele akzeptiert werden. Zielakzeptanz und -identifikation, die durch partizipatives Vorgehen (Zielvereinbarung) gefördert werden kann, verstärken die positiven Effekte der Zielsetzung. Sind schwierige Ziele zudem noch spezifisch oder auf konkrete Vorgaben ausgerichtet, führt dies eher zu höheren Leistungen als vage, allgemeine oder unbestimmte Ziele (z. B. »Tu Dein Bestes«). Entscheidend ist dabei, dass die Betroffenen das Ziel als verbindlich für sich erachten und Rückmeldungen über den Stand ihrer Zielverfolgung erhalten.

Diese **Wirkung von Zielsetzungen** wird nach Locke und Latham in einem **Hochleistungszyklus** vermittelt, in dem sie:

- Aufmerksamkeit ausrichten,
- Anstrengung mobilisieren,
- Ausdauer erhöhen,
- stärker nach geeigneten Handlungsstrategien und aufgabenspezifischen Plänen suchen.

Die Beziehung zwischen Motivation, Leistung und Zufriedenheit wird in diesem Zyklus durch verschiedene, wechselwirksame Variablen beeinflusst. Folgende Abbildung zeigt diese im Zusammenhang.

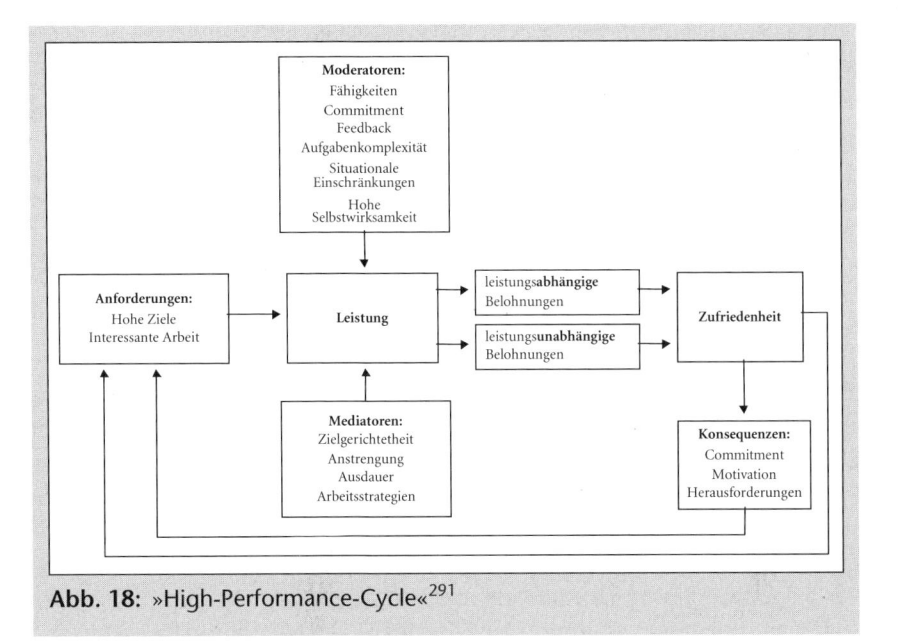

Abb. 18: »High-Performance-Cycle«[291]

Zufriedenheit ergibt sich demnach als Folge erfolgreicher Leistung und fördert auch weitere Motivation und Commitment. Im Gegensatz zu behavioristischen Theorien werden externe **Belohnungen** nicht als Ursache, sondern als **Folge hoher Leistung** betrachtet. Sie wirken dann als Anreiz für weitere Leistungen. Hohe Leistungen sind auch »intrinsische Belohnungen« (z. B. Stolz auf das Erreichte). Wenn externe und interne Belohnungen den Bedürfnissen und Maßstäben des Einzelnen entsprechen, tritt Zufriedenheit ein. Hohe Zufriedenheit ergibt sich durch einen hohen Leistungseinsatz.[292] Das damit verbundene Commitment steigert die Bewältigung weiterer Herausforderungen und höherer Anforderungen. In empirischen Studien wurden Stimmigkeit und Übertragbarkeit dieser Erkenntnisse für die Praxis nachgewiesen.[293]

- »**Low-Performance-Zyklus**« der Demotivation

In Umkehrung des Hochleistungszyklus kommt es bei Demotivation zu einem »Low-Performance-Zyklus«. Unspezifische, nicht herausfordernde oder überfordernde bzw. nicht selbstmitbestimmte Ziele oder fehlende Rückmeldungen demotivieren (vgl. *Kapitel IV., 3 Einzelergebnisse empirischer Untersuchungen*). Da damit das Bindungsverhältnis und Commitment für die Organisation abnimmt, erachten Demotivierte Ziele nicht mehr als verbindlich oder motivierend.

Sind Leistungen nicht erfolgreich oder werden sie nicht belohnt bzw. anerkannt, folgt Unzufriedenheit.[294] Je unklarer und uneindeutiger die Leistungsfeststellung ist (z. B. bei komplexeren Teamaufgaben), desto höher ist die Demotivationswirkung. Auch demotivieren Belohnungen, die im Gegensatz zu erzielten Leistungen stehen. Zudem beeinflussen auch lebensweltliche Dimensionen (z. B. Vereinbarkeit von Beruf und Familie) das emotionale Befinden und die Ausführungsdynamik.[295]

- **Kritische Würdigung der Modellerweiterungen und Zielsetzungstheorien**

Die Modellerweiterung von Locke und Lathman integriert verschiedene Ansätze zur Arbeitseinstellung, -motivation und -zufriedenheit und Ergebnisausführung in einem zusammenhängenden Rahmen.[296] Diese bestätigen zudem die bekannten Grundprinzipien des »Management-by-Objectives« (M.b.O.) (z. B. Aufbau einer Zielhierarchie in verschränktem Top-Down- und Bottom-Up-Vorgehen).[297] Über Änderungen in der Organisationsstruktur und im Verhalten der Führungskräfte ermöglichen Zielsetzungsansätze die Anwendung ergebnisorientierter Delegationskonzepte.[298] Die Vorteile ziel- und ergebnisorientierter Führung und Kooperation liegen in Entlastung des Managements von operativen Entscheidungen, in der höheren Mitwirkung der Geführten schon bei Zielvereinbarung und Selbstständigkeit in Zielumsetzung sowie ziel- und ergebnisorientierter Evaluation. Zielsetzungsansätze bestätigen die Bedeutung von Zielspezifität und kontinuierlichem Feedback.

4.6 Gesamtbeurteilung der Prozesstheorien zur Demotivation und Remotivation

- **Vorteile und Bedeutung:**

- Unabhängig von jeweiligen Motivationsinhalten konzentrieren sich Prozessmodelle auf den Selektions-, Entscheidungs- und Handlungsprozess des Einzelnen. Der Fokus liegt auf dem individuellen Prozess der Auswahl und Bewertung attraktiver Motive sowie deren Bedeutung für zielorientiertes Leistungsverhalten.[299]
- Unzureichende Prozesse der Motivation bzw. Motivierung bewirken Demotivation, wie diese auch durch Demotivationen beeinträchtigt werden.
- Prozesstheoretische Konzeptionen ermöglichen differenzierte und analytische Erklärungsbeiträge von Demotivationszusammenhängen.
- In den Erweiterungsmodellen werden soziale Vergleichsprozesse, Ungleichheitsaspekte und Zuschreibungsmechanismen systematisch beachtet.

Aus prozesstheoretischer Perspektive wird deutlich, wie wichtig **Informations-, Interpretations- und Unterstützungsfunktionen für eine konstruktive Erwartungshaltung und Bewertung** für den Demotivationsabbau und die Remotivation sind. Nicht nur sind über Führung die subjektive Erfolgseinschätzung von Maßnahmen zum Demotivationsabbau positiv zu beeinflussen, sondern auch Mittel und Wege (»Instrumentalitäten«) für den konkreten Abbau und die Remotivation bereitzustellen.

- **Nachteile und Grenzen der Prozessmodelle**

  – Sie folgen einem begrenzten Menschenbild eines selbstständig wählenden, rational entscheidenden und nutzenmaximierend handelnden Mitarbeiters.
  – Sie gehen von der fraglichen Annahme einer Unabhängigkeit von Valenz und Erwartung und Vorhandensein der Kenntnis aller notwendigen Parameter bei den Entscheidenden aus.[300]
  – Für die Organisations- und Führungspraxis der Demotivationsüberwindung sind die prozesstheoretischen Konzepte zu komplex sowie zu stark formalisiert, um als direkte Gestaltungs- und Führungshilfe angewandt zu werden.
  – Soziale und normative[301] Entstehungszusammenhänge werden vernachlässigt und emotionale Prozesse unterschätzt.[302]
  – Durch die rein kognitive Orientierung haben die Modelle keinen Zugang zur willensbezogenen Handlungsrealisation.[303]

Gerade die beiden letzten Punkte sind für den Demotivationszusammenhang besonders kritisch. Denn das komplexe Zusammenspiel von sozialen Wahrnehmungen, Gefühlen und Willensprozessen bestimmt das Erleben von Demotivation und Remotivationsmöglichkeiten. **Demotivation ist nicht nur ein formales Entscheidungsverhalten**, sondern immer in interpersonelle, informelle und strukturelle Handlungskontexte eingebettet.

Abschließend werden die wichtigsten Erkenntnisse der verschiedenen prozesstheoretischen Ansätze zusammengefasst:

- **Anreiz-Beitrags-Theorie**
  - Sie macht deutlich, dass Demotivation nicht nur eine Abwendung von Arbeitsbelastungen, sondern auch eine kalkulative Hinwendung zu Aktivitäten mit höherem Anreizwert ist.
  - Das Paradigma rationaler Wahl von Anreizen und Beiträgen muss jedoch relevante kontextuelle Einflusskräfte (z. B. emotionale Ursachen) und deren Zusammenwirken berücksichtigen.

- **Erwartungs-Valenz-Modell**
  - Prozesstheoretische Einflussfaktoren dienen der systematischen Erklärung der Leistungs- und Remotivationsbereitschaft.
  - Aus den prozesstheoretischen Erkenntnissen können wichtige analytische Differenzierungen für die Demotivation und Remotivation abgeleitet werden (»negative Valenz«, »Quasi-Valenz« und »Quasi-Erwartungshaltung« für Demotivation bzw. Demotivierungseffekte unzureichender Instrumentalität).

- **Integrationsmodell von Porter und Lawler**
  - Vielfältige Aspekte der Arbeitstätigkeit und Belohnungsprozesse werden berücksichtigt und erweitern so das prozesstheoretische Grundmodell.
  - Es zeigt, dass es keinen einfachen kausalen und linearen Zusammenhang zwischen Motivationsangebot und leistungsorientiertem Verhalten gibt.
  - Durch Einsicht in den Zusammenhang von Erwartung und Belohnungen können zweckmäßige Anreizsysteme gestaltet werden.

- **Gleichheitstheorie**
  - Mit ihr wird die demotivationsrelevante Bedeutung sozialer Vergleichsprozesse und die Wahrnehmung unfairer Behandlungen, insbesondere beim Einkommen deutlich.
  - Der »Equity-Ansatz« sensibilisiert bei Gestaltung von Honorierungssystemen für eine Berücksichtigung von Gleichheits- und Gerechtigkeitsüberlegungen.

- **Attributionstheorien**
  - Mit ihnen wird die Relevanz von Zuschreibungsmechanismen als soziale Konstruktion von Demotivationswirklichkeiten bewusst.
  - Bewertungsmuster, besonders für misserfolgsorientierte Demotivation, können erkannt und eher überwunden werden.
  - die Bedeutung eines laufenden Feedbacks (z. B. vom Remotivationserfolg) wird bestätigt.

- **Zielsetzungstheorien**
  - Zielmodelle zeigen die Bedeutung von Zielvereinbarungen und die Dynamik eines Low-Performance-Zyklus der Demotivation auf.
  - Die Relevanz von ziel- bzw. ergebnisorientierten Delegationskonzepten für Demotivationsprävention und -abbau wird verdeutlicht.

Abb. 19: Gesamtübersicht zu prozesstheoretischen Ansätzen

- **Möglichkeiten und Grenzen inhalts- und prozessorientierter Motivationstheorien**

Die Untersuchung der inhalts- und prozessorientierten Motivationstheorien eröffnen hilfreiche Erklärungsansätze zum Verstehen der Ursachen und Entwicklungsprozessen von Demotivation. Sie machen Verhaltens- und Wirkungszusammenhänge ungenügender Motivationsinhalte und -prozesse deutlich:

– Unzureichende Inhalte und Prozesse der Motivation bzw. Motivierung bewirken Demotivation, wenn diese bedeutsam sind und stärker gestört werden.

– Demotivation beeinträchtigt die inhaltliche Motivationsbefriedigung und die formalen Erwartungs-, Auswahl-, Verwirklichungs- und Bewertungsprozesse der Motivation.

Sowohl inhalts- als auch prozesstheoretische Motivationsmodelle vernachlässigen aber die Motiv- bzw. **Demotivationsstruktur von Führungskräften**. Auch wird keine **rollenspezifische Differenzierung**[304] der Motivations- bzw. Demotivationsbeziehungen zwischen Vorgesetzten und Mitarbeitern vorgenommen. Für Demotivationsüberwindung und Remotivation sind diese Zusammenhänge aber von entscheidender Bedeutung. Deshalb sind auch bedürfnisorientierte Motivationsinhalte, Erwartungen, Valenzen, Instrumentalitäten und Bewertungen von Führungskräften zu berücksichtigen sowie **gemeinsame Vorbeugungs- und Abbaumaßnahmen** von Vorgesetzten und Mitarbeitern zu entwickeln. Auch ist eine **wechselseitige aktive Remotivation** möglich.

Dennoch leisten Inhalts- und Prozesstheorien eigene spezielle Beiträge zur Erklärung demotivationalen Verhaltens. Daher ist eine **Verbindung von inhalts- und prozessorientierten Theorien** für eine differenzierte Untersuchung von Demotivation zweckmäßig. Damit werden die Wechselwirkungen von inhaltlichen und prozessualen Demotivationszusammenhängen berücksichtigt und eine personen- sowie zielgruppenangepasste Ausrichtung möglich. Je nach Demotivationslage und spezifischen Situationsmerkmalen können eher inhalts- oder mehr prozessorientierte Abbau- und Remotivationsstrategien angewandt werden. Diese sind dabei mit der Organisations- und Personalentwicklung sowie Führungsmaßnahmen zu koordinieren.

5. Die Bedeutung »psychologischer Verträge«

Das Konzept des psychologischen Vertrags unterstellt, dass sowohl Individuum und Organisation sich gegenseitig mit vielgestaltigen Erwartungen und Anspruchshaltungen gegenüberstehen,[305] die (arbeits-)vertraglich nicht fixiert sind und auch rechtlich nicht gesichert werden können.[306] Ein psychologischer Vertrag verweist damit auf **freiwillige Verpflichtungen und wechselseitig respektierte Übereinkünfte**, die – oft unausgesprochen – die Erwartungen der Mitarbeiter und des Unternehmens bestimmen. Aus Perspektive der Organisation erfüllt sich der psychologische Vertrag durch die Akzeptanz und Unterordnung aller Mitglieder unter die Autoritätsstruktur.[307] Für die Mitarbeiter ist er eingelöst, wenn der subjektive Anreiznutzen die Beitragsopfer zumindest in Höhe des individuellen Anspruchsniveaus übersteigt. Dabei sind die finanzielle und psychologische Sicherheit sowie Einwirkungsmöglichkeiten auf die eigene Situation von entscheidender Bedeutung.[308] Psychologische Verträge stellen das Ergebnis eines fortlaufenden, **dynamischen Aushandlungsprozesses** dar.[309] Durch den dynamischen Charakter des psychologischen Vertragsverhältnisses wandeln sich die Erwartungen und Ansprüche im Verlauf der Beziehung von Mitarbeitern und Organisation.[310] Zusätzliche Verhaltensanforderungen können gegen weitere Anreizangebote innerhalb der »realen Grenzen«[311] des psychologischen Vertrags erhoben und verwirklicht werden. Folgende Abbildung zeigt verschiedene **Formen von psychologischen Vertragsbeziehungen** aus einer Innen- und Außenperspektive sowie für das Individuum bzw. die Gruppe.

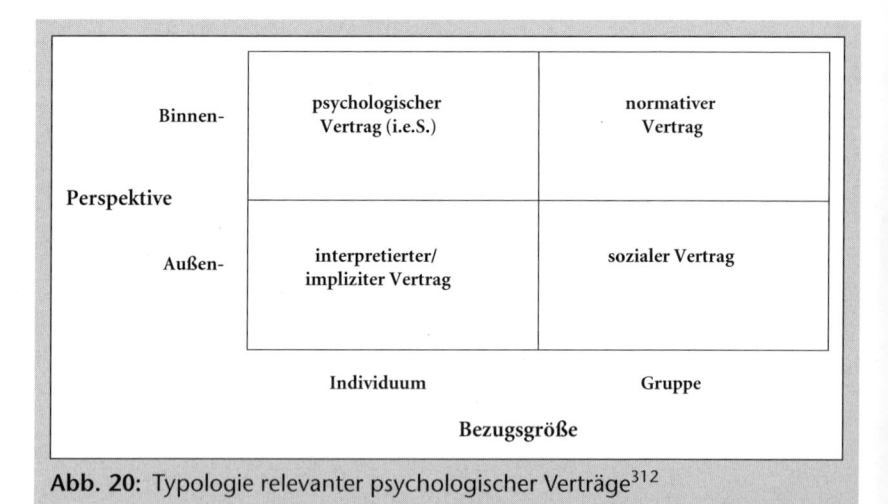

	Individuum	Gruppe
Binnen-	psychologischer Vertrag (i.e.S.)	normativer Vertrag
Außen-	interpretierter/ impliziter Vertrag	sozialer Vertrag

Perspektive / Bezugsgröße

Abb. 20: Typologie relevanter psychologischer Verträge[312]

Ein erfüllter psychologischer Vertrag wirkt als **Basismotivation** für Verhalten in Organisationen. Die Übereinstimmung von organisatorischem Rollenverständnis mit dem individuellen psychologischen Vertrag führt zur befriedigenden Realisation von Organisationszielen und zur Selbstverwirklichung der Mitarbeiter. Verletzungen oder ein Bruch des psychologischen

Vertrags sind demgegenüber demotivierend. Dauerhaft fehlende Übereinstimmung von psychologischen Vertragsinhalten und dem wahrgenommenen Anreiz-Belastungs-Verhältnis bewirkt eine Art »**Grunddemotivation**«. Wie empirische Studien zeigen[313], führt die Verletzung von psychologischen Verträgen zur Vernachlässigung von Arbeitspflichten und beeinträchtigt das Commitment[314] sowie das extrafunktionale Rollenverhalten bzw. »organisational-citizenship-Verhalten«.[315] Eine verletzte Fairness bei der Vertragserfüllung[316] löst weiteres Misstrauen und Arbeitsunzufriedenheit aus.[317]

Grenzen psychologischer Verträge wurden hinsichtlich veränderter Organisationsformen[318] und der Dynamik von Arbeitsbeziehungen und Restrukturierungen diskutiert.[319] Auch können nicht alle Arten von Demotivation über gestörte psychologische Vertragsbeziehungen erfasst werden (z. B. intrapersonal bedingte Demotivation). Problematisch bleibt auch, wie Demotivationsursachen und -probleme des psychologischen (inneren) Vertragsverhältnisses methodisch im externen Kontext zugänglich gemacht und verändert werden können.[320] Schließlich sind auch Voraussetzungen und Bedingungen für eine Neuausrichtung psychologischer Vertragsverhältnisse nicht einfach zu bestimmen.[321]

Demotivationsvermeidung bzw. -überwindung wollen die Inhalte des psychologischen Vertrags (z. B. die Erwartungen zur Selbstverwirklichung), mit den Zielen der Organisation in Übereinstimmung halten oder bringen. Das erfordert eine offene Kommunikation der Organisation nach außen (z. B. Stellenbeschreibung, Berichtswesen) sowie die kontinuierliche Anpassung der Vertragsinhalte im Organisationsgeschehen (z. B. Vermeidung von Diskrepanzen zwischen versprochenen Zusagen und tatsächlicher Praxis). **Demotivationspräventiv** sind neben dem Aufbau von Vertrauen[322] besonders Restriktionen zu ermitteln, die Vertrags- und Handlungsspielräume zur Situationsgestaltung einengen[323], sowie notwendige Qualifizierungen der Mitarbeiter abzuklären und anzubieten.[324] Eine Wiedergewinnung von guten psychologischen Vertragsbeziehungen erhöht die Wahrscheinlichkeit für ein selbstgesteuertes und dauerhaftes Remotivationsengagement.

6. Theorien der kognitiven und emotionalen Dissonanz

Mit dem Erleben von Demotivation sind vielfältige Dissonanzerfahrungen verbunden (z. B. zwischen Erwartungen und Ergebnissen oder Gefühlen und Erfahrungen). **Demotivation** kann dabei **Ursache wie Wirkung von Dissonanzphänomenen** sein. Einerseits lösen Demotivationserfahrungen, z. B. fehlender Leistungserfolg oder negatives Feedback, Dissonanzen aus; andererseits trägt z. B. dissonanzbedingter Stress zur Verstärkung von

Demotivation bei. Theorien der kognitiven und emotionalen Dissonanzen stellen daher eine wichtige Hilfe zur Erklärung von Demotivation bei Mitarbeitern in Organisationen bereit.

6.1 Theorie der kognitiven Dissonanz

Konzeption und Theorien

Die kognitive Dissonanztheorie ist eine der einflussreichsten Theorieansätze in der sozialpsychologischen Forschung und besonders der kognitiven Psychologie.[325] Sie geht generell von den Bedürfnissen des Menschen nach Herstellung sinnvoller mentaler Strukturen aus.[326] Vom Individuum werden Kognitionen[327] über Informationsauswahl, -filterung oder -interpretation in eine konsistente Beziehung organisiert.[328] Das Verhältnis zwischen Kognitionen wird dissonant, wenn verschiedene kognitive Prozesse der Informationsverarbeitung oder deren Folgen in Widerstreit miteinander geraten.[329] **Kognitive Dissonanz** ist daher ein als unangenehm erlebter Zustand, der bei **widersprüchlichen Erfahrungen oder Einstellungen zu gleichwertigen Alternativen** entsteht. Sie tritt auch auf, wenn Rückmeldungen zu Aufgaben oder Sozialverhalten von der eigenen Selbstwahrnehmung abweichen.

- **Beispiele für verhaltensverändernde Dissonanzerfahrungen:**[330]
  - Verschiebung des Verhältnisses von Anreizen und Beiträgen bzw. Belastungen[331]
  - Diskrepanz zwischen erwarteten Inhalten des psychologischen Vertrags und der beobachtbaren und erfahrenen Wirklichkeit
  - Missverhältnis zwischen erzwungenem Verhalten (z. B. durch forcierte Einwilligung) und eigener Wertüberzeugung
  - Dissonanzen bei Wandel der psychologischen Vertragsbedingungen oder -inhalte
  - Verunsicherung durch Veränderung bisheriger Lebensgewohnheiten und neuen Aufgaben oder Rollen (z. B. Beförderung in der Organisation)

Dissonanzen vermindern organisationale Effektivität[332] und erhöhen Demotivation.[333] Wer sich widersprüchlicher Beziehungen hinsichtlich seiner Wahrnehmungen, Überzeugungen und Handlungen bewusst wird, versucht, diese Inkongruenzen und demotivierenden Zustände zu beseitigen oder zumindest zu reduzieren.[334] Denn der Mensch strebt zur Gewinnung eines Denk- und Lebensgleichgewichtes einen Ausgleich seiner kognitiven Situation an. Dissonanz erzeugt so Motivationsenergien, um wieder ausgeglichene Beziehungen herzustellen. Beispiele für **Dissonanzreduktionsstrategien** sind:[335]

Eindrucksänderung
Hier kommt es zu einer Korrektur der Wahrnehmung des eigenen demotivierten Verhaltens oder der demotivierenden Umwelt. Damit werden Dissonanzursachen als notwendig interpretierbar und damit akzeptabel (z. B. Deutung des Ausbleibens von erwarteter Gehalterhöhung als Teil notwendiger Sparmaßnahmen).

Selbstregulierung
Hierbei werden das demotivierte Selbstbild modifiziert oder neue »kognitive Landkarten« und Erklärungsmuster entwickelt. Damit werden wieder dissonanzfreie Tätigkeiten möglich. Dies ist besonders für die Überwindung demotivationaler Zuschreibungsmechanismen und zur Neuorientierung für Remotivation wichtig.

Relativierung – Verschiebung der Wichtigkeit
Der dissonanten Kognition wird geringere Bedeutung zugeschrieben, um sie aus dem Bewusstsein zu verdrängen oder Emotionen zu unterdrücken. So können beispielsweise das Einkommen als weniger demotivationsrelevant bestimmt oder andere Faktoren bzw. Umstände höher bewertet werden.

Informationsmanipulation
Durch gezielte Selektion oder Ausklammerung bzw. Uminterpretation von Informationen, werden Erfahrungen vermieden, welche die kognitive Dissonanz erhöhen. Dies kann z. B. durch die Nichtbeachtung demotivierender Einflüsse von anderen Mitarbeitern bzw. Führungspraktiken oder Ignorierung von Remotivationshindernissen geschehen.

Trivialisierung
Die Bedeutung von Demotivationsereignissen wird verharmlost oder lächerlich gemacht;[336] z. B. durch Witze, Anekdoten oder Gerüchte.[337]

Situationsveränderung
Hier wird aktiv und konstruktiv auf die dissonanzverursachende Demotivationssituation eingewirkt. Dies kann z. B. über eine Veränderung situativer Dissonanzstressoren oder die Versetzung in eine neue Arbeitssituation realisiert werden.

Kompensationshandlung
Damit erfolgt ein Ausgleich oder eine Verstärkung des eigenen Demotivationsverhaltens, z. B. durch veränderte Beziehungen oder neue Definition psychologischer Vertragsinhalte. Oder es kommt zu resignativer Überkompensation, z. B. sinkendes Engagement.

Ausgleichs-Feedback
Dabei werden bestätigende Ereignisse oder ein ausgleichendes Feedback gesucht. Dies geschieht oft über Kommunikation mit ebenfalls demotivierten Kollegen.

Feedback-Vermeidung
Unerwünschtes Feedback wird vermieden, z. B. wird die eigene Demotivation nicht im Mitarbeitergespräch mit Führungskräften angesprochen.

Assoziation
Hierbei wird die Verbindung mit Werten, Kompetenzen und Ergebnissen bei erfolgreichen Projekten, Aufgaben oder Gruppen betont; i. S. »Es gibt zwar Demotivation«, aber was wir machen, ist wertvoll, fachkundig und bringt gute Resultate«.

Self-Handicapping
Handicaps werden für Misserfolg verantwortlich gemacht, die dann als Entschuldigung oder Alibi für befürchtetes Leistungsversagen durch Demotivation dienen.

Reduzierung des Status anderer
Mitarbeitern oder Führungskräften werden abwertende Merkmale oder Kompetenzen zugeschrieben[338], um die eigene Demotivation zu »kaschieren« oder den eigenen Selbstwert zu schützen. Dies kann in radikaler Form bis zum Mobbing führen.[339]

Distanzierung
Diese betrifft z. B. den Verlauf oder Ergebnisse erfolgloser Projekte und Gruppen bzw. Aufgaben (i. S. »Für dieses Projekt übernehme ich keine Verantwortung« oder »Mit diesen Leuten habe ich nichts zu tun«).

Abb. 21: Strategien zur Reduktion von Dissonanz

Sanktionierungen solcher Reduktionsstrategien schränken Überwindung dissonanter Spannungszustände noch weiter ein. Damit werden kontraproduktive Reaktionen provoziert (z. B. erhöhte Fehlzeiten, »innere Kündigung«). Auch erfolglose Reduktionsversuche verstärken die Demotivation. Folgende Abbildung zeigt kognitive und emotionale Dissonanzerfahrungen im Zusammenhang.

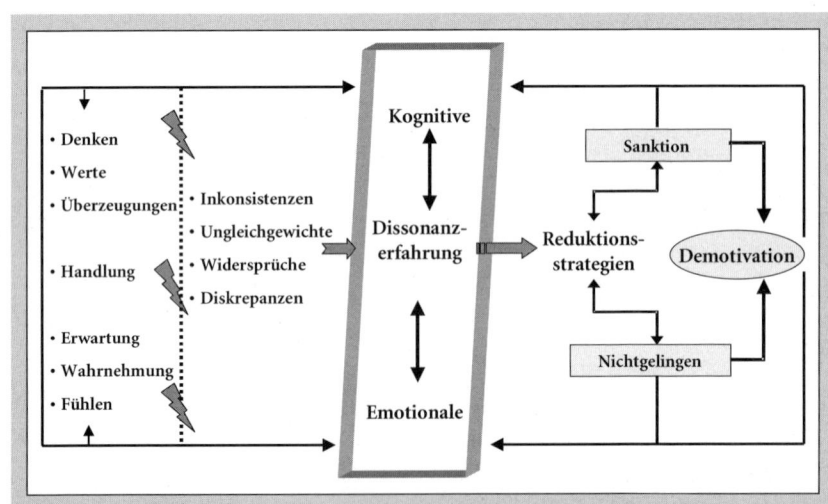

Abb. 22: Kognitive und emotionale Dissonanzerfahrungen im Verhältnis zur Demotivation

6.2 Theorie der emotionalen Dissonanz

Neben kognitiven gibt es auch emotionale Dissonanzen, die auf die Relevanz der Gefühlsdimension verweisen. Daher wird zunächst die Bedeutung von Emotionen für das Organisationsleben und insbesondere für die Demotivation aufgezeigt. »Emotion« ist auf den lateinischen Begriff »emovere« i. S. von »bewegen«, »bewegt werden« rückführbar. Gestörte Emotionserfahrungen greifen direkt in die Beweggründe des Verhaltens ein. Die Psychologie differenziert zwischen Gefühl, Affektion und Emotion.[340] Passiv erlittene Affekte und aktiv erlebte Gefühle verweisen auf Wahrnehmung und Erleben leiblicher oder psychologischer Gestimmtheit des Einzelnen. Dem gegenüber sind Emotionen immer auch auf zwischenmenschliche Intentionen und Ausdrucksprozesse bezogen. Aus neuerer neurobiologischer und kognitionswissenschaftlicher Sicht[341] werden Emotionen nicht nur als physiologische Reaktion, sondern als »quasi-kognitive« Aktivität[342] aufgefasst. Dies umfasst anpassungsstrategisch ein implizites »Gefühlswissen« der situativen Sachverhalte und Beziehungen sowie eine unausgesprochene Evaluation.[343] Mit erweitertem Verständnis können Emotionen als erlernte, sozio-kulturelle »Aufführungen« interpretiert werden, die bei passenden oder sanktionierten sozialen Kontexten[344] als emotionale Szenarien[345] »inszeniert« werden.[346]

Die Berücksichtigung des Emotionalen ist für die organisationale Arbeitswirklichkeit[347], insbesondere für Managementprozesse[348] und damit verbundener Demotivation entscheidend. So dienen Gefühle und Emotionen dazu, bei Entscheidungen in Arbeitsprozessen eine günstige (Voraus-) Wahl zu treffen bzw. die Vor- oder Nachteile gegenwärtiger und zukünftiger Ereignisse intuitiv abzuschätzen (»Bauchwissen«) sowie sie mit dem persönlichen Zustand im sozialen Kontext zu verbinden. Auch sind Gefühle wichtige Ausdrucks- und Identifikationsmedien für ein produktives und als befriedigend erfahrenes Arbeitsklima.[349]

Trotz dieser Bedeutung von Emotionen in sozialwissenschaftlichen Forschungen[350] und kognitionspsychologischen Untersuchungen[351] wurden sie in der Personal- und Führungsforschung[352] und Organisationstheorie bisher nur wenig berücksichtigt.[353] Emotionen werden ökonomisch überwiegend als unerwünschte Einflüsse auf das logisch-analytische Handeln bestimmt und ausgegrenzt.[354] Gerade im Organisationsleben sind aber kognitive Denkprozesse und emotionale Vorgänge in wechselseitiger Abhängigkeit miteinander verflochten.[355]

Entscheidend für den **Zusammenhang von Emotion und Demotivation** ist der wertende Charakter gefühlsmässiger Prozesse.[356] Emotionen beeinflussen selbst vermeintlich rein rationale Prozesse und die Interpretationen von

Erfahrungen als spezifisch demotivierende.[357] Stimmungen[358] und Gefühle sind so beim Entstehen und Erleiden sowie für eine Bewertung von demotivierend empfundenen Erfahrungen und den daraus erwachsenen Reaktionen wesentlich beteiligt. Dies wird besonders deutlich bei Tätigkeiten, die sog. »Gefühlsarbeit« beinhalten.

»Gefühlsarbeit« lässt sich über folgende Grunddimensionen beschreiben:

1. die Notwendigkeit an subjektiver Aufmerksamkeit, die beim Zurschaustellen von emotionalen Ausdrucksverhalten aufgebracht werden muss. Dies kann anhand der Dauer und der Intensität bestimmt werden.
2. die Häufigkeit des erwünschten, emotionalen Ausdrucksverhaltens,
3. die Vielfalt unterschiedlicher Emotionen, die in der Arbeitsrolle erwartet wird,
4. der Grad an empfundener Dissonanz (Differenz zwischen tatsächlicher Empfindung und erwartetem Empfindungsausdruck), wie er in der Arbeitsrolle definiert wird.[359]

Bei einer normierten Gefühlsarbeit wird versucht, den Ausdruck von Gefühlen mit den erwarteten Gefühlsregeln in einer sozialen Situation in Übereinstimmung zu bringen. **Emotionale Dissonanz** tritt auf, wenn die gezeigten Emotionen zwar den von der Organisation geforderten Normen, nicht aber den wirklich empfundenen Gefühlen entsprechen.[360] In der Praxis, besonders bei kontaktintensiven Dienstleistungen[361], spezifizieren einzuhaltende **Gefühlsnormen** das Ausmaß, die Intensität, die Dauer und den inhaltlichen Bezug der Gefühle.[362] Diese Gefühlsregeln sind dabei oft über organisatorisch sanktionierte Skripte institutionalisiert und rufen ein charakteristisches »**Gefühlsmanagement**« hervor.[363] Über die Manipulation der eigenen Gefühle kommt es dabei zu einer bloßen Darstellung von Gefühlen (»Oberflächenhandeln«) ohne persönliche Teilnahme. Solche Anpassung der Gefühle an Präsentationsvorgaben führt zu Stress, Dissonanzen[364] und Selbstentfremdung.[365]

Gegenüber dissonanten Gefühlen beim Tätigsein sind »befriedigende Arbeitsgefühle« solche, die aus gelingender menschlicher Interaktion hervorgehen und nicht als instrumentelle Zielvorgaben oder gemäß einer bürokratischen Rationalität normativ verordnet werden.[366] Solche positiven Arbeitsgefühle unterstützen eine effektive Aufgabenerfüllung und den Verhandlungsprozess bezüglich der Bedeutung von Identitäten, Beziehungen und Rollen.[367] Formen einer angemessenen »Emotionalisierung« der Organisation[368] und eine Aktivierung von »emotionaler Intelligenz«[369] verlangen allerdings von den Führungskräften spezifische Reflexionsfähigkeiten und emphatische Coaching- bzw. Sozialkompetenzen.

- **Wirkungen und Umgang mit emotionaler Dissonanz**

Dauerhafte emotionale Dissonanz stört intentionale Kommunikationen am Arbeitsplatz[370] und erzeugt Spannungen.[371] Sie gefährdet damit das psychologische Wohlergehen[372] und Leistungsverhalten von Mitarbeitern.[373] Mit der Rollentheorie und Rollenstresstheorie kann emotionale Dissonanz als eine Form des **Person-Rollen-Konfliktes** interpretiert werden.[374] Sie tritt auf, wenn das Reaktionsverhalten einer Person mit den Rollenerwartungen hinsichtlich des gewünschten Gefühlsniveaus in Konflikt gerät.[375] Es ist weder möglich noch zweckvoll, alle emotionalen Dissonanzen im Demotivationszusammenhang zu lösen. Wie Konflikte sind auch gefühlsbedingte Dissonanzen oft unvermeintlich. Auch bei ihnen kommt es auf angemessene Reduktion und konstruktiven Umgang an. Präventiv sollten durch eine Offenlegung der emotionalen Rollen- und Arbeitserwartungen solche Mitarbeiter ausgewählt werden, die einen wirkungsvollen Umgang mit Dissonanzen eher beherrschen.[375] Zusätzlich sind Moderatorensysteme einzusetzen und Selbstüberwachungsprozesse zu entwickeln, die bei Auftreten von emotionalen Dissonanzen vermittelnd wirken.[377] Die stärkste Moderation zur Senkung emotionaler Dissonanz erfolgt neben einem angemessenen Denkstil[378] und Selbstkontrolle[379] durch eine soziale Unterstützung.

6.3 Zusammenhänge von Dissonanz, Reaktanz und Demotivation

Mitarbeiter werden durch Einschränkungen des Handlungsspielraums demotiviert. Reaktanz beschreibt ein bestimmtes Reaktionsverhalten bei der Wahrnehmung von bedrohter Entscheidungs- und Handlungsfreiheit.[389] Damit wird versucht, die verlorene oder gefährdete interne Situationskontrolle[390] wiederherzustellen. Reaktanz tritt dabei um so stärker und stabiler auf, je konkreter die Bedrohung ist, je wichtiger die spezielle Freiheit eingeschätzt wird[391] und je größer die Wahrscheinlichkeit weiterer Einschränkungen ist. Besonders eine fremdbestimmte Restriktion der Freiheit (z. B. durch Vorgesetzte) löst bei den Betroffenen demotivationsrelevante Verhaltenskonsequenzen aus. Ist die Freiheitsbeschränkung strukturell nachvollziehbar bedingt, wird sie eher akzeptiert; ist sie selbstauferlegt, können daraus positive u. U. sogar energetisierende Wirkungen erwachsen.[392]

Bewirkt aktives Verhalten im Rahmen eines Reaktanzprozesses nicht die angestrebten Konsequenzen (z. B. eine Demotivationssituation wird zunehmend als unkontrollierbar wahrgenommen), so stellt sich oft »gelernte Hilflosigkeit«[393] mit sinkendem Selbstwertgefühl, Passivität und Resignation ein.[394] Misslingt eine Dissonanzreduktion, führt dies zu sich verstärkenden Demotivationsprozessen.[395] Bleibt z. B. das Ergebnis von Remotivationsbemühungen aufgrund fehlender Selbstkontrollmöglichkeiten unbefriedigt, erhöht sich das Demotivationsniveau.

- **Folgen psychologischer Reaktanz**

Reaktanzen führen zu einer Wahrnehmungsverschiebung in Bezug auf die Attraktivität der Situation, in der die Freiheit eingeschränkt wurde. Dabei kommt es entweder zu aktivem Widerstand (z. B. Leistungs- oder Engagementverweigerung) oder zu einer indirekten Handlungsveränderung (z. B. Ausweichmanöver, innere Kündigung, Boykott). Interpersonelle Reaktanzen richten sich auf kontextuelle Handlungsweisen, mit der mehrere Mitarbeiter auf Einschränkungen reagieren (z. B. kollektive Verhaltensänderung, Gruppenprotest). Können Handlungsspielräume nicht wiedergewonnen werden, kommt es zu kognitiven oder emotionalen Umbewertungen der Alternativen. Die Betroffenen werden dann ihre Bedürfnisse, Interessen, oder Ansprüche nach Freiheit verstärkt in anderen Situationen und Bereichen (z. B. Freizeit) suchen und »ausleben«.[396] Der Einsatz von Anreiz- und Sanktionssystemen (z. B. durch den Einsatz von Motivationsinstrumenten) bringt dabei eher rolleninkonformes oder kontraproduktives Verhalten hervor. Dies um so mehr, wie sich der Einzelne in seiner individuellen Freiheit sowie seinem Wollen und Handeln eingeschränkt fühlt. Dieser »Bumerang-Effekt« intensiviert die wahrgenommenen Diskrepanzen und Konflikte.[397]

6.4 Kognitive und emotionale Dissonanzen und das »Flow-Erleben«

Im Gegensatz zu kognitiver und emotionaler Dissonanz stellt Flow ein **ganzheitliches Ressonanzerleben** dar. Dieses ist mehr als ein positiver Bewusstseinszustand und verweist auf eine »optimale Erfahrung«, bei der anstrengungsfreies Denken, Fühlen und Wollen positiv zusammenwirken.[380] Entgegen vorherrschender Motivationstheorien[381] bestimmte Csikszentmihalyi »Flow« als »sich-selbst-ziel-gebendes« Erlebnis, welches sogar über intrinsische Selbstmotivation hinausgeht.[382]

Das Niveau der »Flusserfahrung« wird durch das Zusammenspiel von objektiven Bedingungen der Arbeit und subjektiven Einstellungen gegenüber dem Tätigsein bestimmt. Die Erlebnisqualität am Arbeitsplatz hängt entscheidend von der Qualität der Erfahrungen und Aufgaben sowie Wertschätzung ab.

Abb. 23: Ein Flow-Modell[383]

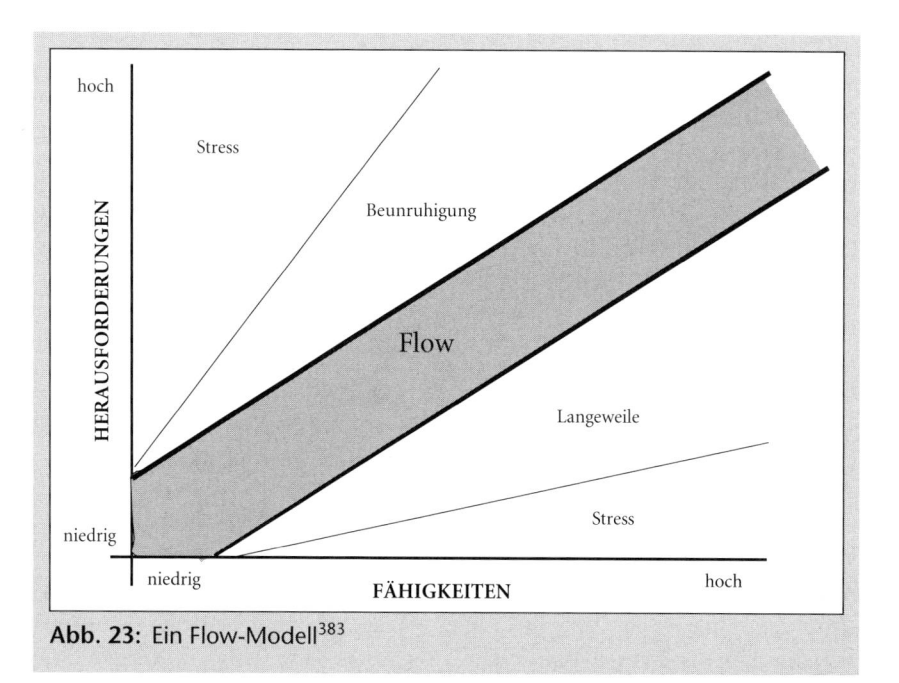

Csikszentmihalyi nennt folgende acht Bestandteile für eine befriedigende »Flow-Erfahrung«[384]:

- Es gibt klare Ziele für jeden Schritt.
- Es gibt direkte Rückmeldung für jede Handlung.
- Herausforderungen und Fähigkeiten sind im Gleichgewicht.
- Tun und Aufmerksamkeit stimmen überein.
- Ablenkungen werden vom Bewusstsein ferngehalten (Konzentration und Fokus)
- Freie (Selbst-)Kontrolle ist möglich (keine Angst vor Fehlschlägen)
- Fixierte Ich-Gebundenheit wird aufgegeben (Selbstvergessenheit)
- Das Gefühl für die Zeit verändert sich
- Die Arbeit »an sich« wird wichtig

Abb. 24: Elemente der Flow-Erfahrung

Sind diese Elemente im Arbeitsleben nicht gegeben bzw. eingeschränkt oder finden Einsatz, Energie und Willenskraft der Mitarbeiter keine sinn- und wirkungsvolle Anwendung oder Gestaltungsform, ist Demotivation wahrscheinlich.[385] **Demotivierte Mitarbeiter** befinden sich oft **weit entfernt von einem optimalen Aktivitätsniveau** und einem damit motivierenden Gefühl der Selbstbestimmung.[386] Bei ihnen kommt es nicht zu einem Gleich-

Konzeption und Theorien

gewicht zwischen Fähigkeiten und Aufgaben oder ihr Können entspricht nicht den Herausforderungen (z. B. Unter- oder Überforderung). Ihre motivationalen Energien verzehren sich meist in Anstrengungsvermeidung verbunden mit negativen Emotionen, wie Angst, Langeweile und Hoffnungslosigkeit.[387] Ähnlich wie bei dauerhaftem Belastungsstress, ist auch ein demotivierender Zustand gerade für das Erleben von »Flow« abträglich. Über eine vorbeugende Reduktion von Einschränkungen des »Flow« sollten Maßnahmen im Rahmen der Demotivationsprävention (z. B. durch regelmäßiges Feedback) dafür sorgen, dass Mitarbeiter »im Fluss« bleiben bzw. wiederkommen (z. B. durch Frei- und Lernräume zur Erprobung neuer Aufgaben) *(vgl. Kapitel VI., 3.2 Erweiterung der Handlungsspielräume).*[388]

7. Willenstheorien und Eskalationsmodell

Demotivation wird oft durch eine unzureichende Umsetzung von Intentionen und Zielen ausgelöst. Damit ist eine psychische Kompetenz angesprochen, die alltagssprachlich mit »Willen« bezeichnet wird. Seit längerem hat sich die Willenspsychologie mit dem energetischen Wollen sowohl als Mittel zur Zielerreichung, als auch als eine Kraft gegenüber Widerständen beschäftigt.[398] Die Berücksichtigung der sog. »**Volition**« basiert dabei auf der Idee, dass Menschen intentionale Wesen sind, die über einen mehr oder weniger freien Willen verfügen.[399] Zur Untersuchung demotivationalen Verhaltens sind die herkömmlichen Motivationsmodelle, welche nur die Intentionsbildung erklären, durch die Berücksichtigung von Willensprozessen zu ergänzen, die für die Realisation von Intentionen verantwortlich sind.[400]

Motivationsprozesse	⇒ Intentions-Bildung
Willensprozesse	⇒ Realisation von Vorhaben[401]
Demotivation	⇒ Fehlende Umsetzung (z. B. eingeschränkte Willensprozesse)

Aufbauend auf dem Handlungsmodell von Heckhausen[402] können in einem integrativen Grundmodell sowohl motivationale als auch willensbezogene Dimensionen über folgende Differenzierungsebenen unterschieden werden:

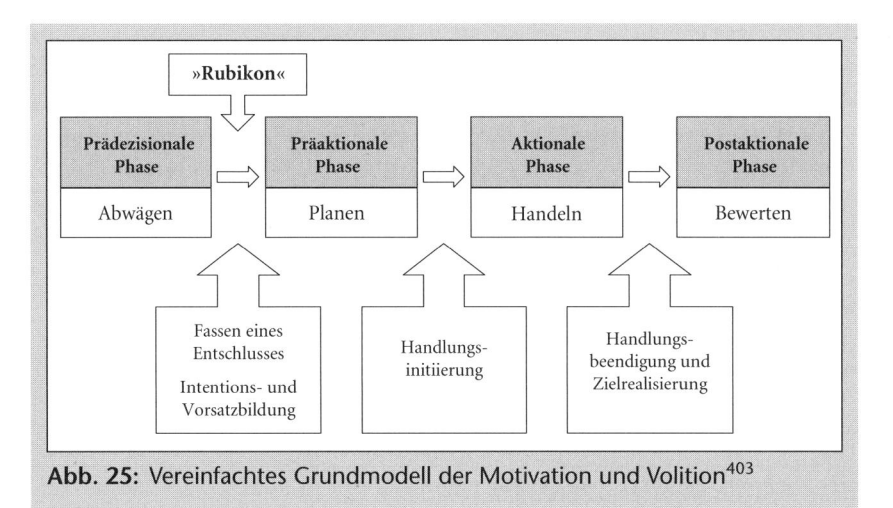

Abb. 25: Vereinfachtes Grundmodell der Motivation und Volition[403]

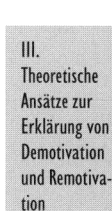

Phasenspezifische Handlungsorientierungen setzen sich also zusammen aus:

- basale Disposition (Wünschen)
- vor-entscheidungsorientierter Motivation (Abwägen und Wählen)
- vor-handlungsorientiertem Wollen (Intendieren und Planen) ---- Rubikon
- handlungsorientiertem Wollen (Initiieren und Handeln)
- nach-handlungsorientierter Motivation (Beenden und Bewerten)

Auf der Basis der Grunddisposition (Motivgenese und Grundorientierung) werden in einer **Vor-Entscheidungsphase** (»prä-dezisional«) i. S. einer Selektionsmotivation und Realitätsorientierung verschiedene Optionen abgewogen und ausgewählt. Meist schließt der Handelnde den Prozess der Selektion mit einer klaren Entscheidung für eine bestimmte Aktion ab. Zwischen den Phasen des Abwägens und der darauffolgenden Intention wird dabei ein **Grenzbereich** (»**Rubikon**«) überschritten.[404] Nach der teilweise unbewussten Motivationsauswahl kommt es zur intentionalen Volition, die ein bestimmtes Fazit zu erreichen anstrebt. Entgegen einer solchen »Fazit-Tendenz« verharren Demotivierte im Unentschlossenen.

In der sog. **Vor-Handlungsphase** (»prä-aktional«), i. S. einer Realisierungsorientierung, werden die handlungsbestimmenden Zielintentionen bestimmt und geplant. Dies umfasst neben der Stärke und Dringlichkeit der Zielintention auch die Günstigkeit der Gelegenheit oder die Anzahl und Qualität der verpassten Gelegenheiten und Fehlversuche. Demotivation tritt hier auf, wenn es in dieser Phase nicht zur Einleitung des konkreten Handelns (aktionale Phase) kommt. In der sog. **Nach-Handlungsphase** (»postaktionale«) erfolgt mit einer Regulierungsorientierung die Bewertung des Prozesses und der Ergebnisse. Auch hier setzt Demotivation ein, wenn die Beendigung der Handlung oder die Evaluation der Handlungsergebnisse als unbefriedigend wahrgenommen werden.[405] Die beschriebenen Phasen der Willensprozesse können auch auf Remotivationsprozesse übertragen werden, die ebenso in den jeweiligen Phasen gestört werden. Eine nicht umgesetzte Remotivation verstärkt nicht überwundene Demotivation.

- **Vorteile und Kritik des Willensmodells für die Demotivation**

Die Differenzierung des Modells hat für eine Untersuchung von Demotivation den Vorteil, dass Probleme beim Intentionsprozess und bei der Selektions- und Realisationsmotivation spezifisch ermittelt werden können. Damit werden neben kognitiven, bewusstseinsfähigen auch emotionale Prozesse als Teil von Willensprozessen berücksichtigt.[406] Auch wird erkennbar, wie sehr Demotivation auf die verschiedenen Handlungsphasen einwirkt bzw. durch **unerfüllte Realisierungs- und Bewertungsprozesse der Handlungsumsetzungen** verursacht wird. Das Modell bietet auch Ansatzpunkte für gezielte Interventionen zur Demotivationsüberwindung und Remotivation.[407] Kritisiert wurde das Modell wegen seiner linearen Anordnung, die keine Umkehrmöglichkeiten zulässt.[408] Auch kann eine eindeutige Unterscheidung von motivationalen und willentlichen Phasen bezweifelt werden. So können sich Motivations- und Willensphasen für verschiedene, unabhängige Handlungsziele überlagern. Auch werden bereits Wünschen, Abwägen und Wählen von Willenskräften maßgeblich mitbeeinflusst.

- **Eskalationsmodell der Demotivation**

Die beschriebenen Phasen der Willensrealisation können durch Sozialisierungsprozesse der Organisation beeinträchtigt werden, welche Demotivation noch verstärkt. Formelle und informelle »Indoktrinationen«[409] leisten über eine Internalisierung von Werten, Normen und Zielen der Organisation zwar einen Beitrag zur Sicherung rollenkonformen Verhaltens,[410] können aber auch eine **demotivierende Eskalationsdynamik** freisetzen. Werden Mitarbeiter durch Verhaltensvorschriften instrumentalisiert oder Zielen der Organisation untergeordnet, führt eine Anpassung häufig dazu, dass geforderte Verhaltensweisen nur als unreflektierte Selbstverständlichkeit ausgeführt und alternative Strukturen kaum noch gesucht werden.[411] Weiterhin verhindern angedrohte Sanktionen bzw. Repressionen bei Rollen- bzw. Verhaltensabweichungen einen aktiven Handlungsvollzug und kreative

Rollengestaltung. Die mit Kontrollverlusten[412] verbundene **Unterdrückung** des Selbst führt zu Dissonanzen im psychologischen Vertrag und weiteren Konfliktpotenzialen. Durch Zielkonflikte und eine verminderte Bereitschaft, organisationsbezogen zu handeln, bauen sich **Hemmschwellen** auf,[413] mit denen Mitarbeiter in eine »**Lageorientierung**« geraten.[414] Bei ihr verharren Betroffene in gegenwärtigen, vergangenen oder möglichen Zuständen. Dabei unterscheidet man **vier Aspekte der Lageorientierung**:[415]

(1) **Planungszentrierung** (zu starke Fixierung auf mögliche Handlungsalternativen)
(2) **Zielzentrierung** (zu starke Fixierung auf das zu erreichende Ziel)
(3) **Misserfolgszentrierung** (übermäßige Aufmerksamkeitsausrichtung auf Versagen)
(4) **Erfolgszentrierung** (Fixierung auf positive Ergebnisse).

Im statischen Lagezustand bleiben Initiierung und Ausführung von Handlungen zur Erfüllung vorgegebener Organisationsziele oder Remotivation »stecken« oder werden zurückgewiesen.[416] Lageorientierte Demotivierte verfangen sich dabei oft in dysfunktionalen Gedankenprozessen, die nur noch um unlösbare Gefühlszustände kreisen.[417] Diese **Verharrungstendenzen** führen dann zu Passivität und verhindern auch (Selbst)Remotivierungen.[418] Um solche Demotivationseskalation zu verhindern wird eine kommunikations- und willensbezogene **Professionalisierung** vorgeschlagen,[419] die über eine erweiterte Wissensbasis sog. »Motivationsprofessionals« etablieren. Diese können z. B. Linienmanagern Rückmeldung über dessen Rollenverhalten vermitteln.[420] Ziel ist es, den Eskalationsprozess in eine konstruktive Aufwärtsbewegung umzukehren. Dazu sind über den Abbau von Motivationsbarrieren auch aktivierende Remotivationsmöglichkeiten anzubieten.[421]

III. Theoretische Ansätze zur Erklärung von Demotivation und Remotivation

8. Entfremdung und innere Kündigung

Demotivation steht in einem besonderen Zusammenhang mit Bedingungen, Erfahrungen und Wirkungen von Entfremdung. Wer entfremdet ist, hat meist schon mehrere demotivierende Phasen durchlaufen.

Die Erforschung von Entfremdung hat eine lange Geschichte, bei der aus verschiedenen Perspektiven vielschichtige Untersuchungen vorgenommen wurden.[422] Wir konzentrieren uns hier auf die empirische Entfremdungsforschung[423] und legen den Schwerpunkt auf die psychologische Ebene subjektiver Wahrnehmung und Empfindungen in sozialen Situationen.

Zentrales Element der Entfremdung für den Einzelnen oder eine Gruppe ist das Gefühl der Trennung von einer Sache, Medien oder einer Person. Diese

Isolierung verstößt dabei oft gegen »natürliche« Wert- oder Normvorstellungen. Entfremdung bezeichnet so den Verlust der Möglichkeit, »wesens- oder naturgemäß« zu fühlen, zu denken und zu handeln. Wer entfremdet ist, ist sich selbst ein »Fremder« (Camus) geworden, oder ihm erscheint die äußere Welt fremd.[424] Entfremdeten fehlen Bezüge zu sinnvollen oder sinnvermittelnden Inhalten oder Beziehungen.[425]

Konzeption und Theorien

- Als Typen der Arbeitsentfremdung werden folgende **Dimensionen** unterschieden:[426]
  - **Machtlosigkeit** – definiert als Mangel an Einflussmöglichkeiten auf geschäftspolitische Entscheidungen, Mangel an Kontrolle über die Arbeitsbedingungen und den unmittelbaren Arbeitsprozess
  - **Bedeutungslosigkeit** – bestimmt sich durch mangelndes Verständnis der Sinnhaftigkeit der eigenen Arbeit und der anderer im Gesamtzusammenhang der Organisation und ihren Zielen sowie Verlust intrinsischer Orientierungen
  - **Isolation** – ergibt sich aus fehlendem Zugehörigkeitsgefühl zum Unternehmen
  - **fehlender normativer Bezug** – verweist auf eine mangelnde wertbezogene Integration innerhalb der Organisation
  - **Selbstentfremdung** – ist Folge mangelnder Bestätigung des Selbstwertes, durch fehlende innere Befriedigung oder Ausdrucksmöglichkeiten sowie unzureichende Wertschätzung und Anerkennung durch andere.

  - **Machtlosigkeit und Demotivation**
  Entfremdende Demotivation tritt ein, wenn der Mitarbeiter erwartete oder gewünschte Ereignisse nicht beeinflussen kann (z. B. strukturelle Gegebenheiten oder machtpolitische Prozesse der Führung) oder er keine Kontrollmöglichkeiten (»locus of control«) über seine Arbeitsbedingungen und -prozesse wahrnimmt. Mit ihr geht ein Mangel an Freiheit und Autonomie einher, auch dafür die eigene Demotivationssituation zu überwinden.

  - **Bedeutungslosigkeit und Demotivation**
  Diese Entfremdungsdimension verweist auf Situationen, in denen minimale Standards der Klarheit und Sinnhaftigkeit der Arbeit nicht erfüllt sind, die aber für Entscheidungen oder Bewertungen grundlegend sind (z. B. fehlende oder mehrdeutige Informationen). Damit sind weder die eigene soziale Situation, noch Ergebnisse des eigenen Tuns sinnhaltig verstehbar bzw. vorhersehbar. Damit wird auch die Übernahme von eigener Verantwortung für Demotivationsüberwindung erschwert.

– **Fehlender normativer Bezug, Isolation und Demotivation**
  Entfremdet sind Mitarbeiter, die weder ein Geborgenheits- oder Zugehörigkeitsgefühl zum Unternehmen empfinden noch deren Ziele und Werte teilen können. Demotivierte entwickeln dann oft eigene, abweichende Verhaltennormen, die sie von anderen trennen und zu sozialer Isolation und Einsamkeit führen.[427]
– **Selbstentfremdung und Demotivation**
  Hier erlebt sich eine Person selbst als fremd. Arbeit wird zum bloßen Mittel, andere, meist außerhalb der Arbeit gelegene Ziele zu erreichen. Damit geht ein Verlust der intrinsischen Beziehung zur Arbeit einher. Das heißt aber nicht, dass alle extrinsisch orientierten Mitarbeiter selbstentfremdet handeln oder stark demotiviert wären.

- **Fehlendes Involvement als demotivierendes Entfremdungsproblem**

Diese verschiedenen Entfremdungsdimensionen bedingen sich und können sich in wechselwirksamer Dynamik verstärken. Demotiviert Entfremdeten fehlt dabei meist ein »Involvement«.[428] Dies betrifft die subjektive Bedeutsamkeit der Aufgaben- und Arbeitssituation sowie ein inneres Erleben, das sich aus selbst- oder fremdbewerteten Folgen eigenen Leistungsverhaltens ergibt.[429] Insbesondere beeinträchtigte Informations- und Kommunikationsflüsse schränken das Involviertsein der Mitarbeiter ein.[430] Entfremdungsformen und ihre Involvementprobleme sind dabei immer siutations- und bedürfnisabhängig. Werden Bedürfnisse nach Wissen, Selbstverwirklichung, Kontrolle, Verantwortung oder sozialen Kontakten nicht befriedigt, kommt es zur einer demotivierenden Entfremdung.[431] Diese ist jedoch bei verschiedenen Gruppen von Mitarbeitern unterschiedlich ausgebildet und auch von kulturellen Einflüssen abhängig.[432] Zur Überwindung von Entfremdung durch Macht- und Bedeutungslosigkeit, Isolation und fehlendem Involvement werden in Teil C Gestaltungsstrategien beschrieben (z. B. Sinnvermittlung, (Re-)Identifikation, Unterstützung sozialer Kontakte, Empowerment, Handlungsspielräume).[433]

- **Ambivalenz der Entfremdung**

Entfremdung stellt einen ambivalenten Zustand bzw. Erfahrung dar. Nachfolgend werden dazu einige negative wie auch »positive« Aspekte aufgeführt:

Negative Seiten:

– Versachlichung der Wahrnehmung und des Fühlens des Menschen
– fehlendes »Eigensein« und eingeschränkte »Eigenkräfte«

- Verlust von Identität, Selbstständigkeit und wachstumsfähigen Energien; man empfindet sich nur als Objekt (Verdinglichung)
- Langeweile, Frustration, (Arbeits- und Lebens-)Unzufriedenheit
- Generalisierungseffekt entfremdender Arbeitsbedingungen auf den privaten Bereich

»Positive« Seiten:

- indirektes Selbstverwirklichungspotenzial durch reflexive Distanzierung und Umgang mit dem »eigenen Fremden«[434]
- »Produktive Entfremdung« i. S. einer Dialektik der Unruhe und des Mangels führt u. U. zu Veränderungsprozessen (z. B. Remotivationsinitiativen)
- institutionelle Einbindung entlastet das Handeln und kontrolliert Antriebsüberschüsse[435]
- unter heutigen Bedingungen hochdifferenzierter Arbeitswelt[436] helfen öffentliche Rollen die Privatsphäre zu erhalten

- **Innere Kündigung**

Das Phänomen der inneren Kündigung ist ein **demotivierter Zustand**, der durch Distanzierung, Verweigerung von Eigeninitiative und Einsatzbereitschaft im Unternehmen gekennzeichnet ist.[437] Er manifestiert den Bruch oder Negation von psychologischen Vertragsverhältnissen und zeigt eine starke Entfremdung an. Sie stellt ein **zeitlich relativ stabiles Verhaltensmuster** dar, das mit einer ablehnenden oder pessimistischen bis resignativen Grundhaltung gegenüber der Arbeitssituation in Verbindung steht.[438] Betroffene engagieren sich weder für Aktivitäten, die über Minimalforderungen hinausgehen[439], noch wirken sie aktiv an Problemlösungen mit. Die »innere Emigration« ist eine Form passiven Widerstands, der die Beitragsleistungen für das Unternehmen mindert. Innerliche Kündigung wird oft als bewusste Strategie bzw. Reaktion zur Alternative einer äußeren Kündigung gewählt, weil man trotz stark verminderter Beiträge noch immer die gleichen Anreize erwartet (z. B. Beamtenstatus).

Mit der Distanzierung von ihrer Stelle bzw. Organisation sowie dem Fehlen von Involvement sind innerlich Gekündigte besonders anfällig für Demotivation. Wer innerlich kündigt, hat seine (Re-)Motivationskräfte weitgehend verloren. Damit stellt die innere Kündigung eine **Extremform** von Demotivation dar. Andererseits kann **Demotivation auch selbst (Teil-)Ursache für innere Kündigung** sein. Wer immer wiederkehrende Demotivationserfahrungen macht oder langandauernde Demotivationszustände erleidet, kündigt innerlich. Dies ist dann wie ein hilfloser Protest gegen belastende und demotivierende Umstände.

- **Ursachen der inneren Kündigung**

Sie sind für verschiedene Mitarbeiter und Führungskräfte[440] von der Psychologie[441], der Stressforschung[442] und der Hilflosigkeitsforschung[443] untersucht worden. Ängste (z. B. vor Arbeitsplatzwechsel bei niedriger Employability oder »Workability«) oder kontextuelle Entfremdungsfaktoren können zur inneren Kündigung beitragen.[444] Eine aktuelle empirische Untersuchung[445] zu Erscheinungsformen und Ursachen »innerer Kündigung« erbrachte folgende Ergebnisse:

- Innere Kündigung findet sich auf allen Ebenen der Organisationshierarchie. Allerdings besitzen Angehörige der oberen Ebenen eher das Potenzial, den Zustand aktiv zu bearbeiten und subjektive Gleichgewichte (wieder)herzustellen.
- Sie geht mit Arbeitsunzufriedenheit und einem verminderten internen Kontrollempfinden über die Arbeitssituation der Betroffenen einher.
- Sie wirkt negativ auf den Gesundheitszustand und das allgemeine Wohlbefinden.[446]

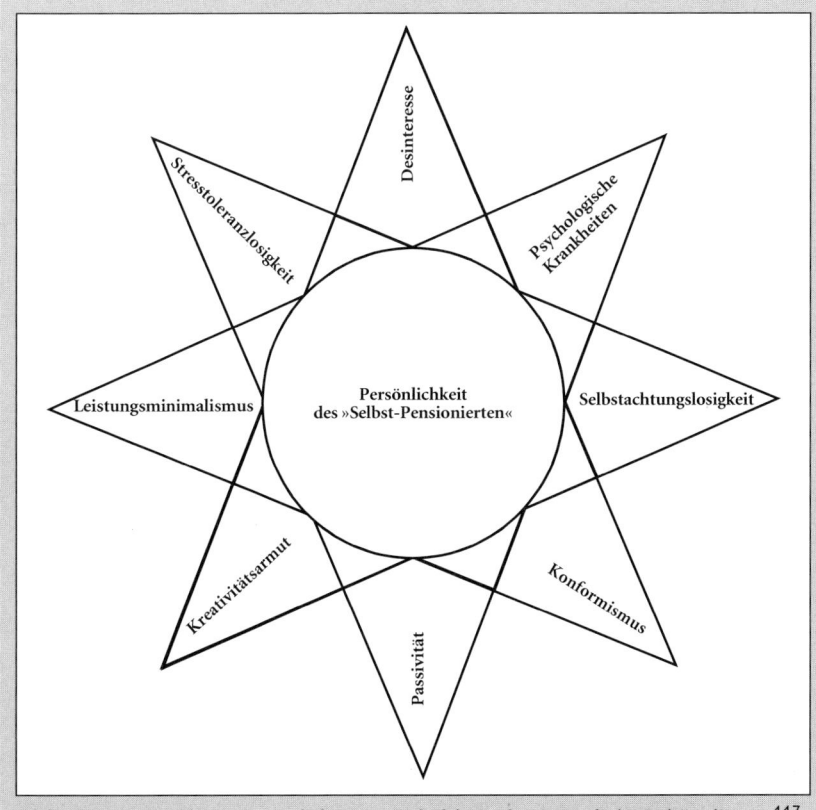

Abb. 26: Auswirkungen auf die Persönlichkeit des innerlich Gekündigten[447]

- Innere Kündigung ist ein reversibler Prozess. Mitarbeiter befanden sich früher im Zustand der inneren Kündigung, konnten diesen aber wieder remotivierend überwinden.

- **Wirkungen der inneren Kündigung**

Mit ihr gehen oft eine reduzierte kognitive Leistungsfähigkeit und Kreativität, krankhafte Beschwerden sowie ein eingeschränktes Sozialleben einher. In fortgeschrittenen Stadien führt sie zu Sinnverlust, Apathie und Depression. Die Abbildung 26 (s. o.) fasst die Auswirkungen auf die Persönlichkeit des innerlich Gekündigten zusammen.

Wer innerlich kündigt, hat meist die Hoffnung auf grundlegende Veränderung der demotivierenden Arbeitssituation aufgegeben. Das Arbeitsengagement bei intern Gekündigten ist oft auf »Dienst nach Vorschrift« reduziert; das »eigentliche« Leben beginnt für sie erst außerhalb des Arbeitsverhältnisses. Damit gehen für das Unternehmen bedeutsame Wertschöpfungsquellen und Potenziale für unternehmerische Innovation, Produktivität und Flexibilität verloren.[448]

- **Demotivierende Folgen und konstruktiver Umgang mit innerer Kündigung**

Das Verhältnis von demotivierten »Emigranten« zu Unterstellten, zu Vorgesetzten sowie zu Arbeitskollegen und lateralen Beziehungen wird nachhaltig angespannt und gestört.[449]

- Bei Führungsaufgaben kommt es zu einer distanzierten, indifferenten und damit demotivierenden Führungspraxis oder »Pseudoharmonie«.[450]
- Im Verhältnis von innerlich Gekündigten zu Vorgesetzten herrscht eine konformistische und kritiklose Haltung vor. Ungerechtfertigte Kritik und Kompetenzübergriffe werden hingenommen; kreative Potenziale (z. B. Verbesserungsvorschläge) nicht eingebracht.[451]
- Schließlich wirkt sich innere Kündigung nachteilig und demotivierend auf verschiedene Gruppenprozesse in der Organisation aus.[452] So werden z. B. durch fehlende Auseinandersetzungen latente Konflikte nicht ausgetragen oder verdrängt.[453]

Diese Folgen treten meist als **langfristige Wirkungen** auf und sind um so intensiver, je mehr demotivierte »Emigranten« es in der Organisation gibt. Da innerlich Gekündigte meist intrinsische Beziehungen zu ihrer Arbeit und soziale Bindung zu Kollegen, Vorgesetzten bzw. der Organisation verloren haben, sind **Remotivierungsinitiativen** bei ihnen besonders herausfordernd. Oft sind bei ihnen eigene Remotivationsversuche erfolglos geblieben, worüber sie zusätzlich enttäuscht oder frustriert sind. Remotivationskräfte sind weitgehend »lahmgelegt« und müssen erst wieder aufgebaut bzw. reaktiviert werden. Dazu sind Ursachen und Entwicklungsprozesse der inneren Kündigung im Zusammenhang personaler, interpersoneller und struktureller Demotivationskontexte zu analysieren.[454] Maßnahmen der Wiedergewinnung von Remotivation werden im Gestaltungskapitel diskutiert *(vgl. Teil C Grundstrategien zur Demotivationsüberwindung und Remotivation)*.

9. Systemischer Integrationsansatz zur Demotivation und Remotivation

Durch die theoretischen Erklärungsmodelle wurde deutlich, wie sehr Demotivation und Remotivation auf **mehrdimensionale Ursache-, Entwicklungs- und Wirkungsprozesse** verweisen.[455] Die beschriebenen Theorien sind daher auch im Zusammenhang zu sehen (vgl. Abbildung 27). Dabei werden auch erste Gestaltungsaufgaben angesprochen. Während auf der rechten Seite zu vermeidende negative Einflüsse und Wirkungen genannt sind, zeigt die linke Seite anzustrebende Zielvorstellungen.

III. Theoretische Ansätze zur Erklärung von Demotivation und Remotivation

Als **systemische Beziehungsprozesse** können Demotivation und Remotivation durch isolierte Betrachtung einzelner Aspekte noch nicht hinreichend verstanden und gestaltet werden. Einzelne Aspekte sind vielmehr als Teil einer komplexen Grundgesamtheit zu sehen. Das »Ganze« von Demotivation und Remotivation ist dabei mehr und anderes als die Summe seiner Teilaspekte. Entscheidend ist das Zusammenwirken der verschiedenen Faktoren, Einflüsse und Kontexte. Zudem sind Demotivation und Remotivation dynamische Prozesse.[456] Sie sind weniger durch unveränderliche Eigenschaften, als durch prozesshafte Entwicklungen und verflochtene Ursache-Wirkungseinflüsse bestimmt, die z. T. zeitlich versetzt erfolgen.[457]

- **Möglichkeiten und Grenzen eines systemtheoretischen Ansatzes für Demotivation und Remotivation**

In demotivierten Mitarbeitern, Beziehungen oder Strukturen spiegelt sich das System der Organisation wider. Ein systemischer Zugang kann diesen komplexen Zusammenhang analytisch bearbeiten. So können Demotivation und Remotivation als zusammenwirkende **Beziehungs- und Handlungsmuster** untersucht werden. Die Stärke eines systemischen Vorgehens liegt in der ganzheitlichen, formalen Problemerfassung[458] und der Möglichkeit, damit kritische Aspekte herauszufiltern und zu beobachten. So werden Mechanismen erkennbar, die Demotivationsprozesse hervorbringen, erhalten oder eskalieren lassen. Auch können integriertere Möglichkeiten der

Konzeption und Theorien

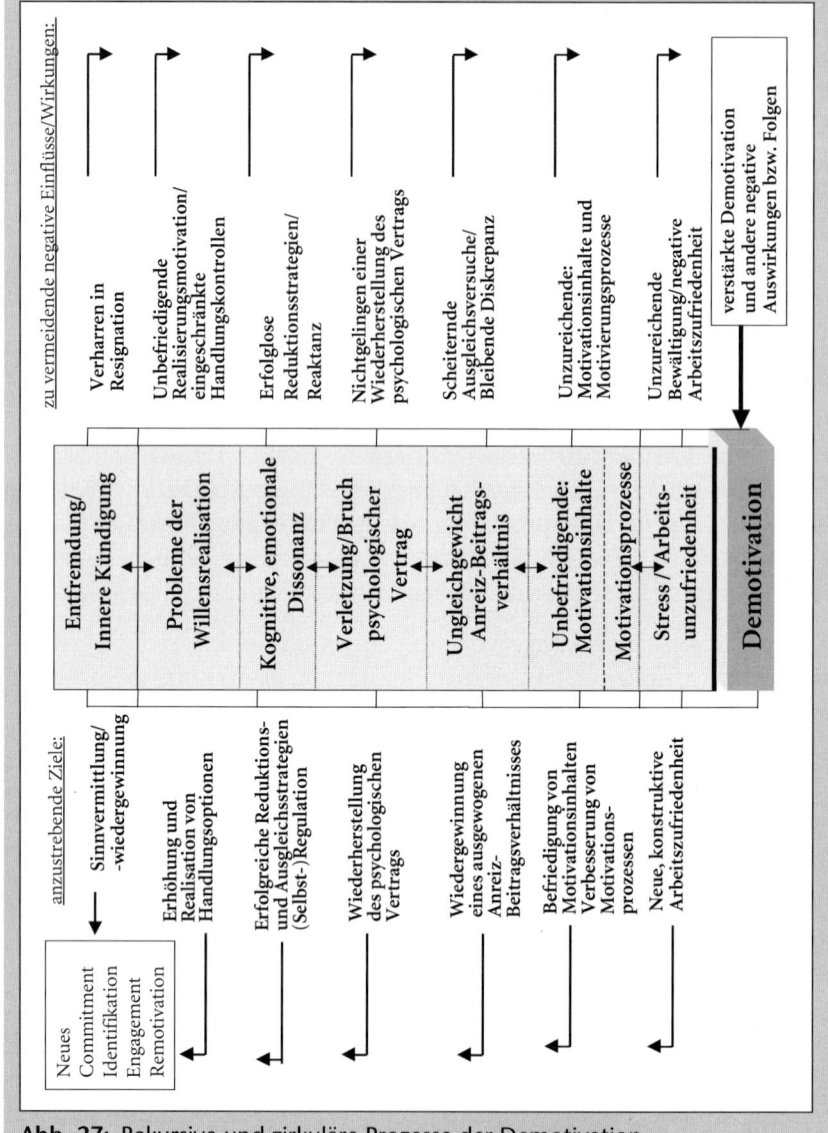

Abb. 27: Rekursive und zirkuläre Prozesse der Demotivation

Remotivierung bzw. einer selbstorganisierten Remotivation entwickelt werden. Damit wird verhindert, dass lediglich isolierte Einzelprobleme betrachtet werden (z. B. nur Demotivationsprobleme im Verhältnis zu Kollegen), die im Gesamtzusammenhang u. U. weniger bedeutsam sind. Auch helfen sie vermeiden, dass von den Einflussgrößen, die »falschen« oder weniger wichtige Gesichtspunkte ausgewählt und für damit unzureichende Problemlösungen verwendet werden[459] (z. B. das Verhältnis zu direkten Vorgesetzten ohne Berücksichtigung der Arbeitskoordination). Eine systemische Orientierung relativiert auch überzogene Eingriffsmöglichkeiten und zeigt die Grenzen einer direkten Intervention auf. An die Stelle umfassender Machbarkeits- und Lenkungsphantasien tritt eine »neue Bescheidenheit«[460] und Ausrichtung auf dezentrale Kontextsteuerung.[461] Schließlich zeigt ein systemisches Denken, dass ein Ignorieren von Demotivationszusammenhängen und Remotivationsmöglichkeiten personale, interpersonelle oder organisationale Prozesse dauerhaft beeinträchtigt, was die Überlebenssicherheit und Fortschrittsfähigkeit des Unternehmens bedroht.[462]

Eine systemtheoretische Untersuchung hat aber auch **Grenzen**. Ein fundamentales Dilemma liegt in der **Ausgrenzung der psychischen Sphäre der Handelnden** aus sozialen Systemen.[463] Diese bestimmt aber viele der personalwirtschaftlich relevanten Demotivationsprobleme und Remotivationspraktiken mit. Handlungspraktisch können die System- und Kommunikationsprozesse nicht losgelöst von den sie tragenden Individuen gesehen werden.[464] Es sind individuelle Eigenschaften, Bedürfnisse und Motive[465], die Wahrnehmungen und Einstellungen von Demotivation und konkrete Remotivationshandlungen prägen. Eine weitere Problematik des Systemansatzes betrifft die **empirische und pragmatische Nützlichkeit** sowie den Mangel an Gestaltungspotenzial einer systemtheoretischen Modellierung und den damit verbundenen Widerständen und Akzeptanzproblemen bei Praktikern. Diese Praxisprobleme beziehen sich besonders auf das begrenzte Problemlösungspotenzial[466] der systemischen Theorie im personalwirtschaftlichen Anwendungszusammenhang.[467] So ist es schwierig, operationalisierungsfähige Grundlagen anwendungsorientierter Forschung und Gestaltungsempfehlungen zur Handhabung konkreter Demotivationsprobleme oder Remotivation zu entwickeln.[468] Eine Übertragung und Integration systemischer Aussagen auf fachspezifische Fragen und Probleme, verbleibt damit eher auf einer allgemeineren Ebene.[469]

Anmerkungen, Literaturhinweise, Endnoten zu Teil A

Konzeption und Theorien

1. Vgl. Stengel 1987; Wunderer/Mittmann 1995a,b
2. Vgl. Rosenstiel, v./Stengel 1987
3. Vgl. Wunderer/Mittmann 1995b, S. 23
4. Vgl. Wunderer 2001, S. 207
5. Vgl. Wunderer/Mittmann 1995b, S. 24f
6. Vgl. Kapitel VI., 1.5 (Re-)Indetifikation und Wiedergewinnung des Commitments
7. Vgl. Schmalt/Heckhausen 1992, S. 458; Vgl. auch Heider 1958
8. Vgl. Nerdinger 1995, S. 11ff; Heckhausen 1989
9. Vgl. Holzkamp-Osterkamp 1981
10. Vgl. Gebert/Rosenstiel, v. 1996, S. 22
11. Vgl. Heckhausen 1989, S. 607ff. Heckhausen bestimmte als intrinsische Motive insbesondere das Erkundungsbedürfnis oder Neugierstreben sowie das Bedürfnis nach Abwechslung, Komplexität und Neuigkeit, das Bedürfnis nach Stimulation und persönlicher Wirksamkeit, wie sie im Spielverhalten deutlich wird.
12. Weitere Formen bestimmen den »motus« als Beweggrund bzw. das »in movitum ire« als das Einsteigen, was (den Menschen) bewegt.
13. Vgl. Nerdinger 1995, S. 9
14. Thomae 1965, S. 43; vgl. auch Thomae 1983; zur als Sinnersatz in einer zunehmend fragmentierten Welt vgl. Sievers 1990
15. Vgl. Lewin 1938; Atkinson 1975; Heckhausen 1989
16. Einerseits bestimmen die Gratifikationen das Verhalten und andererseits wird das Verhalten durch die Belohnungen (Gratifikationen) bestimmt; die Belohnungen werden aber darüber definiert, dass sie das Verhalten (über subjektive Interpretation) bestimmen.
17. Zur Wechselwirkungen von Person und Situation schreibt Heckhausen (1989, S. 3, S. 11): »Motivation ist eine momentane Gerichtetheit auf ein Handlungsziel, eine Motivationstendenz, zu deren Erklärung man die Faktoren weder nur auf Seiten der Situation oder der Person, sondern auf beiden Seiten heranziehen muss.«
18. Vgl. Gebert/Rosenstiel, v. 1996, S. 38
19. Vgl. Ciompi 1997, S. 85
20. Vgl. Deci/Ryan 1985 S. 35. Intrinsische Motivation wird verbunden mit reicherer Erfahrung, besserem konzeptionellen Verstehen, grösserer Kreativität und einem flexibleren Problemlösungsverhalten. Äußere Kontrollen unterlaufen nicht nur intrinsische Motivation und ein engagiertes Tätigsein, sondern haben auch negative Effekte auf die Ausführung von herausfordernden Aufgaben. vgl. auch Deci 1995, S. 51; Sprenger 1995, S. 20
21. Deci/Ryan 1985, S. 310
22. Wunderer 2001, S. 105
23. Vgl. Neuberger 1985, S. 147
24. Vgl. Wunderer 2001, S. 107
25. Vgl. Hoffstätter 1986, 127

26 Zur Kulturabhängigkeit vgl. Hofstede 1980
27 Bereits John Locke bestimmte das »law of opinion or reputation« als grundlegenden sozialen Einfluss für die Erwartungen und Ansprüche des Einzelnen. Vgl. Locke 1694, S.20f
28 Vgl. Abschnitt Prozesstheorien der Motivation und ihre Bedeutung für Demotivation und Remotivation Prozesstheorien der Motivation und ihre Bedeutung für Demotivation und Remotivation
29 Kniehl 1998, S. 25. Mikroökonomisch kann dies mit einer Verschiebung der individuellen Präferenzordnung zu anderen Verwendungszwecken gedeutet werden.
30 Eine beschreibende oder erklärende Erfassung von Demotivation legt ausgewählte Aspekte einer umfassenderen Wirklichkeit fest. Definitionen von Demotivation stellen damit Vorschläge zum Verstehen, zur Erklärung sowie Prognose von Denk- und Handlungstendenzen dar. Vgl. Gebert/Rosenstiel, v. 1996, S. 38; Heckhausen 1989, S. 9f.
31 Staehle (1999, S. 176) unterscheidet kognitive, affektive und normative Handlungskomponenten, die das Inviduum gegenüber Einstellungsobjekten hat oder durch diese ausgelöst werden. Zur Sozialpsychologie und zur verhaltensbestimmenden Funktionsweise von Einstellungen vgl. Brief 1998, S. 49ff, S. 57ff. »Unter Einstellung wird ein geistiger und neutraler Zustand der Bereitschaft zu reagieren verstanden, der durch Erfahrung organisiert ist und einen direkten und/oder dynamischen Einfluss auf das Verhalten ausübt.« (Mohr 1977, S. 125). Da demotivationale Einstellungen über Gefühle vermittelte Lernprozesse und langjährige Erfahrungen gebildet werden, ist es wahrscheinlich, dass nur durch ähnliche langwierige Prozesse auch deren Veränderung erreicht werden kann. Dabei werden durch das Erleben von Dissonanz Einstellungswandlungen beeinflusst. Vgl. Abschnitt Teil A II. 6.3 Kognitive und emotionale Dissonanzen und das »Flow-Erleben«.
32 Da Demotivation bisher kaum untersucht wurde, gibt es über das Ausmaß und die Kosten noch keine verlässlichen Angaben. Unsere Untersuchungen verweisen indirekt über die angegebenen Verluste auf hohe Werte (vgl. Kapitel IV., 2.4 Bilanzierung und Verluste durch Motivationsbarrieren).
33 Dazu wie sehr sich dies negativ, z. B. in vermeidenden, defensiven, passiv-aggressiven, expressiven, überredenden oder feindlichen Handlungsweisen äußert, vgl. Neuberger 1995, S. 25
34 Insbesondere bei einem Mangel an innerer Autonomie können Betroffene versuchen, ihren durch Demotivation bedrohten Selbstwert durch übertriebene Arbeitsintensität und Leistung zu erhalten. Innerer Zwang oder Ängste lassen sie trotz Demotivation in die Arbeit fliehen. Vgl. Poppelreuter 1996
35 Lageorientierung beschreibt eine »Umsetzungsinkompetenz«, also die fehlende Fähigkeit, einen Willen in Handlungen umzusetzen. Lageorientierte lassen sich besonders von äußeren Umweltfaktoren (z. B. den ungünstigen Arbeitsbedingungen oder Verhalten anderer) bestimmen.
36 Vgl. z. B. Schneck 1994, S. 515ff. Er beschreibt die Bedeutung der Erkennung »schwacher Signale« der Demotivation, diskutiert theoretische Ansätze der Demotivations-Folgeabschätzung und eines internen Demotivations-Controllings sowie eine interne Demotivationsbilanz. Er beschreibt neben einer (Re-)Identifikation als (Re-)Motivationsstrategie auch ein verantwortliches Outplacement.
37 Vgl. dazu auch Meyer 1978, S. 260–266; Spitzer 1997, S. 50–52
38 Vgl. Eckenrode/Gore 1990; Zedeck 1992

39 Vgl. Gebert/Rosenstiel, v. 1996, S. 118f
40 Vgl. Krystek et al. 1995, S. 142
41 Vgl. Nieder 1996
42 Vgl. Antoni 1994
43 Vgl. Conrad/Sydow 1984, S. 256ff. Da sich die Konstruktion sozialer Wirklichkeit in der Organisation durch die Interaktion des Einzelnen mit seinen Mitmenschen bei der täglichen Arbeit vollzieht (vgl. Schneider 1983), kann demotivationale Kommunikation auch die Wahrnehmungs-, Gefühls- und Kognitionsprozesse anderer Organisationsteilnehmer negativ beeinflussen und kann so zu sich verstärkenden Störungen des Sozialgefüges führen.
44 Vgl. Wiendieck/Maas 1991, S. 209; Marcus 2000
45 Zur Bedeutung kurzer Demotivationsphasen als absichtlich genommene »Auszeiten« oder »regenerative Fluchtzeiten« als ökonomisch sinnvolle Zwischenperioden, wenn anschließendes Engagement gewährleistet ist. Vgl. Staw/Oldham 1978; Bachler 1995
46 Analog mit dem der Fehlzeiten; Neuberger 1997, S. 378f
47 Vgl. Kapitel III., 5 Die Bedeutung »psychologischer Verträge«
48 »Die deprimierenden Zeugnisse der Fehlanpassung zwischen Arbeitnehmer und Arbeitsplatz gerade in Deutschland deuten doch darauf hin, dass die durchaus nicht unrealistischen Ansprüche vieler Arbeitnehmer gerade in den weniger qualifizierten Berufen nicht erfüllt sind.« (vgl. Noelle-Neumann/Strümpel 1984, S. 250) und dass damit viele Arbeitnehmer Entfaltungschancen außerhalb der Arbeitsgesellschaft suchen.
49 Vgl. Bleicher 1979, S. 64ff. Nach Schumpeter gelten gerade Krisen als auslösendes Moment von Innovationen. Schumpeter 1947, S. 149ff
50 Vgl. March/Simon 1976, S. 49
51 Vgl. March/Simon 1976, S. 52
52 Vgl. Stollberg 1968, S. 86
53 Vgl. Kapitel IV., 4.2 Beziehungskontext. Dazu ein Zitat von P. Barnevic (ABB): »Von daher habe ich den Traum, eine zweite industrielle Revolution für die einfacheren Mitarbeiter durchzuführen. Wir möchten, dass sie die Möglichkeit ergreifen, sich im Sinne von vielen kleinen Familiengesellschaften zu entwickeln, die in einem großen Netzwerk miteinander verbunden sind. Das müssen Sie auch vor dem Hintergrund sehen, dass viele Mitarbeiter nach Dienstschluss zu Hause großartige Dinge entwickeln, sich z. B. ein Boot oder Sommerhaus bauen. Und wenn sie dann ins Werk zurückkehren, lassen sie einen großen Teil ihrer Kreativität und ihres Mutes zurück. Das darf nicht sein!«
54 vgl. Kapitel C
55 Vgl. Gebert/Rosenstiel, vgl. 1996, S. 74; vgl. Abschnitt Teil A II. 1 Arbeitszufriedenheitsforschung
56 Vgl. Faller 1991, S. 111; vgl. auch Krystek et al. 1995, S. 45, S. 47
57 Vgl. Neuberger 1985b; Neuberger/Kompa 1994
58 Vgl. Raidt 1987, S. 21; Faller 1991, S. 111
59 Vgl. Krystek et al. 1995, S. 45
60 Zur Bedeutung schwacher Signale vgl. Kapitel V., Prävention gegen Demotivation.
61 Ein Syndrom verweist auf das Zusammenwirken verschiedener Symptome und Faktoren, die in ihrem gemeinsamen Auftreten einen »krankhaften« Zustand anzeigen. Zu konzeptionellen und strategischen Vorteilen von Syndromanalysen vgl. Block/Ozer 1982

62 Vgl. House/Shamir 1995, Sp. 889; vgl. auch Shamir 1990, 1991
63 Vgl. Scholz 2000, S. 803
64 Zur Bedeutung eines »pathologischen Potentials« in Organisationen vgl. Türk 1976, S. 108
65 Wie z. B. Überkomplizierung, Übersteuerung und Überstabilisierung vgl. Türk 1976; vgl. auch Kets de Vries/Miller 1984, S. 22ff; Scholz 1994, S. 503ff
66 »Überwiegt eine Tendenz, Konflikte zu unterdrücken, niederzukämpfen, zu vermeiden oder zu überspielen, dann zeigt sich darin eine Tendenz zur Realitätsverleugnung, verbunden mit einer Desinformation über die aktuelle Situation.« (Wunderer/Grunwald 1980b, S. 509)
67 Vgl. Wunderer 2001, S. 482ff; Kochan/Schmidt 1972
68 Vgl. Berkel 1984; Glasl 1999; Grunwald & Redel 1989
69 Vgl. Berkel 1978
70 Glasl (1999) unterscheidet eine objektive und eine subjektive Dimension des Konfliktpotenzials. Erstere umfasst übergeordnete Ziele, Normen, Regeln, Strukturen, Ressourcen und Aufgaben, denen alle Konfliktpartner unterliegen. Die Entstehung und Entwicklung eines Konflikts wird jedoch durch die subjektive Dimension bestimmt. Persönliche Merkmale, Motive, Wahrnehmungen, soziale Beziehungen und letztlich das Verhalten führen entsprechend zum offenen oder verdeckten Konflikt. Vgl. auch Berkel 1991, 286ff
71 Vgl. Rosenstiel, v. et al. 1995
72 Vgl. Kapitel IV., 4.2 Beziehungskontext.
73 Vgl. Gouldner 1957/58; Walton et al. 1966; Wunderer 1974, 1978a, 1995f; Klimecki 1985
74 Vgl. Wunderer 2001, S. 483
75 Vgl. Marr/Stitzel 1979, S. 97ff
76 Vgl. Kapitel C
77 Vgl. Neuberger 1997, S. 401. Bildlich gesprochen, ist die Demotivation keine einfache Maschinenstörung des vermeintlichen »Arbeitsfaktors Mensch« im Organisationsmechanismus. Sie kann nicht durch das Eingreifen eines Sozialingenieurs, der in der ansonsten gut laufende Maschinen einen Defekt entdeckt und repariert, einfach behoben werden. Weder die Reinigung, Ölung oder der Einbau eines Ersatzteils kann Konstruktions- und/oder Bedienungsfehler ausgleichen. Denn nach kurzer Zeit wird das gleiche Problemmuster dann, vielleicht an anderer Stelle, wieder auftauchen. Interventionen, die nur vordergründige Funktionsoptimierung sind, erreichen nicht die tieferen Schichten der Entstehung und Bedeutung von Demotivationsphänomenen.
78 Vgl. Neuberger 1995
79 Vgl. Neuberger 1997, S. 398
80 Vgl. Neuberger 1995. Demotivation dient auch als eine Art Druckmittel zur Neubestimmung des Territoriums von Einflusszonen im betrieblichen Alltag.
81 Vgl. Küpper/Felsch 2000, S. 149ff
82 Wird Politisierung verstanden, als eine »soziale Erzeugung und Behandlung einer Thematik« (vgl. Neuberger 1997, S. 389), so sind auch Versuche zur Demotivationsüberwindung bzw. Remotivation Teil einer symbolischen Politik.
83 Ausführlicher in Neuberger 1990, S. 269–272
84 Vgl. Neuberger 1999, S. 190. Zu weiteren Einflussmitteln mikropolitischen Handelns z. B. Privilegierte Informationen; Privilegierter Zugang zu Mächtigen, Potenzial zur Ausnutzung legitimer Einflsusssysteme vgl. Mintzberg 1983, S. 183ff
85 Vgl. Kapitel II., 3 Phänomen, Begriff und Wirkungen der Demotivation

86 Vgl. Wunderer 2001, S. 4
87 Vgl. Wunderer 2001, S. 5ff
88 Vgl. Lichtman/Hunt 1971, S. 271; Schein 1980, S. 50
89 Vgl. Wunderer/Grunwald 1980, S. 78
90 Zur explikativ-normativen Doppelfunktion von Menschbildern vgl. Ulrich 1993, S. 197
91 Vgl. McGregor 1960
92 Vgl. Schein 1980, S. 50ff; Neuberger sieht dagegen im »complex man« ein gefügiges Produkt seiner Umwelt, das sich unterordnet und bereitwillig an jede Veränderung anpasst. Vgl. Neuberger 1984, 1990, S. 35; Frey 1997
93 Vgl. Schein 1980
94 Vgl. Bühner 1997, S. 325
95 Vgl. Jung 1928, 1954 Unter Schatten subsumierte er alle diejenigen Ereignisse, Vorstellungen, Wünsche, Impulse und Phantasien, die vom Individuum aufgrund seiner Moralvorstellungen sowie wegen kollektiv wirksamer Tabuisierung verleugnet und verdrängt werden. Nach Jung führt erst ihre Bewusstwerdung zu einer freieren Lebenseinstellung.
96 Vgl. Berne 1985; Kruse 1986, S. 141
97 Vgl. Tesser 1988; Snyder/Williams 1982, S. 258
98 Vgl. Markus/Wurf 1987, S. 299–337
99 Vgl. Leonhard et al. 1995
100 Vgl. Kelly 1955
101 Vgl. Argyris 1957; Staehle 1999, S. 188; Steinmann/Schreyögg 1993, S. 484; »Unter dem mündigen Mitarbeiter sei der reife Erwachsene verstanden, der sich für seine Persönlichkeitsentfaltung verantwortlich fühlt und eine vorwiegend aktive wie auch vorbildhafte Lebensweise führt. Diese Mündigkeit zeichnet sich durch Eigenschaften aus, die in ihrer Gesamtheit ein wertvolles und unverzichtbares Aktivum einer Unternehmung darstellen.« Tschirky/Suter 1990, S. 73
102 Nach Argyris 1957, S. 50
103 Diese Entwicklung zu einer reiferen Persönlichkeit kann durch innere und äußere Einflüsse gehemmt werden. Zwischen den Ansprüchen einer reifen Person und den Anforderungen bürokratischer Organisation nach Fremdkontrolle bzw. passivem, unterwürfigen Verhalten und Denken in kurzen Zeitperspektiven bestehen erhebliche Diskrepanzen.Vgl. Staehle 1999, S. 189
104 Vgl. Kapitel III., 3.1 Maslows Bedürfnismodell
105 Vgl. Neuberger 1985a
106 Vgl. dazu Neuberger 1974, 1985a S. 164ff; Rosenstiel, v. 1975; Wiswede 1980; Six/Kleinbeck 1989, S. 348ff
107 Vgl. Neuberger 1974, S. 140; Rain et al. 1991
108 Vgl. Locke 1976, S. 1297
109 Dieser Gleichgewichtszustand kann als Ergebnis komplexer Informationsverarbeitung, Aufhebung der Soll-Ist-Differenz bei der Arbeit, als Entsprechung einer Erwartungshaltung, als Bedürfnisbefriedigung sowie als Erreichen von bestimmten Werten definiert werden. Die Vielzahl Begriffsbestimmungen verweist auf die Gefahr funktionaler Überlastung. Vgl. dazu Fischer 1989, S. 10, S. 23. Zu einer wirkungsgeschichtlichen Reflexion der Grundbegriffe der Arbeitszufriedenheitsforschung vgl. Walter-Busch 1977, S. 170 ff.
110 Bruggemann 1974, S. 281

111 Auch Neuberger und Allerbeck bestimmen Arbeitszufriedenheit als »kognitiv-evaluative Einstellung zur Arbeitssituation« vgl. Neuberger/Allerbeck 1978, S. 15
112 Vgl. Neuberger 1993a, Sp. 199ff
113 Vgl. Katzell 1964; Locke 1969
114 Vgl. Lawler 1977; zur Kritik am Lawler Modell vgl. Fischer 1989, S. 53
115 Vgl. Martin/Nienhüser 1998
116 Vgl. Bradburn/Caplovitz 1954
117 Vgl. Martin 1992; vgl. auch Kapitel III., 4.1 Der Anreiz-Beitrags-Ansatz
118 Vgl. Kudera et al. 1979
119 Vgl. March/Simon 1976
120 Vgl. Hentze et al. 1997, S. 172
121 Bruggemann 1974, S. 281–284; Bruggemann et al. 1975
122 Dabei wird von Bruggemann weder angegeben, wie sich das Anspruchsniveau oder die Soll-Werte bestimmen, noch wie Soll-Ist-Vergleiche vorgenommen werden. Zur konzeptuellen, begrifflichen und methodischen Kritik vgl. Büssing 1985; Meyer 1982; Neuberger/Allerbeck 1978
123 Vgl. Büssing 1991, S. 91
124 In Anlehnung an Six/Kleinbeck 1989, S. 376
125 Vgl. Bruggemann et al. 1975, S. 136
126 Vgl. Wiendieck/Maas 1991, S.199ff bes. S. 208ff; vgl. Wiendieck 1977, S. 415–430; Faller 1991, S. 118; Gruneberg 1981, S. 128
127 Vgl. Neuberger 1993a Sp. 199
128 Vgl. Martin 1992, Sp. 489
129 Vgl. Lorenz 1989, S. 195
130 Vgl. Fischer 1989, S. 55ff; vgl. auch Fischer 1991, S. 11ff
131 Vgl. Gaugler/Martin 1979, S. 93–114; Cotton/Tuttle 1986, S. 55–70; Six/Kleinbeck 1989, S. 389
132 Vgl. Fisher 1980; Podsakoff/Williams 1986, S. 207–245; »Zusammenfassend lässt sich festhalten, dass generelle Aussagen über den Zusammenhang zwischen Leistung und Zufriedenheit ziemlich unsinnig sind, und erst die nähere Kenntnis von Person und Situation fundiertere Prognosen erlaubt. Dennoch hält sich in der Managementpraxis die Fiktion, dass zufriedene Mitarbeiter mehr leisten, und entsprechend wird in (vermeintlich) zufriedenheitsfördernde Maßnahmen investiert.« (Staehle 1994, S. 260; Martin, 1992, Sp. 490)
133 Vgl. Martin 1992, Sp. 482ff
134 Vgl. Hummel 1995
135 Vgl. Büssing 1991, S. 85
136 Vgl. Lorenz 1989, S. 59
137 Vgl. Kapitel IV., 4.2 Beziehungskontext
138 Vgl. Rainer et al. 1991; Meulemann 1991
139 Vgl. Fischer 1989, S. 66ff; Neuberger 1995, S. 18; Neuere empirische Untersuchungen berücksichtigen auch weitere emotionale Dimensionen, wie Commitment und Involvement als Ursachenzusammenhang von Arbeits(un-)zufriedenheit. vgl. dazu Spencer et al. 1983; Marr 1996; Hacket/Guion 1985; Wunderer/Mittmann 1995b. Zur Erweiterung der Arbeitszufriedenheitsforschung durch die Integration emotions-psychologischer Aspekte vgl. Temme/Tränkle 1996, S. 275–297.
140 Vgl. Neuberger 1976, S. 5

141 Vgl. Tett/Meyer 1993, S. 259–294; vgl. Kapitel VI., 1.5 (Re-)Identifikation und Wiedergewinnung des Commintents
142 Vgl. Selye 1976; Greif et al. 1991
143 Vgl. Kast/Rosenzweig 1985. Zu Maßnahmen der Stressbewältigung vgl. Kapitel VI., 4.4 Coaching
144 Vgl. Lazarus 1966
145 Vgl. Neff 1985, S. 253ff
146 Vgl. Staehle 1999, S. 253
147 Zum Einfluss von negativem Vorgesetztenverhalten als sozialer Stressor vgl. Ashforth 1994
148 Vgl. Studie der Abteilung Arbeit und Gesundheit des Staatssekretariats für Wirtschaft der Schweiz (seco) http://www2.seco-admin.ch/seco/pm.nsf/ZeigePM_ID String/ Stressstudie_092000?OpenDocument&l=de
149 Das BIP (= Bruttoinlandsprodukt) ist eine Teilgröße des Sozialproduktes, welches die im Inland entstandene wirtschaftliche Leistung in einer Berichtsperiode misst. Es wird – ausgehend von der (bereinigten) Bruttowertschöpfung aller Wirtschaftsbereiche – durch Addition von Gütersteuern abzüglich Gütersubventionen ermittelt. Das Bruttoinlandsprodukt ist gleich der Summe aller Erwerbs- und Vermögenseinkommen, die in der Berichtsperiode im Zuge der Produktion im Inland entstanden sind, zuzüglich der Abschreibungen und der (um die Subventionen verminderten) Produktions- und Importabgaben. Die Entwicklung des realen BIP je Erwerbstätigen gibt einen Anahaltspunkt über die Entwicklung der gesamtwirtschaftlichen (Arbeits-)Produktivität.
150 Vgl. Europäische Agentur für Sicherheit und Gesundheit am Arbeitsplatz, 1998
151 Vgl. Ulich 1981, 1994, S. 400
152 Vgl. Panse/Stegmann, 1996
153 »Burn-Out« ist ein Frustrationszustand physischer und seelischer Erschöpfung, der als Auswirkung langanhaltender negativer Gefühle entsteht, die sich in Arbeit und Selbstbild des Menschen entwickeln, die bis hin zu Depersonalisierung einhergeht. »Ausgebrannte« fühlen sich beruflich wie privat niedergeschlagen, müde und wirkungslos und sind daher nur vermindert leistungsfähig. Sie empfinden eine innere Leere, die zu einem depersonalisierten Umgang mit anderen und/oder depressive Zuständen führt. Burn-out entsteht nach Burish (1989, S. 73) in Ergänzung des Stresses 1. Ordnung (unbefriedigende Tätigkeit) bei einem Stress 2. Ordnung (Stress durch abnehmende Situationskontrolle und nicht möglicher Beseitigbarkeit von Stress). Vgl. auch Massenbach 2000
154 Zum Begriff Lageorientierung vgl. Kapitel II., 3 Phänomen, Begriff und Wirkungen der Demotivation
155 Vgl. Staehle 1999, S. 253
156 Vgl. Thommen 1996, S.80
157 Vgl. Maslow 1981, S. 183. Das Verlangen nach Verwirklichung des Selbst (»self-actualiziation«) verweist auf das Streben des Menschen, seine potenziell gegebenen Möglichkeiten und Fähigkeiten zu entfalten. Vgl. Maslow 1978, S. 89, 1998b
158 Vgl. Kniehl 1998, S. 99
159 Vgl. auch Wahba/Bridwell 1976
160 Vgl. Maslow 1978, S. 74ff
161 Zu Konzepten der Arbeitsgestaltung vgl. Hackman/Oldham 1980
162 Vgl. Wunderer/Grunwald 1980, Bd. I. S. 185

163 Dies wurde in sozialpsychologischen Ansätzen wieder aufgegriffen vgl. Deci/Ryan 1985
164 Vgl. Scherhorn 1991
165 Vgl. z. B. Weiner 1992, S. 265
166 Zur Relativierung des »Mythos« Maslow vgl. Kniehl 1998, S. 96f
167 Vgl. Kniehl 1998, S. 99
168 Vgl. Wahba/Bridwell 1976
169 Zur Kritik vgl. Bruggemann et al. 1975; Locke 1976; Walter-Busch 1977. Zur Bewertung der Bedürfnishierarchie vgl. Wunderer/Grunwald 1980, Bd. I S. 178
170 Vgl. Neuberger 1974; Campbell 1976
171 Vgl. Rosenstiel, v. 1975, S. 129
172 Vgl. Nerdinger 1995, S. 41; vgl. auch Neuberger 1985, S. 138
173 Vgl. Neuberger 1985a, S. 138
174 Vgl. Maslow 1978, S. 166ff
175 Vgl. Maslow 1978, S. 319ff
176 Vgl. Alderfer 1972; vgl. Salancik/Pfeffer 1977
177 Vgl. Staehle 1999, S. 246
178 Vgl. Kapitel II., 3 Phänomen, Begriff und Wirkungen der Demotivation
179 Da nach Alderfer alle Bedürfnisklassen simultan wirken, kann auch die Nichtbefriedigung eines Bedürfnisses durch Misserfolgserlebnisse oder Demotivation »Wachstum« bewirken.
180 Zu Status und Kritik dieser Reaktionsformen vgl. Campbell/Patrichard 1976, S. 100
181 Vgl. auch Faller 1991, S.174
182 Vgl. Kniehl 1998, S. 103
183 Vgl. Luthans 1985, S. 386ff
184 Vgl. Staehle 1999, S. 247
185 Vgl. Herzberg et al. 1959; Herzberg 1966, 1978
186 Herzberg 1987, S. 179; Rosenstiel, v. et al. 1993, S. 159
187 Vgl. Wunderer/Grunwald 1980, Abb. S. 192 oder Lawler 1994, S. 92. Die Fragestellung lautete: »An welche Ereignisse in Ihrer Arbeit erinnern Sie sich ungern? An welche Ereignisse Ihres Tätigseins erinnern Sie sich gerne? Wie würden Sie Ihre Erinnerungen an negativen und positiven Situationen in Ihrer Arbeit folgenden Erfahrungsfeldern zuordnen?«
188 Vgl. Kleinbeck 1987
189 Das Modell abstrahiert von den individuellen Bedürfnissen und vernachlässigt Unterschiede bezüglich des Alters, des Geschlechts und des Bildungsstandes und geht nicht auf evtl. vorliegende Situationsunterschiede (wie z. B. Arbeitsplatz- oder Marktgegebenheiten) ein. Vgl. zur Kritik ausführlich Neuberger 1974; Walter-Busch 1977, S. 39ff; Dunnette et al. 1967, S. 143–174. Diese Autoren kritisieren das Zweifaktorenmodell als zu einfach, um die volle Komplexität menschlicher Motivation (und damit auch der Demotivation) zu verstehen.
190 Vgl. Wunderer/Grunwald 1980, Bd. I. S. 194ff; Kniehl 1998, S. 111
191 Walter-Busch verweist auf Inkonsistenzen der Ansprüche und Zufriedenheitsbegriffe von Herzberg, die einerseits wertfrei-empiristisch, andererseits normativ angelegt sind. So soll die Zweifaktorentheorie einerseits für alle Arbeitnehmerschichten (als intrinsische »Motivation Seekers«) gelten, andererseits nimmt Herzberg selbst eine Relativierung vor, nach der er mit Mitarbeitern rechnet, die sich mit extrinsischen Arbeitsfaktoren zufrieden geben. So versucht Herzberg normativ auf der einen Seite

zu zeigen, dass ein hoher Zufriedenheitsgrad nicht mittels Vermeidung von Frustratoren, sondern allein mittels Satisfaktoren zu verwirklichen ist; auf der anderen Seite bestimmt er wertfrei-empirisch, dass Arbeitszufriedenheit nicht allein intrinsisch, sondern auch extrinsisch zu realisieren sei. Walter-Busch versucht eine Rekonstruktion der Zweifaktorentheorie zu entwickeln,»die einen Beitrag zur Klärung der ganzen Herzberg-Kontroverse leistet, da sie zugleich die Möglichkeiten und Grenzen sozial-empirischer Überprüfung des szientifisch unverkürzten Zweifaktorentheorems aufzeigt«. Vgl. Walter-Busch 1977, S. 48ff, S. 53.

192 Eines der ungelösten Probleme der Zweifaktorentheorie betrifft die grundsätzliche Frage, ob Befriedigung und Unbefriedigtheit wirklich zwei getrennte Dimensionen darstellen. Neuere Untersuchungen zeigen, dass die von Herzberg untersuchten Ereignisse bzw. Bedingungen sowohl die Zufriedenheit als auch die Unzufriedenheit beeinflussen. Vgl. Rosenstiel, v. 1977, S.118; Rosenstiel, v. 1992a, S. 80f

193 Nach Locke ist die Zuordnung von Hygiene-Faktoren oder Motivatoren durch die Befragten wahrscheinlich das Ergebnis von Kausalattributierungen, d. h. unangenehme Situationen werden extern zugeschrieben (z. B. schlechte Arbeitsbedingungen), angenehme dagegen intern (z. B. eigene Leistung). Vgl. Locke 1976. Locke problematisiert, dass in das Antwortverhalten der Befragten nicht nur die Rekonstruktion einer bestimmten Ereignis-Qualität, sondern vermutlich auch Annahmen zu ihrer Verursachung miteingehen. So werden zur Stabilisierung des eigenen Selbstwertgefühls die als unangenehm erlebten Faktoren eher anderen (dem Management, den Führungskräften oder Arbeitskollegen) zugerechnet, während die Befragten die Ursache für die als angenehm erlebten Ereignisse eher auf sich selbst bezogen werden. Locke spricht von einer das Selbstbild »stabilisierenden Kausalattribution« und kritisiert damit Herzbergs Ansatz als Methodenartefakt. Vgl. Locke 1976, S. 1315; vgl. auch Lawler 1994, S. 91.

194 So erweist sich die Methodengebundenheit als problematisch, da sich die Motivatoren und Hygienefaktoren nur über die »kritische Ereignis«-Befragungsmethode herausbilden. Wobei die retrospektiv-gebundene »kritische Ereignisse«-Befragung nur Extremwerte als Gründe für Zufriedenheit und Unzufriedenheit liefert. Dabei wurde ein mögliches Mittelfeld und evtl. defensive Selbstrechtfertigungsmechanismen des Individuums nicht beachtet. Nimmt man andere als die von Herzberg verwendeten Forschungsinstrumente, werden gute (schlechte) Arbeitszufriedenheit nicht weniger von Frustratoren als von Satisfaktoren verursacht. Damit wird die Zweifaktorentheorie falsifiziert. Zur Falsifikation vgl. Walter-Busch 1977, S. 45.

195 Die Auswertung erfolgt in der Regel über aggregierte Daten, wodurch individuelle und situative Befragungsmuster über Gruppenmittelwerte nivelliert werden. So könnte in Abhängigkeit von der individuellen Bedürfnissituation auch von Defizitmotiven bzw. Hygienefaktoren eine motivierende Wirkung ausgehen. So vermag Herzbergs Theorie z. B. nicht erklären, dass selbst bei inhaltsleerer Arbeit gerade Kontextfaktoren motivierende Wirkungen erzeugen können. Vgl. Ulich 1994, S. 44; Hentze 1995, S. 34; Lattmann 1982, S. 207; King 1970, S. 18–31 oder dass es verschieden Formen der Arbeitszufriedenheit gibt. Vgl. Bruggemann et al. 1975; Locke verweist zudem auf die zugrunde liegende Geist-Leib-Dichotomie und den defensiven Charakter von Herzbergs Modellen. Vgl. Locke 1976, S. 1297–349; Tietjen/Myers 1998, S. 226–231

196 Vgl. Neuberger 1993a, Sp. 206 Zur Kulturgebundenheit der Hygienefaktoren und Motivatoren vgl. Hofstede 1997, S. 215.

197 Vgl. Lawler, 1994, S. 93
198 Vgl. Robbins 1997, S.46
199 Vgl. McClelland 1961, 1987, S. 221f
200 Vgl. McClelland 1951
201 Vgl. McClelland et al. 1953
202 Vgl. McClelland 1987. Wobei in friedfertigen Gesellschaften eine kompetitive (individuelle) Erfolgs- und Leistungsorientierung zur Erhaltung einer Praxis auf Nichtgewalt abgewertet wird. Vgl. dazu Bonta 1997, S. 304f
203 Vgl. Friedman/Rosenman 1977, 1984
204 Vgl. McClelland 1987, S. 333f
205 Vgl. Kapitel IV., 4.2 Beziehungskontext
206 Vgl. Campbell et. al. 1970, S. 351
207 Vgl. McClelland 1978 S. 26ff
208 Mögliche Pathologien des Machtstrebens sind nach McClelland (1978, S. 26ff): Abhängigkeit, Suchtkrankheiten, Hysterie, Narzissmus, Zwangsneurose sowie Manipulation, Missbrauch, auch Verbrechen oder aber »Messianismus«.
209 Vgl. McClelland 1978 S. 26ff, S. 185ff
210 Vgl. McCelland 1987, S. 374
211 Vgl. Richter1994, S. 191
212 Vgl. Kapitel III., 8 Entfremdung und innere Kündigung
213 Vgl. Gebert/Neuberger 1996, S. 195
214 Vgl. French 1955, S. 232–236
215 Vgl. McClelland 1987, S. 229
216 Vgl. Kniehl 1998, S. 107; Weinberger/McClelland 1990, S. 581
217 Bezüglich partizpativer Führung, konnte ein positiver Zusammenhang zur Arbeitzufriedenheit nachgewiesen werden. In Bezug auf Konsequenzen für Leistungs(steigerung) bedarf es nach Nerdinger jedoch einer stärkeren Berücksichtigung der Randbedingungen v. a. der vermittelnden kognitiven Prozessen. Vgl. Nerdinger 1995, S. 71
218 Vgl. Nerdinger 1995, S. 46ff; Strümpel/Pawlowsky 1993, S. 29–45; Klipstein, v./ Strümpel 1985; Noelle-Neumann/Strümpel 1984; Klages 1985, 1991, 1993
219 Vgl. Neuberger 1985a, S. 132
220 Vgl. Neuberger 1974
221 Nach der Anreiz-Beitrags-Theorie folgen die Mitarbeiter dem Opportunitätskostenprinzip. Danach ziehen sie die Beteiligungsentscheidung für eine Sache A einem anderen Gegenstand B vor, wenn der Verlust, der aus Nichtbeteiligung bei B entsteht, durch den Nutzen, des Engagements für die Beteiligung an A überkompensiert wird. Sinkt der Nutzen das Anreiz-Beitrags-Verhältnis unter einen kritischen Punkt und übersteigen damit die Beitragsopfer das Nutzenniveau, wird der Teilnehmer seine Beitrags- und Teilnahmeentscheidung in Frage stellen. Vgl. Simon et al. 1950, S. 381 ff.; March/Simon 1993, S. 103 ff.
222 Vgl. Kniehl 1998, S. 33. Dabei tritt ein sog. »Chrysalis-Effekt« (Schmetterlingslarveneffekt) ein. Betroffene legen sich in der Freizeit nach Arbeitsschluss eine Art Doppelleben in Hobbys und Vereinen zu, das die Befriedigung verschafft, die von der Arbeit nicht mehr erwartet wird. Nach Feierabend wird man so von der beruflichen »Larve« zu einem Schmetterling, der sich entfaltet.
223 Vgl. Kniehl 1998, S. 35

224 Vgl. Bartscher-Finzer/Martin 1998, S. 133ff
225 Vgl. Bartscher-Finzer/Martin 1998, S. 130
226 Vgl. Ortman 1976; Dorow 1982
227 Dieses tritt in anderer Form auch bei Diskrepanzen psychologischer Verträge auf. Vgl. dazu Kapitel III., 5 Die Bedeutung »psychologischer Verträge«, vgl. Kapitel III., 6 Theorien der kognitiven und emotionalen Dissonanz sowie Kapitel III., 8 Entfremdung und Innere Kündigung wieder auf
228 Analoges gilt für den Vorgesetzten, dem die Organisation Anreize für seine (Führungs-)Beiträge liefern muss. Vgl. Scholz 1994, S. 413
229 Vgl. Vroom 1964. Zusätzlich berücksichtigt Vroom noch die Variable »Value« als der erfahrene und erfolgswahrscheinliche Wert als Motivationsgehalt von instrumentell erreichten Handlungsergebnissen. Vgl. dazu Vroom 1964, S. 18.
230 Vgl. Campbell et al. 1976, S. 84
231 Vgl. Nerdinger 1995, S. 95; Kniehl 1998, S. 150ff
232 Vgl. Feather 1990, S. 178ff
233 Zur Problematik der Variable Anstrengung (»effort«) vgl. Campbell et al. 1976, S. 92; vgl. Wunderer/Grunwald 1980, S. 205
234 Vgl. Nerdinger 1995, S. 104
235 Vgl. Gebert/Rosenstiel, v. 1996, S. 60
236 Vgl. Neuberger 1985a, S. 153
237 Vgl. Van Eerde/Thierry 1996
238 Vgl. Wiswede 1980, S. 140 ff.; Miner 1980, S. 162; vgl. auch Rosenstiel, v. 1992a, S. 379 ff.
239 Vgl. Heckhausen 1989, S. 188; resümierend folgern Gebert und v. Rosenstiel, dass die Zukunft der Motivationsforschung wohl darin liegt, »wieder stärker phänomenologisch vorzugehen«. Vgl. Gebert/ Rosenstiel, v. 1996, S. 60
240 Vgl. Neuberger 1985a, S. 155; zur Kritik inhaltlicher Implikationen und latenter Normativität vgl. Weber 1998, S. 39ff
241 Vgl. Walter-Busch 1977, S. 84, Drumm 1995, S. 385
242 Vgl. Herber 1976, S. 150
243 Vgl. Dörfler 1993, S. 382
244 Vgl. zum »social loafing« in Gruppen Geen 1995, S. 263ff
245 Vgl. Etzioni 1975; Leonhard et al. 1995; vgl. auch University of Rhode Island
246 Vgl. Rynes/Lawler 1983, S. 620–631
247 Vgl. Weber 1996, S. 287. Hier zeigt sich eine der Grenzen ökonomistischer Theorien, die nur dann hilfreich sind, wenn Präferenzen und Valenzen nicht verändert werden sollen. Gerade darum geht es jedoch bei Demotivation und anderen Personalproblemen
248 Vgl. Mitchell 1982; Kanfer 1990b
249 Zur Problematik einer »Überintellektualisierung« vgl. Schwab et al., 1979, S. 146
250 Vgl. Porter/Lawler 1968; Locke 1975, S. 457–480; Lawler 1982, 1994, S. 6ff
251 Zum Diskrepanzmodell vgl. Katzell 1964; Locke 1969
252 Eine Reihe von Arbeiten und empirischen Studien belegt die Praktikabilität des Modells. Vgl. Heneman/Schwab 1972; Mitchell/Biglan 1971; Porter/Lawler 1968; Hackman/Porter 1968; Kuhn et al. 1971
253 Vgl. Richter 1994, S. 185. Er empfielt zu einer beidseitigen Annäherung u. a. eine sichtbare Pflege von Vertrauenswürdigkeit und Fairness als lebendige Basiswerte in Führung und Zusammenarbeit; das sichtbare und glaubwürdige Bemühen beider Seiten, ihre verfügbaren Leistungspotenziale insbesondere bei wichtigen Einzelfällen

auszuschöpfen sowie das offene Gespräch über Grenzen und Sachzwänge, wenn erwartete Belohnungen nicht vergeben werden können; ebd. S. 186
254 Vgl. Rosenstiel, v., 1992a, S. 388
255 Den theoretischen Hintergrund dazu bilden Homans »Gesetz der distributiven Gerechtigkeit und desssen Modell der Tauschsituation sowie Festingers Theorie der kognitiven Dissonanz. Vgl. Homans 1958, 1968, Festinger 1957; vgl. Kapitel III., 6.1 Theorie der kognitiven Dissonanz
256 Vgl. Mowday 1979, S. 126
257 Vgl. Adams 1963a, S. 9–16; Die Annahmen über die Wirkung von Unterbezahlung konnten weitgehend bestätigt werden. Weniger eindeutig sind die Befunde zur Wirkung von Überbezahlung, die keineswegs immer zu Leistungssteigerung führten. Auch werden möglicherweise »bequemere Strategien« zum Ausgleich von Unausgewogenheiten gewählt (z. B. Uminterpretation der eigenen Einsätze). Vgl. Greenberg 1982; vgl. Kapitel VI., 2.4 Honorierungs- und Anreizsystem
258 Vgl. Folger 1986, S. 145–162
259 Vgl. Adams 1977, S. 110–125
260 Vgl. Schmitt/Dörfel 1999; vgl. auch Bierhoff 1992, Skarlicki/Folger 1997
261 Gebert/Rosenstiel, v. 1996, S. 73; Neuberger 1974, S. 101; Mikula/Schwinger 1981, S. 122; vgl. Kniehl 1998, S. 159
262 Vgl. Scholz 1994, S. 432ff
263 Vgl. Rosenstiel, v. 1975, S. 170. Zur Problematik des beschränkten Aussagegehalts und weiterer Kritik vgl. Kniehl 1998, S. 159. Zu Konsequenzen von »Inequity« und empirischen Überprüfung vgl. Faller 1991, 137ff und 140ff; vgl. auch Huseman 1987 et al.
264 Vgl. Thibaut/Kelley 1959; Kelley/Thibaut 1978
265 Vgl. Kniehl 1998, S. 159. Auf die Besonderheiten zum Honorierungssystem und die Bedeutung von Gleichheits- und Gerechtigkeitsüberlegungen wird noch vertiefend eingegangen vgl. Kapitel VI., 2.4 Honorierungs- und Anreizsystem
266 Vgl. Kniehl 1998, S. 171; Nerdinger 1995, S. 165f. Vgl. Kapitel III., 4.1 Der Anreiz-Beitrags-Ansatz
267 Vgl. Rosenstiel, v. 1992a, S. 393
268 Vgl. Lind/Tylor 1988, S. 200ff
269 Vgl. Six 1987, S. 122–146; Mitchell 1995, Sp. 847–861
270 Vgl. Mitchell 1995, Sp. 847–861. Kognitive und rationale Zurechnungstheorien wurden für prozesstheoretische Untersuchungen der Motivation angewandt; vgl. dazu Kelley 1967; Weiner 1992, S. 278
271 Vgl. Atkinson 1953, S. 381–390; vgl. auch Atkinson/Feather 1966
272 Vgl. Atkinson 1958, 1975
273 Vgl. Panse/Stegmann 1996. Die Verfasser zeigen auf, welche Angstarten es gibt, welche körperlichen und geistigen Auswirkungen Ängste haben, welche Reaktionen Ängste hervorrufen, und wie Ängste durch Angstmanagement in Griff zu bekommen sind.
274 Vgl. Heckhausen 1989, S. 424
275 Gebert/Rosenstiel, v. 1996, S. 70
276 Vgl. Weiner 1976, S. 36–49; Herber 1976, S. 67; Gebert/Rosenstiel, v. 1996, S. 54
277 Die Leistung ist bei mittlerer Aktivierung am höchsten, während bei geringer Aktivierung keine Aufmerksamkeit und bei zu hoher Aktivierung »unproduktive Aufgeregtheit« oder Verkrampfung entsteht. Erfolgsmotivierte Mitarbeiter bevorzugen eher eine mittlere Aufgabenschwierigkeit, während misserfolgsmotivierte Mitarbei-

ter mehr sehr leichte oder sehr schwere Aufgabenstellungen bevorzugen. Dies erklärt sich daraus, dass sehr einfache Aufgaben erfolgreich bewältigt werden, während schwierige Aufgaben ein Alibi für Versagen liefern. Vgl. Herber 1976, S. 67; Campbell et al. 1976, S. 113

278 Vgl. Weiner 1976; Yukl 1994, S. 265f
279 Vgl. Wunderer/Grunwald 1980/Bd. I
280 Vgl. Mitchell 1995; Brown/Mitchell 1986
281 Vgl. Mitchell/Liden 1982; Mitchell/Kalb 1982
282 Vgl. Gioia/Sims 1986
283 Vgl. Heneman et al. 1989
284 Vgl. Mitchell 1995; Kniehl 1998, S. 168
285 Vgl. Mitchell 1995, Sp 859
286 Dazu wie Disposition zu bestimmtem Attributionsverhalten kulturkreis- und gesellschaftsspezifisch ist vgl. Stipek 1998, S. 62–65. Entsprechend fordert z. B. Mitchell eine stärkere Berücksichtigung der physischen Umwelt und vor allem des sozialen Kontextes als wichtige Prädiktoren für das Attributionsverhalten. Vgl. Mitchell 1995, Sp 860; White 1995, S. 297–333; Rotter 1966; Rotter et al. 1972
287 Vgl. Herber 1976, S. 113. Extreme Ausprägungen der Leistungsmotivation können für den Einzelnen in spezifischen Kontexten sogar negative Konsequenzen implizieren. Vgl. Friedman/Roseman 1977, S. 202ff
288 Wobei Fremdbeuteilungen wie Lob und Tadel auch »paradoxe Effekte« bewirken können. Unter bestimmten Bedingungskonstellationen kann Lob zu einem Gefühl der Unfähigkeit, Tadel hingegen als ein Hinweis auf Hochschätzung des eigenen Leistungspotenzials durch andere (bspw. den Vorgesetzten) interpretiert werden. Vgl. Rheinberg 1988, S. 223–226
289 Vgl. Kniehl 1998, S. 173; Farr 1993, S. 163–180. Zur Rückmeldung als notwendigen Bestandteil der Zielsetzungswirkung vgl. auch Kleinbeck/Schmidt 1996, S. 878 ff.
290 Vgl. z. B. Locke 1969; Locke 1976; Locke/Latham 1984, 1990a
291 In Anlehnung an Locke/Latham 1990a
292 Vgl. Locke/Latham, 1990a
293 Vgl. Kleinbeck et al. 1990
294 In einem Eskalationsmodell der Demotivation wird diese Abwärtsspirale näher betrachtet. Vgl. Kapitel III., 7 Willenstheorien und Eskalationsmodell
295 Vgl. Brunstein/Maier 1996; vgl. auch Kapitel III., 6.2 Theorie der emotionalen Dissonanz; vgl. Peffer 1996
296 Vgl. Kathzell/Thomson 1990
297 Vgl. dazu Sager/Ramseier 1999
298 Vgl. Teil C Grundstrategien zur Demotivationsüberwindung und Remotivation insbes. Kapitel VII., 4.4 Delegative Führung
299 Vgl. Atkinson 1975; Lawler 1977; Steers/Porter 1987
300 Da oft erst in der Verfolgung von Zielen gelernt wird, was gewollt und erreicht werden kann und angesichts der Unbewusstheit vieler Ziele. Vgl. Neuberger 1985a, S. 153; Greif 1983;
301 Zum ideologischen Hintergrund und die normativen Implikationen vgl. Neuberger 1985, S. 155.
302 Vgl. Blankenship 1985, S. 161–170. Zur Relativierung kognitivistischer Postionen und Darstellung wahrnehmungsbedingter und emotionaler Auslösung von Motivation vgl. Pekrun 1988, S. 200ff.

303 Vgl. Nerdinger 1995, S. 103.
304 Vgl. Wunderer 2001, S. 133f; Maccoby 1989, S. 236
305 Vgl. Rousseau 1995, Rousseau/McLean Parks 1993; vgl. auch Schein 1980, S. 24. Zu Merkmalen des psychologischen Vertrags vgl. Kniehl 1998, S. 37
306 Aus sozialisationstheoretischer Perspektive entspricht der Tausch- bzw. der Aushandlungsprozess von Erwartungen und Ansprüchen im Rahmen des psychologischen Vertrages dem Austauschmodell. Vgl. Faller 1991, S. 36
307 Zur Akzeptanztheorie der Autorität vgl. Barnard 1970, S. 139–156, S. 144; Simon 1981, S. 161
308 Vgl. Schein 1980, S. 24
309 Vgl. Schein 1980, S. 23 Morrison 1994
310 Zur anreiz-beitrags-theoretischen Perspektive des psychologischen Vertrags vgl. Barnard 1970; March/Simon 1976; vgl. auch Robinson et al. 1994
311 Vgl. Tosi/Caroll 1984, S. 353
312 Nach Kniehl 1998, S. 40
313 Vgl. Robinson/Morrison 1995; Feldmann 2000
314 Vgl. Millward/Hopkins 1998; vgl. Kapitel VI., 1.5 (Re-)Identifikation und Wiedergewinnung des Commitments
315 Vgl. Morrison/Robinson 1997
316 Vgl. Rousseau/Aquino 1992
317 Vgl. Wanous et al. 1992
318 Vgl. Sparrow/Cooper 1998
319 Vgl. Arnold 1996; Guest 1998; Turnley/Feldman 1998
320 Vgl. Millward/Brewerton 2001
321 Vgl. Rousseau/Tijoriwala 1998; zur Rolle des HR-Managements dabei vgl. Sims 1994
322 Vgl. Robinson 1996
323 Vgl. Gebert/Rosenstiel, v. 1996, S. 35f. Nach den Autoren müsste die Multifunktionalität von Situationsgestaltungen offengelegt werden, um so eine solidere Bewertungsgrundlage für konkrete Gestaltungsalternativen zu schaffen.
324 Vgl. Gebert/Rosenstiel,v. 1996, S. 61ff
325 Vgl. Davis 1993; Irle/Möntmann 1978, S. 366ff; Weidemann/Frey 1992, S. 727ff; vgl. auch, S. 243–292; vgl. zu Konsistenzmodellen Korman 1976, S. 50–63
326 Vgl. Drenth et al. 1984, S. 152
327 Als Kognitionen bestimmt Festinger Wissenseinheiten, Einstellungen, Werthaltungen. Vgl. Festinger 1957.
328 Kognitive Informationen, die im Zusammenhang mit einer bereits getroffenen Entscheidung von Bedeutung gewesen wären, werden möglichst im Sinne der Entscheidung wahrgenommen bzw. gedeutet. Vgl. Festinger 1978
329 Vgl. Festinger 1975, Frey 1995
330 Weitere Anwendungsfelder der Dissonanztheorie betreffen unnachvollziehbare Entscheidungen, Bewusstwerdung hochselektiver Informationssuche oder fehlende soziale Unterstützung. Vgl. Frey 1992, S. 729
331 Vgl. Kniehl 1998, S. 69ff
332 Vgl. Savery 1982
333 Kniehl 1998, S. 73
334 Oder aktiv Situationen und Informationen zu vermeiden, die möglicherweise die Dissonanz noch weiter erhöhen würden vgl. Festinger 1978, S. 16, S. 30ff
335 Vgl. Witten 1989

336 Vgl. Simon et al. 1995
337 Vgl. Neuberger/Kompa 1987
338 Vgl. Thorndike 1911
339 Vgl. Kapitel IV., 4.2 Beziehungskonten
340 Vgl. Ulich 1985
341 Vgl. Rolls 1999; Ratner 1989; Bower 1981; Stein/Trabasso 1992; Ortony et al. 1988. Zur Kritik vgl. Gerhards 1989, S. 737–754; Collins 1990.
342 Vgl. Schachter 1964
343 Vgl. Solomon/Calhoun 1984, S. 4
344 Vgl. Heller 1981, Denzin 1984
345 Vgl. Gergen/Gergen 1988, S. 17f
346 Vgl. Averill 1982; Gergen/Gergen 1988
347 Vgl. Ashforth/Humphrey 1995; Isen/Baron 1991, S. 1–53.
348 Vgl. Park et al. 1986
349 Vgl. Jones/James 1979; Payne et al. 1976; Matsumoto/Sanders 1988; Schneider 1990, S. 388; Cheney 1983, S. 346; zudem beeinflusst eine solche emotionale Atmosphäre maßgeblich die geteilten Interpretationen und das Lernen der Handelnden sowie ihr Rollenverhalten in der Organisation. Vgl. Pettigrew 1990, S. 429; zur Relvanz eines Bedeutungsmanagements für emotionale und kreative Spielräume vgl. Smiricish 1983; Smiricish/Morgan 1982; Griffin et al. 1987; Grove et. al. 1992; Pfeffer 1981; Trice/Beyer 1984, Turner 1994; Gagliardi 1996; Normann/Ramirez 1994; Ramirez 1991; Shotter 1995
350 Vgl. Harré 1986; Lutz/White 1986; Kemper 1978; 1990; Denzin 1984
351 Vgl. Stein/Trabasso 1992; Ortony et al. 1988
352 Vgl. Ashford/Humphrey 1995, Schreyögg/Sydow 2001
353 Vgl. Albrow 1992; Fineman 1993, 1994 S. 79; van Maanen/Kunda 1989; Putnam/Mumby 1993; Damasio 1994; Franks/Gecas 1992; aus behavioristischer Perspektive wird die Gefühlsdimension funktional zu erfassen gesucht, vgl. z. B. Baron 1993; Harrison 1987
354 Vgl. Brunsson 1990. Der Dualismus von Emotionalität und Kognition ist jedoch als ein sozial konstruierter und damit wandelbarer Zusammenhang zu verstehen; vgl. Harré 1986. Der Zusammenhang einer »Vernünftigkeit der Emotionen«, wie der »emotionale Untergrund des Vernünftigen« (vgl. Sousa, de 1987; Kemper 1993; Frank 1988), verweist darauf, dass emotionale Sprachprozesse und Denk- und Symbolprozesse nicht unabhängig voneinander vorkommen; vgl. Gallois 1993; Lutz/Abu-Lughod 1990; Heller 1981, S. 159
355 Vgl. Fineman 1993, S. 16
356 Vgl. Solomon 1980, S. 258; Scheele 1990, S. 67. Scheele zeigt die Verflochtenheit von Kognition und Emotion auf, indem sie die adäquate Artikulation eines Gefühls an dessen sprachlichen Formulierbarkeit gebunden sieht. Zur »Semiozität der Gefühle« vgl. ebenda, S. 67ff
357 Als »Bestimmungsmuster« für eine interpretative Neuausrichtung von Demotivationswahrnehmungen füllen Gefühle »Lücken«, die bei reiner Rationalität in der Bestimmung von Handlungen und Glauben verbleiben. Vgl. Sousa, de 1987
358 Zur Bedeutung von Stimmungen vgl. Bierhoff/Herner 1999, S. 61; Morris/Reilly 1987; für das Organisationsleben vgl. George 1989, 1990, 1991, 1996; George/Brief 1992; Müller 1999, S. 690; Abele 1995; Fisher 2000; Daniels 2000

359 Zu Grunddimensionen der Gefühlsarbeit vgl. Morris/Feldman 1996; Staehle 1999, S. 263
360 Vgl. Abraham 1998a, b 1999, 2000; Rafaeli/Sutton 1987
361 Vgl. Küpers 1999
362 Vgl. Hochschild 1990, S. 73ff, S. 99ff; Sie variieren je nach spezifischen Erwartungen, situativen Gegebenheiten und der Machtposition des Mitarbeiters. Vgl. Ashforth/ Humphrey 1983
363 Damit wird eine gezielte Steuerung des Ausdrucks im Verhältnis zu den situativen Gefühlsregeln angestrebt, vgl. Humphrey/Ashforth 1994
364 Solche Dissonanzen können zu persönlichen und arbeitsbezogenen Fehlanpassungen sowie zu leiblichen und psychologischen »Dysfunktionalitäten« führen; vgl. dazu King/Emmons 1990; Pekrun/Frese 1992. Wobei grundsätzlich zu beachten ist, dass sich Menschen sehr darin unterscheiden, wie sie den eigenen Gefühlsausdruck nach bestimmten Regeln und nach spezifischen Absichten verändern und einsetzen können; vgl. auch Staehle 1999, S. 263
365 Vgl. Hochschild 1983, S. 124; Burish 1989; Enzmann/Kleiber 1989; nach Hochschild gewinnt dieses außen-geleitete Selbst ein immer stärkeres Eigenleben im Vergleich zu dem »eigentlichen Selbst«. Wobei Hochschild und ihre Rezipienten (vgl. Gerhards 1988; Dunkel 1988; Frese 1990, S. 285–301) nicht anzugeben vermögen, unter welchen Bedingungen die Gefühlsarbeit auch positiv sein kann, bzw. wann sie zur Entwicklung eines »eigentlichen Selbst« beiträgt. Wobei die Ambivalenz der Gefühlsarbeit darin liegt, dass sie neben den Problemen der Entfremdung und des psychischen Stresses auch zur Steigerung des positiven Selbstwertgefühls und der Selbstwirksamkeit, wie sozialer Kompetenz beitragen kann. Vgl. auch Zapf et al. 1999; ein bewusst gestaltetes emotionsgetragenes, konfliktfähiges »Rollenspiel« (vgl. Graen 1976) kann sogar der Erhöhung der Arbeitszufriedenheit dienen (Roos/Starke 1981, S. 290–308) – insbesondere dann, wenn Raum für soziale Verhandlungen und konsensueller Übereinkunft gegeben ist; vgl. Fischer 1992, Sp 2230
366 Vgl. Sandelands 1988, S. 437–457; Hirschhorn 1988; Mumby/Putnam 1992; die komplexen, dynamischen und interaktiven Arbeitsgefühle ergeben sich vielmehr aus dem Arbeiten selbst. Wobei sie selbstverständlich von Einflüssen aus dem privaten Bereich mitbeinflusst werden und auf diese zurückwirken. Vgl Wharton/Erickson 1993
367 Vgl. Ashford/Humphrey 1993, S. 88–115; Wharton 1993; Wharton/Erickson 1993
368 Vgl. Surprenant/Solomon 1987
369 Vgl. George 2000
370 Vgl. Ashforth & Humphrey 1995
371 Vgl. Abraham 1998a, 1998b, 1999a; Rafaeli/Sutton 1987
372 Vgl. Adelmann 1989
373 In einem integrierten, emotionalen Dissonanzmodell wurde die direkte Beziehung zwischen emotionaler Dissonanz und Arbeitsergebnissen nachgewiesen. Vgl. Morris/Feldman 1996
374 Vgl. Wiswede 1977, S. 137–152
375 Vgl. Kahn et al. 1964
376 Vgl. Morris/Feldman 1996
377 Vgl. Abraham 1998a, b
378 Vgl. Sternberg 1990; Abraham 1997
379 Vgl. Rahim 1996; Seiz/Schwab 1992
380 Vgl. Csikszentmihalyi 1992, S. 202

381 Neuberger bewertet Csikszentmihalyis Untersuchungen in methodischer und inhaltlicher Sicht als wertvolle Ergänzung zum »main-stream« der Motivationsforschung. Vgl. Neuberger 1995, S. 56
382 Vgl. Csikszentmihalyi 1991; Csikszentmihalyi 1988; Csikszentmihalyi/LeFevre 1989, S. 815–822; Csikszentmihalyi/Rahunde 1993, S. 58–97; zu »peak-experiences« vgl. Maslow 1973
383 Vgl. Csikszentmihalyi 1990
384 Vgl. Csikszentmihalyi 1997
385 Vgl. Csikszentmihalyi/Csikszentmihalyi 1988, S. 381
386 Vgl. Hackman/Oldham 1980
387 Vgl. Jerusalem/Perkrun 1999
388 Vgl. Cube/Alshut 1992
389 Vgl. Brehm 1966, 1982; Gniech/Grabitz 1978, S. 48–73
390 Situationskontrolle kann in eine objektive Kontrolle, als Ausmaß tatsächlich vorhandener Beeinflussbarkeit der Situation und eine subjektiv-kognitive Kontrolle, als Grad an wahrgenommener, antizipierter oder vermeintlicher Beeinflussung der Umgebungsbedingungen durch die Person unterschieden werden. Vgl. Osnabrügge et al. 1985; Furnham/Drakeley 1993
391 Die Bedeutung der bedrohten Freiheit umfasst dabei sowohl die Wichtigkeit der »Freiheit von« als auch die Wichtigkeit der »Freiheit zu«, vgl. Dickenberger 1979
392 Zu Reaktionsformen psychologischer Reaktanz vgl. Kniehl 1998, S. 83
393 Sie tritt nach Seligman (1975) auf, wenn unabhängig vom augenblicklichen Verhalten unkontrollierbare und unvermeidbare aversive Reize auftreten und weder Flucht- noch Vermeidungsverhalten gegenüber einem aversiven Reiz möglich ist. Eine Hilflosigkeitserwartung, kann auch auf andere Situationen übertragen werden, selbst wenn in dieser Situation erfolgreiches Verhalten möglich wäre. Vgl. auch Velthouse/Thomas 1990, S. 673; Conger/Kanungo 1988b, S. 473; Stiensmeier-Pelster 1989; Wunderer/Bruch 2000, S. 237ff
394 Vgl. Wortman/Brehm 1975; vgl. auch Staehle 1989, S. 198ff
395 Vgl. Elliot/Devine 1994; Galinsky et al. 2000; Higgins et al. 1979
396 Vgl. Kniehl 1998, S. 87
397 Vgl. Hovland et al. 1953, S. 164; Ringlstetter/Kniehl 1995, S. 149
398 Vgl. bereits Ach 1935
399 Kant benutzt den Willensbegriff zur Grundlegung seiner Ethik, in der gezeigt werden soll, wie Vernunft, insbesondere reine Vernunft, praktisch sein kann. Wille und praktische Vernunft fallen bei Kant zusammen. Schopenhauer formulierte dagegen eine Willensmetaphysik, in welcher er einen überpersönlichen Willen als metaphysisches Weltprinzip annimmt und zu dem »Ding an sich« erklärt. Der so verstandene Wille ist ein blindes vernunftloses Drängen und Streben, welches sich in der Natur auf verschiedenen Stufen objektiviert. Vgl. Schopenhauer 1998. An Schopenhauers Willensmetaphysik knüpfen u. a. Nietzsche und Freud an.
400 Vgl. Kniehl 1998, S. 175. Die Unterscheidung von motivationalen und volitionalen Dimensionen geht u. a. zurück auf Kuhl 1983, S. 304
401 Gollwitzer (1987) hat zwischen Ziel- und Ausführungsintention unterschieden. Die Ausführungsintentionen enthalten gegenüber den Zielintentionen einen Handlungsplan, spezifizieren die Gelegenheit ihrer Umsetzung und sind stärker auf näherliegende Ziele gerichtet.
402 Vgl. Heckhausen 1989

403 Nach Heckhausen 1989
404 Der Rubikon ist ein kleiner Fluss im Nordosten Italiens, der in der Antike die Grenze zwischen Gallien und Italien markierte. Caesar eröffnete mit der Überschreitung des Rubikon im Jahre 49 v. Chr. einen folgenreichen Bürgerkrieg. Von daher leitet sich die Redewendung »den Rubikon überschreiten« ab, i. S. einen entscheidenden Schritt zu tun.
405 Vgl. Kapitel III., 6 Theorien der kognitiven und emotionalen Dissonanz
406 Vgl. Pekrun 1988, S. 190f
407 Zur Vermeidung von Initiierungsfehlern bei der Selektions- und Regulierungsmotivation sind möglichst viele Handlungsoptionen offen zu halten, vgl. dazu Kapitel VI., 3.2 Erweiterung der Handlungsspielräume. Zur Relevanz von herausfordernden und spezifischen Zielen vgl. Kapitel VII., 4.4 Delegative Führung. Zur Bedeutung eines kontinuierlichen Feedbacks für effektive Durchführungskontrolle in aktionalen Willensphasen vgl. Kniehl 1998, S. 235. Zu Trainingsprogrammen dazu vgl. u.a. Frayne/Geringer 1993, S. 301; Latham/Frayne 1989, S. 412; Andrasik/Heimberg 1982, S. 219. Zur volitionsbezogenen Professsionalisierung vgl. Kniehl 1998, S. 242f
408 Vgl. Puca 1996, S. 52–55, Kornard 1988
409 Verstanden als Gestaltungsparameter, die einer Organisation die formale Sozialisierung ihrer Mitglieder zum eigenen Nutzen ermöglicht. Vgl. Mintzberg 1992 a, b, S. 65ff; Ringlstetter 1995, S. 225
410 Vgl. Gebert/Rosenstiel, v. 1996, S. 88; Rosenstiel, v. et al. 1993, S. 151ff; Cherrington 1994, S. 308. Besondere Beachtung fanden Untersuchungen zum »Rosenthal-Effekt. Dieser besagt, dass Menschen so werden, wie andere es von ihnen erwarten. Vgl. Rosenthal/Jakobson 1968
411 Vgl. Rosenstiel, v. 1980, S. 45–47. Durch die Strukturiertheit und Beschränktheit konkreter Handlungsmöglichkeiten werden Spielräume eingeengt bzw. homogenisiert, so dass Verhaltensergebnisse in qualitativer, quantitativer und zeitlicher Beziehung vorgeschrieben sind. Vgl. Osterloh 1985, Sydow 1985, Kappler 1987
412 Vgl. Zu negativen Auswirkungen von Kontrollverlusten vgl. Seligman 1975, S. 44f
413 Vgl. Kniehl 1998
414 Vgl. Wunderer/Bruch 2000, S. 237ff
415 Vgl. Kuhl 1983
416 Wobei es persönliche Unterschiede in der Neigung zur Handlungs- bzw. Lageorientierung gibt und Wichtigkeit bzw. Bedeutung, die Ereignissen beigemessen werden vermittelnden Einfluss ausüben. Vgl. Kuhl/Goschke, 1994
417 Vgl. Kuhl/Beckmann 1994
418 Der Eskalationszirkel schließt sich, wenn Mitarbeiter aufgrund der verminderten Fähigkeit zur aktiven Kontrolle von Handlungsfolgen nach externen Stützungsmechanismen suchen. Diese sollen helfen, wieder die richtige Mischung zwischen Handlungs- und Lageorientierung zu finden: »Gelingt es der Organisation, psychologische Verträge wieder zu stabilisieren und auf diese Weise weitere Konfliktakkumulationen zu vermeiden, so kann sie den Kreislauf unterbrechen. Es ist jedoch auch der ungünstige Fall denkbar, in dem die Organisation versucht, durch den Kreislauf entstandene Leistungsdefizite über eine verstärkte externe Kontrolle ihrer Mitglieder zu kompensieren; daraus entspringen dann allerdings neue Kontrollverluste, die den Kreislauf aufs Neue initiieren, diesmal allerdings bereits auf einer erhöhten Eskalationsstufe. Vgl. Kniehl 1998, S. 229
419 Vgl. Kniehl 1998, S. 229

Konzeption und Theorien

420 Vgl. Kniehl 1998, S. 240f
421 Vgl. Kapitel VI., Strukturell-systemische Führung zum Demotivationsabbau und Remotivation
422 Vgl. Kanungo 1982, S. 7ff
423 Vgl. Seeman 1959, 1967, 1977; Blauner 1964; Schacht 1971; Israel 1985
424 Vgl. Fromm 1991, S. 59
425 Vgl. Schaff 1980; Luhmann 1997, S. 49. Entfremdung stellt damit die Abwesenheit von Sinn für den Einzelnen oder ein Kollektiv dar. Vgl. Schacht 1989, 1992
426 Vgl. Seemann 1989; Kanungo 1982, S. 88; Wunderer/Mittmann 1995a,b
427 Vgl. Kapitel IV., 4.2 Beziehungskontext
428 Als psychologische Identifikation ist Involvement nach Kanungo (1982, S. 22, 65, 118 ff.) nicht mit intrinsischer Arbeitszufriedenheit gleichzusetzen. Zum Zusammenhang von Identifikation, Motivation und Involvement vgl. auch Conrad 1988
429 Vgl. Conrad 1988; Brown 1996; Wunderer/Mittmann 1995a,b
430 Vgl. Freeman et al. 2000
431 Vgl. Lawler 1996; Geyer 1994
432 Vgl. Kanungo 1982, S. 158
433 Vgl. Teil C. Grundstrategien zur Demotivationsüberwindung und Remotivation, bes. Kapitel V., und Kapitel VI.
434 Vgl. Landmann 1975, S. 189; Schuller 1991
435 Vgl. Gehlen 1952, 1997
436 Vgl. Plessner 1959, 1969, 1982, S. 79
437 Vgl. Raidt 1987, S. 19; vgl. auch Höhn 1983, S. 17ff
438 Vgl. Faller 1991, S. 86
439 Löhnert 1989, S. 39, 109. In der aktiven Form kompensiert oder rächt sich ein Mitarbeiter für eine als ungerecht empfundene Handlung seitens des Unternehmens durch eine bewusst vollzogene innere Kündigung. Bei der passiven Form empfindet der Mitarbeiter eine Nichtbeinflussbarkeit seiner Arbeitssituation und zieht sich entsprechend zu einer »Dienst-nach-Vorschrift-Praxis« zurück, bei der er keine negativen Konsequenzen erfährt.
440 Die Innere Kündigung tritt nach Hilb (1992, S. 4) am häufigsten beim Betriebspersonal, Büropersonal, unteren Führungsschichten und am wenigsten beim oberen Management, Außendienst-Personal und mittleren Führungskräften auf.
441 Vgl. Kahn 1990, S. 692–724
442 Vgl. Seibel/Lühring 1984
443 Vgl. Seligman 1975
444 Vgl. Massenbach 2000, S. 64
445 Vgl. Richter 1999, S. 113–138
446 Vgl. Lüders 1993, S. 52–57. Zur Abgrenzung zum Burn-Out vgl. Richter 1999, S. 122. Während innere Kündigung auf den Bruch des inneren Vertrags zwischen Individuum und Organisation zurückzuführen wäre, stellt sich Burn-Out als eine Nichtaufrechterhaltung von Ansprüchen an die eigene Person dar.
447 Vgl. Hilb 1992, S. 18
448 Vgl. Raidt 1987, S. 19; Raidt 1989, S. 69
449 Vgl. Höhn 1983, S. 51ff
450 Vgl. Raidt 1989, S. 73
451 Vgl. Faller 1991, S. 109

452 Vgl. Faller 1991, S. 106ff. Faller unterscheidet verschiedene Folgen auf Individual-, Gruppen- und Organisationsebene.
453 Vgl. Kapitel VI., 2.6 Strategien der Konflikthandhabung
454 Vgl. Kapitel VI., 2.1 Phasenzyklische Abbaustrageie
455 Vgl. auch Meyer 1978; Spitzer 1997
456 Auch bei einem prinzipiell stabilen Zusammenhang zwischen bestimmten Einflussgrößen kann es zu turbulenten Phasen und Wirkungen kommen, wenn z. B. eine normalerweise unbedeutende Variable wie die Arbeitsplatzumgebung oder Ressourcenverfügbarkeit einen kritischen Wert übersteigt und dann plötzlich zur zentralen Größe aufsteigt.
457 Vgl. Neuberger 1999, S. 87
458 Systemische Konzepte thematisieren den komplexitätsreduzierenden Selektionsprozess bei Problemhandhabungen.
459 Vgl. Maier 1998, S. 317. Mit ihren differentialistischen Ansatz kann eine systemische Orientierung danach fragen, welche Möglichkeiten das Management hat, auftretende »Unterschiede« durch Demotivationsprobleme zu handhaben (ital. »maneggiare«), das heißt sie zu setzen, zu verstärken, einzupassen oder evtl. abzuschwächen oder zu verändern.
460 Vgl. Kasper 1991, S. 391
461 Wilke bestimmt dezentrale Kontextsteuerung als »die reflexive, dezentrale Steuerung der Kontextbedingungen aller Teilsysteme und selbstreferentielle Steuerung jedes einzelnen Teilsystems. Dezentrale Steuerung der Kontextbedingungen soll heißen, dass ein Mindestmaß an gemeinsamer Orientierung oder ›Weltsicht‹ zwar unumgänglich ist; dass aber dieser gemeinsame Kontext nicht mehr von einer zentralen Einheit (...) vorgegeben werden kann. Vielmehr müssen die Kontextbedingungen aus dem Diskurs der autonomen Teile konstituiert werden« (Willke 1989, S. 58).
462 Vgl. Klimecki et al. 1994; Kirsch 1997
463 So spielen die Bedürfnisse des Einzelnen in einer rein funktionalen Systemauffassung keine Rolle; vgl. Luhmann 1984, S. 375; vgl. auch Wunderer 1995b
464 Der Kommunikationsbegriff der Systemtheorie lässt jedoch nur subjektlose Operationen und Beobachtungen zu. vgl. Baecker 1999, S. 241; Luhmann 1984, S. 191ff; Wilke 1993b, S. 44; Steinmann/Schreyögg 1993, S. 132. Eine solche Auffassung verkennt die subjektbezogene Handlungswirklichkeit. Denn Systeme sind keine »fleischlosen« Gebilde von Rollen und Funktionen. Sie entstehen und entwickeln sich nur über den leiblich situierten Menschen. Vgl. Kropp 1997, S. 43
465 Motive werden systemtheoretisch nicht als originäre Möglichkeit eines Menschen gesehen. Sie gelten als zugerechnete Verhaltensdispositionen bzw. Medien von strukturellen Kopplungen zwischen psychischen und sozialen Systemen. Soziale Systeme erleichtern durch Unterstellung von Motiven die Stabilisierung von Erwartungen.
466 Das Problemlösungspotenzial wird nicht durch abgeschlossene Lösungen bestimmt, sondern durch die vermittelten Lernerfahrungen, welche die Chance erhöhen, zukünftig wahrscheinliche Probleme zu bewältigen. Vgl. Klimecki/Gmür 1998a, S. 377
467 Vgl. Weibler 1995, S. 115; Mayrhofer 1996. Mayrhofer beschreibt eine enge Verbindung zur Kommunikationstheorie
468 Diese Schwierigkeiten resultieren aus dem Anspruch der Systemtheorie, generelle Prinzipien erarbeiten zu wollen. Sie weist damit einen hohen Abstraktionsgrad auf

und ist damit oft inhaltsarm. Der Bezug zu konkreten (Handlungs-)Situationen bleibt vielfach unerfüllt (vgl. Macharzina 1993, S. 58) oder eklektisch (vgl. Kieser 1993, S. 271).

469 Probst und Romhard haben Anforderungen an eine praxisorientierte Systemtheorie am Beispiel eines Wissensmanagement-Modells aufgestellt. Dazu zählen: Anschlussfähigkeit: Die Schaffung einer gemeinsamen Sprache und die Einordnung von Wissensmanagement-Ideen in bereits bestehende Konzepte wie Total Quality Management oder Business Process Reengineering muss gewährleistet werden; Problemorientierung: Wissensmanagement muss bei der Lösung von konkreten Problemen einen Beitrag leisten und darf nicht auf der Meta-Ebene verharren. Die Nutzbarkeit der Ideen in der Praxis ist der finale Test; Verständlichkeit: Statt zu »verkomplizieren« ... und weitere Unterscheidungen zu treffen ..., muss eine Auswahl relevanter Begrifflichkeiten und Ideen im Felde des Wissensmanagement getroffen werden, welche innerhalb von Organisationen verstanden werden; Handlungsorientierung: Analysen im Felde des Wissensmanagements müssen Führungskräfte ermächtigen, den Einsatz von Managementinstrumenten in ihrer Wirkung auf die organisationale Wissensbasis zu beurteilen und letztlich zu Entscheidungen und Handlungen führen; Instrumentenbereitstellung: Zielgerichtete Interventionen erfordern erprobte Instrumente. Ziel eines Wissensmanagementkonzeptes muss es somit letztlich auch sein, ein Arsenal an ausgereiften und zuverlässigen Methoden und Instrumenten zur Verfügung zu stellen. Vgl. CIM-Centrum Kaiserslautern http://www.cck.uni-kl.de/wmk/papers/public/Bausteine/bausteinedeswissensmanagements.html

Teil B:
Empirik

Kapitel IV.
Empirische Untersuchung und theoretische Analysen zu Motivationsbarrieren

1. Das Forschungsdesign

2. Gesamtergebnisse der empirischen Untersuchung zu Motivationsbarrieren
   - Potenziell besonders starke Motivationsbarrieren
   - Aktuelle Motivationsbarrieren
   - Vergleich aktueller und potenzieller Motivationsbarrieren
   - Bilanzierung und Verluste von Motivationsbarrieren
   - Motivationsbarrieren im Zusammenhang ihrer Bezugsebenen

3. Einzelergebnisse
   - Personale Motivationsbarrieren
   - Interpersonelle Motivationsbarrieren
   - Strukturell-organisatorische Motivationsbarrieren

4. Einflusskontexte der Motivationsbarrieren
   - Arbeitskontext
   - Beziehungskontext
   - Kulturkontext

5. Grenzen der empirischen Untersuchung

6. Gesamtwirtschaftliche und gesellschaftliche kulturelle Makroebene der Demotivation
   - Gesamtwirtschaftlicher Kontext der Demotivation
   - Folgen und Kosten der Demotivation aus ökonomischer Sicht
   - Sozio-kultureller Kontext der Demotivation

Anmerkungen, Literaturhinweise, Endnoten zu Teil B

IV. Empirische Untersuchung und theoretische Analysen zu Motivationsbarrieren

1. Das Forschungsdesign

Nach der theoretischen Diskussion, werden nun die Ergebnisse unserer empirischen Untersuchung zu Motivationsbarrieren diskutiert. **Ziel** war, für die personalen, interpersonellen und strukturellen Bezugsebenen Erkenntnisse zu Motivationsbarrieren zu gewinnen und auszuwerten, auch um für die Demotivationsüberwindung in Teil C Folgerungen ziehen zu können. Dazu wurden sowohl quantitative Untersuchungen wie qualitative Interviews durchgeführt.

- **Quantitative Untersuchung**

Zum Phänomen der »Demotivation« gibt es bisher kaum ausgewiesene Untersuchungen. Deshalb wurde zunächst ein **eigenes Forschungsdesign für eine Pilotstudie** entwickelt.[1] Mit diesem wurde ein Fragebogen konzipiert, der insgesamt 17 Motivationsbarrieren erfasste. Die befragten Barrieren decken die wichtigsten Demotivationsbereiche ab. Dabei wurden sowohl personengebundene, zwischenmenschliche sowie strukturelle Hemmfaktoren berücksichtigt. Diese Barrieren schränken Motivation, Leistungspotenziale und Engagement von Mitarbeitern ein. Sie werden auch von situativen Faktoren beeinflusst und sind zugleich in einen gesamtwirtschaftlichen und gesellschaftlichen Makrokontext eingebettet.

Mit der Untersuchung wollten wir sowohl potenzielle sowie aktuelle Motivationsbarrieren erfassen. Daher wurden die Befragten zunächst gebeten, die für sie wichtigsten **potenziellen Barrieren** aus einer Auswahl von 17 Barrieren zu bestimmen. Ergänzt wurden die Barrieren durch spezifische **Unterpunkte,** welche die Haupteinflussfaktoren näher bestimmten oder erklärten. Aus diesen sollten die Teilnehmer die für sie relevanten unterstreichen oder weitere hinzufügen. Abschließend sollten alle **aktuellen Motivationsbarrieren** gewichtet werden. Dazu konnte die gegenwärtige Stärke der jeweiligen Barriere bewertet werden mit: 1 = trifft nicht zu; 2 = trifft gering zu; 3 = trifft mittelstark zu; 4 = trifft stark zu; 5 = trifft sehr stark zu. Diese **Gewichtungen** ermöglichen eine Ermittlung von Mittelwerten und Rangierung aller Motivationsbarrieren. Das Befragungsdesign wurde in Vorläufen vielfach getestet und modifiziert. Abbildung 28 zeigt ein Muster des verwendeten Fragebogens:

Fragebogen zur Arbeitsqualität: Motivationsbarrieren

Motivation kann auf verschiedene Weise blockiert werden. Wir möchten Sie deshalb in drei Schritten fragen, was Ihre Motivation hinsichtlich der Qualität der Arbeit und Arbeitsbeziehungen gegenwärtig beeinträchtigt.

I. **Umkreisen** Sie zunächst bitte die Nummer der **drei Motivationsbarrieren**, die Sie **grundsätzlich persönlich** besonders belasten würden; dies unabhängig von der derzeitigen Ausprägung.

II. Bitte **unterstreichen oder ergänzen** Sie dann **in den einzelnen Unterpunkten** der 17 Motivationsbarriere(n), die für Sie **aktuell** am stärksten zutreffen.

III. Abschließend **bewerten** Sie bitte die **gegenwärtige Stärke** jeder Motivationsbarriere (1–17). (1 = trifft nicht zu, 2 = trifft gering zu; 3 = trifft mittelstark zu; 4 = trifft stark zu; 5 = trifft sehr stark zu).

Selbstverständlich werden Ihre Angaben streng vertraulich behandelt.

A) Motivationsbarrieren:	1	2	3	4	5
1. **Arbeitsinhalt:** _nicht:_ herausfordernd/sinnvoll/vielfältig/lernfördernd/ganzheitlich//_zu:_ unbestimmt/unter-/überfordernd/monoton//stark verändernd//kein Spaß/	❏	❏	❏	❏	❏
2. **Arbeitskoordination:** _unklare:_ Kommunikation/Aufgaben-/Kompetenzabgrenzung/Zielbestimmung // unproduktive Arbeitssitzungen/ungleiche, ungerechte Arbeitsauslastung//problematische »Schnittstellen« mit anderen Organisationseinheiten/	❏	❏	❏	❏	❏
3. **Ressourcen:** _ungenügende(s):_ Budget/Arbeitsplatzausstattung/Informationszugänge/Anzahl, Qualität von Mitarbeitern/	❏	❏	❏	❏	❏
4. **Arbeitsdurchführung:** _ungünstige:_ Arbeitsbedingungen/Arbeitsprozesse/zu großer Zeitdruck bzw. Zeitmangel/unbefriedigender Leistungserfolg/	❏	❏	❏	❏	❏
5. **Anerkennung:** _unbefriedigende(s):_ Erfolgszurechnung/Feedback/Anerkennung besonderer Leistungen//schlechtbewertetes Arbeitsergebnis/_unfaire:_ Kritik/	❏	❏	❏	❏	❏
6. **Verantwortung:** unklar/zu wenig/zu viel/zersplittert/überlagernd/überlappend/	❏	❏	❏	❏	❏
7. **Organisationskultur:** Widersprüche zu eigenen Werten/»Reden« und Verhalten differieren/»Misstrauenskultur«/ hemmende Bürokratie/Intransparenz//_fehlende:_ Leistungsorientierung/Innovations-, Kooperations- oder Konfliktlösungskultur/Fehlertoleranz/	❏	❏	❏	❏	❏

A) Motivationsbarrieren:	1	2	3	4	5
8. **Verhältnis zu anderen Abteilungen:** Abhängigkeiten/Zielkonflikte/gestörte Kooperation/unzureichende Aufgabenabgrenzung//ungleiche Erfolgs- und Anerkennungschancen//Anonymisierung durch Virtualisierung/	❑	❑	❑	❑	❑
9. **Verhältnis zum Team/zu Teamkollegen:** *mangelnde:* Qualifikation/Motivation/Zusammenarbeit//Gruppenkonflikte/Egoismus	❑	❑	❑	❑	❑
10. **Verhältnis zum direkten Vorgesetzten:** *mangelnde:* Fachqualifikation/Motivierung/Förderung//Führungsbeziehungen: *unbefriedigende:* Führungsqualifikation/Motivation/Kooperation/Mitsprache/Vorbildfunktion//Nichteinhaltung von Zusagen/	❑	❑	❑	❑	❑
11. **Verhältnis zum höheren Management:** *mangelhaftes:* mitarbeiterorientiertes Denken, Handeln/Vorbild/Führungs-/Kommunikationsverhalten/Change-Management/	❑	❑	❑	❑	❑
12. **Unternehmens-/Personalpolitik:** intransparent/widersprüchlich/ständig wechselnd/fehlende bzw. inkonsequente: Konzeption, Umsetzung oder Integration mit Unternehmenspolitik	❑	❑	❑	❑	❑
13. **Honorierung:** *fehlende:* Markt-/Leistungsgerechtigkeit//zu hohes Einkommensgefälle zwischen Bereichen oder Hierarchien/Intransparenz//unzureichende, demotivierende: Anreizsysteme/Leistungs- und/oder Erfolgsbeteiligung ..	❑	❑	❑	❑	❑
14. **Perspektiven:** *wenig zukunftsorientierte:* Unternehmensvision bzw. -strategie//*zu wenig:* neue, herausfordernde Aufgaben/Entwicklungschancen/Aufstiegsmöglichkeiten/ ...	❑	❑	❑	❑	❑
15. **Identifikation/Motivation:** Fehlende Identifikation mit: Leistungsprozessen, Management, Mitarbeitern, Team, Unternehmen, Kunden//besonderes Commitment wurde nicht gewürdigt/enttäuscht	❑	❑	❑	❑	❑
16. **Einflüsse *auf* das persönliche Leben:** fehlende Balance zwischen Arbeit und Freizeit/Beinträchtigung des Familienlebens/Gefährdung physischer und psychischer Gesundheit/	❑	❑	❑	❑	❑

IV. Empirische Untersuchung zu Motivationsbarrieren

A) Motivationsbarrieren:		1	2	3	4	5
17. Sonstige Motivationsbarriere(n): z. B. • Einflüsse aus dem persönlichen Leben: private Belastungen//Konflikte mit: Lebensplanung bzw. -gestaltung/ • Wirtschaftliche Situation: *fehlende(r):* Unternehmenserfolg/Arbeitsplatz-/Beschäftigungssicherheit// Produkt-/Branchenprobleme/ • Externe Beziehungen: *schwieriges Verhältnis* zu: Kunden/Lieferanten/Behörden/ • Weitere Motivationsbarrieren:		❏	❏	❏	❏	❏
B) Wenn Sie **Bilanz** ziehen, wie stark sind Sie insgesamt in/durch Ihre(r) Arbeit: (1 = sehr gering/unbedeutend; 2 = gering; 3 = mittel; 4 = stark, 5 = sehr stark)	a) motiviert	❏	❏	❏	❏	❏
	b) durch Motivationsbarrieren eingeschränkt	❏	❏	❏	❏	❏
	c) im Vergleich zum vorherigen Jahr stärker eingeschränkt	❏	❏	❏	❏	❏
C) Wie hoch schätzen Sie **Ihren** durchschnittlichen aktuellen **Verlust** von: a) Spaß an der Arbeit, Arbeitsfreude, Energie, b) Produktivität/Arbeitsleistung durch die Motivationsbarrieren ein?		........% ....%				
Wären Sie noch zu einem kurzen und vertraulichen Interview zur Vertiefung oder Erläuterung bereit? Wenn ja, dann notieren Sie bitte hier Ihre E-mail-Adresse oder Telefonnummer:						

Abb. 28: Fragebogen zu Motivationsbarrieren
© Prof. Dr. Wunderer/Dr. Küpers

Mit dem Fragebogen wurden zwischen Januar 2000 und Januar 2001 acht **Befragungsrunden** durchgeführt. Auch wenn keine Reliabiltätstests angewandt wurden, dienten die Befragungen einer inhaltlichen und methodischen Entwicklungsoptimierung. Die Fragerunden wurden im Rahmen von Nachdiplomkursen an den Universitäten St. Gallen, Krems und Bochum in Form von »**Klassenzimmerbefragungen**«[2] durchgeführt, was eine hohe Beteiligungsquote von über 90% ermöglichte. Daran nahmen insgesamt **251 Führungskräfte** verschiedener Mittel- und Großunternehmen aus Deutschland, der Schweiz und Österreichs teil.[3] Die befragte Population war eine relativ **homogene, spezifische Gruppe** des mittleren Managements, die daher sehr ähnliche Ergebnisse generierte.[4] Ihr Durchschnittsalter lag bei ca. 35 Jahren. Um die Anonymität zu sichern, haben wir keine weiteren Strukturdaten oder Angaben zur Position und Funktion im Unternehmen erhoben.

Die quantitativen Untersuchungen wurden mit Hilfe von Datenverarbeitungsprogrammen erfasst und statistisch ausgewertet. Damit wurden Rangreihen und Mittelwerte sowie Korrelationsbeziehungen und Interkorrelationen ermittelt.

- **Qualitative Interviews**

Um die quantitativen Methoden zu erweitern wurden **25 qualitative Telefoninterviews** geführt. Mit einer offenen, halbstrukturierten Verfahrenstechnik konnten so, anhand von Einzelfällen, weitergehende Erkenntnisse gewonnen werden. Wir sprachen dazu ausschließlich mit Teilnehmern der schriftlichen Befragung, die sich dabei bereit erklärt hatten, auch hierfür zur Verfügung zu stehen. Auf der Grundlage des ausgefüllten Fragebogens und eines Interviewleitfadens wurden die Befragten auf bestimmte Fragestellungen hingeleitet, konnten aber auch ohne Antwortvorgaben reagieren. Abschließend wurden vertiefende Fragen gestellt und ausgewählte Demotivationsprobleme besprochen. So wurden »subjektive« Daten und individuelle Erfahrungen zu Hintergründen und Entwicklungsprozessen von Demotivationserfahrungen ermittelt. Dazu gehören die Beschreibung und Bewertung von Aspekten und Beispielen demotivierender Tätigkeiten und Rahmenbedingungen sowie individuelle Begründungen. Die damit gewonnenen Informationen dienten einer Ergänzung und Korrektur der ermittelten Daten aus der Fragebogenauswertung. Die zentralen Aussagen wurden teilweise dokumentiert und inhaltsanalytisch ausgewertet, typisiert und dann den Motivationsbarrieren zugeordnet.

Die **Methodenkombination** von schriftlicher Untersuchung und mündlicher Befragung ermöglichte eine Überprüfung der Validität. So bestätigten die Selbstaussagen der Befragten in den Interviews die (Zwischen-)Ergebnisse der schriftlichen Befragung und erhöhten damit die Interpretationssicherheit. Die Auswahl der Samples erlaubte zudem eine exemplarische Vertiefung von Einzelfällen, aus denen systemische Ursache-Wirkungszusammenhänge und Schwerpunkte von typischen Demotivationsmustern abgeleitet werden konnten. Schließlich wurden noch Ergebnisse von Expertengesprächen mit Personalpraktikern sowie Erkenntnisse anderer empirischer Forschungen und Studien berücksichtigt.

2. Gesamtergebnisse der empirischen Untersuchung zu Motivationsbarrieren

Zunächst wird eine Zusammenfassung der empirischen Ergebnisse nach potenziellen und aktuellen Motivationsbarrieren gezeigt. Diese Unterscheidung erwies sich als hilfreich, denn es gibt Barrieren, die möglicherweise, also potenziell zur Demotivation führen können und solche, die auf eine aktuelle Betroffenheit verweisen. Die Motivationsbarrieren werden dann in Bezugsebenen eingeordnet und danach im Einzelnen vorgestellt. Dabei werden neben den quantitativen Ergebnissen auch die qualitativen Untersuchungsergebnisse aus den Interviews sowie weitere empirische Untersuchungen diskutiert. Anschließend werden die Resultate in Einflusskontexten (Arbeit, Beziehung, Kultur) zusammengefasst und vertiefend betrachtet.

2.1 Potenziell besonders starke Motivationsbarrieren

Sie verweisen auf eine hohe Demotivationsgefährdung. Da sie akut werden können, erfordern sie eine besondere Aufmerksamkeit und spezifische Präventionsmaßnahmen. Die Teilnehmer wurden gebeten, die **drei der 17 Barrieren** zu nennen, die Sie am **stärksten belasten** würden. Folgende Abbildung 29 zeigt die Rangfolge der genannten stärksten potenziellen Barrieren aufgelistet nach ihren häufigsten Nennungen.

Der **Arbeitsinhalt** erwies sich mit Abstand als wichtigste mögliche potenzielle Barriere. Nach Aussagen der Interviews deshalb, weil mit ihr die zentrale Sinndimension der eigenen Arbeit angesprochen ist. Demotivierend wird ein Arbeitsinhalt, besonders wenn er nicht als herausfordernd, sinnvoll oder ganzheitlich wahrgenommen wird sowie wenn die Arbeit keinen Spaß macht.

Neben der Inhaltsdimension sind auch **Beziehungsfaktoren** als potenzielle Barrieren relevant. So werden Beziehungen zur direkten Führung und zu Kollegen sowie zum Privatleben fast gleichwertig hoch rangiert. Die hohe Rangierung von »Anerkennung« zeigt die Bedeutung von Respekt, Hochachtung und Lob durch soziale Kontakte. Auch wenn keine befriedigende »Organisationskultur«, »Identifikation/Motivation«, »Perspektiven« oder »Verantwortung« gegeben sind, droht starke Demotivation.

Rang	Potenzielle Motivationsbarrieren	Gesamtnennungen (N =193)
1	Arbeitsinhalt	103 (43,9%)
2a	Verhältnis zum direkten Vorgesetzten	46 (19,2%)
2b	Verhältnis zu Teamkollegen	46 (19,2%)
2c	Einflüsse auf das persönliche Leben	46 (19,2%)
3a	Anerkennung	40 (16,7%)
3b	Organisationskultur	40 (16,7%)
4	Identifikation – Motivation	37 (15,4%)
5	Perspektiven	35 (14,6%)
6	Verantwortung	27 (11,3%)
7a	Unternehmens- – Personalpolitik	17 (7,1%)
7b	Sonstige Motivationsbarrieren	17 (7,1%)
8	Ressourcen	15 (6,3%)
9	Honorierung	13 (5,4%)
10	Arbeitskoordination	12 (5,0%)
11	Verhältnis zum höheren Management	8 (3,3%)
12	Arbeitsdurchführung	6 (2,5%)
13	Verhältnis zu anderen Abteilungen	5 (2,1%)

Abb. 29: Gesamtergebnisse der empirischen Untersuchungen zu potenziellen Motivationsbarrieren

2.2 Aktuelle Motivationsbarrieren

Sie zeigen eine Betroffenheit durch **aktuelle Demotivationserfahrungen oder -situationen** im beruflichen Alltag an. Abbildung 30 (S. 170) zeigt die Untersuchungsergebnisse zu aktuellen Barrieren in der Rangfolge ihrer Gewichtung. Sie zeigt zugleich die Rangierungen in den 8 Studien mit den befragten Angehörigen des mittleren Managements.

Die Wiederholung der Befragung mit ähnlicher Population in vergleichbaren Weiterbildungskursen bestätigte weitgehend die Rangierung der wichtigsten Motivationsbarrieren.

Insgesamt wirken sich die aktuellen Barrieren auf die befragten Führungskräfte demnach **mittelstark bis gering** aus. Bei den Gewichtungen gab es allerdings eine **hohe Streuung**. So kam es zu fast jeder Barriere zu Bewertungen von 1 (»trifft nicht zu«) bis 5 (»trifft sehr stark zu«). Auch die Abstände zwischen einzelnen Barrieren sind oft gering. Zusätzlich ist zu beachten,

Rang	Motivationsbarrieren	A	B	C	D	E	F	G	H	Gesamt
1	Arbeitskoordination	2,88	3,02	2,92	2,96	3,00	2,82	3,59	3,12	3,04
2	Organisationskultur	3,13	2,85	3,12	2,88	2,78	2,73	3,24	3,04	2,97
3	Einflüsse auf das persönliche Leben	2,75	2,40	2,83	3,12	3,00	3,05	2,65	2,83	2,83
4	Ressourcen	2,82	2,60	3,24	2,96	3,07	2,74	2,38	2,48	2,79
5	Arbeitsdurchführung	2,66	2,62	2,60	3,50	2,85	2,87	2,44	2,50	2,76
6	Verhältnis zum höheren Management	2,97	2,37	3,17	2,88	2,68	2,44	2,44	2,84	2,72
7	Unternehmens- und Personalpolitik	2,56	2,61	3,13	2,73	2,50	2,30	2,81	3,08	2,72
8	Perspektiven	2,56	2,81	2,73	2,60	2,70	2,69	2,31	2,71	2,64
9	Verhältnis zum direkten Vorgesetzten	2,50	2,74	2,57	2,52	2,67	2,22	2,41	3,04	2,58
10	Honorierung	2,60	2,47	2,17	2,85	2,40	2,14	2,75	2,91	2,54
11	Arbeitsergebnis/Anerkennung	2,44	2,51	2,28	2,58	2,79	2,40	2,37	2,76	2,52
12	Verantwortung	2,28	2,68	2,24	2,42	2,25	2,31	2,31	2,88	2,42
13	Identifikation/Motivation	2,34	2,51	2,52	2,42	2,35	2,43	1,88	2,54	2,37
14	Arbeitsinhalt	2,28	2,44	2,28	1,92	2,60	2,38	2,18	2,71	2,35
15	Verhältnis zu anderen Abteilungen	–	2,61	2,46	2,27	2,17	2,11	2,50	2,20	2,33
16	Sonstige Barrieren	1,61	2,41	1,99	2,41	2,72	2,67	2,33	2,32	2,31
17	Verhältnis zu Kollegen	2,13	2,10	1,83	2,28	2,76	2,58	1,75	1,96	2,17

Legende:
Trifft: 1 = nicht, 2 = gering, 3 = mittelstark, 4 = stark, 5 = sehr stark zu

A Nachdiplomkurs an der Universität St. Gallen, 1/2000, N=32
B Nachdiplomkurs an der Universität St. Gallen, 1/2001, N=42
C Schweizerische Kurse für Personalführung, Basel, 2/2000, N=25
D Schweizerische Kurse für Personalführung, Basel, 2/2001, N=26
E Nachdiplomkurs Klein- und Mittelunternehmen an der Universität St. Gallen, 5/2000, N=42
F Nachdiplomkurs Klein- und Mittelunternehmen an der Universität St. Gallen, 6/2001, N=41
G Banken-Sommer-Akademie Bochum 7/2000, N=18
H Nachdiplomkurs Universität Krems, 4/2001, N=25
Gesamt N=251

Abb. 30: Gesamtergebnisse der empirischen Untersuchungen zu aktuellen Motivationsbarrieren

dass es sich bei den Befragten um mittlere Führungskräfte handelte. Diese haben wahrscheinlich eine relativ hohe Stress- bzw. Frustrationstoleranz und sind es gewohnt, mit psychischen Belastungen umzugehen. Bei Mitarbeitern ohne Führungsverantwortung dürften die Ergebnisse höher und anders liegen.

Die Barriere »**Arbeitskoordination**« erwies sich als wichtigster, die »**Organisationskultur**« als zweitstärkster aktueller Hemmfaktor. Zusammen mit den auch hoch gewichteten »Ressourcen« und der »Arbeitsdurchführung« zeigen diese Barrieren die Bedeutung einer **gestörten Arbeitsorganisation und -kultur**.[4]

Im Gegensatz zu den potenziellen, rangiert der »Arbeitsinhalt« nur im unteren Bereich aktuell relevanter Motivationsbarrieren. Er scheint bei den Befragten überwiegend erfüllt bzw. eher wenig belastet zu sein. Wie bei den Interkorrelationen noch gezeigt wird *(vgl. Kapitel IV., 4.1 Arbeitskontext)*, gibt es jedoch starke Zusammenhänge zwischen dem »Arbeitsinhalt« und »Identifikation«, »Verantwortung«, »Perspektiven« und »Anerkennung« sowie zur »Arbeitskoordination«.

Die drittwichtigste Motivationsbarriere »Einflüsse auf das persönliche Leben« verweist besonders auf die Relevanz eines fehlenden Gleichgewichts zwischen Arbeit und Privatleben. Wie auch als zweitwichtigster potenzieller Faktor, ist dies auch Folge neuer Werthaltungen, die durch gesellschaftliche Einflüsse erklärbar sind *(vgl. Kapitel IV., 6 Gesamtwirtschaftliche und gesellschaftlich-kulturelle Makroebene der Demotivation)*.

Die eng zusammenhängenden Barrieren »Verhältnis zum höheren Management«, »Unternehmens- und Personalpolitik« sowie »Verhältnis zum direkten Vorgesetzten« zeigen die Bedeutung unzureichender Führungsbeziehungen auf *(vgl. Kapitel IV., 4.2 Beziehungskontext)*. Auffallend nimmt das »Verhältnis zu Kollegen« nur den unteren Platz gegenwärtiger Belastungsfaktoren ein. Da die Befragten überwiegend Führungskräfte waren, sind hier allerdings Beziehungen zu anderen Vorgesetzten gemeint. Es ist zu vermuten, dass bei Mitarbeitern sich die Kollegenbeziehungen anders gestalten.

Die wichtigsten Korrelation einzelner Barrieren sowie die Interkorrelationen werden bei der Vorstellung der Einzelergebnisse sowie den Einflusskontexten diskutiert *(vgl. Kapitel IV., Einzelergebnisse empirischer Untersuchungen und Kapitel IV., 4 Einflusskontexte der Motivationsbarrieren)*.

Durch **Unterpunkte** zu den jeweiligen Barrieren konnten diese nuancierter differenziert und konkreter bestimmt werden. Die Befragten wurden gebeten, die für sie wichtigen Aspekte zu unterstreichen bzw. Ergänzungen vorzunehmen. Folgende Tabelle fasst sie in der Rangfolge ihrer häufigsten Nennungen zusammen, die wichtigsten sind dabei fett ausgeschrieben:

Unterpunkte zu zentralen aktuellen Motivationsbarrieren		Gesamt (2000-2001 N=251)
Arbeitsinhalt	Nicht: herausfordernd	35
	sinnvoll	28
	ganzheitlich	23
	Kein Spaß	23
	Zu: unbestimmt	17
	monoton	17
	unterfordernd	12
	stark verändernd	11
	Nicht lernfördernd	10
	Zu überfordernd	8
	Nicht vielfältig	4
Arbeitskoordination	unproduktive Arbeitssitzungen	58
	unklare: Kommunikation	44
	Kompetenzabgrenzung	41
	Problematische »Schnittstellen«	34
	unklare: Aufgabenabgrenzung	26
	Zielbestimmung	17
	ungleich, ungerechte Arbeitsauslastung	16
	zusätzliche Angaben: zu viele Projektgruppen	1
Ressourcen	Ungenügende(s): Anzahl/Qualität von Mitarbeitern	95
	Informationszugänge	37
	Budget	22
	Arbeitsplatzausstattung	10
Arbeitsdurchführung	Zu großer Zeitdruck/-mangel	81
	Ungünstige Arbeitsprozesse	33
	Unbefriedigender Leistungserfolg	31
	Ungünstige Arbeitsbedingungen	9
Anerkennung	Unbefriedigendes Feedback	48
	Unfaire Kritik	38
	Unbefriedigende: Anerkennung bes. Leistungen	34
	Erfolgszurechnung	19
	Schlechtbewertetes Arbeitsergebnis	9

Unterpunkte zu zentralen aktuellen Motivationsbarrieren		Gesamt (2000-2001 N=251)
Verantwortung	Unklar	44
	Überlappend	37
	Überlagernd	27
	Zersplittert	22
	Zu wenig	21
	Zu viel	4
Organisationskultur	»Reden« und Verhalten differieren	53
	Fehlende Innovations-, Kooperations- oder Konfliktlösungskultur	43
	Hemmende Bürokratie	33
	Misstrauenskultur	31
	Widersprüche zu eigenen Werten	23
	Intransparenz	19
	Fehlende: Leistungsorientierung	9
	Fehlertoleranz	4
	Zusätzliche Angaben: Spartenegoismus	1
Verhältnis zu anderen Abteilungen	Gestörte Kooperation	41
	Zielkonflikte	37
	Unzureichende Aufgabenabgrenzung	23
	Ungleiche Erfolgs- und Anerkennungschancen	19
	Abhängigkeiten	17
	Anonymisierung durch Virtualisierung	2
	Zusätzliche Angaben: ungenügende Arbeits- und Qualitätsleistung	1
Verhältnis zu Kollegen/im Team	Mangelnde: Zusammenarbeit	41
	Motivation	29
	Qualifikation	28
	Egoismus	26
	Gruppenkonflikte	19
	Zusätzliche Angaben: Machtkampf, Profilierungsneurose	1
Verhältnis zu direkten Vorgesetzten	Unbefriedigende: Vorbildfunktion	39
	Mangelnde: Führungsqualifikation	21
	Fachqualifikation	21
	Nichteinhaltung von Zusagen	18
	Mangelnde Führungsbeziehungen	15
	Unbefriedigende: Kooperation	12

IV. Empirische Untersuchung zu Motivationsbarrieren

Unterpunkte zu zentralen aktuellen Motivationsbarrieren		Gesamt (2000-2001 N=251)
	Motivation	10
	Mitsprache	10
	Mangelnde: Motivierung	9
	Förderung	7
	Zusätzliche Angaben: lange Zeitdauer von Entscheidungen	1
	Zusätzliche Angaben: nur eigene Karriere wichtig	1
Verhältnis zum höheren Management	Mangelhaftes: Kommunikationsverhalten	57
	Führungsverhalten	51
	mitarbeiterorientiertes Denken/Handeln	32
	Vorbild	25
	Change-Management	13
	Fehlende bzw. inkonsequente Umsetzung, Konzeption und Integration	71
	Intransparent	43
	Ständig wechselnd	32
	Widersprüchlich	29
Honorierung	Fehlende: Leistungsgerechtigkeit	42
	Marktgerechtigkeit	31
	Unzureichende, demotivierende Anreizsysteme	31
	Leistungs-/Erfolgsbeteiligung	31
	Zu hohes Einkommensgefälle zw. Bereichen oder Hierarchien	27
	Intransparenz	21
Perspektiven	Zu wenig Entwicklungschancen	49
	Wenig zukunftsorientierte Unternehmensvision bzw. Unternehmensstrategie	37
	Zu wenig: neue, herausfordernde Aufgaben Aufstiegsmöglichkeiten	28
Identifikation/ Motivation	Fehlende Identifikation mit: Leistungsprozessen	27
	Management	24
	Besonderes Commitment wurde nicht gewürdigt	17
	Fehlende Identifikation mit: Mitarbeitern	14
	Unternehmen	13
	Besonderes Commitment wurde enttäuscht	12

Unterpunkte zu zentralen aktuellen Motivationsbarrieren		Gesamt (2000-2001 N=251)
	Fehlende Identifikation mit: Team	11
	Kunden	7
	Zusätzliche Angaben: zum Teil illegale Abläufe	1
Einflüsse auf das persönliche Leben	Fehlende Balance zwischen Arbeit und Freizeit	**79**
	Gefährdung physischer und psychischer Gesundheit	35
	Beeinträchtigung des Familienlebens	26
Sonstige Motivationsbarrieren	Fehlende(r) Unternehmenserfolg	35
	Schwieriges Verhältnis zu Kunden	31
	Private Belastungen	28
	Branchenprobleme	26
	Konflikte mit Lebensplanung/-gestaltung	21
	Schwieriges Verhältnis zu Behörden	19
	Beschäftigungs(un)sicherheit	8
	Produktprobleme	8
	Arbeitsplatzsicherheit	5
	Schwieriges Verhältnis zu Lieferanten	5
	Zusätzliche Angaben: keine klare Nachfolgeregelung	2
Ergänzend, meist einmalig genannte Angaben	– »Aktienkurs« – »falsche Struktur bzw. organisatorische Einbindung des Personaldienstes« – »zu starke Zentralisierung der HR-Strategie« – »Intrigen« – »Unsicherheit bez. der Zukunft« – »Moral und Ethik der heutigen Gesellschaft« – »keine kommunizierte Strategie« – »Werteverlust, Anonymität« – »Instabilität wegen Fusion« – »Erfolgsdruck« – »Standing der Firma im Markt« – »zu viele Spezialprojekte« – »Stimmungsschwankungen« – »zu viele Arbeitsplatzwechsel« – »fehlende Freiräume für Kreativität« – »kontra-agierender Betriebsrat« – »fehlender Erfolg über längere Zeit« – »mangelnde Kommunikation« – »externe Einflüsse (Korruption)«	

Abb. 31: Gesamtergebnisse zu Unterpunkten aktueller Motivationsbarrieren

IV. Empirische Untersuchung zu Motivationsbarrieren

Bei der stärksten Barriere »**Arbeitskoordination**« demotivieren demnach besonders unzureichende Besprechungen und Kommunikationsprozesse. Eine demotivierende Koordination hängt auch mit der zweitstärksten Motivationsbarriere der »**Organisationskultur**« zusammen. Bei dieser sind fehlende Integrität, unzureichende Kulturgestaltung und Konflikte sowie bürokratische Strukturen relevant. Die nachfolgende Barriere »**Einflüsse aus dem persönlichen Leben**« zeigt erneut die Beeinträchtigung einer Work-/Life-Balance. **Ressourcenprobleme** verweisen auf einen besonderen Personalbedarf. Dies ist auch durch den »ausgedünnten« Arbeitsmarkt für qualifizierte Mitarbeiter und die Arbeitsverdichtung durch Personalabbau erklärbar. Das führt zu vielseitigen Überlastungen der Befragten. Eine demotivierende **Arbeitsdurchführung** ist v. a. durch Zeitprobleme bestimmt. Schließlich demotivieren auch stark ein problematisches **Kommunikations- und Führungsverhalten des Top-Managements** sowie die Umsetzung und Transparenz der **Unternehmens- und Personalpolitik**. Viele der erkannten Einflussgrößen werden auch durch andere empirische Untersuchungen bestätigt.[5]

2.3 Vergleich aktueller und potenzieller Motivationsbarrieren

Potenzielle Barrieren thematisieren ähnlich wie Herzbergs »**Kontentfaktoren**« (»**Motivatoren**«) meist intrinsische Aspekte der Arbeit, die sich vor allem auf die Ausgestaltung und Förderungspotenziale der Zufriedenheit und der Arbeitsleistung beziehen.[6]

Aktuelle Barrieren entsprechen dagegen eher »**Hygienefaktoren**« (»Unzufriedenheitsmacher« oder »Frustratoren«) im extrinsischen Arbeits- und Beziehungsumfeld.[7]

Die Differenz in der Rangierung (vgl. Abbildung 32) gibt Hinweise auf mögliche Auswirkungen über die Valenzen innerhalb der Demotivation.

Die potenziell hoch gewichteten Barrieren »Einflüsse auf das persönliche Leben« und »Organisationskultur« sind zugleich wichtige aktuelle Barrieren. »Unternehmens- und Personalpolitik«, »Perspektiven« nehmen eine mittlere Position ein. Die wichtigen potenziellen Barrieren »Arbeitsinhalt« und »Anerkennung« werden als aktueller Faktor geringer gewichtet. Die zweitwichtigste potenzielle Barriere »Verhältnis zum direkten Vorgesetzten« erhält aktuell nur eine mittlere Position. Das potenziell hoch rangierte »Verhältnis zu Kollegen bzw. Team« nimmt sogar nur den letzten Rang bei aktuellen Barrieren ein. Auch weicht die untere Rangierung von »Honorierung«, »Verhältnis zum höheren Management«, »Arbeitsdurchführung« und vor allem »Arbeitskoordination« und »Ressourcen« bei den potenziellen Barrieren auffallend von deren aktuellen Relevanz ab.

Motivationsbarrieren	Ra	Rp	ΔR
Arbeitskoordination	1	10	+9
Organisationskultur	2	3b	+1
Einflüsse auf das persönliche Leben	3	2c	−1
Ressourcen	4	8	+4
Arbeitsdurchführung	5	12	+7
Verhältnis zum höheren Management	6	11	+5
Unternehmens-/Personalpolitik	7	7a	0
Perspektiven	8	5	−3
Verhältnis zum direkten Vorgesetzten	9	2a	−7
Honorierung	10	9	−1
Anerkennung	11	3a	−8
Verantwortung	12	6	−6
Identifikation	13	4	−9
Arbeitsinhalte	14	1	−13
Verhältnis zu anderen Abteilungen	15	13	−2
Verhältnis zu externen Anspruchsgruppen (Kunden)	16	7b	−9
Verhältnis zu Arbeitskollegen	17	2b	−15
Rang als **Ra**: aktuelle Barriere **Rp**: potenzielle Barriere **ΔR**: Rangabweichung			

Abb. 32: Vergleich von aktuellen mit potenziellen Motivationsbarrieren

2.4 Bilanzierung und Verluste durch Motivationsbarrieren

Zusätzlich untersuchten wir, wie stark die Befragten grundlegend oder eingeschränkt motiviert sind und inwieweit sie sich, im Vergleich zum Vorjahr, stärker beeinträchtigt fühlen. Schließlich wurden die Befragten gebeten, ihre durchschnittlichen **Verluste an Spaß und Produktivität** einzuschätzen. Dabei ergaben sich Durchschnittswerte (vgl. Abb. 33) in den acht Befragungsrunden.[9]

Die Mehrheit der befragten Manager schätzt sich – mit einer mittleren bis starken Gewichtung – auch im Vergleich zum Vorjahr – als **überwiegend motiviert** ein. **Dennoch zeigen die Verluste von rund 27% der Arbeitsfreude und fast 23% der Produktivität die Größenordnung der verlorenen Potenziale der Mitarbeiter durch Motivationsbarrieren** und dies bei nur mittelstark eingeschränkter Motivation durch die genannten Barrieren.[12]

Befragungsrunde durch Motivationsbarrieren:	1	2	3	4	5	6	7	8	Gesamt
motiviert	3,41	3,71	4,11	3,83	3,67	4,08	3,90	3,56	3,78
eingeschränkt	2,44	2,42	2,28	2,65	2,56	2,69	2,68	2,44	2,52
stärker eingeschränkt	2,3	2,45	2,03	2,28	2,44	2,61	2,61	2,56	2,41
Legende: (1 = trifft nicht zu; 2 = trifft gering zu; 3 = trifft mittelstark zu; 4 = trifft stark zu; 5 = trifft sehr stark zu)									
Verlust von Spaß Ø	–[10]	–[11]	27,4 %	27,2 %	25,5 %	20,2 %	22,6%	36,2 %	26,5%
Verlust von Produktivität Ø	31 %	16,2 %	25,0 %	25,3 %	22,3 %	18,0 %	15,6%	28,5 %	22,7%

Abb. 33: Bilanzierung und Verluste durch Motivationsbarrieren

Bei den ermittelten Werten handelt es sich um Durchschnittswerte, wobei sich die Angaben von 0–100% streuten! In den Interviews wurden diese Verluste auf aktuelle Demotivationssituationen bezogen. Insbesondere Wandlungsprozesse (z. B. Restrukturierungen oder Fusionen) führen demnach häufig zu einer Zunahme des Leistungsdrucks sowie Abnahme von Produktivität und Freude an der Arbeit.

2.5 Motivationsbarrieren im Zusammenhang ihrer Bezugsebenen

Wie bereits im Bezugsrahmen dargestellt[13] und als systemisches Phänomen beschrieben,[14] beziehen sich Motivationsbarrieren auf personale, interpersonale sowie strukturelle Bereiche. Diesen Ebenen können die verschiedenen Motivationsbarrieren zugeordnet werden. Folgende Abbildungen zeigen die Zuordnungen der **potenziellen und aktuellen Barrieren** zu den Bezugsebenen.

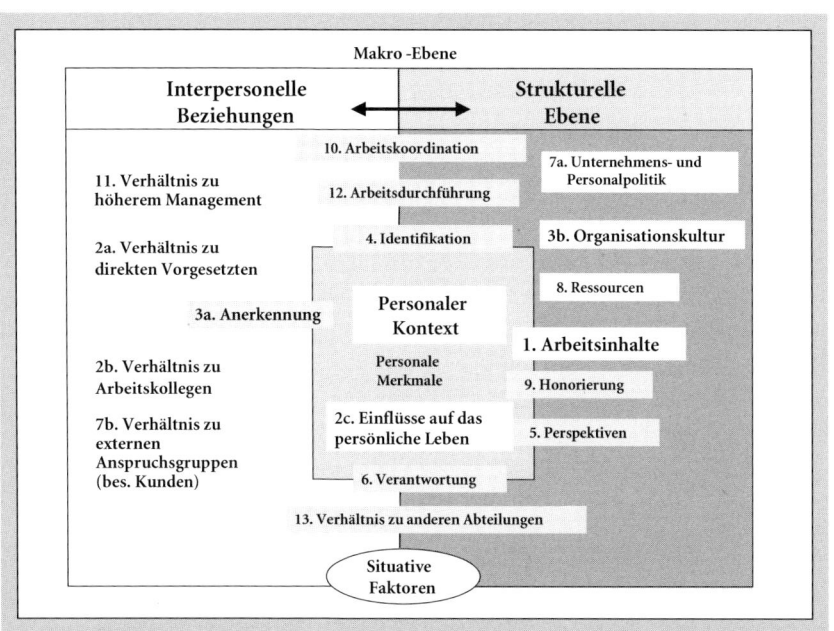

Abb. 34: Untersuchte **potenzielle** Motivationsbarrieren in verschiedenen Bezugsebenen

Makro-Ebene (Abb. 34)

Interpersonelle Beziehungen ↔ Strukturelle Ebene

- 10. Arbeitskoordination
- 7a. Unternehmens- und Personalpolitik
- 11. Verhältnis zu höherem Management
- 12. Arbeitsdurchführung
- 2a. Verhältnis zu direkten Vorgesetzten
- 4. Identifikation
- 3b. Organisationskultur
- 3a. Anerkennung
- Personaler Kontext
- 8. Ressourcen
- 1. Arbeitsinhalte
- 2b. Verhältnis zu Arbeitskollegen
- Personale Merkmale
- 9. Honorierung
- 7b. Verhältnis zu externen Anspruchsgruppen (bes. Kunden)
- 2c. Einflüsse auf das persönliche Leben
- 5. Perspektiven
- 6. Verantwortung
- 13. Verhältnis zu anderen Abteilungen
- Situative Faktoren

IV. Empirische Untersuchung zu Motivationsbarrieren

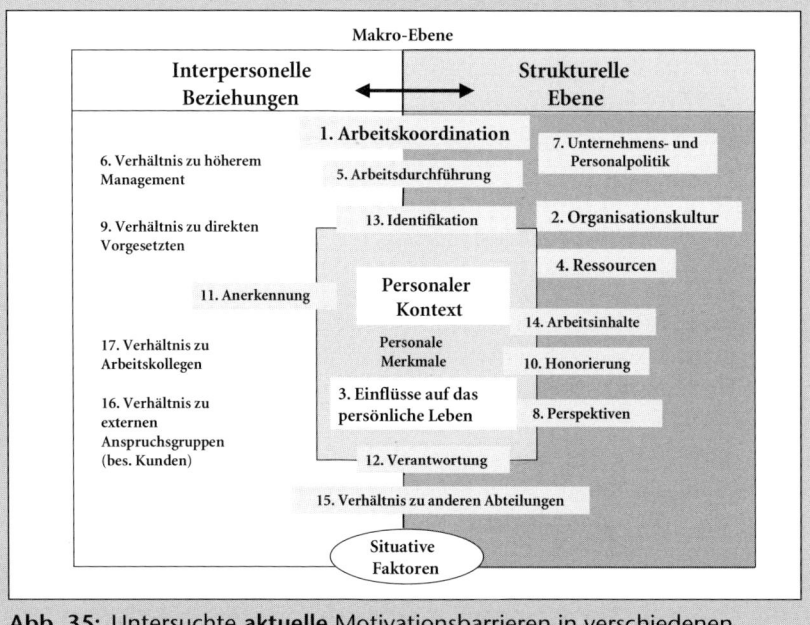

Abb. 35: Untersuchte **aktuelle** Motivationsbarrieren in verschiedenen Bezugsebenen

Makro-Ebene (Abb. 35)

Interpersonelle Beziehungen ↔ Strukturelle Ebene

- 1. Arbeitskoordination
- 7. Unternehmens- und Personalpolitik
- 6. Verhältnis zu höherem Management
- 5. Arbeitsdurchführung
- 9. Verhältnis zu direkten Vorgesetzten
- 13. Identifikation
- 2. Organisationskultur
- 4. Ressourcen
- 11. Anerkennung
- Personaler Kontext
- 17. Verhältnis zu Arbeitskollegen
- Personale Merkmale
- 14. Arbeitsinhalte
- 10. Honorierung
- 16. Verhältnis zu externen Anspruchsgruppen (bes. Kunden)
- 3. Einflüsse auf das persönliche Leben
- 8. Perspektiven
- 12. Verantwortung
- 15. Verhältnis zu anderen Abteilungen
- Situative Faktoren

Aktuelle und potenzielle Barrieren verteilen sich somit auf alle drei Bezugsebenen. Wie die Abbildungen 34, 35 zeigen, überlappen dabei einige Barrieren verschiedene Felder. So betreffen Arbeitskoordination und -durchführung sowohl zwischenmenschliche Prozesse (z. B. Kommunikation) wie strukturelle Aspekte (z. B. Arbeitsbedingungen). Personale Identifikation und Verantwortung berührt sowohl die Beziehungsseite (z. B. Team, Management) wie auch strukturelle Aspekte (Leistungsprozesse, Unternehmen). Arbeitsinhalte, Honorierung und Perspektiven sind als personale Dimensionen auch mit der Strukturebene eng verbunden. Bei Vergleichsprozessen der Bezahlung gehört Honorierung auch in den interpersonellen Bereich.

3. Einzelergebnisse empirischer Untersuchungen

Nun werden die **Einzelergebnisse** zu einzelnen Motivationsbarrieren diskutiert. Sie setzen sich aus den Auswertungen der Fragebogen (Rangierung als aktuelle und potenzielle Barriere, zentrale Aspekte und Korrelationen) sowie den Ergebnissen der Interviews zusammen. Diese quantitativen und qualitativen Erhebungen werden jeweils durch Erkenntnisse weiterer empirischer Untersuchungen ergänzt. Dabei wurden sowohl ältere wie aktuelle Forschungsresultate berücksichtigt.

Soweit wie möglich werden die Ergebnisse auch auf die zuvor beschriebenen **theoretischen Modelle** bezogen. Die theoretischen Ansätze helfen, die Ursachen und Entwicklungsprozesse einzelner Barrieren zu erklären. Sie vermitteln damit Einsichten in umfassendere Kontexte, in denen die Einzelfaktoren stehen. Abschließend wird jede Barriere noch im Zusammenhang diskutiert und es werden Schlussfolgerungen gezogen.

Die Darstellung der einzelnen Forschungsergebnisse gliedert sich in **personale, interpersonelle sowie organisational-strukturelle Bereiche**. Bei den personalen Barrieren wird zwischen dem direkten Verhältnis zur Person und solchen zur Arbeit und Organisation unterschieden. Ähnlich wird auch bei interpersonalen Demotivationsfaktoren zwischen Beziehungen zu Personen und Verhältnis zum organisatorischen Kontext differenziert. Zur strukturell bestimmten Demotivation gehören allgemeinere Einflussfaktoren, welche die Gesamtorganisation betreffen.

Anschließend werden die Einzelresultate in **Haupteinflusskontexte (Arbeit, Beziehung, Kultur)** zusammengefasst. Dabei kommen einige Barrieren mehrfach vor. Für die jeweiligen Kontexte werden die (Inter-)Korrelationen dargestellt und interpretiert, um zu versuchen, übergreifende Demotivationszusammenhänge zu verstehen. Zusätzlich werden zum **Arbeitskontext** Kernmerkmale demotivierender Arbeitsprozesse und -gestaltungen sowie Faktoren der Arbeitsituation betrachtet. Zum **Beziehungskontext** werden Gruppenverhalten, Mobbing und Führungsbeziehungen diskutiert. Für den **Kulturkontext** wird insbesondere die Bedeutung des Organisationsklimas untersucht. Für alle Einflusskontexte werden erste Möglichkeiten zur Demotivationsüberwindung und Remotivation abgeleitet. Schließlich werden noch **Grenzen** der Untersuchung sowie der Forschungsbedarf für weitere Untersuchungen aufgezeigt.

In Anschluss an diese eigenen Untersuchungen werden noch gesamtgesellschaftliche und gesellschaftliche Zusammenhänge auf der **Makroebene** diskutiert, in die die Einzelfaktoren eingebettet sind.

IV.
Empirische
Untersuchung
zu Motivationsbarrieren

3.1 Personale Motivationsbarrieren

Fundamentale Personenfaktoren, die wir nicht untersuchten, betreffen z. B. biographische und soziodemographische Merkmale, Persönlichkeitsmerkmale und Grunddispositionen[15], Selbstkompetenzen sowie das kognitive Leistungsvermögen. Dazu treten emotionale, kommunikative und soziale Fähigkeiten des Einzelnen. Wir haben den direkten Bezug zur Person über »Einflüsse aus und auf das persönliche Leben« sowie durch personale Bezüge zur Arbeit und Organisation untersucht. Letztere betreffen die Barrieren »Identifikation/Motivation«, »Verantwortung« sowie »Arbeitsinhalte«, »Anerkennung«, »Honorierung« sowie »Perspektiven«. Diese werden immer auch durch interpersonelle und strukturelle Faktoren mitbeeinflusst.

Schließlich werden die direkten personalen Einflüsse sowie die arbeitsspezifischen bzw. organisationalen Beziehungen auch über situative Merkmale und Bedingungen vermittelt.[16] Abbildung 36 gibt einen Überblick zu den personalen Einflussfaktoren:

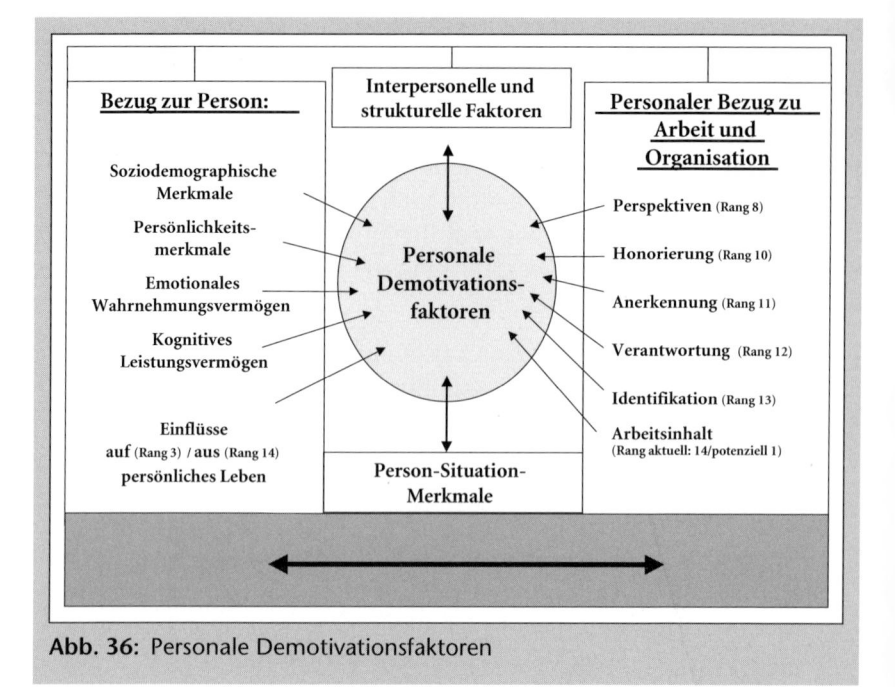

```
┌─────────────────────────────────────────────────────────────────┐
│  Bezug zur Person:         Interpersonelle und    Personaler Bezug zu
│                            strukturelle Faktoren  Arbeit und
│                                                   Organisation
│
│  Soziodemographische
│  Merkmale
│                                                   Perspektiven (Rang 8)
│  Persönlichkeits-
│  merkmale                  Personale              Honorierung (Rang 10)
│                            Demotivations-
│  Emotionales               faktoren               Anerkennung (Rang 11)
│  Wahrnehmungsvermögen
│                                                   Verantwortung (Rang 12)
│  Kognitives
│  Leistungsvermögen
│                                                   Identifikation (Rang 13)
│
│  Einflüsse                                        Arbeitsinhalt
│  auf (Rang 3) / aus (Rang 14)                     (Rang aktuell: 14/potenziell 1)
│  persönliches Leben        Person-Situation-
│                            Merkmale
```

Abb. 36: Personale Demotivationsfaktoren

a) Motivationsbarrieren mit Bezügen zur befragten Person

Einerseits wirken Motivationsbarrieren in das Privatleben; andererseits betreffen persönliche Belange das Arbeitsleben. Zu den Einflüssen *auf* das und *aus* dem persönlichen Leben gehören v. a. das Netz außerbetrieblicher und privater Beziehungen (Familie, Freunde, Bekannte, Mitgliedschaft in Vereinen, Glaubensgemeinschaften usw.). Sie betreffen damit Freizeitaktivitäten, Hobbies, aber auch privat bedingte Mobilität oder finanzielle Unabhängigkeit. Diese privaten Domänen fungieren als »Ausgleicher« (Kompensation) oder zusätzliche Belastungsfaktoren bzw. »Verstärker« für die im Berufsleben erfahrene Demotivation.

a1) Empirische Ergebnisse zu »Einflüsse *auf* das persönliche Leben«:

- **Untersuchungs-Items zur Motivationsbarriere:**
  - fehlende Balance zwischen Arbeit und Freizeit
  - Beeinträchtigung des Familienlebens
  - Gefährdung physischer und psychischer Gesundheit

- **Quantitatives Untersuchungsresultat laut Fragebogenerhebung:**

als potenzieller Demotivator:	Rang: 2 (Quote: 19,2 %)
als aktueller Demotivator:	Rang: 3 (Mittelwert ⌀ 2,83)
zentrale, aktuelle Demotivationsaspekte:	– fehlende Balance zwischen Arbeit und Freizeit (79 Nennungen) – Gefährdung physischer und psychischer Gesundheit (35 Nennungen)
stärkste Korrelation mit:	– sonstige Motivationsbarrieren (.428) – Arbeitdurchführung (.385) – Verhältnis zu Kollegen (.348)

- **Qualitatives Untersuchungsresultat (Interviews):**

Die Interviews bestätigten, dass ein Ungleichgewicht zwischen der Arbeits- und Privatwelt sowie zeitliche Belastungen durch den Beruf potenziell wie aktuell sehr demotiviert. Für viele schränkt die zeitliche Inanspruchnahme durch die Arbeit, besonders das Familienleben ein (»... zu wenig Zeit für Familie«). Erwähnt wurden vielfältige Spannungen und Konflikte zwischen Ansprüchen der Arbeit und einem befriedigenden Privatleben (z. B. berufliche Leistungsanforderungen versus Zeitbedarf für private Kontakte). Als wichtiger potenzieller Demotivator wurde die Gefährdung der physischen und psychischen Gesundheit genannt. Dieser Aspekt hat nach Einschätzung der Befragten für sie an Bedeutung zugenommen.

- **Weitere empirische Studien**

Wie die Stressforschung und weitere Studien belegen[17], wirkt sich beruflicher Stress belastend auf das Privatleben aus. Verschiedene Untersuchungen bestätigen, wie problematisch eine unausgeglichene »Work-Life-Balance« ist.[18] Neben der Dauer sind dabei auch Lage und Verteilung der Arbeitszeit bedeutsam.[19] Dies gilt insbesondere für sog. »Nicht-Standard-Arbeitszeiten«, die bei nicht planbar gehäuften Überstunden sowie Wochenend- und Feiertagsarbeit auftreten. Die sog. »Spill-over-Effekte«[20] in private Lebensbereiche wirken dabei auf das Arbeitsleben zurück.[21] Nach einer Prognosestudie avanciert die Balance von Arbeits-, Frei-, Familien- und Lernzeit bis 2010 zu einem der wichtigsten Ziele für Mitarbeiter.[22] Danach werden auch Führungskräfte zukünftig immer weniger bereit sein, ihre privaten Interessen den beruflichen Belangen unterzuordnen.

- **Diskussion der empirischen Ergebnisse**

Den Einflüssen auf das Privatleben kommt eine sehr **hohe Bedeutung sowohl als potenzielle wie aktuelle Motivationsbarriere** zu. Sie erweisen sich als insgesamt einflussreichster Faktor. Sie stellen die stärkste **personale Motivationsbarriere** dar. Insbesondere ein Ungleichgewicht zwischen Arbeit- und Privatwelt ist hier zu nennen. Diese Diskrepanz zeigt auch eine fehlende Balance von Anreizen und Beiträgen.[23] Folgen dieses Ungleichgewichts zeigen Dissonanztheorien.[24] Mit den Rückwirkungen von privaten Einflüssen auf die Arbeit können demotivierende Prozesse im Berufsleben verstärkt werden. Dies zeigt auch die Korrelation mit der »Arbeitsdurchführung«. Die noch stärkere Korrelation zu »sonstigen Barrieren« bezieht sich wahrscheinlich auf »Einflüsse aus dem persönlichen Leben«. Andererseits geht von einem Ausgleich in der Freizeit eine indirekte Demotivationsprävention aus. Mitarbeiter, die Berufs- und Privatwelt integrieren, sind wahrscheinlich weniger anfällig für Demotivation bzw. eher fähig mit deren Belastungen konstruktiv umzugehen.

a2) Empirische Ergebnisse zu »Einflüsse *aus* dem persönlichen Leben«:

- **Untersuchungs-Items zur Motivationsbarriere:**
    - private Belastungen
    - Konflikte mit Lebensplanung bzw. -gestaltung
    - Einfluss anderer Werte

- **Quantitatives Untersuchungsresultat laut Fragebogenerhebung:**

als potenzieller Demotivator:	Rang: 14 (Quote 7,1 %)
als aktueller Demotivator:	Rang: 17 (Mittelwert $\varnothing$ 2,31)
zentrale, aktuelle Demotivationsaspekte:	– private Belastungen (28 Nennungen)
stärkste Korrelation mit:	– Einflüsse *auf* das persönliche Leben (.428) – Verhältnis zu Kollegen (.379)

- **Qualitatives Untersuchungsresultat (Interviews)**

In den Interviews wurden nur vereinzelt private Probleme im Zusammenhang mit der Demotivation erwähnt (z. B. Ehescheidung oder Tod des Lebenspartners). Der formale und zeitliche Rahmen der Interviews ließ keine Vertiefung dieser persönlichen Einflüsse zu. Weibliche Befragte erwähnten den Einfluss der Doppelbelastung als Berufstätige und Mutter.

- **Weitere empirische Studien**

Studien zu Lebenslagen und -stilen belegen den Einfluss aus dem Privatleben auf die Arbeit.[25] Auch gibt es Untersuchungen zu posttraumatischen Belastungsstörungen durch einschneidende persönliche Erfahrungen. Diese betreffen Reaktionen aufgrund außergewöhnlicher, exzessiver Belastungen (z. B. psychische Extrembelastungen, Gewalterfahrungen)[26], die sich auf das Arbeitsleben auswirken. Auch können depressive Erscheinungen, wie Schwermut, Freud- und Kraftlosigkeit, innere Unruhe, Interessens- und Hoffnungslosigkeit, Entscheidungsunfähigkeit sowie Minderwertigkeitsgefühle und Schuldgefühle aus dem privaten Leben in den Beruf hineinwirken.[27]

Weitere Studien belegen den Einfluss psychischer Krankheiten (Psychosen, Neurosen).[28] Auch wenn sie relativ selten sind, können z. B. Phobien das Arbeitsleben sehr einschränken. So ist **Sozialphobie** eine dauerhafte und unangemessene Furcht vor anderen Menschen; v. a. die Angst, sich lächerlich zu machen, zu versagen oder durch ungeschicktes Verhalten gedemütigt zu werden.[29] Betroffene sind häufig introvertiert und wenig durchsetzungskräftig. Sie sind besonders empfindlich gegenüber Kritik und Beurteilung durch andere und haben Schwierigkeiten, sich in eine Gruppe einzufügen. Aus dieser Kontaktangst folgt ein Vermeidungs- und Rückzugsverhalten, das mit Isolationsgefahr und Einschränkungen im Berufsleben verbunden ist.[30]

- **Diskussion empirischer Ergebnisse**

Als sonstige Motivationsbarriere zeigten die – in extremer Ausprägung seltenen – privaten Einflüsse nur **geringe Relevanz**. Die Befragten waren aber bei diesen sehr persönlichen Themen eher zurückhaltend und tendierten dazu, diese nicht auf ihre berufliche Tätigkeit zu beziehen. Grundlegende Probleme aus dem Privatleben können sich aber indirekt auf berufliche Demotivationserfahrungen auswirken. So schränkt ein gestörtes Privatleben Möglichkeiten einer Kompensation von Demotivationsbelastungen in der Arbeit sowie Remotivationsinitiativen ein.

b) **Personale Motivationsbarrieren mit Bezügen zur Arbeit und Organisation**

Der personale Bezug zur Arbeitwelt sowie zur Organisation ist durch Fachkompetenz (z. B. Fach- und Erfahrungswissen) und extrafunktionale Qualifikationen (z. B. Verlässlichkeit, Anstrengungsbereitschaft, berufliche Belastbarkeit) bedingt. Diese grundlegenden Aspekte wurden von uns nicht erfasst. Wir haben aber als Barrieren die »Perspektiven«, »Honorierung«, »Anerkennung«, »Verantwortung« sowie »Identifikation« und »Arbeitsinhalt« untersucht.

b1) Empirische Ergebnisse zur Motivationsbarriere »Perspektiven«:

- **Untersuchungs-Items zur Motivationsbarriere:**
  - wenig zukunftsorientierte Unternehmensvision bzw. -strategie

  zu wenig:
  - neue, herausfordernde Aufgaben
  - Entwicklungschancen, Aufstiegsmöglichkeiten

- **Quantitatives Untersuchungsresultat laut Fragebogenerhebung:**

als potenzieller Demotivator:	Rang: 5 (Quote 15 %)
als aktueller Demotivator:	Rang: 7 (Mittelwert ∅ 2,64)
zentrale, aktuelle Demotivationsaspekte:	– zu wenig Entwicklungschancen (49 Nennungen)
stärkste Korrelation mit:	– Identifikation/Motivation (.627) – Verhältnis zum direkten Vorgesetzten (.587) – Verhältnis zum höheren Management (.538)

- **Qualitatives Untersuchungsresultat (Interviews)**

In den Interviews wurden von einigen der Befragten eingeschränkte Karrieremöglichkeiten als demotivierend bestimmt. Perspektiven wurden besonders bei Fusions- (M-&-A-) und Changeprozessen angesprochen. Die mit solchen Prozessen verbundene Verunsicherung wirkt sich nach den Interviewten auch indirekt oder unterschwellig aus. Sie wird jedoch oft erst im Verbund mit anderen Demotivationen aktuell. Erwähnt wurde auch die Wirkung gefährdeter Beschäftigungsfähigkeit (Employability).

- **Weitere empirische Untersuchungen**

»Fortschritt und Aufstieg« zählen nach Herzbergs Untersuchungen zu den intrinsischen Kontentfaktoren (Motivatoren). Die Relevanz einer zukunftsorientierten und begeisternden Unternehmensvision und charismatischer Beziehungen[31] oder Vorbilder[32] für die Motivationslage von Mitarbeitern wurde mehrfach untersucht.[33] Eine Studie wies den positiven Einfluss visionärer Führung für die Mitarbeiterzufriedenheit nach.[34] In einer eigenen aktuellen Studie[35] wurden als zukünftige **Laufbahnziele** angegeben:

Bei Führungskräften:

- Unternehmerische Kreativität im Beruf verwirklichen können (67%)
- Geschäftsführer mit Gewinn- und Verlustverantwortung werden (56%)
- Balance von Arbeits-, Frei-, Familien- und Lernzeit (52%)

Bei Nichtführungskräften:

– Balance von Arbeits-, Frei-, Familien- und Lernzeit (96%)
– sich fachlich spezialisieren (58%)
– sich voll für eine gute Idee/Sache einsetzen (54%)

- **Diskussion der empirischen Ergebnisse**

Perspektiven gehören insgesamt betrachtet zu den **mittleren Motivationsbarrieren.** Sie korrelieren am stärksten mit »Identifikation/Motivation« und mit den Beziehungen zum direkten und höheren Management. Fehlende zukunftsorientierte und begeisternde Unternehmensvisionen oder -strategien des Top-Managements scheinen besonders zu demotivieren. Ohne visionäre Perspektive und deren »Promotion« durch transformationale Führung bleiben individuelle[36] und organisationale[37] sowie Remotivationspotenziale ungenügend.[38] Dies wird durch eingeschränkte (Karriere-)Chancen für eine persönliche, berufliche Entwicklung noch verstärkt. Werden Erwartungen zu Perspektiven negativ bewertet, kommt es zu einer »Quasi-Valenz« für Demotivation.[39] Auch löst beeinträchtigte Umsetzung Dissonanzen aus und begünstigt resignative Arbeits(un-)zufriedenheit.[40]

b2) Empirische Ergebnisse zur Motivationsbarriere »Honorierung«

- **Untersuchungs-Items zur Motivationsbarriere**

– fehlende: Markt- und/oder Leistungsgerechtigkeit
– zu hohes Einkommensgefälle zwischen Bereichen oder Hierarchien
– Intransparenz
– unzureichende, demotivierende: Anreizsysteme, Leistungs- und/oder Erfolgsbeteiligung

- **Quantitatives Untersuchungsresultat laut Fragebogenerhebung**

als potenzieller Demotivator:	Rang: 9 (Quote 5,4 %)
als aktueller Demotivator:	Rang: 5 (Mittelwert ⌀ 2,54)
zentrale, aktuelle Demotivationsaspekte:	– fehlende Leistungs- (42 Nennungen) – fehlende Marktgerechtigkeit (31 Nennungen)
stärkste Korrelation mit:	– Anerkennung (.486) – Identifikation/Motivation (.468) – höheres Management (.457)

- **Qualitatives Untersuchungsresultat (Interviews)**

In den Interviews wurde betont, dass bei Auftauchen anderer demotivierender Prozesse auch stärker auf Honorierung geachtet wird. Aufschlussreich ist in diesem Zusammenhang die Aussage des erfolgreichen Unternehmers Rihs (Phonak AG): »... wenn alles andere nicht stimmt, dann wird das Geld wichtig«. Die Befragten erwähnten die Möglichkeit, dass Demotivation durch unzureichende Honorierung über eine starke intrinsische Orientierung ausgeglichen werden kann. So kann die Demotivationswirkung einer empfundenen Ungerechtigkeit in der Bezahlung durch eine sehr motivierende Tätigkeit kompensiert werden.

- **Weitere empirische Erhebungen**

Von Unzufriedenheit mit der Honorierung gehen vielfältige negative Effekte aus.[41] Empirisch ist nachgewiesen, wie sehr wahrgenommene Diskriminierungen in der Bezahlung sowohl die Arbeitszufriedenheit[42], organisationales Commitment und das »organizational citizenship behaviour«[43] sowie Extra-Rollenverhalten[44] beeinträchtigen. Wie Untersuchungen zur Gleichheitssensibilität (»equity sensitivity«) zeigen, entmutigen Diskrepanzen in der Bezahlung »niedriger« bezahlte Personen, sich in ihrer Arbeit zu engagieren bzw. lassen »besser« bezahlte Personen ihre Fähigkeiten überschätzen. Damit werden beide Gruppen mittelfristig demotiviert.[45] Die Wirksamkeit der Gleichheitssensibilität wurde auch als Moderator für eingeschränkte Selbstwirksamkeit nachgewiesen.[46] Zudem wurden demotivierende Wirkungen einer Verfahrens- oder Verteilungsungerechtigkeit bei der Bezahlung aufgezeigt.[47]

- **Diskussion der empirischen Ergebnisse**

Honorierung belegt als potenzielle eine eher untere und als **aktuelle** eine **mittlere Position** auf der Skala aller Motivationsbarrieren. Die Korrelation mit dem Aspekt »Anerkennung« bzw. »Identifikation/Motivation« zeigt, dass Honorierung auch als wichtige Form der Bestätigung aufgefasst wird. Unfaire Honorierung stört das psychologische Vertragsverhältnis.[48] Auch sind Demotivationsaspekte in der Honorierung mit der Anreiz-Beitragstheorie und Gleichheitstheorie erklärbar.[49] Danach führt wahrgenommene Unfairness bei der Honorierungsverteilung oder Verfahrensgerechtigkeit zu demotivierenden Einstellungen und Verhaltensweisen.[50] Die Korrelation zum »höheren Management« verweist darauf, dass Einkommensdifferenzen bzw. wahrgenommene »Überbezahlungen« des Top-Managements besonders relevant sind.

Wie Dissonanztheorien verdeutlichen,[51] versuchen Menschen ein kognitives und emotionales Gleichgewicht zwischen Selbstwahrnehmung und Wahrnehmung ihrer Umgebung aufrechtzuerhalten oder wiederherzustellen. Durch Ungerechtigkeiten oder Unklarheiten bei der Bezahlung gestörtes Gleichgewicht demotiviert. Dies verstärkt sich noch, wenn keine Verbesserungschancen gesehen werden. Die Bedeutung des Einkommens wird allerdings individuell unterschiedlich eingeschätzt.[52]

Demotivationsauslösende Folgen von unzulänglichen Anreizsystemen (z. B. monetäre Incentives, die intrinsische Motivation unterlaufen) wurden weder in der schriftlichen Befragung noch in den Interviews angegeben. Dennoch sind Verdrängungseffekte beim Einsatz von extrinsischen Anreizsystemen zu beachten.[53]

b3) Empirische Ergebnisse zur Motivationsbarriere »Anerkennung«

- **Untersuchungs-Items zur Motivationsbarriere**

  – unbefriedigende(s): Erfolgszurechnung, Feedback
  – fehlende Anerkennung besonderer Leistungen
  – schlecht bewertetes Arbeitsergebnis
  – unfaire Kritik

- **Quantitatives Untersuchungsresultat laut Fragebogenerhebung**

als potenzieller Demotivator:	Rang: 3 (Quote 16,7 %)
als aktueller Demotivator:	Rang: 10 (Mittelwert Ø 2,52)
zentrale, aktuelle Demotivationsaspekte:	– unbefriedigendes Feedback (48 Nennungen) – unfaire Kritik (38 Nennungen)
stärkste Korrelation mit:	– Verhältnis zu direkten Vorgesetzten (.565) – Identifikation/Motivation (.491) – Honorierung (.486) – Verhältnis zu höherem Management (.471)

- **Qualitatives Untersuchungsresultat (Interviews)**

Auch in den Interviews wurde immer wieder auf die demotivierende Wirkung eines fehlenden oder unzureichenden Feedbacks verwiesen (»mein Chef lobt mich kaum«). Des Weiteren wurden negative Rückmeldungen und unfaire Kritik beklagt. Die Interviewaussagen bestätigten auch, wie sehr eine unzulängliche oder als ungerecht empfundene Erfolgs- bzw. Ergebniszurechnung demotiviert. (»Unsere Arbeit wird nicht gesehen«). Darüber hinaus wurde die mikropolitische Ausnutzung des Erfolgs anderer für unredliche Karriereziele (»Die schmücken sich mit fremden Federn«) als demotivierend erwähnt.

- **Weitere empirische Untersuchungen**

Nach Herzberg ist der Aspekt »Leistung erbringen – Leistungserfolg« der erstrangige Motivator; ihm folgt »Anerkennung finden«.[54] Durch eine unzureichende Zurechnung von Leistungserfolgen oder ein schlecht bewertetes Arbeitsergebnis sowie fehlende Anerkennung von Leistungen bleiben demnach zentrale Kontentfaktoren der Motivation unbefriedigt. Dies wird auch durch McClellands Bedürfnisforschung bestätigt, welche die Bedeutung des Leistungsbedürfnisses und von Erfolgsrückmeldungen nachwies.[55] Aktuelle Untersuchungen des schweizerischen GfS-Forschungsinstituts belegen eine besonders starke Soll-Ist-Diskrepanz zwischen der Wichtigkeit und der Erfüllung der »Anerkennung für geleistete Arbeit«.[56] Weitere Studien bestätigen die hohe Bedeutung und den Einfluss des Feedbacks für einzelne Mitarbeiter[57] und Gruppen.[58] Wird ein gewünschtes Feedback nicht vermittelt, führt dies zur Einschränkung des Selbstwertgefühls[59] sowie zu Unzufriedenheit.[60] In einer älteren einflussreichen Untersuchung[61] wurde gezeigt, wie wichtig das Wissen um die Ergebnisse der eigenen Arbeit und die soziale Unterstützung für die Arbeits(un-)zufriedenheit sind. Ähnliches wurde auch in aktuellen Untersuchungen empirisch bestätigt.[62] In einer eigenen Prognosestudie rangierte »mangelnde Anerkennung« als wichtiger aktueller Demotivator.[63]

- **Diskussion der empirischen Ergebnisse**

»Anerkennung« erwies sich als **drittwichtigster potenzieller möglicher Demotivator**. Als aktuelle Barriere belegt sie bei den befragten Führungskräften nur eine mittlere Positionierung. Der Unterpunkt »unbefriedigende Erfolgszurechung« verweist auf unzureichende Zuschreibungen, die mit der Attributionstheorie erklärt werden können.[64] Eine ungerechte Zuschreibung von (Leistungs-)Erfolgen auf andere demotiviert die eigentlichen Leistungsakteure, da deren Engagement nicht gewürdigt wird.[65] Auch wenn das Arbeitsergebnis unbefriedigend bleibt oder nur unzureichend anerkannt wird (z. B durch fehlendes Lob), kommt es zur Demotivation. Belohnungen verweisen damit auf die Bedeutung von Anerkennung.[66] Dies erklärt auch die Korrelation zur Honorierung.

Bei Formen der Anerkennung – die auch die »Identifikation/Motivation« betreffen – sind jedoch individuelle Unterschiede zu beachten. So hängt es von Persönlichkeitsfaktoren (z. B. Selbstkonzept, Selbstwertschätzung bzw. -vertrauen) oder persönlichen Bedürfnissen, Problemen oder Ängsten ab, inwieweit fehlende oder ungenügende Anerkennung demotiviert.

Regelmäßiges und ausreichendes Feedback stellt auch eine Erwartung im psychologischen Vertragsverhältnis dar.[67] Wird diese Übereinkunft nicht oder unzureichend erfüllt, führt dies über Dissonanzen[68] zu einer »Grunddemotivation«. Wie die Zielsetzungstheorien sowie Forschungen zur Flow-Erfahrung zeigten,[69] sind fehlende Rückmeldungen über den Stand der Zielerreichung oder eine unzureichende Leistungsfeststellung Elemente eines »low-performance-Zyklusses«, der in eine Demotivationsdynamik eskalieren kann. Die starke Korrelation mit dem »Verhältnis zu direkten Vorgesetzten« zeigt, wie sehr ungenügendes Feedback bzw. Kritik von Führungskräften demotivieren.

b4) Empirische Ergebnisse zur Motivationsbarriere »Verantwortung«

- **Untersuchungs-Items zur Motivationsbarriere**

Verantwortung: unklar, zu wenig, zu viel, zersplittert, überlagernd, überlappend

- **Quantitatives Untersuchungsresultat laut Fragebogenerhebung:**

als potenzieller Demotivator:	Rang: 6 (Quote 11,3 %)
als aktueller Demotivator:	Rang: 11 (Mittelwert ⌀ 2,42)
zentrale, aktuelle Demotivationsaspekte:	– unklar (44 Nennungen) – überlappend (37 Nennungen) – überlagernd (27 Nennungen)
stärkste Korrelation mit:	– Identifikation/Motivation (.600) – Arbeitsinhalt (.548)

- **Qualitatives Untersuchungsresultat (Interviews)**

Die eigene Arbeit verantwortlich auszuführen, ist den Befragten ein wichtiges Anliegen. Sind die Verantwortlichkeiten nicht eindeutig bestimmt oder geregelt, führt dies zu demotivierenden Irritationen (»Es ist frustrierend, wenn nicht klar ist, wer, wann, wofür verantwortlich ist«). Es wurde auch die soziale Seite verbindlicher Verantwortungsübernahme betont. Dieser verantwortungsbewusste Gemeinschaftssinn kann man auch als Ausdruck der konsensorientierten Kultur der meist schweizerischen Befragten interpretieren.

- **Weitere empirische Untersuchungen**

»Verantwortung übernehmen« ist bereits nach Herzberg ein Motivator, welcher die Arbeitszufriedenheit stark mitbestimmt.[70] Im Rahmen einer Repräsentativumfrage[71] klagte jeder dritte Beschäftigte über zu hohe Verantwortung! Weitere Forschungen zeigten einen Zusammenhang zwischen dem Grad der Beteiligung der Mitarbeiter an der Verantwortungsübernahme (insbesondere bei der Entscheidungsfindung) und der Arbeits(un-)zufriedenheit bzw. Qualität der Arbeitsbeziehungen.[72]

Empirik

Während eine partizipative Mitarbeiterführung das Vertrauen steigert, bewirken problematische Verantwortlichkeiten (z. B. durch Führungs- und Entscheidungsschwächen) bei Mitarbeitern Angst, Unsicherheit und Spannungen sowie längerfristig Beziehungsstörungen, die wiederum demotivationsverstärkend wirken.[73]

- **Diskussion der empirischen Ergebnisse**

Als aktuelle Motivationsbarriere wird dem Bereich »Verantwortung« insgesamt nur **geringe Bedeutung** zugeschrieben. Sie bezieht sich besonders auf »Identifikation/Motivation« und »Arbeitsinhalt«. Wer nicht weiß, wofür er verantwortlich ist oder wessen Verantwortung nicht gewürdigt wurde, erleidet Dissonanzen.[74]

Erst wenn Mitarbeiter selber entscheiden können, wie sie ihre Arbeit gestalten, fühlen sie sich auch für ihr Tun sowie für selbstverursachte Demotivation verantwortlich. Die Zuschreibung oder Übernahme von Verantwortlichkeit setzt aber Entscheidungsfreiheit und entsprechende Ermächtigung voraus.[75] Auch eine **Vertrauenskultur** trägt präventiv dazu bei, dass eine verantwortungsbewusste Motivation erhalten bleibt[76] sowie aktuelle Motivationsbarrieren gemeinsam überwunden werden. Führungskräfte, die sich – anstelle von Verhaltenskontrollen – auf verantwortungsorientierte und partizipative Vertrauensbeziehungen ausrichten, beugen damit Demotivation vor.[77] Auch fördern Handlungsfreiheit und Verantwortungsübernahme durch die Mitarbeiter deren Remotivationsengagement. Dazu sind auch betriebliche Anerkennung und Anreizsysteme zur Übernahme von Verantwortung wichtig.

b5) **Empirische Ergebnisse zur Motivationsbarriere »Identifikation – Motivation«**

- Untersuchungs-Items zur Motivationsbarriere:
- fehlende Identifikation mit: Leistungsprozessen, Produkten, Management, Mitarbeitern, Team, Unternehmen, Kunden

– besonderes Commitment wurde nicht gewürdigt und/oder enttäuscht

- **Quantitatives Untersuchungsresultat laut Fragebogenerhebung**

als potenzieller Demotivator:	Rang: 4 (Quote 15,4 %)
als aktueller Demotivator:	Rang: 12 (Mittelwert ⌀ 2,37)
zentrale, aktuelle Demotivationsaspekte:	– fehlende Identifikation mit: Leistungsprozessen (27 Nennungen) und Management (24 Nennungen) – besonderes Commitment wurde nicht gewürdigt (17)
stärkste Korrelation mit:	– Perspektiven (.627) – Verantwortung (.600) – Verhältnis zu direkten Vorgesetzten (.585) – Arbeitsinhalt (.575)

- **Qualitatives Untersuchungsresultat (Interviews)**

Identifikationsprobleme als Ursache für Demotivation wurden in den Interviews nicht betont. Einige der Befragten erwähnten die Schwierigkeit bei »Down-Sizing-« und Fusionsprozessen ihre Identitätsbeziehungen beizubehalten bzw. neue aufzubauen. Dies betrifft neben Kulturaspekten besonders auch das Verhältnis zu Führungskräften (»mit der neuen Führung fühle ich mich nicht verbunden«).

- **Weitere empirische Untersuchungen**

Die Beziehung zwischen individueller und organisationaler Identifikation bzw. Identität[78] und Reaktionen auf deren Gefährdung wurden eingehend erforscht.[79] Dabei zeigte sich, wie sehr Identifikationen sozial hervorgebracht werden, vom Organisationskontext abhängen und sich dynamisch verändern.[80] Untersuchungen zur Entfremdung, wie zur inneren Kündigung zeigen die Folgen eines Verlustes einer sinnvollen bzw. sinnvermittelnden Identifikation der Mitarbeiter.[81]

Nach Fallstudien[82] lassen sich folgende **Ursachen für eine fehlende oder gestörte Identifikation ableiten:**

– In der Arbeitssituation verstehen sich Mitarbeiter nur als »Rädchen im Getriebe«.
– Aufgaben werden ohne Herausforderung und Sinn erlebt.
– In der Führungssituation fehlen Vorbilder sowie gezielte mitarbeiterorientierte Einsatz- und Förderungsmaßnahmen.

- Der Führungs- und Kooperationsstil des Vorgesetzten lässt wenig Selbstorganisation zu oder unterstützt Teambeziehungen nicht.
- Die in Leitbildern propagierte Unternehmenskultur wird nicht gelebt.

Empirisch nachgewiesen wurden auch die nachteiligen Wirkungen eines enttäuschten Commitments,[83] das als wichtiger Demotivationsaspekt bestimmt wurde.

- **Empirische Untersuchungen von Fehlzeiten**

Empirik

Als eine Folge eingeschränkter Identifikation kann auch Absentismus betrachtet werden, der eingehend untersucht wurde.[84] Nach Angaben des Instituts für Arbeitsmarkt- und Berufsforschung[85] und der Bundesanstalt für Arbeit ist der Krankenstand in Deutschland zwar gesunken.[86] Dennoch stellen krankheitsbedingte Fehlzeiten eine erhebliche Kostenbelastung für die Unternehmen dar. 1998 wurden in der deutschen Wirtschaft 602 Mio. »Arbeitsunfähigkeitstage« registriert[87], was Kosten in Höhe von 82,7 Milliarden DM verursachte.[88] Über 40% aller Unfähigkeitstage entfallen auf Fälle mit einer Krankheitsdauer von mehr als sechs Wochen. Nach Angaben der Abteilung Arbeit und Gesundheit des Staatssekretariats für Wirtschaft in Bern[89] belaufen sich die Kosten von Fehlzeiten in der Schweiz auf rund 2,4 Milliarden Franken. Neben den direkten Kosten durch Fehlzeiten entstehen auch indirekte, quantitativ schwierig zu erfassende (Demotivations-) Belastungen durch gestörte Arbeitsabläufe, Produktionsausfälle, erforderliche Überstunden, Probleme der Vertretungsregelungen. Dazu treten sonstige Kosten (z. B. Versicherungsbeiträge, Kapital- und Sachkosten wegen ungenutzter Kapazitäten) sowie Sachkosten aufgrund von Terminüberschreitungen und Ersatzbeschaffung von Mitarbeitern.[90]

Wie weitere Untersuchungen[91] festgestellt haben, gibt es eine Beziehung zwischen Arbeitsunzufriedenheit und erhöhtem Absentismus. Dieser Zusammenhang betrifft demnach besonders die Arbeitssituation (Arbeitsumfang, -gruppengröße) sowie Möglichkeiten zum Aufstieg). Weitere Gründe für Fehlzeiten werden durch unzureichende Arbeitsanforderungen bzw. Kontrollmöglichkeiten[92] und Beziehungen zu Mitarbeitern[93] sowie Vorgesetzten[94] verursacht.

- **Diskussion der empirischen Ergebnisse**

»Identifikation/Motivation« wurde als aktuelle Motivationsbarriere eher niedrig bewertet. Als potenzieller Demotivator belegt sie eine mittlere Position. Eine zuvor wichtige Identifikation kann aber durch demotivierende Erfahrungen beeinträchtigt werden oder verloren gehen. Identifikation korreliert auch stark mit »Perspektiven« und »Verantwortung«. Da Identifikation auch auf zwischenmenschliche Korrelationsbeziehungen, besonders zu »direkten Vorgesetzten« verweist, überlappt sie sich mit der interpersonellen Ebene. Dazu tritt auch eine korrelative Beziehung zu Arbeitsinhalten. Werden Identifikationszusammenhänge gefährdet, führt dies zu kognitiven und emotionalen Dissonanzen[95], die wiederum vielfältige Demotivationsprozesse auslösen.

Die wachsende Bedeutung der Identifikation erwächst auch aus der zunehmenden Beschleunigung der immer komplexeren Um- und Binnenwelten von Unternehmen[96] sowie veränderter Karriereverläufe.[97] Dazu tritt eine zunehmende Anzahl von nur projektbedingt oder virtuell sowie teilzeit-beschäftigter Mitarbeiter.[98] Da für diesen Personenkreis oft keine stabile Eingliederung mit der Organisation möglich oder gewünscht ist, können bzw. wollen sie sich häufig nur teilweise identifizieren.

Identifikationseinschränkungen oder -verluste sind grundlegende Defizite. Zu ihrer Überwindung ist eine aufwendige und allenfalls mittelfristig wirksame (Re-)Identifikationspolitik erforderlich.[99]

b6) Empirische Ergebnisse zur Motivationsbarriere »Arbeitsinhalt«

- **Untersuchungs-Items zur Motivationsbarriere**

  – Arbeitsinhalt ist *nicht*:
  herausfordernd, sinnvoll, vielfältig, lernfördernd, ganzheitlich
  – Arbeitsinhalt ist *zu:*
  unbestimmt, unter-/überfordernd, monoton
  – Arbeitsinhalt macht keinen Spaß, ist stark verändernd

- **Quantitatives Untersuchungsresultat laut Fragebogenerhebung**

als potenzieller Demotivator:	Rang: 1 (Quote 43 %)
als aktueller Demotivator:	Rang: 13 (Mittelwert ⌀ 2,35)
zentrale, aktuelle Demotivationsaspekte:	– nicht herausfordernder Arbeitsinhalt (35 Nennungen) – nicht sinnvoller Arbeitsinhalt (28 Nennungen)
stärkste Korrelation mit:	– Identifikation/Motivation (.575) – Verantwortung (.548)

- **Qualitatives Untersuchungsresultat (Interviews)**

Der Arbeitsinhalt wurde nicht explizit als starker Demotivator angesprochen. Er scheint bei den Befragten weitgehend befriedigt zu sein. Im Zusammenhang mit organisationalen Change-Prozessen wurde jedoch auf die Problematik von sich verändernden Arbeitsinhalten verwiesen. Von den Befragten wurde besonders auf eine Anspruchsverdichtung und erhöhten Anforderungsdruck sowie die Notwendigkeit permanenter Flexibilität und Anpassung hingewiesen.

Empirik

- **Weitere empirische Untersuchungen**

»Einen interessanten Arbeitsinhalt haben« gilt schon nach Herzbergs empirischer Untersuchung als besonderer intrinsischer Motivator.[100] Er sieht den Arbeitsinhalt in eindeutiger Beziehung zur Selbstverwirklichung des Menschen.[101] Nach einer aktuellen Studie des GfS-Forschungsinstituts wird »interessante Arbeit« als zentrales Anliegen bei den Arbeits-Sollwerten für die Schweiz genannt.[102] Weitere Untersuchungen der Arbeitswissenschaft und -psychologie[103] zeigten Ähnliches. So führen Defizite an sinnvollen oder sinnvermittelnden Arbeitsinhalten zu einer spezifischen Arbeitsentfremdung.[104] Dazu treten, neben (informations-)technologischen Entwicklungen[105] veränderte gesellschaftliche Erwartungen an die Arbeitswelt aufgrund des Wandels zentraler Wertegruppen (Selbstentfaltung, Pflicht- und Akzeptanzwerte).[106]

- **Diskussion der empirischen Ergebnisse**

Der Arbeitsinhalt erwies sich als **potenziell stärkster demotivierender Faktor**. Als **aktuelle** Motivationsbarriere rangiert er jedoch nur im **unteren Bereich** der Demotivatoren. Ein unzureichender Arbeitsinhalt würde das gesamte Arbeits- und Beziehungsmilieu beeinträchtigen. Je weniger Dispositionsspielräume die Arbeitsaufgabe gewährt und je geringer die Anforderungen an Fähigkeiten im Verhältnis zu persönlichen Voraussetzungen und Entwicklungsmöglichkeiten sind, desto mehr wird das Erleben sinnvoller Arbeit bzw. positiver sozialer Arbeitsbeziehungen eingeschränkt. Demotivierend wird ein Arbeitsinhalt, besonders, wenn er nicht als herausfordernd oder sinnvoll wahrgenommen wird.

Eine Verwirklichung über Arbeitsinhalte ist auch eng mit Arbeitszufriedenheit gekoppelt. Nur wo inhaltliche Ansprüche an die Arbeit erfüllt werden, kommt es zu einer Erhöhung des Anspruchsniveaus i. S. progressiver Arbeitszufriedenheit.[107] Werden inhaltliche Ansprüche und Erwartungen nicht befriedigt oder enttäuscht, führt dies zu destruktiven Formen von Arbeits(un-)zufriedenheiten.

Die Bedeutung von Arbeitsinhalten – und deren starke Korrelationen mit »Identifikation/Motivation« und »Verantwortung« – kann mit inhaltsorientierten Motivationstheorien erklärt werden.[108] Bleiben Bedürfnisse und Ansprüche unbefriedigt, schränkt dies die Verwirklichung von Wachstumsbedürfnissen und die intrinsische Motivation ein.[109] Andererseits belastet eine vorhandene Demotivation die Verwirklichung von inhaltlichen Orientierungen. Arbeitsinhalte sind auch wesentlicher Teil psychologischer Verträge.[110] Werden arbeitsinhaltliche Vertragsseiten dauerhaft nicht eingehalten, begünstigt dies Dissonanzen, Flowblockaden, Entfremdung und innere Kündigung.[111] Gefährdete Arbeitsinhalte erfordern anspruchsvolle und integrierte Präventionsmaßnahmen.[112]

3.2 Interpersonelle Motivationsbarrieren

Durch den Wandel und die Weiterentwicklung von Organisationsformen in Unternehmen haben sich die Beziehungen sowohl zu Kollegen und Führungskräften sowie anderen Abteilungen verändert. Flexiblere Arbeitsrollen, erweiterte Tätigkeitsfelder bei steigenden Leistungsanforderungen und permanenter Optimierung der Betriebsabläufe mit dem Ziel der Kostenreduktion setzen eine soziale Dynamik frei, die Demotivation begünstigt.

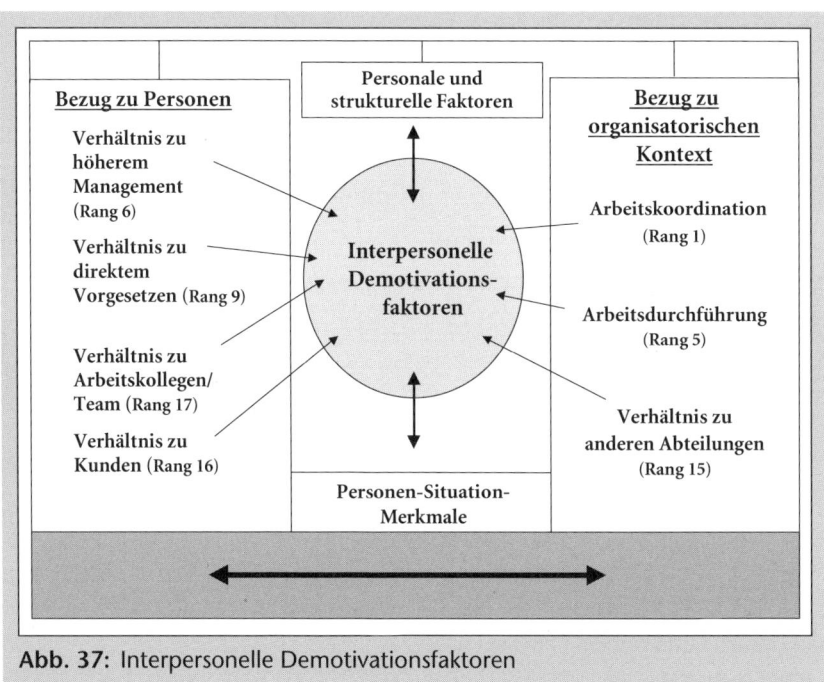

Bezug zu Personen
- Verhältnis zu höherem Management (Rang 6)
- Verhältnis zu direktem Vorgesetzten (Rang 9)
- Verhältnis zu Arbeitskollegen/Team (Rang 17)
- Verhältnis zu Kunden (Rang 16)

Personale und strukturelle Faktoren

Interpersonelle Demotivationsfaktoren

Bezug zu organisatorischen Kontext
- Arbeitskoordination (Rang 1)
- Arbeitsdurchführung (Rang 5)
- Verhältnis zu anderen Abteilungen (Rang 15)

Personen-Situation-Merkmale

Abb. 37: Interpersonelle Demotivationsfaktoren

Andererseits verstärken soziale Inkompetenz und Konflikte in den Beziehungen am Arbeitsplatz die Demotivationsneigung.

Zu den interpersonellen Barrieren gehören »Arbeitskoordination bzw. -durchführung« sowie »Verhältnis zu anderen Abteilungen«. Zu diesen Barrieren, die sich auch auf strukturelle Organisationsfaktoren beziehen, treten zwischenmenschliche Demotivatoren. Dazu haben wir sowohl die Beziehungen zum »höheren Management« und »direkten Vorgesetzten« wie auch das »Verhältnis zu Arbeitskollegen bzw. Teams« und externen Anspruchsgruppen, insbesondere Kunden, befragt. Abbildung 37 zeigt die wesentlichen interpersonellen Einflussgrößen im Überblick.

a) **Interpersonelle Motivationsbarrieren in Bezug zum organisationalen Kontext**

Noch stärker als die direkten zwischenmenschlichen Beziehungen, demotiviert unzureichende Koordination und Durchführung der Arbeit. Dazu kommt noch das Verhältnis zu Mitgliedern anderer Abteilungen. Diese Faktoren werden auch durch das sozio-technische System bestimmt, in dem sie eingebettet sind.[113] Auch das Vertrauen ist neben sozialen Beziehungen durch ein Systemvertrauen geprägt.[114] Unvereinbarkeiten zwischen sozialen und technischen Komponenten tragen damit zur Demotivation bei. Alle drei Bereiche gehören auch zur interpersonellen wie strukturellen Ebene der Demotivation. Vorhandene Demotivationseinflüsse wirken andererseits negativ auf vertrauensbasierte, koordinierende und durchführende Arbeitsprozesse.

a1) **Empirische Ergebnisse zur Motivationsbarriere »Arbeitskoordination«**

- **Untersuchungs-Items zur Motivationsbarriere**

  – unklare: Kommunikation, Aufgaben-, Kompetenzabgrenzung, Zielbestimmung
  – unproduktive Arbeitssitzungen
  – ungleiche, ungerechte Arbeitsauslastung
  – problematische »Schnittstellen« mit anderen Organisationseinheiten

- **Quantitatives Untersuchungsresultat laut Fragebogenerhebung**

als potenzieller Demotivator:	Rang: 10 (Quote 5,0 %)
als aktueller Demotivator:	Rang: 1 (Mittelwert ⌀ 3,04)
zentrale, aktuelle Demotivationsaspekte:	– unproduktive Arbeitssitzungen (58 Nennungen) – unklare Kommunikation (44 Nennungen) – unklare Kompetenzabgrenzung (41 Nennungen)
stärkste Korrelation mit:	– Identifikation/Motivation (.475) – Organisationskultur (.441) – Arbeitsinhalt (.439) – Verantwortung (.435) – Verhältnis zu direkten Vorgesetzten (.435)

- **Qualitatives Untersuchungsresultat (Interviews)**

Die Interviews bestätigten die hohe Bedeutung der Arbeitskoordination als maßgebliche Demotivationsquelle. Auch wurden dabei »unproduktiven Arbeitssitzungen« als stark demotivierend erwähnt. Diese wurden als anstrengend, teilweise verletzend oder langweilig und zeitraubend empfunden, da oft nur gegenseitige Standpunkte wiederholt ausgetauscht oder persönliche Konflikte zwischen den Beteiligten ausgetragen werden, statt zielorientiert und gemeinsam Lösungen zu entwickeln. Vielfach wurden unzureichende Vor- und Nachbereitungen der Sitzungen oder mangelhafte Moderation bemängelt. Besonders demotivierend sind auch unklare und widersprüchliche Informationsflüsse sowie eine unzureichende »Zuständigkeit«. Zudem sind mit »gestörten Verbindungen« zu anderen Organisationseinheiten oder »Business-Units« weitere Belastungen verbunden, insbesondere bei Projektsitzungen und Kooperationen mit anderen Abteilungen.

- **Weitere empirische Untersuchungen**

Der Koordination von Arbeitsaufgaben und -abläufen kommt eine Schlüsselrolle für die Effektivität der Organisation aber auch für Persönlichkeitsentwicklung und Belastungen der Mitarbeiter zu.[115] Studien belegen die frustrierende Wirkung von unzulänglichen Kommunikationsprozessen der Arbeitskoordination (z. B. durch Informations- und Gesprächsmangel).[116] Mit zunehmender Funktionsdifferenzierung bzw. heterogenen Fachperspektiven entstehen vielfältige Verteilungskonflikte und Verständigungsprobleme.[117] Ineffektive und ineffiziente Besprechungen sind seit langem untersucht.[118] Nach einer Studie zum »Meeting-Management von

Führungskräften«[119] werden 35% der Sitzungszeit als ineffizient empfunden und 36% der Manager sind mit den Ergebnissen unzufrieden. Als Gründe werden schlechte Vorbereitung und Strukturierung, mangelnde Disziplin sowie politische Diskussionen angeführt. Der wirtschaftliche Schaden, den unproduktive Meetings durch Personal- und Reiseaufwand oder darüber hinaus durch Opportunitätskosten verursachen, wird als beträchtlich eingeschätzt.

Empirik

Nach zwei repräsentativen Umfragen von DemoSCOPE in der Schweiz[120] verbringen Führungskräfte im Durchschnitt die Hälfte (47%) ihrer Zeit in Meetings. Ihrer Ansicht nach könnten die Sitzungen aber um ein Drittel (32%) gekürzt werden, ohne dabei Ergebnisse einzubüßen. Zwei Drittel der Befragten glauben, dass es generell zu viele Meetings gibt. 32% beklagen eine ungenügende Vorbereitung, 26% vermissen eine klare Zielsetzung und 62% beklagten sich über die mangelhafte Durchführung von Meetings (insbesondere Abschweifen vom Thema oder unzureichende Moderation). Bei der Beurteilung der erzielten Ergebnisse meinen 86% der befragten Führungskräfte, dass die Resultate überhaupt nicht oder nur teilweise zufriedenstellend sind.

Bei demotivierenden Arbeitssitzungen kommt es oft zu Störungen der Kommunikation zwischen den Sach-, Beziehungs-, Selbstoffenbarungs- und Appelebenen.[121] Da Meetings oft einem ritualisierten Ablauf folgen, entstehen oft Schwierigkeiten durch unzureichende »Rahmung«. Dies gilt sowohl vor, während und nach den Besprechungen.[122] Dazu treten Einflüsse durch veränderte Verständigungsprozesse, durch neue Informations- und Kommunikationstechnologien[123] (z. B. E-mail, betriebsinterne chats), die Hemmschwellen und persönliche Bindungen reduzieren. Mit ihren nur zeitlich befristeten sowie projektabhängigen Partnerschaften gehen von einer zunehmenden Virtualisierung spezifische Demotivationsprobleme aus. So können Mitarbeiter mit den ständig sich wandelnden virtualisierten Beziehungsverhältnissen ihre Motivationsgrundlagen verlieren, die durch das herkömmliche betriebliche Miteinander und den auch informellen Sozialkontakt vermittelt wurden.[124] Sie finden dann weniger Verarbeitungs-, Klärungs- oder Ausgleichschancen bei Demotivationsschwierigkeiten oder Unterstützung hinsichtlich personenabhängiger Remotivationsmöglichkeiten.

Schließlich erschweren auch asymmetrische Machtpositionen zwischen Mitarbeitern, Führungskräften und Moderatoren den Verhandlungsprozess in Sitzungen (z. B. Rederechte, Einbringen von Vorschlägen).[125] Weiterhin bestätigen Untersuchungen die Problematik unzureichender Zielbestimmung[126] und organisatorischer Schnittstellen[127] in Koordinationszusammenhängen.

- **Diskussion der empirischen Ergebnisse**

Als potenzielle Barriere belegt Arbeitskoordination nur eine untere Position. Jedoch erwies sie sich als **stärkste aktuelle Motivationsbarriere**. Ist die Prozessorganisation der Arbeit unzureichend koordiniert, verursacht dies sehr starke Demotivation. Unzulängliche Zielbestimmungen, unklare Abgrenzungen und Kommunikationsprozesse tragen zu einem »Low-Performance Zyklus« der Demotivation bei.[128] Dazu treten fehlende Unterstützung sowie unfaires Feedback und ungerechte Behandlung in Arbeitsprozessen. Die Interviews bestätigten, dass persönliche Animositäten, »Rangkämpfe« und Zielkonflikte die Koordinationsprozesse einschneidend erschweren. Am stärksten demotivieren **unproduktive Arbeitssitzungen**. Veränderungen in der Arbeitswelt führen zu einer wachsenden Bedeutung von Gruppen und Teams. Zunehmend komplexere Aufgaben können nicht mehr von einzelnen Personen, sondern nur noch in der Zusammenarbeit von Spezialisten bewältigt werden; der Abbau von Hierarchien verlagert die Koordination der Arbeit von Vorgesetzten auf das jeweilige Team; Globalisierung, Dezentralisierung, Prozessorientierung und projektbezogenes Arbeiten in Teams mit wechselnder Besetzung erhöhen den teaminternen Kommunikationsbedarf. Diese Hinwendung zu teambasierten Organisationsformen und der mit ihnen verbundene Kommunikations- und Koordinationsbedarf macht es für immer mehr Menschen notwendig, ihre Arbeit in Sitzungen und Besprechungen zu organisieren. Der zunehmenden Bedeutung und Häufung von Arbeitssitzungen steht die negative Bewertung durch Teilnehmer gegenüber.

Bedeutende **Nachteile für die Effektivität** gehen in traditionellen Meetings vom sozialen Gefüge aus:[120]

- Einzelne Teilnehmer, etwa Vorgesetzte oder rhetorisch gewandte oder dominante Personen, beherrschen das Meeting, während sich andere Teilnehmer zurücknehmen oder zuückgedrängt werden.
- Sowohl Vorgesetzte als auch die Gruppe insgesamt erzeugen einen Konformitätsdruck (Groupthinking), der die Beiträge und die Entscheidungen des Einzelnen beeinflussen kann. So wird etwa Kritik an Vorgesetzten und deren Beiträgen aus Angst vor späteren Repressionen zurückgehalten; ungewöhnliche Ideen werden nicht geäußert, aus Angst sich lächerlich zu machen oder von dominanten Teilnehmern bloßgestellt zu werden.
- Bewertet wird häufig nicht die Güte der Beiträge, sondern das Ansehen der Person, die diese einbringt.
- Da kaum niemand gegen seine persönlichen Interessen handelt, ist es in einem Meeting wichtig die persönlichen Interessen aufzudecken (Stakeholder Identification) und im Idealfall mit den Gruppeninteressen zur

Deckung zu bringen. Bleiben die persönlichen Interessen verborgen, so werden unrealistische Erwartungen an das Meeting geknüpft, die nicht erfüllt werden können. Persönliche Interessen werden jedoch häufig nicht offen geäußert, sondern können nur anonym aufgedeckt oder indirekt erschlossen werden.

In Sitzungen werden auch oft **latente Konflikte** manifest. Dabei kommt es häufig zu lateralen Konflikten (Zielvorstellungen, Team- und Schnittstellenprobleme). Bei diesen bilden sich Spannungsfelder zwischen eingeschränkten Handlungs- und Entscheidungsspielräumen (z. B. durch übergreifende Prioritäten, Kompromisse, Anpassungen) und Werthaltungen bzw. Ansprüchen nach individueller Selbstverantwortung.

Arbeits- und Teambesprechungen werden oft als »**dramaturgische Bühnen**« benutzt, auf denen es zur »Inszenierung« organisatorischer und persönlicher Rollen kommt.[130] Demotivierend wird der Interaktions- und Kommunikationsstil von Meetings als eine Art »Kriegsschauplatz« besonders durch »geheime Agenden«, Mehrdeutigkeiten, ironisch-sarkastische Anspielungen und indirekte Darstellungsformen[131] sowie Anstrengungen unbewältigter Sach- und Beziehungskonflikte auf dieser vielbespielten »Bühne«. Wie in einem Kristallisationspunkt spiegelt sich in Sitzungen die Organisations-, Kooperations- und Führungskultur eines Unternehmens wider.

Arbeitskoordination ist generell auch »Projektionsfläche« für Probleme und Schwierigkeiten im beruflichen Alltag und kann auch als Medium für **Mikropolitik**[132] eingesetzt werden. Wie die Korrelationen zeigten, ist besonders die Beziehung zu »Identifikation/Motivation« sowie »Organisationskultur« und »Arbeitsinhalt« von Bedeutung. Je eingeschränkter die Arbeitskoordination desto mehr werden Einbindung, Kultur und Inhalte der Arbeit beeinträchtigt. Auffälligerweise korrelieren »Verantwortung« und »Verhältnis zu direkten Vorgesetzten« gleich stark zur Arbeitskoordination. Dies zeigt, dass gestörte Koordination auch mit unklarer Verantwortung zusammenhängt sowie von der direkten Führung (z. B. des Sitzungsleiters) mitbeeinflusst wird. Abbildung 38 zeigt, wie andere Barrieren mit Arbeitskoordination hoch korrelieren.

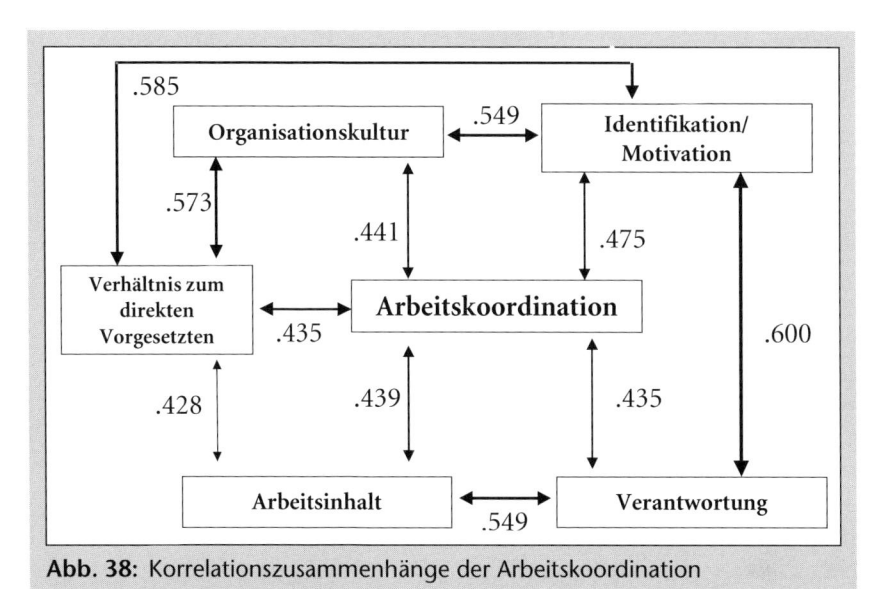

Abb. 38: Korrelationszusammenhänge der Arbeitskoordination

Beeinträchtigte Koordinationsprozesse in der Arbeit gefährden auf Dauer die Arbeitseffektivität sowie das Wohlbefinden der Mitarbeiter.[133] Kognitive und emotionale Dissonanzen bei der Arbeitskoordination schränken auch die »Flow-Erfahrung«[134] und damit ein positives Erleben der Selbstorganisation und -wirksamkeit ein.[135] Schließlich hindert ein unzulänglicher Koordinationsprozess die Realisation von Willensprozessen,[136] die dann zu einer Lageorientierung und eskalierenden Demotivationsdynamik führen können.[137] Unzureichende Arbeitskoordination stellt damit eine Art »**Generator**« und »**Multiplikator**« dar, von dem vielfältige Demotivationseffekte für weitere interpersonelle wie strukturelle Zusammenhänge ausgehen. Dieser Multiplikationseffekt kann die gesamte Organisation erfassen. So bewirkt eine unbefriedigende Arbeitskoordination oft Stressbelastungen, die durch unzureichendes Feedback oder unfaire Kritik verstärkt werden. Fehlt dann noch eine konstruktive Kooperations- und Konfliktlösungskultur und treten Probleme aus dem persönlichen Leben hinzu, vervielfachen sich die Demotivationseffekte.

a2) **Empirische Ergebnisse zur Motivationsbarriere »Arbeitsdurchführung«**

- **Untersuchungs-Items zur Motivationsbarriere**
- ungünstige: Arbeitsbedingungen, Arbeitsprozesse
- zu großer Zeitdruck bzw. Zeitmangel
- unbefriedigender Leistungserfolg

- **Quantitatives Untersuchungsresultat laut Fragebogenerhebung**

als potenzieller Demotivator:	Rang: 12 (Quote 2,5 %)
als aktueller Demotivator:	Rang: 5 (Mittelwert ∅ 2,76)
zentrale, aktuelle Demotivationsaspekte:	– zu großer Zeitdruck bzw. Zeitmangel (81 Nennungen) – ungünstige Arbeitsprozesse (33) – unbefriedigender Leistungserfolg (31)
stärkste Korrelation mit:	– Einflüsse auf das persönliche Leben (.385) – Ressourcen (.312) – Verhältnis zu Kollegen bzw. Team (.290)

- **Qualitatives Untersuchungsresultat (Interviews)**

Von vielen Befragten wurden besonders Zeitprobleme als demotivationsauslösend oder -verstärkend angegeben. Auch gehen von unbefriedigender Arbeitsprozessgestaltung (»work-flow«) Demotivationswirkungen aus. Sind Bedingungen und Arbeitsprozesse nicht hinreichend gegeben bzw. organisiert, beeinträchtigt dies die produktive Arbeit. Erwähnt wurden dazu besonders Engpässe bei Ressourcen (z. B. Budget).

- **Weitere empirische Untersuchungen**

Empirische Analysen von Herzberg[138], der Arbeitszufriedenheitsforschung[139] und zu prozessorientierten Motivationstheorien belegen die Problematik von ungünstigen Arbeitsbedingungen und -prozessen als eingeschränkte »Instrumentalität« des Motivationsprozesses.[140] Auch wurden in einer Langzeitstudie Wechselwirkungen zwischen Arbeitsbedingungen und Persönlichkeit erfasst.[141] Die Arbeitswissenschaft hat Probleme unzureichender Anforderungen und Merkmalen[142] für die Arbeitsdurchführung und -gestaltung eingehend nachgewiesen.[143] Die demotivierenden Wirkungen von zeitlichen und weiteren Belastungen bei der Arbeitsdurchführung sind auch durch arbeitspsychologische Untersuchungen zum Stress belegt.[144] Behinderung der Handlungsregulation stören als Unterbrechungen und Blockaden den Handlungsablauf.[145] Schließlich wies McClellands Bedürfnisforschung die Bedeutung fehlender Leistungserfolge bei Arbeitsprozessen nach.[146]

- **Diskussion der empirischen Ergebnisse**

Auffällig ist der vorletzte Rang der Arbeitsdurchführung als potenzielle Barriere. Mit der Position 5 auf der Gesamtskala, gehört sie jedoch zum oberen

Bereich aktueller Demotivatoren und ist eng verbunden mit Problemen der Arbeitskoordination. Ungünstige Arbeitsbedingungen bei der Durchführung (z. B. zeitlich-technische, finanzielle, organisatorische oder psychisch-soziale) erklären die Korrelation mit dem wichtigen Demotivationsfaktor »Ressourcen« auf der strukturellen Ebene. Die korrelative Beziehung zu »Kollegen« zeigt, wie sehr auch interpersonelle Prozesse die Arbeitsdurchführung betreffen. Die Korrelation zu »Einflüssen auf das persönliche Leben« ist v. a. durch Zeitprobleme erklärbar. Zeitdruck bzw. Zeitmangel bewirken einen spezifischen Dis-Stress[147], der umso größer wird, je kleiner der Spielraum ist.[148] Dabei können Tätigkeits- und Entscheidungsspielräume unterschieden werden.[149] Beide wirken demotivierend, wenn Sinnhaftigkeit und Vielfalt der Arbeit eingeschränkt sind. Je geringer die Beteiligung der Mitarbeiter an Entscheidungen (z. B. der Arbeitsplanung und -realisation) desto höher die Demotivationsgefahr. Beeinträchtigende Arbeitsdurchführungen (z. B. Zeitdruck) belasten zudem das Erleben von »Flow«[150] und können zu Reaktanzverhalten führen.[151] Unzureichende Arbeitsführung bewirken auch vielfältige Dissonanzerfahrungen (z. B. zwischen Ansprüchen effizienter Durchführung versus ungünstiger Arbeitsprozesse) und schränken die Willensumsetzung ein.[152]

Demotivationsprobleme durch Arbeitskoordination und -durchführung und der Strukturwandel der Arbeit

Die beschriebenen Demotivationsprobleme der Koordination und Durchführung sind auch auf den strukturellen Wandel der Arbeit rückführbar. Dies betrifft die Einführung neuer Formen der Arbeitsorganisation und dezentrale Steuerungskonzepte.[153] Auch der Einsatz innovativer Informations- und Kommunikationstechnologien verändert die Arbeitsanforderungen und -gestaltung. Für eine koordinierte und effiziente Durchführung dezentraler Arbeitsformen sind Sozialkompetenzen (z. B. Kommunikations- und Teamfähigkeit, Einfühlungsvermögen) sowie Schlüsselfähigkeiten zur Selbstorganisation (z. B. Selbstmanagement, Konfliktfähigkeit) sowie Eigeninitiative und intrinsische Motivation erforderlich.[154] Sind diese nicht gegeben oder können sie nur unzureichend praktiziert werden, kommt es zu Problemen, die Demotivation mitbedingen oder Remotivationschancen verringern.

a3) Empirische Ergebnisse zur Motivationsbarriere »Verhältnis zu anderen Abteilungen«

- **Untersuchungs-Items zur Motivationsbarriere**
- Abhängigkeiten
- Zielkonflikte

- gestörte Kooperation
- unzureichende Aufgabenabgrenzung
- ungleiche Erfolgs- und Anerkennungschancen
- Anonymisierung der Arbeitsbeziehung durch Virtualisierung

- **Quantitatives Untersuchungsresultat laut Fragebogenerhebung**

als potenzieller Demotivator:	Rang: 13 (Quote 2,1 %)
als aktueller Demotivator:	Rang: 14 (Mittelwert ∅ 2,33)
zentrale, aktuelle Demotivationsaspekte:	– gestörte Kooperation (41 Nennungen) – Zielkonflikte (37 Nennungen)
stärkste Korrelation mit:	– Organisationskultur (.341) – Identifikation/Motivation (.332) – Arbeitskoordination (.315)

- **Qualitatives Untersuchungsresultat (Interviews)**

Die Interviews zeigten, dass es nach Change- und Fusionsprozessen verstärkt zu Problemen der Zusammenarbeit zwischen Abteilungen kommt. Diese führen zu neuen Abhängigkeiten sowie zu Ziel- und Wertdifferenzen bzw. Prioritäten- und Ressourcenkonflikten. Bei Erfolgs- und Anerkennungschancen tritt nach den Befragten – besonders bei als Profit-Center geführten Abteilungen – demotivierender »Ressort- oder Abteilungsegoismus« zu Tage, der die abteilungsübergreifende Kooperation belastet. Inwiefern eine zunehmende Virtualisierung und neue Vernetzungsstrukturen die Arbeitsbeziehungen zwischen Abteilungen »demotivationsanfälliger« machen, konnten die Interviewten noch nicht einschätzen.

- **Weitere empirische Untersuchungen**

Forschungen zu lateralen Konflikten[155] zeigen, dass diese häufig in Auseinandersetzungen über Ziele, Ressourcenverteilung und Abhängigkeiten zwischen Organisationseinheiten begründet liegen. Dazu treten mangelnde Möglichkeiten zur personalen Identifikation mit Kollegen oder Vorgesetzten anderer Abteilungen. Studien über innerbetriebliche Netzwerke zeigen die Problematik einer Vertrauensbildung zwischen verschiedenen Abteilungen.[156] In neueren Forschungen wurden Folgen der Unternehmungsvernetzung für Arbeit, Personal(-management) und Mitbestimmung untersucht.[157] Untersuchungen zur gegenwärtigen bzw. erwarteten Bedeutung und Anwendung von organisatorischen Steuerungsinstrumenten stellen eine verstärkte Netzwerksteuerung als bevorzugte Kooperationsform heraus.[158] Mit damit steigenden Koordinationsanforderungen[159] erhöht sich auch das innerbetriebliche Demotivationspotenzial.

- **Diskussion der empirischen Ergebnisse**

Das Verhältnis zu anderen Abteilungen belegt in unseren Demotivationsanalysen sowohl als aktuelle wie potenzielle Motivationsbarriere eine **untere Position**. Dem wichtigsten Unterpunkt »gestörte Kooperation«, folgt der Aspekt »Zielkonflikte«. Beide führen zu organisatorischen und sozialen Störungen sowie Ineffizienzen. Die Korrelationen mit »Organisationskultur« und »Arbeitskoordination« bestätigen die Relevanz problematischer Kooperations- und Arbeitsbeziehungen zwischen Organisationseinheiten. In der Beziehung zu anderen Abteilungen spiegelt sich eine besondere Form lateraler Kooperation zwischen unterschiedlichen Organisationseinheiten wider. Damit ist neben der zwischenmenschlichen auch die strukturelle Beziehungsdimension angesprochen, was sich auch in der Korrelation zur »Organisationskultur« zeigt. Durch die modernen Informations- und Kommunikationstechnologien entwickeln sich die Beziehungen zwischen Abteilungen zu zeitlich befristeten sowie projektabhängigen Partnerschaften.[160] Mit diesen, zunehmend virtualisierten Beziehungsverhältnissen[161] gehen Motivationsgrundlagen verloren, die durch langfristige und auch informelle Sozialkontakte zwischen Abteilungen vermittelt wurden. Die Bedeutung von Bindungsverhältnissen wird durch die Korrelation zu »Identifikation/Motivation« bestätigt. Virtualisierung ohne soziale Integration verstärkt wahrscheinlich Demotivation und beschränkt Remotivationsmöglichkeiten.

b) **Interpersonelle Motivationsbarrieren in Bezug zu Personen**

Nun werden direkte zwischenmenschlichen Barrieren beschrieben. Neben den Beziehungen zur höheren und direkten Führung, wird auch das Verhältnis zu Kollegen und Kunden vorgestellt.

b1) **Empirische Ergebnisse zur Motivationsbarriere »Verhältnis zum höheren Management«**

- **Untersuchungs-Items zur Motivationsbarriere**

– mangelhaftes: mitarbeiterorientiertes Denken bzw. Handeln, Vorbild, Führungs- und Kommunikationsverhalten, Change-Management

- **Quantitatives Untersuchungsresultat laut Fragebogenerhebung**

als potenzieller Demotivator:	Rang: 11 (Quote 3,3 %)
als aktueller Demotivator:	Rang: 6 (Mittelwert ⌀ 2,72)
zentrale, aktuelle Demotivationsaspekte:	– mangelhaftes Kommunikationsverhalten (57 Nennungen) – mangelhaftes Führungsverhalten (51 Nennungen)
stärkste Korrelation mit:	– Verhältnis zum direkten Vorgesetzten (.559) – Perspektiven (.538) – Unternehmens- und Personalpolitik (.528) – Organisationskultur (.526)

- **Qualitatives Untersuchungsresultat (Interviews)**

In den Interviews wurde besonders eine »Politik der vollendeten Tatsachen« von denen »da oben« und fehlendes mit-unternehmerisches Vorleben als demotivationsrelevant genannt. Insbesondere bei Change-Prozessen wird die Politik des höheren Managements und deren unzureichendes Führungs- und Kommunikationsverhalten als demotivierend empfunden.

Wahrscheinlich dient das höhere Management auch als »Projektionsfläche«, auf die auch eigene Probleme projiziert werden (z. B. Schuldzuweisung von Ursachen und Wirkungen von Demotivation).

- **Weitere empirische Studien**

Schon bei Herzberg gelten Unternehmenspolitik und die Beziehung zu Vorgesetzten als Kontextfaktoren im extrinsischen Arbeits- und Beziehungsumfeld.[162] Untersuchungen zur Rolle des nächsthöheren Vorgesetzten zeigen dessen mittelbaren und unmittelbaren Einfluss.[163] Indirekt beeinflusst demnach das Top-Management die Geführten, weil es das Führungsverhalten des direkten Vorgesetzten sowie dessen Handlungs- und Führungsspielraum mitbestimmt. Hier liegt auch ein Bezug zur strukturellen Motivationsbarriere »Unternehmens- und Personalpolitik« vor. Direkt beeinflusst der nächst höhere Vorgesetzte die Mitarbeiter, als Gestalter und Verantwortlicher der strukturellen Rahmenbedingungen.[164] Der nächsthöhere Manager hat starken Einfluss v. a. auf die Laufbahnplanung oder Beförderung. Anerkennungen durch nächsthöhere Vorgesetzte werden auch oft »wertvoller«, als die durch direkte Führer bewertet.[165]

- **Diskussion der empirischen Ergebnisse**

Als potenzieller Demotivator rangiert diese Barriere nur auf einer unteren Position gegenüber einer relativ hohen Gewichtung als aktueller Faktor. Das Verhältnis zum Top-Management, das auch die strukturelle Ebene thematisiert, wird mit der Rangposition 6 höher bewertet als die Beziehung zum direkten Vorgesetzten. Die zentralen Demotivationsaspekte unzureichenden Kommunikations- und Führungsverhaltens verweisen auf zentrale Führungsmängel. Von Problemen mit Topmanagement geht so zwar ein gegenwärtiger Demotivationseinfluss aus, ohne aber als potenziell besonders »gefährdeter« Bereich angesehen zu werden.

Wie erwartet, korrelieren Beziehungen zum Topmanagement mit dem »Verhältnis zum direkten Vorgesetzten«, der »Unternehmens- und Personalpolitik« sowie der »Organisationskultur«. Das höhere Management als Repräsentant der Unternehmens- und Personalpolitik hat weitreichenden Einfluss auf das gesamte Organisationsklima. Es kann als Verstärker oder »Neutralisierer« eines demotivierenden Führungsverhaltens direkter Vorgesetzter wirken. Schließlich kann es auch als interpersonaler Konfliktlöser oder Vorbild bzw. Impulsgeber für Remotivationsinitiativen wirken. Andererseits sind die Chancen der Geführten begrenzt, Einfluss auf ein demotivierendes Top-Management auszuüben.[166] Dies zeigt auch die Korrelation zur Motivationsbarriere »Perspektiven«. Denn die indirekten Vorgesetzten sind »Nadelöhre« für Beförderungsentscheidungen.[167]

b2) Empirische Ergebnisse zur Motivationsbarriere »Verhältnis zum direktem Vorgesetzten«

- **Untersuchungs-Items zur Motivationsbarriere**

– mangelnde: Fachqualifikation, Motivierung, Förderung
– problematische Führungsbeziehungen
– unbefriedigende: Führungsqualifikation, Motivation, Kooperation, Mitsprache, Vorbildfunktion
– Nichteinhaltung von Zusagen

- **Quantitatives Untersuchungsresultat laut Fragebogenerhebung**

als potenzieller Demotivator:	Rang: 2 (Quote 19,2 %)
als aktueller Demotivator:	Rang: 8 (Mittelwert ⌀ 2,58)

zentrale, aktuelle Demotivationsaspekte:	– unbefriedigende:
	  Vorbildfunktion (39 Nennungen)
	  Führungsqualifikation (29 Nennungen)
	– Mangelnde Motivation
	  (28 Nennungen)

stärkste Korrelation mit:	– Perspektiven (.587) – Identifikation/Motivation (.585) – Organisationskultur (.573) – Anerkennung (.565)

- **Qualitatives Untersuchungsresultat (Interviews)**

In den Interviews wurden zur demotivationsrelevanten »Rolle des Chefs« häufig Schwierigkeiten beim Wechsel eines Vorgesetzten – im Rahmen von Changeprozessen – erwähnt. Neben mangelndem Vorbildverhalten wurden unbefriedigende Kommunikation und Kooperation der direkten Vorgesetzten sowie fehlende Mitsprachemöglichkeiten (z. B. Partizipation bei Entscheidungen) genannt. Auch wurden Inkonsistenzen im Führungsverhalten und -stil der Vorgesetzten (z. B. Nichteinhaltung von Versprechen) sowie die Qualität und Art der Rückmeldungen oder Kritik vom Vorgesetzten als demotivationsverstärkend genannt.

- **Weitere empirische Untersuchungen**

Empirisch belegt ist, dass Konflikte mit Vorgesetzten zu einer Verschlechterung der Arbeitszufriedenheit führen.[168] Die Art der Personalführung und Beziehungen zu Vorgesetzten gelten auch bei Herzberg als wichtige »Frustratoren« (Hygienefaktoren).[169] Wie verschiedene Forschungen zeigen[170], wird auch innere Kündigung besonders durch demotivierendes Führungsverhalten des direkten Vorgesetzten verursacht. Die schlechte persönliche Beziehung zum Vorgesetzten wurde als sozialer Stressor[171] und in einer eigenen Studie[172] als gegenwärtig starker Demotivator bestimmt. Nach einer Emnid-Befragung korreliert mit der Bereitschaft zum Arbeitsplatzwechsel auch die Unzufriedenheit mit dem Chef. Bei den Wechselwilligen sind 29% eher oder sehr unzufrieden mit ihrem Vorgesetzten.[173]

In einer anderen Studie[174] wurden als wichtigste Gründe für Motivationsdefizite von Führungskräften, der Führungsstil des Vorgesetzten, geringes Feedback, die Intransparenz der Unternehmensziele und zu geringe Verantwortungs- und Entscheidungsspielräume genannt. Dazu kommen personenbedingte Motivationshemmnisse bei Führungskräften selbst, die durch Über- oder Unterforderung, Ziellosigkeit sowie persönliche Probleme verursacht werden.

- **Diskussion der empirischen Ergebnisse**

Insgesamt haben Führungsbeziehungen in der Demotivationsprophylaxe zentrale Bedeutung. Denn als potenzieller Demotivator wurde die Beziehung zum Vorgesetzten als **zweitstärkste mögliche Motivationsbarriere** bestimmt. Das Verhältnis zu direkten Vorgesetzten rangiert aber als aktuelle Barriere nur auf einer mittleren Position 8. Die Korrelationen zu »Perspektiven« und »Identifikation/Motivation« sowie »Organisationskultur« und »Anerkennung« zeigen den grundlegenden Einfluss von Führungskräften auf personale, interpersonale und strukturelle Prozesse. Auch die Interviews und weitere Untersuchungen bestätigten die hohe Bedeutung dieser Demotivationsquelle. Ein dauerhaft schlechtes Verhältnis zum Chef beeinträchtigt nachweislich die Arbeitszufriedenheit.[175] Demnach demotivieren besonders die unzureichende Beachtung von Beziehungs- und Kommunikationsaspekten durch Führungskräfte.[176] Nach Sprenger demotivieren Führungskräfte besonders durch Motivierungsstrategien und anreizorientierte Fremdsteuerung.[177] Demotivierendes Führungsverhalten kann auch auf Veränderungen der Rollenan-forderungen[178] (z. B. von Fachvorgesetzten zur Führungskraft) sowie auf zunehmende Unsicherheiten und Ängste der Vorgesetzten[179] zurückgeführt werden.

b3) Empirische Ergebnisse zur Motivationsbarriere »Verhältnis zu Kollegen und Team«

Hier geht es um teaminterne Kooperationskonflikte in Abgrenzung zur Kooperation mit anderen Organisationseinheiten.

- **Untersuchungs-Items zur Motivationsbarriere**

- mangelnde: Qualifikation, Motivation, Zusammenarbeit
- Gruppenkonflikte
- Egoismus

- **Quantitatives Untersuchungsresultat laut Fragebogenerhebung**

als potenzieller Demotivator:	Rang: 2 (Quote 19,2 %)
als aktueller Demotivator:	Rang: 16 (Mittelwert ⌀ 2,17)
zentrale, aktuelle Demotivationsaspekte:	– mangelnde: Zusammenarbeit (41 Nennungen) Motivation (29 Nennungen) Qualifikation (28 Nennungen)
stärkste Korrelation mit:	– Identifikation/Motivation (.461) – Arbeitsinhalt (.430)

- **Qualitatives Untersuchungsresultat (Interviews)**

Neben Gruppenkonflikten und -druck wurden in den Interviews insbesondere die Zusammenarbeit mit »schwierigen« Kollegen oder »projektspezifischen Teampartnern« als demotivierend angegeben. Es wurde auf die Unterscheidung zwischen direkten Kollegen am Arbeitsplatz bzw. der aus anderen Organisationseinheiten und virtuellen Projektpartnern hingewiesen. Zu ihnen besteht oft aufgrund fehlender Nähe oder Vertrauen ein problematisches Arbeitsverhältnis. Gerade virtuelle Organisationsformen[180] scheinen eine besondere **Vertrauenskultur** zu benötigen, in der Offenheit, Fairness, Anerkennung und Integrität das Denken und Handeln der Organisationsmitglieder bestimmen.[181]

Immer wieder wurde die Bedeutung informeller Beziehungen zur Arbeitskollegen für eine Kompensation von »Demotivationsfrust« unterstrichen. Es wurden vereinzelt auch Mobbingfälle erwähnt.[182]

- **Weitere empirische Untersuchungen**

Bereits nach Herzberg gilt die Beziehung zu Kollegen als ein Kontextfaktor und damit als ein »Unzufriedenheitsmacher«.[183] Nach einer aktuellen schweizerischen Studie zu Grundhaltungen gegenüber der beruflichen Arbeit wird einem guten Verhältnis zu Arbeitskollegen die höchste Wichtigkeit zugesprochen.[184]

Da laterale Kooperation durch Zusammenarbeit von hierarchisch formal etwa gleichgestellten Organisationsmitgliedern bestimmt ist, kann es zu teaminternen Konflikten kommen.[185] Dabei können interpersonelle Beurteilungskonflikte (z. B. über Wege), Bewertungskonflikte (z. B. über Ziele) oder Verteilungskonflikte (z. B. über die Verteilung von Ressourcen) auftreten.[186] Als stärkste Ursachen von lateralen Kooperationskonflikten wurden in eigenen Studien die Abhängigkeit von Leistungen anderer Organisationseinheiten und die einseitige Orientierung auf die eigene Organisationseinheit angegeben.[187] Dazu tritt eine Anonymisierung der Arbeitsbeziehung durch Informatik und Virtualisierung der Organisation.[188] Nach einer Emnid-Untersuchung halten 45% der Befragten auch Mobbing für ein relevantes Problem.[189]

- **Diskussion der empirischen Ergebnisse**

Als **potenzieller Demotivator** rangiert das kollegiale Verhältnis aber vor »Anerkennung« und »Organisationskultur« als **zweitwichtigste mögliche Motivationsbarriere!** Als aktueller Belastungsfaktor hat es aber nur einen geringen Stellenwert. Sie korreliert hoch mit der wichtigsten potenziellen Barriere »Arbeitsinhalt«. Die hohe Korrelation mit »Identifikation/Motivation« verweist darauf, wie einflussreich zwischenmenschliche Beziehungen am Arbeitsplatz sind. Konfliktreiche Beziehungen im Team führen durch unbefriedigte Zugehörigkeitsbedürfnisse[190] oder ständige Reibereien zu Dissonanzen[191] und Störungen der Arbeitsfreude und eigener Produktivität sowie entfremdender Isolation.[192] Konfliktbelastete Teamarbeit schränkt auch Synergieeffekte der Gruppendynamik ein. Zudem werden laterale Kooperationskonflikte oft »totgeschwiegen« oder verdrängt und verstärken so Ängste oder Aggressionen. Sie werden dann auf aktuelle Situationen oder andere Personen übertragen (Konfliktverschiebung). Damit erhöhen sie über negative Erwartungen und Misstrauen das Demotivationspotenzial und schränken soziale Ausgleichs- und Remotivationsprozesse ein. Denn mit problematischen Kollegenbeziehungen wird auch Remotivation durch soziale Unterstützung reduziert.

3.3 Strukturell-organisationale Motivationsbarrieren

Zu den personalen und zwischenmenschlichen Prozessen treten auf der strukturellen Ebene organisationsbedingte Faktoren der Demotivation. Zunehmende Fragmentierung, Beschleunigung sowie Wandlungsprozesse der Umwelt wirken verstärkt in Organisationen hinein. Über »Lean-Management« und weitreichende Reorganisationsprozesse werden Hierarchien, Verantwortlichkeiten und Positionen ständig verändert. »Business Reengineering« oder »Downsizing« haben die Strukturen von Unternehmen grundlegend gewandelt.[193] Die heutige Wirklichkeit von Organisationen ist durch eine Auflösung bisheriger Grenzen[194], zunehmende Flexibilisierung[195] und Virtualisierung[196] gekennzeichnet. Dazu tritt der durch Ausgliederungen oder Fusionen (M-&-A-Aktivitäten) bedingte interne Kulturwandel.

Bereits die Aufbau- und Ablauforganisation, das Zielsystem[197] sowie unzureichende oder nicht umgesetzte Unternehmens- und Personalpolitik lösen

IV. Empirische Untersuchung zu Motivationsbarrieren

organisationsinterne Belastungen aus. Fehlende Ressourcen, die Einführung neuer Mitarbeiter[198] oder moderner Technologien[199] sowie der erwähnte Wandel bestehender Organisationsstrukturen, verursachen oder verstärken Demotivation. Situationsabhängige Faktoren kommen hinzu. Abbildung 32 zeigt organisationsinterne Struktureinflüsse.

Empirik

```
┌─────────────────────────────────────────────────────────────┐
│  Generelle              Personale und         Untersuchte   │
│  Einflussfaktoren       interpersonale        Motivations-  │
│                         Faktoren              barrieren     │
│                                                             │
│  Aufbau- und                                                │
│  Ablauforganisation                           Organisations-│
│                          Strukturelle         kultur        │
│  Zielsystem              Demotivations-       (Rang 2)      │
│                          faktoren                           │
│  Organisations-                               Ressourcen    │
│  bedingungen                                  (Rang 4)      │
│                                                             │
│  Einführung bzw.                              Unternehmens- │
│  Umgang mit neuen                             und Personal- │
│  Mitarbeitern/                                politik       │
│  Technologien                                 (Rang 7)      │
│                                                             │
│  Organisationaler                                           │
│  Wandel                 Situationfaktoren                   │
│                                                             │
│                    ←──────────────→                         │
└─────────────────────────────────────────────────────────────┘
```

Abb. 39: Strukturell bestimmte Demotivation in der Organisation

a) **Empirische Ergebnisse zur Motivationsbarriere »Ressourcen«**

- **Untersuchungs-Items zur Motivationsbarriere**

– ungenügende(s):
  Budget, Arbeitsplatzausstattung, Informationszugänge, Anzahl bzw. Qualität von Mitarbeitern

- **Quantitatives Untersuchungsresultat laut Fragebogenerhebung**

als potenzieller Demotivator:	Rang: 8 (Quote 6,3 %)
als aktueller Demotivator:	Rang: 4 (Mittelwert ∅ 2, 79)
zentrale, aktuelle Demotivationsaspekte:	– ungenügende Anzahl/Qualität von Mitarbeitern (95 Nennungen) – ungenügende Informationszugänge (37 Nennungen)
stärkste Korrelation mit:	– Anerkennung (.356) – Verhältnis zum höheren Management (.332) – Unternehmens- und Personalpolitik (.325)

- **Qualitatives Untersuchungsresultat (Interviews)**

In den Interviews wurden zusätzlich die Ressource »Zeit« (Arbeitszeitgestaltung) bzw. zeitliche Belastungen (z. B. Terminplanung bei Projekten) als relativ stark demotivierend angegeben. Zu den demotivationsrelevanten Arbeitsressourcen gehören nach den Befragten auch die Verfügbarkeit von Budgets oder Informationszugängen. Ausreichende Ressourcen und ein selbstbestimmter Umgang mit ihnen wurden als Voraussetzungen zum Demotivationsabbau oder Remotivation angegeben.

- **Weitere empirische Untersuchungen**

Mangelnde Ressourcenverfügbarkeit und damit verbundene Handlungseinschränkungen bzw. Kontrollverluste gefährden die Leistungsfähigkeit.[200] Empirische Studien zeigen[201], dass die Wahrnehmung fehlender oder ungleich verteilter Ressourcen zu Arbeitsunzufriedenheit führt, dies insbesondere bei Mitarbeitern mit geringem Selbstwertgefühl[202], da sie Ressourcenprobleme als negatives, persönliches Feedback interpretieren. Auch wurde untersucht, wie sehr »Corporate Slack« als Ressourcen-Potenzial zur Initiierung und Durchführung von Veränderungen dient.[203]

- **Diskussion der empirischen Ergebnisse**

»Ressourcen« gehören zu den **wichtigsten aktuellen Motivationsbarrieren**, die nach »Arbeitskoordination«, »Organisationskultur« und »Einflüssen auf das persönliche Leben« an vierter Stelle rangieren. Die Korrelationen zu »Anerkennung« zeigen, wie sehr Ressourcenverteilung auch als Ausdruck der (Selbst-)Achtung wahrgenommen wird. Die korrelativen Beziehungen zum »höheren Management« und zu »Unternehmens- und Personalpolitik« weisen darauf hin, wie entscheidend diese für die Ressourcenverteilung angesehen werden. Insgesamt bestehen allerdings nur schwache Korrelationszusammenhänge.

Mit der prozessorientierten Motivationstheorie kann erklärt werden, dass unzureichende Ressourcen als eine eingeschränkte Instrumentalität demotivieren.[204] Die Erwartungen von Mitarbeitern hinsichtlich bestimmter Standards von Ressourcen und Arbeitsbedingungen kann auch als ein »quasi-impliziter Vertrag« mit dem Unternehmen interpretiert werden. Werden dessen Vereinbarungen bzw. Erwartungen nicht eingelöst, wird der Vertrag verletzt.[205] Ungenügende Ressourcen beeinträchtigen schließlich auch die Verwirklichung von Willensprozessen.[206]

Unzureichend empfundene Human-Ressourcen verweisen auf Probleme, genügend qualifiziertes Personal zu finden oder im Zeitalter des »war for talents« zu bekommen. Der Bedarf an Mitarbeitern ist auch durch Personalabbau und Einsparprogramme des »Lean-Managements«, »Delayering« und weitere Restrukturierungsprozesse in Unternehmen erklärbar. Auch sind weniger Anzahl oder Menge der Ressourcen als deren Verfügbarkeit und Qualität entscheidend.[207] Dies wird auch durch den zentralen Demotivationsaspekt ungenügende Informationszugänge bestätigt.

Als Ressourcen sind – neben den zweckgebundenen Ressourcen in Form von personaler Kapazität, Informationen, Kapital und Sachmittel – auch zweckungebundene Überschussressourcen, das sog. »Slack«, zu berücksichtigen. Diesen kommt für die Prävention und den Umgang mit Demotivation besondere Bedeutung zu.[208] Dazu tritt die Ressource »Sozialkapital«[209], welches zur Unterstützung sozialer Kooperationsprozesse (z. B. Netzwerkbeziehungen zum Demotivationsabbau oder Vertrauensaufbau) und für eine Hochleistungsorganisation[210] von grundlegender Bedeutung ist.

a1) Empirische Ergebnisse zur Motivationsbarriere »Organisationskultur«

- **Untersuchungs-Items zur Motivationsbarrier**

   - Widersprüche zu eigenen Werten
   - »Reden« und Verhalten differieren
   - Misstrauenskultur
   - hemmende Bürokratie
   - Intransparenz
   - fehlende: Leistungsorientierung, Innovations-, Kooperations- oder Konfliktlösungskultur, Fehlertoleranz

- **Quantitatives Untersuchungsresultat laut Fragebogenerhebung**

als potenzieller Demotivator:	Rang: 3 (Quote 16,7 %)
als aktueller Demotivator:	Rang: 2 (Mittelwert ∅ 2,97)
zentrale, aktuelle Demotivationsaspekte:	– »Reden« und Verhalten differieren (53 Nennungen) – fehlende Kooperations- oder Konfliktlösungskultur (43 Nennungen) – hemmende Bürokratie (33 Nennungen) – Misstrauenskultur (31 Nennungen)
stärkste Korrelation mit:	– Verhältnis zum direkten Vorgesetzten (.573) – Identifikation/Motivation (.549) – Perspektiven (.532) – Verhältnis zu höherem Management (.526) – Unternehmens- und Personalpolitik (.504)

- **Qualitatives Untersuchungsresultat (Interviews)**

Wie in den schriftlichen Befragungen wurde auch in den Interviews die Diskrepanz zwischen Sagen und Handeln immer wieder als stark demotivierend angegeben. Nach Aussagen der Befragten trägt diese Differenz von »Rhetorik und Praxis« sehr zu einer **Misstrauenskultur** bei. Intransparente Kommunikation oder unzureichende Konfliktlösungskultur verstärken dies. Insbesondere wird bei organisationalen Change-Prozessen der Problem- und Demotivationsdruck der sich wandelnden Organisationskultur auf das Management projiziert. Auch werden durch undurchsichtige Kommunikationsprozesse und hinderliche Bürokratie bzw. mangelnde Lernmöglichkeiten oder Fehlertoleranz Remotivationschancen reduziert.

- **Weitere empirische Untersuchungen**

Es gibt vielfältige Untersuchungen, die den grundlegenden Einfluss der Organisationskultur für das Arbeits- und Sozialleben in Unternehmen und einem fehlendem Involvement[211] belegen.[212] Studien bestätigen[213], wie sehr das Brechen von Absprachen und Verletzungen formaler oder informeller Regeln negative Effekte haben sowie fehlende Integrität das Vertrauen untergraben, was auch zum sog. »Burn-Out« beiträgt.[214] Zudem sind starke Zusammenhänge zwischen Organisationskultur und Managementwerten nachgewiesen worden.[215] Weitere empirische Untersuchungen zum Organisationsklima werden im Abschnitt Kulturkontext der Demotivation diskutiert *(vgl. Kapitel IV., 4.3 Kulturkontext)*.

Empirik

- **Diskussion der empirischen Ergebnisse**

Potenziell demotiviert die »Organisationskultur« als **drittstärkste** und **aktuell** als **zweitstärkste Barriere**. Sie zeigt dabei sehr hohe Korrelationen mit personalen und interpersonalen sowie strukturellen Barrieren. Folgende Übersicht belegt die starken Korrelationsbeziehungen der Organisationskultur.

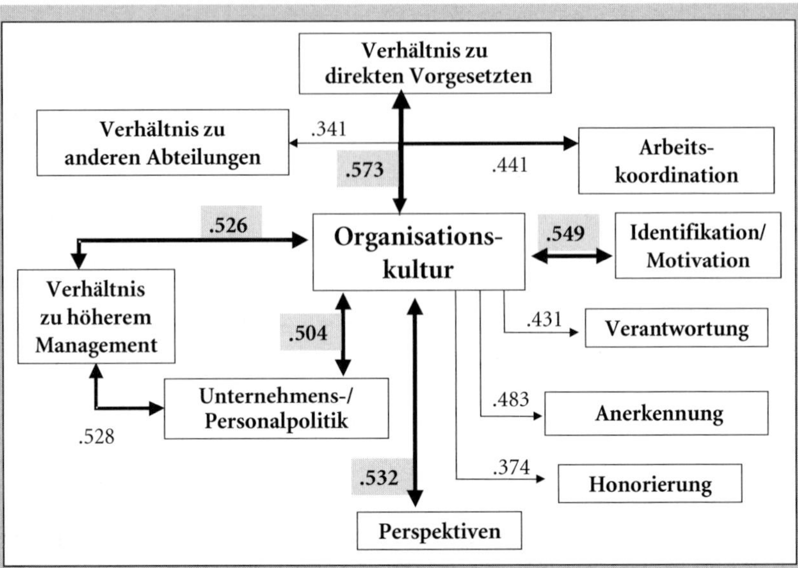

Abb. 40: Korrelationen der Organisationskultur

Starke Korrelationsbeziehungen (>.5) betreffen besonders das »Verhältnis zum direkten Vorgesetzten« und »Identifikation/Motivation« und »Perspektiven« und »Verhältnis zum höheren Management« sowie »Unternehmens- und Personalpolitik«.

Die Korrelationen zu Vorgesetzten und Top-Management und Unternehmenspolitik und Anerkennung zeigen den Einfluss eines problematischen Führungsverhaltens bzw. –politik auf die Kultur. Dabei bestätigen die zentralen Demotivationsaspekte – wie Diskrepanz zwischen Reden und Tun bzw. unzureichende Kulturformen –, wie gravierend nicht-integre Umgangsweisen sind.

Die Korrelationsbeziehungen zur »Identifikation« und »Perspektiven« weisen auch darauf hin, wie sehr die Organisationskultur die Handlungs- und Entscheidungsmuster und Zukunftshaltung der Organisationsmitglieder beeinflusst. Auch beeinflusst die Kultur der Organisation die Arbeitskoordination und das Verhältnis zu anderen Abteilungen.

Prägt eine demotivierende Organisationskultur das Klima eines Unternehmens, hat dies weitreichende Folgen. So kann die Dynamik einer »**Demotivationskultur**« die gesamte Organisation sowie externe Beziehungen erfassen. Dabei sind jedoch kulturspezifische und situative Besonderheiten sowie informelle Subkulturen zu berücksichtigen. Vermag die Kultur einer Organisation nur eine unzureichende Sozialintegration zu vermitteln,[216] wirkt sich dies negativ auf die Motivationslage der Mitarbeiter aus. Fordert sie nur Leistung in der Arbeit ohne zugleich Sinn[217] bzw. hinreichende Identifikation zu bieten, erhöht sich die Wahrscheinlichkeit des Auftretens von Demotivation.

Die Kulturfaktoren hängen eng miteinander zusammen und verstärken sich.[218] So führt eine Diskrepanz zwischen Sagen und Tun zu einer Kultur des Misstrauens, die durch fehlende Kooperationskultur bzw. Konfliktbewältigung noch mehr belastet. Treten dazu noch mangelnde Ressourcen verbunden mit hemmenden oder undurchsichtigen Strukturen auf, bildet sich eine demotivierende Organisationskultur aus, die nur schwierig zu überwinden ist.

Die Interkorrelationen auch weiterer Aspekte der Organisationskultur werden bei der Diskussion des Kulturkontextes eingehend behandelt (vgl. *Kapitel IV., 4.3 Wertewandel*).[219]

Nicht ausgeblendet werden sollte aber, dass hier auch das »Balken-Splitter-Syndrom« mitspielen kann. Denn keinesfalls alle, die sich über andere beklagen, wirken hier selbst vorbildlich. Es spielen eben auch Projektionen des eigenen »Schattens« (C. G. Jung) auf andere mit hinein.

a2) Empirische Ergebnisse zur Motivationsbarriere »Unternehmens- und Personalpolitik«

- **Untersuchungs-Items zur Motivationsbarriere:**
  - intransparent
  - widersprüchlich
  - ständig wechselnd
  - fehlende bzw. inkonsequente: Konzeption, Umsetzung oder Integration

- **Quantitatives Untersuchungsresultat laut Fragebogenerhebung**

als potenzieller Demotivator:	Rang: 7 (Quote 7,1 %)
als aktueller Demotivator:	Rang: 6 (Mittelwert ⌀ 2, 72)
zentrale, aktuelle Demotivationsaspekte:	– inkonsequente Konzeption, Umsetzung oder Integration (71 Nennungen) – intransparent (43 Nennungen) – ständig wechselnd (32 Nennungen)
stärkste Korrelation mit:	– Verhältnis zum höheren Management (.528) – Organisationskultur (.504) – Verhältnis zu direkten Vorgesetzten (.493) – Identifikation /Motivation (.482)

- **Qualitatives Untersuchungsresultat (Interviews)**

Neben einer zu oft wechselnden Unternehmens- und Personalpolitik wurde in den Befragungen vorwiegend deren Intransparenz und unzureichende Umsetzung beklagt.[220] Insbesondere bei Change-Prozessen wurden verspätete oder mangelhafte Informationen und Kommunikationen als demotivierend genannt (»Politik der vollendeten Tatsachen«).

- **Weitere empirische Untersuchungen**

Bei Herzbergs Analysen war »Unternehmenspolitik bzw. -organisation« der wichtigste Demotivator (Hygienefaktor).[221] Wie andere Untersuchungen zeigten[222], beeinflusst das wahrgenommene politische Klima die Arbeitseinstellungen. Die Politik einer Organisation sowie die organisationale Unterstützung durch die Mitarbeiter beeinflussen die Einstellung zur Arbeit und die Arbeitsaufführung.[223] So wurde nachgewiesen, wie unzureichendes Humanressource-Management zu einer »low-performance« Organisation sowie zu demotivierten Mitarbeitern führt.[224] Unzureichende Beteiligung an unternehmenspolitischen Prozessen führt zu Stress und Arbeitsunzufriedenheit.[225] Besondere Relevanz hat dabei die Partizipation an Entscheidungsprozessen.[226]

- **Diskussion der empirischen Ergebnisse**

Unternehmens- und Personalpolitik nimmt, mit Rang 7, eine Position im **Bereich aktueller wichtiger Demotivatoren** ein. Sie korreliert besonders mit der höheren und direkten Führung sowie der »Organisationskultur«. Die Korrelationen zeigen auch, wie sehr die Identifikation mit der Unternehmung von seiner Politik abhängt.

Demotivationsaspekte einer Unternehmens- und Personalpolitik verweisen auf Diskrepanzen zwischen Erwartungen und Erfahrungen, Ansprüchen und realen Möglichkeiten. Sie können damit als Störungen des psychologischen Vertragsverhältnisses interpretiert werden.[227] Durch »forcierte Einwilligung« kommt es zu Dissonanzen zwischen auferlegten Verhaltensanweisungen und eigenen Werten.[228] Der mit unzureichender Unternehmens- und Personalpolitik Mangel an Einfluss- und Kontrollmöglichkeiten fördert Arbeitsentfremdung und innere Kündigung.[229] Diese begünstigen auch konformistische, gleichgültige oder destruktive Einstellungen und Verhaltensweisen.[230] Unakzeptable Politik »von oben« führt zu mikropolitischen Gegenmaßnahmen, die oft im Informellen wirken und die »verordnete« Politik zu unterlaufen versuchen. Sind mit politischen Maßnahmen Einschränkungen von Entscheidungs- und Handlungsfreiheiten verbundenen, löst dies Reaktanzverhalten aus.[231] Dies kann zu Verweigerung von Rollenanpassungen bzw. erwarteter Leistung führen. Auch kann sich ein Rückzug aus dem betrieblichen Sozialleben oder Kompensationen mit anderen Bereichen (z. B. Freizeit) ergeben. Schließlich lähmt fremdbestimmte Politik auch die willensbestimmte Realisation eigener Vorhaben.[232] Durch Androhungen von Sanktionen werden aktiver eigener Handlungsvollzug und kreative Rollengestaltung verhindert. Damit wächst die Gefahr demotivierender Eskalation.[233]

Demotivationsprobleme der Unternehmens- und Personalpolitik werden oft durch eine unzureichende Integration der Organisations- und Personalentwicklung verursacht. Die Defizite dieses Politikbereichs verweisen daher auf einen Bedarf nach offener Informations- und Kommunikationspolitik und konsequenterer Umsetzungspraxis und Integration.

- **Organisationsinterne Demotivationen**

Insgesamt scheint für organisationsintern verursachte Demotivation besonders die dauernde Häufung kleinerer, aber wiederkehrender Alltagsprobleme bestimmend zu sein.[234] Dies erklärt auch den mittleren Belastungsgrad einzelner Barrieren bei relativ hoher Beeinträchtigung von Spaß an der Arbeit und Produktivitätsverlusten.[235] Solche Demotivationen wirken dann wie »Steine im Schuh«: Sie mögen zunächst noch klein sein (z. B. scheinbar unbedeutende Einschränkungen), irgendwann beginnt es zu drücken bzw. zu reiben und schränkt das Gehen insgesamt ein. Dazu tritt die Dynamik von sich kumulierenden Demotivationsprozessen. Erst durch den gezielten Abbau einzelner Motivationsbarrieren kann es zu einer »Befreiung« von störenden Reibungen kommen. Entlastende Remotivationsprozesse können dann zu einer selbstverstärkenden Dynamik führen, die das »Laufen« der Organisation insgesamt erleichtert und fördert.

a3) Empirische Ergebnisse zu »sonstigen Motivationsbarrieren«

- **Untersuchungs-Items zur Motivationsbarriere**
  - Einflüsse aus dem persönlichen Leben
  - Wirtschaftliche Situation: fehlende(r): Unternehmenserfolg, Arbeitsplatz-/Beschäftigungssicherheit, Produkt-/Branchenprobleme
  - Externe Beziehungen: schwieriges Verhältnis zu: Kunden, Lieferanten, Behörden

- **Quantitatives Untersuchungsresultat laut Fragebogenerhebung**

als potenzieller Demotivator:	Rang: 7 (Quote 7,1 %)
als aktueller Demotivator:	Rang: 15 (Mittelwert $\varnothing$ 2,31)
zentrale, aktuelle Demotivationsaspekte:	– fehlender Unternehmenserfolg (35 Nennungen) – schwieriges Verhältnis zu Kunden (31 Nennungen) – private Belastungen (28 Nennungen)
stärkste Korrelation mit:	– Einflüsse auf das persönliche Leben (.428) – Verhältnis zu Kollegen (.379) – Anerkennung (.351)

- **Qualitatives Untersuchungsresultat (Interviews)**

Private Belastungen wurden unter Einflüssen aus dem persönlichen Leben besprochen. Als »demotivationsbegünstigend« wurde die Sorge um den dauerhaften Unternehmenserfolg genannt, was auch durch das kulturell begründete Sicherheitsbedürfnis der überwiegend schweizerischen Befragten erklärt werden kann.[236] Zu externen Beziehungsproblemen wurden keine Angaben gemacht.

- **Weitere empirische Untersuchungen**

Demotivationsprobleme mit Kunden treten besonders in problemlösungs- und kontaktintensiven Dienstleistungen auf.[237] Von sog. »Problemkunden« gehen hohe Demotivationseffekte aus.[238]

- **Diskussion der empirischen Ergebnisse**

Sonstige Motivationsbarrieren nehmen einen **unteren Platz** in der Gesamtskala aller Motivationsbarrieren ein. Wobei der indirekte Einfluss der wirtschaftlichen Situation (z. B. des äußeren Markt- und Konkurrenzdruckes) sowie externer Beziehungen (bes. wachsende Dienstleistungsorientierung) auf organisationsinterne Prozesse nicht unterschätzt werden sollte. Die Bedeutung der Einflüsse auf das persönliche Leben wurden bereits als personale Motivationsbarrieren beschrieben. Abhängigkeitsbeziehungen zu »Einflüssen auf das persönliche Leben« können aus der fehlenden Balance zwischen Arbeit und Privat- bzw. Familienleben erklärt werden.[239]

4. Einflusskontexte der Motivationsbarrieren

Um alle Motivationsbarrieren in einem Zusammenhang zu betrachten, wurde versucht, spezifische Hauptfaktoren zu bestimmen. Eine in Auftrag gegebene orthogonale **Faktorenanalyse** aller Variablen führte aber – auch bei schiefwinkliger Rotation – nicht zu einer stabilen Lösung der Ladungsmuster.

Aus dem korrelativen Zusammenhang lassen sich aber drei **Hauptkontexte** interpretieren: **Arbeits-, Beziehungs- und Kulturkontext**. Die jeweiligen Motivationsbarrieren der einzelnen Kontexte ergeben sich aus den diskutierten Korrelationsbeziehungen *(vgl. Kapitel IV., 3 Einzelergebnisse empirischer Untersuchungen)* und verweisen auf übergreifende Demotivationszusammenhänge. Die Kontexte lassen sich allerdings nicht trennscharf unterscheiden. So kommt es zu Doppelnennungen einzelner Barrieren.

Arbeitskontext:
Arbeitsinhalt, -koordination, -durchführung; Ressourcen;
Anerkennung, Verantwortung, Identifikation/Motivation, Perspektiven

Beziehungskontext:
Verhältnis zu Kollegen, direkten Vorgesetzten, höherem Management;
Identifikation/Motivation, Perspektiven, Anerkennung, Honorierung,
Verantwortung, Einflüsse auf das persönliches Leben

Kulturkontext:
Organisationskultur, Identifikation/Motivation, Verantwortung, Verhältnis
zu direkten und höherem Management und zu anderen Abteilungen,
Unternehmens- und Personalpolitik, Anerkennung, Honorierung,
Perspektiven

Abb. 41: Einflusskontexte der Motivationsbarrieren

Zu den Kontexten werden Erklärungsansätze zu Arbeits- und Situationsfaktoren, Gruppen- und Führungsverhalten sowie Organisationsklima diskutiert und erste Ansatzpunkte zur Demotivationsüberwindung und Remotivation abgeleitet.

4.1 Arbeitskontext

Dieser betrifft Ursachen, Entwicklungen und Wirkungen sowie Überwindungsmöglichkeiten von Demotivation in der täglichen Arbeit. Dazu gehören sowohl potenzielle (v. a. »Arbeitsinhalt«, »Anerkennung«) wie aktuelle Barrieren (v. a. »Ressourcen«, »Arbeitskoordination und -durchführung«). Dazu treten grundlegende Beziehungen zur Arbeit, die über »Identifikation/Motivation« bzw. »Verantwortung« sowie »Perspektiven« werden. Abbildung 42 zeigt die stärksten Wechselbeziehungen der einzelnen Faktoren.

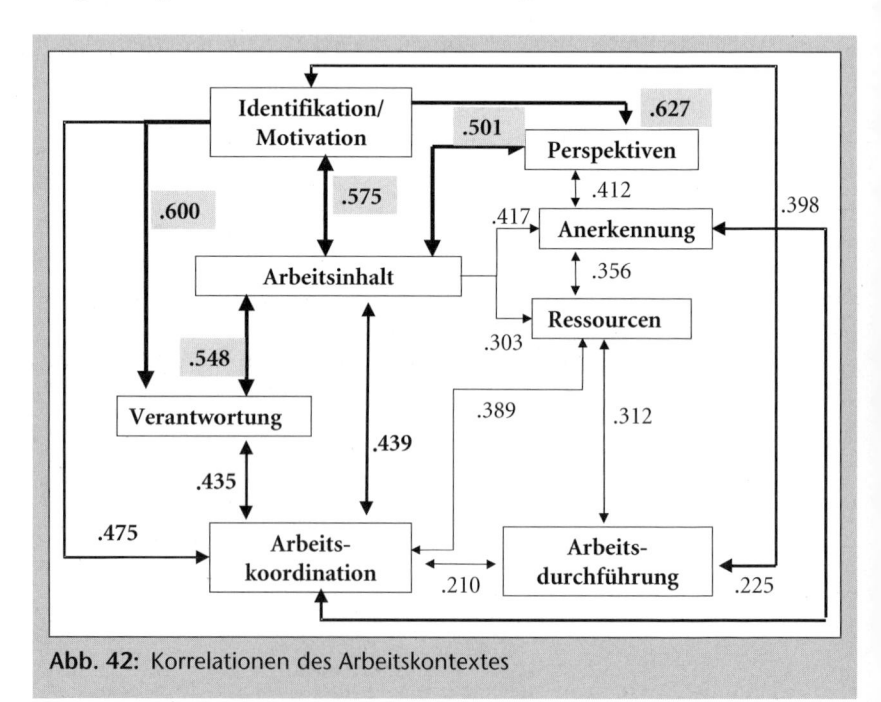

Abb. 42: Korrelationen des Arbeitskontextes

Mit »Arbeitsinhalt« gibt es besonders starke Korrelationen v. a. zu »Identifikation«, »Verantwortung«, »Perspektiven« und »Anerkennung« sowie zur »Arbeitskoordination«. Bei Letzterer bestehen Beziehungen v. a. zur »Identifikation«, »Verantwortung« und »Anerkennung« sowie »Ressourcen«. Insbesondere »Identifikation« scheint ein zentrales Element des Arbeitskontextes zu sein. Von ihr gehen sehr hohe Korrelationen aus. Ihre Beziehungen zu

»Perspektiven« und »Verantwortung« stellen mit einem Wert >.6 die stärkste Korrelation überhaupt dar.

Die **Arbeitspsychologie** hat über Analyse, Bewertung und Gestaltung von Arbeitstätigkeiten und Arbeitssystemen Zusammenhänge des Arbeitskontextes eingehend untersucht.[240] Sie zeigt, dass die psycho-sozialen Funktionen von Arbeit – über die Sicherung der materiellen Lebensgrundlagen hinaus – auch die persönliche Identität[241] sowie soziale Kontakte und Anerkennungen betreffen. Wie empirisch nachgewiesen[242], gibt es sachlich und persönlich enge Zusammenhänge zwischen Arbeitskontext und (Un-) Wohlbefinden der Mitarbeiter. Bietet die Arbeit z. B. zu wenige Handlungsspielräume, führt dies zu Arbeitsunzufriedenheit.[243] Auch die Entfremdungstheorien zeigten die Bedeutung eines sinnvermittelnden Arbeitskontextes *(vgl. Kapitel III., 8 Entfremdung und innere Kündigung)*.

IV. Empirische Untersuchung zu Motivationsbarrieren

In Umkehrung des »Job-Characteristic-Modells«[244] und nach arbeitswissenschaftlichen Untersuchungen[245] können folgende **Kernmerkmale demotivierender Arbeitsprozesse** bestimmt werden:

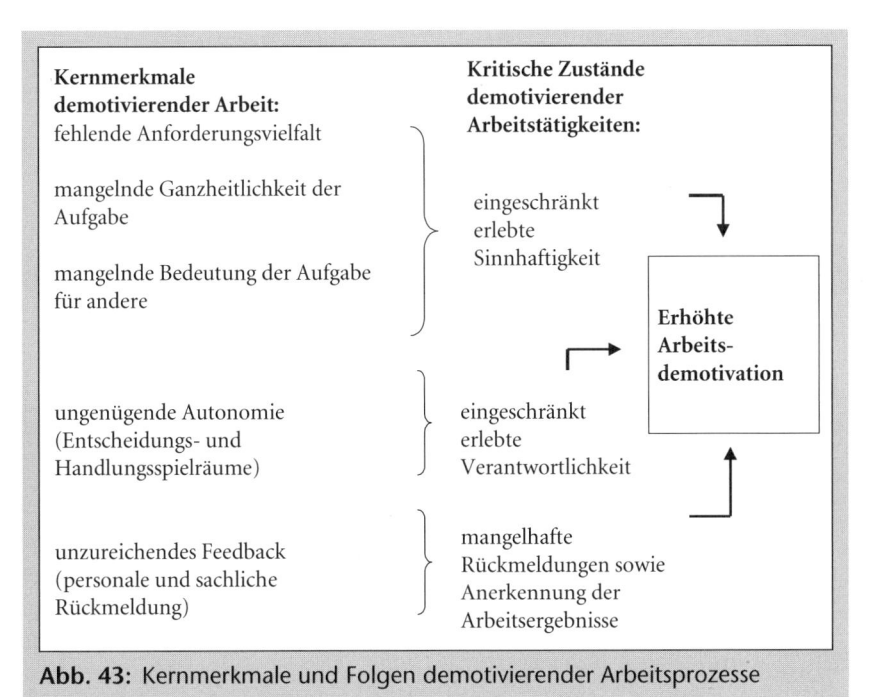

Kernmerkmale demotivierender Arbeit:	Kritische Zustände demotivierender Arbeitstätigkeiten:	
fehlende Anforderungsvielfalt		
mangelnde Ganzheitlichkeit der Aufgabe	eingeschränkt erlebte Sinnhaftigkeit	
mangelnde Bedeutung der Aufgabe für andere		Erhöhte Arbeitsdemotivation
ungenügende Autonomie (Entscheidungs- und Handlungsspielräume)	eingeschränkt erlebte Verantwortlichkeit	
unzureichendes Feedback (personale und sachliche Rückmeldung)	mangelhafte Rückmeldungen sowie Anerkennung der Arbeitsergebnisse	

Abb. 43: Kernmerkmale und Folgen demotivierender Arbeitsprozesse

Diese Einflüsse bewirken eine reduzierte intrinsische Motivation und geringere Arbeitseffektivität. In einem demotivierenden Arbeitskontext kommt es damit weniger zur befriedigenden Aufgabenorientierung oder -erfüllung.[246] Folgende Merkmale der **Aufgabengestaltung** und deren Demotivationsproblematik können unterschieden werden:[247]

Merkmal Aufgabengestaltung	Demotivationsproblematik
Ganzheitlichkeit:	Mitarbeiter erkennen nicht die Bedeutung ihrer Tätigkeit sowie deren Beziehungen zu anderen
Anforderungsvielfalt:	unterschiedliche Fähigkeiten, Kenntnisse und Fertigkeiten können nicht eingesetzt werden und es kommt zu einseitigen Beanspruchungen
Möglichkeiten der sozialen Interaktion:	Probleme können nicht gemeinsam bewältigt werden oder es fehlt eine gegenseitige Unterstützung, um Belastungen zu ertragen
Autonomie:	fehlendes Selbstwertgefühl oder Bereitschaft zur Übernahme von Verantwortung, vermitteln die Erfahrung, einfluss- und bedeutungslos zu sein
Lern- und Entwicklungsmöglichkeiten:	das geistige Potenzial kann sich nicht genügend entfalten oder berufliche Qualifikationen können nicht weiterentwickelt werden, was zu demotivierenden Perspektiven führt.
Zeitelastizität/stressfreie Regulierbarkeit:	unangemessene Arbeitsverdichtung und fehlende Freiräume für ungestörtes Nachdenken und selbstgewählte Interaktionen erhöhen den Frust in der Arbeit und schränken Remotivationsmöglichkeiten ein
Sinnhaftigkeit:	es wird kein Gefühl vermittelt, an der Erstellung persönlich bzw. gesellschaftlich nützlicher Produkte oder Dienstleistungen beteiligt zu sein, es fehlt eine Übereinstimmung individueller und gesellschaftlicher Interessen

Abb. 44: Merkmale der Aufgabengestaltung und deren Demotivationsproblematik

Daraus lässt sich ein **Kennwert des Demotivationspotenzials** bestimmen:[248]

> **Erhöhtes Demotivationspotenzial** = f (fehlende Anforderungsvielfalt + fehlende Ganzheitlichkeit + fehlende Bedeutsamkeit der Aufgabe × fehlende Autonomie × fehlende Rückmeldung)

Zur Demotivationsüberwindung kommt es entscheidend darauf an, den Kennwert zu reduzieren. Dies erfordert, Arbeitstätigkeiten so zu organisieren, dass sie:

- die psychologische Gesundheit und das psychosoziale Wohlbefinden der Mitarbeiter nicht beeinträchtigen
- ihren Bedürfnissen[249] und Qualifikationen entsprechen, damit Entwicklung ihrer Persönlichkeit im Sinne der Entfaltung ihrer Potenziale und Förderung ihrer Kompetenzen beizutragen vermögen
- den Ansprüchen und Erwartungen nach abwechselungsreichen, herausfordernden und ganzheitlichen Arbeitsinhalten und -prozessen gerecht werden
- individuelle und/oder kollektive Einflussnahme auf die Arbeitsbedingungen und -gestaltungen ermöglichen
- über regelmäßige, sachgerechte Rückmeldungen Informationen, konstruktive Kritik oder Bestätigungen und evtl. Belohnungswerte sowie Arbeitsfreude vermitteln
- die »Goodwill-Komponenten« der Arbeitsleistung fördern, die über das Muss- und Pflichtpotenzial der Arbeit hinausgehen[250]

Die Bedeutung situativer Einflüsse des Arbeitskontextes für Demotivation und Remotivation

Die Arbeitssituation stellt die Gesamtheit objektiv vorherrschender oder subjektiv wahrgenommener Erlebnisse und Handlungsbedingungen in Unternehmen dar.[251] Die demotivierende und remotivierende Realität ist auch als eine situationsabhängige Konstruktion von Wirklichkeit zu verstehen. In Abwandlung des bekannten Thomas-Theorems:[252] Wenn Menschen eine (Arbeits-)Situation als real demotivierend wahrnehmen, dann ist sie in ihren Konsequenzen auch demotivierend. Werden andererseits reale Remotivationschancen erlebt, kommt ihnen ebenso Wirklichkeit und Wirksamkeit zu.

Als systemische Zusammenhänge erklären situative Einflüsse auch die phasenspezifische Veränderungsdynamik von Demotivations- und Remotivationsprozessen. Erst durch die Berücksichtigung der Situationseinflüsse können daher demotivationale Verhaltensweisen im Bereich der Arbeit hinreichend verstanden und Remotivation bzw. Remotivierung erfahrungsreich umgesetzt werden.

Zu den **situativen Faktoren** demotivierenden und remotivierenden Verhaltens und Handelns im Arbeitskontext gehören:

- objektive Bedingungen (handlungsfördernde/behindernde Situationen)
- Persönlichkeitsstruktur und aktuelle Dispositionen
- subjektiv empfundene Arbeitsatmosphäre (z. B. soziales Umfeld) und Zeitwahrnehmung
- situationsspezifisches Mangelempfinden bzw. fehlende Reize
- situationsbedingter Informationsstand des Individuums
- Grad der situativen Beteiligung bzw. Betroffenheit und Beurteilung des Ist-Zustands
- Beurteilung des eigenen Status bzw. Situiertheit im Vergleich zu anderen
- situativ empfundene Beeinflussung durch andere (z. B. Führungsstil)[253]
- Flexibilität des Situationskontextes für Veränderungsprozesse

Je nach Bedeutung dieser Faktoren werden tatsächliche oder mögliche Demotivationsprobleme und Remotivationschancen unterschiedlich wahrgenommen, bewertet und angegangen. Die Gestaltung der Arbeitssituation bildet ein prägendes Element des (demotivierenden) Arbeitserlebnisses und beeinflusst maßgeblich die Leistungs(un)möglichkeiten für den Mitarbeiter. Vermeidbare Demotivationbelastungen in der Arbeitssituation bilden, wie auch Herzbergs Untersuchungen zeigten *(vgl. Kapitel III., 3.3 Herzbergs Zweifaktorentheorie)*, primäre Unzufriedenheitspotenziale. Für eine optimale psychologische Gestaltung der Arbeitssituation, können Erkenntnisse der Arbeitswissenschaft (z. B. Status, Selbstwertgefühl, Kontakte) berücksichtigt werden.[254]

Ableitungen zur Demotivationsüberwindung aus dem Arbeitskontext

Aus dem Arbeitskontext sind arbeitsspezifische Möglichkeiten zur Demotivationsüberwindung, der situative und individuelle Remotivationsbedarf sowie Ansatzpunkte für Problemlösung und Remotivierung ableitbar. Eine **Gestaltungsaufgabe** ist, demotivierte Mitarbeiter aus Zuständen fixierter bzw. pseudohafter oder resignativer Arbeitszufriedenheit herauszuführen. Dazu sind Problemlösungs- oder Remotivationsversuche erlebbar zu machen und so eine progressive Arbeitszufriedenheit zu vermitteln *(vgl. Kapitel III., 1 Arbeitszufriedenheitsforschung)*.

Das umgekehrte »Job-Design-Modell« und die beschriebenen Aufgabenmerkmale können als **Diagnoseinstrumente** zur Bestimmung arbeitsspezifischer Demotivation genutzt werden. Mit ihnen können demotivierende

Problemfelder und Schwachstellen der Arbeitsbedingungen näher analysiert werden.

Da von Arbeit ein sinnstiftendes Potenzial ausgeht, kann es zur Demotivationsprävention beitragen *(vgl. Kapitel V., 1 Formen der Sinnvermittlung zur Demotivationsprävention)*. Zu gezielten Abbaumöglichkeiten gehören Ressourcenverfügbarkeit *(vgl. Kapitel VI., 2.3)*, Aufgabenerweiterung und Vergrößerung von Entscheidungs-, Tätigkeits- und Kooperationsspielräumen *(vgl. Kapitel VI., 3.2 Erweiterung der Handlungsspielräume)* sowie Ermächtigung *(vgl. Kapitel VI., 2.3 Ermächtigungsstrategien)*.

4.2 Beziehungskontext

Als wichtige potenzielle Motivationsbarrieren erwiesen sich die Beziehungen zur direkten Führung und Kollegen sowie Anerkennung. Zum Beziehungsgefüge gehören auch das Verhältnis zum »höherem Management« sowie zu »anderen Abteilungen«. Aber auch »Identifikation/Motivation«, »Anerkennung«, »Honorierung« und »Verantwortung« und »Perspektiven« sind darin zuzuordnen, sofern sie über die Mitarbeiter- oder Führungsbeziehung vermittelt werden. Schließlich ist der Bezug zum persönlichen Leben zu berücksichtigen. Abbildung 45 fasst die wichtigsten Korrelationsbeziehungen der einzelnen Faktoren zusammen.

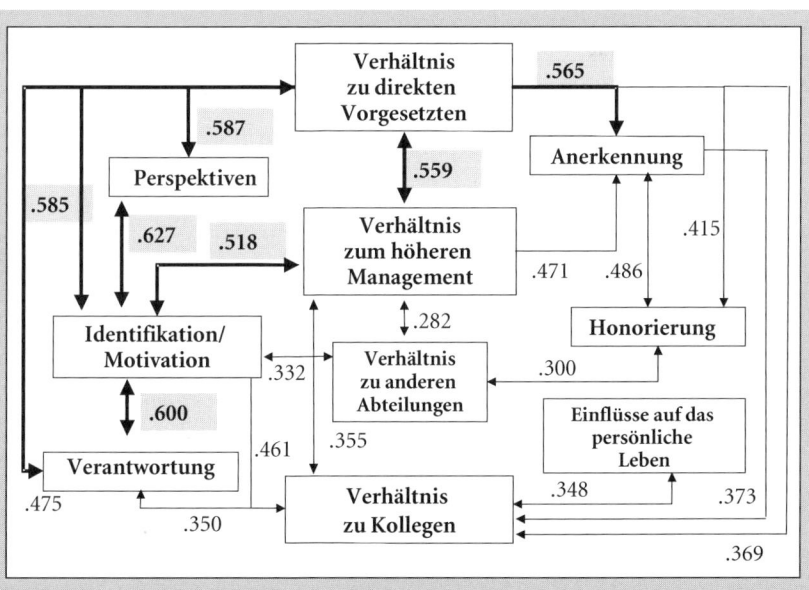

Abb. 45: Korrelationen des Beziehungskontextes

Für den Beziehungskontext ist das Verhältnis zu direkter Führung und Identifikationsbeziehungen am einflussreichsten. Die Beziehungen direkter Führungskräfte hängen zusammen mit »Perspektiven«, »Verantwortung« sowie »Anerkennung«, dem »Verhältnis zum höheren Management« und dem »Verhältnis zu Kollegen«. Es wird deutlich, wie sehr »Anerkennung« ein Beziehungsereignis ist. Es hängt bei den befragten Führungskräften stärker vom direkten und höheren Management und der Honorierung ab als von dem Kollegenverhältnis.

Starke Korrelationen gehen auch von »Identifikation/Motivation« aus. Dabei bestehen Beziehungen zu »Perspektiven«, »Verantwortung« sowie dem »direkten Vorgesetzten« und »Verhältnis zu Kollegen«. Letzteres korreliert, wenn auch schwächer, mit »Anerkennung«, »Verhältnis zum direkten Vorgesetzten«, »Verantwortung« sowie »Einflüssen auf das persönliche Leben«.

- **Die Bedeutung des Gruppenverhaltens für Demotivation**

Beziehungen zu Kollegen bzw. Team sowie zum direkten Vorgesetzten erwiesen sich als zweitwichtigste potenzielle Motivationsbarrieren. Im Weiteren werden daher die Bedeutung des Gruppenverhaltens und des Mobbings diskutiert.

Das Verhalten in und von Gruppen hat großen Einfluss auf das Beziehungsgefüge einer Organisation. Bedingt durch die physische Nähe und relativ langfristige Dauer des Zusammenseins, geht von dem Verhalten in Gruppen ein besonderer Einfluss für die Entstehung und Entwicklung von Demotivation und Remotivation aus. Das prekäre »Wir-Gefühl« von Gruppen ist durch verschiedene Interessen, Rollendifferenzierungen, Statusverteilungen, Subgruppen sowie die wechselseitige Beeinflussung der Gruppenmitglieder bestimmt und gefährdet. Dies gilt insbesondere auch für **informelle Gruppen und Beziehungen** mit ihren gruppentypischen Integrationssymbolen, eigenen Sprachmustern und Kommunikationskanälen. Informelle Gruppenbildung befriedigt wesentliche Bedürfnisse nach sozialen Kontakten, Geborgenheit, Sicherheit und Solidarität sowie nach sozialer Anerkennung und Prestige.[255] Auch Remotivationsprozesse vollziehen sich oft im Informellen. Finden Mitarbeiter keinen Anschluss an informelle Gruppen oder verlieren sie ihn, verursacht oder verstärkt dies Arbeitsunzufriedenheit[256] und schränkt Remotivationschancen ein.

Niedrige Kohäsion in und mit der Gruppe oder eine unbefriedigende Gruppenmitgliedschaft führt zu einer Zunahme von Angst und Anspannung. Sie mindert zudem die Widerstandskraft des Einzelnen gegenüber Beschwerden und Bedrohungen durch die Führung oder Kollegen. Das informelle

Gefüge kann dann auch Ursachenfeld von persönlicher Feindschaft, sozialer Isolation, Diskriminierung und Unterdrückung werden.[257] Vom Team-Geist oder dem Gruppenzusammenhang ausgeschlossen zu sein, wird für Mitarbeiter umso demotivierender, je geringer ihr sog. »Idiosynkrasiekredit« ist. Dieser bestimmt das Ausmaß, bis zu dem ein Individuum von den Erwartungen der Gruppen abweichen darf, ohne Sanktionen befürchten zu müssen.[258]

Der Spielraum der **Normenkonformität** eines Gruppenmitglieds, also das Ausmaß einer Abweichung seines tatsächlichen Verhaltens von dem erwarteten hängt u. a. aber von:[259]

– dem Grad der Abhängigkeit des Einzelnen von der Gruppe
– erwarteten Sanktionen bei Normenerfüllung/-verletzung (Belohnung/Bestrafung)
– der Gruppenkohäsion: Kohärente Gruppen neigen zu höherer Konformität, auch als Folge des Gruppendrucks
– der Einwilligung, Anerkennung oder Internalisierung der Normen
– der Legitimität der Normen
– der Instrumentalität der Normen zur individuellen Bedürfnisbefriedigung
– der Konsistenz und Widerspruchsfreiheit des Normensystems.

Ist der Freiraum für persönliche Eigenarten oder Besonderheiten eingeschränkt und damit das Ansehen und der Status innerhalb der Gruppe gering, schwächt dies das Selbstwertgefühl und lässt Bedürfnisse nach Fremdwertschätzung unbefriedigt.[260]

Demotivation im Gruppenzusammenhang wird ausgelöst oder verstärkt, wenn der Mitarbeiter:

– unklare oder instabile Verhaltenserwartungen und Zielvorstellungen hat
– sich nicht mit bestimmten zugewiesenen Rollen identifizieren kann oder wenn implizite oder informelle Verhaltensstandards und gruppenspezifische Anspruchsniveaus unvereinbar mit eigenen Werten sind
– kein Zugehörigkeitsgefühl zu einer Gruppe hat
– von gruppeninternen Verhaltensanforderungen abweicht, bzw. nonkonformes Verhalten und Dissens im Gruppenzusammenhang zeigt (z. B. sich nicht vor Gruppendruck und Gruppenbefangenheit i. S. Group-Think[261] beugt)
– sich nicht an routinisierte, soziale Beziehungen anpasst
– Schwierigkeiten bei koordiniertem Vorgehen bei der Teamarbeit hat
– konfliktauslösenden Stimmungs- und Leistungsschwankungen unterliegt

- er soziale Sanktionen erleidet
- oder seine abweichenden, alternativen Lösungsvorschläge unterdrückt werden

Demotivationsauslösende Ursachen der Gruppen- und Kohäsionsentwicklung entstehen bei der Bildung einer neuen Gruppe. Diese definiert sich über die Mitgliedschaft. So macht es einen demotivationsrelevanten Unterschied, ob die Aufnahme durch Ernennung von außen oder durch Auswahl der Gruppe erfolgt. Auch für den Mitarbeiter ist es wichtig, ob seine Gruppenteilnahme freiwillig ist oder durch eine zwangsläufige Mitgliedschaft (z. B. über Aufgabenzuschreibung) bestimmt wird. Ebenso sind räumliche Voraussetzungen, die Gruppengröße und Fragen der inhaltlichen Vorgaben einflussreich.[262] Von der Gruppenbildung und -entwicklung ist auch die Entfaltung und Wirksamkeit von Remotivationsmöglichkeiten abhängig. Ohne einen vertrauensvollen Gruppenverbund sind individuelle und soziale Remotivationsinitiativen nur beschränkt möglich.

Demotivierte Mitarbeiter partizipieren jedoch oft nicht am Gemeinschaftsgefühl und Gruppen-Commitment und dessen Remotivationsdynamik. Diese fehlende Kohäsion wird besonders deutlich, wenn in Gruppen interne Probleme (z. B. Zeitdruck, Stress oder andere Belastungen) auftreten. Demotivierte Mitarbeiter ohne Einbindung in die Gruppe können dann Opfer oder Täter von Mobbing werden.

- **Mobbing im Beziehungskontext der Demotivation**

Schikanierendes, drangsalierendes Verhalten, »übel mitspielen«, herabsetzende Behandlung und Beleidigungen, gezielte Benachteiligung, »Bullying«[263] und ähnliche Feindseligkeiten am Arbeitsplatz wirken als **einflussreiche betriebliche Stör- und Demotivationsfaktoren**[264] und **erschweren Remotivation**. Mobbing kann als ein spezifischer Typ eines eskalierenden sozialen Konfliktes betrachtet werden, der von den Betroffenen als lang andauernder und intensiver Stress erlebt wird[265] und daher von besonderer Relevanz für Demotivation ist. Zu Ursachen, Verlaufsformen, Verbreitung und Auswirkung des Mobbings liegen erste konzeptionelle und empirische Explorativstudien vor.[266]

Ursachen von Mobbing

Mobbing kann durch vielfältige Gründe verursacht werden: Zu den persönlichen Motiven für Mobbing gehören Antipathien, Suche nach »Sündenböcken«, um von eigenen Unzulänglichkeiten abzulenken, Neid und Missgunst. Ferner begünstigen eine ungenügende Arbeitsorganisation, ungelöste Konflikte am Arbeitsplatz, Frustration, Intoleranz sowie eine mangelnde

Führungskompetenz oder Nicht-Anerkennung von geleisteter Arbeit ein Mobbingklima. Dazu treten bei schlechter Arbeitsmarktsituation verschärfte Konkurrenz und Angst um den Arbeitsplatz und mögliche Karrierepositionen im Unternehmen. Auch das immer hektischere Tempo der Veränderungen in Organisationen kann Anlass zum Mobbing werden. Wer nicht die Kraft hat, mehrere Change-Prozesse pro Jahr mitzumachen, oder es gar wagt, Zweifel oder Ängste zu äußern bzw. tabuisierte Denkverbote hinterfragt, kann so zum gemobbten Outsider werden.[267]

Zu den mobbingauslösenden **Ursachen** gehören ferner:

– Machtdemonstration und Konkurrenzdenken gegenüber anderen
– Besitzstandswahrung, Profilierungssucht
– Berufsstress und damit verbundene Überlastung und Frustration
– Arbeitsüberlastung infolge von Umstrukturierung und Stellenabbau
– Unterforderung und damit verbundenes Gefühl der Langeweile
– unangemessene Vorurteile und persönliche Rachegefühle
– moralische Defizite, Versagensängste, persönliche Egoismen

Nach Leymann können **Mobbingangriffe** wie folgt kategorisiert werden:[268]

– Angriffe auf die Möglichkeit, sich mitzuteilen (z. B. lächerlich machen oder ständige Kritik oder Beschimpfungen)
– Angriffe auf die sozialen Beziehungen (z. B. durch verändertes Verhalten nach Beförderung, »schneiden« oder Ignoranz)
– Angriffe auf das soziale Ansehen (z. B. durch Klatsch und Tratsch, falsche Gerüchte oder Beleidigungen)
– Angriffe auf das persönliche Ansehen oder die Qualität der Arbeit (z. B. durch Informationszurückhaltung oder dadurch, dass Aufgaben zugeteilt werden, die von der Person nicht zu bewältigen sind)
– Angriffe auf die seelische und körperliche Gesundheit (z. B. auch Gewaltandrohungen oder sexuelle Belästigungen)

Bezüglich der **Wirkungen des Mobbings**, die eng mit denen der Demotivation zusammenhängen, kann zwischen Folgen für den Betroffenen, für das Unternehmen und die Gesellschaft unterschieden werden:[269]

Folgen für die Betroffenen

– anhaltender und zunehmender Stress (z. B. durch unterbrochenen Arbeitsrhythmus) und körperliche Beschwerden (z. B. Muskelverspannungen, Atemnot, Kopf-, Herz- oder Magenschmerzen)
– geistige Beeinträchtigungen (z. B. Aufmerksamkeits- und Konzentrationsstörungen, Gedächtnisstörungen, Gedankenautomatismen, Reizbarkeit)

- Identitäts- und Selbstwertkrisen und Erschöpfungs- und Versagenszustände bis hin zu anhaltendem ängstlichen, depressiven, paranoiden Erleben oder gar Selbsttötung
- Beeinträchtigung und Zerstörung sozialer Beziehungen (Partnerschaft, Familie, Freunde, Kollegen)

Folgen für das Unternehmen:

- Verschlechterung des Betriebsklimas
- Minderung der Motivation und Leistungsbereitschaft, Einschränkung der Flexibilität und gebremste Innovationskraft durch Nachlassen von Kreativität und Initiative
- Schädigung des Ansehens bei Kunden, Geschäftspartnern und anderen Mitarbeitern
- erhöhte Betriebskosten durch Fehlzeiten, innere Kündigung und Fluktuation; Wettbewerbsnachteile durch Produktivitätseinbrüche und Qualitätsminderung

Folgen für die Gesellschaft:

- Zunahme der »Verrohung« im zwischenmenschlichen Umgang und folglich im gesamtgesellschaftlichen Miteinander; dadurch u. a. Hinnahme von Rechtsbrüchen und mobbingbedingten Krankheits- und Todesfällen
- beträchtliche Mehrkosten zu Lasten der Steuerzahler und Versicherungsträger (z. B. durch höhere Renten- und Krankenversicherungsbeiträge wegen zunehmenden Frühverrentungen und steigenden Behandlungskosten).

Mobbing und Demotivation bzw. Remotivation

Die sozial-dynamischen Strukturen und emotionalen Dimensionen des Mobbingphänomens hängen eng mit Demotivation zusammen.[270] Mobbing kann sowohl **Ursache als auch Folge von Demotivation** sein. Wie zuvor beschrieben, stehen demotivierte Mitarbeiter eher in der Gefahr, als »Opfer« einem Mobbing ausgesetzt zu sein. Andererseits können Demotivierte auch als »Täter« auftreten, um z. B. die eigenen Probleme auf andere zu projizieren oder über sie zu kompensieren.[271] Mobbing beeinträchtigt auch die Remotivation. So können Initiativen zur Remotivation durch Mobbingangriffe unterlaufen oder konterkariert werden (z. B. durch Ignorierung oder Lächerlichmachen eines Remotivationsengagements).

Im Hinblick auf die aktuellen Untersuchung von Mobbing gibt es theoretische Defizite, die sich v. a. auf die vieldeutigen Definitionen, die mangelhaften wissenschaftlichen Erfassungsmethoden sowie auf die fehlende theoretische Basis beziehen.[272] Die bisher gewonnenen Erkenntnisse über unterschiedliche Mobbingsituationen[273] und -strategien[274], die Wirkungsweisen des Mobbings sowie Möglichkeiten einer »Mobbinghandhabung« sind auch für die Demotivationsüberwindung nützlich (z. B. remotivierende Problemlösungsversuche durch Personal- und Organisationsentwicklung[275]).

Wie beim Mobbing ist es auch für die Demotivation sinnvoll, die ressourcen- und phasenspezifischen sowie die (beziehungs-)strukturellen Wirkungen und Reaktionsweisen der Betroffenen zu erfassen. Analog kann auch bei Demotivierten zwischen einem »Täter-Angriffs-Repertoire« und einem »Opfer-Aktions-Repertoire« unterschieden werden.[276] »Mobbingstrukturen« bzw. das »Mobbinglernen« stehen im Kontext einer angewandten Mikropolitik[277], die auch für Demotivation und Remotivationsmöglichkeiten relevant ist. Wie das Mobbing, trägt Demotivation ein enormes Potenzial zur Konflikteskalation in sich, welches das gesamte Organisationsklima erfassen kann.[278] Daher sind für beide ursachenspezifische Vorbeugungsmaßnahmen von grundlegender Bedeutung.[279] Über eine Transformation der destruktiven Kräfte des Mobbings in konstruktive Bahnen kann eine nachhaltige Remotivation indirekt auch zur Reduktion des Mobbingpotenzials beitragen.

- **Unzureichende Führung im Beziehungskontext der Demotivation**

Nun wird die Bedeutung unzureichender Führungspraxis für einen demotivierenden Beziehungskontext beschrieben. Das wahrgenommene Vorgesetztenverhalten beeinflusst in besonderer Weise das Mitarbeiterverhalten im Beziehungskontext der Demotivation.[280] Verschiedene Forschungen zeigen,[281] dass innere Kündigung oft auf ein demotivierendes Führungsverhalten des direkten Vorgesetzten zurückgeführt werden kann.

Als **Fehlerquellen im Führungsverhalten** des Vorgesetzten gelten u. a.:[282]

- einsame oder autoritäre Entscheidungen und Anweisungen sowie fehlende Mitwirkungsmöglichkeiten der Mitarbeiter (z. B. hinsichtlich Ziel- und Sollvorgaben)
- Launenhaftigkeit, Willkür und Schikane, unfaire Aufgabenstellungen, ungerechte Bevorzugung einzelner Mitarbeiter (u. a. bei Lob, Kritik oder Förderung)
- »Überkontrolle« durch Misstrauen als Grundphilosophie (daher kein Vertrauensvorschuss)
- Kompetenzräuberei (Eingriffe ins Aufgabenfeld, Übergehen von Absprachen)

- keine oder unzureichende Delegation oder Konsultation aus mangelndem Vertrauen
- Ideen und Anregungen und Vorschläge des Mitarbeiters werden ohne überzeugende Begründung abgewiesen
- unqualifizierte Kritik und keine oder unzureichende Anerkennung
- mangelnde Gesprächs- und Diskussionsbereitschaft oder Verständnis gegenüber persönlichen Problemen und Schwierigkeiten der Mitarbeiter
- schlechtes Informationsverhalten und Kommunikationsfehler

Der letzte Punkt ist besonders demotivationsrelevant. Demotivationsauslösende **Kommunikationsbarrieren** bei allen Beteiligten können sein:

- mangelnde Kommunikationsbereitschaft oder -fähigkeit
- hierarchisches Kommunikationssystem (Statusunterschiede)
- eingeschränkte zwischenmenschliche Beziehungen (z. B. durch Arroganz, Ignoranz oder Angst)
- Nichtanerkennung von Bedürfnissen beim Empfänger (Wertschätzung des Kommunikationspartners)
- vorgefasste Einstellungen, Meinungen, Vorurteile, Schuldzuweisungen
- unzuverlässige, dissonante Informationen oder semantische Unverständlichkeit
- Nichtbeachtung informeller Information
- Mangelnde Gelegenheit zu Rückfragen und Rückmeldungen

Dazu kommen folgende **Gefahren und Risiken,** in und durch Führung blockiert zu werden:

- Erwartungen der Mitarbeiter an Führungskräfte sind z. T. überhöht. Dies gilt auch für das Management. Sie sind damit unrealistisch und werden in der Regel von den Betroffenen in der eigenen Führungsrolle auch nicht erfüllt (Beispiel Vorbild).
- Traditionelle Machtbasen (z. B. formale Autorität und Sanktion) haben an Bedeutung verloren; das erhöht Ansprüche an freiwillige Motivation. Die Führungskräfte erfüllen gestiegene Ansprüche der Mitarbeiter an Information, Kommunikation und Überzeugung nicht genügend. Mangelnde Eigeninitiative von Mitarbeitern fördert überhöhte Erwartungen an die Chefs. Rollenerwartungen konzentrieren sich an die guten Chefs im Bereich der transformationalen Führung. Diese sind schwer zu erfüllen.
- Bei Fachvorgesetzten zeigt sich häufig begrenztes Interesse an Führungsaufgaben.
- Erwartungen an die Führungsrolle differieren z. T. stark nach Arbeitsmarkt, Qualifikation, Alter, Nationalität und Geschlecht. Dies erfordert hohe »Diversity« im Motivationsmanagement.

- Deutlich erhöhte Kontrollspannen und langfristige Abwesenheiten (z. B. bei Vertriebsbereichen) von Führungskräften erschweren die direkte Führung.
- Demotivation ist häufig erst spät beobachtbar, z. B. im Verhalten oder den Arbeitsergebnissen, noch nicht dagegen in den Wahrnehmungen und Empfindungen.
- Vorgesetzte sind mehr am Output, Mitarbeiter oft noch mehr am Input orientiert. Schon dies führt zu Wahrnehmungs- und Beurteilungsdifferenzen.
- Führungsbeziehungen sind hoch von Emotionen beeinflusst. Besonders hohe Erwartungen bestehen gegenüber Vertrauen, Fairness und Mitarbeiterorientierung.
- Vorgesetzte befassen sich ungern mit schlechten Nachrichten, Sie werden damit wenig kommuniziert oder nachgefragt.
- Chefs achten zu wenig auf Valenz der Motivationsziele und -aufgaben sowie auf die Beeinflussung der Erfolgserwartung.
- Sie haben oft nur einen begrenzten Einfluss auf externe Demotivatoren – z. B. Unternehmenspolitik und -kultur.

IV. Empirische Untersuchung zu Motivationsbarrieren

Demotivierende Führungspraxis ist sowohl als eine problematische Menschenführung an sich, wie auch als Manifestation des Übergangs von überholten zu neuen Führungspraktiken interpretierbar.[283] So führt eine **autoritäre Führung** bei selbstständigen Mitarbeitern oder bei solchen mit Bedürfnissen eines Empowerments zu kognitiven und emotionalen Dissonanzen. Werden Mitwirkungsmöglichkeiten erwartet, bewirken autoritäres Entscheidungsverhalten (z. B. durch hierarchisches Anweisungssystem, einseitige Information) oder unzureichende Konsultation bzw. Delegation (z. B. aus mangelndem Vertrauen) und starke Kontrollorientierung Demotivation oder schränken Remotivationsinitiativen ein.[284] Eine autoritäre Führung wird der Vermittlung einer von Emotionen getragenen Motivation bzw. Remotivation nicht gerecht,[285] die als eine der wichtigsten Führungsaufgaben bestimmt werden kann.[286] Ganz im Gegenteil stellen Führungskräfte selbst potenzielle Demotivatoren dar.

- **Führungskräfte als potenzielle Demotivatoren**

Führungskräfte scheinen die »Kunst der Demotivation« nach Kollenz[287] in besonderer Weise zu beherrschen. Durch eine als »Motipulation« beschriebene Manipulation zur Motivation[288] werden Führungsverantwortliche mit-verantwortlich für einen Verlust an Arbeitsfreude und -zufriedenheit[289] sowie eine Gleichgültigkeit gegenüber den Arbeitsaufgaben der Mitarbeiter. Wie sehr Führungskräfte als potenzielle Demotivatoren auftreten können, wird auch von Sprenger thematisiert.²⁹⁰ Gerade mit ihrem Belobigen, Belohnen, Bedrängen, Bedrohen und Bestrafen bewirken Führungsverantwortliche nach Sprenger bei ihren Mitarbeitern vor allem demotivierende Prozesse.²⁹¹ Für Sprenger ist jegliche Motivierung »methodisiertes Misstrauen«.²⁹² Er kritisiert das Menschenbild X der Motivierung, nach dem Menschen tendenziell hierarchisch gestaffelte Bedürfnisbündel, Reiz-Reaktionsmaschinen und Leistungsverweigerer sind.²⁹³ Sprenger geht demgegenüber von einer wertorientierten Leistungsbereitschaft der Mitarbeiter aus, für die allein die entsprechenden Angebote von Seiten der Unternehmen fehlten.²⁹⁴ Das »Sisyphos-Dilemma der Motivierung« besteht nach Sprenger darin, dass alle Motivierung die Motivation nur zerstört: »Motivierung ist die Krankheit, für deren Heilung sie sich hält... Immer höhere Ansprüche. Immer weniger Eigeninitiative. Warten auf Belohnung statt Selbstverantwortung. ....«²⁹⁵

Auch in seinen neueren Veröffentlichungen verweist Sprenger immer wieder darauf, dass Motivierung der Versuch einer von ihm kategorisch abgelehnten Fremdsteuerung sei und dass Anreize auf längere Sicht demotivierten, wenn der Mensch in seiner Arbeit für sich keinen Sinn sieht.²⁹⁶ Als Ausweg propagiert er eine vertrauensbasierte Unternehmenskultur der Vereinbarung zwischen mündigen Menschen.²⁹⁷ Aufgabe von Führung sei es nicht, zu motivieren, sondern Demotivation zu vermeiden, d. h. all das abzubauen, was die Mitarbeiter bei der Praxis ihrer Arbeiten behindert.²⁹⁸

Fraglich bleibt allerdings, ob die Selbstmotivation, wie Sprenger behauptet, »die natürliche Ordnung der Dinge« für alle ist.²⁰⁰ Der pauschalen Feststellungen »Leistungsbereitschaft kann man nur behindern«³⁰⁰ oder: »Zielvereinbarungen verengen den Leistungsbegriff«³⁰¹ ist ein differenzierterer Zugang entgegenzustellen, der danach fragt, inwieweit jede Person über genügende Leistungsmotivation verfügt oder unter welchen Umständen eine Leistungsbereitschaft auch gezielt (z. B. über Remotivation) gefördert werden kann.³⁰² So können Leistungsanreize oder remotivierende Zielsetzungen auf demotivierte Mitarbeiter positiven Einfluss, z. B. auf ihr Selbstwertgefühl, haben. Prämien können auch so interpretiert werden: »Ich traue Dir zu, eine überdurchschnittliche Leistung zu erzielen, die uns einiges wert ist«. Prämiensysteme können damit auch als Symbole des Vertrauens in die Leistungsfähigkeit und die Selbstorganisationsfähigkeiten der Mitarbeiter interpretiert werden wie auch leistungsabhängige Entlohnung als Ausdruck des Vertrauens in unternehmerische Fähigkeiten.

Schließlich differenziert Sprenger nicht empirisch nach verschiedenen Menschen- und Motivationstypen, sondern kennt – empirisch nicht verifiziert – nur den in der Arbeit grundsätzlich Motivierten und überschätzt das

Y-Menschenbild, das Maslow selbst empirisch belegen wollte, aber dabei scheiterte. Da Sprenger seine Thesen nicht empirisch überprüft, immunisiert er sich zudem auch gegen jede Kritik.

Anders als bei Sprenger geht es bei unseren Untersuchungen nicht um die Frage nach Motivation oder Nicht-Motivation bzw. Motivierbarkeit. Uns interessierten nicht ein normatives oder dogmatisches »Entweder-Oder«-Verständnis von Motivation, sondern **graduelle Aspekte des »De-Motiviertseins«** bzw. differenzierte Möglichkeiten der Remotivierung bzw. Remotivation.

In Umkehrung der von Sprenger beschriebenen selbsterfüllenden Prophezeiung, nach der Mitarbeiter, die für unselbstständig gehalten werden, es auch sein werden,[303] wäre danach zu fragen, wieweit Führungskräfte sie für selbstständig halten können. Dazu ist auch zu fragen, aus welchen Gründen sie dies gerade nicht tun. Demotivierendes Führungsverhalten begründet sich auch durch den Verlust bisheriger Konventionen und der Entwicklung neuer Anforderungen an die Führungsrolle.[304] Durch den grundlegenden Organisationswandel schwinden bisherige Sicherheiten bürokratischer und professioneller Anforderungsprofile und wachsen neue Herausforderungen an die Führung. So sehen sich Führungskräfte zunehmend mit der Anforderung konfrontiert, erhöhte Leistungsansprüche von ihren Mitarbeitern einzufordern. Sie werden verstärkt selbst an der kurzfristigen Zielerreichung für ihren Bereich gemessen und dies mit oftmals deutlicher aufgezeigten Konsequenzen als früher.[305] Von dem von Führungskräften weitergegebenen Leistungs- und Erfolgsdruck gehen dabei demotivierende Wirkungen für die Mitarbeiter aus.[306]

Aber auch wachsende Unsicherheiten und Ängste der Vorgesetzen[307] können für ein unzureichendes und damit demotivierendes Führungsverhalten mitverantwortlich sein. Mit zunehmend dynamischen gesellschaftlichen Entwicklungen, unüberschaubaren Märkten und immer komplexeren Organisationen gehen Verunsicherungen und Kontrollverluste für die Manager einher. Dazu treten Ängste vor dem höheren Management, mögliche Willkür des Aufsichtsrats vor zunehmend externen Einflüssen (z. B. Investmentbanken, Analysten), aggressiven Konkurrenten oder jüngeren Kollegen, vor dem Alter, dem Gefühl, nicht mehr gebraucht zu werden, Fehler zu machen oder zu versagen.

Folgende **Ängste von Führungskräften** sind nach Zuschlag[308] besonders einflussreich:

– Angst vor Autoritätsverlust und Machteinbußen im Unternehmen; davor, dass ihnen Mitarbeiter »auf der Nase herumtanzen«
– dass unzureichend angetriebene Mitarbeiter/innen faulenzen

IV.
Empirische Untersuchung zu Motivationsbarrieren

- dass sich Mitarbeiter über offenkundige Schwächen der Führungskraft lustig machen und das für ihre eigene Karriereentwicklung ausnutzen
- vor Intrigen der Mitarbeiter/innen, denen sie sich nicht gewachsen fühlen
- dass Mitarbeiter/innen die Führungskraft aus ihrer Position verdrängen
- vor Informationsweitergabe, weil sie fürchten, durch Verlust des Wissensvorsprungs in eine Defensive zu geraten
- von anderen für nicht ausreichend informiert oder unfähig gehalten zu werden
- dass andere den Eindruck gewinnen könnten, sie seien ihrer (Arbeits- oder Führungs-)Aufgabe nicht gewachsen
- dass ihr pädagogisches Geschick zur sachgerechten Anleitung, Kontrolle und Führung der ihnen zugeordneten Mitarbeiter/innen nicht ausreicht
- vor Reputations- und Imageverlusten gegenüber Mitarbeitern/innen und Vorgesetzten.

Diese und weitere, meist verdrängte oder tabuisierte Ängste sind mitverantwortlich, dass Führungskräfte als Demotivatoren auftreten. Im Kapitel VII. werden verschiedene Führungsstile hinsichtlich ihres Einflusses auf die Demotivation diskutiert sowie demotivationsvermeidende und remotivierende Führungspraktiken vorgestellt.[309]

- **Mitarbeiter als potenzielle Demotivatoren**

Da wir **Führung** als **wechselseitiges Beziehungskonzept** verstehen, sind nicht nur die Führungskräfte als Quellen von Demotivation zu sehen, obgleich in der Literatur und bei betrieblichen Umfragen fast nur sie hierzu thematisiert werden. So zeigt die Führungspraxis, dass in bestimmten Kulturen von den Geführten patriarchalisches bis autokratisches Verhalten erwartet wird, da sie in ihren ersten Sozialisationsphasen so geprägt wurden. Nur in solchen Gesellschaften können auch außerhalb von Staatsorganen fundamentalistische Gruppen – seien sie religiös oder politisch – solche Beziehungsmuster aufbauen, stabilisieren und realisieren. Mit Bezug auf die Gesellschaften westlicher Industrieländer und Demokratien sind zumindest bei konsultativ-kooperativen Führungsbeziehungen die Führungskräfte und Mitarbeiter gleichermaßen für die Vermeidung und Reduktion von Demotivatoren verantwortlich.

Aus der **Vorgesetztensicht** sind folgende durch **Mitarbeiter** verursachte Motivationsbarrieren zu nennen:

- mangelhafte Fachqualifikation des Mitarbeiters
- fehlende Motivation der Mitarbeiter, sich fachlich weiterzubilden
- fehlende Schlüsselkompetenzen und Methodenkompetenzen (z. B. Problemlösungsfähigkeiten, Sozial- und Umsetzungskompetenz sowie unzureichende Fähigkeiten zur methodisch eigenständigen Arbeit)

- mangelnde Bereitschaft zur Übernahme von Verantwortung sowie hohe Neigung zur Rückdelegation
- fehlende formale oder zeitliche Zuverlässigkeit (»Commitment«)
- grundsätzliche Autoritätsprobleme – z. B. gegenüber Entscheidungen oder Weisungen von Vorgesetzten
- mangelnde Kooperation in und zwischen Gruppen (laterale Zusammenarbeit)
- mikropolitische Spiele und mangelnde Loyalität (hier ist die Anmerkung besonders angebracht, dass schon jede angestellte Führungskraft selbst wieder Untergebenenrollen wahrnehmen muss)
- mangelnder beruflicher Einsatz, bis hin zur »freizeitorientierten Schonhaltung«[310]
- mangelnde Stresstoleranz, überzogene Wünsche nach Eigenwillen und egozentrischen Eigensinn im eigenen Arbeitsbereich (Intrapreneuring)

Diese – natürlich auch subjektiv wahrgenommenen – Barrieren beeinflussen also die Führungsbeziehungen in ähnlicher Weise, wie die von Vorgesetzten verursachten Demotivatoren.

Ableitungen zur Demotivationsüberwindung aus Beziehungskontext

Die zwischenmenschlichen Motivationsbarrieren verlangen in erster Linie eine personen- und beziehungsorientierte Demotivationsprävention bzw. -überwindung und erfordern eine sozial vermittelte Remotivierung. Zur Prävention bieten sich Personalauswahl, -pflege und -förderung an *(vgl. Kapitel V., 5 Demotivationsberücksichtigende Personalauswahl, -pflege und -förderung).* Als »therapeutische« Maßnahmen dienen Strategien der Konflikthandhabung *(vgl. Kapitel VI., 2.6 Strategien der Konflikthandhabung)* und die Gestaltung einer qualitativen Personalstruktur und Personalentwicklung *(vgl. Kapitel VI., 4 Gestaltung der qualitativen Personalstruktur und -entwicklung zum Demotivationsabbau und Remotivation).* Das Gruppenverhalten kann über Beziehungspromotoren *(vgl. Kapitel VI., 4.9 Promotoren)* und Teamentwicklung gefördert werden. Führungsprobleme betreffen situative Gestaltungsaspekte *(vgl. Kapitel VII., 2 Situative Gestaltung der Führungsbeziehungen)* sowie die Praxis und Entwicklung von Führungsbeziehungen und -stilen *(vgl. Kapitel VII., 3 Prosoziale und partizipative Führungsbeziehungen und Kapitel VII., 4 Einzelne Führungsstile in Beziehung zu Demotivation bzw. Remotivation).* Die Barrieren des beziehungsbezogenen Kontextes stehen teilweise im Verhältnis mit dem eher strukturellen Kulturkontext, der abschließend nun näher untersucht wird.

4.3 Kulturkontext

Organisationskultur erwies sich als zweitstärkste aktuelle und drittwichtigste potenzielle Motivationsbarriere. Mit dem kulturellen Kontext interkorrelieren aber auch »Identifikation/Motivation«, »Perspektiven«, »Anerkennung« und »Honorierung« sowie das »Verhältnis zu anderen Abteilungen«. Schließlich manifestiert auch die »Unternehmens- und Personalpolitik« und das Verhältnis zum »direkten« und zum »höheren Management« wichtige kulturkontextuelle Demotivatoren. In folgender Darstellung sind die Korrelationsbeziehungen des kulturellen Kontextes zusammengefasst:

Abb. 46: Korrelationen des Kulturkontextes

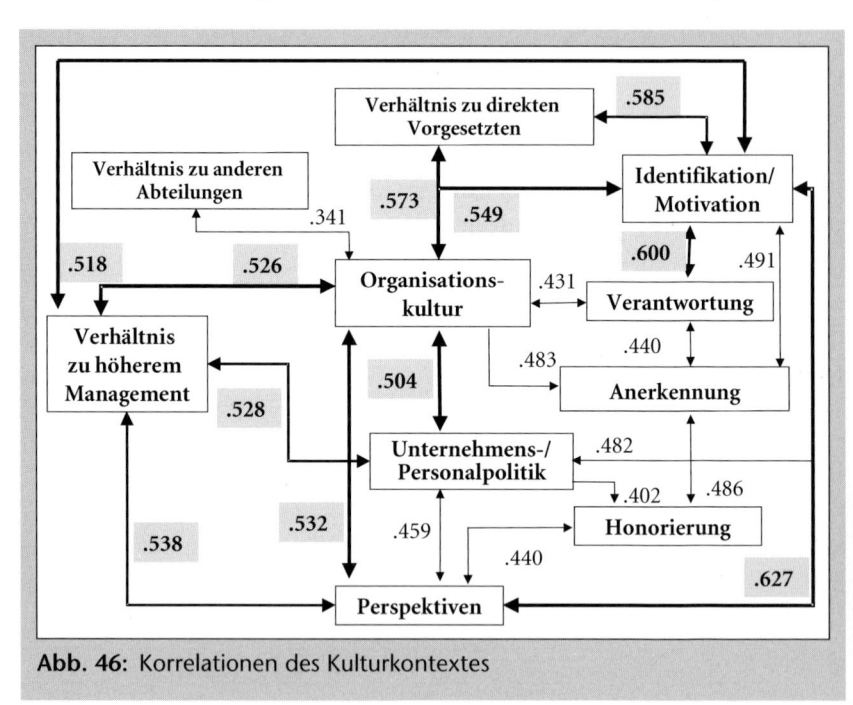

Der Kulturkontext weist die häufigsten stärksten Interkorrelationen auf. So bestehen 10 signifikante Korrelationsbeziehungen über (>) .5. Starke Korrelationen bestehen besonders zwischen »Identifikation/Motivation«, »Verantwortung«, »direkten Vorgesetzten«, »höherem Management«, »Organisationskultur«, vor allem aber zu »Perspektiven«. Letztere wiederum korreliert mit vielen weiteren Motivationsbarrieren. Gleiches gilt auch für die »Organisationskultur«, die besonders mit Beziehungen zur direkten und höheren Führung zusammenhängt. Von ihr gehen vielfältige Korrelationsbeziehungen aus und prägen damit weitgehend den gesamten Einflusskontext. Schließlich wird die Kultur auch durch die »Unternehmens- und Personalpolitik« geprägt.

- **Die Bedeutung der Kultur und des Klimas der Organisation**

Die Kultur einer Organisation zeigt die von Mitarbeitern und Vorgesetzten geteilten und getragenen Werte, Annahmen, Erwartungen, Haltungen und Spielregeln und Normen.[311] Sie beeinflusst damit das Denken und Verhalten aller Mitglieder einer Organisation und organisationalen Entscheidungsprozesse bzw. wird durch diese hervorgebracht. Menschen, die in eine Organisation eintreten, finden eine bestehende Organisationskultur vor und werden auf mehr oder weniger gezielte Art und Weise »sozialisiert«.[312] Durch kulturelle Bedeutungszuschreibungen wird ein Selbstverständnis geformt, welches auch spezifische »**Demotivations(sub-)kulturen**« entstehen lässt. Andererseits stellt die Kultur als kollektives Sinn-, Wissens- und Erkenntnissystem für den Umgang mit Demotivation handlungsleitende Interpretationsangebote und Problemlösungsmöglichkeiten zur Verfügung.

Der Kulturkontext ist dabei wesentlich durch das vorherrschende **Organisationsklima** bestimmt. In Ergänzung zur eher bedeutungsvermittelnden Organisationskultur, bezieht sich Organisationsklima auf das effiziente »Funktionieren« des Unternehmens[313] und weist dabei einen relativ stabilen und kollektiv einflussreichen Charakter auf.[314] Es wird wesentlich durch die in den Organisationen angewandten Einstellungen, Praktiken, Strukturen und Kommunikationsprozesse geprägt.[315] Dabei beeinflussen besonders die wahrgenommene emotionale Atmosphäre sowie symbolische Interaktionen die sachliche und zeitliche Zusammenarbeit der Handelnden und deren Rollenverhalten das Klima.[316] Als spezifische Situationsdefinition bildet Organisationsklima einen handlungsleitenden Interpretationsrahmen für das Erleben und Verhalten von Organisationsmitgliedern.[317] Das Klima von Organisationen kann zugleich »Medium« wie »Ergebnis« von demotivierenden Prozessen sein.[318]

- **Einflüsse und Wirkungen eines demotivierenden Organisationsklimas**

Mögliche Demotivationsaspekte eines Organisationsklimas betreffen z. B. Schwierigkeiten bei der Einführung und Sozialisation von neuen Mitarbeitern oder Problemen bei der Einführung und dem Umgang mit modernen Technologien. Auch die Frage der Entwicklung und Gestaltung von organisationalen Zielsystemen und Wandlungsprozessen beeinflussen als »klimatische Kulturkontextfaktoren« potenzielle Demotivationsprozesse. Der Zusammenhang von Organisationsklima und Arbeitseinstellungen, -(un)zufriedenheit, sowie -leistungen und deren moderierende Variablen ist eingehend untersucht worden.[399] Dabei ist die Beziehung zwischen einem demotivierenden Organisationsklima und Arbeitsprozessen abhängig von folgenden Einflussfaktoren[320]:

- Position des Mitarbeiters oder der Führungskraft innerhalb der Organisation[321]
- vorherrschendem Menschenbild und praktizierten Führungsstilen
- organisationalen (Über-)Reglementierungen und bürokratischen Strukturen
- Niveau der Entscheidungsfreiheit der Organisationsmitglieder sowie Transparenz und Berechenbarkeit betrieblicher Organisations- und Entscheidungsstrukturen
- fehlender Bestätigung und Unterstützung durch die Organisation oder in Arbeitsbeziehungen
- Einflüssen informeller Prozesse und sozialer Netzwerke[322]
- individueller Wahrnehmung vorherrschender Orientierungen (z. B. ob kosten- oder personalorientiert)

Die Ausprägung dieser und weiterer Faktoren bestimmt die Grundeinstellung und die Demotivationsbereitschaft des Mitarbeiters gegenüber seiner Arbeit, den Kollegen und Vorgesetzten. Diese gezeigten Einstellungen und Verhaltenskonsequenzen wiederum beeinflussen die Wahrnehmung der übrigen Mitglieder und bestimmen die »**Klimazonen**« der Gesamtorganisation.[323]

Belastungen eines demotivierenden Organisationsklimas führen zu reduzierter Gestaltung des beruflichen Alltags und **verringertem Involvement**.[324] Wie empirische Studien belegen[325], wirkt sich als demotivierend empfundenes Organisationsklima negativ auf die Effizienz und die Produktivität[326] sowie die Zufriedenheit[327] der Mitarbeiter aus. Sachverhalte und Vorgänge im Organisationsklima werden aber in verschiedenen Gruppen unterschiedlich wahrgenommen und beurteilt. In einzelnen Abteilungen der Organisation bestehen daher spezifische Klimata[328], was auch die verschiedenen Demotivationsgrade und Remotivationschancen in diversen Organisationseinheiten erklärt.

- **Ableitungen zur Demotivationsüberwindung aus dem Kulturkontext**

Aus dem Kulturkontext können kulturspezifische Diagnose-, Präventions- und Überwindungsmaßnahmen gewonnen werden *(vgl. Kapitel VII., 1 Kulturgestaltung zum Demotivationsabbau und Remotivation)*. Für eine systematische **Diagnose** von Demotivation sind zunächst folgende **Anforderungen** zu berücksichtigen:

- Die Ist-Analyse muss mehrdimensional angelegt sein. Dazu sind das verstärkende Zusammenwirken einzelner Motivationsfaktoren sowie Möglichkeiten ihrer Beeinflussbarkeit zu diagnostizieren. Ferner ist eine

Unterscheidung in aktuelle und potenzielle Motivationsbarrieren sowie organisationsinterne wie -externe Ebenen wichtig.
- Ursachen und Wirkungszusammenhänge der Demotivation und deren Wechselwirkungen sollten aufgedeckt werden. Dabei sind personale, interpersonelle und strukturell-systemische Einflussgrößen zu beachten.
- Die Diagnose muss konkretes Orientierungs- und Veränderungswissen zur Demotivationsüberwindung für den nächsten Schritt des Phasenzyklus vorbereiten.
- Die Analyse sollte als ständig laufender Prozess organisiert sein, um Veränderungen (z. B. neue Demotivationsprobleme) zu berücksichtigen

Für eine kulturdiagnostische Analyse von Demotivation als Kulturphänomen eignet sich die Systematik von Burrell und Morgan.[329] Sie unterscheidet zwischen einer funktional-objektiven und interpretativ-subjektiven Perspektive. Erstere sieht Kultur als eine von mehreren unternehmensinternen Variablen. Kultur wird dabei über funktionale Regeln und Kausalbeziehungen zu erfassen versucht. Demgegenüber berücksichtigt ein interpretativ-subjektivistischer Ansatz auch Werte und Einstellungen sowie die Eigenperspektive der Organisationsmitglieder und ihre Situation (vgl. Abbildung 47).

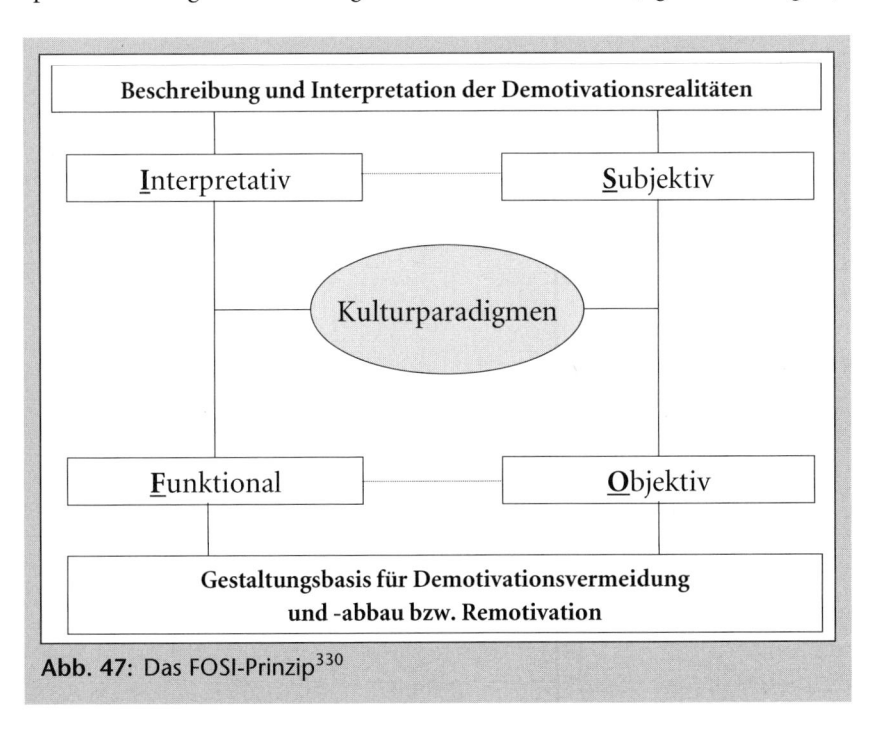

```
┌─────────────────────────────────────────────────────────┐
│   Beschreibung und Interpretation der Demotivationsrealitäten   │
└─────────────────────────────────────────────────────────┘
         │                              │
┌──────────────────┐           ┌──────────────────┐
│  Interpretativ   │───────────│    Subjektiv     │
└──────────────────┘           └──────────────────┘
              ╭─────────────────────╮
              │  Kulturparadigmen   │
              ╰─────────────────────╯
┌──────────────────┐           ┌──────────────────┐
│   Funktional     │───────────│    Objektiv      │
└──────────────────┘           └──────────────────┘
         │                              │
┌─────────────────────────────────────────────────────────┐
│   Gestaltungsbasis für Demotivationsvermeidung          │
│            und -abbau bzw. Remotivation                 │
└─────────────────────────────────────────────────────────┘
```

Abb. 47: Das FOSI-Prinzip[330]

Die funktional-objektivistische Kulturperspektive bleibt begrenzt, da sie weder Entstehung, Entwicklung noch komplexe Wirkungen der Demotivations- und Remotivationsprozesse erklären kann. Dagegen stellt die subjektiv-interpretative Kulturbetrachtung zwar aufschlussreiche Beschreibungen der Demotivationsrealität zur Verfügung, entbehrt aber einer pragmatischen Gestaltungsbasis. Ohne Bezug zu funktionalen und objektiven Gegebenheiten sind ihre Erkenntnisse nicht für das Organisationssystem operationalisierbar. Daher ist eine Kombination beider Ansätze zweckvoll, um den Ist-Zustand der Demotivation zu ermitteln.

Empirik

Die wichtigste Quelle für die Demotivationsdiagnose sind die betroffenen Mitarbeiter selbst. Daher bieten sich **Mitarbeiterbefragungen oder -gespräche** an. Während bei Befragungen von Schlüsselpersonen oder bei Gruppeninterviews nur wenige Personen gezielt nach vorgegebenen Kriterien ausgewählt werden, erfassen Mitarbeiterbefragungen mehrere Mitarbeiter verschiedener Hierarchieebenen und Teilbereiche der Organisation. Sie dienen dabei auch für gestalterische Maßnahmen. Mitarbeiterbefragungen erfüllen damit mehrere **Funktionen:**[331]

– Bestandsaufnahme und Schwachstellenanalyse zu Unzufriedenheitsfaktoren[332]
– Informationsquelle über demotivierendes Betriebsklima und Organisationskultur
– Sensibilisierung von Führungskräften für die Situation demotivierter Mitarbeiter
– Dialog über Demotivationsprobleme und Remotivationschancen
– Bestimmung von Entwicklungsmöglichkeiten demotivationsüberwindender Organisationsveränderung
– Führungsmaßnahmen (z. B. zur Legitimierung, Umsetzung von Abbau- oder Remotivationsstrategien)
– Erfolgskontrolle demotivationsreduzierender und remotivierender Maßnahmen (z. B. Feedback-Gespräche über die Wirkung)

Die Befragungen können durch Arbeits(un-)zufriedenheits- und Betriebsklimastudien (z. B. Schwachpunktanalyse) ergänzt werden. Zusätzlich können ergonomische, arbeitspsychologische und (betriebs-)medizinische Problemfelder untersucht werden. Durch die Beteiligung der Mitarbeiter und eine Evaluation der Remotivierungsmaßnahmen verringert sich auch die soziale Distanz zwischen Unternehmensleitung und Mitarbeitern.[333]

Aufgrund der spezifischen Funktionen der Mitarbeiterbefragungen im Zusammenhang mit der Demotivation und Remotivation ist eine **Kombination verschiedener Diagnoseverfahren** sinnvoll. Bezüglich der Form wird zwischen schriftlichem oder mündlichem bzw. anonymem oder offenem Vorgehen unterschieden. Bei der Gestaltung von Fragebögen kann zwischen direkten oder indirekten Fragestellungen, offenen oder geschlossenen

Fragen sowie dem Standardisierungsgrad des Fragekatalogs differenziert werden. Mitarbeiterbefragungen können umfassend oder speziell ausgerichtet werden. Eine spezielle Befragung zu ausgewählten Themen (wie z. B. Demotivation) kann dabei an umfassendere Befragungen anschließen. Bei der Entwicklung von Fragebögen empfiehlt es sich, sich auf etwa 50 bis 100 Fragen zu beschränken, die sich in 30 bis 45 Minuten beantworten lassen.[334]

Die gewonnenen Daten können für Frühaufklärung und für Gegenmaßnahmen verwendet werden *(vgl. Kapitel V., 3 Frühwarnsystem zur strategischen Demotivationserkennung)*. Bei Befragungen sind auch Widerstände zu beachten. Diesen kann durch hinreichende Information über Zweck der Befragung entgegengewirkt werden.[335] Zudem sind sie immer nur »Momentaufnahmen«. Weil sich relevante Einflussgrößen der Demotivation und Remotivation wandeln, sollten stichprobenartige Nacherhebungen in Form von (teil-)strukturierten Interviews[336] eingesetzt werden, um Gewichtungsverschiebungen zu erkennen. Damit kann auch festgestellt werden, ob bei der nächsten Befragung neue Einflussgrößen aufgenommen werden sollten.

Auf gestaltungspraktische Ansatzpunkte für eine kulturvermittelte Remotivation bzw. Remotivierung durch symbolische Führung, wird im Rahmen einer kulturbewussten Ausrichtung der Unternehmens- und Personalpolitik eingegangen *(vgl. Kapitel VI., 1.2 Praxis eines kulturbewussten und symbolischen Managements)*. Zur Veränderung der Organisationskultur ist zudem auch eine integrierte Organisations- und Personalentwicklung notwendig. Da ein demotivierendes Organisationsklima maßgeblich die Qualität des Arbeitserlebnisses bestimmt, erfordert es eine besondere Pflege. Dazu sind eine wohlwollend-aufbauende Atmosphäre sowie angstfreie Führungs- und Arbeitsbeziehungen zu entwickeln (z. B. Abbau achtungsmindernder Verhaltensweisen oder vorurteilsfreie Aufnahmen von Problemlösungs- und Remotivationsvorschlägen).[337] Demotivierende Defizite als Ursachen für Klimabelastungen sollten behoben werden und unerfüllbaren Klimaansprüchen aufklärend und überzeugend entgegengetreten werden.

5. Grenzen der empirischen Untersuchung

Unsere Befragung hat spezifische Begrenzungen und verweist auf weiteren Forschungsbedarf. Im Folgenden werden einige Grenzen der Untersuchung aufgeführt:

- Der **normierte Fragebogen** behandelte eine Auswahl von Motivationsbarrieren mit spezifischen Unterpunkten. Diese Selektion wurde durch

Literatur und Vorinterviews ermittelt und durch eine Testphase überprüft. Anschließend wurde der Fragebogen mehrmals überarbeitet und ergänzt. Es könnten noch Studien zu **weiteren Barrieren** und Items erhoben werden (z. B. Ängste, Mobbing). Die wichtigsten dürften aber durch die Untersuchung abdeckt sein. Das zeigt auch die Ergänzungen im offenen Punkt 17 des Bogens. Hier wurden von den Befragten nur wenige neue Aspekte genannt.

- In unserer Untersuchung wurden **nur mittlere und höhere Führungskräfte** einbezogen. Diese können als eher stressresistent eingeschätzt werden. Damit hängen wohl auch die eher mittleren Durchschnittswerte der Demotivation zwischen 2 und 3, (»trifft gering zu« bzw. »trifft mittelstark zu«) bei der Gewichtung der Motivationsbarrieren zusammen. Es kann vermutet werden, dass die Werte bei Mitarbeitern anders ausfallen, verschieden sind und andere Aspekte stärker gewichtet werden.
- Wir haben in unseren Fragebögen **keine Angaben zu sozio-demographischen Daten und Positionierung** der Befragten in den Unternehmen erhoben, um die Anonymität in den »Klassenzimmerbefragungen« zu sichern.
- Es wurden **keine Veränderungsmessungen** mit derselben Population erhoben. Für weitere Untersuchungen wären Längsschnittstudien und wiederholte Befragungen sinnvoll. Bei solchen zeitlich versetzt erhobenen Befragungen könnte auch eine umfassendere Validität von Korrelationszusammenhängen gewonnen werden.
- Wir haben nicht befragt, in welchen Bereichen besondere **Ansatzpunkte für eine Remotivation** oder Demotivationsprävention gesehen werden.
- Insgesamt betrachtet, vermögen die quantitativen Untersuchen auch nur begrenzt die systemischen und nicht-linearen Zusammenhänge der Demotivation ermitteln. Da mit ihnen die personale und soziale Realität der Demotivation nicht hinreichend erfasst wird, wurde die Fragebogenbefragung und -auswertung durch eine **qualitative Untersuchung** in Form von Tiefeninterviews ergänzt. Damit sollten vertiefend Hintergründe und Entwicklungsprozesse des »Kontextwissens« von Demotivation erfasst werden. Die Interviews waren jedoch auf ein **20-minütiges Telefongespräch begrenzt** und wurden bewusst nur teilstrukturiert durchgeführt. Oft wurden darin singuläre Fallbeschreibungen vermittelt, die nicht generalisiert werden können.

In Anbetracht dieser Grenzen und der Relevanz der Thematik besteht weiterer **Forschungsbedarf** zur Untersuchung von Motivationsbarrieren und Demotivationsprozessen, besonders bei Mitarbeitern ohne Führungsfunktionen. Dazu sollten weitere und wiederholte quantitative und qualitative Untersuchungen über einen längeren Zeitraum mit der gleichen

Befragungsgruppe durchgeführt werden. Dabei könnten stärker auch grundlegende personale Faktoren berücksichtigt werden.[338] Durch einen weiteren interdisziplinären Bezug zu sozial-psychologischen Forschungen sollten dann auch weitere Persönlichkeitsmerkmale[339] und »Selbstkompetenzen« (wie Selbstsicherheit, Lageorientierung, Kontrollerwartung) sowie kognitive Einstellungen bzw. emotionale Empfindungen oder auch Sozialkompetenzen berücksichtigt werden.

6. Gesamtwirtschaftliche und gesellschaftlich-kulturelle Makroebene der Demotivation

Die von uns empirisch untersuchten Motivationsbarrieren und Einflusskontexte sind auch eingebettet in eine gesamtwirtschaftliche und gesellschaftlich-kulturelle Makroebene, der wir uns nun abschließend zuwenden.

6.1 Gesamtwirtschaftlicher Kontext der Demotivation

Der Makrokontext der Demotivation wird besonders durch gesamtwirtschaftliche Entwicklungen bestimmt. Dazu gehören: zunehmender transnationaler Wettbewerbs- und Kostendruck, Sozialabbau und Personaleinsparungen, intensivierende Beschleunigung und Internationalisierung wirtschaftlicher Prozesse sowie immer häufigere Merger- & Akquisitionstätigkeiten bzw. Fusionen und Changeprozesse. Die **Arbeitsmarktlage** ist besonders bedeutsam, denn ein ungünstiger Arbeitsmarkt zwingt Arbeitssuchende häufig, Arbeitsstellen »zweiter oder dritter Wahl«[340] anzunehmen, was bereits ein Demotivationspotenzial in sich birgt. Schwierige Wirtschaftslagen und hohe Arbeitslosigkeit lässt latente »Fluktuations- oder Kündigungsbereitschaft«[341] von demotivierten Mitarbeitern anstauen, die unter anderen Umständen das Unternehmen bereits verlassen hätten.[342] Dazu kommen private Faktoren (z. B. Familie), die einen Wechsel des Arbeitsplatzes und ein »Kündigen-Können« von Demotivierten einschränken.[343] Der vom Arbeitsmarkt behinderte Kündigungswunsch kann zu Demotivation und damit verbundenem oder demotivationsverstärkendem Absinken der Leistungsbereitschaft und des Leistungspotenzials führen. Andererseits verlassen am ehesten qualifizierte und exponierte oder beliebte Mitarbeiter das Unternehmen, was bei den Verbleibenden demotivierende Effekte auslöst.

6.2 Folgen und Kosten der Demotivation aus ökonomischer Sicht

Aus Sicht der **neueren Institutionentheorie** verursacht Demotivation Kosten durch Untererfüllung vertraglich zugesicherter Leistungen.[344] Diese treten besonders bei Informationsasymmetrien und einer notwendigen Überwachung/Durchsetzung der Vertragsvereinbarungen auf.[345] Auch kann Demotivation als Verhaltensneigung auftreten, die andere Menschen übervorteilt. Dazu gehören opportunistisches Trittbrettfahrer-Verhalten (»free-rider-Probleme«)[346], Drückebergertum (»shirking«)[347] oder Faulenzen/Schmarotzen auf Kosten anderer (»social loafing«)[348]. Für die damit verbundenen erhöhten Transaktionskosten, die durch aufwendigere Kontrollen und Koordinationen auftreten, wie über Demotivationskosten, insgesamt liegen uns keine bekannten Berechnungen vor.[349]

Allokationspolitisch stellt Demotivation eine Verschwendung oder Fehlverteilung von Human-Ressourcen dar, die zu Ungleichgewichten und Funktionsstörungen der marktmäßigen Koordination führt. Weitverbreitete Demotivation führt zu einer mangelnden Auslastung materieller wie immaterieller Kapazitäten. Ungenutzte immaterielle Kapazitäten sind beispielsweise nichtaktivierte Kreativitätspotenziale für Innovationen.[350]

Mit der Einschränkung der Innovationsfähigkeiten und einer Reduktion von Flexibilität wird die **volkswirtschaftliche Wettbewerbsfähigkeit** reduziert und damit die Leistungsfähigkeit und Zukunftssicherung einer Volkswirtschaft im nationalen und internationalen Kontext gefährdet. Bei beschleunigenden soziokulturellen Umweltveränderungen ist diese Gefährdung der Entwicklungsfähigkeit der Wirtschaft sehr ernst zu nehmen.

Viele Kosten der Demotivation werden von der Kostenrechnung der betrieblichen und gesamtwirtschaftlichen Rechnungspraxis nicht erfasst. Sie betreffen das soziale Beziehungsgefüge in Unternehmen. Dies findet z. B. seinen Niederschlag in der Einschränkung von Sozialkontakten, Störungen der Arbeitsabläufe und Gruppenprozesse. Dazu treten Kosten durch Arbeitsausfall, Krankheitsbehandlung und Fluktuationen. Da diese Kosten schwer zu quantifizieren sind, ist auch ein qualitatives Controlling erforderlich.[351]

6.3 Sozio-kultureller Kontext der Demotivation

Die Relevanz des sozio-kulturellen Kontextes wurde als Einflussrahmen für das Organisationsklima eingehend untersucht.[352] Durch die zunehmende gesellschaftliche Öffnung der Unternehmen rücken Überlegungen zu kollektiven Einflüssen (z. B. Stakeholderansätze) wieder stärker in das Blickfeld für ein verantwortungsbewusstes und damit zukunftsfähiges Handeln.[353]

Die Zunahme von Komplexität und die wachsende Bedeutung systemischer Zusammenhänge (z. B. durch beschleunigte Vernetzung, Technisierung, Globalisierung usw.) schlägt sich in der Entwicklung system- und evolutionstheoretischer Ansätze nieder. Auch wurden bereits soziologische Aspekte des demotivationsverwandten Problems der »inneren Kündigung« untersucht.[354] Hier wird zunächst der kulturelle Wandel der Werte auf der gesamtgesellschaftlichen Ebene thematisiert.

- **Die Bedeutung von Werten und Werttypen für die Demotivation**

Im Unterschied zu Einstellungen (»attitudes«), die auf spezifische Objekte oder Situationen bezogen sind, stellt ein Wert eine Überzeugung dar, der das Handeln und Urteilen grundlegend beeinflusst. Werte sind, über die Ausrichtung auf unmittelbare Ziele hinaus, für die eigentlichen Endziele menschlicher Existenz bestimmend. Sie sind »geheime« oder »unsichtbare Führungskräfte« des menschlichen Tun und Lassens.[355] Als innere Steuerungsgrößen können sie wie folgt charakterisiert werden:[356]

– Werte sind erworbene, relativ stabile Dispositionen
– Werte sind verhaltensbestimmend bzw. -regulierend
– Werte führen zu selektiven Wahrnehmungen und Urteilen

Da »Werte« eine fundamentale individuelle und kollektive Orientierungsgröße sind, ist ihre Anzahl und Auswahl begrenzt. Über gemeinschaftliches Handeln gestalten Werte Wirklichkeit. Gemeinsame Werte sind nicht nur die Grundlage, auf der sich menschliche Lebensgemeinschaften und Kulturkreise, sondern auch Arbeitsgemeinschaften und Unternehmenskulturen herausbilden sowie ihren Zusammenhalt und handlungsleitende Orientierungen gewinnen. Werte haben so für soziale Systeme eines Unternehmens dreifache Bedeutung:

– eine konstitutive Funktion für die Herausbildung einer eigenen kulturellen Identität
– eine normative Funktion für das Handeln und Verhalten ihrer Mitglieder
– eine integrative, gemeinschaftsstiftende Funktion.

Klages diagnostizierte fünf **Wertetypen** mit spezifischen Verteilungswerten in der **Gesamtbevölkerung**:[357]

– ordnungsliebende Konventionalisten (17%)
– perspektivenlose Resignierte (15%)
– aktive Realisten (13%)
– hedonistische Materialisten (18%)
– non-konforme Idealisten (17%)

Auch wenn es keine Idealtypen von Demotivierten gibt, finden sie sich wohl am ehesten unter den perspektivenlosen Resignierten oder hedonistischen Materialisten.

Ein **perspektivenloser Resignierter** ist durch folgende Merkmale gekennzeichnet:[358]

Bedürfnislage:

- passiv
- versucht, das Leben mit geringem Kräfteeinsatz zu bewältigen
- Neigung zum perspektivenlosen Zweifeln und resignierten Aufgeben
- mangelndes Pflichtgefühl
- schnelles Aufgeben bei Problemen
- keine Risiko- und Konfliktbereitschaft

Akzeptanz organisatorischer Regelungen:

- beachtet organisatorische Regelungen, um unangenehme Folgen zu vermeiden
- Meidung unangenehmer Situation
- geringe Leistungsbereitschaft

Informationsinteresse:

- Interesse am persönlichen Wohlergehen

Kontakte zu anderen:

- wenig persönliche Kontakte
- misstrauisch, will Ruhe
- schwaches Selbstbewusstsein
- geringe Verantwortungsbereitschaft

Zufriedenheit:

- fühlt sich zu kurz gekommen
- Gefühl ständiger Benachteiligung
- diffuse Unzufriedenheit

Mit solchen Werthaltungen sind persönlich Resignierte in besonderer Weise anfällig für Demotivation. Andererseits können dauerhafte Demotivationserfahrungen gerade dazu führen, dass betroffene Mitarbeiter resignieren und ohne Perspektive leben und arbeiten.

- **Demotivation und Wertewandel**

Demotivation steht im Zusammenhang mit den aktuellen Veränderungen der Werte. Mit dem Wertewandel[359] und Übergang zu postmaterialistischen

Wertorientierungen[360] gehen folgende demotivationsrelevanten Schwerpunkte und Trends einher:

- Säkularisierung aller Lebensbereiche[361]
- berufliche Arbeit wird weniger als Pflicht gesehen[362]
- geringere Bereitschaft zur Unterordnung[363] und Trend zur Miniobligationsgesellschaft (Verschwinden kultureller Leitbilder und normativer Selbstverständlichkeiten)
- Skepsis gegenüber den Werten der Industrialisierung (wie z. B. Wirtschaftswachstum, technischer Fortschritt, einseitige Gewinnorientierung)
- Betonung eigener Selbstentfaltung und Lebensgenuss, Bewahrung von Gesundheit und Natur (ökologische Verantwortung)
- Höherbewertung der Freizeit und Trend zur Freizeitgesellschaft[364] sowie Multioptionsgesellschaft[365]

Mit diesen Werthaltungen verliert Arbeit an Bedeutung im Verhältnis zu anderen Lebensinteressen. Die herkömmliche Arbeitsmoral, die durch gewissenhafte Erfüllung gegebener Aufgaben gekennzeichnet war, wandelt sich grundlegend. Wobei nicht die Arbeit »an sich« an Wert verloren hat, sondern sich die Ansprüche an sie gewandelt haben. Immer mehr Menschen streben nach interessanten, abwechslungsreichen Tätigkeiten und konkreten Möglichkeiten, in der beruflichen Arbeit auch eigene Ideen und Vorstellungen (zeit-)flexibel zu realisieren. Die neuen Arbeitswerte, wie die Suche nach Sinn und Spaß an der Arbeit und herausfordernden Aufgaben haben an Bedeutung gewonnen. Demgegenüber haben das Einkommen und die Aufstiegsmöglichkeiten den früheren Stellenwert verloren.[366] Auch haben sich der sozialpsychologische Kontext von Berufsorientierungen und die Erwartungen einer Erfüllung im Beruf grundlegend verändert.[367] Die Wahl eines Berufs und die Möglichkeiten, darin eine sinnvolle Lebenserfüllung zu finden, folgen nicht mehr den konventionellen Anpassungsmustern.

Dies wird am Wandel von **Orientierungsmuster** nach v. Rosenstiel deutlich:[368] Er unterscheidet folgende Typen:

- **»Traditionelle Karriereorientierung«**: Sie ist charakterisiert durch das Streben nach Einfluss, Status, Aufstieg und hohem Einkommen. Überdurchschnittlich hartes Arbeiten und Verzicht auf Freizeit werden als »Preis« für den Aufstieg in Kauf genommen.
- **»Freizeitorientierte Schonhaltung«**: Hier liegt der Schwerpunkt der Lebensinteressen im privaten Bereich. Im Rahmen der beruflichen Tätigkeit sind eine sichere Anstellung, geregelte Arbeitszeiten und gute soziale Kontakte zu den Kollegen wichtig. Ambitionierte Karriereziele oder hohes Einkommen spielen dagegen eine untergeordnete Rolle.

- **»Alternatives Engagement«**: Diese Personengruppe ist charakterisiert durch die Ablehnung großer und »unmenschlicher« Organisation, Verzicht auf hohe Entlohnung und sozialen Status zugunsten einer sinnvollen Aufgabe. Ethische Ideale, wie z. B. Umweltbewusstsein, demokratisches Führungsverhalten, Eigenverantwortlichkeit und Kommunikation, spielen eine zentrale Rolle. Sofern Aufgaben und Tätigkeiten als sinnvoll erlebt werden, besteht Bereitschaft zu überdurchschnittlichem Engagement.

Empirik

In einer aktuellen Befragung von Wunderer/Dick[369] wurde dazu folgende prozentuale Verteilung bei schweizerischen Arbeitskräften angegeben.

Führungskräfte			
	Mittelwerte		Differenz
	Heute	2010	
• Karriereorientierung	67%	56%	–11%
• Freizeitorientierte Schonhaltung	18%	23%	5%
• Alternatives Engagement	15%	21%	7%
Nichtführungskräfte			
	Mittelwerte		Differenz
	Heute	2010	
• Karriereorientierung	35%	29%	–6%
• Freizeitorientierte Schonhaltung	43%	41%	–2%
• Alternatives Engagement	22%	30%	8%

Abb. 48: Wandel berufsbezogener Orientierungsmuster

Vor diesem Hintergrund wird eine partielle, oft innere Abwendung von der beruflichen Arbeit verständlich. Diese kann Demotivation sowohl verursachen als auch deren Folge sein. Wenn Arbeit nicht mehr die Ansprüche erfüllt, die an sie gestellt werden, wählt man eine freizeitorientierte Schonhaltung oder wendet sich dem außerberuflichen Bereich zu. Weitere Befragungen[370] bestätigen für die letzten Jahrzehnte eine stark zunehmende Bedeutung der Orientierung »Leben genießen«, bei gleichzeitiger Abnahme der klassischen Karriereorientierung.

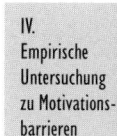

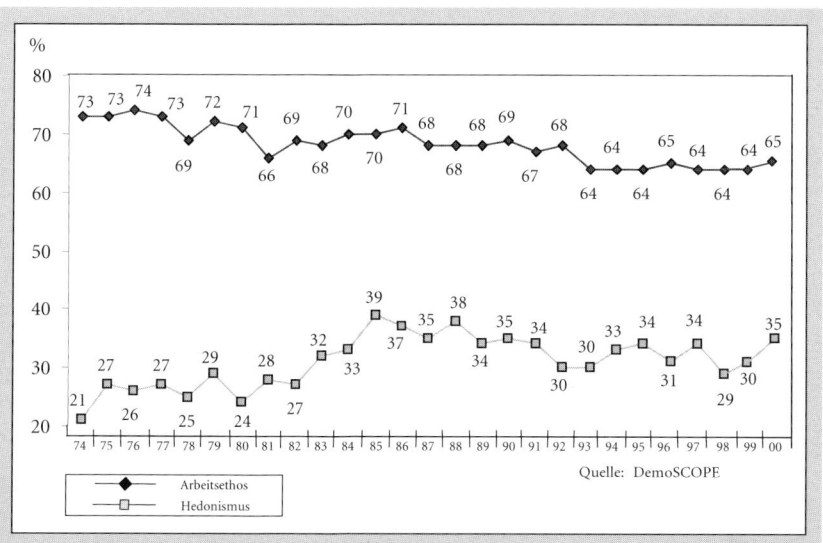

Abb. 49: Lebensorientierung der Deutschen

Bestätigt wird dies auch in dem neuen Bericht an den Club of Rome[371], der den grundlegenden Wandel der Einstellung zur und des Wertes von Arbeit bzw. die Aufwertung nicht-monetarisierter Tätigkeiten belegt. Arbeit wird in die gesamte Lebenszeit eingeordnet. Nicht nur Arbeit, auch »Nicht-Arbeitszeit« wird im ganzen Lebensablauf gesehen. Dabei orientieren sich insbesondere junge Menschen eher an eine »Sowohl-als-auch« bzw. »Weder-nur-noch-nur«-Haltung, die Leben und Arbeit im ausgewogenen Gleichgewicht bringen soll.[372] Wo den veränderten Werthaltungen nicht hinreichend Rechnung getragen wird, erhöht sich die Wahrscheinlichkeit von Demotivation. Andererseits schränken diese Wertorientierungen die Bereitschaft zur Remotivation ein. Mit den **individualistischen** und **hedonistischen Werterhaltungen**, (i. S. »Ich will alles und zwar sofort«) geht ein Verlust an Verzichtsethik und »Aufschubfähigkeit« einher. Dies beeinträchtigt Remotivationsmöglichkeiten gerade in Krisensituationen.

- **Demotivation in der postindustriellen Erlebnisgesellschaft**

Das gewandelte Verständnis von Werten, Wertschöpfung[373] und Wohlstand verweist auf Veränderungsprozesse in den kulturellen Rahmenbedingungen einer post-industriellen Gesellschaft. Das Selbstverständnis einer solchen Gesellschaft stellt einen sozio-historischen Übergangsprozess personaler und interpersoneller Einstellungen dar, die auch für Demotivation und Remotivationsmöglichkeiten bedeutsam sind. Denn die wachsende narzisstische[374] und hedonistische[375] Orientierung und Vervielfältigung individueller Selbstverwirklichungsrollen in Beruf und Freizeit beeinflusst auch die Demotivationsneigung sowie das Remotivationsverhalten in Unternehmen. Die aktuell steigende Freizeitorientierung bei gleichzeitig wachsender Orientierung an Lebensqualität sucht in einer sogenannten »Erlebnisgesellschaft« eine befriedigende Erfüllung.[376]

Empirik

Aufgrund einer umfangreichen empirischen Untersuchung stellt der Kultursoziologe Schulze fest: »Das Leben ist schlechthin zum Erlebnisprojekt geworden. Zunehmend ist das Wählen zwischen Möglichkeiten durch den bloßen Erlebniswert der gewählten Alternative motiviert.«[377] Dabei dient eine »Erlebnisrationalität« der Systematisierung der Erlebnisorientierung. Das Subjekt wird sich selbst zum Objekt, indem es Situationen zu Erlebniszwecken instrumentalisiert.[378] »Erlebnisrationalität ist der Versuch, durch Beeinflussung äußerer Bedingungen gewünschte subjektive Prozesse auszulösen.«[379] Es verschwindet das klassische Motiv der »aufgeschobenen Befriedigung«, Sparen, langfristige Lebensplanung, hartes, arbeitsreiches Leben, allgemein vorbeugendes Verhalten. An Stelle dessen tritt eine erlebnisrationale Lebensphilosophie: Man investiert Geld, Zeit, Aktivität und erwartet fast im selben Moment den Gegenwert, um sein privates »Projekt des schönen Lebens« zu verwirklichen. Solch erlebnisorientierte Lebenswelt verlangt auch zunehmend nach selbstbestimmter »Erlebnisarbeit«.[380] Bezogen auf die Arbeitswelt wird die Leistung nicht nur mehr als Leistung hinsichtlich eines Ergebnisses für die Organisation gesehen, sondern dient als Erlebnis des eigenen Tätigseins.[381] Wird in Unternehmen dem wachsenden Bedürfnis nach flexibilisierter »Erlebnis-Arbeit« und Möglichkeiten, sich auch als Person selbst hervorzubringen[382] nicht Rechnung getragen, trägt dies zur Entstehung und Entwicklung von Demotivation bei.

Anmerkungen, Literaturhinweise, Endnoten zu Teil B

1 Damit sollten auch die oft verschwiegenen Demotivationsproblemen erfasst werden. Vgl. Morrison/Milliken 2000; Ryan/Oestreich 1991
2 Dabei füllen mehrere in einem Raum anwesende Befragte einen Fragebogen simultan aus, wodurch eine kurzfristige Verwendung sowie Rationalisierung und Standardisierung der Erhebung erreicht wird. Dies reduzierte den Erhebungsaufwand und verbesserte die Qualität der Befragung.
3 Zusätzlich wurden in mehreren Unternehmen Einzelbefragungen durchgeführt. Diese Einzeluntersuchung sollte einen Einblick in organisations- bzw. abteilungsspezifische Demotivationszusammenhänge ermöglichen.
4 Wir sind uns bewusst, dass bei anderen Zielgruppen auch andere Ranglisten und Bewertungen zu erwarten sind.
5 Vgl. Kapitel IV., 4.1 Arbeitskontext
6 Vgl. Kapitel IV., 3 Einzelergebnisse empirischer Untersuchungen
7 Ausnahme bilden die Verhältnisse zur direkten Führung bzw. zu Kollegen, die bei Herzberg den Kontextfaktoren zugerechnet wurden.
8 Wobei Unternehmenspolitik bzw. -organisation nicht wie bei Herzberg die erste Position, sondern Rang 6 einnimmt. Ähnliches gilt für den nach Herzberg zweitstärksten Faktor Personalführung, die bei uns als »Verhältnis zum höheren Management« Rang 6 bzw. »Verhältnis zum direkten Vorgesetzen« erst Rang 8 einnimmt. Auch das Gehalt hat in unserer Untersuchung eine niedrigere Position 9. Übereinstimmend mit Herzberg nimmt als äußere Arbeitsbedingung die »Arbeitsdurchführung« Rang 5 ein.
9 Wurde in diesen Umfragen noch nicht erfasst
10 Wurde in diesen Umfragen noch nicht erfasst
11 Eine sicherlich schwierige kostenmäßige Erfassung dieser Einbußen (z. B. als Opportunitätskosten) und deren Folgekosten (z. B. durch Ausfälle oder Abbaumaßnahmen) würden Ausmaß und Schaden der Demotivation noch deutlicher vor Augen führen.
12 Vgl. Kapitel II., 1 Bezugsrahmen zur Demotivation und Remotivation
13 Vgl. Kapitel II., 3 Phänomen, Begriff und Wirkungen der Demotivation
14 Vgl. Kanfer/Heggestad 1997; wie nachgewiesen wurde, gibt es Menschen, die eine grundsätzliche Neigung haben, negative Aspekte in ihrem (Arbeits-)Leben zu akzentuieren (vgl. u. a. Nelson/Sutton 1990). So ist es wahrscheinlicher, dass Menschen mit einer negativen Grundstimmung bzw. Affektivität eher Demotivation. erfahren oder diese zum Ausdruck bringen. Vgl. Brief et al. 1988; Watson/Pennebaker 1989; Weinert 1992a
15 Die Merkmale der Person und der Situation konstituieren immer zusammen den fortlaufenden Verhaltensprozess der Demotivation. Denn »Persönlichkeit« ist immer ein Muster von Verhaltensweisen im Spiegel der jeweiligen Situation. Vgl. Pervin 1980
16 Vgl. Kapitel III., 2 Stressforschung; vgl. Dunckel/Zapf 1996; Greif et al. 1991; Richter/Hacker 1998

17 Vgl. Eckardstein et al. 1995; Busch 1999
18 Vgl. Baillod et al. 1993
19 »Spill-over-Effekte« meinen einflussreiche Ausstrahlungswirkungen eines bestimmten Sachverhaltes in einen anderen Bereich hinein. Vgl. Kanter 1977; Burke 1986
20 Vgl. Eckenrode/Gore 1900; Zedeck 1992
21 Vgl. Wunderer/Dick 2002, S. 34
22 Vgl. Kapitel III., 4.1 Der Anreiz-Beitrags-Ansatz
23 Vgl. Kapitel III., 6 Theorien der kognitiven und emotionalen Dissonanz
24 Vgl. Berger/Hradil 1990, Dommer 1997.
25 Vgl. Butollo et al. 1999 Aktive Symptome dieser Krankheit sind ängstliche Erregung, Alpträume, Panikanfälle, das mit starker Angst verbundene Wiedererinnern. Im späteren Verlauf treten passive Symptome wie Verlust von Lebensfreude und Initiative auf.
26 Vgl. Wolfersdorf 2000
27 Vgl. Dörner/Plog 1996; Vollmoeller 2001
28 Vgl. Turner/Beidel 1989; Weinshenker et al. 1996
29 Vgl. Margraf/Rudolf 1999 Arbeitsphobie als eine übertriebene, unangemessene Angstreaktion führt sogar zur Vermeidung im Beruf und zum Fernbleiben von der Arbeit.
30 Vgl. Gardner/Avolio 1998
31 Vgl. Klein/House 1995, S. 183
32 Vgl. Conger/Kanungo 1987, 1988a; Conger 1989; Shamir et al. 1993; Wofford/Goodwin 1994; Weierter 1997
33 Vgl. Howell/Frost 1989
34 Vgl. Wunderer/Dick 2002, S. 34
35 Vgl. Bandura 1997
36 Vgl. Bass/Avolio 1994
37 Zu Möglichkeiten und Gefahren visionsorientierter, transformationalen Führung vgl. Kapitel VII., 4.4 Delegative Führung
38 Vgl. Kapitel III., 4 Prozesstheorien der Motivation und ihre Bedeutung für Demotivation und Remotivation
39 Vgl. Kapitel III., 7 Willenstheorien und Abschnitt Teil A II. 6 Theorien der kongnitiven und emotionalen Dissonanz sowie Abschnitt Teil A II. 1 Arbeitszufriedenheitsforschung
40 Vgl. Heneman 1985; Shaw et al. 1999
41 Vgl. Berg 1991
42 Vgl. Ensher et al. 2001
43 Vgl. Witt/Wilson 1991
44 Vgl. Carr/McLoughlin 1996; Carr et al. 1996. Zur »equity sensitivity« vgl. Huseman et al. 1987; Rice et al. 1990
45 Vgl. O'Neill/Mone 1998
46 Vgl. Folger/Konovsky 1989; Sweeney 1990
47 Vgl. Lucere/Allen 1994; Carr et al. 1996
48 Vgl. Kapitel III., 4.1 Der Anreiz-Beitrags-Ansatz und Teil A II, 4.3 Gleichheitstheorie von Adams und Demotivation bzw. Removitation
49 Vgl. Adams 1963a, S. 9–16; Adams 1977, S. 110–125; vgl. auch Konrad/Pfeffer 1990; Greenberg 1982
50 Vgl. Kapitel III., 6 Theorien der kognitiven und emotionalen Dissonanz

51 Vgl. Mitchell/Mickel 1999
52 Vgl. Kapitel V., 6 Intrinsische und extrinsische Orientierung
53 Vgl. Herzberg et al. 1959
54 Vgl. Kapitel III., 3.4 McClellands Bedürfnisfaktoren
55 Vgl. GfS-Forschungsinstitut, UNIVOX 04-1999; Schweizerische Gesellschaft für praktische Sozialforschung http://www.gfs.ch/publset.html
56 Vgl. Ilgen et al 1979; Balcazar et al. 1985
57 Vgl. Pritchard et al. 1988
58 Vgl. Jussim et al. 1987; Steele 1988
59 Vgl. Ashford/Cummings 1983
60 Vgl. Hackman/Oldham 1976, S. 256f
61 Vgl. z. B. Ducharme/Martin 2000
62 Vgl. Wunderer/Dick 2002, S. 169; Es wurden hier auch die 17 Barrieren dieser Befragung zugrundegelegt. Die Frage an Personalchefs größerer und mittlerer Unternehmen der Schweiz lautete: »Bitte wählen Sie unter folgenden Aspekten jeweils jene fünf aus, die Ihrer Meinung nach gegenwärtig und zukünftig am stärksten demotivierend wirken.« Dabei lag »mangelnde Anerkennung« mit (74%) an erster Stelle vor schlechten persönliche Beziehung zum Vorgesetzten (52%), fachlich inkompetenter Vorgesetzter (48%), Arbeitsinhalt (z.B. nicht motivgerecht, unter-/überfordernd (39%) und mangelnder Kommunikation durch das Management (35%).
63 Vgl. Kapitel III., 4.4 Attributionstheorien
64 Vgl. Kapitel III., 4.3 Gleichheitstheorie von Adams und Demotivation bzw. Remotivation
65 Vgl. Kapitel III., 4.5 Zielsetzungstheorien und Demotivation
66 Vgl. Kapitel III., 5 Die Bedeutung »psychologischer Verträge«
67 Vgl. Kapitel III., 6 Theorien der kognitiven und emotionalen Dissonanz
68 Vgl. Kapitel III., 4.5 Zielsetzungstheorien und Demotivation bzw. Remotivation und Kapitel III., 6.3 Kognitive und emotionale Dissonanzen und das »Flow-Erleben«
69 Vgl. Kapitel III., 3.3 Herzbergs Zweifaktorentheorie
70 Im Auftrag des nordrhein-westfälischen Sozialministeriums (N = 2000); vgl. Altenburg 1996, S. 18
71 Vgl. Benz 2000; Nerdinger 1995, S. 71
72 Vgl. Steiger 1999, S. 34, 50
73 Vgl. Kapitel III., 6 Theorien der kognitiven und emotionalen Dissonanz
74 Vgl. Kapitel VI., 2.2 Ermächtigungsstrategien
75 Vgl. Bierhoff 1995, Sp. 2154; vgl. auch Bierhoff 1991, S. 21–38
76 Vgl. Bierhoff/Müller 1993
77 Vgl. Albert/Whetten 1985; Whetten/Godfrey 1998
78 Vgl. Elsbach/Kramer 1998; Gioa et al. 2000
79 Vgl. Fiol et al. 1998
80 Vgl. Kapitel III., 8 Entfremdung und innere Kündigung
81 Vgl. Wunderer/Mittmann 1995b, S. 114
82 Vgl. Mathieu/Zajac 1990
83 Vgl. Johns/Nicholson 1982; Rosse/Miller 1984; Hulin et al. 1985; Brooke/Price 1989; Hulin 1991; Marr 1996; Harrison/Martocchio 1998; Weller et al. 2000
84 Vgl. Institut für Arbeitsmarkt- und Berufsforschung http://www.iab.de/iab/asp/themen.htm;

85 Lag er 1991 noch bei 5,17%, fiel die Quote 1997 auf 4,2%. Vgl. http://www.baua.de/news/archiv/pm_98/tb84.htm
86 Zu Verlust durch Absenzen in den USA vgl. Harris 1996
87 Vgl. Wissenschaftliches Institut der AOK http://www.wido.de/Praevention/VAG/index.html; für weitere Zahlen zu steigenden Kosten von Fehlzeiten vgl. Taylor 1993; Martinez 1995
88 Vgl. http://www2.seco-admin.ch
89 Vgl. Pohen/Esser 1995, S. 24
90 Steer/Rhodes 1978; Hackett/ Guion 1985;
91 Vgl. Dwyer/Ganster 1991
92 Vgl. Rosse/Miller 1984
93 Vgl. Zaccaro et al. 1991
94 Vgl. Kapitel III., 6 Theorien der kognitiven und emotionalen Dissonanz
95 Vgl. Albert et al. 2000
96 Vgl. Arthur/Rousseau 1996
97 Vgl. Weinert 1998, S. 197. In der Schweiz ist der Anteil der Teilzeiterwerbstätigen von 20,6% (1991) auf 25,5% (1999) gestiegen. Quelle: Bundesamt für Statistik (Eidgenössische Betriebszählungen und Beschäftigungsstatistik) http://www.statistik.admin.ch/stat_ch/ber03/dufr03.htm
98 Vgl. Kapitel VI., 1.5 (Re-)Identifikation und Wiedergewinnung des Commitments
99 Vgl. Herzberg et al. 1959 vgl. Kapitel III., 3.3 Herzbergs Zweifaktorentheorie
100 Vgl. Hesch 1997
101 Vgl. GfS-Forschungsinstitut, UNIVOX 04-1999; http://www.gfs.ch/publset.html
102 Vgl. Ulich 1994, Gawellek 1987
103 Vgl. Kapitel III., 8 Entfremdung und innere Kündigung
104 Vgl. Schmiede 1996
105 Vgl. Kapitel IV., 6 Gesamtwirtschaftliche und gesellschaftlich-kulturelle Makroebene der Demotivation
106 Vgl. Kapitel III., 1 Arbeitszufriedenheitsforschung
107 Vgl. Kapitel III., 3 Inhaltsorientierte Motivationstheorien
108 Vgl. Kreikebaum & Herbert 1988
109 Vgl. Kapitel III., 5 Die Bedeutung »psychologischer Verträge«
110 Vgl. Kapitel III., 6.3 Kognitive und Emotionale Dissonanzen und das »Flow-Erleben«; Kapitel III., 8 Entfremdung und innere Kündigung
111 Vgl. Kapitel V., Prävention gegen Demotivation und Abschnitt Teil C II. 2.2 Ermächtigungsstrategien
112 Vgl. Susman 1976; Sydow 1985; Ulich 1994, S. 154f
113 Vgl. Weibler 1997, S. 197
114 Vgl. Dunckel/Volpert 1997
115 Vgl. Rogers/Roethlisberger 1961; Fleishman 1973
116 Vgl. Lawrence/Lorsch 1967; Porter/Roberts; 1976; Jablin; et al. 1987
117 Vgl. bereits Guetzkow/Kriesberg 1950; vgl. auch Boden 1994
118 Vgl. Kaiser 1997
119 Vgl. DemoScope Research, Adlingenswil http://www.demoscope.ch/firma_institution_d.htm zitiert nach Marchand/Boethius 1998, S. 10f
120 Vgl. Schulz von Thun 1989; Watzlawick et al. 1974
121 Vgl. Schwartzmann 1986, S. 238ff; Meier 1997, S. 276
122 Vgl. Hackstein et al. 1986; Becker-Töpfer 1992

123 Zur Bedeutung von »face-to-face«-Beziehungen vgl. Nohria/Eccles 1992; Candace et al. 1997
124 Vgl. Schwartzman 1989, S. 129; Meier 1997, S. 163
125 Vgl. Locke/Latham 1984, 1990a
126 Vgl. Brockhoff 1994
127 Zum Low Performance Zyklus vgl. Kapitel III., 4.5 Zielsetzungstheorien und Demotivation
128 Schäfer 1997, S. 11
129 Vgl. Franzpötter 1997, S. 179
130 Vgl. Luhmann 1964, S. 326, 346f
131 Vgl. Neuberger 1995
132 Vgl. Hacker 1986, 1999, S. 393
133 Vgl. Kapitel III., 6.3 Kognitive und emotionale Dissonanzen und das »Flow-Erleben«
134 Vgl. Bandura 1977, 1982, 1986; Conger/Kanungo 1988
135 Vgl. Kapitel III., 7 Willenstheorien und Eskalationsmodell
136 Vgl. Kapitel III., 7 Willenstheorien und Eskalationsmodell
137 Vgl. Herzberg et al. 1959. »Äußere Arbeitdbedingungen« sind nach Herzberg et al. ein Hygienefaktor
138 Vgl. Neuberger 1993a; Weinert 1998, S. 214
139 Vgl.Kapitel III., 4 Prozesstheorien der Motivation und ihre Bedeutung für Demotivation und Remotivation
140 Vgl. Kohn/Schooler 1982
141 Vgl. Richter 2001
142 Vgl. Ulich 1994; Ulich et al. 1973; Ulich et al. 1980; Hacker/Richter 1990
143 Vgl. Semmer 1984; Ulich 1994, S. 397ff; Dunckel 1985, vgl. Kapitel III., 2 Stressforschung
144 Vgl. Leitner et al. 1993
145 Vgl. McClelland 1987
146 Vgl. Abschnitt Kapitel III, 2 Stressforschung
147 Vgl. Dunckel/Semmer 1987
148 Vgl. Kapitel VI., 2.2 Ermächtigungsstrategien
149 Vgl. Kapitel III., 6.3 Kognitive und emotionale Dissonanzen und das »Flow-Erleben«
150 Vgl. Kapitel III., 6.4 Zusammenhänge von Dissonanz, Reaktanz und Demotivation
151 Vgl. Kapitel III., 7 Willenstheorien und Eskalationsmodell
152 Vgl. Matthies et al. 1994
153 Vgl. Picot et al. 1996, S. 454f
154 Vgl. Gouldner 1957/58; Walton et al. 1966; Wunderer 1974, 1978a, 1995f; Klimecki 1985
155 Vgl. Loose/Sydow 1997; Sydow et al. 1995
156 Vgl. Sydow/Wirth 2000
157 Vgl. Wunderer/Dick 2002
158 Vgl. Brockhoff 1994
159 Vgl. Picot et al. 1996
160 Vgl. Nohria/Eccles 1992; Candace et al. 1997
161 Vgl. Kapitel III., 3.3 Herzbergs Zeifaktorentheorie
162 Vgl. Weibler 1994
163 Vgl. Weibler 1994, S. 297
164 Vgl. Weibler 1994, S. 299

165 Vgl. Weibler 1994 S. 300
166 Vgl. Weibler 1994
167 Vgl. Schmidt 1996; Noll/Weick 1997, S. 10–14. Nach der Studie gehen außer von der Beurteilung des eigenen Gesundheitszustandes und der Wahrnehmung einer Verschlechterung der Arbeitsplatzsicherheit gerade von Konflikten mit Vorgesetzten die stärksten Einflüsse für eine Verschlechterung der Arbeitszufriedenheit aus.
168 Vgl. Kollenz 1999
169 Vgl. Kapitel III., 3.3 Herzbergs Zweifaktorentheorie
170 Vgl. Höhn, 1983, S. 20ff; Raidt, 1987, S. 20ff; Krystek, et al.1995; S. 80f; Volk 1989, S. 322ff; Lewis 2000
171 Vgl. Ashforth 1994; vgl. Kapitel VII., 3 Prosoziale und partizipative Führungsbeziehungen
172 Vgl. Wunderer/Dick 2002, S. 169
173 Vgl. Karriere-Portal für Fach- und Führungskräfte http://www.jobware.de/ma/um/9/
174 Vgl. Kehr et al. 1999
175 Vgl. Noll/Weick 1997; vgl. Kapitel III., 1 Arbeitszufriedenheitsforschung
176 Weitere Aspekte zu einem demotivierenden Führungsverhalten werden in Kapitel IV., 4.2 Beziehungskontext diskutiert. Auch wird die Bedeutung verschiedener Führungsstile hinsichtlich ihres Einflusses auf Demotivation in Kapitel VII., 3 Prosoziale und partizipative Führungsbeziehungen untersucht.
177 Vgl. Sprenger 1995, 1999, 2000. Zu einer kritischen Betrachtung dieser Position vgl. Kapitel IV., 4.2 Beziehungskontext
178 Vgl. Faust et. al. 2000
179 Vgl. Panse/Stegmann 1996, Zuschlag 1997
180 Vgl. Picot et al. 1996, S. 393
181 vgl. Stegbauer 1995; Scholz 1996; Weibler 1997. Zu zielgerichtetem Auf- und Ausbau von vertrauensvollen Beziehungen vgl. Kapitel VII., 4.3 Kooperative Führung
182 Vgl. Kapitel IV., 4.2 Beziehungskontext
183 Vgl. Kapitel III., 3.3 Herzbergs Zweifaktorentheorie
184 Vgl. GfS-Forschungsinstitut, UNIVOX 04-1999; http://www.gfs.ch/publset.html
185 Vgl. Wunderer 2001, S. 481, Wunderer/Klimecki 1995
186 Vgl. Rüttinger 1977
187 Vgl. Wunderer/Kuhn 1993, S. 128
188 Vgl. Wunderer/Dick 2002, S. 179
189 Vgl. http://www.jobware.de/ma/um/II/index.html. Weitere empirische Studien zu Mobbing und Gruppenproblemen werden im Kapitel IV., 4.2 Beziehungskontext besprochen.
190 Vgl. Kapitel III., 3.2 Alderfers Motivationstheorie
191 Vgl. Kapitel III., 6 Theorien der kognitiven und emotionalen Dissonanz
192 Vgl. Kapitel III., 8 Entfremdung und innere Kündigung
193 Vgl. Hammer/Champy 1994
194 Vgl. Ohmae 1990, Ashkenas et al 1995, Picot et al 1996
195 Vgl. Sennett 1998
196 Vgl. Schutz 1997; Picot et al. 1998
197 Zur Bedeutung unzureichender Zielbestimmung vgl. auch Seiwert 1997
198 Vgl. Kieser 1985, Nelson/Sutton 1991; Wanous et al. 1992; Kratz 1997; Saks/Ashforth 2000
199 Vgl. Schmidt 1994

200 Vgl. Karasek/Theorell 1990
201 Vgl. Abraham 1999b
202 Vgl. Renn/Prien 1995; Abraham 1999b
203 Vgl. Bourgeois 1981; Weidermann 1983; Staehle 1991
204 Vgl. Kapitel III., 4 Prozesstheorien der Motivation und ihre Bedeutung für Demotivation und Remotivation
205 Vgl. Kapitel III., 5 Die Bedeutung »psychologischer Verträge«
206 Vgl. Kapitel III., 7 Willenstheorien und Eskalationsmodell
207 Besonders für ausbleibende Synergieeffekte vgl. Steidl 1999
208 Vgl. Kapitel V., 4 Aufbau und Sicherung von Umsteuerungspotenzialen (»slacks«)
209 Vgl. Coleman 1988; Leana/van Buren 1999; Nahapiet/Ghoshal 1998; Tsai/Ghoshal 1998
210 Vgl. Ichniowski et al. 1996
211 Vgl. Shadur et al. 1999; Marchington et al. 1994
212 Vgl. z. B. Deal/Kennedy 1982, Wilkins/Ouchi 1983; Heinen 1987; Smircich/Calas 1987; Lattmann 1990, Sackmann 1990; Dülfer 1991; Alevesson/Berg 1992; Martin 1992; Dierkes et al. 1993; Schultz 1994, Zur Rekonstruktion und Evaluation der heterogenen Ansätze vgl. May 1997; zu methodischen Problemen einer empirischen Erforschung von Organisationskulturen vgl. Osterloh 1991, S. 173f
213 Vgl. Bies/Trip 1995; Bass 1985
214 Vgl. Maslach/Leiter 1997, 1999; Burish 1989
215 Vgl. Wallace et al. 1999
216 Vgl. Pascale/Athos 1981, dazu kritisch Holleis 1987, S. 265ff
217 Vgl. Böckmann 1980, S. 87, 1987
218 Vgl. Kapitel IV., 4.3 Kulturkontext
219 Vgl. Kapitel IV, 4.3 Kulturkontext
220 Zur Bedeutung der Umsetzungsproblematik vgl. Wunderer/Bruch 2000
221 Vgl. Kapitel III., 3.3 Herzbergs Zweifaktorentheorie
222 Vgl. Cropanzano et al. 1997; Drory 1990; Ferris/Kacmar 1992; Ferris et al. 1989, 1994, 1996; Gandz/Murray 1980
223 Vgl. Randall et al. 1999
224 Vgl. Kalleberg et al. 1996; Browne 2000, Wood 1999
225 Vgl. Bozeman et al., 1996; Cropanzano et al., 1997; Ferris et al., 1993, 1994
226 Vgl. Witt et al. 2000
227 Vgl. Kapitel III., 5 Die Bedeutung »psychologischer Verträge«
228 Vgl. Kapitel III., 6 Theorien der kognitiven und emotionalen Dissonanz
229 Vgl. Kapitel III., 8 Entfremdung und innere Kündigung
230 Vgl. Kapitel III., 8 Entfremdung und innere Kündigung
231 Vgl. Kapitel III., 6.4 Zusammenhänge von Dissonanz, Reaktanz und Demotivation
232 Vgl. Kapitel III., 7 Willenstheorien
233 Vgl. Kapitel III., 7 Willenstheorien und Eskalationsmodell
234 Vgl. Lazarus/Folkman 1989
235 Vgl. Kapitel IV., 2 Gesamtergebnisse der empirischen Untersuchung zu Motivationsbarrieren
236 Vgl. Weibler/Wunderer 2002
237 Vgl. Küpers 1999
238 Vgl. Bitner et al. 1990
239 Vgl. Kapitel IV., 3.1 Personale Motivationsbarrieren

240 Vgl. Ulich 1994, Luczak/Volpert, 1997. Sie geht auch davon aus, dass zwischen betrieblicher und außerbetrieblicher Lebenswelt vielfältige Wirkungszusammenhänge bestehen.
241 Vgl. Hoff, 1990, S. 7ff
242 Vgl. Jonge, de et al. 2001
243 Vgl. Shalley et al. 2000. Vgl. Kapitel III., 8 Entfremdung und innere Kündigung
244 Vgl. Hackman/Oldham 1976
245 Vgl. Ulich 1994
246 Vgl. Ulich 1994, S. 161
247 Vgl. Ulich 1994
248 In Anlehnung an Ulich 1994, S. 90
249 Insbesondere ist dem Bedürfnis möglichst selbständig agieren zu können Rechnung zu tragen; vgl. Hacker, 1986, S. 512f; Ulich, 1994, S. 89ff
250 Vgl. Richter 1994, S. 16f
251 Vgl. Staehle 1999, S. 196
252 Vgl. Thomas 1965. Wobei der individums- und situationsbezogener Ansatz von Thomas hinsichtlich der sozialen Struktur und Vermittlung zu erweitern ist, vgl. Markowitz 1979
253 Vgl. Kapitel III., 2.2 Möglichkeiten und Grenzen situativer Führung
254 vgl. Hardenacke et al 1985. Dabei sind auch charakteristische Machtstrukturen zu berücksichtigen; vgl. Semmer & Udris, 1993, S. 134
255 Dem Einzelnen eröffnet das Gefüge informeller Beziehungen in die zweckrational geplanten betrieblichen Abläufe seine Individualität einbringen und dort aktivieren zu können; vgl. Richter 1994, S. 125
256 Vgl. Weinert 1987, S. 225
257 Vgl. Richter 1994, S. 125.»Im kollegialen Umfeld werden Demotivationen vor allem dadurch hervorgerufen, dass ein einzelner Mitarbeiter von den anderen Mitarbeitern seiner Gruppe zum isolierten Außenseiter deklariert und mit Schikanen überzogen wird.« Ebd. S. 191
258 Vgl. Wunderer 2001, S. 307f
259 Vgl. Staehle 1999, S. 279
260 Dazu tritt ein gestörtes oder konfliktbelastetes Rollenset. Zu Rollenkonflikten vgl. Staehle 1999, S. 389ff
261 Symptome des »Group-think«-Phänomens sind: Illusion der Unverwundbarkeit, übertriebener Optimismus und hohe Risikoneigung, Rationalisierung schlechter, unerwünschter Nachrichten, stereotype Qualfzierung der Kritiker als schwach, bösartig und dumm; Gruppendruck gegenüber potenziellen Abweichlern; Selbstkontrolle jeglicher Abweichungen von Gruppenkonsens; Illusion der Einstimmigkeit; Schweigen bedeutet Zustimmung; Selbsternannte Mindguards schützen die Gruppe vor dissonanten Informationen. Vgl. Janis 1982, S. 174
262 Vgl. Greene et al 1985, S. 190ff
263 Vgl. Einarsen 1999
264 Vgl. Brodsky 1976; Neuberger 1999
265 Vgl. Schlaugat 1999
266 Vgl. Leyman 1996; Niedl 1995; Neuberger 1999; Schlaugat 1999; Zapf 1999
267 Die schleichende Ausgrenzung kann dabei nicht nur jüngere oder ältere Mitarbeiter und Randgruppen (Ausländer, Homosexuelle), sondern auch viele Teilzeitfrauen mit Betreuungspflichten treffen, denen z. B. die Zeit zur Weiterbildung fehlt.

268 Vgl. Leyman 1996
269 Vgl. Bernischen, Beratungsstelle für Mobbingfragen, http://bbsm.ch/index.asp?lang=de
270 Vgl. Mittelstaedt 1998
271 Um nicht die für das eigene Handeln übernehmen zu müssen wird damit die Schuld an der Demotivation bei sich selbst (Opferrolle) oder bei anderen gesucht (Täterrolle). Zur Täter-Opfer-Verschränkung vgl. Neuberger 1999, S. 45ff
272 Vgl. Schlaugat 1999; Neuberger 1999
273 Vgl. Leyman 1993, S. 35ff. Leyman unterscheidet fünf typische Mobbingsituationen: 1. Übergriffe von Kollegen, 2. Übergriffe von Untergebenen, 3. Übergriffe eines Vorgesetzten gegen Untergebene, 4. »Rechthabereien« und 5. »systembedingte Unterdrückung«. Zur Kritik vgl. Neuberger 1999, S. 66ff
274 Vgl. Zapf et al. 1999, S. 10ff. Zapf unterscheidet Mobbing über organisationale Maßnahmen, soziale Isolierung, Angriff auf die Person und ihre Privatsphäre, verbale Drohung bzw. verbale Aggression, Androhung oder Ausübung körperlicher Gewalt.
275 Vgl. Niedl 1999
276 Vgl. Neuberger 1999, S. 130ff
277 Vgl. Neuberger 1999
278 Vgl. Vartia 1996; zu Kosten und Folgen des Mobbing vgl. kritisch Neuberger 1999, S. 94ff
279 Vgl. Zuschlag 1997 sowie Kapitel V., Prävention gegen Demotivation
280 Vgl. Schmidt 1996; Noll/Weick 1997, S. 10–14. Führungskräfte schätzen auch ihr eigenes Führungsverhalten mehrheitlich deutlich besser ein, als ihnen das seitens der von ihnen geführten Mitarbeiter zugebilligt wird. Sie neigen zu idealisierender Selbstüberhöhung, mangelnder Kritik- und Rückmeldeoffenheit sowie mangelnder Sensibilität und Wertschätzung gegenüber Mitarbeitern. Vgl. Richter 1994, S. 283. Vgl. Kollenz 1999
281 Vgl. Höhn 1983, S. 20ff; Raidt 1987, S. 20ff; Krystek et al. 1995, S. 8017; Volk 1989, S. 322ff; Lewis 2000; Springer 1991. An drei Beispielen zeigt Springer, wie leitende Personen in Institutionen sozialer Arbeit durch ihr Verhalten Widerstand, Demotivation und Ablehnung bei ihren Mitarbeitern hervorrufen und damit ihrer Führungsaufgabe kontrapunktiv handeln, weil Beziehungsaspekte der innerbetrieblichen Kommunikation nicht reflektiert werden. Vor diesem Hintergrund werden Ansätze eines Konzepts zur Ausbildung der kommunikativen Kompetenz des Leitungspersonals in sozialen Einrichtungen skizziert.
282 Vgl. Krystek et al. 1995, S. 81; Volk 1988a, S. 176; Neuberger 1995
283 Vgl. Krystek et al. 1995, S. 86
284 Hintergrund ist meist ein eingeschränktes Menschen- und Weltbild (vorgefasste Meinungen und Vorurteile) sowie erschwerte zwischenmenschliche Beziehungen (z. B. durch Arroganz und Schuldzuweisungen der Führenden oder Angst der Geführten) vgl. Block 1997, S. 28, 53
285 Nach der empirischen Studie von Kehr et al. 1999 liegen aus der Perspektive von Personalentwicklern die wichtigsten Gründe für unternehmensbedingte Motivationsdefzite von Führungskräften im Führungsstil des Vorgesetzten, in geringem Feedback und der Intransparenz der Unternehmensziele. Dazu treten die Unternehmenskultur und geringe Entscheidungsspielräume. Personenbedingte Motivationshemmnisse bei Führungskräften selbst werden vor allem durch Über- oder Unterforderung, Ziellosigkeit sowie persönliche Probleme verursacht. Als wichtigste

Maßnahmen zur Förderung der Motivation von Führungskräften werden regelmäßige Feedbackgespräche, die Zieltransparenz fördernde Maßnahmen (z. B. MbO) sowie Training von Führungstechniken genannt.
286 Vgl. Maddock/Fulton 1998
287 Vgl. Kollenz 1999
288 Vgl. Kollenz 1999, S. 88
289 Wie eine repräsentative Längsschnittanalyse auf der Basis eines sozio-ökonomischen Panels zeigte, resultiert eine starke Beeinträchtigung der rückläufigen Arbeitszufriedenheit aus Konflikten mit Vorgesetzten. Vgl. Noll/Weick 1997, S. 10–14. Nach der Studie gehen außer von der Beurteilung des eigenen Gesundheitszustandes und der Wahrnehmung einer Verschlechterung der Arbeitsplatzsicherheit gerade von Konflikten mit Vorgesetzten die stärksten Einflüsse für eine Verschlechterung der Arbeitszufriedenheit aus.
290 Vgl. Sprenger 1995; vgl. auch seine empirische Studie (Sprenger 1990)
291 Vgl. Sprenger 1995, S. 151 ff. Motivierungsstrategien der Vorgesetzten reichen von Zwangsmaßnahmen (Strafe, Abmahnung, Sichtkontrolle) über den Einsatz ausgefeilter Anreizsystem bis hin zu psychischer Beeinflussung. Vgl. Sprenger 1995, S. 50ff
292 Vgl. Sprenger 1995, S. 38
293 Vgl. Sprenger 1995, S. 49. Er unterscheidet auch Misserfolgsvermeider und Erfolgssucher. Misserfolgsvermeider sind Mitarbeiter, bei denen die Motivations-Lücke zwischen faktischer und möglicher Arbeitsleistung tatsächlich existiert, die in je individueller Abstufung demotiviert ihre Aufgaben mit dosiertem Arbeitseinsatz »erledigen« und dabei möglichst nicht durch Misserfolg auffallen wollen. (ebd., S. 58) Demgegenüber existiert bei Erfolgssucher die Motivations-Lücke nicht, sondern sie sind voll motiviert, Erfolg und Befriedigung in ihrer Arbeit zu suchen. (ebd., S. 58) Während Misserfolgsvermeider durch Motivierung noch demotivierter werden, werden Erfolgssucher durch Motivierung zur Misserfolgsvermeidern. (ebd., S. 59)
294 Vgl. Sprenger 1995, S.22
295 Vgl. Sprenger 1995, S. 69
296 Vgl. Sprenger 1999, 2000
297 Vgl. Sprenger 1995, S 107, 2000, S. 279ff
298 Vgl. Sprenger 1995, 172f. Sprenger schlussfolgert »Führen ist vor allem das Vermeiden von Demotivation« (ebd. S. 172) und propagiert ein »Lassen« statt ein »Machen«. »Lassen bedeutet: Zulassen der Persönlichkeit des Mitarbeiters, wie sie ist, und es bedeutet unterlassen, was ihn demotivieren könnte. Menschen kann man nur so annehmen, wie sie sind, nicht wie man sie haben möchte. Was aber keineswegs heißt, nicht Leistung zu vereinbaren und zu kontrollieren.« (ebd. S. 186). »Wir brauchen eine Führung von Erwachsenen durch Erwachsene, Führung, die sich um den Ausgleich von Geben und Nehmen kümmert, die den anderen ernst nimmt, ihm etwas zumutet und zutraut, Vereinbarungen einfordert und konsequent ist, auf Augenhöhe kommuniziert. Anspruchsvolle Führung im doppelten Sinn: die hohen Ansprüche an Mitarbeiter stellt und an sich selbst, Führung, die in die Verantwortung geht, und ihre Aufgabe nicht in skandalöser Weise an scheinobjektive Instrumente abtritt.« (Sprenger 2000, S. 283).
299 Vgl. Sprenger 1995, S. 149
300 Vgl. Sprenger 1995, S. 166
301 Vgl. Sprenger 2000, S. 152

302 Vgl. Elias 2000. Elias zeigt anhand einer empirischen Studie die Notwendigkeit einer Differenzierung zwischen positiven und negativen Effekten von Incentives. Sie beschreibt differenziert positive psychische Effekte materieller Motivierungsmaßnahmen und positive Effekte solcher Maßnahmen auf das Arbeitsverhalten (ebd. S. 42f) und untersucht diese empirisch (ebd. S. 71ff). Die Durchführung von materiellen Motivierungsmaßnahmen muss demnach nicht zu einer negativen Wahrnehmung der Arbeitssituation führen. Die Studie widerlegt Sprengers Annahme, dass Motivierungsmaßnahmen die Ursache für eine negative Einstellung zur Arbeit und zum Vorgesetzten sind. Ebd. S. l01f
303 Vgl. Sprenger 1995, S. 179
304 Vgl. Faust et. al. 2000
305 Vgl. Faust. et al. 2000, S. 173
306 »Wird auf der einen Seite das Verhältnis Führungskraft – Mitarbeiter durch Dezentralisierung entspannt, so wird es durch die einzufordernde Leistungssteigerung in vielen Fällen erneutem Druck ausgesetzt ... Führungskräfte auf allen Ebenen stellen zunehmende Schwierigkeiten fest, Erwartungen der Mitarbeiter und Vorgaben des Unternehmens in Einklang zu bringen...« Vgl. Faust et al. 2000, S. 173f
307 Vgl. Panne/Stegmann 1996
308 Vgl. Zuschlag 1997
309 Vgl. Teil C Grundstrategien zur Demotivationsüberwindung und Remotivation
310 Vgl. Rosenstiel, v. 1993
311 Vgl. Dierkes 1993; Heinen 1987; Pümpin et al. 1985; Dülfer 1988; Crozier/Friedberg 1979, S. 111; Schein 1985a; Weinert 1992a
312 Vgl. Rosenstiel/Strümpel 1990, S. 264ff; Rehn 1990. Eine Organisationskultur wird in sozialer Interaktion, Kommunikation und Interpretation kontinuierlich produziert und reproduziert durch Handlungen den Gebrauch von Symbolen, Artefakten, Ritualen und Geschichten. Vgl. Franzpötter 1997, S. 63
313 Vgl. Weinert 1992a, S. 671; Bögel 1999, S. 739ff
314 Vgl. Woodman/King 1978; Bögel S. 731
315 Vgl. Poole 1985; Schneider et al 1994; Conrad/Sydow 1984
316 Vgl. Pettigrew 1990, S. 429; vgl. auch Schneider 1983, 1990; Wunderer 2001, S. 294f
317 Vgl. Falcione et al. 1987, S. 221. Nach Bleicher (1986) bringt ein Betriebsklima den aktuellen Grad der Deckung (oder Nicht-Deckung) von Ansprüchen und Erwartungen der Systemmitglieder durch die Unternehmung zum Ausdruck.
318 Vgl. Theis 1994, S. 231; Schneider/Reichers 1983
319 Vgl. Weinert 1992a, S. 659ff; Rosenstiel, v. 1993
320 In Anlehnung an Pritchard/Karasick 1973
321 In Anlehnung an Schneider/Snyder 1975; Richter 1994, S. 342
322 Vgl. Andersson/Pearson 1999; Ibarra/Andrews 1993
323 »So entsteht das Klima letztlich in einem Prozess zirkulierender Interaktionen, in dem mit seinen Erwartungs-, Wahrnehmungs- und Reaktionswerten jeder Angehörige einer Klimazone seinen Beitrag leistet und die Beiträge der anderen bewertend aufnimmt. Maßgebliches Gewicht fällt dabei dem Vorgesetzten zu, der in seiner Führungstätigkeit das wahrgenommene und bewertete Arbeitserlebnis zu wesentlichen Anteilen determiniert.« Vgl. Richter 1994, S. 342
324 Vgl. Conrad/Sydow 1991
325 Vgl. Rousseau 1988; Kopelman et al. 1990; Matsumoto/Sanders 1988; Payne et al. 1976, S. 45–62; Schneider 1990, S. 388

326 Vgl. Jones/James 1979, S. 201-250, die Autoren nennen als multidimensionale Einflussfaktoren (1) leadership facilitation and support; (2) workgroup co-operation, friendliness and warmth; (3) conflict and ambiguity, (4) professional and organisational esprit, (5) job challenge, importance and variety, and (6) mutual trust. Dazu wie sehr das Organisationsklima auch als ein Einflussfaktor auf personalwirtschaftliche Aspekte zu beachten ist vgl. Florek 1986.
327 Vgl. Joyce/Slocum 1982; Trombetta/Rogers 1988, Hemingway/Smith 1999; Shadur et al. 1999
328 Vgl. Powell/Butterfield 1978
329 Vgl. Burrell/Morgan 1979
330 In Anlehnung an Scholz 1994, S. 513
331 Vgl. Spiess/Winterstein 1999, S. 162
332 Vgl. Domsch/Schnebele 1991, S. 2
333 Vgl. Töpfer/Zander 1985, S. 37
334 Für ein Beispiel eines Fragebogens zur Mitarbeiterzufriedenheit vgl. Domsch/Schnebele 1991, S. 6
335 Vgl. Domsch/Schnebele 1991, S. 1383; Spiess/Winterstein 1999, S. 164f
336 Vgl. Scholz/Scholz 1995, S. 730
337 vgl. Richter 1994, S. 344
338 So wäre es aufschlussreich, den Zusammenhang von Demotivation und verschiedenen Persönlichkeitstypen z. B. extrovertierter oder introvertierter Typ, zu untersuchen, vgl. Jung 1939. Nach von Rosenstiel sind Personen, die zur Kündigung tendieren, tendenziell aggressiv, unabhängig, extrovertiert, verstandesbetont, originell und künstlerisch Vgl. Rosenstiel, v. 1975
339 Vgl. Kanfer/Heggestad 1997
340 Vgl. Dincher et al. 1989, S. 92
341 Zur Thematik der »Fluktuationsneigung« vgl. Six/Kleinbeck 1989, S. 392
342 Vgl. Hulin et al. 1985
343 Vgl. Hentze 1991, S. 5017
344 Vgl. Erlei et al. 1999; Jensen/Meckling 1976
345 Vgl. Richter/Furubotn 1999; Alchian 1977
346 Vgl. Kerr 1993
347 Vgl. Luton/Nordin 2000
348 Vgl. Karau/Williams 1993
349 Zur Kritik an Gesamtberechnungen am Beispiel des Mobbing vgl. Neuberger 1999, S. 94ff
350 Vgl. Weigel 1996
351 Vgl. Wunderer/Jaritz 2002
352 Vgl. Conrad/Sydow 1984, S. 104f
353 Vgl. Fischer 1999; die »Wiederentdeckung der Gesellschaft auch durch die Theorien der Organisation« spiegelt sich in der aktuellen Entwicklung von institutionenökonomischen, evolutionstheoretischen, neoinstitutionalistischen, polit-ökonomischen sowie handlungs-, system- und strukturationstheoretischen Ansätzen wie auch symbolischen und kognitiven Theorien wider. Vgl. z. B. Ortmann et al. 1997. Auch wird im Zuge der reflexiven Modernisierung in der Risikogesellschaft (Beck 1986) die soziale gegenüber der materiellen Transformation von Wirklichkeit bedeutsamer. Damit ergeben sich Probleme einer sozialen und politischen Legitimierung betrieblichen Handelns. Vgl. dazu Pries 1998

354 Vgl. Gross 1992, S. 87
355 Vgl. Wunderer 2001, S. 181
356 Vgl. Schanz 1993, S. 165; Wunderer/Dick 2002
357 Vgl. Klages 1985, S. 183–186
358 Vgl. Laufer, 1988
359 Vgl. v. Rosenstiel et al. 1993; Klages 1993. Zu Gründen für den Wertewandel vgl. Comelli/v. Rosenstiel 1995, S. 288ff
360 Vgl. Inglehard 1977, 1989, 1997
361 Vgl. Marramao 1999
362 Für Klages führt der Wertewandel zu einem Rückgang der Pflicht- und Akzeptanzwerte bei gleichzeitigem Anstieg der Selbstentfaltungswerte. Vgl. Klages 1985, 1991
363 Noelle-Neumann deutet dies im Zusammenhang mit dem Verfall sog. »bürgerlicher Tugenden« insbesondere bei der Gruppe der unter 30jährigen. Vgl. Noelle-Neumann 1978
364 Vgl. Noelle-Neumann 1978; Wunderer/Dick 2002; Opaschowski 1997
365 Vgl. Gross 1994
366 Vgl. Stengel 1999, S. 847
367 Vgl. Blickle 1999
368 Vgl. Rosenstiel, v. 1993
369 Vgl. Wunderer/Dick 2002, S. 33
370 Vgl. Noelle-Neumann/Köcher 1997; für die Schweiz vgl. Wunderer/Dick 2002, S. 28, 31
371 Vgl. Giarini/Liedke 1999
372 Zu Beispielen der Karriereorientierung vgl. Nerdinger/Spiess 1992, S. 662f
373 Vgl. Lehner 1999
374 Vgl. Lasch 1979, 1984. Lasch diagnostiziert Narzissmus als infantile Vermeidung von Herausforderungen und Entwicklungen. Die narzisstische Freizeitorientierung ist dominiert von unrealistischem Begehren einer totalen Befriedigung, die in die pathologische Indifferenz der Unentschiedenheit, Nostalgie und Unbefriedigtheit verfällt.
375 »Longing and a permanent unfocussed dissatisfaction are complementary features of that distinctive outlook generated by self-illusory hedonism.« Vgl. Campbell 1987, S. 87
376 Vgl. Schulze 1993
377 Schulze 1993, S. 13; vgl. Gross 1994
378 Vgl. Beck 1997, S. 19017
379 Schulze 1993, S. 40. Insgesamt deutet die Erlebnisrationalität auf eine subjektive, individualistische Lebenshaltung, fern von Identifizierung mit dem Kollektiv, in der private, innerliche Glückszustände angestrebt werden.
380 Nach Schulze ist die innengeleitete Erlebnisorientierung zu einer »kollektiven Basismotivation« geworden. Vgl. Schulze 1993 S. 13
381 Vgl. Haupt 1988, S. 204
382 z. B. in einem Mehrschichtenmodell produktiver Tätigkeiten in verschiedenen Lebenszyklen; vgl. Giarini/Liedke 1999, S. 248ff

Teil C:
Gestaltungspraxis

Kapitel V.
Prävention gegen Demotivation
- Formen der Sinnvermittlung zur Demotivationsprävention
- Strukturelle Prävention durch Gestaltung der Organisationskultur
- Frühwarnsystem zur strategischen Demotivationserkennung
- Aufbau und Sicherung von Umsteuerungspotenzialen (»slacks«) zur organisationalen Demotivationsprävention
- Demotivationsberücksichtigende Personalauswahl, -pflege und -förderung
- Führungsspezifische Prävention von Demotivation

Kapitel VI.
Strukturell-systemische Führung zu Demotivationsabbau und Remotivation
- Kulturgestaltung zum Demotivationsabbau und Remotivation
- Strategiegestaltung zum Demotivationsabbau und Remotivation
- Organisationsgestaltung zu Demotivationsabbau und Remotivation
- Gestaltung der qualitativen Personalstruktur und -entwicklung zu Demotivationsabbau und Remotivation

Kapitel VII.
Interaktiv-direkte Führungsbeziehungen und Demotivationsabbau bzw. Remotivierung
- Führungsbeziehungen und Demotivation
- Situative Gestaltung der Führungsbeziehungen zur Demotivationsüberwindung und Remotivation
- Prosoziale und partizipative Führungsbeziehungen
- Einzelne Führungsstile in Beziehung zu Demotivation bzw. Remotivation

Kapitel VIII.
Mitunternehmertum als integrierter Ansatz zur Demotivationsüberwindung und Remotivation
- Konzept des Mitunternehmertums
- Aktivierung mitunternehmerischer Schlüsselkompetenzen zur Demotivationsüberwindung und Remotivation
- Förderung der Selbstentwicklung und Selbst-Remotivation
- Extra-Rollenverhalten und Demotivation bzw. Remotivation
- Grenzen des Demotivationsabbaus und der Förderung von Remotivation durch Mitunternehmertum

Kapitel IX.
Grenzen des Demotivationsabbaus und der Remotivation

Anmerkungen, Literaturhinweise, Endnoten zu Teil C

Im Teil A wurden die konzeptionellen Grundlagen und theoretischen Ansätze und im Teil B die empirischen Ergebnisse zu Motivationsbarrieren vorgestellt. Nun stehen **Gestaltungsansätze** zur Demotivationsüberwindung, also Möglichkeiten der Vermeidung und des Abbaus von Motivationsbarrieren sowie der Förderung von Remotivation im Mittelpunkt. Es werden dazu Strategien und Instrumente gezeigt, aber auch deren Voraussetzungen bzw. Grenzen diskutiert. Eine vertiefende Betrachtung erfahren die empirisch ermittelten zentralen Demotivatoren.

Demotivation als Folge personaler, interpersoneller sowie struktureller Barrieren erfordert zu deren Überwindung **integrierte Gestaltungspraktiken**. Sie sollen auch die Selbstmotivation der Betroffenen unterstützen. Vorgängig sind fördernde Strukturen und Beziehungen sowie Lern- und Selbstorganisationsprozesse zu schaffen und bilden den Rahmen für Selbststeuerung und -entwicklung. Denn Ursachen und Wirkungskontexte der Demotivation sind zu vernetzt, um sie allein über direkte Interventionen zu steuern.[1]

Die Rahmengestaltung und Prozessbegleitung von Vermeidungs- und Abbaustrategien von Demotivation sowie zur Remotivation sind auch nach dem Reifegrad des Organisationssystems wie der Mitarbeiter auszurichten. Die Betroffenen sollen Maßnahmen auch selbst (weiter-)entwickeln können. Dies fordert und fördert die pro-aktiven und pro-sozialen Fähigkeiten von demotivierten Mitarbeitern.

Vorbeugende, strukturelle und interaktive Strategien sind zu koordinieren, um Prävention und »Therapie« von Demotivation auf möglichst vielen Ebenen zu erleichtern. Ob und wann strukturell und/oder interaktiv vorgegangen wird, hängt von der individuellen Demotivationssituation ab. Strukturelle und interaktive Strategien sind für einen tiefergreifenden Abbau von Motivationsbarrieren zwar wesentlich; verhaltensbestimmend für eine Selbstentwicklung der Betroffenen ist jedoch, wie Rahmenbedingungen, Anforderungen und Anreize vermittelt und dann situativ bzw. subjektiv interpretiert werden.

Folgende Abbildung zeigt Philosophie, Ziele und Methoden der präventions- und therapieorientierten Strategieansätze.

		Prävention	Therapie
Gestaltungs-praxis	Philosophie:	Vermeidung möglicher Demotivatoren	Reduktion von akuten Motivationsbarrieren
	Ziel:	Ermittlung und Vermeidung wichtiger **potenzieller** Demotivatoren durch prophylaktische Maßnahmen	Ermittlung und Abbau zentraler **aktueller** Motivationsbarrieren
	Methoden/Massnahmen:	• **kulturelle** Maßnahmen (Sinnvermittlung Gestaltung der Organisationskultur, »Kulturmanagement«) • **strategische** Maßnahmen (aufmerksames, frühzeitiges Wahrnehmen möglicher Demotivatoren; Achten auf schwache und non-verbale Signale, Entwicklung von Analyse und Gestaltungsinstrumenten) • **organisationale** Maßnahmen (Klarheit, Transparenz, Konstanz sowie Aufbau von »slacks«) • **führungsspezifische** Maßnahmen (Führungskraft als Impresario und Net-worker sowie Förderung eines »Unterlassungsmanagements« (mit Bezug auf Demotivation)	• kollektiver, zielgruppenspezifischer Abbau von Motivationsbarrieren durch indirekte, **strukturell**-systemische Kontextsteuerung • konsequenter, aber achtsamer und auch individueller Umgang mit Demotivationsproblemen • Minderung von Motivationsbarrieren durch Betroffene mit aktiver Unterstützung von Führungskräften, Personalabteilung und Externen durch situationsangepasste direkt-**interaktive** Führung • strukturelle und interaktive Remotivation bzw. Remotivierung

Abb. 50: Zur Prävention und Therapie potenzieller bzw. aktueller Demotivatoren

V. Prävention gegen Demotivation

> **Definition:**
> **Prävention** meint die systematische Vermeidung von Störungen bzw. Vorbeugung oder Verringerung von Risikofaktoren. Damit sind vorbeugende Maßnahmen gegen das Auftreten von Demotivation und deren Wirkungen gemeint. Sie sollte sich besonders auf **potenzielle** hochwirksame Demotivatoren konzentrieren.

Prävention setzt dabei zielgerichtete Entscheidungen zu Sach-, Sozial- und Zeitdimensionen voraus.[2] Das Potenzial von Prävention entfaltet sich erst, wenn es aus der Sichtweise der handelnden Personen und des Organisationssystems begriffen wird. Dazu ist Prävention arbeitswissenschaftlich zu fundieren[3] und v. a. in das betriebliche Alltagshandeln zu integrieren.[4] Diese fragt dabei nicht nur, was »krank« macht (demotiviert), sondern eben auch, was »gesund« erhält.[5] Der Akzent verschiebt sich damit vom Verhindern von (Demotivations-)Ereignissen zum zukunftsorientierten Gestalten und Verbessern der (Arbeits-)Situation. Damit werden Selbstbestimmung und (Re-)Motivationsfähigkeiten von Personen und Organisationen gefördert und abgesichert. Die Prävention ist in die unternehmerische Gesamtstrategie einzubeziehen (z. B. in Unternehmens- und Führungsgrundsätzen oder Aus- und Weiterbildungsprogrammen). Schließlich sind bei organisationsweiten Präventionsmaßnahmen Mitarbeiter und das Management zur Gewinnung handlungsauslösender Informationen systematisch zu beteiligen.[6]

Wird **Demotivation vermieden**, erspart dies aufwändige, kostenintensive und z. T. wirkungslose Abbau- und Remotivationsmaßnahmen. Mit einer integrierten Prävention wird zudem anderen Demotivatoren bzw. Demotivationspotenzialen indirekt vorgebeugt. Und nicht zuletzt entfallen bei einer **präventiven Motivationspolitik** alle »idealen« Diskussionen um die Frage, ob man Mitarbeiter überhaupt motivieren könne oder solle (z. B. Maslow, McGregor, Sprenger). Denn hier wird lediglich Ressourcenblockierung vermieden.

Demotivation ist **nicht generell zu vermeiden**. Stärkere Demotivatoren (bzw. dessen Vermeidungspotenzial) sind deshalb rechtzeitig zu erkennen. Und bei akuten Störungen sollte bald und gezielt darauf kollektiv, zielgruppenorientiert und v. a. individuell reagiert werden. Denn viele der möglichen Störfaktoren sprechen »intrinsische Demotivatoren« (z. B. Arbeitinhalte) an, welche die Arbeitsfreude und Leistung stark beeinträchtigen können. Wie die Ergebnisse unserer empirischen Untersuchungen zeigen, die in

Kapitel B differenziert erläutert und zusammenhängend dargestellt werden *(vgl. Kapitel IV., 2.1 und Kapitel IV., 2.2)*, unterscheiden wir potenzielle und aktuelle Motivationsbarrieren. Folgende Tabellen zeigt nochmals die Ergebnisse beider:

Gestaltungspraxis

Rang	Potenzielle Motivationsbarrieren	Rang	Aktuelle Motivationsbarrieren
1	Arbeitsinhalt	1	Arbeitskoordination
2a	Verhältnis zum direkten Vorgesetzten	2	Organisationskultur
2b	Verhältnis zu Teamkollegen	3	Einflüsse auf das persönliche Leben
2c	Einflüsse auf das persönliche Leben	4	Ressourcen
3a	Anerkennung	5	Arbeitsdurchführung
3b	Organisationskultur	6	Verhältnis zum höheren Management
4	Identifikation – Motivation	7	Unternehmens- und Personalpolitik
5	Perspektiven	8	Perspektiven
6	Verantwortung	9	Verhältnis zum direkten Vorgesetzten
7a	Unternehmens- – Personalpolitik	10	Honorierung
7b	Sonstige Motivationsbarrieren	11	Arbeitsergebnis/Anerkennung
8	Ressourcen	12	Verantwortung
9	Honorierung	13	Identifikation/Motivation
10	Arbeitskoordination	14	Arbeitsinhalt
11	Verhältnis zum höheren Management	15	Verhältnis zu anderen Abteilungen
12	Arbeitsdurchführung	16	Sonstige Barrieren
13	Verhältnis zu anderen Abteilungen	17	Verhältnis zu Kollegen

Abb. 51: Gesamtergebnisse der empirischen Untersuchungen zu potenziellen und aktuellen Motivationsbarrieren

Prävention sollte sich auf **potenzielle Barrieren** konzentrieren. Bei den wichtigsten potenziellen Demotivatoren handelt es sich um **Beziehungsaspekte**. Dazu gehören die Sachbeziehung zu Arbeitsinhalten sowie intrinsisch und persönlich relevante Sozialbeziehungen (direkter Vorgesetzte, Kollegen, persönliches Leben).

Da mit dem empirisch wichtigsten potenziellen Demotivator »Arbeitsinhalt« auch die Sinndimension angesprochen wird, werden zunächst **kulturelle** Maßnahmen zur Sinnvermittlung und Gestaltung der Organisationskultur vorgestellt. Als **strategische** Möglichkeiten werden dann ein Frühwarnsystem zur Demotivationserkennung und danach **organisationale** Maßnahmen zum Aufbau von Umsteuerungspotenzialen (»slacks«) beschrieben.

Zu den wichtigen Beziehungsfaktoren »direkte Führung«, »Kollegenkooperation« sowie »Anerkennung« werden **personalpolitische** Maßnahmen vermittelt. Dazu gehören demotivationsverhütende Personalauswahl und -förderung und Möglichkeiten prophylaktischer Personalpflege sowie sozialer Unterstützung. Über die Personalbeurteilung können Präventionsinitiativen zudem gezielt evaluiert werden. Schließlich werden noch **führungsspezifische** Möglichkeiten einer präventiven Führung diskutiert.

1. Formen der Sinnvermittlung zur Demotivationsprävention

Mit Demotivation sind Arbeitsfreude sowie Sinndefizite oder -probleme bei Mitarbeitern und Führungskräften betroffen. So ist bei dem in unseren Analysen wichtigsten potenziellen Faktor »Arbeitsinhalt« (vgl. Abb. 51) dessen sinnvolle und herausfordernde Ausrichtung besonders entscheidend. Mangelnder Sinn bei Aufgabenerledigungen oder Zweckerfüllungen demotiviert.[7] Und er korreliert auch mit anderen Identifikationsaspekten.[8]

In den Inhalten der Arbeit kommen wesentliche Wachstumsbedürfnisse zum Ausdruck.[9] Sie sind auch Teil psychologischer Verträge. Werden diese dauerhaft nicht eingehalten, begünstigt dies Dissonanzen, Flow-Blockaden, Entfremdung und innere Kündigung. *(Vgl. Kapitel III., 5 Die Bedeutung »psychologischer Verträge«; vgl. Kapitel III., 6.3 Kognitive und emotionale Dissonanzen und das »Flow-Erleben«; Kapitel III., 8 Entfremdung und innere Kündigung).*

Für das Erleben sinnvoller Arbeit und Beziehungen sind Dispositionsspielräume sowie eine »Passung« persönlicher Bedürfnisse und Voraussetzungen mit den Anforderungen der Arbeit bedeutsam. Damit wird eine progressiver Arbeitszufriedenheit gefördert, die zugleich demotivationspräventiv ist *(vgl. Kapitel III., 1 Arbeitszufriedenheitsforschung).* Es besteht eine positive Beziehung zwischen erlebter Sinnhaftigkeit und Bedeutsamkeit der Arbeitsinhalte mit intrinsischer Orientierung, Qualität der Arbeitsleistung,

Arbeitszufriedenheit und niedrigen Fehlzeiten bzw. Fluktuation.[10] Zudem hat das (**Wieder-)Erleben von Sinnhaftigkeit von Arbeitsinhalten** positive Konsequenzen, z. B.:

- Steigerung des Engagements in dem Bereich, in dem Sinn erlebt wird
- Steigerung der Ausdauer bei Tätigkeiten, die als sinnhaft wahrgenommen werden
- Erhöhte Identifikation, z. B. mit einer als sinnhaft wahrgenommenen Aufgabe
- Steigerung der Befindlichkeit und Lebenszufriedenheit

Gestaltungspraxis

Sinnvermittlung kann durch bedürfnisorientierte Arbeitsgestaltung (z. B. interessante Inhalte, Aufgabenvielfalt, Bedeutungsgehalt der Aufgaben, Handlungsautonomie) unterstützt werden. Wird im Rahmen einer mitarbeitergerechten Organisationsstruktur und -entwicklung Kreativität, Selbstbestimmung und -kontrolle zugelassen, wird Arbeit als sinnvoll erlebt und führt zu einem demotivationspräventiven Verhalten.[11] Sinngebung in der Arbeit kann neben dem Tätigsein selbst auch durch andere Motive ausgelöst (z. B. Karriere, Prestige, Macht) und mißbraucht werden.[12] Zudem ist die Sinnwelt Arbeit mit den Sinnbezügen zur Freizeit möglichst in ein Gleichgewicht zu bringen.[13] Dies zeigte sich auch empirisch durch die hoch rangierte potenzielle Barriere »Einflüsse auf das persönliche Leben«.

Grundlegend gilt: »Wer Leistung in der Arbeit fordert, muss Sinn in der Arbeit bieten.«[14] Daher ist über kreative Interpretationshilfen für einen sinnvollen Wirklichkeitsumgang zu sorgen.[15] Dabei fungieren Führungskräfte nicht als souveräne Sinngestalter, sondern sind selbst auch Betroffene.[16] Sinn kann weder »top-down« vorgegeben, noch nach »Input/Output-Regeln« produziert werden. Sinnvermittlung zur Demotivationsprophylaxe muss deshalb Bedingungen schaffen, die Mitarbeitern ermöglichen, ihre Tätigkeit in einen anderen Kontext einzubetten und selbst Sinn dafür zu finden. Mit sinnvermittelnder Kontextsteuerung und gemeinsamen Sinnangeboten bzw. -bezügen wird dann auch das Transformationspotenzial der Organisation insgesamt erhöht.

2. Strukturelle Prävention durch Gestaltung der Organisationskultur

»**Organisationskultur**« erwies sich als **drittwichtigste, potenzielle Motivationsbarriere**. Daher werden nun einige präventive Maßnahmen und Instrumente zur strukturellen Kultur- und Organisationsgestaltung beschrieben. **Demotivationsvermeidende Kulturgestaltung** versucht, Werthaltungen und Handlungsmuster organisationsweit so zu etablieren und zu beeinflussen, dass möglichst viele Organisationsmitglieder Motivationsbarrieren vorbeugen können und wollen.

Gerade in Zeiten des Wandels haben werteorientierte **Information und Kommunikation** wachsende präventive Bedeutung. So können durch frühzeitige und ausführliche Information, Mission und Grundsätze zur Unternehmen- und Mitarbeiterführung vermittelt sowie durch Erläuterung von Gesamtzusammenhängen Transparenz geschaffen und Sinn vermittelt werden. Viele Entscheidungen, Regelungen und Vorgehensweisen werden damit einsichtiger und akzeptabler gemacht, was Demotivation vermeiden hilft. Als Instrumente präventiver Informationspolitik bieten sich neben dem Einsatz von benutzerfreundlichen Informationstechnologien und Kommunikationsarchitekturen auch spezielle Informationsveranstaltungen, Diskussionsforen, Betriebsversammlungen oder Berichte in Werkszeitschriften an. Dies wird durch »open-book-« und »open-door-policy« unterstützt.[17] Weitere auch präventionsrelevante Strategien der Kulturgestaltung (z. B. Führungsgrundsätze, symbolisches Management, Re-Identifikation) werden im nächsten Kapitel beschrieben *(vgl. Kapitel V., 1 Kulturgestaltung zum Demotivationsabbau und Remotivation)*. Auch der Aufbau und Erhalt einer Vertrauenskultur wird noch im Kontext prosozialer und partizipativer Führungsbeziehungen diskutiert *(vgl. Kapitel VI., 3.1 Die Bedeutung einer Vertrauenskultur für Führungsbeziehungen)*.[18]

3. Frühwarnsystem zur strategischen Demotivationserkennung

Demotivation tritt als Ereignis seltener plötzlich ein. Mit einem präventiven Frühwarnsystem sollen schon potenzielle Demotivationen rechtzeitig wahrgenommen bzw. aufmerksam antizipiert und für die Organisation proaktive[19] Strategien und Maßnahmen zu ihrer Vermeidung entwickelt und eingesetzt werden. **Frühaufklärung**[20] erkennt die durch Demotivation eingeschränkten Erfolgspotenziale, indem sie z. B. schon über »schwache Signale«[21] und Indikatoren *(vgl. Kapitel II., 6 Demotivationsindikatoren und Remotivationsbedarf)* Unverträglichkeiten (»Missfits«) identifiziert und so konkrete Lösungswege vorbereitet. Durch Ermittlung und Einschätzung des Problemausmaßes (z. B. durch quantitative Erfassung von Fehlzeiten) sowie Bestimmung der Dringlichkeit (z. B. durch Einschätzung des Wirkungseinflusses im Zeitverlauf) können strategische Informationen generiert werden.[22] Diese können dann in Simulationen und Zukunftsszenarien modelliert werden. Damit wird erforderliches Orientierungs- und Geltungswissen zur Verminderung von Ungewissheiten[23] und für organisationale Lernprozesse bereitgestellt.[24] So können durch eine Spezifizierung von Demotivationsproblemen Vermeidungsstrategien erarbeitet, gelernt und Handlungsmöglichkeiten verbessert werden.

4. Aufbau und Sicherung von Umsteuerungspotenzialen (»slacks«) zur organisationalen Demotivationsprävention

Gestaltungspraxis

Unter organisationalen »slacks« sind Redundanzen, Gestaltungsspielräume oder organisationale Ressourcenüberschüsse zu verstehen, die das funktional erforderliche Maß des Notwendigen überschreiten. Dazu zählen z. B. Zeitreserven, zusätzliche Mitarbeiter oder Anreize, aber auch Organisationsstrukturen in Form von Dispositionsspielräumen.

Slacks können bei variabler Aufgabenstruktur als ungenutzte Potenziale bzw. Improvisationsreserven die Überlebensfähigkeit von Organisationen sichern,[25] da sie **flexibles Reagieren auf Störereignisse zulassen und Absorptions- und Stabilisierungsfunktion** übernehmen.[26] Slack stellt dann eine Art »Mehrwert«[27] dar, mit dem die Bereitschaft für Alternativen aktiviert werden kann, wenn Ziele sich verändern oder auf anderer Weise erreicht werden sollen. »Slacks« wirken positiv, wenn Mitarbeiter sie für kreative Sachleistungen nutzen, wobei die Leistungsfähigkeit und -bereitschaft der Mitarbeiter sowie ein verantwortungsvoller Umgang mit den Freiräumen die Wirksamkeit von »slacks« wesentlich bestimmen.[28]

Durch eine Aufwertung des Stellenwertes von »slacks« als Teil der Rahmenbedingungen einer Unternehmenskultur, wird auch indirekt Demotivation vorgebeugt. Zur ihrer gezielten Vermeidung sollten Unternehmen »Umsteuerungspotenziale« in Form von **Flexibilitätsmöglichkeiten** aufbauen (z. B. »Puffer«, zweckindifferente Instrumente oder Ressourcen). Werden solche Ausgleichsmöglichkeiten berücksichtigt (z. B. gestalterische Freiräume *vgl. Kapitel VI., 3.2 Erweiterung der Handlungsspielräume)*, können konkrete Anpassungen zur Demotivationsprophylaxe vorgenommen werden. Zur Prävention demotivierender Einflüsse auf das persönliche Leben – insbesondere einer fehlenden Balance zwischen Arbeit und Freizeit – dienen auch Formen flexibler Arbeitszeitgestaltung (*vgl. Kapitel VI., 2.3 Ressourcenverfügbarkeit).*

Die Bildung von »slacks« wird durch Mehrfachqualifizierung, überlappende Aufgaben, vielseitige Rollen- und Entscheidungsverteilung sowie Zulassen selbstorganisatorischer Elemente gefördert. Eine optimale »slack-Menge«, eröffnet Mitarbeitern Spielräume, um persönliche und betriebliche Interessen besser aufeinander abzustimmen. Zudem werden so Potenziale und

Energien in zukunftsgerichtete, extrafunktionale Leistungen gelenkt (z. B. für ein Remotivationsengagement).[29]

Allerdings kann zuviel oder zuwenig »slack« die Anpassungsfähigkeit der Organisation beeinträchtigen.[30] Auch sind weitere **Nachteile und Gefahren** von »slacks« zu berücksichtigen. So gelten sie bei hoher Spezialisierung und Routine als Ergebnis ineffizienter Ressourcenbeschaffung und -allokation und sind dann »überflüssige Bestandteile«[31], welche die Wettbewerbsfähigkeit senken. Weitere Gefahren von »slacks« liegen in mangelnder Effizienz sowie möglichem Missbrauch, z. B. durch »Trittbrettfahrer« (»free-rider«).

5. Demotivationsberücksichtigende Personalauswahl, -pflege und -förderung

V. Prävention gegen Demotivation

Erste personalpolitische Schritte zur Vorbeugung **potenzieller Beziehungsbarrieren** liegen bei der Personalauswahl und -entwicklung. Mitarbeiter sind zu finden oder zu fördern, die von ihren Persönlichkeitseigenschaften und ihrem Sozialverhalten eventuell auftretende Demotivationsprobleme bewältigen oder sich an deren Abbau beteiligen können.[32] **Personalauswahl** sollte dabei auf der Basis von Schlüsselqualifikationen bzw. Persönlichkeitskompetenzen durchgeführt werden. Da bestimmte Charaktermerkmale die Entstehung von Demotivation begünstigen, sind neben fachlichen auch vermehrt persönlichkeitsspezifische Aspekte zu berücksichtigen, insbesondere sozialkompetente und selbstmotivierende Fähigkeiten. Sind Organisationen besonderen Belastungen durch externe Einflüsse und Wandel ausgesetzt, brauchen sie – besonders bei Führungskräften – »Münchhausen-Typen«, die sich auch selbst »aus dem Sumpf ziehen« wollen und können.

Ein weiterer Ansatz liegt in der **Prozessorganisation und -gewinnung**. Mangelhafte Arbeitsplatzbeschreibungen oder unklar formulierte Aufgaben können Mitarbeiter schon in der Probezeit stark verunsichern. Deshalb sollte eine informative Darstellung der Unternehmens- und Arbeitssituation bereits bei der Stellenausschreibung, im Assessment Center oder in Bewerbungs- bzw. Einstellungsgesprächen, spätestens bei der Einführung erfolgen.[33] Weiterhin können mit gezielten Informationen im Rahmen spezieller Einführungsprogramme, durch Vorgesetzte als Coaches oder »Paten« bzw. Mentoren *(vgl. Kapitel VI., 4.4 Coaching und Kapitel VI., 4.8 Mentoring)* viele betriebliche Gegebenheiten einsichtig gemacht und unrealistische Erwartungen korrigiert werden. Auch sind Austausch- und Lernprozesse zwischen den Generationen förderlich, z. B. durch entsprechende Teamzusammensetzung.

Personalbeurteilung kann auch unternehmensweit, zielgruppenbezogen oder individuell vorhandene Potenziale von Mitarbeitern ermitteln, die zu konstruktivem Demotivationsumgang fähig sind. Damit werden Entscheidungskriterien für die Personalplanung (z. B. Stellenbesetzung, Nachfolgewahl, Karriereplanung, Versetzung) sowie für spezifische Anreiz- und Förderkonzepte (z. B. Beförderungen, Gehaltsbestimmung) und Weiterbildungsprogramme bereitgestellt. Auf den Zusammenhang von Personalentwicklung und Demotivation wird noch vertiefend eingegangen *(vgl. Kapitel VI., 4)*.

Gestaltungspraxis

Präventiv kann Demotivation auch durch sog. **Personalpflege** entgegengewirkt werden. Nach Bandura betrifft Prävention besonders soziale Bedingungen, die Entstehung von Krankheiten verhindern und/oder ihre Bewältigung erleichtern.[34] Hier geht es um die Identifikation und den Wirksamkeitsnachweis persönlicher, sozialer und institutionalisierter Ressourcen, Hilfen und Schutzfaktoren.[35]

Die Pflege des Personals bezieht sich auf das »Halten« (»Retention«) und die soziale Unterstützung von (demotivierten) Mitarbeitern als Pendant zur Förderung und Entwicklung. Sie versucht das Verhältnis von Anforderungen und Belastungen bzw. Ressourcen und Beanspruchungen zwischen Organisation und Mitarbeiter in ein ausgewogenes Gleichgewicht zu bringen *(vgl. Kapitel III., 4.1 Der Anreiz-Beitrags-Ansatz)*.

Personalpflege umfasst dabei folgende **Verhaltensaspekte:**[36]

– Kommunikationsverhalten
– Risiko- und Sicherheitsverhalten
– Gesundheitsverhalten
– Beanspruchungsverhalten
– Fürsorgeverhalten
– Unterstützungsverhalten
– Bewältigungsverhalten.

Hierfür sind arbeitsorganisatorische Maßnahmen anzuwenden, die gesundheits- und persönlichkeitsförderliche Verhaltensweisen begünstigen.[37] Es sind dabei insbesondere Verhaltensveränderungen zu unterstützen, die **präventives Selbstmanagement** fördern. Betriebliche Gesundheitsprävention[38] sollte dazu auch emotionale Erlebnismöglichkeiten für Arbeitshandlungen bereitstellen.[39] Für eine Prophylaxe der Gefährdung physischer und psychischer Gesundheit sind auch Einrichtungen zum **Betriebssport** und **Arbeitsschutz**[40] förderlich.

Soziale Unterstützung am Arbeitsplatz meint, inwieweit eine Person in der

Arbeit Interesse, Freundlichkeit und Hilfe bei Arbeitskollegen bzw. sozialen Netzwerken und bei Vorgesetzten findet.[41] Sie vermittelt auch Vorbeugemaßnahmen bei Befindungsstörungen.[42] Bei sozialer Unterstützung können negative Wirkungen von demotivierenden Belastungen »abgefedert«[43] und die Remotivationsbereitschaft erhöht werden.

6. Führungsspezifische Prävention von Demotivation

Führungsbeziehungen – insbesondere zur direkten Führungskraft – wurden in unseren Umfragen als **zweitwichtigster potenzieller Demotivator** rangiert. Als **aktuelle** Motivationsbarrieren wurden sie dagegen deutlich **tiefer bewertet**. Ein Erklärungsansatz für diese Differenz lautet: Hier achten alle Beteiligten darauf, Belastungen und Konflikte bewusst und möglichst schon antizipativ zu vermeiden oder zu mindern. Für alle Beteiligten ist offensichtlich, dass sie sich in tendenziell »unendlichen Spielen«[44] befinden, in denen Win-Win-Strategien nicht nur in Simulationen die erfolgreichsten sind. Die Betroffenen versuchen dann, achtsam mit Führungsbeziehungen umzugehen, weil Störungen eben hohe Transaktions- bzw. Remotivationskosten auslösen.

Dies zeigt wieder die – leider meist ausgeblendete – Bedeutung einer **präventiven Motivationspolitik** sowie einer Entwicklung und eines Einsatzes von unterstützenden Führungsinstrumente (z. B. Potenzial- und Verhaltensbeurteilungen, Führungsgrundsätzen, Mitarbeiterumfragen und -gespräche, Führungstraining oder Team und Organisationsentwicklung).

Hier werden auch Überlegungen zu einem »**Unterlassungsmanagement**« relevant. Damit sind Formen bewussten »Nichtstörens« von Mitarbeitern durch Führungskräften gemeint, i. S. einer Kultur »vorsätzlichen Heraushaltens«. Anstelle eines übertriebenen oder blinden Aktivismus (Vorgesetzte als »Macher«) kann oft ein »Lassen« von Interventionen sinnvoller sein, um Demotivation vorzubeugen.[45] Damit sind auch das Vermeiden von abwertenden oder konfliktfördernden Kommunikations- und Handlungsmustern, das »smoothing« von Konflikten sowie eine Konsenskultur angesprochen.

Dies steht aber oft im Widerspruch zu »Philosophien«, die Management allein mit »aktivieren«, »energetisieren«, »nach vorwärts treiben« verstehen bzw. Strategien, die diese nicht nur etymologisch mit Kriegskunst gleichsetzen. Symptomatisch dafür war die Antrittsrede des neuen Mitglieds der Geschäftsleitung eines schweizerischen Chemiekonzerns, die in folgender

Maxime für seine Marketingstrategie zu Wettbewerbern gipfelte: »Kill them all – no victims«.

Da in unseren empirischen Analysen die »Beziehung zum höheren Management« sowie »zu Kollegen« (v.a. aus anderen Organisationseinheiten) ebenfalls als potenziell problematische Demotivatoren rangiert wurden, wird die Bedeutung einer präventiven positiven Beziehungsgestaltung noch wesentlich verstärkt. Dabei sollte man allerdings nicht vergessen, dass diese Management- und Kollegenbeziehungen auch gerne als Projektionsflächen für eigene Schwächen (»die da oben«, »die anderen«) eingesetzt werden und damit einen wesentlichen Einfluss auf das altbekannte »Balken-Splitter-Syndrom« haben.

Gestaltungspraxis

Ziel führungsspezifischer Prävention ist es, einen vorbeugenden, pro-aktiven und konstruktiven Umgang der Organisationsmitglieder mit Demotivation nachhaltig zu schaffen oder zu verbessern. Prävention erfordert dazu vom Vorgesetzten zunächst eine »**Impresariorolle**«,[46] mit der er v. a. für eine **fördernde Infrastrukturgestaltung**, bei Mitarbeiterauswahl und -einsatz sowie für Coaching und Koordination zuständig ist. Dies verlangt von Führungskräften, schon auf schwache Signale zu achten. Dabei sind aufmerksames Wahrnehmen, Reflektieren, Kommunizieren und Evaluieren besonders wichtig (z. B. konstruktive Interpretation bei unvermeidlichen Sonderbelastungen). So sollten Vorgesetzte mit Mitarbeitern über Erhöhung der Stresstoleranz oder Möglichkeiten selbstmotivierender Maßnahmen frühzeitig diskutieren. Dies ist besonders bei Versetzungen oder Beförderungen relevant. Bei der Einführung neuer Mitarbeiter sind auch die Kollegen durch Führung zu sensibilisieren. Präventive Führung hilft »Demotivationsroutinen« und Verhinderungsschleifen[47] aufzudecken, sie diskussionsfähig zu machen und Überwindungsmöglichkeiten zu vermitteln. Nach Schein[48] sollen dazu auch verdrängte, unbewusste Teile der Unternehmenskultur sichtbar und reflexionsfähig gemacht werden.

Zunehmend wichtig in der Prävention durch Führungskräfte ist ihre »**Networker-Rolle**«.[49] Mit ihr werden kooperative Beziehungsnetze und Vertrauen sowie demotivationspräventive Kooperation zwischen Netzwerkpartnern gefördert *(vgl. Kapitel VI., 3.1 Organisationale Steuerungskonfigurationen und Führungsorganisation).*

Eine gruppenbezogene Unterstützung durch präventive Führung will erreichen, dass möglichst viele Mitarbeiter ihre zwischenmenschlichen und arbeitsbezogenen Beziehungen als förderlich für ihr Selbstwertgefühl und ihre Selbstverwirklichung beurteilen.[50]

Wie Attributionstheorien gezeigt haben *(vgl. Kapitel III., 4.4)*, ist eine **kon-**

struktive Interpretation wirklichkeitsschaffend. Je mehr Vorgesetzte von ihren Mitarbeitern als **unterstützend** wahrgenommen werden, desto weniger wird Demotivation auftreten und sich verbreiten. Diese Unterstützung zeigt den Mitarbeitern, dass sie von ihren Vorgesetzten auch als Person geschätzt werden.

Eine präventive und unterstützende Führung vermeidet dabei folgende **Fehler**:[51]

- Ratgeben ohne zu verstehen
- Neubestimmung der Beziehung ohne Einstellungswandel
- die Meinung, Vision und Vorbild würden genügen
- fehlende Übereinstimmung von Werten mit der Gestaltung von Arbeitsprozessen bzw. -strukturen

Demotivation kann auch durch **Anerkennung** vorgebeugt werden. Denn sie:[52]

- vermittelt Gefühle, wertvolle Beiträge zu leisten
- bestätigt sinnvolle Arbeitsinhalte
- beteiligt Mitarbeiter vertrauensvoll und partnerschaftlich an Entscheidungsprozessen
- vermittelt »ownership« mit Arbeit und Arbeitsumgebung
- unterstützt wechselseitigen Respekt
- gibt spezifische Rückmeldungen über die Leistungen des Einzelnen, der Abteilung oder der Organisation
- feiert gute Leistungen und Erfolge
- honoriert Wachstums- und Lernprozesse
- ermutigt zu neuen Ideen und Initiativen

Auf weitere Möglichkeiten der Führung zum Demotivationsabbau und Remotivierung wird noch vertiefend eingegangen (*vgl. Kapitel VI., Strukturell-systemische Führung zum Demotivationsabbau und Remotivation und Kapitel VII. Interaktiv-direkte Führungsbeziehungen und Demotivationsabbau bzw. Remotivierung*).

Nachfolgende Abbildung zeigt nochmals Maßnahmen zur Demotivationsprävention im Überblick.

Gestaltungspraxis

Maßnahmen zur Prävention von Demotivation				
kulturelle	strategische	organisationale	personalpolitische	führungsspezifische
Formen der Sinnvermittlung und Gestaltung der Organisationskultur	Frühwarnsysteme und Erkennung, durch z. B. Beachtung schwacher Signale und Indikatoren sowie Einsatz-, Zukunfts- und Simulationsszenarien	Erhöhung der Flexibilität, Stabilisierung, und Ausgleichsmöglichkeiten durch Umsteuerungspotenziale bzw. Ressourcenüberschüsse (»slacks«)	demotivationsberücksichtigende Personalauswahl, -pflege und -förderung sowie soziale Unterstützung	Führungskraft als »Impresario« und »Networker« sowie unterstützende Führung und sensitives »Unterlassungsmanagement«

Abb. 52: Maßnahmen zur Prävention von Demotivation

In den nächsten Kapiteln werden verschiedene Maßnahmen zum Demotivationsabbau und zur Remotivation beschrieben. Diese stellen oft auch eine »**implizite Prävention**« von Demotivation dar.

VI. Strukturell-systemische Führung zu Demotivationsabbau und Remotivation

Wie im Gestaltungsrahmen bereits dargestellt[53], kann zwischen indirekter, strukturell-systemischer Kontextsteuerung und einer direkt-interaktiven Führungspraxis unterschieden werden.[54] Hier wird zunächst die Strukturführung diskutiert. Sie ist durch situationsangepasste Maßnahmen der interaktiven Führung zu ergänzen.

Führung zur Demotivationsüberwindung und Remotivierung

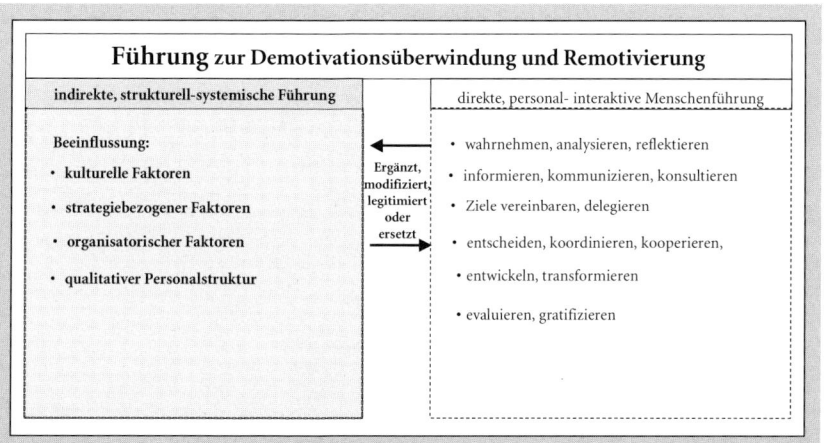

indirekte, strukturell-systemische Führung		direkte, personal- interaktive Menschenführung
Beeinflussung: • kulturelle Faktoren • strategiebezogener Faktoren • organisatorischer Faktoren • qualitativer Personalstruktur	Ergänzt, modifiziert, legitimiert oder ersetzt	• wahrnehmen, analysieren, reflektieren • informieren, kommunizieren, konsultieren • Ziele vereinbaren, delegieren • entscheiden, koordinieren, kooperieren, • entwickeln, transformieren • evaluieren, gratifizieren

Abb. 53: Strukturelle und interaktive Führung zum Demotivationsabbau und Remotivation

Definitionen:
»**Führung**« kann verstanden werden als ziel- und ergebnisorientierte, wechselseitige und soziale Beeinflussung zur Erfüllung gemeinsamer Aufgaben in und mit einer strukturierten Arbeitssituation.[55]
Strukturell-systemische Führung versucht, über normative, strategische und taktische Kontextgestaltung (Ordnungsrahmen), Handlungsspielräume zu fördern bzw. abzustecken sowie Aktivitäten zu ermutigen bzw. kanalisieren, um ein optimales, effizienzförderndes Umfeld und damit eine (re-)motivierende Arbeitssituation zu schaffen.[56]

Nachdem Möglichkeiten zur Vorbeugung von Demotivation angesprochen wurden, werden nun eher »therapeutische« Maßnahmen zu ihrer Reduktion und Förderung von Remotivation dargestellt. Dazu gehört zunächst die strukturell-systemische Steuerung durch Führung. Gelingt sie, dann vermeidet sie auch präventiv unerwünschte Frustrationen.

- **Ziel**

Führung aktiviert und gestaltet als dynamischer, wechselseitiger und dazu situativ differenzierter Einflussprozess demotivationsabbauende und remotivierende Entscheidungs-, Arbeits- und Beziehungsprozesse. Damit trägt sie dazu bei, die durch Demotivation eingeschränkten Wertschöpfungsprozesse bzw. Leistungspotenziale ziel- und ergebnisorientiert auszurichten.

- **Strukturelle Ansätze zur Überwindung von Demotivationsproblemen**

Gestaltungspraxis

Eine entwicklungsfähige Organisation verändert ihre Strukturen so, dass auch Chancen zu erfolgreichem Demotivationsabbau und zur Remotivation erhöht werden.[57] Bereits eine Korrektur von Demotivationsfaktoren reduziert Auslöser und »Verstärker« von Demotivation. Dies kann aber auch zu einer Verschiebung in andere Bereiche führen, ohne die zugrundeliegenden Ursachen aufzuheben. Tiefer greift eine Veränderung der Bedingungen, die Demotivation begünstigen (z. B. Abbau von demotivierenden Prozessen oder Schaffung von entlastenden Arbeits- und Organisationsbedingungen[58]).

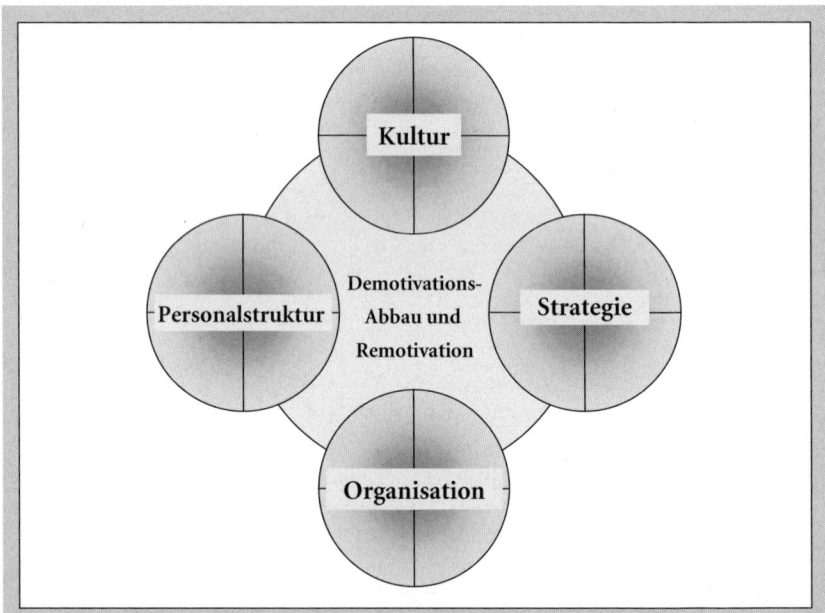

Abb. 54: Dimensionen strukturell-systemischer Kontextgestaltung zum Demotivationsabbau und Remotivation

Strukturelle Maßnahmen wollen über Veränderung der Erwartungsmuster[59] und Rahmenbedingungen Demotivationsprobleme grundlegend angehen und eine »Flickschuster-Mentalität« vermeiden, die bei einer kurzfristigen, punktuellen oder oberflächlichen Symptombehandlung bleibt.

Ansatzpunkte liegen in der Gestaltung der **Kultur**, der **Organisation**, der **Strategie** sowie **qualitativen Personalstruktur** (vgl. Abb. 54), die durch zielgruppenspezifische und interaktive Maßnahmen zu ergänzen sind.

Da die »Kultur« als Wertbasis wesentlichen Einfluss auf die drei übrigen Dimensionen der Kontextgestaltung nimmt, wird sie an den Anfang gestellt. Die Kulturgestaltung ist dabei mit gezielten Ansätzen in den Bereichen »Organisation« und »Strategie« sowie einer Transformation der »qualitativen Personalstruktur« zu koordinieren.

1. Kulturgestaltung zu Demotivationsabbau und Remotivation

VI. Strukturell-systemische Führung zum Demotivationsabbau und Remotivation

- **Definition:**

Unternehmenskultur umfasst die Gesamtheit der in einem Unternehmen tradierten, wandelbaren, zeitspezifischen, auch über Symbole und Artefakte erfahrbaren Wertvorstellungen, Denkhaltungen und Normen, die das Denken und Verhalten von Mitarbeitern aller Stufen sowie das Erscheinungsbild des Unternehmens prägen.[60]

Die gemeinsam geteilten Werte und Orientierungen vermindern Unsicherheiten bzw. vermitteln Sicherheit und Vertrauen.[61] Als gültige Denk- und Bewertungsmuster manifestieren sie sich in vielen individuellen und organisationalen Entscheidungen und Handlungen. Sie beeinflussen grundlegend die interne Zusammenarbeit, die Leistungen sowie die Gestaltung und Entwicklung der Organisation, Strategie und Personalstruktur.[62]

In unserer Befragung wurde »**Organisationskultur**« als **drittwichtigste potenzielle und als zweitstärkste aktuelle Motivationsbarriere** bestimmt. Besonders die Inkongruenz von Reden und Tun (»walking the talk«) führt zu einer Misstrauenskultur. Verbunden mit fehlender Konfliktlösungskultur, bewirken diese Barrieren hohe Eigendynamik. Andererseits stellt die Organisations- und Unternehmenskultur eine wichtige Gestaltungsgrundlage für die Demotivationsüberwindung und Remotivation dar. Denn als überindividuelles, **kollektives Sinn-, Wissens- und Erkenntnissystem** stellt eine Unternehmenskultur auch handlungsleitende Interpretationsangebote zur Remotivation zur Verfügung. Eine »starke« remotivierende Unternehmenskultur, die durch eine Verinnerlichung kulturbestimmender Werte die

Handlungsweisen der Mitarbeiter beeinflussten, kann auch »Substitut personaler Führung« werden.[63] Die konkrete Kulturgestaltung hängt dabei von den Inhalten, also demotivationsrelevanten Werten, von der Einschätzung über Beeinflussbarkeit sowie vom vorherrschenden Organisations- und Führungsverständnis ab.[64]

Gestaltungspraxis

Demotivationsabbauende sowie **remotivierende Kulturgestaltung** versucht, Wertorientierungen, Einstellungen und Verhaltensweisen in der Organisation so auszurichten, dass Motivationsbarrieren reduziert und eigenverantwortliche Remotivationsinitiativen (z. B. Verbesserungsvorschläge) unterstützt werden. Relevante Aspekte sind insbesondere Förderung von Eigeninitiative, freiwilligem Engagement, Handlungs- und Umsetzungsorientierung sowie Unterstützung persönlicher Ziele und eines prosozialen Verhaltens. Die Orientierung an Leitwerten bzw. einer Vision zur Bestimmung einer Soll-Kultur sind Diagnosen des Ist-Zustands der Demotivation und Remotivationsbedarfs vorzuschalten *(vgl. Abschitt 2.1 Phasenzyklische Abbaustrategie)*. Die Verankerung der relevanten Werte in Unternehmens- und Führungsgrundsätzen und eine kulturbewusste Führung sind dann wichtige Folgeschritte.[65] Dazu werden nun Grundsätze und Formen vorgestellt; anschließend werden Grenzen einer kulturellen Steuerung diskutiert und zum Schluss grundlegende Möglichkeiten einer (Re-)Identifikationspolitik und Wiedergewinnung des Commitments beschrieben.

1.1 Verankerung und Umsetzung (re-)motivationsrelevanter Werte in Unternehmens- und Führungsgrundsätzen

Als Teil der politischen Führung treffen Unternehmens- und Führungsgrundsätze Aussagen über Unternehmens-, Führungs- und Kooperationsprinzipien und informieren über gewünschte Denk- und Verhaltensweisen. Mit diesen Grundsätzen kann ein organisations- und mitgliedergerechtes Sozial- und Leistungsverhalten normativ vermittelt werden, welches auch Aspekte der Demotivation und Remotivation direkt oder indirekt integriert.

- **Explizite und implizite Unternehmens- und Führungsgrundsätze**[66]

Über interaktive Führung kommen Führungsgrundsätze schon in unausgesprochenen, nicht formalisierten und häufig individualisierten Erwartungen zur Wirkung. Andererseits sind Führungsprinzipien der Vorgesetzten und Mitarbeitern von deren individuellen Werthaltungen, Motiven, Erfahrungen und Fähigkeiten beeinflusst. Sie können z. B. in Mitarbeitergesprächen sowie durch Vorgesetztenbeurteilungen transparenter werden. Neben diesen mehr individuellen, interaktiven und situativen Formen, sollten Führungsgrundsätze auch als generalisierte, unternehmensbezogen verpflichtende Regelungen nachvollziehbar formuliert werden.[67]

Zwischen gefordertem bzw. gewolltem Handeln (z. B. zu remotivieren) und dem realen Verhalten (z. B. demotivierend wirksam zu sein) zeigen sich oft große **Abweichungen**. Alle Versuche, schon aus Dokumentenanalysen von Führungsgrundsätzen auf eine reale Führungspraxis in Organisationen schließen zu wollen, bleiben daher unzureichend. Andererseits liefern Abweichungsanalysen zwischen erwünschtem und tatsächlichem Führungsverhalten konkrete Informationen über Frustrationen und Demotivation der Beteiligten und geben Anstöße zu Änderungen (z. B. verstärkte Remotivation).

- **Demotivationsrelevante Funktionen von Führungs-, Kooperations- und Unternehmensgrundsätzen**

Neben Imageaufbau sowie Informations- und Orientierungshilfen eröffnen Grundsätze auch remotivierende Möglichkeiten im Rahmen einer strukturellen Steuerung. Sie können auf die Valenz (Bedeutung von Zielen, Erwartungen, Haltungen) und v. a. auf die Instrumentalitäten (positive oder negative Anreize und Ressourcen) einwirken *(vgl. Kapitel III., 4 Prozesstheorien der Motivation und ihre Bedeutung für Demotivation und Remotivation)*. Durch überzeugend formulierte Grundsätze werden Werte und Ziele für die Mitarbeiter durchsichtiger und erwünschte remotivierende Einstellungen und Verhaltensweisen verstärkt (z. B. (Re-)Identifikation mit Zielen) *(vgl. Kapitel VI., 1.5 (Re-)Identifikation und Wiedergewinnung des Commitments)*. Durch die Aufnahme neuer »demotivationssensibler« Werte lassen sich zudem Zeichen setzen und Richtungsänderungen anzeigen.

Trotz ihres Appellcharakters werden Führungsgrundsätze erst durch **Umsetzung** in »wahrnehmbares Verhalten« handlungswirksam. Da bloße Proklamation oder äußere Einstellungsänderungen nicht genügen, oder sogar demotivationsverstärkend sein können – wie die demotivierende Diskrepanz von Reden und Handeln zeigte – müssen **konkrete Veränderungen** der Erwartungen und Handlungen erfolgen. Ohne instrumentelle Unterstützung oder Anreiz- und Sanktionscharakter zeigen Führungsgrundsätze oft nur wenig Verhaltenswirksamkeit. Deshalb muss mit der Formulierung der Führungsgrundsätze auch die Leistungsbeurteilung abgestimmt werden. Soweit jährliche Beratungs- und Förderungsgespräche vorgesehen sind, sollten die Leitsätze als »Checklisten« für die Beurteilung des Führungs- und Kooperationsverhaltens bzw. der Remotivationsorientierung dienen. So kann demotivierendes Verhalten, das formulierten Grundsätzen widerspricht, erkannt und diskutiert werden. Schließlich dienen Grund-

VI. Strukturell-systemische Führung zum Demotivationsabbau und Remotivation

sätze auch der Entwicklung und Anwendung von **Führungs- und Kooperationsanalysen,** um zwischen erwünschten Verhaltensnormen und ihrem Realisierungsgrad vergleichen zu können.

Führungs- und Kooperationsgrundsätze haben **demotivationsrelevante Funktionen.**[68] Sie:

- unterstützen – bei Berücksichtigung zentraler potenzieller und aktueller Barrieren – die Verwirklichung von demotivationspräventiven bzw. remotivierenden Grundwerten (z. B. Gerechtigkeit, wechselseitige Unterstützung)
- stellen sicher, dass jeder eindeutig weiß, wie er sich demotivationsvermeidend bzw. remotivierend verhalten soll
- lassen eigenes und fremdes Demotivations- und Remotivationsverhalten besser beurteilen
- erleichtern direkte Kommunikation zwischen Vorgesetzten und Mitarbeitern durch Orientierungshilfen zur Gestaltung demotivierender Beziehungen oder für gemeinsame Remotivationsprozesse
- verbessern die Handhabung von Demotivationskonflikten[69]
- können demotivierte oder demotivierende Mitarbeiter und Führungskräfte gezielt auf gewünschtes Remotivationsverhalten hin entwickeln

Realisierungsprobleme zeigen sich bei:

- unzureichender Einbeziehung der Mitarbeiter bei Entwicklung, Formulierung und insbesondere Implementierung
- mangelnder Synchronisation der einzelnen Grundsätze und Integration mit anderen Maßnahmen zur Demotivationsüberwindung und Remotivation
- zu großen Hoffnungen auf bürokratische Verfahren bei der Realisierung
- fehlender Orientierung am »Lernzielcharakter« der Grundsätze
- fehlender Ermittlung veränderbarer Defizite
- zu starker Orientierung an der Formulierung statt am Ziel demotivationsvorbeugender bzw. -reduzierender Verhaltenssteuerung
- eingeschränkter Anwendung in konkreten Demotivationssituationen
- Belastung von Führungsgruppen durch hohe Anspruchsorientierungen der Mitarbeiter
- zu kurzem »Atem« der Verantwortlichen und zu kurzfristigen Erwartungen der Mitarbeiter
- zu wenig Hilfen bzw. konkreten Anreize für die Umsetzung
- unsystematischer Evaluation der Massnahmen

Widerstände gegen Führungsgrundsätze sind um so größer, je mehr die Unternehmensleitung sie im Alleingang ohne Partizipation oder Konsultation der Betroffenen verabschiedet und je idealistischer und praxisferner sie formuliert sind. Man kann bei der Implementierung fünf Schritte unterscheiden, die auch anzeigen, wo man gerade steht:

1. »Gesagt ist noch nicht gehört.
2. Gehört ist noch nicht verstanden.
3. Verstanden ist noch nicht einverstanden.
4. Einverstanden ist noch nicht getan.
5. Getan ist noch nicht beibehalten.« (Norbert Wiener)

1.2 Praxis eines kulturbewussten und symbolischen Managements

Werte fungieren dann als Handlungsrichtlinien, wenn sie nicht nur schriftlich fixiert, sondern auch sichtbar »(vor-)gelebt« werden. Bei der Umsetzung der Soll-Kultur ist daher das Vorleben und ein symbolisches Management des direkten Vorgesetzten sowie nachdrückliches Engagement des oberen Managements von erfolgskritischer Bedeutung. **Symbolische Führung** kann als zielgerichtete soziale Einflussnahme verstanden werden, die Symbole einsetzt (z. B.)und/oder die symbolisch gedeutet wird.[70] Sie wirkt indirekt über ein verhaltensbeeinflussendes (Führungs-)Handeln des Vorgesetzten (z. B. Zeitzuwendung, öffentliche Anerkennung von erwünschtem Verhalten). Daneben treten personenunabhängige Einflüsse, etwa Vorschriften, Einstufungen oder Bezahlungssysteme. Symbolische Führung vermittelt Demotivierten neue Sinnangebote und bietet remotivierende Deutungen.

VI. Strukturell-systemische Führung zum Demotivationsabbau und Remotivation

Ein **kulturbewusster, remotivierender Umgang** mit **Artefakten** und **kulturellen Veranstaltungen** umfasst folgende konkrete Möglichkeiten:

- Umgebungsgestaltung (z. B. architektonisches Erscheinungsbild, runde Sitzungstische, Erholungs- oder Pausenräume sowie Kantinen für informelle Gespräche)
- Bereitstellung effizienter Arbeits- und Hilfsmittel (z. B. leistungsstarke Computer- und Informationssysteme)
- ergonomisch angepasste und werthaltige Ausstattung der Arbeitsumgebung
- Freizeiteinrichtungen (z. B. Erholungs- und Sportanlagen oder Kinderbetreuung in Arbeitsplatznähe)
- Mittel zur Identifizierung (z. B. Logo, Visitenkarten, Embleme oder Design) oder Verteilung von Werbemitteln mit Firmenaufdruck (z. B. T-Shirts, Mützen, Anstecknadeln, Aufkleber, Kalender)
- Überprüfung von Statussymbolen und Titelhierarchien (z. B. geänderte Politik in Bezug auf Kleiderordnung oder Büroeinrichtungen)

- Sonderveranstaltungen (z. B. regelmäßige Ausflüge und Abendessen, Konzerte, interne Bildungsveranstaltungen oder Kostenübernahme bei Besuch externer Bildungsmaßnahmen bzw. Kunstausstellungen, Sponsorentum)
- Zuwendung bei besonderen Anlässen (z. B. Bücher, Urkunden, Ehrennadeln, Widmungsfoto, Reisen, Darlehen, Gutscheine)

Neben **Ritualen und Zeremonien** (z. B. feierliche Einführungsveranstaltung für neue Mitarbeiter, Jubiläumsfeiern, Betriebsfeste) können Veröffentlichungen (z. B. Jahresbericht, Bücher zur Firmengeschichte, Jubiläumsschriften, Werkszeitschriften, Handbücher, Firmentelefon usw.) die Kultur des Unternehmens positiv beeinflussen. Das Management kann durch **symbolische Handlungen** die soziale Konstruktion der kulturellen Wirklichkeit der Organisation konstruktiv interpretieren und beeinflussen. Dazu gehören u. a.:[71]

- **Aufmerksamkeitszuwendung:**

Diese Akzentsetzung bemerkt Demotivationsereignisse, kommentiert und unterstützt Remotivationsformen (z. B. Nachfragen und Besprechung von Demotivationsproblemen oder Remotivationsfortschritten im Mitarbeitergespräch).

- **Zeitbudget:**

Die Führungskraft zeigt durch die Zeit, die sie Demotivationsproblemen oder Remotivationsideen zuwendet, wie wichtig ihr diese sind (z. B. Zeitnehmen zum Zuhören für Ursachenermittlung oder Verbesserungsvorschläge).

- **Offene Informationspolitik:**

Mit direkten, umfassenden und zeitnahen Informationen oder »open-door-Regelungen« werden remotivierende Partizipationsmöglichkeiten vermittelt.

- **Symbolische Gesten:**

Schon von kleineren Gesten gehen remotivierende Wirkungen aus (z. B. öffentliche Anerkennung erreichter Leistungen, dezentrale Präsenz durch »Management by walking around«).

- **Reaktionen auf kritische Ereignisse oder in Krisensituationen:**

Ist eine Organisation in besonderer Weise von einer umgreifenden Demotivation betroffen, wird durch engagierte Reaktion der Führungskräfte deren Überwindung unterstützt (z. B. Vorleben mit einem motivierten und remotivierenden Arbeitseinsatz)

Sinnstiftendes und remotivierendes Potenzial eines symbolischen Managements wird erleichtert wenn:[72]

- bei Entwicklungsprozessen und Anwendungen die Erwartungen und Erfahrungen der Betroffenen berücksichtigt und diese nicht als fremdbestimmte Objekte eines »Wertedrills« missbraucht werden. Das erfordert reale Erlebnisse der Einbindung und Ermächtigung sowie (Remotivations-)Prozesse.
- die praktizierten Handlungen mit dem Sinngehalt der vorherrschenden Werte und Normen der Organisation konsistent sind. Organisationale Systeme, Führungsprinzipien und Anreizsysteme müssen dabei zur gewünschten Unternehmenskultur passen.
- Wenn kulturelle Entwicklungsprozesse im Rahmen eines symbolischen Managements eingeleitet und die für eine Entfaltung ihrer Potenziale notwendigen Voraussetzungen geschaffen sind, dürfen sie weder dogmatisch festgeschrieben noch überkontrolliert werden. Um ihrem »kulturellen« Eigensinn gerecht zu werden, sind sie sowohl in ihrer Durchführung wie auch in ihren Ergebnissen genügend offen zu gestalten; sie brauchen Zeit, um sich von innen her zu entwickeln und ihr Potenzial entfalten zu können.

Symbolische Handlungen sind allerdings immer interpretationsbedürftig und können von Mitarbeitern mit unterschiedlichen Inhalten und Deutungen belegt werden. Es besteht zudem die Gefahr, dass ein Management, das Symbole zu gezielt einsetzt (z. B. um Ziele zu legitimieren oder Wege zur Remotivierung vorzugeben) die auch kritische Reflexion einschränkt.[73]

VI.
Strukturell-systemische Führung zum Demotivationsabbau und Remotivation

1.3 Unterschiedliche Ansätze zur Kulturgestaltung von Organisationen

Es gibt verschiedene Strategien zur Veränderung der Unternehmenskultur, jedoch kein festes »Veränderungswissen«.[74] Neuberger und Kompa[75] verweisen auf vier Auffassungen, die nun mit Bezug auf die Demotivation bzw. Remotivation diskutiert werden.

- **»Macheransatz«**

Hier wird eine geplante, sozialtechnische Steuerung der Kultur von oben nach unten (»top-down«-Prozess) vorgenommen. Dies erfordert eine umfassende und treffende Bestandsaufnahme der Demotivation und geeignete Mittel für fremdgesteuerte Remotivierung. Die Umsetzung hängt aber schon von der Akzeptanz und Durchsetzungsmacht des Managements ab und setzt Überzeugungsarbeit voraus. Zu klären ist, ob die Umsetzung der Remotivationsstrategien über alle Hierarchieebenen gesichert werden kann bzw. wieweit »Streuverluste« von Ebene zu Ebene die Maßnahmen versickern lassen.

Gestaltungspraxis

- **»Krisenansatz«**

Er findet in akuten (Krisen-)Situationen oder extremer Demotivation seine Anwendung (z. B. nach Übernahme). Mit ihm kommt es zu »revolutionären« Einschnitten (»Bombenwurf«) in die Strukturen und das Handeln, um den Bestand der Unternehmung zu sichern. Führungskräfte müssen dazu über ein »inneres Radar« für das richtige »Timing« verfügen und die Entwicklungen laufend überwachen. Auch verlangt dieser Ansatz eine Beherrschung der Mikropolitik.[76] Maßgeblich für die Wirkung des Krisenansatzes ist die Einsicht der Betroffenen für die Notwendigkeit von solchen »Hau-Ruck«-Verfahren. Dieser Ansatz wird heute im globalen Wettbewerb in der Regel bevorzugt. Die Folgen (»Fusionenleiden«) werden meist erst sichtbar, wenn die Berater, Rechtsanwälte und Wirtschaftsprüfer das Haus verlassen haben.

- **»Autonomieansatz«**

Dieser Ansatz verzichtet weitgehend oder zunächst auf eine stärkere hierarchische Steuerung und gewährt größere Freiräume, um aus unterschiedlichen Subkulturen eigene Vorschläge zur Demotivationsüberwindung und Remotivation bilden zu lassen. Im Gegensatz zum »top-down-Macher-Ansatz« verläuft dieser »bottom-up«. Als dezentralistischer Ansatz ermöglicht er den Betroffenen die Chance, Demotivationen vorwiegend selbstgestaltet zu überwinden. Dazu müssen ihnen relevante Informationen, Zeit und Gelegenheit für Diskussionen und experimentelle Projekte gegeben werden. Auch benötigen sie zur Umsetzung entsprechende (Selbstorganisations-) Kompetenzen und Ermächtigungen. Der Spielraum der Autonomie wird dabei begrenzt durch die notwendige Kopplung von Menschen, Ressourcen und Zielen. Und die Betroffenen müssen zu Veränderungen bereit und fähig sein, sonst besteht die Gefahr eines »laissez-faire«. Er kann auch als Kombination mit einem top-down-Verfahren realisiert werden.

- **»Gärtneransatz«**

Er stellt eine behutsame, selektive und mittel- bis langfristige Variante dar. Dabei wird unterstellt, dass der kulturelle Kern der Persönlichkeit sowie der Organisation eine gewisse Trägheit besitzt und Entwicklungszeit benötigt (wie z. B. das Kultivieren von Pflanzen). Durch ein lernfreundliches Klima werden zu vermeidende oder bevorzugte Wachstumsrichtungen beeinflusst. Metaphorisch gesprochen wird »Demotivationsunkraut« gejätet und »Pflanzen zur Remotivation« gepflegt. Dieser Ansatz bietet sich in ausgewählten betroffenen Teilbereichen mit einer gewachsenen Kultur an. Es eignen sich dafür besonders auch Klein- und Mittelunternehmen bzw. Familienunternehmen mit stabilen Wertemustern sowie sozialer Anpassungsfähigkeit. Für die Verwirklichung sind diagnostische Wahrnehmungs- und Coachingfähigkeiten besonders gefragt. In Zeiten schnellsten Wandels, von »Nacht-und-Nebel«-Fusionen bzw. Übernahmen hat dieser Ansatz wenig Realisierungschancen.

1.4 Grenzen kultureller Steuerung und Bedeutung der Kooperationskultur

Bei der sog. »Kultur« handelt es sich um einen »weichen« und zugleich tief verwurzelten Bereich struktureller Einflussnahme, der nur schwer oder begrenzt wandelbar ist.[77] So lassen sich Werte nur teilweise und allenfalls mittelfristig verändern.[78] Sie sind nicht als etwas beliebig Verfügbares, sondern als Ordnungskonzepte über längeren Zeitraum entstanden und durch spezifische Situationen geprägt. »Kultur« ist daher nicht eine beliebig instrumentalisierbare Gestaltungsvariable für ein funktionalisiertes Sinn-Management.[79] Einer gezielt »verhaltenskanalisierenden« Gestaltung von Kultur bzw. einem mechanistisch-instrumentellen »Kulturmanagement« sind deutliche Grenzen gesetzt.[80] Zudem erfordert ein sozio-technokratischer Ansatz kultureller Steuerung einen hohen Planungs-, Überzeugungs-, Kommunikations- und Kontrollaufwand.

Orientierung und Inhalte einer **kulturbewussten, sinnvermittelnden Führung**[81] folgen nicht der einseitigen Indoktrination erfolgsfördernder Werte und Normen, sondern richten sich auf gemeinsame Sinn- und Remotivationspotenziale aus. Kulturbewusste Unternehmensführung sieht dabei auch demotivierte, aber remotivationsfähige Mitarbeiter als sinnsuchende Wesen.[82] Wie schon bei Präventionsmaßnahmen angesprochen, *(vgl. Kapitel V., 1 Formen der Sinnvermittlung zur Demotivationsprävention)* kann »Sinn« aber nicht (vor-)gegeben, sondern muss gemeinsam und individuell gefunden, interpretiert und entwickelt werden.[83]

VI.
Strukturell-systemische Führung zum Demotivationsabbau und Remotivation

Wegen der diskutierten Grenzen einer Kultursteuerung ist eine **kooperativ-kommunikative Kultur** zu fördern. Sie ist nicht nur eine Frage der ethischen Vernunft, sondern entspricht auch funktionalen und wirtschaftlichen Erfordernissen einer nachhaltigen Demotivationsüberwindung und Remotivation.

Eine **kooperative Kultur:**[84]

Gestaltungspraxis

- strebt nach Ausgleich von demotivationsverursachenden Machtverhältnissen und Reduktion von Abhängigkeiten beteiligter Interessengruppen auf der Grundlage von Handlungsspielräumen, Entwicklungsförderung, Toleranz und Offenheit.
- erkennt verschiedene Einzel- und Systeminteressen auf der Basis von Gerechtigkeit, Fairness und Gleichwertigkeit an und strebt konfliktaustragenden Interessensausgleich an.[85]
- folgt bei Verhandlungen und Ausgleichsprozessen einem kooperativen Dialogprinzip, somit einer verantwortungsvollen Beteiligung möglichst vieler Betroffener.
- impliziert Reflexion und Rechenschaft von demotivations- bzw. remotivationsrelevanten Entscheidungen.
- versucht eine sinnstiftende und kooperationsorientierte Arbeitswelt zu fördern.

Solche Gestaltungsziele sollten in Funktions- und Handlungsziele überführt und in Unternehmensstrukturen sowie im konkreten Alltagshandeln auf der Grundlage von gegenseitiger Achtung und Vertrauen umgesetzt werden.[86] Dabei wird nicht »vollkommene Harmonie«, sondern eine kooperative und kommunikative Konfliktbewältigung von Demotivationsproblemen angestrebt. Dabei sind selbstorganisierende und fremdgesteuerte Möglichkeiten der Kulturentwicklung (z. B. über strukturelle Führung oder betriebliche Entgelt-, Anreiz- bzw. Weiterbildungspolitik) zu koordinieren. Schließlich ist auch eine Abstimmung von Maßnahmen der Kulturgestaltung und anderer Strategien mit Organisations- und Personalentwicklung erforderlich. Werteorientierte Kulturgestaltung bildet damit das Fundament bzw. den Rahmen für strategische und operative Demotivationspolitik.[87]

1.5 (Re-)Identifikation und Wiedergewinnung des Commitments

- **Definition**

Wie bereits beschrieben *(vgl. Kapitel II., 2 Grundbegriffe: Identifikation, Motiv, Motivation und Motivierung)*, meint **Identifikation** die freigewählte Verankerung von Werten mit sachlichen Objekten der Arbeitswelt (z. B. Arbeitsplatz und -aufgabe, Leistungsprogramm, Abteilungsziele) oder personellen Beziehungen (z. B. zu Kollegen, Vorgesetzten, Kunden).[88]

- **Bedeutung der Identifikation für Demotivation und Remotivation**

Die Kultur einer Organisation ist wesentlich durch den Grad der Identifikation ihrer Mitglieder bestimmt. Die meisten Mitarbeiter suchen als Lebens- und Berufsperspektiven nach sinnvollen Arbeitsinhalten, -beziehungen und -ergebnissen mit denen sie sich identifizieren können. Je stärker das Streben nach Selbstverwirklichung ausgerichtet und bewertet wird, desto intensiver ist der Wunsch, in Arbeit und Beruf attraktive Werte, Ziele und Beziehungen zu finden, mit denen eine entsprechende Identifikation möglich ist.[89]

Demotivation verweist andererseits auf **Identifikationsprobleme oder -verluste** der Mitarbeiter im Unternehmen. Dies wurde in unseren empirischen Untersuchungen *(vgl. Kapitel IV.,. 3.1 Personale Motivationsbarrieren)* sowie bei den Analysen zur Entfremdung und **inneren Kündigung** deutlich *(vgl. Kapitel III., 8 Entfremdung und innere Kündigung)*.

Als **selbstgewählte Bindung** ist Identifikation eine wesentliche Voraussetzung für eine verstärkte wert- und zielorientierte Selbststeuerung und -remotivation des Mitarbeiters. Bei Demotivierten wird diese sinnvermittelnde Verbindung zu Identifikationsobjekten oder -beziehungen gestört. Demotivation und damit einhergehende Entfremdungserfahrungen bilden »**negative Einbindungsmuster**«, was sich besonders in empfunder Einflussoder Sinnlosigkeit sowie sozialer Distanzierung äußert.[90] Sie basieren auf **Identifikationslücken**, die vom Unternehmen nicht ausgefüllt werden können oder wollen.[91] Deshalb sollte eine (Re-)Identifikationspolitik ermöglichen, dass sich Mitarbeiter wieder stärker mit ihren sachlichen und personellen Bezügen (re-)identifizieren können.

VI. Strukturell-systemische Führung zum Demotivationsabbau und Remotivation

- **(Re-)Identifikationspolitik**

Um Identifikationsverlusten **vorzubeugen**, sollte schon bei der **Auswahl** von neuen Mitarbeitern darauf geachtet werden, inwieweit deren zentrale Identifikationsdispositionen mit den besonderen Erfordernissen der Organisation vereinbar sind. Dies betrifft auch die Abstimmung bevorzugter Identifikationsobjekte aktueller und potenzieller Mitarbeiter mit der strategischen Unternehmensentwicklung. Vorbeugende Maßnahmen sind dazu offene Information über reale Vertragsbedingungen und Arbeitsanforderungen im Personalmarketing, bei Einstellungsverhandlungen sowie in gezielten Einführungsprogrammen für neue Mitarbeiter.[92]

Aktive (Re-)Identifikationspolitik vermittelt auf der Basis zufriedenheits- und arbeitsrelevanter Werte zielorientiert positive Identifikationsmöglichkeiten in einem (Re-)Identifikationsraum. Dieser stellt die von einer Unternehmung bewusst oder unbewusst zur Verfügung gestellten personellen oder sachlichen Identifikationsobjekte dar, mit denen sich demotivierte Mitarbeiter (re-)identifizieren können (z. B. herausfordernde Aufgaben oder Projektteams).

Auf der Grundlage empirischer Forschung[93] kann man folgende **Komponenten und Phasen einer (Re-)Identifikationspolitik differenzieren:**

A) Analyse der Identifikationsbedürfnisse und -muster von demotivierten Mitarbeitern[94]
B) Rechtzeitige Diagnose und Beurteilung von Identifikationsproblemen und des (Re-) Identifikationsbedarfs
C) Strategische Abstimmung des (Re-)Identifikationsbedarfs des Unternehmens
D) Ermittlung der (Re-)Identifikationspotenziale
E) Auswahl (re-)identifikationspolitischer Strategien (i. S. Ziel-Mittelverwendung)
F) Einsatz adäquater Führungsinstrumente zur Unterstützung der (Re-) Identifikationspolitik
G) (Re-)Identifikations-Controlling

A) Analyse der (Re-)Identifikationsbedürfnisse von demotivierten Mitarbeitern

In Mitarbeiterumfragen oder -gesprächen wird meist auf die Erfassung der Identifikation verzichtet, oder man begnügt sich mit allgemein gehaltenen Aussagen zur Identifikation mit dem Unternehmen insgesamt. Diese ist jedoch nur eine Identifikation unter vielen. Für eine fundierte (Re-)Identifikationspolitik sind mindestens folgende **Bereiche** zu ermitteln:

Wertorientierungen als Identifikationsdispositionen (Lebens-, Organisations- oder Arbeitswerte) und ihre Auswirkungen auf die Einstellungen des Mitarbeiters zum Unternehmen durch Berücksichtigung der Erkenntnisse der Werteforschung.[95]

Differenzierte Identifikationsorientierungen (Aufgabe, Abteilung, Leistungsziele, Vorgesetzte, Arbeitsteams, Kunden) für unterschiedliche Zielgruppen. Mitarbeiterbefragungen sollten so konzipiert sein, dass die wichtigsten Ergebnisse zielgruppenspezifisch auswertbar sind. Zentrale Differenzierungsmerkmale sind z. B. Alter, Betriebszugehörigkeit, Hierarchie, Funktion, Abteilung oder Region.[96]

Identifikationskritische Demotivationsbereiche sind besonders zu beachten. Diese betreffen z. B. Aspekte der Arbeitskoordination, der Unternehmens- und Organisationskultur sowie der Führungssituation aber auch Einflüsse auf das persönliche Leben.[97]

B) Rechtzeitige Diagnose und Beurteilung von Identifikationsproblemen und des (Re-)Identifikationsbedarfs

Aktuelle Identifikationsprobleme sind meist nicht direkt sichtbar, sondern müssen erschlossen werden. Auf der Basis Analyse der (Re-)Identifikationsbedürfnisse über aufmerksame Beobachtung oder weitere Erhebungen zu Einstellungen können Defizite und Bedarf ermittelt werden. Ein Analysekonzept dazu zeigt Abbildung 55.

	sehr schwach	schwach	ziemlich schwach	eher schwach als stark	eher stark als schwach	ziemlich stark	stark	sehr stark
1. Wie identifiziere ich mich mit den mir übertragenen *Aufgaben*?	1	2	3	4	5	6	7	8
2. Wie fühle ich mich verbunden mit meinem *direkten Vorgesetzten*?	1	2	3	4	5	6	7	8
3. Wie fühle ich mich verbunden mit arbeitsbezogenen Erfolgen und Problemen meiner *Kollegen*?	1	2	3	4	5	6	7	8
4. Wie fühle ich mich verbunden mit beruflicher *Anerkennung*?/ Wurde mein besonderes *Commitment* gewürdigt?	1	2	3	4	5	6	7	8
5. Wie fühle ich mich grundsätzlich verbunden mit: a) meiner *Organisationseinheit*?	1	2	3	4	5	6	7	8
b) meinem *Unternehmen* insgesamt?	1	2	3	4	5	6	7	8
6. Kann ich mich mit den Entwicklungsmöglichkeiten in meinem *Unternehmen* verbinden?	1	2	3	4	5	6	7	8
7. Wie fühle ich mich aktuell verbunden mit meinem gegenwärtigen *Arbeitsplatz* (Ausstattung, Lage, Arbeitsmittel)?	1	2	3	4	5	6	7	8
8. Wie fühle ich mich aktuell verbunden mit *Leistungsprozessen*?	1	2	3	4	5	6	7	8
9. Wie fühle ich mich gegenwärtig verbunden mit: a) meiner *Organisationseinheit*?	1	2	3	4	5	6	7	8
b) dem *Unternehmen* und dessen aktueller Politik?	1	2	3	4	5	6	7	8
10. Wie fühle ich mich verbunden mit den *Kunden*?	1	2	3	4	5	6	7	8
11. Wie fühle ich mich verbunden mit meiner wichtigsten *außerberuflichen Bezugsgruppe* (z. B. Familien, Freunde)?	1	2	3	4	5	6	7	8

© Prof. Dr. R. Wunderer, Universität St. Gallen

VI. Strukturell-systemische Führung zum Demotivationsabbau und Remotivation

Abb. 55: Fragebogen zur Identifikation[98]

- **Indikatoren**

Als Anzeichen für (Re-)Identifikationsbedarf können die beschriebenen Demotivationsindikatoren verwendet werden (z. B. hohe Absenz- und Fluktuationsraten oder niedrige Arbeitsproduktivität).[99] Dazu treten weitere Indikatoren:

- Demotivationsbedingte Unzufriedenheit mit Arbeit und Führung (z. B. aus Mitarbeiterumfragen)
- begrenzte Loyalität sowie geringes Verantwortungsbewusstsein und Engagement bei Aufgabenerfüllung und Remotivation
- niedrige Kooperations- und Leistungsbereitschaft, auch mit Wirkung auf andere Mitarbeiter

- wenig Vertrauen in Vorgesetzte und geringe Akzeptanz von Führungsentscheiden, die zu einer demotivierenden Misstrauenskultur und Demotivationskonflikten führen

- **Beurteilung von Identifikationsproblemen**

Eigene Fallstudien[100] ergaben folgende **Ursachen für schwache Identifikation:**

Gestaltungspraxis
- Die in Leitbildern propagierte Unternehmenskultur wird nicht gelebt.
- In der Arbeitssituation verstehen sich Mitarbeiter nur als »Rädchen im Getriebe«. Aufgaben werden ohne Herausforderung und Sinn erlebt.
- Der Führungs- und Kooperationsstil des Vorgesetzten ist wenig motivierend, lässt wenig Selbstorganisation zu oder vernachlässigt Teamentwicklung.
- In der Führungssituation fehlen Vorbilder sowie gezielte mitarbeiterorientierte Förderungs- und Einsatzmaßnahmen.
- wenig entwicklungsorientierte Führung.
- Entfremdende (z. B. rein finanz- oder anreizorientierte) Unternehmens- und Personalpolitik.

Demotivationsprobleme durch mangelnde oder niedrige Identifikation führen für das Unternehmen zu Leistungsdefiziten und gefährden damit die strategische Zielerreichung. Für Mitarbeiter bedeuten mangelnde Identifikationsmöglichkeiten eine Störung ihrer individuellen Lebensbalance (Arbeits- und Lebenszufriedenheit) und erhöhen ihre Neigung zur Entfremdung und inneren Kündigung. Daher sind Ursachen von Identifikationsproblemen rechtzeitig wahrzunehmen und besonders aufmerksam anzugehen.

C) **Strategische Abstimmung des (Re-)Identifikationsbedarfs des Unternehmens**

Wichtig ist ein Vergleich des (Re-)Identifikationsbedarfs des Unternehmens mit der tatsächlichen Identifikation seiner Mitarbeiter. Dazu stellen sich folgende **Fragen:**

- Wieviel (Re-)Identifikation braucht das Unternehmen insgesamt? Sehr hohe Identifikation erhöht auch die Gefahr der Enttäuschung sowie die Unflexibilität bei Wandlungsprozessen
- Gibt es demotivationsbetroffene Bereiche oder Objekte (z. B. Kunden) im Unternehmen, wo eine hohe (Re-)Identifikation besonders wichtig wäre?
- Wie können Mitarbeiter sich auch »selbst treu bleiben«?

- Wie können der gewünschte (Re-)Identifikationsraum und dessen Objekte bzw. Beziehungen konkret bestimmt werden?
- Wie kann eine Abstimmung von Soll- und Ist-Identifikation erfolgen?

Solche Fragen fordern eine unternehmensspezifische Standortbestimmung in der (Re-)Identifikationspolitik, die mit folgenden **strategischen Grundkonzepten** abzustimmen ist:

- Unternehmensphilosophie und zentrale Führungsgrundsätze und Leitbilder (einschließlich der Corporate Identity)
- strategisches Produkt- und Dienstleistungskonzept
- abteilungs- und bereichsspezifische Zielstrategien
- strategische Organisationsentwicklung
- strategisches Human-Ressourcenkonzept bzw. Personalentwicklung
- Identifikationsmuster der Mitarbeiter, insbesondere der Leistungsträger

D) Ermittlung der (Re-)Identifikationspotenziale des Unternehmens

Um die (Re-)Identifikation der Mitarbeiter aktiv zu fördern, sind (Re-)Identifikationspotenziale als strategische Schlüsselfaktoren zu ermitteln. Befunde der Identifikationsforschung liefern dazu unternehmens- und branchenübergreifend Benchmarks. So wird die (Re-)Identifikation mit dem Gesamtunternehmen besonders durch folgende Faktoren **gefördert**:[101]

- Mitarbeiter können Beiträge zur Erreichung wichtiger Firmenziele leisten.
- Aufgaben werden als interessant und verantwortungsvoll eingeschätzt.
- Qualifikation, Leistungsmotivation und Zufriedenheit der Mitarbeiter sind erkennbare Ziele ihrer Vorgesetzten – auch im Tagesgeschäft.
- Vorgesetzte bevorzugen einen kooperativ-delegativen Führungsstil[102], der teamorientiert unterstützt und Entscheidungsfreiheiten gewährt.
- Zentrale Firmengrundsätze werden sichtbar gelebt (»walk the talk«).

Zur Bestimmung weiterer operativer Potenziale[103] zur (Re-)Identifikation können auch Ergebnisse von Mitarbeiterbefragungen, Personalbeurteilungen und Mitarbeitergesprächen sowie spezieller Kennziffern (z. B. Absenzen oder Fluktuationen) ausgewertet und für Entscheidungsprozesse aufbereitet werden.[104]

E) Auswahl (re-)identifikationspolitischer Strategien

Nachdem identifikationsspezifische Bedürfnisse, Probleme und Bedarfe untersucht, beurteilt und ermittelt wurden, sind (re-)identifikationspolitische Strategien zu entwickeln und anzuwenden.

VI. Strukturell-systemische Führung zum Demotivationsabbau und Remotivation

- Klassische Strategien sind unternehmensbezogen und wollen Betriebstreue und -loyalität fördern. Die Mitarbeiter sollen sich mit dem Unternehmen als Ganzes identifizieren und ihm treu bleiben können. Dies begrenzt Fluktuation und Absentismus. Allerdings bleiben hier solche Entfremdungen unberücksichtigt, die nicht zu einem Gesamtverlust der Identifikation oder zur Kündigung führen, wohl aber Engagement entscheidend beeinträchtigen. Zudem blenden sie spezifischere sowie individuelle (Re-)Identifikationsmöglichkeiten (z. B. durch Team- und Bereichsentwicklung) aus.

Gestaltungspraxis

(Re-)Identifikationsgrundlagen \ (Re-)identifikationsstrategien	(Re-) Identifikation über: **Internes soziales Netzwerk**	(Re-) Identifikation über: **Internen Markt/ Wettbewerb**	(Re-) Identifikation über: – Vision/ Mission – Hierarchische Führung	(Re-) Identifikation über: **Professionalismus/Bürokratie, Technokratie**
(Re-)Identifikationspotenzial	Gruppenzusammenhalt, Teamerleben »Wir-Gefühl«	Wechselseitige Abhängigkeit und Beziehungsdynamik	Orientierung und Sicherheit durch Führung und Sinnvermittlung über attraktive Zukunftsbilder	Bezug zur professionellen Organisation/ Selbststeuerung/ -entfaltung
Zentraler Wert	Wechselseitigkeit, Solidarität	Gewinn / Kundenzufriedenheit	Engagement über Vision/Mission oder klare Vorgaben und Coaching	»Professionelle Verantwortung« und Aufgaben- und Funktionserfüllung
Zentrale Identifikationsobjekte/ -beziehungen	Kollegen, Projektpartner, Team, Abteilung	Kunden, Produkte, Leistungen, Qualität	Gesamtziele und -aufgaben/ Leistungsprogramm, Vorgesetzte	Fachaufgaben Bereichsziele/ regelgerechte Problemlösungen
Grenzen einer (Re-) Identifikation	mangelnde soziale Einbindung bzw. aktive Netzwerkgestaltung	unzureichende interne Wettbewerbs- sowie Unternehmens-, Team-, Kundenorientierung	unrealistische Visionen/mangelnde Flexibilität und strategische Einbindung, starre Hierarchie	ungenügende Fachqualifikation oder einseitige Expertenkultur

Abb. 56: Steuerungsorientierte (Re-)Identifikationsstrategien

- Unternehmen fördern über verschiedene (Re-)Identifikationsräume die Einbindung. Mitarbeiter können z. B. durch (Re-)Identifikation mit Zielen und Aufgaben, mit ihrer Arbeitsgruppe oder mit Kunden remotiviert und leistungsbereit sein, ohne sich dem gesamten (Groß-)Unternehmen »mit Haut und Haaren« zu verschreiben. Um sich selbst *und* dem Unternehmen verbunden zu bleiben, ist auch ein Gleichgewicht zwischen Arbeit und Leben (»work-life-balance«) zu gewährleisten.[105]

Idealtypisch können steuerungsorientierte **(Re-)Identifikationsstrategien** über Hierarchie und Missionen, aufgabenorientierten Professionalismus oder internen Wettbewerb und sozialen Netzwerken[106] erfolgen. Abbildung 56 zeigt dazu (re-)identifikationspolitische Potenziale, zentrale Werte und Identifikationsobjekte sowie Grenzen.

Es gibt keine allgemeine (Re-)Identifikationsstrategie, die jeder Zielgruppe oder allen Mitarbeitern in jeder Situation gerecht werden kann. Und man muss sich darauf einstellen, dass nicht immer das frühere Identifikationsniveau wieder erreicht werden kann. Für den Abbau von strukturell bedingter Demotivation sind besonders die Strategien Professionalismus sowie Marktorientierung wichtig. Bei durch soziale Prozesse verursachter Demotivation rücken dagegen eher Hierarchie – und v. a. Netzwerkorientierung in den Vordergrund.[107]

F) Einsatz adäquater Führungsinstrumente

Aus einer (Re-)Identifikationsstrategie müssen konkrete Aufgaben insbesondere für das obere Management, die Personalabteilung sowie einzelne Führungskräfte in ihrem direkten Verhältnis zu Mitarbeitern folgen. Fallstudien und Umfragen zeigen, dass besonders folgende Bereiche und Instrumente/Maßnahmen zur Förderung der (Re-)Identifikation genutzt werden können:[108]

Aufgabenfeld	Wichtige Instrumente und Maßnahmen
Arbeits- und Aufgabengestaltung	• interessante, sinn- und verantwortungsvolle Aufgaben vermitteln • Transparenz der Beiträge der Einzelnen für übergeordnete Leistungsziele schaffen • Entscheidungsbeteiligung und Delegation integrieren • Klar formulierte Ziele vereinbaren • Zu Freiräumen in den Arbeitsbeziehungen ermächtigen • Gut abgegrenzte Verantwortungsbereiche organisieren • Selbstachtung und Identität in der Arbeit unterstützen • Physische und psychische Leistungsbedingungen bereitstellen

Gestaltungs-praxis

Aufgabenfeld	Wichtige Instrumente und Maßnahmen
Personal- und Führungskräfte-Entwicklung	• Individuell: eigenständige Lernprozesse, auf Personaleinsatz nach persönlicher Eignung/Neigung sowie zugeschnittene Karrierewege anbieten • in der Arbeitsgruppe: Freiräume und kooperative Selbstkoordination und remotivierende Teamentwicklung verstärken • Management-Development-Programme für Führungsnachwuchs entwickeln
Anreizpolitik	• gerechte Anerkennung besonderer Leistungen (z. B. Remotivationsengagement)
Personal- und Führungspolitik und -grundsätze	• Mitarbeiter als Mitunternehmer sehen, auswählen, fördern, führen • Kunden-, Qualitäts-, Termin- und Ertragsorientierung der Vorgesetzten als Voraussetzung für attraktive individuelle, Gruppen- und Marktleistungsziele • Förderung von Qualifikation und Zufriedenheit der Mitarbeiter • Teambildung
Interne und externe Kommunikation	• Probleme der Demotivation ernst nehmen und Folgen für Identifikation aufzeigen • strategische Informationen und Kommunikation über Demotivationsprozesse verfolgen • Remotivationserfolge kommunizieren • für Transparenz und Abstimmung von Leistungsprozessen sorgen
Unternehmenspolitische Grundsätze	• (Re-)Identifikationspolitik ausdrücklich in Grundsätze aufnehmen • (re-)identifizierende Leitbilder sowie Verantwortung des Unternehmens gegenüber Mitarbeitern dokumentieren und leben • Strategischen Zielsetzungen zur (Re-)Identifikation Priorität vor dem Tagesgeschäft verschaffen

Abb. 57: Instrumente und Maßnahmen der (Re-)Identifikationspolitik[109]

Dabei ist zu beachten, dass die (Re-)Identifikation als weitgehender Selbststeuerungsprozess der Mitarbeiter weder leicht bzw. schnell beeinflussbar, noch beliebig veränderbar ist. Eine Implementationsstrategie muss berücksichtigen, dass (Re-)Identifikationspolitik:

• vorgängig eine individuelle Kommunikation zwischen den Betroffenen untereinander und zur Führungskraft erfordert, wozu sich besonders das Mitarbeitergespräch eignet

- auf langfristigen Angeboten zur Selbststeuerung und -bindung beruht, die durch Coaching, Mentoring des Vorgesetzten sowie Counseling zur Entwicklung der Eigenverantwortlichkeit oder Remotivation von demotivierten Mitarbeitern unterstützt werden können[110]
- prozess- und entwicklungsorientiert vorgehen muss (z. B. beim Aufbau selbstständiger Arbeits- oder Projektgruppen)
- ein situationsgerechtes Entwicklungskonzept verfolgen soll (z. B. Beachtung besonderer Demotivationsphasen, -probleme bzw. Reorganisationsschwierigkeiten)
- wegen unterschiedlicher Mitarbeitergruppen sich auf bestimmte Schwerpunkte fokussieren, zielgruppenspezifisch sowie individuell vorgehen sollte (z. B. eine (Re-)Identifikation von besonders demotivierten Mitarbeitern)

Gezielte Maßnahmen der **Personalentwicklung** können Job-Involvement und Firmenbindung erleichtern. Wobei die Selbstwirksamkeits- und Ergebniserwartungen der Teilnehmer das Ergebnis der (Re-)Identifikationsprozesse mitbestimmen.[111] Ebenso sind die betrieblichen Rahmenbedingungen (z. B. ausreichende Ressourcenbereitstellung oder veränderte Unternehmenspolitik) fördernd zu gestalten.

VI. Strukturell-systemische Führung zum Demotivationsabbau und Remotivation

G) Identifikations-Controlling

Als wichtiger Teilbereich des Personal-Controllings[112] evaluiert es Voraussetzungen, Bedingungen und Folgen der jeweiligen Identifikation bzw. (Re-)Identifikation der Mitarbeiter. Nur quantitativ-messbare Outputgrößen (z. B. Fehlzeitenquote), vermitteln oft zu wenig aussagekräftige Einflussgrößen für eine Bewertung.[113] Wichtiger sind **qualitative Faktoren**, die oft nur indirekt und ausschnittsweise zu erfassen sind. Dazu gehören Informationen zu Zufriedenheitsniveaus sowie Arbeits-, Führungs-, und Kooperationsbeziehungen. Werte bestimmen die grundlegenden Identifikationsdispositionen, d. h. die jeweilige Bereitschaft, sich mit bestimmten Gegebenheiten des Unternehmens zu (re-)identifizieren. Das Identifikations-Controlling muss auch untersuchen, inwieweit die jeweilige Identifikationsbereitschaft im bestehenden Arbeits- und Beziehungskontext realisiert werden kann.

Identifikations-Controlling hat folgende **Funktionen:**

- es entwickelt ein Frühwarnsystem des strategischen Personalmanagements, v. a. über regelmäßige Mitarbeiterbefragungen, Berücksichtigung von Bevölkerungsumfragen der Werteforschung sowie vergleichbare Ergebnisse anderer Unternehmen und spezielle statistische Auswertungen (z. B. Sozialbilanzanalyse)
- es evaluiert identifikationsspezifische Mitarbeitereinstellungen im Zusammenhang mit dem (Re-)Identifikationsraum des Unternehmens

- es ermittelt und bewertet weitere Potenziale für bestimmte (Re-)Identifikationsobjekte (z. B. Sonderprojekte) oder für bestimmte Zielgruppen (z. B. stark Demotivierte)
- es unterstützt die beschriebenen sechs Schritte der (Re-)Identifikationspolitik.

Die Erhebungen des (Re-)Identifikationscontrollings dienen strategischen, personalpolitischen Maßnahmen, wobei sich das unternehmens- oder zielgruppenbezogene Vorgehen immer über direkte Interaktion (v. a. Kommunikationen) zwischen Vorgesetzten und Mitarbeitern vollziehen muss, um als ein individueller Ansatz wirksam zu sein.

Gestaltungspraxis

Integration der (Re-)Identifikationspolitik

Ein integriertes (Re-)Identifikationskonzept berücksichtigt wesentliche Rahmenbedingungen sowie (re-)identifikationspolitische Einflussfaktoren und Ziele. Damit wird der Übergang von klassischen Identifikationskonzepten (Führer-, Betriebsfamilie-, Regel-Orientierung) zu einem Strategie- und Steuerungsmix moderner (Re-)Identifikationsmöglichkeiten (soziale Netzwerke und interner Markt, Hierarchie, Professionalismus) vollzogen. Weiterhin wird (Re-)Identifikation vom gesamten Führungsinstrumentarium beeinflusst, also Aufgabengestaltung, Personalentwicklung, Anreizsysteme, Führungsbeziehungen bis hin zu Führungsgrund- und Unternehmensleitsätzen.[114] Im Kontext des Personalmanagements[115] sollte die (Re-)Identifikationspolitik strategisch orientiert sein, dabei die langfristige Unternehmensentwicklung (z. B. Förderung Teamarbeit) und wichtige gesellschaftliche Entwicklungen auf dem Arbeitsmarkt berücksichtigen. Eine verbesserte Verankerung mit hochgewichteten (Re-)Identifikationsobjekten und -beziehungen führt über eine Demotivationsprophylaxe hinaus zu erhöhter Remotivationsbereitschaft der Mitarbeiter.

(Re-)Identifikation kann jedoch nicht beliebig zur Demotivationsüberwindung und Förderung selbstorganisierenden remotivierten Handelns, schon gar nicht allein über Programme »hergestellt« werden. Diese hängen immer auch von individuellen Wertorientierungen und gesellschaftspolitischen Strömungen ab, die sich einer direkten Beeinflussbarkeit entziehen.

(Wieder-)Gewinnung von Commitment

Commitment verweist auf **freiwillige Selbstverpflichtung** des Organisationsmitglieds für seine Organisation.[116] Es zeigt sich in der Bereitschaft, sich auch über arbeitsvertragliche bzw. formale Vorgaben hinaus einzusetzen.[117] Je nach Unternehmenskultur bildet sich ein entsprechendes Gefühl der Verbundenheit und Verpflichtung aus. Es enthält auch eine emotionale Bindung an die Organisation[118], die über eine kalkulative, instrumentelle Beziehung hinausgeht.[119] Ein Mitarbeiter mit Commitment nutzt strukturell eingeräumte »Freiräume« i. S. der Organisation in organisationsförderlicher Weise. Dies setzt eine genügende Übereinstimmung zwischen Werten und Interessen des Unternehmens und der Mitarbeiter voraus.[120] Diese Wert- und Interessenkongruenz ist bei Demotivierten häufig gestört. Auch wurde in unseren Untersuchungen enttäuschtes Commitment als zentraler Demotivationsaspekt angegeben. *(vgl. Kapitel IV., 3.1 Personale Motivationsbarrieren insbesondere Motivationsbarriere »Identifikation/Motivation«).*

Wiedergewonnenes Commitment vermindert Demotivation und fördert Stressbewältigung, Arbeitszufriedenheit, Leistungsbereitschaft und Remotivation.[121] Die Loyalität eines selbstverpflichtenden Bindungsverhältnis wiederzugewinnen, ist aber oft schwierig. Wichtige **Faktoren, für die Wiedergewinnung von Commitment** sind:

- Eingestehen von Fehlern und Schwächen in der Vergangenheit
- Vermittlung von Einsichten in den Zusammenhang von Arbeitsaufwand und Leistungsergebnis
- Realistische, gemeinsame Ziel- und Aufgabenbestimmung sowie kontinuierliche Rückmeldungen[122]
- Hinreichende Kompetenzen und Ermächtigung[123] für erfolgreiche Arbeitsdurchführung
- Integrierte Personalentwicklung zur Förderung sozialer Kompetenz und emotionaler Intelligenz[124]
- Koordination und Kommunikation anstelle von Kontrolle und Kommandierung

Zur Wiederbelebung des Commitments kann ein phasenspezifischer **Übergangsansatz** dienen[125], z. B. über freiwillige Teilnahme der Mitarbeiter an Problemlösungsgruppen, Qualitätszirkeln, koordinierten Trainings- und Einführungsprozessen[126] sowie einer schrittweise veränderten Praxis der Führung und Zusammenarbeit.

VI. Strukturell-systemische Führung zum Demotivationsabbau und Remotivation

---

Praxisbeispiel »Commitment-Tag«[127]

Die Fresenius Medical Care AG hat mit 540 Mitarbeiter einen »Commitment-Tag« als eine partizipativ-interaktive Großgruppenveranstaltung durchgeführt. Dabei wurde in spielerischer Form ein Theaterstück von Mitarbeitern aufgeführt:

Erster Akt: Wo »klemmt« es bei der gegenwärtigen Arbeitsorganisation? Zweiter Akt: Welche Verbesserungen bringt eine neue Prozessorientierung für den Arbeitsalltag? Dem folgten moderierte Begegnungen und Prozessgruppen bei denen die Mitarbeiter offen miteinander und Führungskräften diskutierten. Als symbolischen Akt am Ende des Tages, setzten die Mitarbeiter ihre Unterschrift auf ein großes Segel, welches während des Tages mit Ideen und Vorschlägen für ein selbstverpflichtendes Engagement gefüllt worden war.

> Als Strohfeuer wirken solche Veranstaltungen eher kontraproduktiv. Als Auftakt einer systematischen und langfristigen (Re-)Identifikationspolitik wirken sie initiativ.

Im Rahmen eines strategischen »Commitment-Managements« können auch Personalgewinnung und -entwicklung[128] sowie remotivierende Gestaltungspraktiken (z. B. Beteiligungsformen) zur Reaktivierung einer Selbstverpflichtung dienen.[129] **Probleme und Grenzen** (z. B. Gestaltungsschwierigkeiten oder Instrumentalisierungsgefahr[130]) sind zu berücksichtigen. Zur Verankerung in die bereichsübergreifende Führungsphilosophie[131] ist die Rolle sozialer Integration[132] (z. B. über offene Kommunikation und Informationstransparenz sowie Förderung des Zusammengehörigkeitsgefühls) entscheidend.[133] Denn die Gefahr eines »gemanagten« Commitment liegt darin, dass sie zu einer Art »Pseudo-Engagement« bzw. »Pseudo-Kooperation« führt.[134] Solches »Schein-Commitment« bringt – insbesondere in kontaktintensiven Dienstleistungen – eine u. U. »pseudo-emphatische Kooperation«[135] mit dysfunktionalen Wirkungen hervor.[136] Demgegenüber verwirklicht sich in verstärkt authentischen »Gemeinschaften von Commitment«[137] oder einer »high commitment-culture«[138] ein partnerschaftlicher Umgang, in der Demotivation weniger, Remotivation um so mehr Chancen hat.

Gestaltungspraxis

2. Strategiegestaltung zu Demotivationsabbau und Remotivation

> • **Definition**:
>
> Unter dem Begriff **Strategie** wird hier die systematische Verknüpfung wertfundierter Ziele mit dafür geeigneten Instrumenten und Gestaltungsmaßnahmen verstanden. Aus Unternehmenswerten (z. B. Selbstverantwortung) werden führungs- und personalpolitische Ziele (z. B. Schaffung von Handlungsfreiräumen) abgeleitet. Strategien legen Wege zur Zielerreichung (z. B. Ermächtigungsstrategien) und geeignete Instrumente sowie Maßnahmen fest, erlauben aber im Bedarfsfall Zielvorstellungen zu modifizieren bzw. neu auszurichten.[139]

Eine **demotivationsüberwindende Strategie** verbindet führungs- und personalpolitische Ziele mit den dafür geeigneten Mitteln und richtet sie auf einen systematischen und konsequenten Demotivationsabbau sowie Remotivation aus. Sie koordiniert dabei die konkretisierte Ziel-Mittel-Wahl mit anderen strategischen Orientierungen des Unternehmens- und des Personalmanagements.

2.1 Phasenzyklische Abbaustrategie

Strategischer Abbau von Demotivation und Remotivation sollte phasenzyklisch vorgehen (vgl. Abbildung 58). Der Zyklus reicht von einer diagnostischen Ermittlung des Ist-Zustandes über eine visionäre Bestimmung des Soll zu einer gemeinsamen Erarbeitung von Veränderungswissen und koordinierten Planung mit der Organisations- und Personalentwicklung bis zur Umsetzung und Evaluation. Diese fünf Schritte werden anschließend diskutiert.

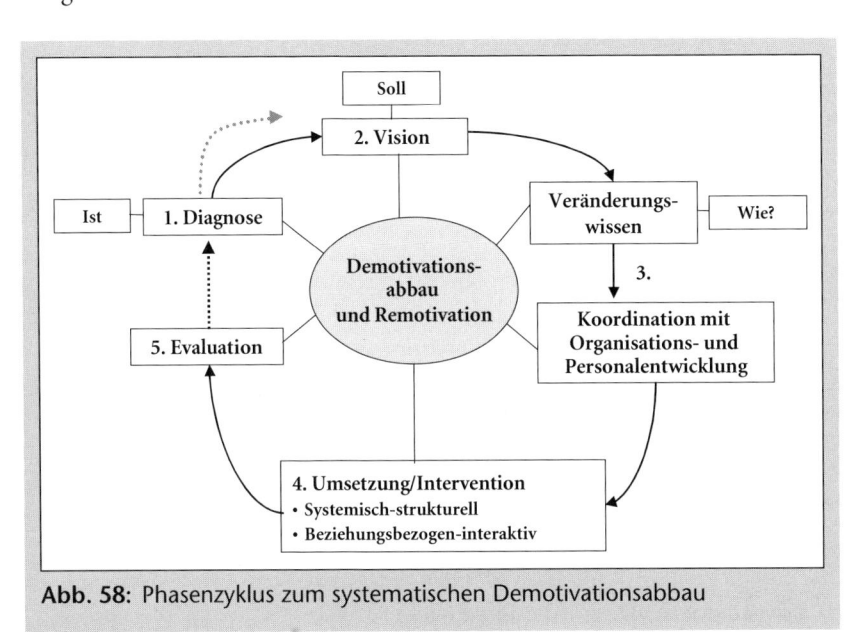

Abb. 58: Phasenzyklus zum systematischen Demotivationsabbau

VI. Strukturell-systemische Führung zum Demotivationsabbau und Remotivation

1. Diagnose zur Ermittlung des Ist-Zustands und Remotivationsbedarfs

Eine systematische und zuverlässige Diagnose der Demotivation ist auch für strategische Frühaufklärung sowie für gezielte Interventionen unerlässlich.[140] Dabei können die diagnostischen Funktionen von Mitarbeiterbefragungen oder -gesprächen sowie Anforderungen und Systematik für die Diagnose aus den Einsichten des zuvor beschriebenen Kulturkontextes verwendet werden (vgl. *Kapitel IV., 4.3 Kulturkontext*).

Nicht alle Demotivatoren bzw. Motivationsbarrieren können zugleich überwunden werden. Bei der Ermittlung sind die betroffenen Mitarbeiter (z. B. durch Befragung oder Fokusgruppen) einzubeziehen.[141]

Für ein strategisches Vorgehen sind zunächst die **wichtigsten Demotivationseinflüsse zu identifizieren:**

- Identifizierung der Demotivatoren mit der **höchsten Priorität**, durch Gewichtung ihrer Intensität, Wirkung, Dauer.

- Identifizierung **einzelner Demotivationspraktiken.**
  Die Diagnose sollte die besonderen Demotivationsausprägungen und dominierenden Faktoren, je nach Aufgabe und Situation ermitteln (z. B. Bestimmung von spezifischer Unter- bzw. Überforderung[142]).
- Identifizierung **wiederkehrender Demotivationsmuster.**
  Hier sind insbesondere sich wiederholende Prozesse und Gewohnheiten näher zu untersuchen, die Demotivation immer wieder verursachen (z. B. schlechte Arbeitskoordination oder Beziehungen zwischen Mitarbeitern und ihrem Management, innerorganisatorische Strukturbedingungen).

Ziel ist es, wichtige Inhalte bestehender Demotivation realitätsgerecht und ökonomisch zu erfassen sowie den Remotivationsbedarf aufzudecken.

Gestaltungspraxis

Als **Leitfragen** bieten sich an:

- Welche Bereiche soll die Diagnose erfassen (personale, interpersonelle und/oder strukturelle Ebenen)?
- Welche Informationen liegen bereits vor (z. B. Statistiken, Umfragen)?
- Welche weiteren demotivationsrelevanten Informationen sind zu erheben (z. B. Ursachen, Verlauf, Wirkungen)?
- Wer kann, wie und wann zusätzliche Auskünfte geben (z. B. Betroffene, Führungskräfte, Personalcontrolling)?
- Mit welchen methodischen Mitteln lassen sich realistische Beschreibungen über Demotivationsinhalte und Remotivationsmöglichkeiten gewinnen und auswerten (Fragebogen, Interviews oder Kritische-Ereignis-Methode[143])?

- **Diagnose von »Demotivationskosten«**

Diese bilden als Opportunitätskosten ab, welche Erfolgschancen durch mangelnde Berücksichtigung von Demotivationsproblemen und suboptimale Ausschöpfung von Potenzialen dem Unternehmen entgehen.

Folgende Arten von **Opportunitätskosten** sind dabei zu unterscheiden:

- Kosten **fehlender oder gestörter Leistungsmotivation.** Sie entsprechen dem Beitrag eines Mitarbeiters zum Unternehmenserfolg, den er bei optimaler Motivation leisten würde, abzüglich des durch Demotivation verminderten, tatsächlich erbrachten Leistungsbeitrages.
- Kosten **mangelnder Leistungsfähigkeit.** Diese sind der Beitrag eines Mitarbeiters zum Team- oder Unternehmenserfolg, den er bei hinreichendem Leistungsvermögen erbringen würde, abzüglich des Anteils, den er – demotivationsbedingt – leisten kann.
- Kosten eines **eingeschränkten Leistungspotenzials.** Sie korrespondieren mit dem möglichen Potenzial (z. B. für die Wertschöpfung) je Mitarbeiter, abzüglich der demotivationsverursachten Minderung.

Trotz Schwierigkeiten messungspraktischer Operationalisierung, sollten die Kosten der Demotivation über ein »Demotivationscontrolling« annäherungsweise ermittelt und ihre Höhe und spezifische Gewichtung bewertet werden. Dazu sind Informationen aus dem Personalcontrolling zu integrieren.[144] Aus der Fülle von Kennzahlen, Daten und Einschätzungen sollten dazu die für die Demotivation wesentlichen Informationen ausgewählt werden.[145]

Mögliche **Messgrößen für Demotivationskosten** sind:
- Überstundenquote/Durchschnittskosten je Überstunde
- Verlust von Arbeitsausfall (z. B. gemessen in Mann-/Arbeitszeitstunden oder über »Unterbeschäftigungskosten«)
- Verlust von Produktivität (z. B. gemessen über Leistungsgrößen, Stundensätze, Zuschläge) oder Wertschöpfungsindikatoren
- Folgekosten (z. B. Unfallhäufigkeit und Kosten von Arbeitsunfällen, krankheitsbedingte Ausfall- und Fehlzeiten)
- Verlust von Arbeitsfreude, Spaß an der Arbeit (z. B. gemessen durch Zufriedenheitsanalysen im Rahmen von Mitarbeiterumfragen oder -gesprächen)

Messungen und Schätzungen der direkten und indirekten »Demotivationskosten« pro Mitarbeiter und der Belegschaft sind allerdings nur schwer zurechenbar und spezifizierbar. Dennoch können z. B. über den vermuteten Leistungs- und Produktivitätsausfall annähernde Kosten kalkuliert werden. Folgende Abbildung zeigt ein **ökonomisches Analyseschema** dazu:

Wieviele Mitarbeiter arbeiten in Ihrer Organisation?	_____ Personen
Wie hoch ist der Grad der Bereitschaft zur Mehrleistung pro Woche pro Mitarbeiter (z. B. Überstunden, Zeiten für Sonderschichten oder erhöhten Einsatz)	_____ h
Wieviele Mitarbeiter sind unzufrieden/demotiviert?	_____ Personen
Wie hoch ist der Anteil von unzufriedenen bzw. demotivierten Mitarbeitern?	_____ %
Einschätzung der Kosten von Produktivitätsausfällen durch Verlust von Arbeitsfreude, Energie	_____ €
Kosten durch demotivationsbedingte Absenzen und Fluktuationen	_____ €
Durchschnittlicher Stundenlohn pro Mitarbeiter	_____ €
Durchschnittliches Jahresgehalt pro Mitarbeiter	_____ €
Gesamtjahresgehalt von unzufriedenen/demotivierten Mitarbeitern	_____ €
Geschätzte Demotivationskosten pro Jahr	_____ €

Abb. 59: Beispiel einer Analyse von Demotivationskosten[146]

Ein »Demotivations-Controlling« kann das kostenmäßige Ausmaß der Demotivation bzw. die Einschränkung der Ressourceneffizienz anschaulich machen (**Transparenzfunktion**). Präventions- und gestaltungswirksam wird es über eine Ableitung von disziplinierenden Maßnahmen, z. B. durch Budgetierung von investiven Remotivationsmaßnahmen (**Präventions- und Gestaltungsfunktion**). Damit können auch Kostensenkungsziele formuliert und eine Evaluation von Alternativen zur Umsetzung der Kostenziele hinsichtlich ihrer Wirksamkeit und Realisierbarkeit bestimmt werden. Durch eine demotivationsberücksichtigende Prozesskostenrechnung kann die Ausrichtung auf strategische Entscheidungsprobleme verstärkt werden[147] (**Orientierungsfunktion**).

Gestaltungspraxis

2. Vision zur Ermittlung des Soll-Zustands

Neben diagnostischer Bestandsaufnahme von Demotivationszuständen sind positive Zustände zu definieren, die an die Stelle der demotivierenden Praktiken treten sollen bzw. erstrebenswerte Ziele der Remotivation bestimmen. Leitbilder sind attraktive Zukunftsbilder, die Kräfte für eine kreative Gegenwartsgestaltung freisetzen sollen. Sie zeigen wünschenswerte und zugleich erreichbare Endzustände auf. Sie verbinden die Zielvorstellung eines Sollzustandes (z. B. »produktive Arbeitssitzungen« oder Stressreduktion bei der Arbeitsausführung) mit Werten, die von möglichst vielen allen Betroffenen geteilt und als verfolgenswert angesehen werden. Als strategische Leitlinie unterstützt eine Vision die Prioritätensetzung, konzentriert auf intrinsische Aspekte (z. B. Sinn, Herausforderungen und Spaß) und vermag so Remotivationskräfte freizusetzen.[148] Initiative und Verantwortung für die Entwicklung möglicher Sollzustände können auch von einzelnen Mitarbeitern oder betroffenen Teams (z. B. für Teilschritte) übernommen werden. Zur Entwicklung von spezifischen Leitvisionen können in einer Projektgruppe auch demotivierte Mitarbeiter und Führungskräfte einbezogen werden.

3. Veränderungswissen und Integration

Aus Missionen kann man konkretes Veränderungswissen zur Planung und Koordination mit der Organisations- und Personalentwicklung erarbeiten. Veränderungswissen beinhaltet Voraussetzungen, Bedingungen und Möglichkeiten, um spezifische Demotivationszustände zu überwinden oder Remotivationsziele zu erreichen. Dabei sind auch konkrete Zielkriterien (z. B. hinsichtlich des Gesundheitszustands der Mitarbeiter gemessen am Abbau von Fehlzeiten oder der Messung von Produktivität) und operationalisierbare Lösungsstrategien anzugeben. Betroffene sind als »Demotivationsexperten« einzubeziehen. Dies erhöht auch Akzeptanz und Mitwirkung bei der Umsetzung.

4. Umsetzung von gezielten Abbaustrategien

Die Implementation der Strategien kann nicht nach »Schema-F« erfolgen. Aus einem Repertoire unterschiedlicher Umsetzungsansätze sind geeignete zu bestimmen und spezifische Anpassungen vorzunehmen. Demotivation lässt sich nur durch und mit den Mitarbeitern überwinden. Für eine selbstgesteuerte Remotivation sind jedoch oft Veränderungen von Strukturbedingungen notwendig. Konzeptionell wird dazu zwischen kulturellen, strategiebezogenen, organisatorischen Ansatzbereichen und der Entwicklung einer qualitativen Personalstruktur unterschieden *(vgl. Kapitel VI., Strukturell-systemische Führung zum Demotivationsabbau und Remotivation.)* Diese sind mit direkt-interaktiven Führungsinstrumenten und personalpolitischen Maßnahmen zu ergänzen *(vgl. Kapitel VII., Interaktiv-direkte Führungsbeziehungen und Demotivationsabbau bzw. Remotivierung).*

5. Evaluation von Abbaustrategien der Demotivation und Remotivation

Der Phasenzyklus schließt mit einer Evaluation der Ablaufstrategie. Hier kann zwischen summativer und formativer Bewertung unterschieden werden.[149] Erstere überprüft die einzelnen Wirkungsergebnisse, während Letztere auf den Prozess insgesamt schaut. Während in einer Vergleichsbewertung der Abstand zwischen dem Erreichten mit den angestrebten Bezugspunkten erfasst wird; konzentriert sich eine umfassende Evaluation auf den Gesamtprozess. Bewertet werden können auch Remotivationsfortschritte oder -schwierigkeiten, die als Feedback im Mitarbeitergespräch vermittelt werden sollten. An die Evaluation kann sich eine erneute Diagnose anschließen, die zu einem modifizierten Leitbild und neuen Zyklus führt.

> VI.
> Strukturell-systemische Führung zum Demotivationsabbau und Remotivation

2.2 Ermächtigungsstrategien

Ein zentrales Einflussfeld der Demotivation liegt im Bereich des »Nicht-Dürfens«.[160] Eine Strategie dazu lautet »**Empowerment**«. Dies meint eine strukturelle Ermächtigung der Mitarbeiter, v. a. durch Gestaltung von Freiräumen.[161] In Hinblick auf die Demotivation bzw. Remotivation können dabei folgende **Dimensionen** unterschieden werden:[162]

**Gestaltungs-
praxis**

> **Sinn und Zweck des Empowerments:**
> Die Ermächtigung dient der Prävention und dem Abbau von Motivationsbarrieren bzw. einer selbstorganisierten Demotivationsüberwindung. Auch soll die (Selbst-)Remotivation gefördert werden.
>
> **Partizipation**
> Beteiligte nehmen als Betroffene an Entscheidungs- und Gestaltungsprozessen des Abbaus und der Remotivation aktiv und verantwortlich teil.
>
> **Selbstbestimmung**
> Ermächtigte Mitarbeiter gewinnen persönliche Gestaltungs- und Kontrollmöglichkeiten für selbstorganisierten Demotivationsabbau bzw. Remotivationsengagement.
>
> **Synergien**
> Durch eine integrative Ermächtigung werden Verbundeffekte und Potenziale aktiviert.
>
> **Kompetenzerleben**
> Beteiligte bringen ihre Qualifikationen und Fähigkeiten für einen konstruktiven Umgang bzw. Abbau von Demotivation sowie bei Remotivationsinitiativen ein.
>
> **Selbstwirksamkeit**[153]
> Durch Erleben und Rückmeldungen zu Folgen des eigenen Beitrags, erfahren Ermächtigte die Bedeutung ihres Einsatzes auch für andere. Dies führt bei Erfolg zu einer positiven Selbstbewertung, die Kräfte für weiteres Engagement freisetzt.
>
> **Abb. 60:** Dimensionen des Empowerments für den Demotivationsabbau und Remotivation

Diese Dimensionen wurden bezüglich ihrer Wirkung auf Effektivität, Arbeitszufriedenheit und Belastungen untersucht.[154] Während einige Ergebnisgrößen den gefühlsmäßigen Bereich betreffen, tragen andere direkt zur »performance« bei. Zur Erhöhung der persönlichen Kompetenz und der praktischen Mitarbeiterbeteiligung[155] können folgende **Leitfragen zur Überprüfung der Empowerment-Situation von Demotivierten** gestellt werden:

> Besteht Klarheit über Zwecke und (Einzel- und Team-)Ziele des Empowerments?
> Sind Rechte, Verpflichtungen, Verantwortlichkeiten und Verbindlichkeiten der Ermächtigung geklärt?
> Bestehen bereits Freiräume für selbstbestimmte Gestaltungsmöglichkeiten, auf die zur weiteren Umsetzung aufgebaut werden kann?
> Gibt es hinreichend Informationen zur Entwicklung und Durchführung der Ermächtigungsstrategien? Wie kann fehlendes Wissen bereitgestellt werden?
> Gibt es konkrete Mitwirkungs- und Entscheidungsmöglichkeiten für Betroffene?
> Wurde ein »Aktionsplan« für die Ermächtigungspraxis entwickelt?
> Kommt es zu Synergien durch umgesetzte Ermächtigungsstrategien? Wie können sie optimiert werden?
> Wie werden eigene Kompetenz und Selbstwirksamkeit bei Ermächtigten (Remotivations-)Prozessen erlebt?
> Gibt es ausreichend Rückmeldungen über Schwierigkeiten oder Veränderungen während des Empowermentprozesses?
> Bestehen Möglichkeiten der Integration mit anderen Maßnahmen und der Weiterentwicklung als Teil der Unternehmens- und Organisationsentwicklung?

Abb. 61: Leitfragen zum Empowerment für Demotivationsabbau und Remotivation

VI. Strukturell-systemische Führung zum Demotivationsabbau und Remotivation

Die Berücksichtigung dieser Fragen kann durch eine Organisationskultur und -entwicklung (z. B. koordinierte Arbeits- und Beziehungsprozesse oder Weiterbildungs- und Entwicklungsmöglichkeiten) unterstützt werden.

Kinlaw beschreibt die verhaltensändernde Praxis des Empowerment als kompetente Einflussnahme (»competent influence«) der Beteiligten. Sie setzt eine Anpassung der Rollen, Funktionen und Organisationsstrukturen voraus.[156] Verbunden mit Feedback, Teamentwicklung und Lernprozessen[157] soll dies zur Wahrnehmung verminderter Bedrohung und intensiverer Selbstwirksamkeit führen.[158] Nach Letzie und Donovan führt die Ermächtigung über einen graduellen Transformationsprozess zu höherer Verantwortung.[159]

Die höhere Komplexität, die mit dem Empowerment einhergeht, kann aber auch zu mehr Stress und zu Überlastung führen bzw. als Zumutung empfunden werden.[160] Delegierte Verantwortung als Verantwortungslast, wirkt oft demotivationserhöhend. Eine Ermächtigung, die als »Scheinautonomie«[161] durchschaut wird, verstärkt ebenso die Unzufriedenheit. Wenn Mitarbeiter zum selbstständigen Handeln »ermächtigt« werden, verliert die Führung Steuerungs- und Kontrollpotenziale.[162] Dies führt bei Führungskräften zu Akzeptanz- und Machtproblemen und kann auch von Mitarbeitern als Führungsschwäche interpretiert werden. Hosking und Morley empfehlen ein weiterführendes »**Enabling**«, das auch die Wertbasis der Führungskräfte und Mitarbeiter berücksichtigt.[163] »Ermöglichen« von individueller bzw. kollektiver Selbstwirksamkeit fördert authentisches Commitment[164], das für nachhaltige Remotivation entscheidend ist.

2.3 Ressourcenverfügbarkeit

Gestaltungspraxis

Wie unsere Untersuchungen zeigten, wirkt fehlende oder unzureichende Ressourcenbereitstellung besonders demotivierend. **Ressourcen** rangierten gleich nach der Arbeitskoordination und Organisationskultur als **drittstärkste aktuelle Demotivationsursache**.[165]

Zusammenhänge zwischen Ressourcenverfügbarkeit und Organisationsstrukturen sind in der Literatur eingehend diskutiert.[166] Man kann zwischen tangiblen und intangiblen Ressourcen unterscheiden. Erstere beziehen sich auf materielle Gegebenheiten (z. B. Arbeitsplatz, Technologie); intangible Ressourcen verweisen auf immaterielle Vermögen und Fähigkeiten (z. B. Leistungspotenzial von Humanressourcen) bzw. strukturelle oder prozessuale Arrangements (z. B. organisationale Ressourcen).

Nun werden zu **ressourcenbedingten Motivationsbarrieren** Gestaltungsmöglichkeiten zu ihrem Abbau bzw. zur Remotivation diskutiert.

1. Unzulängliche Anzahl und Qualität von Mitarbeitern/Kollegen

Ungenügende Quantität und Qualität von Mitarbeitern wurden in unseren Untersuchungen als stärkster Teilaspekt der Barriere »Ressourcen« angegeben (*Kapitel IV., 2.2*). Dies ist auch aufgrund des Personalabbaus durch Einsparprogramme des »Lean-Managements«, durch »Delayering« und weitere Restrukturierungsprozesse in Unternehmen erklärbar. Der Bedarf an ausreichend und qualifizierten Mitarbeitern als »Human Ressourcen« ist durch ressourcen- und entwicklungsorientierte Personalauswahl und -entwicklung zu gewährleisten.

Gestaltungsmaßnahmen dazu bieten:

- Verbesserung der Personalbedarfsplanung
- strategische Personalauswahl
- Einführungsprogramme für neue Mitarbeiter
- Gerechte Verteilung des Arbeitsaufkommens beim Personaleinsatz
- erhöhte Investitionen in Aus- und Weiterbildung bzw. Qualifizierungs- und Personalentwicklungsprogramme (on- und/oder off-the job)

- Management-Development als integrierte Führungsnachwuchskräfteentwicklung
- transparente Begründungen bei personalen Einsparprogrammen
- evtl. Outplacement von Demotivierten bzw. Kündigung von dauerhaft Demotivierenden.

Da der Aufbau einer qualitativen Personalstruktur und die Entwicklung von Human-Potenzialen[167] für die Demotivationsüberwindung zentral ist, werden weitere personalpolitische Maßnahmen noch eingehend vorgestellt (vgl. *Kapitel VI., 4 Gestaltung der qualitativen Personalstruktur und -entwicklung zum Demotivationsabbau und Remotivation*).

2. Unzureichendes Budget

Funktionierende Budgetierung, ein aussagefähiges sowie transparentes Budget sind sowohl für den produktiven Einsatz von Ressourcen als auch zur Koordination, Integration und Anpassung von Tätigkeiten i. S. effizienter und effektiver Arbeitsdurchführung im Unternehmenszusammenhang von hoher Bedeutung. Enttäuschende Budgetverhandlungen und v. a. Widersprüche zwischen versprochenem und eingehaltenem Budget wirken sich demotivierend aus.[168] Ausreichende finanzielle Ressourcen sind auch für die erfolgreiche Durchführung von Projekten entscheidend.[169] Für Dienstleistungsmitarbeiter ist ein ausreichendes Budget zur Herstellung und Sicherung von Dienstleistungsqualität und Kundenzufriedenheit erfolgskritisch.[170] So ist die budgetäre Stärkung von Mitarbeitern mit Kundenkontakt speziell in Beschwerdesituationen relevant.[171] Als Teil einer strategischen Beschwerdepolitik[172] sollten daher Sonderbudgets zur raschen und kulanten Behebung von Kundenproblemen zur Verfügung gestellt werden.

Über ein »Operating-Budget« für bestehende und laufende Geschäfte hinaus ist auch der Aufbau von flexiblen »Opportunities-Budgets« und »Critical-Items-Budgets« zur Gestaltung von innovativen (Remotivations-) Initiativen bzw. zur Handhabung demotivationalen Krisensituationen sinnvoll.[173] Zudem können Formen von partizipativer Budgetierungen zur Remotivation und damit zur Steigerung der Arbeitszufriedenheit beitragen.[174]

3. Ungenügende Arbeitsplatzausstattung

Da Mitarbeiter in Arbeitsräumen ca. ein Fünftel ihres Lebens verbringen, sind sie eine Art »zweites Zuhause«. Unzureichende Gestaltung des Arbeitsplatzes belastet daher dauerhaft das Wohlbefinden, ganz besonders für »Lageorientierte«.[175] Zur Arbeitsplatzausstattung gehören arbeitsorganisato-

VI. Strukturell-systemische Führung zum Demotivationsabbau und Remotivation

rische Bedingungen und ergonomische Zweckmäßigkeiten der konkreten Arbeitsplatzorganisation (z. B. Arbeitssicherheit, Büromaterial, informationstechnische Ausstattung, Beleuchtung, Farbe, Lärmwirkungen, Belüftung). Die Arbeitswissenschaft hat neben den physischen Beanspruchungen auch psychische Belastungen durch unzureichende Arbeitsplätze aufgezeigt.[176] Dafür sind, neben einer ergonomisch optimalen Einrichtung, remotivierende Freiräume zur Gestaltung des eigenen Arbeitsplatzes bereitzustellen. Dazu gehören die Grundeinrichtung der Arbeitsräume wie auch Möglichkeiten zu individuellen Gestaltungen (z. B. separater Bereich für persönlichen Bedarf, Bilder).

Gestaltungspraxis

4. Eingeschränkte Informationsressourcen und -zugänge

Das Wissen über Erwartungen, Ziele sowie Veränderungen in der Organisation sind demotivationsrelevant. So demotiviert, wenn das Management wichtige Informationen nicht, zu spät oder verzerrt mitteilt. Die Bereitstellung von erforderlichen Informationsressourcen bezieht sich nicht nur auf quantitative oder technologische Aspekte. Entscheidend ist ein benutzerfreundlicher Zugang, sowie vor allem die Qualität und Transparenz der Wissensressourcen.[177] Arbeitsbezogene Transparenz bezeichnet »die von einem Mitglied der Organisation erlebte Verfügbarkeit und Verständlichkeit von arbeits- und organisationsbezogenen Informationen«.[178] Dazu gehören neben der Kenntnis der Aufgaben, Informationen über »wichtige Betriebsangelegenheiten« sowie das Feedback über die eigenen Arbeitsleistungen.[179]

5. Sonstige Ressourcen

Zu den genannten Ressourcen können auch psychosoziale Ressourcen, wie **Vertrauen, Anerkennung, Teamkultur** sowie soziokulturelle Ressourcen (Erfahrung, Sinn, Werte, Normen) gezählt werden.

Eine weitere »Ressource« ist **Zeit** bzw. **Zeitsouveränität**. Einerseits wird Zeitdruck bzw. Zeitmangel als demotivierend empfunden, andererseits wächst das Bedürfnis, das Verhältnis zwischen Berufs- und Privatleben mehr nach eigenen Vorstellungen zeitlich zu harmonisieren.[180] Wenn Arbeitszeit als »Lebenszeit« stärker autonom koordiniert werden kann, sind Mitarbeiter eher bereit, Verantwortung zu übernehmen und sich zu remotivieren. Möglichkeiten zu einer Autonomie im Umgang mit der »Ressource Zeit« sind durch Formen einer flexiblen Arbeitszeitgestaltung zu gewinnen.[181]

Ansätze der Arbeitszeitflexibilisierung[182] **und für Zeitsouveränität** sind:

– Verminderung der wöchentlichen Arbeitstage im rollierenden System
– flexible Pausenregelungen

- wahlweise Verteilung der Wochenarbeitszeit auf verschiedene Arbeitstage
- gleitende Arbeitszeit (z. B. variable Anpassung an Arbeitsspitzen und an persönliche Terminlagen bei gleichzeitiger Kernarbeitszeit)
- flexible Schichtablösung
- Flexibilisierungskonzept Job-Sharing/Partnerteilzeitarbeit
- Teilzeitarbeit oder periodischer Wechsel der Arbeitszeit
- Telearbeit und zeitflexible Nutzung informationstechnologischer Möglichkeiten
- Zeitkonten (z. B. Mehrjahres- oder Lebensarbeitszeitkonten oder »Sabbaticals«, bei denen bestimmte Arbeitszeitvolumina angespart werden, um dann, bei Fortzahlung des Einkommens, für einen längeren Zeitraum vollständig freigestellt zu werden)
- flexibler Langzeiturlaub
- betriebsindividuelle Arbeitszeitmodelle[183]
- fließender Übergang in Ruhestand/gleitende Pensionierung (z. B. Altersteilzeit mit speziellen Arbeitszeitkonten für ältere Mitarbeiter auf denen »vorgearbeitet« werden kann)

Zur konkreten Umsetzung flexibler Arbeitszeitsysteme bieten sich »Arbeitszeit-Grundmodelle« (z. B. Gleitzeit) und bereichsübergreifende »Flexi-Spielregeln« (z. B. Betriebszeitrahmen) an.[184] Bei der Einführung von flexiblen Arbeitszeitmodellen ist zu berücksichtigen, dass Arbeitszeitpräferenzen instabile Größen sind. Sie ändern sich mehrfach im Laufe der Zeit und sind von verschiedenen Einflussgrößen abhängig (z. B. persönliche Bedürfnisse für eine »Work-Life-Balance«). Deshalb müssen Unternehmen möglichst auf unterschiedliche Wünsche und Vorstellungen eingehen und in Abstimmung mit den jeweiligen Betriebsvereinbarungen mitarbeiterspezifische Zeitkonzepte entwickeln.[185] In den letzten Jahren wurden bereits verschiedenste Formen flexibler Arbeitszeitgestaltung umgesetzt und verbessert.[186] Dennoch sind auch Nachteile flexibler Arbeitszeitstrukturen zu beachten, insbesondere weniger Sozialkontakte, Koordinationskonflikte, Arbeitsverdichtung und Stress- bzw. Kontrollzunahme.[187] Dennoch kann mit den neuen Zeitformen, anstelle linearer Einteilung verschiedener Lebens- bzw. Arbeitsphasen, eine stärkere selbstbestimmte Gestaltung beruflicher Tätigkeit gewonnen werden (z. B. Weiter- und Fortbildung, Freizeit- und Regenerationsgestaltung). Dabei sind auch Wechselwirkungen von betrieblicher und außerbetrieblicher Lebenswelt (Familien- und Freundschaftspflege, Eigenarbeit usw.) zu beachten.[188] Moderne Arbeitszeitmodelle verbessern einen demotivationspräventiven, -abbauenden und remotivierenden Umgang mit der Zeitressource bzw. zeitbedingten Demotivationsproblemen.

2.4 Honorierungs- und Anreizsysteme

Einen weiteren strategischen Ansatzbereich stellen Vergütungs- und Incentivesysteme dar. Unzureichende Honorierungen sind eingehend von der Gleichheitstheorie untersucht worden *(vgl. Kapitel III., 4.3)*. Sie lassen Verletzungen des psychologischen Vertrags *(vgl. Kapitel III, 5)* erkennen.[189] In unseren Untersuchungen wurden sowohl Intransparenz, fehlende Leistungsgerechtigkeit sowie zu hohe Einkommensgefälle zwischen Bereichen oder Hierarchien als demotivierend bestimmt *(vgl. Kapitel IV., 3.3 Strukturell-organisationale Motivationsbarrieren)*. Dazu treten unzureichende Anreizsysteme bzw. Leistungs- und/oder Gewinnbeteiligungen als mögliche Demotivationsursachen. Durch einen gezielten und entsprechend begründeten Einsatz von Anreizen kann aber auch Remotivierung gefördert werden.

Gestaltungspraxis

- **Begriff und Funktion von Honorierungs- und Anreizsystemen**

Nach nutzenorientierten psychologischen und ökonomischen Theorien neigen Menschen in ihrem Arbeits- und Leistungsverhalten dazu, sich so zu verhalten, wie sie ihre Tätigkeit als anregend empfinden bzw. wie sie von Organisationen belohnt werden. Honorierungen und entsprechende Anreize verstärken so gezielt Verhalten, führen zum Erlernen neuer Verhaltensweisen bzw. beeinflussen die Wahl von gewünschten Verhaltensalternativen.[190]

Honorierungssysteme koordinieren ausgewählte Anreize über spezifische Kriterien und Gewichtungen für Zielgruppen in einem administrativen Rahmen.

Unter **Anreizsystemen** versteht man den Wirkungsverbund bewusst gestalteter, abgestimmter Stimuli. Diese sollen gewünschte Verhaltensweisen auslösen (durch positive Anreize, Belohnungen) oder unerwünschte mindern (durch negative Anreize, Sanktionen).[191] Anreize werden als Einfluss- und Kontrollmechanismus der Führung verwendet, um qualifizierte Mitarbeiter zu gewinnen, sie zu binden sowie deren Arbeitsleistung zu erhöhen bzw. Demotivationserscheinungen (z. B. Absentismus) zu vermindern.

Finanzielle Anreizsysteme erfüllen mehrere **demotivationsrelevante Funktionen**:[192]

– **Informationsfunktion:**
   Mit ihrem Einsatz und ihrer Evaluationspraxis informieren Anreizsysteme über demotivationale Verhaltenswirkungen und Folgen eingeschränkter Leistungen.

- **Richtungs-/Orientierungsfunktion:**
  Anreize zeigen, auf welche Objekte, Ziele und Verhaltensweisen sich (Leistungs-)Ergebnisse beziehen und helfen so Demotivierten, sich zu orientieren.
- **Aktivierungs-/(Re-)Motivationsfunktion:**
  Remotiviertes Engagement kann individuell belohnt und so verstärkt werden.[193]
- **Selektionsfunktion:**
  Bei Eigenselektion sorgen Anreizmechanismen dafür, dass sich z. B. Bewerber nur für bestimmte Stellen interessieren. Sie kann über Leistungsdifferenzierung der Vergütung gefördert werden. Risikoaversion der Mitarbeiter sowie kollektive Regelungen setzen der Differenzierung von Vergütungssystemen jedoch Grenzen.
- **Veränderungsfunktion:**
  Bei Restrukturierungen oder Changeprozessen können Anreizsysteme veränderte Anforderungen an die Mitarbeiter verdeutlichen.
- **Integrations-/Koordinationsfunktion:**
  Honorierungssysteme vermitteln zwischen Zielsystemen einzelner Abteilungen und kollektiven Gesamtinteressen. Auch können durch integrierte Anreizstrategien für gebündelte Remotivationsinitiativen Synergieeffekte gewonnen werden.

- **Gerechtigkeitsprobleme bei Honorierungssystemen**

Die wahrgenommene Fairness bei der Honorierung beeinflusst wesentlich die Einstellung der Mitarbeiter zum Unternehmen sowie zwischen Mitarbeitern. Unsere Untersuchungen zeigten, wie eine wahrgenommene Diskriminierung bei Honorierungen demotiviert *(vgl. Kapitel IV., 2 Gesamtergebnisse der empirischen Untersuchung zu Motivationsbarrieren)*. Die Gleichheitstheorie *(vgl. Kapitel III., 4.1)* verweist darauf, in welchem Maß dauerhaft empfundene Ungerechtigkeit bei der **Verteilung** (z. B. durch eigene Unterbezahlung relativ zu Vergleichspersonen) zu folgenschwerer Unzufriedenheit führt.[194] Im Anschluss an die Anreiz-Beitragstheorie *(vgl. Kapitel III., 4.1)* tritt Ungerechtigkeit bei Personen dann auf, wenn das Verhältnis der erwarteten Erträge (z. B. Geld, Anerkennung) zu ihren Einsätzen (z. B. Erfahrung, Anstrengung) von dem einer Vergleichsperson oder -gruppe abweicht.

Dazu treten Probleme der **Verfahrensgerechtigkeit**, die sowohl formale Aspekte (z. B. Genauigkeit, Korrekturmöglichkeit) als auch interpersonale Aspekte (z. B. Ehrlichkeit, Höflichkeit, Feedback) umfassen.[195] Wie die Dissonanztheorien deutlich machen, *(vgl. Kapitel III., 6)* suchen Menschen ein kognitives und emotionales Gleichgewicht zwischen Selbstverhältnis und

Wahrnehmungen ihrer Umgebung aufrechtzuerhalten oder (wieder-)herzustellen.

Dabei leitet das Gleichheits- oder Gerechtigkeitsprinzip oft grundlegend das soziale Verhalten.[196] Wird dieses Gleichgewicht durch empfundene Ungerechtigkeiten bei der Bezahlung gestört und sind Reduktionsstrategien zu ihrer Überwindung nicht möglich, verstärkt dies Demotivation.

Gestaltungspraxis

Zur **Prävention** von Demotivation müssen Honorierungssysteme Fragen der Gerechtigkeit einbeziehen.[197] Dazu sind Status-, Positions-, Hierarchie- und Ergebnisorientierung der Anreize und Belohnungen zu berücksichtigen. Ziele einer (Lohn-)Gerechtigkeit stehen im Spannungsfeld demographisch/kultureller Dimensionen (z. B. Geschlecht, Alter, Ethnie, Religion/Weltanschauung, Bildungsniveau, Gruppen/Betriebszugehörigkeit) sowie Verhaltens-, Leistungs-, Erfolgs-, Markt-, Sozialgerechtigkeitsaspekten (vgl. Abbildung 62).

Abb. 62: Gerechtigkeitsdimensionen der Vergütung[198]

Es ist offensichtlich, dass demotivierende Ziel- und Handhabungskonflikte zwischen den einzelnen Aspekten entstehen können. Eine faire Leistungs- und Anerkennungskultur ist gerade durch die Wahl vorherrschender Gerechtigkeitskriterien (z. B. Anforderungs-, Leistungs- oder Ergebnisgerechtigkeit) und den Umgang mit Gerechtigkeitskonflikten charakterisierbar. Das Ziel einer **Lohngerechtigkeit** besteht darin, (demotivierten) Mitarbeitern und Führungskräften wieder das Gefühl stärker zu vermitteln, dass das Entgelt für ihre Tätigkeiten in einem angemessenen Verhältnis zu Bezahlungen von Vergleichspersonen oder ähnlichen Tätigkeiten in anderen Unternehmen steht.[199] Gerechtigkeitsüberlegungen erfüllen auch eine wichtige **Sensibilisierungsfunktion**. So müssen Linienmanager bei der Verteilung von monetären und nichtmonetären Anreizen berücksichtigen, dass die Beurteilung der Angemessenheit nicht nur auf der Leistung bzw. dem persönlichen Anreiz-Belastungs-Saldo der Mitarbeiter basiert, sondern auch auf Vergleich mit »Bilanzen« anderer. Die Gestaltung von Honorierungssystemen sollte deshalb transparente und klar kommunizierte Kriterien zur Leistungsbemessung beinhalten[200] oder die aktive Teilnahme der Mitarbeiter am Beurteilungsprozess fördern.[201] Grundsätzlich ist aber zu beachten, dass Lohngerechtigkeit für alle Mitarbeiter kaum erreichbar ist, wohl aber eine Minderung empfundener Ungerechtigkeit.

- **Materielle Beteiligungssysteme**

Materielle Anreize sollten verursachergerecht, individuell oder teambezogen zurechenbar sein und relativ unmittelbar auf die erbrachte Leistung folgen. Auch sind sie wirksamer, wenn sie mit persönlicher Anerkennung verbunden werden, und wenn sie für die Betroffenen höhere Bedeutung (Valenz) haben.[202] Diese Aspekte sind zu evaluieren und optimieren.

Zur Demotivationsprävention können Unternehmen ihre Mitarbeiter auch am Erfolg, Vermögen und Kapital beteiligen. Hierbei erhalten die Mitarbeiter zusätzlich zu fix vereinbartem Lohn oder Gehalt eine **Erfolgsbeteiligung**, die meist von der Umsatz-, Kosten-, Ertrags- oder Gewinnentwicklung abhängig gemacht wird. Bei der betrieblichen **Vermögens- und Kapitalbeteiligung** partizipieren Mitarbeiter am Eigenkapital ihres Unternehmens. Beide Beteiligungssysteme, die oft kombiniert angeboten werden (z. B. Erfolgsanteile bleiben als Eigenkapital für investive Zwecke im Unternehmen), **erhöhen eine (Re-)Identifikation** mit dem Unternehmen *(vgl. Kapitel VI., 1.5 (Re-)Identifikation und Wiedergewinnung des Commitments)*. Erfolgsbeteiligungsprogramme verbessern damit nicht nur das Mitarbeitereinkommen, sondern fördern über eine stärkere Bindung an das Unternehmen die Reduktion von Demotivation und Erhöhung der Remotivationsbereitschaft.

Folgende Abbildungen zeigen verschiedene materielle Honorierungs- und Beteiligungssysteme.

VI. Strukturell-systemische Führung zum Demotivationsabbau und Remotivation

Gestaltungspraxis

Materielle Honorierungssysteme (Vergütung)				
Erfolgsbeteiligung			Kapitalbeteiligung	
Gewinnbeteiligung	Ertragsbeteiligung	Leistungsbeteiligung	Fremdkapitalbeteiligung	Eigenkapital-(ähnliche) Beteiligung
Ausschüttungsgewinnbeteiligung	Umsatzbeteiligung	Produktivitätsbeteiligung	Mitarbeiterdarlehen	Belegschaftsaktien
Unternehmungsgewinnbeteiligung	Netto- oder Rohertragsbeteiligung	Kostenersparnisbeteiligung	Mitarbeiter-, Obligationen- und Schuldverschreibungen	stille Beteiligung
Substanzgewinnbeteiligung	Wertschöpfungsbeteiligung	Beteiligung am Produktionsvolumen		Genussscheine
				Genossenschaftsanteile
				GmbH-anteile
				indirekte Beteiligung über Mitarbeitergesellschaft

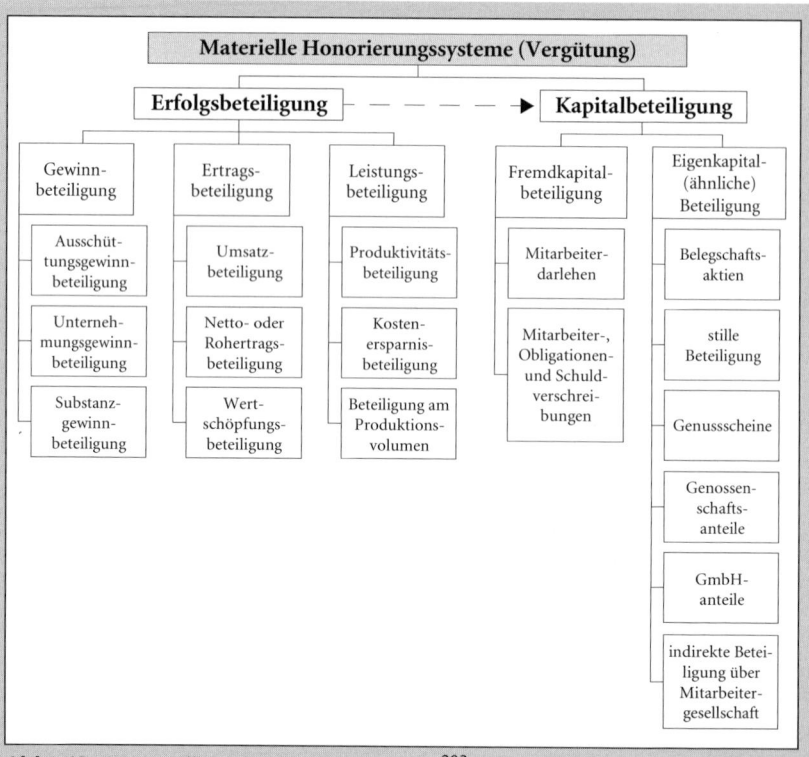

Abb. 63: Materielle Honorierungssysteme[203]

Materielle Honorierungssysteme (Vergütung)			
Grundgehalt	variable Vergütung		Zusatzleistungen
• Festgehalt • Festgratifikationen (z. B. Urlaubs- oder Festtagsgratifikationen)	• leistungsorientierte Vergütung • Kapital- und Erfolgsbeteiligungen ausdifferenziert nach:		• Versorgungsleistungen (z. B. Versicherungen) • Nutzungsleistungen (z. B. Firmenwagen)
	zeitlichem Bezug	Bezugsebene	
	• spontan: z. B. Anerkennungsprämie • kurzfristig operativ: z. B. Bonus, Erfolgsanteil • langfristig strategisch: z. B. Incentives	• individuelle Leistung • teamorientiert • abteilungsbezogen • Unternehmensebene	
Direkter Anteil			Indirekter Anteil

Abb. 64: Materielle Beteiligungssysteme für Mitarbeiter[204]

- **Anreizsysteme für Leistungsträger**

Das Fehlen von Möglichkeiten variabler Vergütungen, wie z. B. Leistungsprämien oder Stock-Options[205], wirkt gerade für Leistungsträger demotivierend. Auch fehlende Auswahl gehört dazu. In Ergänzung zu der Grundvergütung tragen variable Entlohnungssysteme gerade für Leistungsträger zu deren (Re)-Motivation bei. Zusätzlich zu variablen, eher kurzfristigen Bonuszahlungen können dazu langfristige Anreize, z. B. aktienkursorientierte Anreizsysteme wie Aktienpläne verwendet werden. Zu diesen variablen Bestandteilen können noch verschiedene Zusatzleistungen (z. B. Firmenwagen, individuelle Urlaubsregelung, Versicherungen, Altersversorgung) gewährt werden.

Bei langfristigen, leistungsbezogenen Anreizsystemen wird die Honorierung auf die Erreichung präzise definierter Ziele ausgerichtet (z. B. Wachstumsziele für 3 Jahre). Je nach Zielerreichungsgrad und Höhe der Aktienkurse erhalten die Leistungsträger (oft sind nur Führungskräfte angesprochen) eine bestimmte Anzahl vorher festgelegter Aktien (Performance Share Plans) oder Beteiligungseinheiten (Performance Unit Plans), deren Wert nicht vom Aktienkurs, sondern z. B. vom Gewinn abhängig ist. Schließlich können Leistungsträger an periodischen Entwicklungen nach operativen Erfolgskriterien beteiligt werden (Deferred Compensation Systems). Dabei kann sich der Wert von zurückgestellten Bonizahlungen entsprechend der Veränderung des Jahresergebnisses positiv oder negativ verändern. Diese Form wird oft zur betrieblichen Altersversorgung, i. S. einer Anwartschaft auf Versorgungsleistungen eingesetzt.[206]

Zur **Kritik** an solch langfristigen, leistungsbezogenen Anreizsystemen wird darauf verwiesen, dass das Streben nach Steigerung operativer Leistungsergebnisse strategisches Leistungsverhalten verhindern bzw. zu Zielkonflikten führen kann.[207] Mit dem häufigen Wechsel von Positionen oder Unternehmen der Leistungsträger geht eine Orientierung am kurzfristigen Erfolg einher. Strategische Erfolge werden aber oft erst nach Jahren bewertbar. Anreize wirken jedoch am stärksten, wenn sie direkt erfolgen.[208]

Solange strategische Vergütungssysteme nicht die intrinsische Orientierung stören oder verdrängen[209], stellen sie einen heute bevorzugten Beitrag zur Demotivationsprävention und -überwindung bzw. Remotivierung von Leistungsträgern dar.[210]

- **Cafeteria-Systeme zur Demotivationsüberwindung und Remotivation**

Sie sollen eine bessere Anpassung der Sozialleistungen an die Bedürfnisse der Mitarbeiter sichern. Dabei wollen sie die Nutzenwirkungen betrieblicher Leistungsanreize und Wertschöpfung verbessern, ohne das Budget zu erhöhen.[211] Grundgedanke ist die Wahlfreiheit zwischen verschiedenen Entgeltbestandteilen (z. B. Leistungsanreizen oder Sozialleistungen), bei der unterschiedliche Einzelbedürfnisse und -präferenzen der Mitarbeiter berücksichtigt werden.[212]

Cafeteriasysteme kommen als optionsfördernde **Flexibilisierungsmaßnahme** den Selbstbestimmungsinteressen und Bedürfnissen nach Eigenverantwortung entgegen. Mitarbeiter sind damit nicht nur Entgeltempfänger, sondern auch »**Entgeltgestalter**«.[213] Aus remotivationspraktischer Perspektive sollten die verschiedenen Optionen und deren Möglichkeiten und Wirkungen für potenzielle Nachfrager transparent und verständlich sein.

Gestaltungspraxis

Jedoch sind auch **Nachteile**, wie der deutlich höhere Verwaltungsaufwand durch individuelle Beratung und Auswahl, aufwändige Abrechnungen[214] sowie höhere Intransparenz zu beachten.

2.5 Intrinsische und extrinsische Orientierung

Bei mündigen, mitverantwortlichen Mitarbeitern kann von einem relativ hohen Grad an Selbst(re-)motivation ausgegangen werden.[215] Je intensiver das Gefühl der eigenen Tüchtigkeit (Kompetenzerleben) und je ausgeprägter eine Selbstbestimmung im Erleben ist, umso stärker ist der Mitarbeiter motiviert bzw. (re-)motivationsbereit. Entscheidend ist damit die innere Lokalisierung der Ursachenfaktoren, die der Handelnde für das angestrebte oder erreichte Ergebnis verantwortlich macht.[216] Eine intrinsisch motivierte Arbeitseinstellung erhöht Wohlbefinden, verbessert Lernfähigkeiten und verringert Überwachungs- und Disziplinierungskosten.[217] Dazu treten eine bessere Nutzung gemeinsamer Ressourcen und erhöhtes Engagement für »multiple/fuzzy tasking« bei nicht eindeutig messbaren Aufgaben und Zielen. Schließlich geht mit einer intrinsischen Orientierung auch eine bessere Übertragung von implizitem Wissen sowie erhöhte Kreativität und Innovativität einher.[218]

- **Nachteile extrinsischer Motivation**

Der Primat intrinsischer (Selbst-)Motivation entspringt auch der Kritik an extrinsischer Motivierungspolitik, die allein mit Belohnung und/oder Sanktionierung (Strafe bzw. Belohnungsentzug) die Mitarbeiter zu bestimmten Verhaltensweisen zu bewegen. Dieser Ansatz kann über verschiedene demotivationsrelevante Aspekte kritisiert werden:

– Extrinsischen Motivierungsversuchen liegt ein einseitiges, oft ökonomistisches Menschenbild zugrunde. Es wird unterstellt, dass (demotivierte)

Menschen nicht gerne freiwillig arbeiten wollen (Theorie X) und deshalb mittels Belohnung oder Bestrafung dazu angereizt werden müssen.
- Belohnungen untergraben das Interesse an der Arbeit und vermitteln den Eindruck, man sei »fremdgesteuert«.[219] Sie verdrängen dann die intrinsische Motivation besonders, wenn ein Mitarbeiter:[220]
  a) zuvor ein signifikantes Maß an intrinsischer Arbeitsmotivation zeigte
  b) durch die extrinsische Motivierung seine Selbstachtung und Selbstbestimmung eingeschränkt wird (Fremdsteuerung)[221]
  c) ein impliziter Vertrag verletzt wird, der auf gegenseitiger Wertschätzung des Engagements beruht, die Beweggründe des Engagements (z. B. Freude an der Arbeit) nicht gewürdigt, sogar missachtet werden.
  d) mögliche Referenzgrößen eine unfaire Wahrnehmung erleben lassen (z. B. ist die Lohnerhöhung kleiner als erwartet, sinkt die Motivation in dem Maße, wie das Individuum dies als unfair im Vergleich zu Lohnveränderungen von Kollegen wahrnimmt)
- Äußere Belohnungen motivieren kurzfristig, werden mit der Zeit allerdings immer selbstverständlicher und büßen damit ihre motivierende Wirkung ein.
- Belohnungen beeinträchtigen die Teamkooperation und das Arbeitsklima, wenn gute Netzwerkbeziehungen der »Jagd nach Belohnungen« zum Opfer fallen.
- Umfassende Belohnungssysteme werden – nach dem homo-oeconomicus-Menschenbild – als Allheilmittel (z. B. gegen Demotivation) angesehen. Man versucht damit Probleme zu lösen, die oft jedoch ganz andere Lösungen verlangen, wie systematisches Feedback, soziale Unterstützung oder Spielräume zur Selbstbestimmung.
- Belohnungen schwächen oft die Risikofreude und hemmen damit unternehmerisches Denken und Handeln[222] (z. B. für ein Remotivationsengagement)

• **Vorteile extrinsischer Motivation**

Sie kann z. B. disziplinierend auf unkontrolliertes Verhalten wirken und eine inhaltliche Flexibilisierung der Handlungsziele auch für Remotivation begünstigen. Anreize dienen, direkt oder indirekt, auch als Mittel zur Bedürfnisbefriedigung. Dies berücksichtigt den subjektiven Nutzen für das individuelle Handeln. Mit extrinsischen Anreizen wird auch der Wert einer Leistung mit remotivierenden Effekten dokumentiert. Schließlich können Belohnungen intrinsische (Re-)Motivation aktivieren. In Verbindung von Selbstbestimmung und Kompetenzerleben bewirken extrinsische Anreize, dass unvertraute oder als Überforderung empfundene Aufgaben oder ein remotivierendes Engagement eingegangen wird. Unter spezifischen Bedingungen können Anreize auch intrinsische Motivation kräftigen (**Verstärkungseffekt**).[223]

Diese »verborgenen Gewinne von Belohnung« sind Gegenstück zu »verborgenen Kosten der Belohnung«. Das Verhältnis beider ist jedoch nicht symmetrisch, da Arbeitsmoral leichter zerstört als aufgebaut wird! Schwierigkeiten und Unwägbarkeiten bei der Verdrängung der intrinsischen Motivation (Verdrängungseffekt) müssen mit den Wirkungen von Sanktionen (Disziplinierungseffekt) sowie dem Aktivierungspotenzial intrinsischen Erlebens »aufgerechnet« werden. Erst so kommt man zu geeigneten Anreizsystemen. Verlässliche Voraussagen über die Bedingungen eines positiven Nettoeffektes dieser Einflussfaktoren gibt es allerdings nicht.[224] Um diesen zu gewinnen, kommt es auf eine **situations- und mitarbeiterspezifische Anwendung** von extrinsischen Maßnahmen an. So treten extrinsische Belohnungen bei Mitarbeitern mit akutem Einkommensbedarf in den Vordergrund. Intrinsische Motivation sollte aber nicht durch unangebrachte Belohnungen untergraben werden.

Insgesamt bleibt festzuhalten, dass extrinsische Anreize nur begrenzt und sehr situations- und personenabhängig motivationssteigernd oder remotivierend wirken, ja sogar mit dysfunktionalen Nebenwirkungen und Demotivationsausweitung einhergehen können. Dieser Entwicklung kann man nicht mit einer bloßen Anpassung der Anreizkonzepte begegnen. Mitarbeiter werden sich z. B. kaum für die zielorientierte Erledigung »ihrer« Aufgaben motivieren lassen, wenn sie sich weder mit Zielen noch mit Aufgaben identifizieren können. Im Rahmen der Motivierungspolitik zum Abbau von Demotivation fehlen daher weniger zusätzliche Anreize, als vielmehr das grundsätzliche **Überdenken von häufig »ausgereizten« Anreizkonzepten.**[225]

Die **Beschränkung auf zwei Motivationsklassen** – extrinsisch und intrinsisch – führt zudem dazu, dass andere Begründungen des Verhaltens nicht genügend beachtet werden, obwohl sie für Remotivation relevant sind. Dazu zählt z. B. der Beitrag zu einem Gruppenziel sowie Dissonanzen von wahrgenommenen Ordnungen oder Arbeitskontexten.[226] Auch sollten gestaltpsychologische[227] und attributionstheoretische Ansätze stärker berücksichtigt werden.[228] Damit kann anstelle einer strikten Trennung zwischen extrinsischer und intrinsischer Motivation bestimmt werden, in welchen Situationen der Eigenanteil aus motiviertem Verhalten größer ist als der Beitrag fremdvermittelter Motivation; oder ob Ursachen des Verhaltens eher sich selbst oder Umweltfaktoren zugeschrieben werden.

Da intrinsische Motivation freiwillig ist, kann sie nicht einfach »erzeugt« oder nur äußerlich gefordert werden. Vielmehr können günstige Voraussetzungen für ihr Entstehen geschaffen sowie (demotivierende) Verdrängungseinflüsse vermieden oder abgebaut werden.

Im Folgenden werden verschiedene Faktoren, die für die Erhöhung und die Verdrängung von intrinsischer Motivation relevant sind, zusammengefasst. Je höher das Niveau, desto größer ist entsprechend der Raum für deren Verdrängung.[229]

- Faktoren die das Niveau der intrinsischen Motivation beeinflussen:
  - persönliche Beziehungen und Kommunikation:
    Je kontaktintensiver desto intensiver ist auch die intrinsische Motivation
  - Partizipation und Teamqualität:
    Je höher die Beteiligung an Planung und Entscheidungen sowie die Qualität des Teams, desto höher die Bereitschaft sich intrinsisch zu engagieren und desto geringer der Widerstand im Umsetzungsprozess
  - Interesse an der Tätigkeit und dem Erfolgserlebnis:
    Je höher das Wissen und die Verantwortung für eine als bedeutsam angesehene Arbeit und umso intensiver das Erfolgserlebnis desto stärker die intrinsische Motivation
  - empfundene Fairness/Verteilungsungerechtigkeit

- Faktoren, die intrinsische Motivation des Mitarbeiters verdrängen:
  - **unfaire Behandlung:**
    Fühlen sich Beschäftigte ungerecht behandelt, sinkt ihre intrinsische Motivation, z. B. wenn die Entlohnung als ungerecht beurteilt wird. Auch reduziert fehlende Verteilungsgerechtigkeit (z. B. Unterbezahlung relativ zu Vergleichspersonen) die Leistung der betroffenen Mitarbeiter. Überbezahlung führt nur kurzfristig zu einer Leistungssteigerung.[230] Die empfundene Lohngerechtigkeit ist eine Frage fairer Prozesse, z. B. wenn berechtigte Ansprüche geltend gemacht werden können.[231]
  - **Bürokratisch uniforme Behandlung:**
    Je einheitlicher die externe Intervention desto stärker wird die intrinsische Motivation derjenigen Beschäftigten verdrängt, die überdurchschnittlich motiviert sind. Sie empfinden, dass der Arbeitgeber ihr Engagement nicht spezifisch honoriert.
  - **Belohnung versus Befehl:**
    Befehle werden oft als kontrollierende Einschränkungen von Selbstbestimmungsmöglichkeiten empfunden. Mit ihnen kann ein hoher Verdrängungseffekt von intrinsischer Motivation und damit Leistungsrückgang bis zur Demotivation einhergehen.

VI.
Strukturell-systemische Führung zum Demotivationsabbau und Remotivation

- **Bonussysteme/variable Leistungslöhne:**
  Je enger eine Belohnung mit der zu erbringenden Leistung verknüpft ist desto eher wird intrinsische Motivation verdrängt. Dieses Argument spricht für Zeitlohn und gegen Bonussysteme in Situationen, in denen mit hoher intrinsischer Motivation gerechnet werden kann. Variabler Leistungslohn kann zudem nur unter eingeschränkten Bedingungen die Leistung der Mitarbeiter steigern.[232]

- **Intrinsische und extrinsische Motivation und Demotivation**

Gestaltungspraxis

Demotivation vorrangig über Unterstützung extrinsischer Erfolgs- und Belohnungskalküle auszugleichen oder abschaffen zu wollen, kann sich kontraproduktiv auswirken. Eine bloßer äußerer Ausgleich von beeinträchtigten intrinsischen Faktoren durch extrinsische Anreize (z. B. als »Schmerzensgeld«) trifft nicht die Demotivationsursachen. Oft ist es hier der interpersonelle Vergleich mit anderen (Kollegen, Führungskräften), der über empfundene Ungerechtigkeiten demotiviert.

Mit der Begrenztheit des rational-ökonomischen Grundmodells und extrinsischen Motivierungskonzepten sowie der Entwicklung eines neuen Arbeitsverständnisses[233] wird der Ausbau intrinsischer Motivation und Belohnung zur Vorbeugung wie zum Abbau von Demotivation an Bedeutung gewinnen.[234]

Zur Vorbeugung und Abbau von Demotivation sowie als Teil von Selbstmotivierung gehören zum **Erleben von intrinsischen Belohnungen:**[235]

- angemessene Gelegenheiten und Entscheidungsmöglichkeiten bei der Auswahl, Gestaltung und Entwicklung eigener Arbeitstätigkeiten
- ein Gefühl für die Bedeutung des Arbeitszwecks, z. B. als Teil des Wertschöpfungsprozesses
- befriedigendes Kompetenzempfinden bei Arbeitsdurchführung im sozialen Kontext
- Erleben von Fortschritt bei der Erreichung der Aufgabenziele und -zwecke
- Erfahrung eines einflussreichen eigenen Beitrags zum konkreten Demotivationsabbau und Remotivationsengagement.

2.6 Strategien der Konflikthandhabung

Konflikthandhabungen wollen manifeste »Demotivationskonflikte« vermeiden, beenden oder mindern *(vgl. Kapitel II., 8 Dimensionen und Arten von Demotivationskonflikten)*. Konfliktmanagement stellt dazu Aktivitäten bereit, die eine Organisation planmäßig auf den Umgang mit »Demotivationskonflikten« vorbereitet und konkrete Präventions- und Gestaltungsmöglichkeiten vermittelt. Denn Konflikte können eskalieren und so Demotivation noch verstärken und hohe Folgekosten bewirken. Ein Konfliktmanagement will diese Konfliktkosten gering halten und zur Nutzensteigerungen über »Win-Win-Situationen« beitragen.[236] Nicht »Demotivationskonflikte« als solche stellen eine Bedrohung der Organisation dar, sondern die Ineffizienz dauerhafter Verdrängung bzw. mangelnder Verarbeitung. Konflikte werden durch folgende Verhaltensweisen **verdrängt oder »umgangen«**:

- Rückzug (z. B. durch Anpassung des Anspruchsniveaus, Isolation oder Distanzierung der Betroffenen)[237]
- Ausweichen (z. B. durch Vermeiden, Umleiten, Verschieben oder aktives Leugnen von offenbaren Demotivationskonflikten)
- Gleichgültigkeit (z. B. durch passives Ignorieren von akuten Demotivationskonflikten)
- unreife Konfliktbewältigung (fauler Kompromiss, Ersatzlösungen, projizierende Abwehrmechanismen)

Solche Verdrängung löst nicht die zugrundeliegenden Ursachen und Probleme. Unausgesprochene und ungelöste innerbetriebliche »Demotivationskonflikte« beeinträchtigen einen kooperativen und produktiven Arbeitsablauf. Auch latente Konflikte wirken indirekt demotivationsverstärkend. **Überwindung der Konfliktverdrängung**[238] heißt deshalb das Ziel, um zu einer nachhaltigen Konfliktlösung bzw. einem »Konfliktoptimum« zu kommen.[239] Dies kann durch folgende Schritte erreicht werden:

- offenes Aussprechen von Gedanken und Gefühlen, die mit Demotivationskonflikten einhergehen. Das setzt eine vertrauensvolle Atmosphäre voraus.
- gemeinsames Rekonstruieren der dynamischen Episoden vor und während des Konfliktes im Zusammenhang mit seinem Ursache-Wirkungskontext
- aufzeigen, wie sich »Demotivationskonflikte« manifestieren und welches Eskalationspotenzial sie mit sich bringen
- vorausschauendes Bedenken möglicher Implikationen und Auswirkungen von Demotivationskonflikten als Vermeidungsstrategie

Öffnen sich Demotivierte aktiv für Konflikte (Konfliktbewusstsein) und entwickeln sie einen konstruktiven Umgang mit ihnen (Konfliktfähigkeit), wird eine Lösung von Demotivationskonflikten gefördert. Wie diese konkret ausgetragen und gehandhabt werden, hängt von Persönlichkeitsfaktoren der Beteiligten, vom praktizierten Führungsstil und -kultur, der

VI.
Strukturell-systemische Führung zum Demotivationsabbau und Remotivation

Organisationsform sowie der vorherrschenden Unternehmensphilosophie und -kultur ab. Dazu treten die subjektive Bedeutung des Konfliktgegenstandes und Fragen der eingeschätzten Handhabungskosten sowie Erfolgschancen.[240]

Konstruktives Konfliktmanagement findet statt über ein Aushandeln von »fairen«, möglichst verlustarmen Kompromissen sowie die »Aufteilung« gemeinsamer »Verluste« und »Gewinne«. Gemeinsam entwickelte Konfliktlösungen werden auch eher anerkannt, fördern Vertrauen und stärken die Kooperations- und Remotivationsbereitschaft. Damit können auch Veränderungsbarrieren gelockert und die Beteiligten und die Organisation aus demotivierender Erstarrung oder Unproduktivität herausgeführt werden. Frühzeitig ergriffene konstruktiv-kooperative Handhabungsformen[241] tragen dazu bei, Potenziale von Demotivationskonflikten in sachgemäße und aufbauende Bahnen überzuführen. Dies zeigen auch spieltheoretische Simulationen. Frühzeitiges Angehen von Konflikten senkt die Kosten und erhöht die Konfliktlösung erheblich.[242]

Konflikte können auch durch kooperative **Selbststeuerung oder Fremdsteuerung** (z. B. über Vorgesetzte oder Drittparteien) bewältigt werden.

- **Selbstgesteuerte Handhabung von Demotivationskonflikten**

Im Rahmen vorgegebener oder vereinbarter Kooperationsstrukturen (z. B. Aufbau- und Ablauforganisation, Richtlinien für Zusammenarbeit) ist die verstärkte Selbststeuerung durch Betroffene die zweckmäßigste Form zur Konflikthandhabung. Die Beteiligten sind dabei zugleich persönlich Betroffene und Handelnde. Sie versuchen bei konfligierenden Zielsetzungen und Interessen oder begrenzten bzw. widersprüchlichen Informationen und Bewertungen selbst einen handlungsfähigen Konsens zu erreichen.

Vorteile kooperativer Selbststeuerung bei Demotivationskonflikten sind:

– selbsterarbeitete Konfliktlösungen erfahren mehr Akzeptanz, erzeugen mehr eigene Verpflichtung (Commitment)[243] und sind längerfristig stabil und u. U. schon demotivationspräventiv
– demotivationsangepasste Konflikthandhabung ermöglicht situations- und bedürfnisgerechtere Lösungen
– gemeinsame Lösungen erhöhen die Konfliktprävention und fördern eine remotivierende Zusammenarbeit
– sie entspricht den wachsenden Wünschen nach mehr Selbstverantwortung, und sie entlastet Führungskräfte

Folgende **Regeln zur selbststeuernden Konfliktbewältigung** sind dazu hilfreich:

Mit leichten Punkten beginnen, die eine rasche Einigung zulassen
Gemeinsame Konfliktbewältigung entwickelt sich oft erst beim Verhandeln. Gelingt es, einen ersten Fortschritt zur Klärung von Demotivationskonflikten zu erzielen, so ermutigt das zu weiteren Schritten. Strittige Themen kann man zerlegen und zunächst die einfacheren Aspekte »abarbeiten«.

Zwei-Phasen-Abfolge
Zunächst hilft ein phasenorientiertes Vorgehen: z. B. gemeinsame Ziele zur Bewältigung von Demotivationskonflikten benennen und erst dann auf Details eingehen.

Verhandlungsabfolge festlegen
Damit kann man eine zersplitternde Diskussion der verschiedenen Aspekte von Demotivationskonflikten verhindern. Kein Element des Endergebnisses kann endgültig gebilligt werden, bevor nicht alle Punkte der »Demotivationskonflikte« diskutiert wurden. Damit kann man auch früher diskutierte Punkte mit den späteren vergleichen.

Trennung von Diskussion und Lösung
Um neue Lösungen zur Überwindung von Demotivationskonflikten zu suchen, kann man zunächst die Konfliktthemen diskutieren. Man muss nicht über jeden Punkt sofort Einigung erzielen. Demotivationskonflikte und -probleme sollten aus verschiedenen Perspektiven beleuchtet werden, um akzeptable Lösungsmöglichkeiten zu erkennen.

Konfliktträger und einigende Verhandlungsführung teilen
Ein Verhandlungsführer wird seinen Standpunkt verteidigen, sollte aber auch auf die Argumente der Gegenseite eingehen. Oft ist es schwierig, ein Gleichgewicht zwischen »Härte« und Entgegenkommen zu finden. Dazu können sich auch zwei Personen die Verhandlungsführung teilen: die eine vertritt mit Nachdruck die eigenen Interessen, während die andere Einigungsmöglichkeiten auslotet.

Konfliktanalyse durch gefühlsgeladenen Konfliktausdruck ergänzen
Auch wenn die Verhandlungen sachlich geführt werden, löst gerade eine rationale Argumentation bei der Gegenseite oft nicht die notwendige Betroffenheit aus, die sie zum Einlenken bewegt. Dies können emotionale Äußerungen erreichen: z. B. wie sehr die momentane Demotivationssituation belastet oder wie man sich durch die Gegenpartei persönlich missverstanden oder angegriffen fühlt.

Für entspannte Atmosphäre sorgen
Man sollte genügend Zeit haben, sich auch informell zu unterhalten (z. B. beim Essen); was die Stimmung verbessert.

Rollentausch praktizieren
Hierbei formieren die Beteiligten die Standpunkte der jeweiligen Gegenpartei. Dies erhöht das Verständnis für die Position der Gegenpartei – weil man sich differenziert mit deren Demotivationsproblemen und Argumenten auseinandersetzen muss.

VI. Strukturell-systemische Führung zum Demotivationsabbau und Remotivation

Abb. 65: Regeln zur selbststeuernden Konfliktbewältigung[244]

- **Fremdsteuerung**

Gelingt es nicht, Demotivationskonflikte selbstgesteuert zu lösen, kommt ergänzende Fremdsteuerung über Führung zum Einsatz. Diese konzentriert sich auf folgende Aspekte:

- Abbau von demotivationsspezifischen Belastungen der lateralen Beziehungen (z. B. solche, die durch strukturelle Regelungslücken, Abhängigkeiten von Kooperationspartnern entstehen)
- strukturelle Führung schafft (z. B. über strategische Richtlinien und Programme oder Gestaltung der Ablauforganisation) günstige Kooperationssituationen zur Konfliktlösung und verstärkter Selbststeuerung.[245] Dies kann durch Unterstützung abteilungsinterner und -übergreifender Zusammenarbeit ergänzt werden.[246]
- interaktive Führung begünstigt direktes Kooperationsverhalten. Dabei geht es besonders um Interpretation, individuelle Anwendung und situative Modifikation der Strukturführung. Innerhalb des strukturellen Handlungsspielraumes gestalten Vorgesetzte auch die gruppendynamischen Konfliktbeziehungen der Betroffenen. Dies wird durch Konfliktanalysen bzw. -handhabungen unterstützt.[247]

Gestaltungspraxis

- **Strategien zur Handhabung von Kooperationskonflikten:**

- Demotivationspräventive Personalpolitik durch Personalselektion, -einsatz und -entwicklung[248], die sich auf Kooperationsfähigkeit und Konsensbereitschaft ausrichten
- Klare Ziel- und Mittelabstimmung, demotivationsproblematische Ziel-/ Prioritätskonflikte offenlegen; bei vagen Zielen intensive Prozesskoordination
- Minimierung organisatorischer und persönlicher Beziehungen zur Vermeidung von demotivationsbegünstigenden Schnittstellen durch klare Aufgaben- und Kompetenzabgrenzungen
- Dezentralisierung von Potenzialen für Demotivationskonflikte (z. B. über Projekt- oder Center-Organisation oder integrierte Teams)
- Zentralisierung von unlösbaren Demotivationskonflikten durch hierarchische (Entscheider) oder vermittelnde Konfliktlösung (z. B. Schiedsrichter, Schlichtung durch unbeteiligte Dritte)
- Förderung einer Konfliktlösungskultur durch Konzentration auf »gemeinsamen Nenner« oder Koalitionen bzw. Integration durch Betonung gemeinschaftlicher Werte, Ziele, Aufgaben oder Verpflichtungen gegenüber Bezugsgruppen (v. a. Kunden)
- Förderung der Zusammenarbeit nach der »goldenen Regel«: »Wie du

mir, so ich dir« (»tit for tat«), allerdings mit positivem Kooperationsangebot[249]
- Verhandlungen (z. B. »Verhandlungspakete schnüren«, »Ausgleichszahlungen«, »günstige Situationen abwarten«; Harvard-Konzept anwenden).[250]

Auch **Vorgesetzte** können eine **Schlichterfunktion** bei der Handhabung von Demotivationskonflikten einnehmen, sofern unbefangenes und gerechtes Verhalten die notwendige Akzeptanz sichert.[251] In ihrer Schiedsrichterrolle klärt die Führungskraft z. B. Ursachen von Demotivationskonflikten oder mehrdeutige Interpretationen von Verantwortlichkeiten. Auch bei Ressourcen-, Verteilungs- und Prioritätskonflikten kann sie zwischen Mitarbeitern vermitteln.[252] Immer wieder auftretende oder unlösbare Demotivationskonflikte oder eine fehlende Bereitschaft zur Konfliktüberwindung der Konfliktparteien erfordert ein **direktes Eingreifen der Führung**. Interaktive oder strukturelle Führungsmaßnahmen kommen auch bei abteilungsinternen oder bereichsübergreifenden Konflikten zum Einsatz.[253] Da konfliktreiche Verhaltensprozesse zwischen Organisationseinheiten häufig durch psychologische und sozio-kulturelle Rollenmuster bestimmt sind, sind dann strukturelle Maßnahmen zu deren Handhabung notwendig.[254]

Mischformen des strukturellen und interaktiven Führungseinflusses ergeben sich, wenn auf Wunsch der Beteiligten, zentrale Stellen oder Mittlerpersonen als Schlichter, Schiedsrichter oder Strukturförderer tätig werden. Als ein Mittel bietet sich die **Mediation**[255] als bewährtes Verfahren an. Dabei versuchen ein oder mehrere neutrale Dritte (Mediatoren), die sich im Streit befindenden Parteien auf dem Weg zur Einigung zu helfen.[256]

Als **Grundsätze der Mediation** gelten:

- Mediation ist Prozessbegleitung und -strukturierung. Der Mediator bleibt unparteiisch und hat keine Entscheidungskompetenz, was den Konflikt betrifft. Die Inhalte der Mediation bestimmen die Konfliktparteien.
- Die Betroffenen beteiligen sich freiwillig am Mediationsprozess, wirken gleichberechtigt mit; bleiben eigenverantwortlich und nutzen ihre eigene Kompetenz zur Konfliktlösung
- Die Gespräche sind nicht-öffentlich und vertraulich, sofern die Beteiligten nichts anderes vereinbaren.
- Die Konfliktbearbeitung ist zukunfts- und konsensorientiert und zielt auf (vertragliche) Vereinbarungen ab. Das Vorgehen ist dabei kooperativ, d.h. keiner soll auf Kosten des anderen gewinnen. Stattdessen werden individuelle und gemeinschaftliche Interessen bestmöglich berücksichtigt.

VI. Strukturell-systemische Führung zum Demotivationsabbau und Remotivation

– Um zu »Win-Win-Lösungen« zu kommen, werden auch tieferliegende Interessen und Konfliktursachen sowie die Gefühlsebene angesprochen.

Mediatoren verwenden für ihre Arbeit die Instrumente der Moderationstechnik und Erkenntnisse der Kommunikationspsychologie sowie der Gruppendynamik. Außerdem nutzen sie ihre Kenntnisse verschiedener Möglichkeiten der Verhandlungsführung. **Aufgaben und Verhaltensweisen der Mediatoren**[257] beschränken sich auf die Rolle als Katalysator ohne eigenen Machtanspruch und ohne Beziehungsverflechtung. Sie ermöglichen eine konstruktive Atmosphäre und unterstützen eine an Interessen und nicht an Positionen orientierte Auseinandersetzung mit den Demotivationskonflikten bzw. Verhandlungen über Remotivationsansätze.

Gestaltungspraxis

Folgende **Methoden und Verhaltensweisen** fördern die Problemlösung und Konsensfindung:[258]

– Demotivationskonflikte so benennen, dass sich Einzelne oder die Gruppe auf die Lösung konzentrieren
– Brainstorming nutzen, um Alternativen zu Demotivationsproblemen zu entwickeln und konzeptionell Problemlösungen zu suchen
– Verwendung von hypothetischen »Was-wäre-wenn«-Fragen, um Perspektiven zu erweitern
– durch Nachfragen die Annahmen der Beteiligten zu Demotivationskonflikten auf Stichhaltigkeit prüfen
– zwischen unverzichtbaren und wünschenswerten Kriterien zur Bewältigung von Demotivationsproblemen unterscheiden sowie Zeitlimits nutzen
– Konsequenzen der Nichteinigung von Demotivationskonflikten aufzeigen
– Unterstützung bei Neubewerten von Bedürfnissen, Bestimmung von Prioritäten oder Rangfolgen von Anliegen, Ideen und Optionen bei konfliktreichen Demotivationsproblemen
– für den Evaluationsprozess werden Ideen zur Konfliktlösung in Kategorien und Gestaltungsvorschlägen zusammengefasst

Ein effektiver Einsatz dieser Methoden und Verhaltensmuster stellt besondere **Anforderungen** an die **Mediatoren**. Dazu gehören vielfältige Diagnose-, Kommunikations- und Moderationsfähigkeiten sowie Verhandlungskompetenzen.[259]

- **Vorteile der Mediation**

    – Hohe direkte und indirekte Kosten, die durch Demotivationskonflikte und ihren Folgen entstehen (z. B. Produktivitätsausfälle, Mobbing,

Anwalts- und Gerichtskosten), können bei der Mediation verhindert oder reduziert werden.
- Zeit- und Personalaufwand sind im Vergleich zu anderen Verfahren geringer, es werden schneller erste Lösungsmöglichkeiten sichtbar.
- Das Verfahren trägt zum Wiederaufbau tragfähiger Beziehungen zwischen Konfliktparteien bei, die zukünftige Zusammenarbeit ermöglicht und damit wiederum demotivationspräventiv ist.
- Beteiligten einer Übereinkunft halten sich eher an die Vereinbarungen, weil sie selbst für das Ergebnis mitverantwortlich sind.
- Mediation regt darüber hinaus Lernprozesse zur Kommunikations- und Konfliktfähigkeit an, die für zukünftige Konfliktlösungen nützlich sind.

- **Grenzen der Mediation**
- Die Beteiligung am Mediationsprozess ist freiwillig
- Mediation erfordert einen Einigungswunsch aller
- Es bestehen anspruchsvolle Anforderungen an die Mediatoren
- Mediatoren haben keinen vertieften Einblick in eine spezifische Demotivationssituation und verfügen über keine Entscheidungsmacht

3. Organisationsgestaltung zu Demotivationsabbau und Remotivation

- **Definition:**

Unter »**Organisation**« kann ein zeitlich stabiles, gegenüber ihrer Umwelt offenes, aus Individuen und Gruppen zusammgesetztes, zielgerichtetes bzw. zweckrational agierendes und strukturiertes System verstanden werden.[260]

»**Arbeitskoordination**« und »**Organisationskultur**« erwiesen sich in unseren Untersuchungen als **stärkste aktuelle Motivationsbarrieren** der befragten Führungskräfte *(vgl. Kapitel IV., 2 Gesamtergebnisse der empirischen Untersuchung zu Motivationsbarrieren)*. Beide Bereiche betreffen aber auch organisationale Fragen (mangelnde Kooperations- und Konfliktlösungskultur sowie hemmende Bürokratie oder Misstrauenskultur, unproduktive Arbeitssitzungen, unklare Kommunikation und Kompetenzabgrenzung und problematische Schnittstellen) in der Prozessorganisation.

Demotivationsüberwindung und Remotivation sind ohne entsprechende Anpassung der Struktur- und Prozessorganisation kaum möglich. Diese umfasst Dezentralisierung und Entbürokratisierung, Flexibilisierung und Dynamisierung der Organisation sowie die Entwicklung neuer Organisationsformen. Im Weiteren werden daher zunächst organisationale Steuerungsformen, die Erweiterung der Handlungsspielräume und Formen der Selbstorganisation sowie laterale Netzwerke thematisiert. Anschließend werden Möglichkeiten der Organisationsentwicklung sowie des organisationalen Lernens im Hinblick auf Demotivationsabbau bzw. Remotivation diskutiert.

3.1 Organisationale Steuerungskonfigurationen und Führungsorganisation

Gestaltungspraxis

Neben Hierarchie und Bürokratie sind netzwerkartige und binnenmarktliche Koordinationsmechanismen grundlegende Steuerungsformen, die oft gleichzeitig in Unternehmen existieren, jedoch mit sehr unterschiedlicher Gewichtung.[261] In der folgenden Abbildung werden für die einzelnen Steuerungsformen die Legitimationsgrundlagen, Führungsphilosophie, Rollenschwerpunkte, Bezugsgruppenausrichtung sowie spezifische Qualifikationsindikatoren dargestellt. Ergänzt werden diese durch entsprechende HRM-Politikfelder, die situative Rahmenbedingungen und eine ergebnisorientierte Harmonisierung der Interessengruppen berücksichtigen.[262] Anschließend wird noch deren jeweilige »Demotivationsanfälligkeit« bzw. Relevanz für eine Demotivationsprävention bzw. -überwindung gezeigt.

Konzepte	Soziales Netzwerk	Interner Markt	Hierarchie	Bürokratie/ Technokratie
Legitimationsgrundlage	• Kooperation • Reziprozität • Verpflichtung • Gefühle • Solidarität	• Wettbewerb • Leistungen/ Kosten • Erträge/Gewinn • Subsidiarität	• Herrschaft • Entscheidungen/Weisungen/Anordnungen/Gehorsam	• Profession • Gesetze • Regeln/ Vorschriften/ Ordnung
Steuerungsmedium	• Vertrauen	• Geld	• Macht	• Funktionalität
Führungsphilosophie	• beziehungs-/ vertrauensorientiert	• Marktlogik/ Gewinnorientiert	• formell/ weisungsgerecht	• professionell
Rollenschwerpunkt	• Kollege/ Mitarbeiter	• Unternehmer/ Marktteilnehmer	• Untergebener/ Ausführender	• Mitglied einer Funktionseinheit
Vorherrschende Bezugsgruppenausrichtung	• »Selbst-«/ • Kollegen-/ • Mitarbeiter-/ • Vorgesetztenzufriedenheit	• Marktpartner-/ Kundenzufriedenheit	• Vorgesetztenzufriedenheit	• Professionelle Zufriedenheit • Systemloyalität

	Soziales Netzwerk	Interner Markt	Hierarchie	Bürokratie/ Technokratie
Konzepte				
Spezifische Qualifikationsindikatoren	• Beziehungsfähigkeit (soziale Kompetenz) • Individuelle und wechselseitige Unterstützung • Gesinnung/ Standhaftigkeit/ • Verständnis	• Innovationsfähigkeit/ • Risikobereitschaft • Durchsetzungsfähigkeit/ • Chancen-/ Gewinnorientierung	• Anpassungsfähigkeit/ -bereitschaft • Verlässlichkeit / • Operative Umsetzungsfähigkeit und -bereitschaft	• Kompetenz • Erfahrung • Verlässlichkeit • Regelorientierung • Formale Gerechtigkeit
HRM-Politikfelder				
Mitarbeitereinfluss	• Beratung • Konsens	• Verträge	• Anweisung	• Dienstweg
Personaleinsatz/ -politik	• Vertikaler und lateraler Einsatz nach Beziehungsfähigkeit, -erfahrung	• Einstellungen und Entlassungen nach Leistungsergebnissen und Bedarf	• Top-down bestimmter Einsatz	• Professionell und funktional bestimmter Einsatz und Aufstieg
Bezahlungspolitik	• Sozialgerechte Bezahlung (evtl. nach Sozialkompetenz, -kontakten)	• Leistungsgerechte Bezahlung • Erfolgsbeteiligung, • Kapitalbeteiligung	• Stufengerechte Bezahlung • materielle Anreizpolitik	• Anforderungsgerechte Bezahlung/ input-/outputorientierte Entgelte
Unternehmensspezifische Arbeitsorganisation	• Ganzheitliche Aufgabenorganisation • hohe Selbstabstimmung in Gruppen	• binnenmarktliche Arbeitsaufträge an Gruppen, Organisationseinheiten • Leistungsverrechnung	• hierarchisch zugeteilte Arbeitsaufträge an Einzelne oder Gruppen	• Hohe Arbeitsteilung • hohe Vorstrukturierung und Regelorientierung
Relevanz für Demotivationsüberwindung				
Demotivationsanfälligkeit/ Grenzen	• Relativ gering bis hoch je nach sozialer Qualität des Netzwerks • Gestörte soziale Beziehungen (z. B. Mikropolitik)	• Konkurrenz- und Marktdruck • Messbarkeit, Zurechenbarkeit, Abgrenzung	• Unzulängliches Führungsverhalten (z. B. Überwachung, Befehlswirtschaft)	• hemmende Bürokratisierung/ Technokratie • mangelnde Flexibilität und Kundenorientierung

VI. Strukturellsystemische Führung zum Demotivationsabbau und Remotivation

353

	Soziales Netzwerk	Interner Markt	Hierarchie	Bürokratie/ Technokratie
Relevanz für Demotivations-überwindung				
Möglichkeiten für Demotivations-prävention/ -abbau und Remotivation/ Vorteile	• kooperative und personen-gebundene Demotivations-prävention bzw. -abbau • soziale Remoti-vationsprozesse • Netzwerkvertie-fung, -verbesse-rung, -erweite-rung	• Barrierenabbau über erhöhte Selbstorganisa-tion der inter-nen Marktpart-ner • Aktivierung unternehmeri-schen Remo-tivationsverhal-ten durch Veränderungs-druck und An-reize	• Reduzierung von hierarchi-schem Einfluss • extrinsische Remotivierung • reifegradorien-tierte Führung	• strukturelle Demotivations-vorbeugung durch Kultur, Organisation, Strategie • Reduktion von bürokratischen und techno-kratischen Barrieren

Gestaltungspraxis

Abb. 66: Erweiterte Steuerungs- und Führungskonfiguration[263]

- **Interne soziale Netzwerkstrukturen im Zusammenhang mit Demotivation und Remotivation**

Bei unternehmensinternen, kooperativen sozialen Netzwerken – früher auch unter »Betriebsfamilie« thematisiert – stehen wechselseitige Kooperation, menschliche Begegnung und emotionaler Austausch, aber auch langfristige, nützliche Beziehungspflege im Vordergrund. Diese sind sowohl wegen ihrer demotivationspräventiven Funktion wie auch durch ihre gefühlsmäßige Einbindung für demotivierte Mitarbeiter sehr bedeutsam. Mit ihren emotional fundierten und längerfristigen Bindungen an interne Bezugsgruppen unterstützen sie eher personenorientierte Remotivationsmöglichkeiten als professionelle Bindung. In den dabei vorrangig sozialen Begegnungen wird nicht primär geldwert organisiert und gemessen; auch werden nicht nur Verhalten und Ergebnisse, sondern ebenso (vermutete) Motive und Absichten in die Bewertung der Transaktionen einbezogen. Vorherrschendes **Koordinationsmedium** ist hier das **Vertrauen**.[264] Das »soziale Networking« über das Medium »Vertrauen« zielt darauf, Synergien, Kooperation und freiwillige Koordination zu ermöglichen.[265] Zudem sind Sozialnetze im Vergleich zur hierarchischen Steuerung weniger weisungsorientiert und fremdorganisiert, dafür mehr abstimmungsorientiert und proaktiv, was gerade auch für eine verstärkt wechselseitige und kurzfristig **selbstorganisierte Remotivation** bedeutsam ist. Im Gegensatz zu bürokratischen und hierarchischen Strukturformen, erfordert eine sozial orientierte netzwerkförmige Organisation allerdings offene, kostenintensive Informations- und

Kommunikation. Sonst besteht die Gefahr, exklusiver Seilschaften bzw. Cliquen oder mikropolitischer Arenen. Ihre Art und Qualität beeinflusst oft die Realisationschancen der Remotivation. Sind die Netzwerke gestört oder Demotivierte von Ihnen ausgeschlossen, kehren sich die vielfältigen Vorteile um und wirken demotivationsverstärkend. Der soziale Verbund wird dann zu einem »Netz«, in dem sich demotivierte Mitarbeiter wie »gefangen« fühlen.[266]

- **Interne Märkte im Zusammenhang mit Demotivation und Remotivation**

Interne Marktsteuerung, insbesondere in Form von Kompetenz-, Wertschöpfungs- oder Profit-Centern als weitgehend autonome Erfolgseinheiten, findet man vermehrt seit den Strukturveränderungen der achtziger Jahre.[267] Über interne Märkte wird versucht, Macht als zentralen Koordinationsmechanismus zumindest teilweise durch das Steuerungsmedium Preis bzw. Geld zu ersetzen, meist über Verrechnungspreise.[268] Als Führungs- und Organisationskonzepte werden die internen Marktbeziehungen über Diversifizierung, Dezentralisierung, Steuerung über Ziele und Ergebnisse sowie pretiale Betriebslenkung[269] organisiert. Gegenüber klassischen Steuerungsformen können marktgesteuerte Koordinationsprozesse z. T. durch schnellere und kostengünstigere Selbstorganisation auch für den Demotivationsabbau zwischen den verschiedenen Akteuren ablaufen. Auch sind die Steuerungsleistungen des Managements geringer als in einem vorrangig hierarchisch oder bürokratisch strukturierten Unternehmen. Ein weiterer Vorteil interner Märkte für Demotivationsabbau und Remotivation liegt in der erhöhten Transparenz, die zur klaren Kommunikation, Beseitigung von Leistungsungerechtigkeiten sowie zureichende Anerkennung beiträgt.

Durch die Ausrichtung auf Marktmechanismen wird auch ein Veränderungsdruck ausgeübt, der unternehmerisches Remotivationsverhalten aktiviert.[270] Zu ähnlichen Effekten bzgl. Umsetzungsorientierung bemerkt Deters: »Es ist primär der ›Wind des Marktes‹ und der damit verbundene Erfolgsdruck des Marktes, durch den sich eine Lern- und Veränderungsbereitschaft entwickelt.«[271] Auch bei »lageorientierten«[272] Demotivierten wird so Remotivationsverhalten angeregt.

Andererseits gehen von diesem internen Konkurrenz- und Marktdruck auch belastende und demotivationsverstärkende Effekte aus. So können Mitarbeiter überfordert werden, im internen Markt zu bestehen. Auch werden spezifische Remotivationspraktiken unterdrückt, die der interne Markt nicht akzeptiert. So erscheinen langfristige oder aufwändige Remotivationsmaßnahmen (z. B. externe Qualifizierungsmaßnahmen) für Profitcenter im

VI.
Strukturell-systemische Führung zum Demotivationsabbau und Remotivation

internen Markt, mit ihrer kurzfristigen und kostenminimierenden Orientierung oft als zu teuer oder als nicht effizient. Für die Entwicklung von Kompetenzen zur Demotivationsüberwindung und Lernprozessen von Remotivationspraktiken sollten interne Marktmechanismen daher durch nicht-marktliche Koordination über interne soziale Netzwerke sowie durch Unterstützung intrinsischer Remotivation ergänzt werden.[273]

- **Kombination von internen sozialen Netzwerken und internem Markt**

    Zur Demotivationsüberwindung sollten die Vorteile beider organisationaler Steuerungsformen vereint und die jeweiligen Nachteile reduziert werden. Damit kann eine neue und spezifische **Mischkultur zwischen sozialem Tausch und internem Markt** entstehen. Man kann diese Konfiguration als »organisationsinterne soziale Marktwirtschaft« charakterisieren.[274] Ihre Besonderheit liegt in der Verbindung von Konkurrenz und Kooperation, also »co-opetition«. Grundlage der Verhaltenssteuerung ist eine Verknüpfung von »hard factors« (Leistungen, Erträge) und »soft factors« (Verpflichtung, Gefühle, Motive). Erstere regeln eine sachliche und ergebnisgerechte Zielausrichtung über eine marktlogische Steuerung. Letzere sorgen für eine stärkere und nachhaltigere – weil emotional fundierte – Einbindung gerade demotivierter Mitarbeiter bei arbeitsteiligen aber vernetzten Leistungsprozessen. Ein Zusammenspiel beider Steuerungsgrundlagen entspricht auch selbstorganisierten Ansätzen zum Demotivationsabbau und zur Remotivation, die auf aktive, kreative, problemlösende, kooperative und selbstständige Mitarbeiter setzen. Die erforderlichen Qualifikationen für solche organisationale Steuerung (z. B. Beziehungsfähigkeit, Vertrauen und Risikobereitschaft sowie Sozial- und Umsetzungskompetenz) sind auch für eine nachhaltige Demotivationsprävention und Remotivationspraxis fundamental. Deshalb sehen wir, wie auch befragte Praktiker[275], in diesem Arrangement eines »sozialen Binnenmarktes« eine erstrebenswerte Steuerungskonfiguration. Hierarchie und bürokratische Steuerung können zwar auch für krisenbedingte oder strukturell-formale Demotivationsüberwindung und Remotivation eingesetzt werden, erhalten aber eine nachrangige Bedeutung oder beschränken sich auf spezifische Anwendungen (z. B. bei extremer Demotivation oder formal zu regelnden Demotivationsproblemen).

Gestaltungspraxis

3.2 Erweiterung der Handlungsspielräume und Formen der Selbstorganisation

Wie die Entfremdungstheorien zeigten *(vgl. Kapitel III., 8)* und es sich auch empirisch bestätigte, *(vgl. Kapitel IV., 4.1 Arbeitskontext)* ist die selbstorganisierte Gestaltung des **Arbeitskontextes** sehr einflussreich für Demotivation. Unbefriedigende Handlungsmöglichkeiten fördern Unzufriedenheit, insbesondere wenn Veränderungswünsche nicht direkt umgesetzt werden können. Damit geht das Gefühl verloren, die (demotivierende) Arbeitssituation aktiv gestalten zu können bzw. sich selbstorganisiert zu remotivieren. Anspannungen, Belastungsgefühle und aufgestaute Energien (z. B. Aggressionen) verlagern sich dann oft auf zwischenmenschliche Beziehungen oder andere Bereiche (z. B. Kundenbeziehungen). Strukturelle Enge, besonders verbunden mit unpersönlicher Führung, können zu Widerständen und Gegenreaktionen bis hin zu destruktiven Kompensationshandlungen (z. B. Sabotage) führen.[276] Solche organisationsfeindlichen Aktionen sind oft Ausdruck eines verzweifelten Versuchs, verlorene Handlungsspielräume auf andere Weise wiederzugewinnen.[277]

Daher ist es sinnvoll, Tätigkeits-, Entscheidungs- und Kooperationsspielräume für Qualifizierte zu erweitern, um so das Können, Dürfen und Sollen der Mitarbeiter bzw. Legitimation und Autonomie ihrer Handlungen zu erweitern.

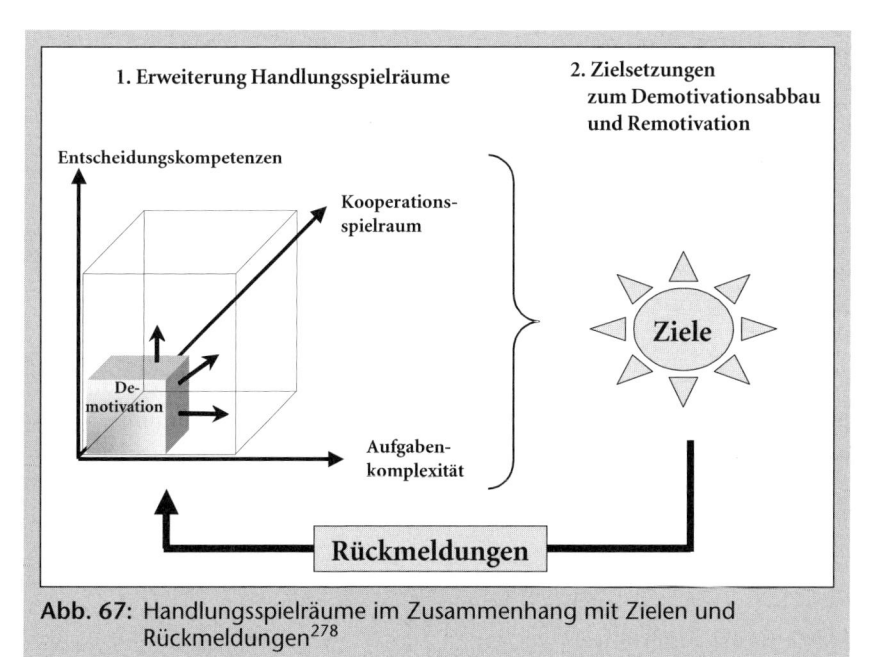

VI. Strukturell-systemische Führung zum Demotivationsabbau und Remotivation

Abb. 67: Handlungsspielräume im Zusammenhang mit Zielen und Rückmeldungen[278]

Unter **Aufgabenspielraum** ist der Grad an Sinnhaltigkeit und Vielfalt in den Tätigkeiten zu verstehen. Die Varietät beeinflusst dabei Quantität und Qualität der Ausführungen.[279] Neben der Vermeidung einseitiger Belastungen bewirkt die erweiterte Aufgabengestaltung für Demotivierte auch eine remotivierende Aufgabenorientierung. Auch kann das Einbringen unterschiedlicher Fähigkeiten, Kenntnisse und Fertigkeit intrinsische Einstellungen reaktivieren. Realisiert werden kann dieser Erweiterungsansatz durch geplanten Arbeitsplatzwechsel (Job Rotation), horizontale Aufgabenerweiterungen (Job Enlargement) oder auch vertikale Aufgabenbereicherung (Job Enrichment), bei der teilweise die Planung und Ergebniskontrolle der Arbeit von den Mitarbeitern mitübernommen wird.

Der **Entscheidungsspielraum** ist durch das Ausmaß selbstständiger Planungs-, Organisations- und Kontrollbefugnisse bestimmt.[280] Je höher die Beteiligung demotivierter Mitarbeiter an den sie betreffenden Entscheidungen ist (z. B. bei der Arbeitsplanung und -durchführung oder Ressourcenzuteilung), desto höher wird ihre Bereitschaft sein, sich remotiviert zu engagieren. Durch Partizipation wird das Gefühl vermittelt, nicht (mehr) einfluss- und bedeutungslos zu sein. Dies fördert Selbstwertgefühl und Bereitschaft zur Übernahme weiterer Verantwortung.

Der **Kooperationsspielraum** eröffnet schließlich Möglichkeiten lateraler oder übergreifender Zusammenarbeit und des sozialen Lernens. Durch soziale Interaktionen können Demotivationsschwierigkeiten auch gemeinsam bewältigt werden. Gegenseitige Unterstützung fördert das »Ertragen« bzw. Überwinden von Demotivationsproblemen sowie gemeinsame Remotivationsprozesse. Dies verweist erneut auf die Bedeutung sozialer Netzwerkgestaltung *(vgl. Kapitel VI., 3.1 Organisationale Steuerungskonfigurationen und Führungsorganisation)*. Für eine nachhaltige Wirkung und Bewertung der Spielraumerweiterung sind eine Präzisierung der Ziele und Rückmeldungen der Ergebniskonsequenzen wichtig.[281] Zudem sind informelle Besonderheiten und mikropolitische Prozesse zu berücksichtigen.[282]

Untersuchungen zeigen[283], dass ein erweiterter Handlungsspielraum sich positiv auf Gesundheit, Zufriedenheit und Arbeitsverhalten auswirkt. Die Möglichkeit, Aufgaben mitzugestalten, Verantwortung zu übernehmen und mitzubestimmen bindet dabei nicht nur vorhandene Energien an sachbezogene Inhalte, sondern eröffnet Chancen, neue Wege zu gehen oder experimentell andere Arbeitspraktiken und Remotivationsmöglichkeiten zu erproben.

Strukturelle Spielräume werden allerdings **begrenzt** durch den schon strukturierten Raum, den nicht strukturierbaren Bereich und drittens durch die Freiheitsgrade der zu strukturierenden Beziehungen.[284] Der Erfolg zur Demotivationsüberwindung hängt hier also davon ab, inwieweit es gelingt, die Grenzen zwischen den ersten zwei entgegengesetzten Bereichen aufzulockern und im Dritten einen größeren Spielraum insbesondere für Selbstorganisation zu gewinnen.[285]

- **Formen der Selbstorganisation**

Hierarchische oder fremdbestimmte Organisations- und Führungsformen kommen zunehmend an ihre Grenzen.[286] Mit einer Neubewertung des organisationalen Selbstverständnisses geht die Entwicklung netzwerkartiger Formen der Selbstorganisation einher. Auch bei Mitarbeitern ist aufgrund veränderter Wertevorstellungen und höheren Bildungsniveaus das Bedürfnis nach Möglichkeiten eigenverantwortlicher Selbstorganisation gestiegen.[287] Schließlich können auch Vermeidung und Abbau von Demotivation sowie Remotivationsprozesse nicht allein durch hierarchisch-bürokratische oder personengebundene Organisationsformen bewältigt werden. Vertikale Kommunikation, fremdbestimmte Interventionen bzw. kausale Gestaltungsrezepte »von oben« sind bei den interdependenten Demotivationsprozessen oft nur begrenzt wirksam.[288] Daher sollte die Demotivationsproblematik durch selbstorganisierende Organisationsformen zu bewältigen versucht werden, die mit Maßnahmen der Personalentwicklung zu koordinieren sind.

Selbstorganisation will dabei möglichst viele Funktionen und Fähigkeiten des Entwickelns bzw. Gestaltens der Demotivationsüberwindung und Remotivation den Betroffenen oder Teilbereichen selbst überlassen.

Voraussetzungen der Selbstorganisation liegen – neben strukturellen Voraussetzungen (z. B. Dezentralisierung der Organisation und Empowerment *(vgl. Kapitel VI., 2.2)* – bei der Führungsorganisation, den Führungskräften, Mitarbeitern und im Gruppenzusammenhang.

– Über **Führungsorganisation** kann höhere Selbstorganisation durch erweiterte Freiheit der Zielwahl, Verringerung von Überwachung oder engen Vorgaben gefördert werden. An ihre Stelle treten prozedurale Prinzipien als Spielregeln der Zusammenarbeit. Dazu gehören Mindestanforderungen an wechselseitige Transparenz, pro-aktive Informations- und Feedback-Prozesse, Gerechtigkeitsstandards sowie konstruktive Konfliktbewältigung. Diese fördern ein angemessenes Kommunikations- und Teamverhalten, Fairness, Vertrauen und wechselseitige Verlässlichkeit.[289]
– Mit verstärkter Selbstorganisation wandeln sich auch Orientierung, Rollen und Aufgaben der **Führungskräfte**. Sie werden eher zu Coachs *(vgl. Kapitel VI., 4.4 Coaching)* und Moderatoren, welche die Selbstorganisationsprozesse begleiten und unterstützen.[290] Dies fokussiert ihren Einfluss auf begleitende Aufgaben – ohne Verzicht auf Koordinationsmaßnahmen. Sie muss auch Interessen wichtiger externer Anspruchsgruppen (z. B. Kapitalgeber, Kunden) berücksichtigen. Wenn z. B. Qualitätsmaß-

stäbe oder Kundenzufriedenheit nicht hinreichend erfüllt werden, muss das Management entsprechend sensibilisieren oder gegensteuern. Führungskräfte wirken auch als Bindeglied zu anderen selbstorganisierenden Einheiten und zur übergeordneten Organisation. In Situationen starker Systemschwankungen und großer Unsicherheit können und müssen Führungskräfte – die von Demotivierten öfters auch als Zumutung empfundene – Selbstregulation von Demotivationsproblemen konstruktiv interpretieren.[291] Schließlich bleibt als Führungsaufgabe die Rückmeldung und Anerkennung von Leistungsergebnissen.[292]

Gestaltungspraxis

– Selbstorganisation stellt auch hohe Voraussetzungen an die **Mitarbeiter**. Die Ausrichtung auf eine Dezentralisierung der Wissens-, Entscheidungs-, und Remotivationsprozesse erfordert einen emanzipierten, selbstständig handelnden Mitarbeitertypus. Neben hinreichender Qualifikation, flexibler Anpassungsfähigkeit, sozialen Kompetenzen und Teamfähigkeiten, ist auch Offenheit für eigene und gemeinsame Potenzialentwicklung notwendig.[293] Diese anspruchsvollen Voraussetzungen sind bei Demotivierten oft nicht gegeben. Sie müssen zunächst vorbereitet und entwickelt oder wiedergewonnen werden. Je nach Charakter[294] und Reifegrad[295] sind daher Voraussetzungen der Selbstorganisation zielgruppenspezifisch und individuell zu überprüfen und zu fördern.

Ein stärker **selbstorganisierter Gruppenzusammenhang** bzw. **-zusammenhalt** zur Demotivationsüberwindung ist durch folgende Voraussetzungen und Merkmale bestimmt:[296]

– Die Gruppenmitglieder fühlen sich stark für die Ergebnisse ihrer Arbeit sowie die Lösung von Demotivationsproblemen verantwortlich.
– Es gibt eine laufende Selbstkontrolle der Arbeitsergebnisse auch zu demotivationsbedingten Schwierigkeiten bei der Arbeitsdurchführung und -koordination.
– demotivationspräventive oder -abbauende Korrekturen und Verbesserung der Arbeitsmethoden werden weitgehend selbstgesteuert vorgenommen.
– Die Organisation von Remotivationsprozessen erfolgt nach unternehmensweiten Verbesserungen über eine Selbstabstimmung in der Gruppe und mit anderen Organisationseinheiten.
– Für die Kommunikation zwischen Führungskräften und selbstorganisierten Gruppen hat sich die Institution eines rotierenden Gruppensprechers bewährt.[297]

»Führung« *innerhalb* gruppenbestimmter Selbstorganisation ist nicht mehr an Positionen gebunden, sondern findet auch über kritische Fragen oder konstruktive Vorschläge der Mitarbeiter statt, die sich wechselseitig herausfordern oder bei ihrer Demotivationsüberwindung beistehen. Die Selbstorganisierenden müssen auch aktiv mitdenken und zur Bildung tragfähiger und demotivationspräventiver Beziehungsnetzwerke beitragen. Ohne diese führungsorganisationalen und gruppenspezifischen Voraussetzungen und ohne qualifizierte, engagierte sowie verantwortungsbewusste Führungskräfte und Mitarbeiter sind demotivationsüberwindende Selbstorganisationsprozesse nur eingeschränkt möglich. Andererseits schafft die Selbstorganisation optimale Vorbedingungen gerade zur Entwicklung von Selbstständigkeit und Eigenverantwortung. Demotivierte können so durch Selbstbeobachtungen und Lern- und Erfahrungsprozesse zu weiterführenden Erkenntnissen und Praktiken von Remotivationsmöglichkeiten gelangen.

- **Organisationsformen mit erhöhter Selbstorganisation**

Die praktische Verwirklichung und Etablierung von Selbstorganisation finden sich in **formalen Organisationsformen**. Dazu gehören Lean-Konzepte, Projektgruppen, Qualitätszirkel sowie teilautonome Gruppenarbeit. Über wechselseitige Einflussnahme und gemeinsame Aufgabenerledigung wird eine Gruppenstruktur mit spezifischen Rollen, Normen und »Wir-Gefühl« gebildet.[298] Dank vorhandener Freiräume mit direkten Kommunikationskanälen zwischen relativ gleichberechtigten Partnern ermöglichen sie ein relativ hohes Maß an selbstorganisiertem Handeln und können damit zu einer selbstbestimmten Demotivationsüberwindung und Remotivation beitragen. Die Konzepte werden nun mit ihren Möglichkeiten sowie Risiken diskutiert.

Lean-Konzepte

»Lean« bedeutet: »mager« oder »schlank« und bezieht sich sowohl auf die horizontale wie die vertikale Gliederungstiefe oder -weite. Lean-Konzepte streben eine Abflachung der Hierarchie und die Betonung selbstgesteuerter Koordination an.[299] Durch ausgeprägte Delegation von Aufgaben, Kompetenzen und Verantwortungen an einzelne Mitarbeiter entstehen hierarchieärmere, team- und projektorientierte Arbeitsformen. So können sich autonome Einheiten mit weitreichenden Aufgabenstrukturen und Eigenverantwortung entwickeln, die selbstständig Demotivationsprobleme überwinden sowie Remotivationsprozesse angehen.[300] »Leanstrategien« eignen sich insbesondere gegen durch Bürokratie und Zentralisierung bedingte Motivationsbarrieren.

Risiken und Probleme betreffen die Wirkungen von Verschlankungsstrategien. So löst der Abbau von Verantwortungsebenen und die Zusammenlegung von Funktionen und Aufteilung in neue Rollen – gerade bei sicherheits- und lageorientierten Mitarbeitern – Ängste und Widerstände aus.[301]

Qualitätszirkel

Qualitätszirkel sind kleine moderierte Gruppen von Mitarbeitern, die regelmäßig auf freiwilliger Grundlage zusammenkommen, um selbstgewählte Probleme aus ihrem Arbeitsbereich zu bearbeiten.[303] Sie arbeiten parallel zur regulären Organisationsstruktur und verfügen über keine eigene Entscheidungskompetenz zur Umsetzung von Problemlösungen. Ihre Ziele liegen auf betrieblicher und individueller Ebene (z. B. Qualitätssteigerung, Kostensenkung, Partizipation, Arbeitszufriedenheit). Beteiligte sind Teilnehmer, der Leiter oder Moderator bzw. Koordinator als Gesamtverantwortlicher und zuweilen noch eine Steuergruppe als organisationsweit verankertes Kollegialorgan. Weiterentwicklungen der Qualitätszirkel sind sog. »KVP-Gruppen«. KVP steht für **k**ontinuierlicher **V**erbesserungs-**P**rozess (japanisch »Kaizen«)[303], die auch für die ständige Verbesserung von Demotivationsproblemen und Remotivation eingesetzt werden können. Qualitätszirkel und KVP-Gruppen eignen sich besonders gegen team- und veränderungsbezogene Motivationsbarrieren.

Risiken und Probleme liegen in der aufwändigeren Entscheidungsfindung und dem größerem Zeitaufwand (z. B. durch Diskussionsbedarf). Zudem sind Demotivationsprobleme nicht immer mit den Zielen und Aufgaben von Qualitätszirkeln zu verbinden.

Projektgruppen und »task forces«

In Projektgruppen werden komplexe Problemstellungen zeitbefristet bearbeitet, die einmaligen Charakter aufweisen und oft mehrere Unternehmensbereiche tangieren. Ihre Zielsetzung wird vom Management vorgegeben. Im Gegensatz zu Qualitätszirkeln erfolgen sie über Arbeitsaufträge und nach Expertenwissen und auch der Entscheidungsspielraum ist meist geringer. Die »task force« ist eine Gruppe von Mitarbeitern, die zeitlich begrenzt an einem vorgegebenen Problem gemeinsam arbeitet, ohne jedoch aus der angestammten organisatorischen Umgebung herausgenommen zu werden. Dabei ist auch eine Einbeziehung externer Experten zur Entwicklung grundsätzlicher Lösungen möglich.

Auch diese Organisationsform hat verschiedene **Risiken und Probleme**. Zeitliche Befristung und Vorgaben des Managements begrenzen oft die Zusammenarbeit sowie die Entwicklung von dauerhaften Problemlösungen. Im Vordergrund steht die effiziente Auftragsbearbeitung und nicht die Einbeziehung der Mitarbeiter in umfassendere betriebliche Problemlösungsprozesse. Schließlich entstehen durch häufige Projektgruppenorganisation Schwierigkeiten einzelner Mitarbeiter zur Rückkehr in die Linie.

Teilautonome Teams/Gruppenarbeit

In teilautonomen Teams werden umfassende Aufgabenbereiche zur dauernden Erledigung in eigener Verantwortung übertragen.[304] Dabei wird die Arbeitserweiterung, -bereicherung und der -wechsel auf eine Gruppensituation angewendet und so Voraussetzungen für eine Tätigkeit mit geringerer Demotivation und zugleich höherer Produktivität, Qualität und Flexibilität geschaffen.[305] Wesentliche Merkmale teilautonomer Arbeitsgruppen sind die (zumindest partielle) selbstständige Planung, Steuerung und Kontrolle der übertragenen Aufgaben. Innerhalb der Gruppe wird ein Arbeitsplatzwechsel vollzogen. Sie entscheidet u. U. auch über Einstufung in Lohngruppen, Personalauswahl, Qualifizierungsmaßnahmen für Gruppenmitglieder. Entscheidungen zur Selbstregulation für Arbeitsprozess und Arbeitsgruppe setzen Freiheitsgrade bei der Arbeitsausführung voraus. Teilautonome Gruppenarbeit bietet sich als Gestaltungsform an, wenn einzelne Arbeitsplätze einer Gruppe organisatorisch eng gekoppelt sind, zentrale Steuerung schwierig ist, die Arbeitsaufgabe flexible Zusammenarbeit erfordert, die Mitarbeiter engen sozialen Kontakt untereinander wünschen und freiwilliges Engagement bei der Problemlösung und -umsetzung gezeigt wird.[306] Damit werden auch Remotivationsprozesse im Gruppenzusammenhang gefördert.

> VI.
> Strukturell-systemische Führung zum Demotivationsabbau und Remotivation

Risiken und Probleme betreffen die Implikationen dieser Organisationsform. Durch Delegation von Aufgaben an partiell autonome Gruppen wird die vertikale und horizontale Funktions- und Arbeitsteilung sowie auch die Führungsstruktur in anderen Bereichen der Organisation verändert. Auch werden gleiche Kompetenzen an verschiedenen Stellen aufgebaut, was Synergieeffekte und die gemeinsame Nutzung von Unternehmensressourcen verringert bzw. intensive Koordinationsprozesse erfordert. Weitere Risiken sind Belastungen durch Gruppendruck, Gefahren der Überforderung oder Ausgrenzung von demotivationsanfälligeren älteren Mitarbeitern und Leistungsgeminderten.[307] Zudem können Machtprobleme durch die Übertragung von Kontrollfunktionen der Hierarchie in die Gruppe und der Verlust der Entlastungsfunktion von informellen Prozessen entstehen.[308] Auch werden Arbeitsplätze von unteren Führungskräften (z. B. Meister) gefährdet. Mangelnde institutionelle Regelung der Machtverteilung in Gruppen kann demotivierte Gruppenmitglieder noch weiter in eine Außenseiterposition drängen.[309]

Heterarchische Organisationsformen

Entbürokratisierung und die Schaffung von hierarchiearmen oder »heterarchischen« Organisation fördern Selbstorganistionsfähigkeiten. Heterarchien³¹⁰ sind aus mehreren, voneinander relativ unabhängigen Akteuren, Entscheidungsträgern oder »Potenzialen« zusammengesetzte Handlungs- oder Verhaltenssysteme. In ihnen gibt es nur wenig bis keine zentrale Kontrolle »von oben«, sondern die Führung des Systems wird sozusagen immer wieder neu ausgehandelt oder »wandert« von Subsystem zu Subsystem bzw. von Potenzial zu Potenzial.³¹¹ Heterarchie will unvorhergesehene Entwicklungen des Systemverhaltens bei Veränderungen zulassen und Teillösungen – z. B. für Demotivationsprobleme – selbst entwickeln. Sie verändern sich funktional zu den jeweiligen Problemstellungen, wobei Kompetenz- und Verantwortungsbereiche sowie Kontrollinstanzen weitgehend virtuell sind und sich je nach Erfordernissen verschieben lassen.

Gestaltungspraxis

Als **Risiko** sei hier auf Gefahren zu weitreichender Verselbstständigung heterarchischer Abteilungen hingewiesen. Dies kann zur Vernachlässigung übergeordneter Gesichtspunkte und zur ungenügenden Nutzung von Verbundeffekten führen. Auch laufen solche Strukturen kundenorientierten System- und Komplettlösungen entgegen. Die Zerlegung eines Unternehmens in mehrere autonome, jeweils auf einzelne Produkte oder Dienstleistungen ausgerichtete Einheiten erfordert zudem eine aufwändige Koordinationsleistung und multilaterale Verhandlungen zwischen den einzelnen Einheiten, um Komplettangebote machen zu können.

Informelle Organisationsformen und Praxisgemeinschaften

In einer komplexen dynamischen Umwelt ergeben sich immer wieder Differenzen zwischen vorgedachten Strukturlösungen und den realen Aufgabenanforderungen. Wird der damit einhergehende Kommunikationsbedarf im Arbeitsalltag (z. B. über persönliche Bedürfnisse) nicht durch formale Kanäle abgedeckt, helfen **informelle Beziehungs- und Organisationsformen**.³¹² Wie empirische Studien zeigten³¹³, können informale Selbstorganisationsprozesse dabei mögliche (Demotivations-)Probleme mindern, die mit einer formalen Organisationsstruktur nicht oder nur unzureichend zu bewältigen sind (z. B. die Abstimmung diverser Projektgruppen). Im Gegensatz zu einer geplanten formalen Organisationsstruktur bilden sich informelle Organisationsprozesse auch spontan³¹⁴ und entziehen sich einer direkten Beeinflussbarkeit durch die Führung. Es ist jedoch besser, kontrollierte Freiräume (z. B. »slacks«) einzurichten, als eine zu starre Ordnung zu schaffen, in der möglicherweise eine informelle Organisation entsteht, die völlig an der geplanten Organisation vorbeiläuft.³¹⁵

Einigen der beschriebenen Probleme in den diskutierten Organisationsformen kann durch sog. »**Praxisgemeinschaften**« entgegengewirkt werden.³¹⁶ Diese werden durch das verbindende Interesse am und Erfahrungsaustausch über Wissen und durch gemeinsame Ziele zusammengehalten. Die gemeinsame Praxis bildet sich dabei durch das gemeinsame Handeln bzw. praktische Engagement der Beteiligten, eine gemeinsame Problemlage, mit der sie sich auseinandersetzen und einem gemeinsamen Repertoire (z. B. Werkzeuge, Regeln, Sprachgebrauch). Da sich solche Praxisgemeinschaften durch gemeinsames Handeln und persönliche Beziehungen bilden, ist deren Mitgliederzahl begrenzt. In größeren Organisationen können aber eine Vielzahl solcher Gemeinschaften als Netzwerke nebeneinander existieren. In solchen Gemeinschaftsformen kann eine selbstorganisierte Demotivationsüberwindung und Remotivation gefördert werden.

3.3 Laterale Netzwerke zur Demotivationsüberwindung

Der Begriff »Netzwerk« betont die Selbstorganisation bzw. -koordination zwischen Akteuren zur Erreichung gemeinsamer Resultate.[317] Laterale Netzwerke werden bevorzugt zwischen hierarchisch etwa gleichgestellten Organisationsmitgliedern oder Organisationseinheiten gebildet.[318] Diese schaffen oft wechselseitige, relativ »lose Kopplungen«, die sich über funktional-technologische Strukturen sowie organisatorisch-soziale Prozesse entwickeln.[319] Dabei kann innerhalb der Netzbeziehungen zwischen den Ressourcen[320], den Handelnden selbst sowie ihren Beziehungsaktivitäten[321] unterschieden werden.

- **Vorteile und Leistungspotenziale lateraler Netzwerke für die Demotivationsüberwindung:**

  – Demotivierende Faktoren (z. B. einseitige Arbeitsteilung oder »egoistisches Abteilungsverhalten«) werden durch **langfristige und wechselseitig ausgerichtete, soziale Kooperation** reduziert.
  – Durch ihre Querschnittsfunktion können Netzwerke bestehende funktionale oder divisionale Strukturen und Prozesse verknüpfen sowie Zugang zu »fremden« Ressourcen gewinnen und damit demotivationsreduzierende **Synergien** fördern.
  – Mit ihrer informationstechnologischen Vernetzung und sozialer Verflechtung dienen laterale Netzwerke **effizienter Informationsübermittlung** und ermöglichen transaktionskostensparende und direkte sowie hierarchieärmere Kommunikationsprozesse, auch über Demotivation. Damit werden demotivationsbedingte Störungen und Irritationen weniger über lange Dienstwege ausgefiltert, sondern können vor Ort auch informell, selektiert und fokussiert angegangen werden.
  – Laterale Netzwerke fördern **informelle Kommunikation** zwischen Kollegen mit ähnlichen Demotivationsproblemen. Damit können Wissens-

und Erfahrungspotenziale für einen konstruktiven Umgang mit Demotivationskonflikten zeitgerecht aktiviert, expliziert und legitimiert werden.
- Über Institutionalisierung lateral vernetzter **Lern- und Wissensarenen** kann aus »Demotivationsfehlern« auch organisationsweit gelernt und so die organisationale Handlungsfähigkeit verbessert sowie Wandel-, und Erneuerungskompetenzen und damit Remotivationsfähigkeiten entwickelt werden. Da Netzwerke organisationales Probehandeln und Spielräume bei gleichzeitiger sozialer Verankerung ermöglichen, stellen sie Wissensgeneratoren und Innovationsmedien von neuartigen Remotivationsmöglichkeiten dar.

Gestaltungspraxis

- **Förderungsmöglichkeiten** einer demotivationspräventiven und -abbauenden lateralen Netzwerkbildung sind:[322]

  - Personalauswahl und -entwicklung auf Netzwerkkompetenzen ausrichten (z. B. sachliche und technische sowie soziale und kommunikative Kompetenzen für Arbeiten und Umgang mit Netzwerken[323]).
  - Kooperationstraining zur Förderung sozialer Handlungskompetenz.[324]
  - Integration von Gruppenneulingen und Netzwerkaufbau (z. B. durch Einführungskurse, Mentoring *(vgl. Kapitel VI., 4.8 Mentoring)* und Förderung von Beziehungspromotoren.
  - Multiplikatorenkonzept über qualifizierte, interne Spezialisten für Schulungsarbeit und Einsatz von Promotoren *(vgl. Kapitel VI., 4.9 Promotoren für Demotivationsabbau und Remotivation)*.
  - Kooptation, d. h. Ergänzung des Netzwerks durch gezielte Aufnahme von Personen, aus anderen Organisationseinheiten oder Organisationen.[325]
  - Einführung moderner, personalwirtschaftlicher Informations- und Kommunikationstechnologien[326], die demotivationsrelevantes Wissen für alle Mitarbeiter zugänglich machen.
  - Förderung von Lerngemeinschaften als eine Form der Selbstentwicklung[327] und qualifizierende Arbeitsgestaltung.[328]
  - Kollegiale Supervision, bei der Mitarbeiter praktische Demotivationsprobleme diskutieren und von unterschiedlichen Erfahrungen und Sichtweisen anderer profitieren.
  - Anreizstrukturen und -systeme zur Förderung eines kooperativen Handelns.[329]

- **Risiken und Problemfelder** lateraler Netzwerke betreffen folgende Aspekte:

  - Kooperationsbereitschaft und -fähigkeit der Beteiligten sowie langfristig orientierte Strategie- oder Investitionsentscheidungen des Top-Managements müssen gegeben sein.

- Die Implementation und Integration ist technisch und sozial anspruchsvoll (z. B. Schwierigkeiten bei der praktischen Transformation von demotivierenden Technik- und Sozialsystemen).
- Es bestehen Spannungsfelder zwischen Netzwerkkoordination und Macht, Loyalität und Unabhängigkeit, Vertrauen und Abhängigkeit, Egoismus und Prosozialität.[330] Auch ist die richtige Dosierung zwischen Wettbewerb und Kooperation schwierig.
- Auf Kontrollverluste reagiert das Management evtl. mit demotivationserhöhenden Zentralisierungsstrategien.
- Es bilden sich exklusive »Seilschaften« und »Group-Think«-Dynamiken, von denen demotivierte Mitarbeiter ausgeschlossen sein können.
- Es können sich neue Identifikations- und Motivationsprobleme der Mitarbeiter ergeben (z. B. durch demotivierende Arbeitskoordination oder Kollegen- bzw. Gruppenbeziehungen).

3.4 Organisationsentwicklung zu Demotivationsabbau bzw. Remotivation

- **Definition**

Organisationsentwicklung bezeichnet einen längerfristig angelegten, organisationsumfassenden, verhaltenswissenschaftlich fundierten und systemisch wie institutionell unterstützenden Entwicklungs- und Lernprozess.

- **Ziele, Vorteile und Wirkungen der Organisationsentwicklung für die Demotivationsüberwindung**

Durch die Veränderung bestehender organisationaler Aufgaben, Abläufe und Zuständigkeiten soll durch die Organisationsentwicklung konstruktiver Einfluss auf das (demotivierte) Verhalten der Organisationsmitglieder ausgeübt und der Anpassungsbedarf von Potenzialen, Prozessen und Ergebnissen bestimmt und erfüllt werden.

Demotivationsvermeidende, -abbauende und remotivierende Organisationsentwicklung will Organisationsmitglieder strukturell in die Lage versetzen, Demotivationsprobleme zunächst selbst zu erkennen, organisationale und interpersonelle Beziehungsformen demotivationspräventiv und -überwindend zu erproben und daran mitzuwirken, organisationsbezogene und bedürfnisgerechte Remotivationsprozesse zu realisieren.[331] Unter Beteiligung von Betroffenen und Berücksichtigung der Organisationskultur wird eine möglichst **partizipative und selbstgesteuerte Änderung der demotivierenden Organisationssituation** angestrebt.[332]

Im Gegensatz zu kurzfristigen Restrukturierungen (z. B. in Krisensituationen) zielt sie so auf **Verbesserung der Problemlösungs- und Entwicklungsfähigkeiten** der Organisation und ihrer Mitglieder. Neben der Erweiterung von Fach- und Umsetzungskompetenzen sind personal-soziale Kompetenzen zu entwickeln, die innerhalb der strukturell veränderten Aufgaben, Abläufe und Handlungsfreiräume »on the job« erprobt werden.

Organisationsentwicklung trägt hinsichtlich des starken Demotivators »Arbeitskoordination« zur Gestaltung von effizienteren und befriedigenderen Beziehungen, Strukturen und Regeln sowie damit zur Verbesserung der Qualität des (demotivierenden) Arbeitslebens bei.

Die oft eher langfristigen, positiven Auswirkungen von Organisationsentwicklungsprojekten für die Demotivationsüberwindung liegen v. a. in der **Verbesserung der Zufriedenheit und des Organisationsklimas**. Dies betrifft insbesondere die starke Motivationsbarriere »Organisationskultur«. Organisationsentwicklung fördert gezielte, typische Einstellungen und Verhaltensweisen von **Demotivationskonflikten** *(vgl. Kapitel II., 8 Dimensionen und Arten von Demotivationskonflikten, Kapitel VI., 2.6 Strategien der Konflikthandhabung)* zu verändern bzw. zu einer »Konfliktlösungskultur« zu kommen. Durch das persönliche Kennenlernen – z. B. in abteilungsübergreifenden Projektgruppen[333] oder Fortbildungsveranstaltungen mit Mitgliedern aus verschiedenen Organisationseinheiten – werden konfliktreduzierende »Beißhemmungen«[334] aufgebaut. Zugleich wird bei solchen Begegnungen deutlich, dass auch die anderen unter ähnlichen Problemen leiden, was zu erweiterter Wahrnehmung und zu neuen Einstellungen führt.[335] Besonders konfliktverringernd sind dabei Vereinbarungen der Beteiligten, zukünftig bei (Demotivations-) Konflikten in eine offene, konstruktive Kommunikation zu treten und gemeinsam nach Problemlösungen zu suchen.[336] Von einem gemeinsamen, konstruktiven Umgang mit »Demotivationskonflikten« gehen zudem remotivierende Lernprozesse und Verstärkungseffekte aus.

Wächst über Organisationsentwicklung das Vertrauen in die Organisation, erhöht sich grundlegend auch das Veränderungs- und Problembewusstsein, die Akzeptanz von strukturellen Anpassungsprozessen und reduzieren sich Widerstände.

- **Voraussetzungen und Einsatz der Organisationsentwicklung**

Anwendbarkeit und Erfolg von strukturalen, prozessualen und personalen Maßnahmen hängt stark von **organisationsinternen Rahmen- und Kulturbedingungen** ab. Denn, wie von Schein beschrieben, ist zur Überwindung von unangepassten Grundannahmen und abweichenden Verhaltensweisen, wie der Demotivation, oft eine Veränderung der Kultur notwendig.[337] Zunächst müssen sich daher Einstellungen, Werte und Verhaltensweisen der Individuen verändern, damit sich eine Organisation wandeln und Demotivation dauerhaft überwinden kann.[338] Dabei sind auch organisationsexterne Faktoren und die Integration verschiedener Veränderungsschritte und Projektphasen zu berücksichtigen.[339]

Nach Pascale/Athos (1981) bilden sieben Faktoren die relevanten **unternehmenspolitischen Faktoren,** die von ihnen in »harte S« und »weiche S« unterteilt werden. Die »weichen S« – verstanden als die »unternehmenspolitische Software« bilden »staff« (Personal), »style« (Kulturstil) und »skills« (Fähigkeiten) ab. Die »harten S« hingegen charakterisieren die »unternehmenspolitische Hardware«: »strategy« (Unternehmensstrategie), »structure« (Organisationsstruktur) und »systems« als Programme und Prozesse. Die »unternehmenspolitische Software« bezieht sich nach diesem Modell auf das soziale und personenbezogene Verhalten, die »Hardware« auf die rationale und sachliche Ebene. Ob Demotivation auftritt oder abgebaut werden kann, hängt davon ab, in wieweit sämtliche 7-S effektiv genutzt werden sowie von der Harmonisation oder Konsistenz zwischen allen Faktoren im Sinne einer klaren Gesamtkonzeption.

VI. Strukturell-systemische Führung zum Demotivationsabbau und Remotivation

Für den **Einsatz von Methoden**[340] und zur **Integration** von struktureller und personaler Organisationsentwicklung sind folgende Aspekte wichtig:

- Problembewusstsein und -diagnose organisationsbedingter Demotivation sollen erhöht werden
- betroffene Mitarbeiter sollten an Veränderungsprozessen partizipieren und Teilprojekte in eigener Regie planen und ausführen
- klare gemeinsame Bestimmung von entwicklungsorientierten, organisationalen Veränderungszielen
- Bereichsleitbild oder Handlungsmaximen zum abteilungsspezifischen Demotivationsabbau und Remotivationsaufbau
- »gelebte Praxis« erforderlicher Prinzipien der Organisationsentwicklung (z. B. Offenheit, Vertraulichkeit und Transparenz)
- Investition von Zeit und Geduld in organisationale Remotivationprozesse
- Schrittweises, entwicklungsorientiertes Vorgehen, je nach instrumentellem »Reifegrad«, gefördert über laufende Lern- und Verbesserungsprozesse
- Integration und synchrone Koordination der strukturalen Organisationsentwicklung mit Maßnahmen der Personalentwicklung
- Integration der Förderung des internen Unternehmertums[341] in die Organisationsentwicklung

- Berücksichtigung der Schwierigkeiten einer Evaluation des organisationalen Demotivationsabbaus und zurechenbarer Remotivationsfortschritte.

Zudem sollte die strukturelle Organisationsentwicklung durch personenorientierte und führungsbezogene Interventionen unterstützt werden *(vgl. Kapitel VII., Interaktiv-direkte Führungsbeziehungen und Demotivationsabbau bzw. Remotivierung).* Dazu gehören die Vermittlung von Einstellung, Verhaltensbereitschaften und weitere Fähigkeiten der Organisationsmitglieder (z. B. Kooperationsverhalten, Konfliktaustragung und Teamfähigkeit).[342]

Gestaltungs-
praxis

- **Grenzen und Kritikpunkte der Organisationsentwicklung** betreffen u. a.:[343]

- Definitionsproblematik des Begriffs »Organisationsentwicklung« im Kontext von Demotivation und Remotivation
- Unterstellung einer Zielharmonie zwischen individuellen und institutionellen Zielen in Anbetracht bestehender Interessengegensätze und Demotivationskonflikte
- Behauptung isolierbarer (Demotivations-)Probleme und eines Organisationswandels als vermeintlich völlig planbaren und kontinuierlichen Prozess
- einseitige Instrumentalisierung als Managementtechnik[344]
- Anwendungsprobleme (z. B. »carry-over- oder Transfer-Probleme«) für demotivationsspezifische Sachverhalte oder Beziehungskontexte
- Langfristiger Veränderungsansatz, der dem beschleunigten Wandel nicht entsprechen kann

- **Teamentwicklung**

Die Organisationsentwicklung ist mit der Teamentwicklung verbunden. Da die »Beziehungen zu Kollegen bzw. Team« sich empirisch als **zweitwichtigste potenzielle Barriere** erwies, ist diese Zusammenarbeit besonders zu beachten. »Teamarbeit« betrifft zielorientierte, auf ausgeprägte wechselseitige Unterstützung beruhende Gruppenprozesse in Organisationen. Das Verhältnis zu formellen und informellen Gruppen und deren Dynamik ist für Demotivation und Remotivationsmöglichkeiten oft fundamental *(vgl. Kapitel IV., 4.2 Beziehungskontext).* Oft schränkt problematisches Gruppenverhalten (z. B. mangelndes oder intolerantes Kontaktverhalten[345]) Remotivation ein. Wo Menschen sich im Team positiv erleben, wird dagegen Vertrauen sowie emotionale und innere Sicherheit gefördert.[346] Eine Teamgemeinschaft unterstützt damit wechselseitige Remotivationsprozesse[347] und demotivationspräventive Sozialintegration.[348]

- **Zielsetzungen, Vorteile und Voraussetzungen der Teamentwicklung**[349]
  - es werden demotivationsspezifische Kenntnisse über ineffektive Teamarbeit gewonnen und die Dynamik demotivierender Gruppenprozesse bewusst
  - die Kommunikations-, Kooperations- und Kompromissbereitschaft sowie soziale Sensibilität für Demotivationsprobleme und Remotivationsmöglichkeiten erhöhen sich
  - das Verständnis für die Rolle eines jeden Teammitglieds innerhalb der Arbeitsgruppe, wo jeder einzelne auf die Unterstützung der anderen angewiesen ist, wird verstärkt
  - gemeinsame Wertvorstellungen sowie Spielregeln für ein partnerschaftliches Verhalten werden geklärt
  - gruppenbezogene Techniken für kreativere und effektivere Zusammenarbeit und Remotivation werden gelernt und angewandt
  - Entwicklung eines »Qualifikations-Mixes« für die erfolgreiche Bewältigung komplexer Aufgabenstellungen nutzt remotivierende Synergien
  - demotivierende Machtkämpfe werden reduziert sowie ein konstruktiver Umgang mit Demotivationskonflikten gefördert[350]
  - die teamübergreifende Kooperation mit anderen Arbeitsgruppen wird intensiviert, was Demotivation vorbeugen hilft

- **Bedingungen bzw. Voraussetzungen gelingender Teamarbeit**[351]
  - Unterstützung von höheren Hierarchieebenen und direkten Vorgesetzten
  - ausreichende zeitliche Kapazität und andere Ressourcen
  - Beschränkung der Gruppengröße und ergänzende Teamzusammenstellung[352]
  - gemeinsam festgelegte Ziele und Interessen
  - positive Gestaltung der Kommunikationsprozesse (z. B. gut moderierte Gruppensitzungen)
  - Festlegen von Spielregeln und klaren Verantwortlichkeiten bzw. Kompetenzen
  - Einsatz unterstützender Techniken und Methodiken (z. B. Metaplantechnik)
  - konstruktiver Umgang mit Desintegrationstendenzen und Konflikten[353]
  - konsequentes Überprüfen und Bewertung der Ergebnisse
  - erhöhte Anpassungsfähigkeit

- **Teambildung bzw. Gruppenzusammenstellung**

Es ist jeweils abzuwägen, inwieweit die Bildung von Teams über eine Ernennung von außen oder durch den Mitarbeiter bzw. die Gruppe selbst erfolgen kann. Dabei sind räumlich-zeitliche Voraussetzungen, die Gruppenaufgabe und -größe, sowie die richtige Qualifikationsmischung zentral.[354] Erfolgreiche Teambildung macht »normale« Arbeitsgruppen zu entwicklungsfähigen »Spitzenteams«.[355] In solchen Teamgemeinschaften funktioniert das gesamte Miteinander (z. B. Kommunikations- und Koordinationsprozesse) und gewährleistet ein bestmögliches Lernpotenzial. Gute Teambildung hilft auch demotivationsspezifische Probleme in der Teamleistung (z. B. Konflikte, Mangel an Zielklarheit oder ungerechte Machtverteilung usw.) zu überwinden.[356]

Gestaltungspraxis

- **Regeln und Vorgehen (re-)motivationsorientierter Teamentwicklungsprozesse:**[357]
  – Gemeinsame Diagnose der Demotivationssituation
  – Konzentration auf die einflussreichsten Hauptprobleme der Demotivation
  – Gemeinsame Problemlösung zur und Entwicklung von Vorschlägen zu Remotivation
  – Präsentation gegenüber einem Moderator und/oder Vorgesetzten der Gruppe
  – Entscheidung und Commitment sowie Durchführung der Remotivationsmaßnahmen
  – Gemeinschaftliche Evaluation des Demotivationsabbaus

- **Kritik und Grenzen der Teamentwicklung**

Teams sind komplexe und sensible soziale Systeme, die zu ihrer Entwicklung gezielte Investitionen, gute Kommunikationsprozesse und Zeit brauchen. Die Bereitschaft zu Teamarbeit und -entwicklung ist dabei besonders von Personen und Zielen bzw. Arbeitsaufgaben abhängig.[358] So kann ein Mitarbeiter in gewissen Arbeitsbereichen im Team, bei anderen Projekten eher individuell arbeiten wollen.

Teamorientiertes Sozialtraining in »flachen Gruppen« wird auch als ein »Theater mit Masken der Kooperativität«[359] aufgeführt. Sennett kritisiert die Oberflächlichkeit von »**Teamwork-Fiktionen**«[360] Der Einsatz von Teamentwicklungsprozessen kommt bei strukturellen Problemen (z. B. Ressourcenmangel) oder informellen Gruppenprozessen (z. B. persönliche Feindschaften) an seine Grenzen.

Die Qualität der Teambildung und -entwicklung bestimmt maßgeblich die Entfaltung und Wirksamkeit v. a. sozialer Remotivationsmöglichkeiten. Denn individuelle Remotivationsinitiativen ohne integrierten Teambezug und kollegialen Zusammenhalt lassen Demotivationsprobleme der Gruppe nicht überwinden. Um gemeinsame Lösungen von Demotivationsproblemen zu vereinbaren und gruppendynamische Remotivationsprozessen zu initiieren, ist die Teambildung **gruppen- und situationsspezifisch anzupassen**. Denn sie trägt nur dann zu einer Entwicklung Demotivierter und der Organisation bei, wenn vereinbarte Veränderungsprozesse sachlich, sozial und zeitlich integriert werden.[361]

3.5 Organisationales Lernen und Wissensmanagement zu Demotivationsabbau und Remotivation

> • Definition
>
> Unter **organisationalem Lernen** ist der Prozess der Erhöhung und Veränderung der organisationalen Wissensbasis, die Verbesserung der Problemlösungs- und Handlungskompetenz sowie die Erweiterung der Verhaltensweisen von und für Mitglieder innerhalb der Organisation zu verstehen.[362]

• **Wissensbasis und Ziele**

Eine **organisationale Wissensbasis** bezeichnet die in einer Organisation verfügbaren und miteinander geteilten Wissenselemente (z. B. Fakten, Regeln, Rezepte, Routinen, Normen, Standards), die das Denken und Handeln von Unternehmen mitbestimmen. Organisationales Lernen verändert und restrukturiert diese gemeinsamen Orientierungsmuster oder schafft neues Wissen. Dabei sind Kompetenzen zur Lösung von Problemen und erweiterte Verhaltensmöglichkeiten zur qualifizierten und flexiblen Erfüllung von Aufgaben und Ziele zu entwickeln. Mit kritischem Hinterfragen vorhandener Regeln, Praktiken, Kompetenzen und relevanter Organisationsprozesse können so auch Demotivationsprobleme beleuchtet und reduziert werden.

Als ein zentraler Demotivationsaspekt der Organisationskultur erwies sich die **Diskrepanz zwischen »Reden und Tun«**. Dies korrespondiert mit der einflussreichen Unterscheidung bei dem Lernansatz von Argyris und Schön.[363] Sie differenzieren zwischen zwei grundlegenden Typen von Handlungstheorien. Einerseits die **geäußerten Handlungstheorien**, welche die Akteure nach außen kommunizieren und andererseits die **realen Gebrauchstheorien**.[364] Die Lücken zwischen gewünschten Handlungsmustern und real erlebtem Verhalten stimulieren die Suche nach neuem Wissen und erhalten damit die Lernfähigkeit der Organisation und ihrer Mitglieder.[365] Organisationales Lernen hilft so, die Diskrepanz zwischen beiden zu überbrücken bzw. neue Handlungstheorien zu entwickeln.

Organisationale Lernprozesse eignen sich so besonders für den **Abbau einstellungs- und wissensbedingter Demotivation**. Über eine Aktivierung und inhaltlich klar ausgerichtete Anpassungs- und Problemlösungspotenziale[366] können zudem »Remotivationskompetenzen« entwickelt werden.

- **Lernkonzepte zur Demotivationsüberwindung und Remotivation**

Gestaltungspraxis

Argyris und Schön[367] haben verschiedene Reaktionsweisen auf Defizite zwischen organisationalem Wissen und Handeln thematisiert und dabei folgende Lernkonzepte unterschieden: Beim »single-loop-learning« oder »**Verbesserungslernen**« werden von den Betroffenen, Zielabweichungen und Anpassungsfehler erkannt und korrigiert (z. B. Beseitigung von Demotivationsbelastungen ohne Ursachenabbau). Ein solches anpassungsorientiertes Lernen entspricht stabilen Situations- und Umweltkonstellationen und erfordert nur geringe Handlungsmodifikation.

Die Überwindung von Demotivation erfordert dagegen meist ein **Lernen zweiter Ordnung** (»double-loop-learning«). Es zielt auf eine fortlaufende Modifikation oder Verbesserung allgemeiner Regeln und Normen ab. Dies vollzieht sich meist mit einem »Verlernen« überholter Verhaltensregeln oder alter Handlungsmuster (z. B. »Demotivationsgewohnheiten«) sowie dem Erarbeiten eines neuen kognitiven Interpretationssystems bzw. innovativer Orientierungen (z. B. Remotivationsorientierung). Als »**Veränderungslernen**« werden dabei – über die Fehlerkorrektur hinaus – Ursachen der Demotivation tiefer hinterfragt und weiterführende Lernprozesse angeregt. Diese fördern in der Organisation die Überprüfung und Neuentwicklung von Strukturen, Prozessen oder Arbeitsmethoden.

Eine Voraussetzung für ein problemadäquates Veränderungslernen ist aber die Offenheit und Unvoreingenommenheit der beteiligten Organisationsmitglieder. Bei Demotivierten sind jedoch Abwehrhaltungen und Widerstände gegen Neuorientierung z. T. stark ausgeprägt.[368] Damit stellt sich die Frage, ob und wieweit sie bereit sind, ihre festgefügten Basisorientierungen und demotivationalen Handlungsmuster aufzugeben oder neue (Remotivations-)Einstellungen anzunehmen. Oft ist ein »**Entlernen**«[369] vorherrschender Orientierungen (z. B. Lageorientierung, gewohnheitsmäßige Demotivationspraktiken) notwendig, um Raum für ein neues Realitätsverständnis und erweiterte Verhaltensmöglichkeiten zu gewinnen.[370] Zur langfristigen Sicherung und Entwicklung der Organisation muss ein Gleichgewicht zwischen **Lern- und** »**Verlernfähigkeit**« gefunden werden. So ist auch für einen lernstrategischen Umgang mit Demotivation eine Balance zwischen »Verlernen« unzureichender Demotivationspraktiken und dem Lernen neuer remotivationsorientierter Denk- und Verhaltensweisen anzustreben.

Auf dem nächsthöheren Lernniveau, dem »**deutero-learning**« (»**lernendes Lernen**«) kommt noch die Selbstreflexion der Lernprozesse hinzu.[371] Dabei wird das Wissen über vergangene Lernprozesse (z. B. aus dem Verbesserungs- und Veränderungslernen) gesammelt und kommuniziert. So können bisherige Lernkontexte, -verhaltensweisen sowie Lernerfolge bzw. -misserfolge (z. B. im Umgang mit Demotivation und Remotivation) berücksichtigt werden. Dieses reflektierende Lernen (»**Verständnislernen**«) überwindet reines Anpassungslernen, erhöht das Problemlösungspotenzial der Organisation und führt durch Veränderung von Handlungs- und Kommunikationsmustern der Demotivation zu entwicklungsbezogener, selbstorganisierter Remotivation. Dabei kommt es nicht auf einzelne Lernakte an, sondern den Aufbau einer generellen organisationalen Lernfähigkeit sowie flexiblen Gestaltungsformen.[372] Diese sind durch Bereitstellung von Ressourcen oder Weiterbildungsangeboten zu unterstützen.[373]

- **Der systemische Ansatz von Senge**

VI. Strukturell-systemische Führung zum Demotivationsabbau und Remotivation

Senge[374] beschreibt praxisrelevante Spielräume zur kreativen und teamorientierten Gestaltung, die sich auch für die Demotivationsreduzierung eignet. Er geht von einer natürlich gegebenen Lernbereitschaft und -fähigkeit der Menschen aus, die allerdings durch lern- und entwicklungsfeindliche Rahmenbedingungen in der Ausbildung und im Berufsalltag oft weitgehend verloren gegangen sind. Die Grundbedeutung einer »lernenden Organisation« liegt nach Senge darin, dass sie kontinuierlich die Fähigkeit ausweitet, ihre eigene Zukunft schöpferisch zu gestalten.[375] Er unterscheidet zwei Lernformen: das »**adaptive learning**« als bessere Anpassung bzw. die Bewältigung der (demotivierenden) Umwelt und das »**generative learning**«, mit dem, durch eine Bewusstwerdung der aktuellen Lernhindernisse bzw. Demotivationsprobleme, das Erleben einer neuen Weltsicht und verändertem Verhalten einhergehen.

Die Reaktivierung, Förderung und Weiterentwicklung der Lernfähigkeit einer Organisation ist von der Beherrschung folgender **fünf Fähigkeiten** bestimmt:

> **1. Umgang mit mentalen Modellen:**
> meint die Fähigkeit, sich Grundannahmen, Generalisierungen oder »Bilder«, die das Verständnis der (Demotivations-)Wirklichkeiten beeinflussen oder bestimmen, bewusst zu machen, zu überprüfen und ständig zu verbessern.
>
> **2. System-Denken**
> ist das Vermögen, Abhängigkeiten und Interdependenzen des Demotivationszusammenhangs zu erkennen. Damit können ganzheitliche (Demotivations-)Strukturen statt einzelne Ereignisse sowie übergreifende Veränderungsmuster anstelle bloßer Momentaufnahmen erkannt werden.
>
> **3. Selbstführung und Persönlichkeitsentwicklung**
> verweist auf die »persönliche Meisterschaft«, eigenständig auf Ziele hinzuarbeiten, dabei (Demotivations-)Situationen realistisch einzuschätzen, sich jedoch nicht vorschnell mit demotivierenden Gegebenheiten abzufinden, sondern Gewohnheiten in Frage zu stellen und Grenzen als Herausforderung zu betrachten.
>
> **4. Entwicklung gemeinsamer Visionen**
> ist die Begabung, gemeinsam geteilte Leitbilder (z. B. zum Demotivationsabbau und zur Remotivation) zu entwickeln, die auch ein Gefühl der Zusammengehörigkeit vermitteln.
>
> **5. Team-Lernen**
> bedeutet die Kompetenz, in Arbeitsgruppen gemeinsam zu arbeiten, zu handeln und dadurch systematisch zu lernen, individuelle Lern- und Demotivationsbarrieren zu überwinden.
>
> **Abb. 68:** Fünf Lernfähigkeiten nach Senge[376]

Gestaltungspraxis

Alle fünf Fähigkeiten sind nach Senge miteinander verbunden und aufeinander angewiesen.[377] Als **Voraussetzungen** zu ihrer Entwicklung sind eine reflektierte und partizipative Offenheit, Fertigkeiten des Dialogs und des Umgangs mit Abwehrroutinen nötig und zu deren Erwerb Zeit und Ausdauer erforderlich.[378]

Die beschriebenen Fähigkeiten sind auch für eine Demotivationsüberwindung und v. a. zur Remotivation hilfreich. So überwindet der Umgang mit mentalen Modellen einseitige Vorstellungen von Demotivation bzw. fördert konstruktive Remotivation. Systemisches Denken fördert Einsichten in personale, interpersonelle und strukturelle (Demotivations-)Zusammenhänge. Selbstführung unterstützt zielorientiertes und eigenverantwortliches Remotivationsverhalten, das durch sozialkompetente Teamorientierung sowie Leitbilder ergänzt wird.

- **Informelles Lernen**

Neben Formen des formalen Lernens, das von der Organisation geplant und durchgeführt wird, ist gerade »informelles Lernen« für Remotivation wichtig. Es verweist auf Lerninhalte und -formen, die nicht unmittelbar auf bestimmte Ziele und Aufgaben gerichtet sind und nicht in direkter Verbindung mit organisatorischen Notwendigkeiten stehen. Solches Lernen wird eher zufällig ausgelöst und ist in das tägliche Arbeiten und Zusammenleben (z. B. in alltäglicher Kommunikation oder in Pausen) eingebettet.[379]

Informelles Lernen hat vielfältige **Vorteile**: Es verbessert ohne kostenintensiven Aufwand die Koordination und Synergien bei Arbeitstätigkeiten (z. B. Vereinbaren von Treffen, Wissensaustausch), erleichtert die Akzeptanz und Entwicklung des formalen Lernens (z. B. durch Vor- und Nachbereitung), unterstützt die Befriedigung sozialer Bedürfnisse (z. B. in Form von Lerngemeinschaften) und fördert persönliche Entwicklungen.[380] Zudem trägt es zur demotivationspräventiven und remotivierenden Verwirklichung prosozialer Aspekte bei.

Die **Grenzen** des informellen Lernens liegen darin, dass die erforderliche Eigeninitiative und Energie bei demotivierten Organisationsmitgliedern oft nicht gegeben sind. Bei ihnen können deshalb informelle Lernformen »offizielle« Lernveranstaltungen und Personalentwicklungsmaßnahmen nicht ersetzen. Zudem entzieht es sich weitgehend einer zentralen und zielorientierten Planung und Kontrolle bzw. dem koordinierenden Einfluss durch die Führung.

- **Organisationales Wissensmanagement zur Demotivationsüberwindung und Remotivation**

Organisationen können als Wissenssysteme aufgefasst werden, die über Lern- und Entwicklungsprozesse neues Wissen gewinnen und dadurch ihre Wissensbasis kontinuierlich restrukturieren.[381] Im Umgang mit Demotivation entwickeln Organisationen spezifisches »Organisationswissen«. Es beinhaltet explizites und implizites Wissen über Glaubenshaltungen, Wertvorstellungen oder Erinnerungen an vergangene (Demotivations-)Erfahrungen. Das implizite Wissen basiert auf Erlebnisse bzw. persönliche Werte, ist häufig unbewusst und deshalb nur schwierig zu beobachten, auszudrücken und zu formalisieren.[382] Es kann teilweise in explizites Wissen überführt werden, um es für andere verfügbar und nutzbar zu machen.[383] So ist es zweckvoll, **implizites Erfahrungswissen** für den Umgang mit Demotivationsproblemen zu **explizieren** und zu aktivieren sowie in die organisatorische Wissensbasis zu verankern.[384]

VI.
Strukturell-systemische Führung zum Demotivationsabbau und Remotivation

Bedingt durch fehlendes Vertrauen, Zeit, Anreize oder aufgrund defensiver Abwehrhaltungen[385] wird sensibles »Demotivationswissen« (z. B. für einen konstruktiven Umgang mit Motivationsbarrieren) oft nicht weitergegeben, bleibt also implizites Wissen. Das Wissen zur Handhabung von Demotivation bezieht sich neben organisationalem Basiswissen und einfachem Erklärungswissen (z. B. Ursache-Wirkungsketten) auch auf ein Situations- und »Rezeptwissen«. Situationswissen meint die in einer Organisation gebräuchlichen Beschreibungen und Kommunikationen über Demotivationsbarrieren und Remotivationsmöglichkeiten. Dazu gehören auch die in informellen Gesprächen ausgetauschten »Geschichten«, »Witze«, »Gerüchte«, »Klagelieder«[386]. Demotivationsrelevantes »Rezeptwissen« ist problemspezifisches Lösungswissen. Es umfasst Möglichkeiten für erprobte Verbesserungen von konkreten Demotivationsproblemen oder Remotivationspraktiken.

Gestaltungs-praxis

Wissensmanagement kann dazu beitragen, dieses kollektive Wissensgedächtnis der Organisation zur Handhabung von Demotivation und Remotivation auf- und auszubauen bzw. neues Wissen zu generieren. Dazu ist es sinnvoll, ein **Informationssystem für Demotivation bzw. Remotivation** zu etablieren. Informationstechnische Speicher bzw. Medien (z. B. Datenbanken, Intranet, newsgroups, groupware-Technologien) oder »kulturelle Speicher« (z. B. organisationale Routinen, formelle und informelle Regeln, Unternehmenskultur) erfassen und verbreiten dabei demotivations- und remotivationsrelevantes Wissen (z. B. Engpässe bei Ressourcen oder Auftragsabwicklung, sich wiederholende Schwierigkeiten bei Arbeitsorganisation oder remotivierende Problemlösungen). Des Weiteren können Methoden der operativen Wissenslogistik i. S. eines work-flow-Management[387] den Abbau von Demotivation bei der Arbeitsdurchführung und -koordination unterstützen. Ein Wissenssystem über Demotivationsfälle ermöglicht systematischen Zugriff und Nutzung relevanter Informationen; es fördert auch unternehmensweiten »Best Practice-Transfer« oder die Verbreitung von bewährtem Wissen (»Lessons learned«). Die Implementation und der Einsatz eines solchen Wissensmanagements setzt jedoch – neben entsprechender Medienkompetenz – auch Feedback- und Kommunikationsprozesse[388] und damit soziale Kompetenzen voraus.

Abschließend seien noch **Grenzen** des **organisationalen Lernens und Wissens** zum Demotivationsabbau genannt. Demotivierte Organisationen und lageorientierte Demotivierte tendieren dazu, am »status quo« festzuhalten, was Veränderungslernen, Wissensverarbeitung und -weitergabe behindert. Durch organisationale Rahmenbedingungen kann es zu suboptimalen Lern- und Wissensprozessen kommen. So schöpfen kontrollorientierte oder vom Zwang zum Konsens geprägte Lernformen die Wissensverarbeitungs- und Anwendungspotenziale nur unvollkommen aus oder verschlechtern die Anpassung. Auch sind Demotivierte oft nicht bereit, in unsichere Prozesse eines Veränderungslernens einzutreten oder ein Wissen anzunehmen, das sie selbst in Frage stellt. Weitere Grenzen des Wissensmanagements zum Abbau von Demotivation liegen in der Übertragbarkeit und Anschlussfähigkeit von demotivationsrelevantem Wissen. So ist ein Wissen zur Lösung von Demotivationsproblemen in einem spezifischen Organisationsbereich nicht für andere Abteilungen verwendbar. Auch ist die Herstellung von Gemeinsamkeiten, kollektiver Abstimmung und koordinierter Sichtweisen zur Vergemeinschaftung von Wissen meist aufwändig und benötigt einen längerfristigen Planungshorizont. Schließlich ist die Bewertung des Erfolgs eines organisationalen Lernens zur Demotivationsüberwindung in der Unternehmenspraxis methodisch schwierig.

4. Gestaltung der qualitativen Personalstruktur und -entwicklung zu Demotivationsabbau und Remotivation

Definition:

Die **Personalstruktur** stellt eine Ressource sowie eine wertschöpfende[389] und erfolgskritische Gestaltungsgröße strukturell-systemischer Führung dar. Sie kann durch bewusste Selektion, Beurteilung, Qualifizierung und Entwicklung der Mitarbeiter realisiert werden. Dies in enger Vernetzung mit der direkt-interaktiven Führung.[390]

Als **potenzielle** Barriere nimmt das »Verhältnis zu Kollegen und Team« bzw. »zum direkten Vorgesetzten« den **zweiten Rang** ein.[391] Die Anzahl qualifizierter und motivierter Mitarbeiter sind als ungenügende »(Human-)Ressourcen« auch der **viertstärkste aktuelle** Demotivator.[392] Die qualitative Personalstruktur stellt daher einen zentralen **Ansatzpunkt zur Vorbeugung**[393] **sowie Abbau von Demotivation dar.** Zunächst werden Gestaltungsmaßnahmen zur Bedarfsbestimmung, Personalauswahl und -beurteilung, danach Möglichkeiten der (Re-)Qualifizierung und Personalentwicklung sowie die Rolle von Coaching, Coping, Supervision, Counseling, Mentoring und Promotoren diskutiert.

4.1 Personalbeurteilung und -selektion

Zu den strategischen Personalinstrumenten innerhalb des Personalmarketings gehören die Akquisition, Auswahl und Beurteilung potenzieller Mitarbeiter und Führungskräfte. Diese können über Selektionsassessments, Stelleninserate, Anforderungsprofile, Stellenbeschreibungen, Selektionsgespräche und -kriterien und Testverfahren operationalisiert werden.[394] Bei der individuellen Personalbeurteilung können die Demotivations- sowie die Entwicklungspotenziale durch Festlegung von Kriterien für Laufbahn, (Be-)Förderungen, Beurteilungskriterien in Entwicklungsassessments sowie bei der Gestaltung von Beurteilungsbogen für Mitarbeiter und Führungskräfte evaluiert werden. Im Folgenden werden demotivationsrelevante und remotivationsorientierte Aspekte für die Selektion und Beurteilung von Mitarbeitern thematisiert.

- **Demotivationsorientierte Bedarfsermittlung und -deckung**

Gestaltungspraxis

Diese beginnt bei der Ist-Analyse zur Bedarfsbestimmung, also der Frage welche Art von Mitarbeiter das Unternehmen braucht. Für die Soll-Ist-Analyse und Identifizierung der Bedarfsdeckung ist es sinnvoll, von einer dynamischen Orientierung auszugehen. **Leitfragen** wären:

– Welche Mitarbeiter und Führungskräfte braucht das Unternehmen zur Verwirklichung geplanter Ziele und Strategien?
– Welche Mitarbeiter und Führungskräfte benötigt es, um Demotivation zu vermeiden, zu ertragen bzw. abzubauen?

Diese strategische Bedarfsbestimmung sollte mit der Nachfolge- und Karriereplanung sowie mit der Personalentwicklung koordiniert werden.[395] Zur Ermittlung des konkreten Personalentwicklungsbedarfs sowie Formen zu ihrer Deckung und Evaluation stehen verschiedene Methoden und Praktiken zur Verfügung.[396] Diese dienen nicht nur zur »Lückenschließung«, sondern sind selbst wichtige Problemlösungsprozesse.[397]

- **Realistische Darstellung von Unternehmen und Arbeitssituation bei Personalgewinnung und -auswahl:**

Demotivation tritt auf, wenn eigene Erwartungen enttäuscht werden oder wenn das geforderte Verhalten eigenen Bestrebungen oder Emotionen widerspricht. Umso wichtiger ist es, bei der Personalakquisition und -auswahl ein realitätsgerechtes Bild von der Unternehmenswirklichkeit zu zeichnen und die Erwartungen an den Mitarbeiter möglichst genau zu spezifizieren. Dies kann beispielsweise durch Informationen über tatsächliche Belastungen, die mit der Position verbunden sind, bei der Stellenausschreibung, im Assessmentcenter oder bei Bewerber- bzw. Einstellungsgesprächen erfolgen.

- **Auswahl auf der Basis von Schlüsselkompetenzen bzw. -qualifikationen:**

Da bestimmte Charaktermerkmale die Entstehung von Demotivation begünstigen (z. B. negative Einstellungsdisposition[398]), sind bei der Personalauswahl neben den fachlichen, vermehrt persönlichkeitsspezifische Aspekte zu berücksichtigen. So wird vermieden, dass »demotivationsanfällige« Mitarbeiter eingestellt werden, die z. B. nicht stressresistent sind bzw. wenig Selbstmotivation zeigen. Andererseits sind solche Mitarbeiter zu gewinnen, die vermehrt Schlüsselkompetenzen (z. B. Sozial-, Gestaltungs- und Handlungskompetenz) mitbringen.[399]

- **Auswahl von Mitarbeitern mit »remotivationsfähigem« Bewältigungsverhalten:**

Damit sind Mitarbeiter zu finden oder zu fördern, die mit ihren Persönlichkeitseigenschaften und ihrem Sozialverhalten Demotivationsprobleme konstruktiv bewältigen sowie sich und andere remotivieren können.[400] Auch sind bei der Personalselektion Mitarbeiter zu bevorzugen, die leitende Werte der Organisation teilen können. Dies darf aber nicht zum Ausschluss von »kreativen Querdenkern« führen. Insbesondere sind solche Werte zu integrieren, die Remotivierungsorientierungen fördern (z. B. Selbstorganisation).

- **Einführung neuer Mitarbeiter zur Vermeidung frühzeitiger Demotivation:**

Mit gezielten Erläuterungen und Informationen im Rahmen spezieller Einführungsprogramme durch Vorgesetzte oder »Paten« bzw. Mentoren *(vgl. Kapitel VI., 4.8 Mentoring)* können relevante betriebliche Gegebenheiten einsichtig gemacht und unrealistische Erwartungen korrigiert werden. Für die Weitergabe von Information über Remotivationsmöglichkeiten sind auch Austausch- und Lernprozesse zwischen den Generationen förderlich (z. B. durch gemischte Teamzusammenstellung).

- **»Demotivations- und remotivationsbewusste« Personalbeurteilung**

Diese fördert eine systematische Urteilsbildung über Mitarbeiter und ihre Leistungen mit Bezug zu ihrem (Demotivations-)Verhalten und Remotivationspotenzialen. Als Bewertungsgrundlagen können persönlichkeitsbezogene sowie funktionsbezogene oder arbeitsplatzspezifische Beurteilungen vorgenommen werden, wobei mögliche Beurteilungsfehler zu berücksichtigen sind.[401] Eine solche Personalbeurteilung liefert wichtige Entscheidungskriterien für die remotivierende Personalplanung (z. B. Einsatz, Versetzungen) sowie für spezifische Anreiz- und Förderkonzepte oder Weiterbildungsangebote.

VI. Strukturell-systemische Führung zum Demotivationsabbau und Remotivation

4.2 (Re-)Qualifizierung und Weiterbildung

Als ein zentraler personeller Einflussfaktor der Demotivation wurde fehlendes eigenes »Können«[402] sowie unzureichende Qualifizierung von Kollegen und Führungskräften ermittelt.[403] Unzureichende Qualifikationsmöglichkeiten können auch selbst eine Motivationsbarriere darstellen[404] (z. B. fehlende Weiterbildungsangebote).

Mit Herzberg[405] kann angenommen werden, dass das Demotivationspotenzial um so stärker steigt:

Gestaltungspraxis

– Je niedriger das Entwicklungspotenzial des Einzelnen in Relation zu den aktuellen Fähigkeiten ist
– Je weniger es Gelegenheiten zur Potenzialentfaltung bzw. -entwicklung am Arbeitsplatz in Bezug auf gegenwärtige und zukünftige Kompetenzen gibt

- **Ziele und Aufgaben**

(Re-)Qualifizierung zielt auf die Fortentwicklung des Qualifikationsniveaus von (demotivierten) Mitarbeitern bzw. deren Anpassung an veränderte Ansprüche der Arbeitsaufgaben zur Sicherung ihrer Beschäftigungsfähigkeit. Entsprechend den individuellen Anforderungen sowie den Berufs- und Bildungsbiographien der Betroffenen[406] sorgen **Qualifizierungsmaßnahmen** für deren zielgruppenspezifische, individuelle Entwicklung sowie Erweiterung von Kenntnissen und Fertigkeiten (z. B. Umsetzungskompetenzen). Sie können im Rahmen der Personalentwicklung (z. B. »on-the-job« oder »off-the-job« Angebote[407]) oder durch Führungskräfte vermittelt werden. Die Mitarbeiter sollten dabei bereits in die Entwicklungsplanung integriert werden (z. B. durch eignungs- und neigungsgerechten Personaleinsatz, Zielvereinbarungsprozesse im Mitarbeitergespräch oder Coaching). Als interner Dienstleister unterstützt die Personal(entwicklungs-)abteilung die Mitarbeiter und Führungskräfte bei der Wahrnehmung ihrer Qualifizierung (z. B. durch Einrichtung von entsprechenden Kompetenz-Centern). Zudem können gruppenorientierte Interventionstechniken eingesetzt werden (z. B. Teamtraining).

Zur Förderung der (Re-)Qualifizierung dient:

– Entwicklung eines weiterbildungsfreundlichen Betriebsklimas (z. B. breites Fortbildungsangebot, Angebot von Bildungsurlaub)
– Bestimmung von remotivierenden Zielen und Angebot attraktiver Anreize[408] für Weiterbildungsmaßnahmen
– Förderung der Einsicht in Demotivations- und Remotivationszusammenhänge bzw. weiteren Lernens

- **Vorteile**
  - Ausgleich von Defiziten der »Könnens-Komponenten«
  - Verbesserung individueller Bewältigungsfähigkeiten im Umgang mit Demotivationsproblemen (z. B. Stressmanagement, Methoden der Selbstorganisation, Entspannungs- und Selbstkontrollübungen).[409]
  - Aufbau von Lern- und Entwicklungsfähigkeiten der Betroffenen wie der Organisation auch für zukünftigen Umgang mit Demotivationssituationen

- **Probleme und Grenzen**[410]
  - fehlende Voraussetzungen hinsichtlich formaler Bildung, Begabung oder Gesundheit
  - berufliche oder zeitliche Einbindung und Arbeitsbelastung schränken Teilnahme an (Re-)Qualifizierungsmöglichkeiten (z. B. Schulungen) ein
  - Zugangs- oder Teilnahmemotivation (fehlende Bereitschaft und Offenheit für Teilnahme an Weiterbildungsveranstaltungen aus Desinteresse oder aufgrund von Alter bzw. familiärer Situation)
  - Ängste, Indifferenz oder geringe Erfolgserwartungen (z. B. Hemmungen aufgrund früherer negativer Lernerfahrungen)
  - Durchhaltemotivation (z. B. zum kontinuierlichen Lernen)
  - Probleme beim Transfer in den beruflichen Alltag
  - begrenzte Messung und Bewertung des Lern- und Weiterbildungserfolgs

Zur Überwindung dieser Probleme werden nun Möglichkeiten eines selbstorganisierten Lernens und dessen Transfersicherung für das alltägliche Handeln vorgestellt.

- **Selbstorganisiertes Lernen**

Dabei werden Lernziele, -operationen, -strategien, und Kontrollprozesse von Lernenden selbst so angegangen und bewältigt, dass sich ihre Kompetenzen und Gestaltungsformen erweitern und vertiefen.[411] Selbstorganisiertes Lernen integriert dabei folgende Aspekte:[412]

- Lernselbstkonzept (Selbstanspruch)
- Selbstwertbezug (Lebensanspruch, Sinn, Werte)
- Selbstständigkeit und Selbstmanagement
- Sozialbezug (soziale Verantwortung)
- Kontextbezug (umfassender Demotivations- und Remotivationszusammenhang)
- Konfliktbewältigung (Auseinandersetzung mit Lernschwierigkeiten und -umwelt)

- Kritik und Selbstkritik (Umgang mit eigenen Stärken und Schwächen – und denen anderer)
- Erleben von Lernzufriedenheit

Voraussetzungen eines selbstorganisierten Lernens erfordern vom Lernenden, dass er:[413]

- Offenheit und Motivation sowie Verantwortung für eigenes Lernen zeigt
- selbst und unabhängig Initiative ergreift und diszipliniert realisiert
- eigene Lernbedürfnisse diagnostiziert
- kreative Problemlösungen (einschließlich Strategien der Informationsrecherche, -aufnahme und -verarbeitung) entwickelt
- die Lernziele und -strategien selbstständig bestimmt
- sich erforderliche Ressourcen organisiert
- den Lernprozess selbst evaluiert

Gestaltungspraxis

Auf der Basis eigenen Erlebens kommen beim selbstorganisierten Lernen emotionale, kognitive und verhaltenspraktische Elemente zusammen. Als ganzheitliches Lernen werden dabei aktives Experimentieren konkreter Erfahrungen mit reflektierenden Beobachtungen und Konzeptionalisierungen in einem kontinuierlichen Lernzyklus vereinigt.[414] Dabei werden die Lernprozesse auf die individuellen Begabungen und Problemlösungsfähigkeiten der Lernenden (Lerntypen) ausgerichtet.[415]

- **Demotivationsabbauende und remotivationsrelevante Vorteile** dazu sind:[416]

- Persönliches Involvement fördert engagierten Demotivationsabbau und hat auch indirekte Remotivationseffekte
- Eine Selbstbewertung regt die kritische Evaluation der Demotivationssituation und der selbstinitiierten Überwindungsversuche an
- Anhaltende Wirkung und nachhaltige Lerneffekte beim Lernenden dienen der langfristigen Demotivationsprävention sowie selbstorganisierten Remotivation

- **»Debriefing« zur Transfersicherung**

Das sog. »Debriefing« (Einsatz- und Nachbereitungsbesprechung) ist ein wichtiger Erfolgsfaktor für die Transfersicherung selbstorganisierten Lernens.[417] Damit werden Informationen des Lernzusammenhangs vermittelt und eine systematische Nachbereitung des Gelernten gesichert was einen remotivierenden Lerntransfer gewährleistet.[418] So werden beim Debriefing sinnvolle Beziehungen zwischen den Lern- und Trainingsinhalten und Bedürfnissen der Teilnehmer hergestellt und die neu gelernten Verhaltensweisen aktiv in unmittelbarem Feedback diskutiert.[419] Die Lerninhalte sollten dabei je nach Möglichkeiten der Lernenden über kürzere oder längere Zeitspannen als verteiltes oder konzentriertes Lernen angeboten werden. Konflikte sollten gezielt bearbeitet werden und auch Widersprüche zwischen neu erlernten Verhaltensweisen und bestehenden Einstellungen und Gewohnheiten thematisieren. Trainingsinhalte und -methodik müssen individuell angepasst werden. Schließlich sollte für die Übertragung des Gelernten auf die konkrete Arbeitssituation Möglichkeiten zur Diskussion und Evaluation gewährleistet sein.

4.3 Personalentwicklung

- **Definition:**

Personalentwicklung umfasst Konzepte, Instrumente und Maßnahmen der Bildung, Steuerung und Förderung von Mitarbeitern, die zielorientiert geplant, realisiert und evaluiert werden.[420] Sie soll unternehmerische Ziele (wirtschaftliche Effizienz) sowie individuelle Entwicklungsziele von Mitarbeitern (personale Qualifizierung bzw. Vermeidung von »Dequalifizierung« und soziale Effizienz) fördern.

Personalentwicklung hilft beim Aufbau einer qualitativen Personalstruktur, die zur Vermeidung und Reduktion von Demotivation oder Aktivierung von Remotivation beiträgt. Sie ist auch eng mit der zuvor beschriebenen Organisationsentwicklung verbunden.

VI.
Strukturell-systemische Führung zum Demotivationsabbau und Remotivation

- **Ziel und Aufgaben der Personalentwicklung**

Sie zielt auf die Entfaltung, Anpassung und Verbesserung von Sozial- und Problemlösungskompetenzen[421] sowie auch des (Re-)Motivationsvermögens von Human-Ressourcen. Letzteres soll sie in die Lage versetzen, ihre motivationalen Beeinträchtigungen zu überwinden und vom Unternehmen erwartete Leistungen zu erbringen. Es geht dabei um eine Wiedergewinnung bzw. »Umordnung« der durch Demotivation brachliegenden oder fehlgeleiteten Energien.

Diese Transformation können letztlich nur die Betroffenen selbst leisten. Deren Entwicklungspotenziale sind aber in einem Verbund von individuellen Handlungen, interpersonellen Prozessen und personenunabhängigen Strukturen eingebettet. Transformative Personalentwicklung soll Demotivierte dort abholen, wo sie »stehen« und deren Selbstentwicklungschancen aktivieren.[422] Sie versteht sich dabei nicht als sozialtechnologische Reparatur eines »Defektes«, sondern unterstützt aktuelle[423] wie zukunftsorientierte Entwicklungsfähigkeiten von Mitarbeitern und des Unternehmens.[424]

Als Führungsinstrument unterstützt sie die **Integration von Demotivierten** in das normative und organisatorische Gefüge der Organisation. Daher sollte sie in enger Zusammenarbeit von (Linien-)Vorgesetzten und Mitarbeitern realisiert werden (z. B. durch Integration in die Entwicklungsplanung über Mitarbeitergespräche).

Gestaltungspraxis

Zentrale Aufgabe des **oberen Managements** ist die Förderung der Rahmenbedingungen (z. B. erforderliche Ressourcen, Personalentwicklungskultur und -politik, Information über unternehmenspolitische Planungen und Entscheidungen). Das **mittlere Management** sorgt für die Umsetzung der Personalentwicklung (z. B. Bereitstellung und Einsatz von Personal). Zudem leisten **Führungskräfte** entsprechend den Anforderungen der Organisation sowie den Qualifikationsbiographien ihrer Mitarbeiter konkrete Personalentwicklungsarbeit.[425]

Die **Personalabteilung** unterstützt als interner Dienstleister. Dies geschieht in größeren Unternehmen und öffentlichen Verwaltungen zunehmend über unternehmerisch geführte Personalentwicklungsabteilungen (z. B. über Wertschöpfungs-[426] oder Kompetenz-Center) oder externe Coachs.

- **Methoden und Ansatzpunkte der Personalentwicklung**

Als Methoden bietet sich neben »off-the-job-Seminaren« das arbeitsplatznähere »Trainings-on-the-job« an. Dazu treten Konzepte des »Training-near-the-job« und »-parallel-to-the-job«. Weiter kommen Möglichkeiten »kooperativer Selbstqualifikation« im Gruppenprozess[427] sowie »Werkstatt- bzw. Qualitätszirkel«[428] in Betracht. In diesen können konkrete (Demotivations-)Probleme der eigenen Arbeit bzw. Arbeitswelt von den Betroffenen bearbeitet und Lösungen entwickelt werden.

Die Ansatzpunkte **Person, Team und Organisation** entsprechen den personalen, interpersonellen und strukturellen Bezugsebenen der Demotivation. Über Entwicklung einzelner Demotivierter können auch wieder Teambeziehungen und Organisationszusammenhänge verändert werden; andererseits beeinflussen strukturelle Gestaltungen zur Remotivation das Denken und Handeln von Personen.[429] Gleichfalls übt eine (Re-)Qualifizierung Einzelner Einfluss auf organisationale Aspekte (z. B. Erweiterung des Aufgabenfeldes) und teaminternen Beziehungen (z. B. Neuverteilung von Teamrollen) aus. Da Remotivation individuelle, zwischenmenschliche und organisationale Aspekte betrifft, müssen sie auch integriert entwickelt werden. Deshalb sollte Personalentwicklung mit Team- und Organisationsentwicklung[430] koordiniert sowie zielgruppenspezifisch und individualisiert ausgerichtet werden.

- **Zielgruppendifferenzierung und Individualisierung**

Anstelle von undifferenzierten, kollektiven Personalentwicklungskonzepten und -instrumenten sind zielgruppenspezifische und individualisierte Ansätze anzuwenden. Dazu muss die übliche Segmentierung bisheriger Ansätze nach Funktionen und Positionen weiterentwickelt werden. Erst so kann man Bedürfnisse, Kompetenzen sowie Anliegen und Problemlagen verschiedener Demotivierter berücksichtigen. Auch erfordert eine optimale Entfaltung des Remotivationspotenzials einzelner Mitarbeiter bedürfnis- und zielgerechte Orientierung.

Für eine zielgruppenspezifische Ausrichtung der Personalentwicklung sind Vorgesetzte als Ratgeber, Förderer und (Re-)Motivatoren gefordert. Sie sollten mit Mitarbeitern eine Karriereberatung und Laufbahnplanung betreiben. Dazu gehört auch, remotivierende Entwicklungsziele und darauf ausgerichtete Maßnahmen zu vereinbaren sowie den Prozess kontinuierlich zu begleiten und zu evaluieren (z. B. Feedback zu Remotivationsfortschritten im Mitarbeitergespräch).

Zielgruppenbildung erfolgt im Personalmanagement nach soziodemographischen Aspekten, wie Geschlechtszugehörigkeit, Alter, Nationalität, Familienstand. Bei der Personalentwicklung sind u. a. Motivation (incl. Werte), Potenziale, spezifische Funktionen zu beachten. Dazu kommen Team- und Positionszugehörigkeit, strategische Überlegungen und besondere Konfliktsituationen. Für den Demotivationsabbau und zur Remotivation werden wir nun für **ausgewählte Zielgruppen** verschiedene **Maßnahmen** thematisieren.

- **Zielgruppe Teilzeitmitarbeiter, weibliche Mitarbeiter sowie Eltern**

Für diese Zielgruppen ist eine Förderung der Vereinbarkeit von Beruf und Familie von zentraler Bedeutung. Dies zeigt sich in der einflussreichen potenziellen wie aktuellen Motivationsbarriere »Einflüsse auf das persönliche Leben« insbesondere der »fehlenden Balance zwischen Arbeit und Freizeit« *(vgl. Kapitel IV., 2.1 Potenziell besonders starke Motivationsbarrieren und Kapitel IV., 3.1 Personale Motivationsbarrieren).*

Für **Teilzeitmitarbeiter** sind daher folgende Maßnahmen wichtig:

– Angebot qualifizierter Teilzeitarbeitsmöglichkeiten
– flexible, individualisierte Arbeitszeiten[431]
– Besetzung einer Vollzeitstelle mit mindestens zwei Arbeitnehmern, die sich die Stelle teilen (Job Sharing)
– Evtl. ergänzt durch Möglichkeiten zur Telearbeit

Für **weibliche Mitarbeiter und Eltern** bieten sich an:

- Verankerung der Chancengleichheit in Unternehmens- und Führungsgrundsätzen
- Bewusstseinsbildung bei Linienvorgesetzten
- Vermeidung von Diskriminierungen und Vermittlung neuer, nicht traditioneller Rollenkonzepte bis hin zu Quotenregelungen
- Career-Couple-Programme zur Abstimmung der Karrieren zweier Lebenspartner [432]
- frauenspezifische Weiterbildungsprogramme
- Unterstützung bei der Kinderbetreuung (z. B. unternehmenseigener Kinderhort)
- betrieblicher Elternurlaub
- Wiedereinstiegsmöglichkeiten nach Familienpausen

Gestaltungspraxis

- **Zielgruppe ältere Mitarbeiter**[433]

Ältere Mitarbeiter stellen eine besondere Problemgruppe der Demotivation – insbesondere für schnelle Veränderungen in stabiler Kultur und durch Organisationsprozesse – dar. Wie die gerontologische Forschung zeigt, lassen bei älteren Mitarbeitern bestimmte Fähigkeiten, die Belastbarkeit und das Leistungsvermögen sowie Veränderungsbereitschaft bzw. Umorientierung nach.[434] Nach einer empirischen Studie[435] liegen die zu erwartenden Problempotenziale bei älteren Mitarbeitern insbesondere in folgenden Bereichen:

- erschwerter Umgang mit neuen Technologien (62%)
- Angst vor Verdrängung, Freisetzung, Arbeitsmarktunfähigkeit (41%)
- langsamere Informationsaufnahme, -verarbeitung und -speicherung (38%)

Demotivationsrelevant sind besonders folgende Aspekte:

- Funktionsfähigkeit des Organsystems und Gedächtnisses
- Wahrnehmungstempo und Geschwindigkeit der Informationsverarbeitung sowie des Reaktionsvermögens (besonders bei komplexen Prozessen)
- Widerstandsfähigkeit gegenüber hoher physischer und psychischer Dauerbelastung
- Fähigkeit, Arbeit unter Zeitdruck zu verrichten

Dazu tritt der Verlust an Ansehen und Wertschätzung (Statusverlust, zum »alten Eisen« zu gehören) und die Einstufung in die Problemgruppe der Minder-Leistungsfähigen und »Schutzbedürftigen« sowie altersbedingte psychische Krisen.[436]

Ältere Mitarbeiter bilden einen wachsenden Pool[437], der zu einem übergreifenden »Demotivationsklima« beitragen kann.[438] Anderseits wurden von befragten Personalexperten älteren Mitarbeitern beachtliche Kompetenzen[439] sowie eine i. d. R. höhere Identifikation v. a. mit dem Unternehmen zugeschrieben.[440] Eine herausragende Rolle spielt dabei das gesammelte implizite Wissen (»tacit knowlegde«). Dieses Erfahrungswissen und ihre Betriebskenntnisse können auch für Remotivationsprozesse anderer Mitarbeiter wertvoll sein.

Vorbeugung und Abbau von Demotivation bei Älteren sowie ein intergenerativer Wissenstransfer kann durch folgende **Maßnahmen** begünstigt werden:

– adäquate Aufgabenfelder
– graduelle Arbeitszeitreduktion und sukzessive Verantwortungsabgabe (Vorpensionierungsregelungen)
– weniger Linien- und mehr Projekt- oder Stabsarbeit
– Förderung der Zusammenarbeit zwischen älteren und jüngeren Mitarbeitern (z. B. Coaching, intergenerative Teams, Senioren-Junioren-Foren zur Vermittlung impliziten Wissens)
– Möglichkeiten zur sporadischen Weiterbeschäftigung nach der Pensionierung

Die Anerkennung und Wertschätzung von älteren Mitarbeitern hilft, demotivierende Ängste vor Verdrängung oder Entlassung zu begrenzen. Mit einer durchgehenden Förderung und Personalentwicklung der Mitarbeiter bis zur Pensionierung kann die bedrohte Arbeitsfähigkeit und Arbeitsmarktfähigkeit (Employability) weitgehend erhalten werden.

Auch Lebensarbeitszeitmodelle helfen, die eigene Lebensplanung zu verbessern und den Ausklang des Arbeitslebens individuell und in Selbstverantwortung zu gestalten. Frühpensionierung lösen Probleme bei verringerten Entwicklungs- bzw. Leistungspotenzialen, damit verbundener Demotivation und niedrigerer Arbeitsmarktfähigkeit. Hier bietet sich auch Outplacement-Beratung an.

- **Unternehmenstypische Zielgruppen**

Betriebszugehörigkeit, Nationalität, Sondergruppen oder die Betroffenheit von Restrukturierungsmaßnahmen dienen als weitere Grundlagen zur **Zielgruppendifferenzierung** und entsprechenden Programmen, z. B.:

– Einführungsprogramme für Auszubildende und neue Mitarbeiter
– Unterstützung ausländischer Mitarbeiter (z. B. Wohnungsbeschaffung, Sprachförderung, kulturelle Integration)

VI. Strukturell-systemische Führung zum Demotivationsabbau und Remotivation

- Arbeitszeitflexibilisierung (z. B. zur Verbesserung der »Work-Life-Balance«)
- Einsatz von Promotoren (z. B. Fachpromotoren bei Wissensproblemen oder Beziehungspromotoren zur Förderung sozialer Vernetzung)
- Coaching, bei organisationalen Restrukturierungen und Wandelprozessen
- Spezial-Coping oder -Counseling bzw. Einzelberatung für stark Demotivierte
- Mentoring für demotivierte Nachwuchsführungskräfte
- Konfliktmanagement bei lateralen Kooperationsproblemen (z. B. Anwendung des Harvard-Konzepts bei Gruppenkonflikten)

Gestaltungspraxis

- **Zielgruppendifferenzierung nach einem mitunternehmerischen Personalportfolio**

Hier werden Mitarbeiter nach Qualifikations- und Motivationskriterien differenziert und über abgestimmte Personalentwicklungsmaßnahmen außerhalb und innerhalb des Arbeitsplatzes gefördert.[441] Damit können Mitarbeiter nach ihrer mitunternehmerischen Kompetenz, d. h. ihrer Qualifikation und Motivation zu problemlösendem, sozialkompetentem und umsetzendem Denken und Handeln differenziert werden. Dabei kann man idealtypisch zwischen folgenden Mitarbeitergruppen unterscheiden: Mitunternehmer, unternehmerisch Motivierte, Mitarbeiter mit geringer Mitunternehmerkompetenz (Routinemitarbeiter), unternehmerisch qualifizierte, aber begrenzt motivierte Mitarbeiter sowie Überforderte und/oder Demotivierte.[442]

Ein zielgruppenspezifischer Demotivationsabbau bzw. Remotivationsförderung kann so differenziert werden:

- Bei **Mitunternehmern** soll die hohe Qualifikation und Motivation für internes Unternehmertum langfristig stabilisiert und genutzt werden. Im Mittelpunkt stehen deshalb v. a. **Vermeidung und Abbau potenzieller Motivationsbarrieren** sowie der Aufbau förderlicher struktureller Rahmenbedingungen. Dazu zählen Ressourcenausstattung, Handlungsspielräume, unbürokratische Verfahren und Abläufe, Vertrauenskultur, Übertragung anspruchsvollerer Positionen und Aufgaben, delegative Führung und ergebnisorientierte Entlohnung sowie Bestätigung bzw. Anerkennung durch die Vorgesetzten.
- Bei **unternehmerisch Motivierten** liegt der erweiterte Fokus – neben Vermeidung bzw. Abbau von aktuellen und potenziellen Demotivatoren – bei der Verbesserung ihrer **Fähigkeitskomponente** (mitunternehmerische Schlüsselkompetenzen). Ansatzpunkte struktureller Führung dazu sind: ganzheitlichere Arbeitsgestaltung, Stellvertretung und Übernahme

von Sonderaufgaben. Über interaktive Führung unterstützen Vorgesetzte als Coachs und Lernförderer den Qualifizierungsprozess (z. B. Feedback zu Lernfortschritten oder ermutigende Beratung bzw. aktives Vorleben von (Re-)Motivationsverhalten). Des Weiteren sind bei dieser Zielgruppe mitunternehmerische Verhaltens- und Gestaltungsziele, insbesondere Mitwissen/-denken, Mitentscheiden/-handeln, Mitverantworten und Mitentwickeln zu fördern (vgl. Kapitel VIII).

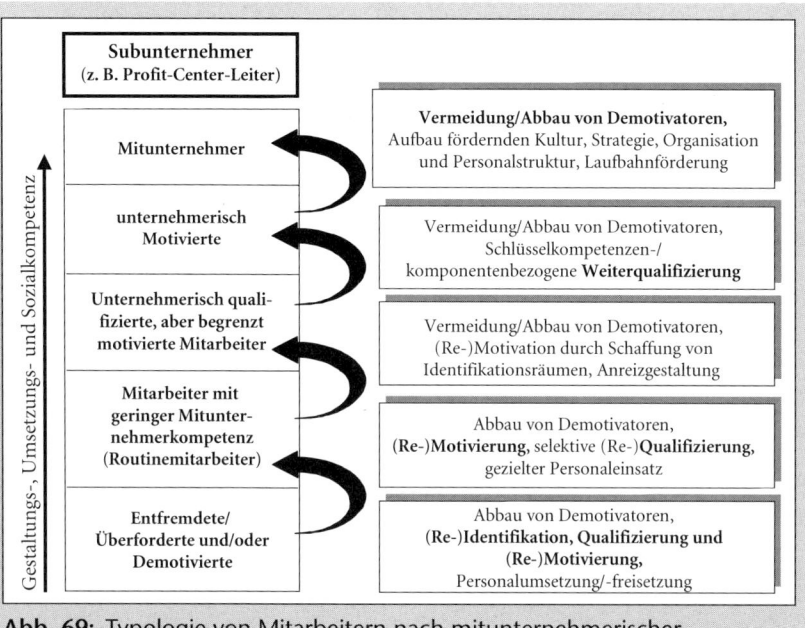

Abb. 69: Typologie von Mitarbeitern nach mitunternehmerischer Kompetenz[443]

- Bei **unternehmerisch qualifizierten, aber begrenzt motivierten** Mitarbeitern steht die gezielte (Re-)Motivation im Vordergrund. Diese Zielgruppe ist für die Demotivationsreduktion besonders relevant. Hier geht es um die Förderung von (Re-)Identifikationsräumen. Dies kann durch eine gezielte (Re-)Identifikationspolitik *(vgl. Kapitel VI., 1.5)* auf der Basis zufriedenheits- und arbeitsrelevanter Werte erfolgen (z. B. herausfordernde Aufgaben oder Projektteams). Dazu sollten Identifikationsbedürfnisse und -potenziale dieser Zielgruppe ermittelt und durch (re-)identifikationspolitischer Strategien befriedigt bzw. aktiviert sowie evaluiert werden. Auch sollten intrinsische Anreize angeboten werden (z. B. durch eignungs- und neigungsgerechte Platzierung oder Veränderung der Aufgabenstrukturen und -inhalte). Ergänzend kann auch der Einsatz

von extrinsischen Anreizen (z. B. Erfolgs- und Kapitalbeteiligung, Aufstiegsperspektiven) zweckvoll sein.
- Bei Mitarbeitern mit **geringer Mitunternehmerkompetenz** besteht Förderungsbedarf für (Re-)Motivation und selektive (Re-)Qualifizierung. Zur (Re-)motivierung bieten sich hier eine werteverändernde transformationale Führung *(vgl. Kapitel VII., 4.4 Delegative Führung)* oder Anreizsysteme sowie für eine selektive (Re-)Qualifizierung eignungs- und neigungsgerechter Personaleinsatz und sozialverträgliche und lernfördernde Zusammensetzung von Arbeitsgruppen an. Eine wirksame Förderung setzt aber systematische Demotivationsdiagnose und Problemanalyse voraus *(vgl. Kapitel VI., 2.1 Phasenzyklische Abbaustrategie)*. Hierbei sind Arbeits- und Rahmenbedingungen auf demotivierende und de-qualifizierende Wirkungen zu untersuchen sowie die Arbeitsplatzanforderungen mit dem individuellen Stärken- und Schwächenprofil sowie mit persönlichen Präferenzen abzugleichen. Auf dieser Grundlage sollten gezielt und primär Motivationsbarrieren identifiziert und beseitigt sowie (re-)motivierende Entwicklungsziele definiert, vereinbart und unterstützt werden. Ziel ist hier v. a., sie in die Gruppe unternehmerisch motivierter Mitarbeiter zu bringen.
- Entfremdete und Überforderte stellen die zentrale Problemgruppe für Demotivation dar. Bei **Entfremdeten** steht neben Demotivationsabbau und Qualifizierungs- und Platzierungsmaßnahmen eine grundlegende (Re-)Identifikation im Vordergrund *(vgl. Kapitel VI., 1.5)*. Zunächst sollte eine darauf ausgerichtete Wissens- und Sinnvermittlung *(vgl. Kapitel V., 1)* und ein Coaching *(vgl. Kapitel VI., 4.4)* oder Counseling *(vgl. Kapitel VI., 4.7)* erfolgen. Auch verändernder Personaleinsatz kann helfen. **Überforderte** sollten qualifikationsorientiert unterstützt werden. Dies fördert die Wiedergewinnung von Identifikation und über Kompetenzerleben kann die Selbstwirksamkeit gewonnen werden. Schlagen solche Versuche bei dieser schwierigen Zielgruppe fehl, bleiben schließlich noch Um- oder Freisetzungen.

4.4 Coaching

- **Definition**

Unter **Coaching** wird eine zeitlich befristete Begleitung von Mitarbeitern durch Führungskräfte oder Berater verstanden. Dies kann im Rahmen einer situationsgerechten Einzel- bzw. Prozessberatung oder als Form des sozialen Lernens erfolgen. Die Beratungsbeziehung basiert auf Freiwilligkeit und gegenseitiger Akzeptanz und zielt auch auf Wiederherstellung oder Verbesserung der Selbstregulationsfähigkeiten.

- **Ziele, Aufgaben und Arten**

Coaching versucht, Prozesse der Selbststeuerung zu initiieren, um so z. B. die Problembewältigungsfähigkeit zu verbessern. Durch Weitergabe und Bewertung von Informationen, Zielentwicklung, Sensibilisierung für eigene und fremde Bedürfnisse und Perspektiven, kann Coaching zur Demotivationsprävention, zum Umgang mit persönlichen Demotivationskrisen sowie zur höheren Remotivationsbereitschaft beitragen.

Die **Aufgaben des Vorgesetzten** bei einem »Re- bzw. Demotivationscoaching« sind situations- und personenabhängig. Dabei sind Erfordernisse der Organisation (wie z. B. Qualität, Produktivität, Kundenzufriedenheit) und Mitarbeiterbedürfnisse zu beachten.[444] Da Coaching-Aktivitäten den Vorgesetzen zeitlich und energetisch stark binden können, ist i. S. eines »Managements by Exception« zu klären, welche Mitarbeiter mit welchem »Demotivationsgrad« betreut werden müssen. Für besonders stark demotivierte Mitarbeiter können interne oder externe Beratungsexperten einbezogen werden.

Gruppen-Coaching[445] betrifft (Ziel-)Gruppen von demotivierten Mitarbeitern oder ein Führungsteam. Noch umfassender setzt das sog. **Systemcoaching** an, das bei vernetzten Demotivationszusammenhängen z. B. der Arbeitskoordination[446] ansetzt. Damit können neben dem Rollenverhalten einzelner Demotivierter auch Kontexte verändert werden.[447]

- **Gründe bzw. Anlässe für ein »Re-/Demotivations-Coaching«**[448]

– Abbau von Leistungs-, Kreativitäts- und Motivationsbarrieren
– Prävention oder Reduktion von demotivationsbedingtem Stress und Burn-Out
– Auflösung von demotivierenden Verhaltens-, bzw. Wahrnehmungsblockaden und deren unzureichende Beurteilungs- und Handlungstendenzen
– Umgang mit persönlichen demotivationsbedingten Sinnkrisen (z. B. Überprüfung der Lebens- und Karriereplanung bzw. kritische Reflexion der Berufsrolle)
– Aktivierung von (Re-)Motivationspotenzialen durch Persönlichkeitsentwicklung (z. B. durch Erweiterung des Verhaltensrepertoires durch Flexibilisierung von routinebedingtem Verhalten)
– Unterstützung bei demotivationsverursachten Konflikten (z. B. bei Beziehungskonflikten mit Vorgesetzen, Kollegen außerhalb oder innerhalb von Gruppen)[449]
– Vorbereitung auf neue remotivierende Aufgaben und Situationen

- **Coaching-Techniken und demotivationsrelevante Wirkungen:**[450]
  - **Fragen** zu Demotivationsproblemen oder Remotivationsmöglichkeiten stellen.
  Wirkung: Bündelung der Aufmerksamkeit, Steigerung von Bewusstsein, Präzisierung, Klärung; Überblick über das demotivierende bzw. potenziell remotivierende Erlebnis- und Handlungsfeld; »wissen wo man steht«
  - **Analyse** von demotivationsauslösenden **Interaktions- und Kommunikationsabläufen**.
  Wirkung: Klärung von demotivierenden Ursache-Wirkungs-Zusammenhängen im Organisationskontext und Regelkreismechanismen im sozialen Bereich
  - **Spiegeln** der sachlichen und emotionalen Inhalte der Äußerungen zu Demotivationsproblemen und Remotivationschancen.
  Wirkung: Klärende Widergabe und Verdichtung der demotivations- und remotivationsrelevanten Gedanken und Gefühle sowie Willenskräften
  - Kompetentes **Feedback** geben.
  Wirkung: Sensibilisieren für die eigene Persönlichkeits- und Verhaltenswirkung sowie Realitätsprüfung der Demotivationssituation oder Remotivationsfortschritten
  - **Reframing** (z. B. über Einstellungsveränderung durch Entwicklung von positiven remotivierenden Zusammenhängen).
  Wirkung: Relativierung von Sichtweisen und Vermittlung neuer Perspektiven zur Remotivierung
  - **Information und Instruktion** zur Demotivationsüberwindung geben.
  Wirkung: Impulse für gezieltes Verhalten und Verhaltensänderungen zu Handlungsbereichen und Remotivationsmöglichkeiten (z. B. Situationseinschätzung, Kommunikationsverhalten, Konfliktstrukturen, Selbstmanagement, Verhältnis Beruf und Familie)
  - **Durchspielen von Alternativen**
  Wirkung: Klären von Handlungsspielräumen zur Remotivation und Einüben eines neuen remotivierten Verhaltens
  - **Paradoxe Übertreibungen**, also widersinnige oder widersprüchliche Behauptungen
  Wirkung: Relativierung der Äußerungen und Bewertungen zur Demotivation bzw. angeblich unmöglicher Remotivation
  - **Training** von demotivationsabbauenden **Stressmanagementtechniken**
  Wirkung: Persönliche Entfaltung, Steigerung der körperlichen, mentalen und emotionalen Leistungsfähigkeit und des Remotivationsengagement
  - Vermitteln von **Techniken und Instrumenten** der **Unternehmenskulturanalyse** für Führungskräfte
  Wirkung: Handhabbarmachung »weicher« Remotivationsfaktoren (z. B. remotivierende Kommunikationsformen bzw. Vorbildverhalten)

- **Coaching-Prozess zur Demotivationsüberwindung und Remotivation**

Demotivationsprobleme von Mitarbeitern und Organisationen stellen einen spezifischen Anlass für das Coaching dar. Als eine Form individueller Begleitung und Beratung unterstützt es auch beziehungsorientierte Remotivationsmaßnahmen. Neben fachlicher Personalentwicklung werden durch Coaching Selbstgestaltungspotenziale (re-)aktiviert sowie sozio-emotionale Gesichtspunkte gefördert. Durch Schaffung eines angstlösenden Klimas sowie Eröffnung von sinngebenden Perspektiven können damit verloren geglaubte Potenziale wiedergewonnen werden.[451] Durch diese »quasi-therapeutische« Funktion kann Coaching – i. S. einer Hilfe zur Selbsthilfe – demotivationsspezifische Verhaltenskorrekturen und dauerhafte Remotivationsprozesse initiieren. Auch wenn der Coachingprozess zur Demotivation letztlich immer individuell zu gestalten ist, können **Grundmuster** bestimmt werden:[452]

1. In einem Erstgespräch sollten die Voraussetzungen für eine Coachingbeziehung (Freiwilligkeit, Diskretion, gegenseitige Akzeptanz) abgeklärt werden. Dabei sind die Erwartungen, Möglichkeiten und Grenzen des Coaching zur Demotivationsüberwindung und Remotivation aufzuzeigen. Bei einer ersten Problemsicht zur Demotivationssituation können diffuse Problemfelder vom Klienten eingebracht werden.
2. Die wichtigsten Demotivationsprobleme werden in einer Problemanalyse vertieft besprochen und analysiert (»Wo genau liegen die Demotivationsprobleme?«, »Wann und wie treten sie auf?«, »Woran würden Sie erkennen, dass Demotivationsprobleme überwunden sind?« Welche Remotivationsmöglichkeiten könnten helfen?). Zusätzlich kann ein individueller Aktionsplan gemeinsam entworfen werden.
3. Anschließend werden verschiedene Problemlösungen zur Demotivationsüberwindung und Remotivation entwickelt, verglichen und bewertet. Der Coach kann evtl. auf Wahrnehmungsblockaden hinweisen und den Blick für neue Sichtweisen öffnen. Vorschläge werden gemacht und Rückmeldungen gegeben, die der Klient auch ablehnen kann. Der Klient muss über die Umsetzung der verschiedenen Problemlösestrategien selbst entscheiden.
4. Der Klient probiert Problemlösestrategien aus und berichtet im Coachinggespräch die Ergebnisse. Dabei auftauchende Schwierigkeiten und Erfolge werden besprochen, der Coach gibt wiederum Feedback.
5. Der gesamte Coachingprozess zur Demotivationsüberwindung wird abschließend von den Beteiligten bewertet, und es wird geprüft, inwieweit sich die Erwartungen erfüllt haben. Da der Coach sich selbst überflüssig machen soll, ist entscheidend, dass der Klient nach einem Coachingprozess seine beruflichen und privaten Fragen mit seinem nun erweiterten Verhaltens- und Erlebensrepertoire möglichst selbstständig bewältigen kann.

Abb. 70: Grundmuster eines Demotivations-Coachings

- **Voraussetzung bei Coachs sind, dass sie:**
  - emphatisch sind, zuhören sowie echtes Interesse zeigen können
  - fähig sind, kompetente und konstruktive Hilfestellungen für Selbstanalyse und -management der betroffenen Mitarbeiter vermitteln zu können
  - den Demotivierten die Möglichkeit geben, trotz ihres Demotivationsempfindens, herausfordernde Aufgaben zu übernehmen und anzugehen
  - regelmäßige Evaluationsgespräche mit den Demotivierten führen und dabei auch kleine Erfolge anerkennen
  - »persönliche Integrität« wahren, die sich u. a. darin zeigt, dass die eigene Meinung auch dann vertreten wird, wenn dies mit – meist nur kurzfristigen – Unannehmlichkeiten verbunden ist.[453]

Gestaltungspraxis

- **Vorteile des »Demotivations- und Remotivations-Coachings«:**
  - gewährt unmittelbares, konstruktives (positives wie negatives) Feedback zum Demotivations- bzw. Remotivationsverhalten
  - bietet sich als Besprechungsforum für persönliche Erwartungen sowie demotivationsspezifische Probleme und Lösungsmöglichkeiten an
  - stärkt das Selbstvertrauen und fördert Remotivationsengagements
  - schafft eine Vertrauensbasis zwischen Vorgesetzten und Mitarbeitern
  - Betroffene lernen Auswirkungen ihres Demotivationsverhaltens oder Effekte personalpolitischer Instrumente auf die eigene Situation zu reflektieren
  - fördert bedürfnis- und situationsgerechte Interpretationen von demotivationsabbauenden bzw. remotivierenden Optionen und Erwartungen
  - vermittelt konstruktive Überwindungsmöglichkeiten für wiederkehrende Demotivationspraktiken oder individuelle Demotivationssituationen und -konflikte

- **Nachteile und Grenzen des Coachings zur Demotivationsüberwindung**

Probleme des Coachings durch direkte Vorgesetzte liegen – neben einer oft fehlenden psychosozialen **Qualifikation** – in der begrenzten Unabhängigkeit der Führungskräfte. Sie können auch selbst in die Demotivationsprobleme des Mitarbeiters involviert sein. Daher kann hier eine dritte Person (z. B. Mediator[454]) herangezogen werden. Auch ist die **Anwendbarkeit** zu überprüfen (z. B. zu hohe Erwartungen oder Zielbestimmungen).[455] Grundlegende **Grenzen** des Coachings treten auf:[456]

  - bei grundsätzlich nicht durch Coaching veränderbaren demotivationsauslösenden Strukturbedingungen (z. B. Ressourcenprobleme)

- bei fehlender Bereitschaft oder unzureichenden Kompetenzen des Coach für einen konstruktiven Umgang mit den Demotivierten oder der Demotivationsssituation
- bei pathologischem Verhalten (z. B. psychotische Zustände) oder Abhängigkeitserkrankungen, die psychotherapeutische Behandlung erfordern

- **Fazit**

Coaching ist eine zwar zeit- und kostenintensive, aber auch bewährte Beratungsform und Führungsaufgabe zur Demotivationsüberwindung und Remotivation. Sie ergänzt andere Prozesse der Kommunikation, Organisation und Führung. Ein Coaching, das jedoch nur bei Symptomen oder als Kompensation ansetzt, ohne zugrundeliegende Probleme zu lösen, bleibt meist wirkungslos.[457] Daher ist das »Demotivations- bzw. Remotivationscoaching« in die umfassendere Personal- und Organisationsentwicklung zu integrieren.

4.5 Unterstützung des »Demotivations-Copings«[458]

- **Definition**

Mit **Coping** sind Bemühungen einer Person gemeint, spezifische Anforderungen oder Überbelastungen zu bewältigen.[459] Durch Bewältigungsprozesse können sowohl die Demotivationsituation wie v. a. die Einstellung zu ihr verändert werden (z. B. Neubewertung, Anspruchsanpassung) oder alternative Lösungen gesucht werden.

- **Ziele und Kriterien eines Copings zur Demotivationsreduktion und Remotivation sind:**

- Reduktion des objektiven, subjektiven und aktuellen Problemniveaus der Demotivation
- Reduktion emotionaler Belastungen der Demotivation
- Handlungsregulation aktueller Bewältigungsprozesse
- Aufrechterhaltung oder Wiedergewinnung des Selbstwertgefühls[460] und Kontinuität bzw. Entwicklung interpersoneller Beziehungen[461]

- **Arten der Bewältigungsreaktionen**

Mitarbeiter haben verschiedene, persönlichkeitsspezifische Copingstile und zeigen ein situationsinduziertes Copingverhalten.[462] Je nach Belastungsumständen und Bewertungen (z. B. Durchschaubarkeit, Komplexität, Kontrollierbarkeit der belastenden Bedingungen) werden unterschiedliche Lösungsschritte und Reaktionen geplant und durchgeführt.[463]

Die Bewältigungsreaktionen lassen sich unterscheiden in:[464]

- **Problembezogenes** (ursacheorientiertes) Coping richtet sich auf die Veränderung der Person-Umwelt-Relation als Quelle der Demotivationsbelastung.
- **Emotionsbezogenes** (oft symptomorientiertes) Coping bezieht sich auf die subjektive Befindlichkeit, d. h. die Regulation der belastenden Gefühle (z. B. Angst, Ärger, Schuld) bei Demotivation.

- **Ansatzpunkte und Methoden** zur Unterstützung von Bewältigungsbemühungen sind: [465]

Gestaltungspraxis

  - Abbau von Stressoren bzw. Fehlbeanspruchung sowie Ausgleich quantitativer und qualitativer Unter- bzw. Überforderung[466] (z. B. durch individuelle Karriere- und Laufbahnberatung sowie anforderungs- und qualifikationsgerechten Personaleinsatz)
  - Änderung der Arbeits- und Regenerationsstrategien (z. B. Pausen einlegen)
  - Klärung von Verantwortlichkeiten oder Veränderung der Arbeitsorganisation (z. B. Neuverteilung von Aufgaben, Erweiterung von Kontroll- und Handlungsspielräumen[467], um Arbeitsgestaltung und Arbeitstempo zu beeinflussen).
  - Stress- bzw. Selbstmanagementtraining[468] (z. B. Techniken zum Zeitmanagement und zur Prioritätensetzung oder »Letting-go Techniken«, Entspannungsübungen)
  - Mediation[469] und Konfliktlösungsmaßnahmen[470] (z. B. zur Klärung von Rollenkonflikten- und Rollenambiguitäten[471])

- **»Remotivationsgespräch«**

Als Form konkreter Unterstützung und Umsetzung des Copings dienen »Demotivationsgespräche« bzw. eine explizite Thematisierung bei Mitarbeitergesprächen.[472] Diese dienen auch der individuellen Klärung und Entwicklung von Lösungen zu Demotivationsproblemen.[473] Mögliche **Gesprächsinhalte und -fragen** können dabei sein:

  - **Befinden, persönliches Umfeld.**
    Mögliche Fragen: »Gibt es äußere Umstände, die Ihr Tätigsein und Ihre Leistungen besonders beeinflusst haben. Wenn ja, welche und wie haben sie sich ausgewirkt?«
  - **Erfragung und Diskussion der Demotivationsursachen.**
    Mögliche Fragen: »Welche Motivationsbarrieren oder demotivierenden Einflüsse hielten Sie vom Erreichen Ihrer Ziele ab? Wie haben sich diese entwickelt?«

- **Bewusstmachung der Demotivationsfolgen für den Betroffenen, andere und die Organisation.**
  Mögliche Frage: »Welche Wirkungen gehen von Ihrer Demotivation für Sie, Ihre Kollegen und das Unternehmen aus?« »Wie hoch schätzen Sie den Verlust ihrer Produktivität bzw. Arbeitsfreude durch Demotivation ein?«
- **Aufnahme von Wünschen und Arbeitsgestaltungsvorschlägen der Betroffenen.**
  Mögliche Fragen: »Gibt es Fähigkeiten und Kenntnisse, die Sie bei Ihrer Arbeit nicht nutzen können? Wie könnten Sie sich selbst remotivieren oder wodurch würden Sie remotiviert werden?«

Bei häufigen oder sich wiederholenden Demotivationsvorfällen und bei Nichtbereitschaft zur Remotivation sollten auch Versetzung oder neue Gruppenbildung, organisationale, vergütungsbezogene und arbeitsrechtliche Konsequenzen (z. B. Abmahnung und Kündigungsdrohung)[474] sowie Freisetzung mit Outplacement-Beratung angesprochen werden.

In der folgenden Abbildung werden verschiedene **Grundfragen für das Remotivationsgespräch** aufgelistet.[475]

VI. Strukturell-systemische Führung zum Demotivationsabbau und Remotivation

Frage: Wer sollte das Gespräch mit den Betroffenen führen?
Antwort: Möglichst derjenige, der das Verhalten des Mitarbeiters am besten kennt und beobachtet (i. d. R. ist dies der direkte Vorgesetzte oder Mentor). Bei schwerwiegenden oder dauerhaften Demotivationsvorfällen sollten auch Vertreter der Personalabteilung einbezogen werden.

Frage: Mit wem sollte gesprochen werden?
Antwort: Grundsätzlich nur mit den Betroffenen oder bei Gruppendemotivation mit der Gruppe. Dabei sollte die gegenseitige Vertraulichkeit der Inhalte gewährleistet werden.

Frage: Wann sollte das Gespräch stattfinden?
Antwort: Es sollte möglichst nach dem Auftreten des unerwünschten Verhaltens oder bei Sichtbarwerden der Wirkungen geführt werden. Auch wenn es sinnvoll ist, im Rahmen des Mitarbeitergesprächs über Demotivation zu sprechen, kann dies für eine direkte Verhaltensveränderung dann oft zu spät sein.

Frage: Wo und wie lange sollte das Gespräch sein?
Antwort: Für das Gespräch ist es wichtig, einen ruhigen, störungsfreien Ort und festen Zeitrahmen zu vereinbaren. Es empfiehlt sich das Gespräch nicht länger als 30–45 Minuten dauern zu lassen.

Gestaltungs-praxis

> **Frage: Was sollte besprochen werden?**
>
> Antwort: Es sollten nicht »Charaktereigenschaften«, sondern demotivationale Verhaltensweisen, Fakten und deren Folgen besprochen und einer gemeinsamen Analyse der Gründe für das Fehlverhalten unterzogen werden.
>
> **Frage: Wie sollte das Gespräch erfolgen?**
>
> Antwort: Nach konstruktivem Einstieg sollte das Gespräch sachlich, klar und unmissverständlich sein. Es sollte auf gemeinsame Bewertung und Suche nach Ursachen und Entwicklung von alternativen Verhaltensweisen bzw. -maßnahmen ausgerichtet werden.
>
> **Frage: Was sollte wie vereinbart werden?**
>
> Antwort: Die gemeinsamen bestimmten Einschätzungen und Vereinbarungen (z. B. Verpflichtungen zu verändertem Verhalten oder konkrete Remotivationsmaßnahmen) sollten schriftlich auf einem vorbereiteten Bogen festgehalten werden. Dabei kann auch ein Anschlussgespräch oder eine Evaluation vereinbart werden.
>
> **Frage: Was folgt auf dem Gespräch?**
>
> Antwort: In einem Anschlussgespräch kann eine Evaluation der abgesprochenen Vereinbarungen oder der Arbeits- und Entwicklungsziele vorgenommen werden, indem die Veränderungen anerkannt oder kritisiert werden und evtl. Folgeschritte eingeleitet werden.

Abb. 71: Grundfragen und -regeln für das Remotivationsgespräch

Hilfreich für eine umfassendere Gestaltung des Demotivationsgesprächs wie bei Gesprächen überhaupt sind auch folgende Feedbackregeln:

> – Rückmeldung von Beobachtungen, Eindrücken und ausgelösten Gefühlen möglichst **konkret** und spezifisch auf das wahrgenommene Verhalten beziehen
> – Feedback besser **früher** als später und möglichst anlassbezogen in einer **ruhigen**, nicht affektiv aufgeladenen Weise anbieten
> – »Feedback-Overload« vermeiden und den Fokus auf **Veränderbares** und Lernprozesse richten
> – Feedback ist **weder Verallgemeinerung** der Beobachtungen **noch Verurteilung** der Persönlichkeit
> – Die Vermittlung von Feedback sollte eher **beschreibend** und nicht abwertend erfolgen, denn es bezieht sich auf problematische Wirkung eines bestimmten Verhaltens, nicht auf die Bewertung oder Verurteilung der Persönlichkeit
> – Feedback kann nicht als falsch oder richtig diskutiert werden; es kann höchstens eine **Verständniserklärung** folgen

Abb. 72: Feedback-Regeln für ein Remotivationsgespräch:[476]

Abschließend werden noch einige Vorteile und Grenzen des Coping genannt.

- **Vorteile des Coping**
  - es trägt zur konstruktiven Handhabung von (Demotivations-)Konflikten bei
  - es transformiert demotivierende Belastungen in bewältigbare Herausforderungen
  - es unterstützt selbstorganisierten Umgang mit Demotivationsproblemen
  - auch emotionale Aspekte der Demotivationsbelastungen werden berücksichtigt
  - die Wiedergewinnung des Selbstwertgefühls reaktiviert Re-Identifikation und ein remotiviertes Commitment der Demotivierten
- **Nachteile und Grenzen des Coping**[477]
  - Voraussetzungen für wirkungsvolles Coping sind oft nicht gegeben (z. B. soziale Unterstützung durch Familie, Freunde und andere Bezugspersonen[478] oder Handlungsspielräume für selbstorganisierten Umgang mit Belastungen)[479]
  - es besteht die Gefahr einer Überforderung demotivierter Mitarbeiter (z. B. aufgrund des erhöhten Regulationsaufwands)
  - starke Demotivation lähmt Copingpotenziale
  - es gibt »destruktive« Coping-Strategien wie Angriff- oder Fluchtmechanismen, Verleugnung der Demotivationssituation oder Abwehrmechanismen
  - einzelne Bewältigungsformen (z. B. individuell oder situativ) können je nach Bewertung unterschiedlich kostenintensiv und wirksam sein. Sie sind zudem nur schwer mess- und bewertbar.[480]
  - Coping kann auch zur Verschlechterung bereits bestehender oder zur Schaffung neuer (Demotivations-)Probleme führen, (z. B. dann, wenn das Bewältigungsverhalten nicht ausreichend oder anforderungsinadäquat ist)[481]
  - Fehlgebrauch bei Rückmeldungen (z. B. Gebrauch als Manipulationsstrategie)[482]

- **Fazit**

Coping hat für einen konkreten Umgang und Verarbeitung von Demotivationsbelastungen eine entlastende Bedeutung. Eine problem- und emotionsbezogene Bewältigung von Demotivationsproblemen und regelmäßige Rückmeldungen tragen auch zur Prävention bei und fördern die Remotivation. Coping unterstützt die Entwicklung konstruktiver und selbstorganisierter Kompetenzen, die auch für andere Problemsituationen verwendet werden können. Dazu sind aber personale und organisationale Voraussetzungen zu schaffen (v. a. Handlungsspielräume) damit es zu einer nachhaltigen Demotivationsüberwindung kommt.

4.6 Supervision zum Demotivationsabbau und Remotivation

- **Definition**

Gestaltungspraxis

Supervision will Betroffene professionell beraten, indem sie prozessorientierte Einsichten und Erkenntnissen zur Selbsteinschätzung der eigenen Person auch im Gruppenzusammenhang[483] vermittelt. Externe Supervisoren übernehmen dabei Aufgaben als »Change Agents« und Berater. Ihre Rolle ist daher von der Funktion als Führungskraft getrennt. Mit ihrem externen Zugang vermögen Supervisoren einen spezifischen Umgang mit starken Demotivationsproblemen zu unterstützen. Von anderen Methoden unterscheidet sich die Supervision, dass sie an konkreten Schwierigkeiten ansetzt (z. B. der demotivierenden Arbeitssituation) und zu einer »sozialen Selbstreflexion«[484] des demotivierenden Beziehungs- und Spannungsfelds »Individuum und Organisation« befähigen will. Dabei ist sie nicht auf betriebswirtschaftliche Ziele beschränkt.

- **Ziele einer »Demotivations-Supervision«:**

  - Sie dient der Reflexion der demotivationsspezifischen Problemstellungen und deren persönlichen oder sozialen Wirkungen[485]
  - Sie versucht, die demotivierende Arbeitssituation und durch sie eingeschränkte Qualität der Zusammenarbeit durch praxisnahe Beratung zu verbessern
  - Sie macht die persönlichen Gestaltungs- und Kontextbedingungen sowie das berufliche Handeln der von Demotivation Betroffenen (Supervisanden) bewusst
  - Sie will stark demotivierte Mitarbeiter und Führungskräfte spezifisch betreuen
  - Sie strebt über Feedback auch indirekte Demotivationsprävention an

- **Einsatz und Techniken**

Auch wenn Supervision ursprünglich nur als spezialisierte Reflexionsform zur Unterstützung von Personen, die in ihrem beruflichen Handeln höheren emotionalen Belastungen ausgesetzt sind (wie z. B. Ärzte, Pflegepersonal, Lehrer, Sozialarbeiter), eingesetzt wurde, wird sie auch bei beraterischen Aktivitäten in Organisationen verwendet.[486] **Supervisionstechniken** sind z. B.:

  - Elemente und Werkzeuge professioneller Gesprächsführung (z. B. aktives Zuhören, empathisches Verstehen) und Moderationsmethodik

- Informationsgewinnung durch differenziertes Beobachten und spezifische Interventionen (z. B. Prinzipien des lösungsorientierten Fragens)
- Hypothesenbildung und -evaluation zur Überprüfung von Wirklichkeitskonstrukten und Selbstbeschreibung der Beteiligten
- Vermittlung von Techniken der Selbstreflexion und Strategien der Problemlösung[487]
- problemspezifische Intervention in Einzel-, Gruppen- und Teamsupervisionen, um unterschiedliche Bereiche zu beobachten und adäquat zu verändern

- **Vorteile**

- Inhalte der Supervision können spezifische emotionale oder soziale Demotivationsprobleme und -konflikte aus dem beruflichen Alltag sein.
- durch Innensicht der Beteiligten und Außensicht des Supervisors vermittelt sie eine erweiterte und integrierte Sicht von Demotivationsprozessen und Zugang zu tieferliegenden Problemen
- die professionelle externe Expertise hilft Demotivierten, Distanz zur eigenen Demotivationssituation zu gewinnen. Dadurch soll eine (Ab-)Lösung von demotivierenden Denk- und Handlungsschemata erreicht und veränderte Möglichkeiten einer Beziehungsgestaltung oder neue Handlungsoptionen (Remotivationsszenarien) eröffnet werden
- die im Lebens- und Berufsfeld auftretenden belastenden Einstellungen, Gefühle und Stimmungen können geklärt und konstruktiv transformiert werden

- **Nachteile und Grenzen**

- Supervisoren verfügen nicht über informelles und implizites Wissen interner Organisationsstrukturen, was das Verständnis von spezifischen Demotivationsproblemen erschwert
- personzentrierte Supervision erreicht nicht systemisch-strukturelle Demotivationszusammenhänge des Arbeitskontextes
- kosten- und zeitintensiv durch Einsatz externer Supervisoren
- Supervision als Krisenintervention gegen Demotivation ist nur dann zweckvoll, wenn andere Bewältigungsmaßnahmen nicht wirkungsvoll sind und eine professionelle externe Hilfe notwendig wird.
- geringerer Zeit-, Problem- und Leistungsdruck kann zu »Verschleppung« von Demotivationsproblemen führen

- **Fazit**

Supervision unterstützt insbesondere stärker demotivierte Mitarbeiter durch extern angeleitete Reflexion und Beratung. Demotivierte können mit ihr in die Lage versetzt werden, sich selbst, ihre demotivierende Tätigkeit, Konflikte und Umgebung besser zu begreifen und dadurch zu erhöhter Handlungs- und Remotivationskompetenz zu gelangen. Durch die Unterstützung von Supervisoren nehmen sie ihre eigenen Stärken und Schwächen wahr, überprüfen ihre Arbeitsweisen und suchen, wo nötig, nach besserem Vorgehen. Die unabhängige Stellung und die fachliche Qualifikation des Supervisors schaffen die dazu notwendige Vertrauensgrundlage, gehen jedoch mit dem Nachteil eines relativ hohen Kosten- und Zeitaufwandes einher.

4.7 Counseling und Employee-Assistance-Center zu Demotivationsabbau und zur Remotivation

Gestaltungspraxis

- **Definition**

  Counseling wird hier als eine Möglichkeit der Personalentwicklung verstanden, bei der Mitarbeiter *und* Vorgesetzte durch wechselseitigen Rat, Hilfe und Anregung die Zusammenarbeit verbessern oder das Hineinwachsen in neue Aufgabenstellungen erleichtern. Im persönlichen Gespräch erhält insbesondere auch der Vorgesetzte konstruktives Feedback zu seinem (demotivierenden) Führungsverhalten, und es können bei Bedarf Maßnahmen zur Verbesserung der Arbeits- und Führungssituation vereinbart werden.[488] Im Vordergrund sehen wir hier – im Gegensatz zum Coaching – die Beratung der Vorgesetzten durch seinen Mitarbeiter.

- **Ziele**

Counseling will die Aufmerksamkeit auf die Stärken lenken, um das positive Klima und das Selbstwertgefühl zu steigern.[489] Psychodynamische Zusammenhänge von Demotivationsproblemen sollen dazu im persönlichen Beratungsgespräch erörtert werden. Mitarbeiter vermitteln dabei ihren Verantwortlichen Rückmeldungen zu Demotivationsschwierigkeiten, die auch auf persönlich-soziale Problemfelder verweisen. Zur Remotivierung will das Counseling: Isolation überwinden, Sicherheitsgefühl steigern und Einsicht in Bedeutung sozialer Beziehungen vermitteln sowie Stolz in die Arbeit oder das Unternehmen fördern.[490]

- **Voraussetzungen:**[491]

  - Vorgesetzte oder Mitarbeiter müssen erkennen (wollen), wo und wie Hilfe nötig ist.
  - Lernfähigkeit und -motivation sowie Bereitschaft zur vertrauensvollen, kooperativen Führungsbeziehung der Vorgesetzten
  - Beratungsfähigkeit und -motivation der Betroffenen
  - Beachtung der Counseling-Phasen (Wahrnehmen, Zuhören und Verständnis ohne Wertung; Veränderung der Perspektive)
  - institutionelle Unterstützung und »Führungskultur« des Unternehmens

- **Einsatz und Techniken:**[492]
  - Einsatz im dialogischen Mitarbeitergespräch als eine Counseling-Sitzung (zur Förderung einer Thematisierung von Demotivationsproblemen, unterstützt durch Techniken des aktiven Zuhörens)
  - Institutionalisierung in Vorgesetztenbeurteilungen (in die Mitarbeiter Demotivationsprobleme mit Führungskräften einbringen können)
  - Wechsel von Einstellungen und Vergegenwärtigung von Wirkung der Demotivation (z. B. durch Imaginationsübungen, Rollentausch, Spiegeln[493])
  - Verwendung im Rahmen einer »Führung von unten«[494] (z. B. zur Unterstützung von Remotivationsinitiativen)
  - Multimodale Orientierungsanalyse zur sinnvollen Aufdeckung und Reorganisation von demotivierenden Arbeitsprozessen[495]
  - Gruppen-Counseling[496] zur Bearbeitung von Demotivationsprozessen in Gruppen oder zur Unterstützung gruppendynamischer Remotivationsinitiativen

- **Vorteile**
  - Unterstützung von Zivilcourage und Takt von demotivierten Mitarbeitern
  - Entwicklung von kooperativen Führungsbeziehungen zur Demotivationsprävention
  - Förderung des Remotivationsengagements bei Mitarbeitern
  - Gewinnung wichtiger Informationen über Demotivation für den Vorgesetzten, aus Mitarbeiterperspektive und über fachliche Belange hinaus
  - Co-Counseling ermöglicht eine gegenseitige Beratungshilfe von Mitarbeitern und Führungskräften ohne externen Therapeuten[497]

- **Grenzen**
  - aktive Beratungsbereitschaft der Mitarbeiter oder passive des Vorgesetzten sind bei Demotivierten nicht immer gegeben
  - hierarchische Hemmnisse beschränken »Zulassen« und Wirkungen des Counseling
  - Weitergabe persönlicher Demotivationserfahrungen ist schwierig
  - Überbewertung eigener Erfahrungen, Wahrnehmungsproblematik des Counsellors
  - Zu starkes Counseling fördert »geclonte Mitarbeiter«, also Kopien des Counsellors
  - Missinterpretation durch Kollegen und Vorgesetzte (z. B. »Günstlingswirtschaft«, »graue Eminenz«)

VI. Strukturell-systemische Führung zum Demotivationsabbau und Remotivation

»Employee-Assistance-Center« und -Programme als organisationales Counseling

- **Definition und Ziele**

  »Employee-Assistance-Center« und -**Programme** sind Einrichtungen zur Unterstützung von Mitarbeitern bei persönlichen Problemen.[498] Dazu gehören z. B. Suchtprobleme (Drogen, Alkohol) oder Schwierigkeiten mit der Familie, Arbeitskollegen bzw. Vorgesetzten, welche die tägliche Arbeit oder Karriereprozesse negativ beeinflussen. Auch Manager können diese Employee-Assistance-Center konsultieren, um sich über Probleme von Mitarbeitern oder Arbeitsgruppen bzw. Organisationsfragen zu informieren und diese zu diskutieren.

Gestaltungspraxis

- **Methoden, Dienstleistungen und Seminare**
  - diagnostischen Problemidentifikation,
  - kurzfristige Counseling-Hilfsprogramme (z. B. Krisenintervention bei Finanz- oder Gesundheits-/Drogenproblemen).
  - spezifische Trainingsseminare zum Aufbau von Beratungskompetenzen für Arbeitnehmervertreter, Manager und Supervisoren.

- **»Employee Assistance Programme« (EAP)**
  - bieten über beratende Dienste hinaus die Begleitung bei Interventionen und ein »follow-up service« zur Nachbearbeitung an.
  - zielen darauf, Mitarbeiter mit persönlichen Problemen zu ermutigen, Hilfe zu suchen sowie adäquate Hilfe und Ressourcen anzubieten, um so ihre Gesundheit und Produktivität wiederherzustellen.[499]

- **Vorteile**
  - Anonymität bleibt besser gewahrt
  - Prävention und pro-aktive Vermittlung bzw. (Krisen-)Intervention bei psycho-sozialen Schwierigkeiten[500]
  - Kompetente Beratung bei personalpraktischen, arbeitsrechtlichen und psychologischen Fragen und Lebensproblemen
  - Reduktion von Care- und Nachsorgekosten[501]
  - Out-Sourcing von Betreuungsaufgaben

- **Probleme und Grenzen**
  - Auslagerung wichtiger Kernkompetenzen von Personalabteilung und Führungskräften (»Internatskonzept«) und strategischer Rollen
  - Delegation sozialer Verantwortung
  - noch wenig Erfahrungen im deutschsprachigen Raum
  - Schwellenangst der Betroffenen und Zweifel an Vertraulichkeit

- »Virtualität« bei EAP als Call-Center und Anonymisierung durch telefonische Beratung Externer erschwert die Klärung persönlicher Probleme
- Ängste vor Karriereeinbußen und Nachteilen bei Inanspruchnahme

- **Fazit**

Counseling stellt Möglichkeiten für einen konstruktiven Umgang mit Demotivation insbesondere im psycho-sozialen Zusammenhang dar. Ähnlich wie bei der externen Supervision, werden – hier allerdings in direkter Beziehung zwischen Mitarbeiter und Führungskraft oder über die Employee-Assistant-Center – konkrete Beratung und Hilfestellung für die Bewältigung von Demotivationsproblemen angeboten. In Anbetracht fehlender Voraussetzungen und der beschriebenen Grenzen ist deren Anwendung für Demotivierte allerdings nicht einfach. Und bei Inanspruchnahme von EAP-Konzepten – sie sind zur Zeit bei bestimmten Konzernen sehr beliebt – besteht die Gefahr, dass die für Demotivation zentrale sozio-emotionale Dimension der Führung outgesourct wird. Dies fördert wieder rational-technokratischen Taylorismus, nach dem die Human Ressourcen letztlich wie Maschinen mit externen Wartungsverträgen behandelt werden.

4.8 Mentoring

- **Definition**

  Mentoring (synonym: Mentorenschaft) ist die persönliche Betreuung eines Mitarbeiters durch eine hierarchisch höhergestellte Person, die i. d. R. nicht der direkte Vorgesetzte ist. Mentorenschaft dient der Orientierung, Integration und Förderung des Betreuten in der Organisation für verschiedene Lebens- und Karrierephasen.[502]

- **Ziele des Mentorings für Demotivationsüberwindung und Remotivation**

Über eine gezielte und langfristige Unterstützung der Persönlichkeitsentwicklung können personale Demotivationsneigungen abgebaut werden. Über eine Vermittlung von Orientierung und Verbesserung von Kommunikationsprozessen will es zur Reduktion von Entfremdung und Senkung der Fluktuationsrate[503] sowie Entwicklung von Remotivationspotenzialen beitragen.

- **Dimensionen und Methoden des Mentorings im Vergleich**

Folgende Abbildung zeigt Coaching und Mentoring in ausgewählten Dimensionen mit Bezug auf Demotivation und Remotivationsmöglichkeiten.

Gestaltungspraxis

Dimensionen	Coaching	Mentoring
Demotivationsspezifischer Fokus	Demotivierende Arbeitssituation und -prozesse in der Organisation; Demotivierende bzw. remotivierende Strukturen und Verhaltensaspekte	Betreute Persönlichkeit und dessen Demotivationsprobleme bzw. Remotivationspotenziale
Anlass und Zeitdauer	Demotivationsabhängig, von einem Monat bis einem Jahr	über längere Karrierephasen oder Betriebszugehörigkeit
Ansatz der Unterstützung zur Demotivationsüberwindung	Gemeinsame Analyse, Durcharbeiten und Bewältigung der Demotivationsproblematik	Mentor steht als freundschaftlich-kritischer Ansprechpartner auch für Demotivationsprobleme bereit. Er dient als Identifikationsfigur sowie Lernmodell
Ansätze zur Remotivation	Gemeinsame Entwicklung und Klärung von spezifischen Remotivationsmöglichkeiten, Feedback und Besprechen zu Remotivationsfortschritten	Mentor fungiert als Reflektor für persönliche Remotivationsstrategien und unterstützt remotivierende Antriebskräfte
Beabsichtigte Ergebnisse für die Betreuten	Abbau von Demotivation, Aufbau von Remotivation, Ergebnisverbesserung	Zukunftsorientierung und Relativierung gegenwärtiger »Arbeits- und Lebenspositionen«
Nutzen für das Unternehmen	Zielorientiertes Leistungsverhalten, das auf die Verbesserung ausgerichtet ist und das ermöglicht, Demotivationsprobleme kreativ zu lösen und Remotivation zu sichern	Bindung des Betreuten an das Unternehmen, Förderung der Entwicklung von Nachwuchsführungskräften

Abb. 73: Coaching und Mentoring im Vergleich[504]

- **Vorteile**

  - Gegenüber dem meist kurzfristigen Coaching und dem eher selbstständigen Demotivations-Coping ist Mentoring auf eine längerfristigere Unterstützung durch andere ausgerichtet
  - Hohe Sozialisations- und Identifikationseffekte
  - personenbezogenes Mentoring hat sich v. a. zur Einführung neuer Mitarbeiter und systematischen Karriereentwicklung von Führungsnachwuchskräften bewährt[505]

- **Grenzen**

  - Die Rolle des Mentors als möglichst selbstgewählte Identifikationsfigur, Berater und Förderer und die persönliche Mentorenbeziehung kann kaum verbindlich bestimmt[506] oder institutionalisiert werden[507]

- Initiative und Verantwortung für die Anlagenentfaltung liegen primär beim Mitarbeiter, der Mentor steht nur begleitend und fördernd zur Seite
- In Gesprächen mit Mentoren kommt es, besonders bei Zeitmangel, zu eher oberflächlichen Zuwendungsbekundungen, anstelle einer Thematisierung tiefgreifender und struktureller Demotivationsaspekte. Dazu fehlt oft das Vertrauen der Betreuten sowie ein umfassenderes Engagement des Mentors
- Mentoren unterstützen meist nur jüngere Nachwuchsführungskräfte und »high-potentials«

• **Fazit**

Wird die Mentorenbeziehung auf den Förderungs- und Begleitungsbedarf des Protegés ausgerichtet, können Demotivationsprobleme durch beratende Unterstützung des Mentors gemindert werden. Anwendungen für Demotivationsprobleme und Remotivation bleiben jedoch beschränkt. Um der Gefahr zu begegnen, dass mit Mentorensystemen Neid oder Mikropolitik der Nichtbegünstigten einhergeht (z. B. Schwächung des Leistungsprinzips durch Günstlingswirtschaft), sollten sie in den organisatorischen und personalpolitischen Kontext integriert werden. Auch sollten Führungskräfte ihre eigene Qualifikation als Mentor kritisch überprüfen.

4.9 Promotoren für Demotivationsabbau und Remotivation

• **Definitionen und Typen**

Promotoren sind Personen, die Transformationsprozesse aktiv und intensiv fördern. Die zuvor beschriebenen Rollen des Coaches, Supervisors und Mentors können auch als Promotoren wirksam sein. Es können folgende Typen unterschieden werden

- **Fachpromotoren** verfügen über spezifisches Fachwissen. Die hierarchische Position ist dabei unerheblich.[508]
- **Machtpromotoren** verfügen aufgrund formaler Autorität über legitimierte Macht mit Sanktionsmöglichkeiten.
- **Prozesspromotoren** tragen vermittelnd zur Überwindung von demotivationalen Praktiken sowie prozessorientierten Förderung von Remotivation bei.
- **Beziehungspromotoren** fördern über organisationsinterne und soziale Vernetzung[509] den Demotivationsabbau und Remotivation.
- **Restriktoren oder Opponenten** sind Personen, die Transformationsprozesse und Remotivationsinitiativen verzögern, hemmen oder verhindern. Sie sind einflussreiche Träger und »Verstärker« von Demotivationsprozessen. Als negative Multiplikatoren erhalten und übertragen sie ihre Demotivation auch auf andere (z. B. über falsche Gerüchte, Mobbing, Cliquenbildung, einseitige Mikropolitik). Sie sind nicht mit konstruktiven Querdenkern gleichzusetzen.

- **Ziele und Aufgaben einzelner Promotoren**

Ausgehend von den Einflussfeldern des »Nicht-Wissens«, »Nicht-Könnens« und des »Nicht-Wollens« kann zwischen Fach- und Machtpromotoren[510] und zusätzlich Beziehungspromotoren unterschieden werden:

- **Fachpromotoren** können zur Vermeidung und Abbau von Demotivation durch ihr Experten- und Erfahrungswissen beitragen, da sie helfen, demotivierende Einflüsse des »Nicht-Wissens« zu beseitigen. Durch die Überwindung von spezifischen und fachübergreifenden Fähigkeitsbarrieren tragen sie eher indirekt zum Abbau von Demotivationsursachen bei.

- **Machtpromotoren** dienen einer Überwindung des »Nicht-Könnens« und »Nicht-Wollens«. Einerseits stellen sie demotivierten Mitarbeitern fehlende oder fehlgeleitete Ressourcen bereit, andererseits beeinflussen sie die Überwindung von Hierarchie- und Abhängigkeitsbarrieren. Sie können zudem Planungs-, und Entscheidungsprozesse zugunsten einer Demotivationsvermeidung bzw. -verminderung beeinflussen (z. B. »demotivationsträchtige« Projekte stoppen). Schließlich unterbinden oder reduzieren sie die Aktivitäten von demotivierungsverstärkenden und remotivationshemmenden Restriktoren und Opponenten.[511]

- **Prozesspromotoren** tragen vermittelnd zur Überwindung von demotivationalen Praktiken sowie prozessorientierten Förderung von Remotivation bei. Sie besitzen genaue Kenntnis der Organisation und wissen, wer von Demotivation betroffen ist. Sie können als Vermittler zwischen unterschiedlichen Bedürfnissen und Interessen von demotivierten Mitarbeitern fungieren. Mit ihrem Prozesswissen nehmen diese Promotoren zentrale Koordinations- und Kommunikationsfunktionen im Veränderungsprozess zur Demotivationsüberwindung wahr. Dazu gehören die laufende Information über den Stand der Veränderung sowie die Entgegennahme und Verarbeitung von Verbesserungsvorschlägen (z. B. für weitere Remotivation) und Kritik. Als Prozessverantwortliche können Prozesspromotoren auch Betreuer von Demotivationsabbau- und Remotivationsprozessen sein.

- **Beziehungspromotoren** ergänzen Prozesspromotoren und fördern über organisationsinterne und soziale Vernetzung[512] Demotivationsabbau und Remotivation. Sie entwickeln und nutzen Netzwerkbeziehungen[513] und aktivieren oder unterstützen Macht- und Fachpromotoren. Sie helfen, die für Demotivationsüberwindung und Remotivation erforderlichen Vertrauens-, Lern- und Konfliktbewältigungsprozesse effizient und effektiv zu gestalten und integrativ zu entwickeln.[514] Sie können »demotivationsspezifische« Informationen, Praktiken, Ursachen und Folgen aufspüren und auch neue Netzwerkbeziehungen aufbauen. Zusätzlich unterstützen sie personengetragene Remotivationsinitiativen. Im Rahmen der Personal- und Organisationsentwicklung und eines »internen Beziehungsmanagements« können sie zu Wandlungsträgern für eine dauerhafte Demotivationsüberwindung werden.

Promotorentyp	Promotion der Demotivationsvermeidung bzw. des Abbaus oder von Remotivation durch:	Promotorenfunktion und -einfluss zum Demotivationsabbau und Remotivation
Fachpromotor	Fachliches Expertenwissen	Unterstützt den Abbau von fachlich bedingter Demotivation mit Hilfe objektspezifischen Know-hows, Experten- und Erfahrungswissen zu Remotivationsmöglichkeiten (z. B. als Coach oder Supervisor)
Machtpromotor	Hierarchische Macht	Kann über Ressourcen Entscheidungsprozess zugunsten Demotivationsverminderung bzw. Remotivation fördern, den Einfluss von demotivierender Opponenten reduzieren sowie »demotivationsträchtige« Projekte modifizieren oder stoppen (z. B. als Mentor)
Prozesspromotor	Organisationskenntnis/Vermittlungsvermögen	Hilft, organisatorische oder administrative Widerstände zu überwinden; weiß, wer und wie von Demotivation im Prozesszusammenhang betroffen ist und vermittelt bei unterschiedlichen Remotivationsprozessen, was besonders für die zentrale Barriere »Arbeitskoordination« wichtig ist
Beziehungspromotor	Enge, wirksame Beziehungsnetze	Mit seinem Beziehungsnetzwerk und Wissen über organisationsinterne und -externe Vorgänge und Schlüsselpersonen unterstützt er Demotivationsabbau und die Vernetzung personengetragener Remotivationsinitiativen

Abb. 74: Funktionen und Einfluss verschiedener Promotorentypen

- **Vorteile**
  - Promotoren sind Vorbilder und Meinungsmacher für eine Remotivationsorientierung
  - Investitionen in Promotoren zahlen sich auch langfristig für die Personal- und Organisationsentwicklung aus
  - Promotorennetzwerke ermöglichen eine wichtige Informations- und Kommunikationsinfrastruktur, die zum Erfahrungs- und Ideenaustausch, Anregungen sowie für Rückmeldungen dient[515]

- **Grenzen**
  - Fehlende Voraussetzungen (Akzeptanz, Glaubwürdigkeit bei Mitarbeitern, Verbleibdauer im Unternehmen, Offenheit, Zuverlässigkeit)
  - Überforderung durch Promotorenrolle bei einzelnen Mitarbeitern oder Führungskräften
  - Promotoren können selbst in Demotivationsprozesse involviert sein (fehlende Motivation und Begeisterungsfähigkeit)

- **Fazit**

Promotoren können wichtige Impulsgeber und Multiplikatoren für Demotivationsprävention und -reduktion sowie Remotivationsprozesse sein. Besonders Beziehungspromotoren haben im Rahmen der zentralen Netzwerksteuerung zur Remotivation große Bedeutung.[516] Für einen integrierten Ansatz zur Vorbeugung und Abbau von Demotivation ist die Identifikation, Förderung und Bindung von Mitarbeitern und Führungskräften als Promotoren sinnvoll. Promotoren können auch kombiniert wahrgenommen werden. Allerdings sind auch die genannten Grenzen zu beachten.

VII. Interaktiv-direkte Führungsbeziehungen und Demotivationsabbau bzw. Remotivierung

> **Definition:**
> **Interaktive Führung** übt über direkte, situative und häufig auch individualisierte (z. B. Zielvereinbarung) Kommunikationsprozesse Einfluss aus. Sie dient auch der Umsetzung struktureller Führung sowie der Feinsteuerung von Verhaltensweisen im Rahmen des strukturellen Umfeldes (Kontextes).

- **Ziele und Aufgaben**

Interaktive Führung zielt auf eine direkte, personale Beeinflussung von Demotivierten. Wie bereits im Gestaltungsrahmen und im vorherigen Kapitel gezeigt *(vgl. Kapitel II., 10 Gestaltungsrahmen für strukturell-systemische und interaktive Führung; Kapitel VI., Strukturell-systemische Führung zum Demotivationsabbau und Remotivation)* erfüllt die **persönliche Einfluss- und Beziehungsgestaltung** im Rahmen struktureller Kontextsteuerung wichtige, personengebundene Ausgleichs- und Zusatzaufgaben. So hat sie für Rückmeldungen, Anerkennung und Kritik bei demotivierten Mitarbeitern zu sorgen. Sie muss deren Demotivationsprobleme und Remotivierungspotenziale wahrnehmen, analysieren und reflektieren. Insbesondere ist sie aber auch für demotivationsreduzierende bzw. remotivierende Ziel-, Entscheidungs- und Delegationsprozesse sowie Entwicklung und Evaluation verantwortlich. Folgende Abbildung zeigt diese Aufgaben in Abgrenzung zur indirekten strukturell-systemischen Führung.

Führung zur Demotivationsüberwindung und Remotivierung	
indirekte, strukturell-systemische Führung	direkte, personal-interaktive Menschenführung
Beeinflussung: • kulturelle Faktoren • strategiebezogene Faktoren • organisatorische Faktoren • qualitative Personalstruktur	• wahrnehmen, analysieren, reflektieren • informieren, kommunizieren, konsultieren • Ziele vereinbaren, delegieren • entscheiden, koordinieren, kooperieren • entwickeln, transformieren • evaluieren, gratifizieren

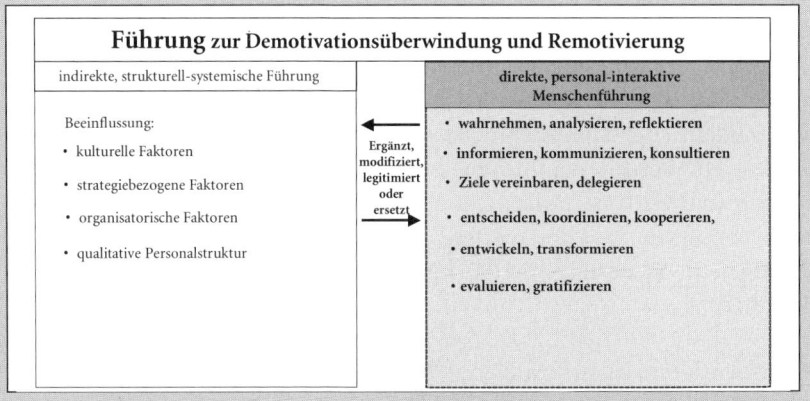

(Ergänzt, modifiziert, legitimiert oder ersetzt)

Abb. 75: Strukturelle und interaktive Führung zum Demotivationsabbau und Remotivation

1. Führungsbeziehungen und Demotivation

Das »**Verhältnis zum direkten Vorgesetzen**« ist nach unseren empirischen Untersuchungen die zweitstärkste **potenzielle** Barriere. Demotivierendes Vorgesetztenverhalten ist also unbedingt zu vermeiden und ist für Leistungsträger meist wichtiger als aktivierende Motivationsversuche, insbesondere durch extrinsische Anreize. Es wird besonders durch unbefriedigende Vorbildfunktion und Führungsqualifikation bzw. -motivation sowie die Nichteinhaltung von Zusagen verursacht. Das »**Verhältnis zum höheren Management**« erweist sich als potenzielle sowie dazu auch starke **aktuelle** Motivationsbarriere. Sie ist nach unseren Analysen bei mittleren Managern insbesondere durch mangelhaftes Kommunikations- und Führungsverhalten verursacht. Auch demotiviert aktuell besonders intransparente Unternehmens- und Personalpolitik und deren fehlende bzw. inkonsequente Umsetzung (vgl. Kapitel IV., 3 Einzelergebnisse empirischer Untersuchungen).

Gestaltungs-
praxis

Gerade schon motivierte und qualifizierte **Leistungsträger** werden durch unzureichende Führung demotiviert. Anderseits bietet interaktive Führung auch viele direkte und v. a. individuelle Möglichkeiten zum Demotivationsabbau und zur Remotivierung. Denn mit der interaktiven Führungsdimension kann man situativ und individualisiert Einfluss auf (demotivierte) Mitarbeiter ausüben. Dabei sollte die Führungskraft – möglichst gemeinsam mit dem Mitarbeiter – prüfen, wo die zentralen Probleme liegen um gemeinsam Lösungen zu finden. Im Folgenden wird dies an **zentralen Führungsaufgaben** diskutiert (vgl. oben Abbildung 75).

- **wahrnehmen, analysieren, reflektieren**

Jede Führungskraft sollte, die strukturell-systemischen Vorgaben in ihrem Bereich in situationsgerechter, ggf. modifizierter Form umsetzen wollen und können. Neben einer kontinuierlichen Wahrnehmung und Reflexion des sich stets wandelnden Umfeldes, gilt es besonders, das Mitarbeiterverhalten und dessen Ergebnisse aufmerksam zu beobachten und zu analysieren. Zudem sind Unternehmens- und Bereichsziele auf Abteilungs- und Stellenziele »herunterzubrechen« und diese den Mitarbeitern zu vermitteln. Ebenso sind zentrale Unternehmenswerte zu interpretieren, zu unterstreichen, vorzuleben und deren erfolgreiche Umsetzung zu belohnen. Dazu treten effiziente Steuerung von Gruppenprozessen und konstruktive Konfliktbewältigung.

- **informieren, kommunizieren, konsultieren**

Eine zentrale Aufgabe interaktiver Führung betrifft das Schlagwort »Wissensmanagement«[517], das aber oft viel enger (z. T. sogar nur informationstechnologisch) orientiert ist. Information, Kommunikation und Konsultation gewinnen – angesichts häufiger, komplexer und rascher Veränderungen in Unternehmen und Unternehmensumwelt – auch für den Demotivationsabbau an Bedeutung. Auch zur Prävention und Remotivierung sind umfassende gute Informations- und Kommunikationsprozesse von grundlegender Bedeutung. Informationen mitteilen und darüber diskutieren sind von den Mitarbeitern hoch gewünschte, aber ebenso beklagte Führungsleistungen.

- **Ziele vereinbaren, delegieren, entscheiden, koordinieren, kooperieren**

Eine ökonomisch und sozial effiziente Ausgestaltung der Arbeitsbeziehungen erfordert diverse Managementleistungen. Auch zur Prävention und zum Abbau von Demotivation sowie zur Remotivierung sind klare Ziele zu vereinbaren, Aufgaben und Kompetenzen in adäquater Weise zu delegieren, verbindliche Entscheidungen zu treffen, Aufgaben- und Verantwortungsbereiche abzustimmen, mit den Mitarbeitern und Vertretern anderer Organisationseinheiten zu kooperieren. Schließlich gehört auch die Vor- und Nachbereitung sowie die Leitung von Besprechungen (als zentraler akuteller Demotivator) dazu.

- **entwickeln, transformieren, evaluieren, gratifizieren**

Die interaktive Führungsbeziehung sollte auch die Selbst-, Team- und Personalentwicklung einbeziehen. Letzere betrifft hier besonders die Förderung am Arbeitsplatz – »into-« und »near the job« – Maßnahmen. Durch eignungs- und neigungsgerechte Projekte sowie bedarfs- und bedürfnisgerechte Gestaltung und Interpretation von Zielen und Aufgaben sowie Aufzeigen von Lern- und Entwicklungsmöglichkeiten am Arbeitsplatz. Zur Beeinflussung der Wertebasis der Mitarbeiter bietet sich der transformationale Führungsstil an.[518] Schließlich soll interaktive Führung, Leistung und (Fehl-)Verhalten der Demotivierten systematisch beurteilen, Feedback leisten, konstruktive Kritik üben oder bei Remotivationserfolgen Anerkennung ausdrücken bzw. Belohnungen geben.

VII. Interaktiv-direkte Führungsbeziehungen und Demotivationsabbau bzw. Remotivierung

2. Situative Gestaltung der Führungsbeziehungen zur Demotivationsüberwindung und Remotivation

Demotivations- und Remotivationsmöglichkeiten werden immer durch **situative Faktoren und Führungsstile bzw. -beziehungen** (z. B. Aufgabenkomplexität, formale Machtbefugnisse der Vorgesetzten und Beziehungsqualität zu Mitarbeitern) mit bestimmt. Situative Führung richtet das Verhalten an erfolgskritischen Situationsvariablen aus. Hier wird zunächst die reifegradorientierte Führung vorgestellt. Anschließend werden Möglichkeiten und Grenzen situativer Führung diskutiert.

Gestaltungspraxis

2.1 Die Bedeutung des zielgruppenspezifischen Reifegradansatzes

Mit dem Fokus auf Mitarbeiterentwicklung im situativen Führungsansatz von Hersey und Blanchard[519] wird ein zentraler Aspekt zur Demotivationsüberwindung und Remotivation berücksichtigt. Nach diesem Ansatz ist der aufgabenbezogene und motivationale bzw. soziale Reifegrad des Mitarbeiters entscheidend für die Wahl eines effektiven Führungsstils.[520] Es wird dabei zwischen »**Arbeitsreife**« (Qualifikation, Kenntnisse, Erfahrung) und »**psychologischen Reife**« (Leistungswille, Selbstsicherheit und -achtung, Bereitschaft zur Verantwortungsübernahme) unterschieden.[521] Folgende Reifegrade sind möglich:

- Reifegrad M 1: Dem Mitarbeiter fehlen beide Reifegradkomponenten
- Reifegrad M 2: Es liegt »psychologische Reife« bei fehlender »Arbeitsreife« vor
- Reifegrad M 3: Es liegt »Arbeitsreife« bei fehlender »psychologische Reife« vor
- Reifegrad M 4: Beide Reifegradkomponenten sind vorhanden.

In Abhängigkeit dieser vier möglichen Reifeniveaus sollte eine erfolgreiche Führungskraft einen adäquaten Führungsstil auswählen. Diese Wahl erfordert dabei eine Analyse der **aufgabenspezifischen** und **motivationalen bzw. sozialen Eignung**.

Das Modell bestimmt zu den Reifegraden (M 1 bis M 4) passende **Führungsstile** (S 1 bis S 4):

- Führungsstil S 1: Fehlende Motivation (bzw. Demotivation) und unzureichende Qualifikation sollen über eine strikte Aufgabenorientierung und tendenziell autoritären Führungsstil (klare und kontrollierte Weisungen) ausgeglichen werden.

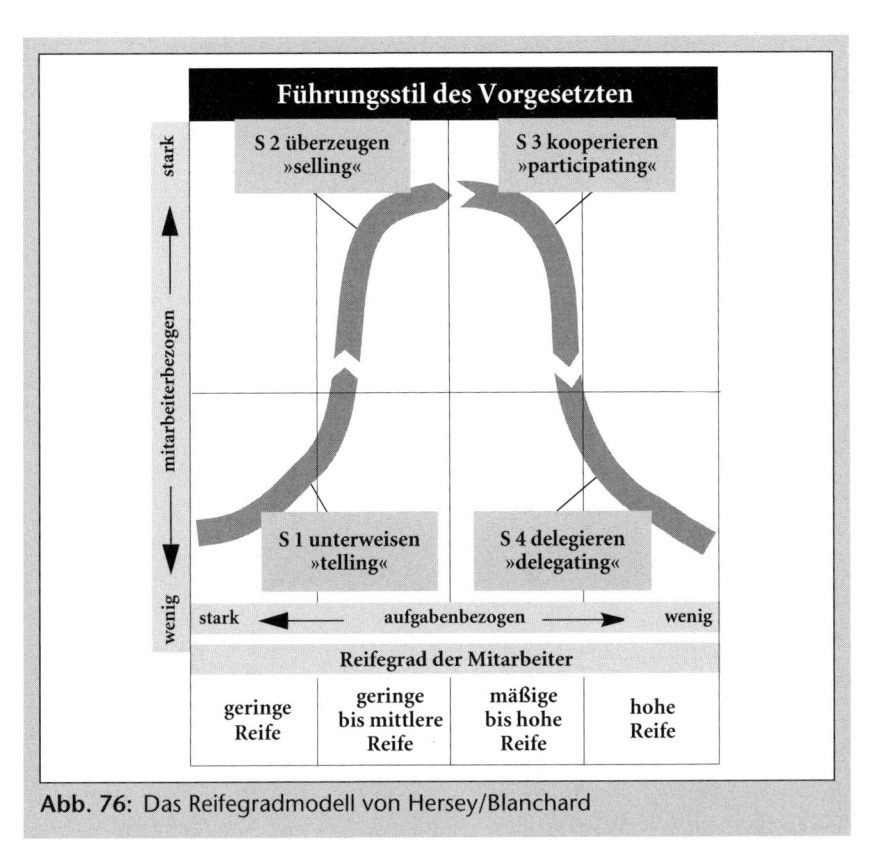

Abb. 76: Das Reifegradmodell von Hersey/Blanchard

- Führungsstil S 2: In überzeugender (»verkaufender«) Weise werden bei schon verbesserter Qualifikation Motivationspotenziale (bzw. konstruktive Demotivation) angesprochen (M 2)
- Führungsstil S 3: Über starke Beziehungsorientierung und Partizipation werden Kompetenzmängel ausgeglichen und bei Umsetzung wird auf motivationale Probleme (Demotivation) der Mitarbeiter kooperativ eingegangen
- Führungsstil S 4: Vorhandene Qualifikation und Motivation führen dazu, dass die Geführten ihre Aufgaben im Rahmen delegativer Führung weitgehend selbstständig erfüllen können und wollen.

Die Aufgabe der Führungskraft besteht darin, das Reifeniveau der Mitarbeiter in Richtung auf den delegativen Stil (S 4) aktiv zu fördern.[522]

● **Würdigung und Kritik**

Die Unterscheidungen des Reifegradmodells unterstützen die Demotivationsanalyse sowie die Entwicklung remotivierender Ansätze durch Ableitung führungsspezifischer Fördermaßnahmen. So kann insbesondere über den

Führungsstil S 2 eine demotivationsabbauende Qualifizierung und mit dem Führungsstil S 3 eine beziehungsorientierte Demotivationsüberwindung und Remotivation umgesetzt werden.

Kritik und Grenzen betreffen die theoretische Fundierung und empirische Untermauerung des umstrittenen Modells.[523] Einige Studien erbrachten zwar Belege für die Relevanz der im Modell gemachten Aussagen,[524] doch konnten in der überwiegenden Zahl der Fälle die zentralen Aussagen nicht bestätigt werden.[525] Dies auch, weil sich der Ansatz einseitig **nur auf Persönlichkeitsvariablen der Geführten konzentriert**.[526] So bleiben wichtige Persönlichkeitsmerkmale des Vorgesetzten (z. B. Sozialkompetenz, Urteils- und Delegationsvermögen) sowie Rahmenbedingungen (z. B. Abteilungskultur, Aufgabenschwierigkeit, Zeitbudget, Teamkultur) ausgeblendet.[527] Auch stehen der Reifezustand und die Motivation der (evtl. demotivierten) Vorgesetzten außer Frage. Schließlich sind motivationale Akzeptanzprobleme von Führungsverhalten durch die Geführten und machtpolitische Interessenskonflikte und ihre Bearbeitung nicht hinreichend berücksichtigt.

- **Weitere demotivationsrelevante Kritikpunkte**

Ein durch Demotivation bedingter geringer Entwicklungsstand erfordert nicht automatisch eine unterweisungsorientierte Führungspraxis. Wird der potenzielle Reifegrad durch Demotivation eingeschränkt, fördern eher kooperative Führungspraktiken oder das Angebot von remotivierenden Verhaltensalternativen. Zudem sind Aufgaben- und Personenorientierung nicht beliebig kombinierbare, unabhängige Dimensionen eines demotivationsüberwindenden Führungsverhaltens. Da das Verhältnis der zwei Reifedimensionen nicht berücksichtigt wird, bleiben die für Demotivation wichtigen mittleren Reifestadien unbestimmt. Schließlich werden strukturelle Rahmenbedingungen und andere Einflussfaktoren auf das Demotivations- und Remotivationsverhalten der Mitarbeiter (z. B. Unternehmenspolitik) nicht hinreichend berücksichtigt.

Deshalb wird ein **erweitertes Modell** vorgestellt. Denn die Realität situativer Führung wird mit der Fokussierung auf die Qualifikation und Motivation des Mitarbeiters nicht hinreichend abgebildet. Ein Erweiterungskonzept, das erfolgskritische Situationsvariablen integriert, zeigt Abbildung 77.

Hier sind viele der diskutierten und empirisch ermittelten potenziellen bzw. aktuellen Motivationsbarrieren als Situationsvariablen einbezogen. Daraus lassen sich Einflussgrößen auf die Wahl einer effektiven wie effizienten Führungsbeziehung sowie ihrer Wirkungen auf Remotivation realitätsnäher bestimmen. Operationalisierung, Maß und Zurechnungsprobleme bestehen aber auch hier weiter.

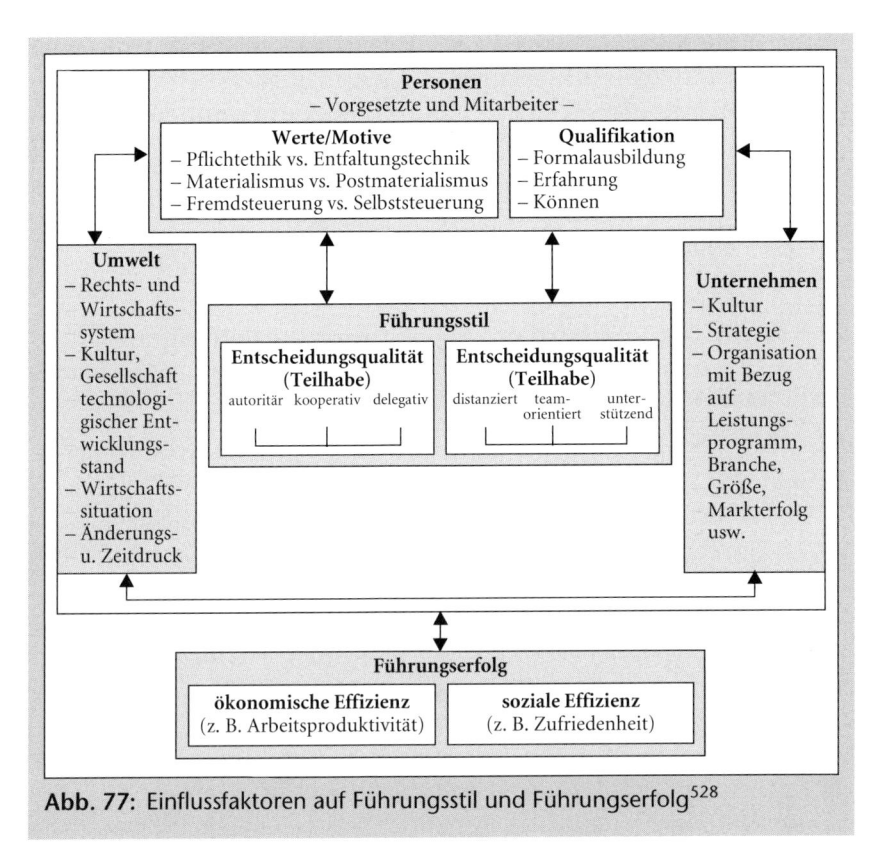

```
┌─────────────────────────────────────────────────────────────────────┐
│                         Personen                                     │
│                  – Vorgesetzte und Mitarbeiter –                     │
│         ┌──────────────────────────┬──────────────────────┐         │
│         │      Werte/Motive        │     Qualifikation    │         │
│         │ – Pflichtethik vs.       │ – Formalausbildung   │         │
│         │   Entfaltungstechnik     │ – Erfahrung          │         │
│         │ – Materialismus vs.      │ – Können             │         │
│         │   Postmaterialismus      │                      │         │
│         │ – Fremdsteuerung vs.     │                      │         │
│         │   Selbststeuerung        │                      │         │
│         └──────────────────────────┴──────────────────────┘         │
│  ┌─────────────┐                                      ┌───────────┐ │
│  │ Umwelt      │                                      │Unternehmen│ │
│  │– Rechts- und│         Führungsstil                 │– Kultur   │ │
│  │ Wirtschafts-│ ┌────────────────┬────────────────┐  │– Strategie│ │
│  │ system      │ │Entscheidungs-  │Entscheidungs-  │  │– Organi-  │ │
│  │– Kultur,    │ │qualität        │qualität        │  │  sation   │ │
│  │ Gesellschaft│ │(Teilhabe)      │(Teilhabe)      │  │ mit Bezug │ │
│  │ technologi- │ │autoritär       │distanziert team│  │ auf       │ │
│  │ scher Ent-  │ │kooperativ      │     orientiert │  │ Leistungs-│ │
│  │ wicklungs-  │ │     delegativ  │       stützend │  │ programm, │ │
│  │ stand       │ └────────────────┴────────────────┘  │ Branche,  │ │
│  │– Wirtschafts│                                      │ Größe,    │ │
│  │ situation   │                                      │ Markterfolg│ │
│  │– Änderungs- │                                      │ usw.      │ │
│  │ u. Zeitdruck│                                      │           │ │
│  └─────────────┘                                      └───────────┘ │
│                         Führungserfolg                               │
│         ┌──────────────────────────┬──────────────────────┐         │
│         │ ökonomische Effizienz    │ soziale Effizienz    │         │
│         │ (z. B. Arbeitsprodukti-  │ (z. B. Zufriedenheit)│         │
│         │  vität)                  │                      │         │
│         └──────────────────────────┴──────────────────────┘         │
└─────────────────────────────────────────────────────────────────────┘
```

Abb. 77: Einflussfaktoren auf Führungsstil und Führungserfolg[528]

2.2 Möglichkeiten und Grenzen situativer Führung

Nach der situativen Führungstheorie gibt es keinen einzigen richtigen (»one-best«) Weg der Führung. Seine Wahl hängt von den situativen Umständen ab, die durch Aufgabenkomplexität, Zeitdruck, Mitarbeiteranzahl und -reife und Umweltkonstellation variieren. Mit Blick auf die Kontingenzansätze[529] müssen daher immer die situativen Bedingungen der Demotivation und Remotivation berücksichtigt werden.

Für eine auf Demotivationsabbau und Remotivation ausgerichtete Führung sind jedoch **kritische Aspekte situativer Führung** zu berücksichtigen:

– Eine reaktive Orientierung auf die jeweilige gegebene Situation beachtet nicht hinreichend die »Vorgeschichte« bzw. Episoden der Demotivations- bzw. Remotivationssituation.
– Demotivationssituationen sind mit dynamischen Entwicklungen und einer »Nachgeschichte« verbunden, die situationsübergreifende Anpas-

sungen erfordern. Diese werden durch eine Fokussierung auf bloß punktuelle, zeitlich fixierte Situationen verkannt.[530]
- Vielen Ansätzen der situativen Führung fehlt eine übergeordnete normative Orientierung. Anstatt eines »Hangelns« von Situation zu Situation und Ad-hoc-Aktionen bei aktuellen Tagesereignissen, sollte ein Leitbild und Programm zur Demotivationsüberwindung durch die Führung entwickelt und realisiert werden.[531]

3. Prosoziale und partizipative Führungsbeziehungen

Gestaltungspraxis

- **Dimensionen der Führungsbeziehungen**

Das Verhältnis zum direkten Vorgesetzten stellt die **zweitstärkste potenzielle** und eine **mittelstarke aktuelle Motivationsbarriere** dar *(vgl. Kapitel IV., 2)*. Die soziale Qualität der Vorgesetzten-Mitarbeiter-Beziehung ist daher für die Demotivationsprävention, aber auch für den Barrierenabbau und die Remotivation von großer Bedeutung. Zu den sozialen Qualitäten der Beziehungsgestaltung treten jedoch auch Machtaspekte hinzu.[532] So umfasst Führung neben der prosozialen Dimension (»**Teilnahme**«) immer auch eine Machtdimension (»**Teilhabe**«). Während die prosoziale Dimension der Führung die zwischenmenschlichen Qualitäten der Führungsbeziehung, insbesondere das Ausmaß an wechselseitigem Vertrauen, gegenseitiger Unterstützung und Akzeptanz charakterisiert, wird mit der Machtdimension die den Mitarbeitern gewährte Entscheidungsbeteiligung bzw. Autonomie insbesondere über Zielvereinbarungen erfasst. Eine Nichtbeachtung dieser Dimensionen (z. B. fehlende Partizipation oder Kommunikation) fördert das Demotivationspotenzial.

3.1 Die Bedeutung einer Vertrauenskultur für Führungsbeziehungen

Vertrauen ist eine grundlegende Dimension menschlichen Zusammenlebens und Bedingung sowie Folge prosozialer Führungsbeziehungen.[533] Für Vertrauen ist spezifisch, dass es oft an eindeutigen, verbal fixierten Vereinbarungen von Leistung und Gegenleistung fehlt. **Vertrauen** wird u. a. bestimmt von:[534]

- Vertrauensbereitschaft der Beteiligten
- Vertrauenswürdigkeit der Zielperson des Vertrauens
- bisherigen Kooperationserfahrungen zwischen vertrauender Person und Zielperson
- einflussreichen Situationsspezifika (z. B. Dauer der Unternehmenszugehörigkeit)

Empirisch zeigt sich bei der **aktuellen Motivationsbarriere Organisationskultur**, wie sehr fehlende Kooperationskultur, Misstrauen oder Diskrepanz zwischen Reden und Tun demotivieren. Auch für den Remotivationszusammenhang spielt eine Vertrauenskultur zur Gewinnung einer offenen Kommunikation und damit effektiveren Arbeits- und Problembewältigung eine zentrale Rolle.[535] Vertrauenskultur kann **demotivationspräventiv** dazu beitragen, dass die Motivation der Zielpersonen erhalten bleibt[536] und bestehende Demotivation gemeinsam reduziert werden kann. Führungskräfte, die sich auf Vertrauensbeziehungen ausrichten, sind wahscheinlich remotivierender[537] als solche, welche die Handlungsfreiheit der Mitarbeiter durch Vorschriften einschränken oder durch Verhaltenskontrolle zu sichern suchen.[538] Der wesentliche Vorteil von Vertrauen als Steuerungsmedium zeigt sich gerade in Situationen mit hoher Unsicherheit[539], wie sie bei Versuchen einer Demotivationsüberwindung und Remotivation auftreten. **Wechselseitiges Vertrauen fördert die Demotivationsüberwindung durch:**[540]

– größere Offenheit gegenüber Austausch von Ideen und Gefühlen sowie dem Einfluss anderer Personen. Demotivierte lassen sich über vertrauensfundierte Beziehungen zu Kollegen oder Vorgesetzten eher in ihrem Verhalten anregen und beeinflussen.
– weniger Angst, dass Selbstöffnung missbraucht werden könnte. Demotivierte teilen dann eher ihre Schwierigkeiten und Probleme mit, ohne zu befürchten, deswegen benachteiligt zu werden.
– durch Misstrauen blockierte Energien (z. B. durch stärkeres Absicherungsverhalten, Stress) können für produktive Lernmöglichkeiten und Selbstremotivierung verwendet werden.
– erhöhte Bereitschaft von Vorgesetzten, richtige und pünktliche Informationen sowie Ressourcen bereitzustellen, verringern Missinterpretationen.
– Bei Organisation, deren Klima vertrauensvoll gestaltet ist, kommt es eher zu einer konstruktiven Konfliktlösung bei Demotivationsproblemen, einschließlich einer höheren Bereitschaft zur Selbstkritik.
– erhöhte Problemlösungsfähigkeit (z. B. zur gemeinsamen Aufdeckung von Remotivationschancen)
– intensivere und gemeinschaftliche Suche nach alternativen Handlungsmöglichkeiten (z. B. durch erhöhten Lerntransfer oder kreative Remotivationsideen)
– Es werden auch Überwindungsmöglichkeiten und Remotivationsinitiativen erschlossen, die ohne Vertrauen unzugänglich blieben.
– größere Akzeptanz bei der Umsetzung von Problemlösungen zur Demotivationsüberwindung und Remotivation, da wechselseitige Abhängigkeiten leichter akzeptiert werden.

- **Beeinflussungsmöglichkeiten zum Aufbau einer Vertrauenskultur**

Die Fähigkeit und Bereitschaft zu vertrauen, wird in vorherigen Sozialisationsphasen erworben. Solche Vertrauensdisposition entzieht sich daher direkter Beeinflussbarkeit. Ansatzpunkte liegen eher bei der Entwicklung bzw. Sicherung der Vertrauenswürdigkeit der Zielperson bzw. Führungskraft. **Vertrauensfördernde Faktoren** sind u. a.:[541]

Gestaltungspraxis

- Integrität (Einheit von Wort und Tat, Fairness)
- Gutwilligkeit (Einsatz auch für die Interessen und Ziele der anderen)
- Offene Kommunikation (transparenter Informationsaustausch, »Politik der offenen Tür«)
- Verzicht auf vertrauenshemmende Kontrollmechanismen
- Sukzessiver Vertrauensaufbau über kleinere Erfolge in risikoarmen Situationen (z. B. über hilfreiche Unterstützung, Feedback, Coaching und selbstwertsteigernde Ergebniszuschreibung für Mitarbeiter)
- Symbolische Führung (z. B. Vorbild und Sinngebung zum Aufbau von identifikationsbasiertem Vertrauen)
- Fachkompetenz (Qualifikation in fachlicher und methodischer Hinsicht)

Letztlich steht Vertrauen in einem sozialen Zusammenhang, der auf das eigene Selbstbild, die Selbstverpflichtung und die Bereitschaft verweist, soziale Normen und moralische Standards zu akzeptieren.[542]

3.2 Zielvereinbarungen und Mitarbeitergespräch als partizipative Führungspraxis

Unzureichende Festlegung und Verwirklichung von Zielen, fehlende Rückmeldungen sowie Zielkonflikte erwiesen sich in unserer Befragung als einflussreiche aktuelle Motivationsbarrieren *(vgl. Kapitel IV., 3)*.

Zielsetzungstheorien zeigen die Bedeutung von Zielen, Leistungen und Zufriedenheit *(vgl. Kapitel III., 4.5)*. Zielvereinbarungen sind ein Beispiel für die delegative »Teilhabe«- und kooperative Teilnahme-Dimension der Führung. Zielorientierte Führung schafft über Festlegung von Leistungsbeiträgen, Anreizen und Belohnungen sowie Handlungsspielräumen remotivierende Möglichkeiten zur Partizipation bzw. Autonomie von Mitarbeitern. Die Ziele sollten von Führungskräften und Mitarbeitern gemeinsam erarbeitet und vereinbart werden, um Demotivationsprävention zu unterstützen.

Das **Mitarbeitergespräch** bietet sich zur praktischen Verwirklichung und zur gemeinsamen Zielbeurteilung an.[543] Wichtig ist dabei, dass der Mitarbeiter seine Kenntnisse, Möglichkeiten und Bedingungen aktiv und konstruktiv einbringen kann.

Anstelle einer fremdbestimmten Zielvorgabe, bei dem Zielgrößen für Umsatz, Termine und Verhaltensweisen vorgegeben werden, werden hier Ziele gemeinsam entwickelt. Dabei sind besonders Einflussgrößen und Ergebnisse zu berücksichtigen, die der Mitarbeiter selbst beeinflussen bzw. mitgestalten kann.

Die Führungskraft überprüft im gemeinsamen Gespräch die persönlichen Zielvorschläge auf ihre Vereinbarkeit mit übergeordneten Zielen (z. B. der Abteilung oder Unternehmung) und schlägt Korrekturen oder Ergänzungen vor.[544] Ist der Zielbeitrag bestimmt, können Prioritäten festgelegt und Aufgaben spezifiziert werden.[545]

Demotivationsverstärkend wirkt, wenn Führungskräfte bei der Zielvereinbarung vorwiegend ihre eigenen Interessen (z. B. zur Machterhaltung) durchsetzen wollen sowie Klarheit, Messbarkeit und Erreichbarkeit von Zielen bzw. Angaben über Ressourcen für die Realisierung fehlen. Daher sind eine kontinuierliche Kommunikation, andauerndes Feedback über Machbarkeit, Maßnahmen oder Einflussgrößen zur Zielerreichung sowie kurzfristige Zielkorrekturen notwendig.

Weitere Ausführungen zu Funktionen einer Führung durch Zielvereinbarung und Operationalisierungskriterien zum Mitarbeitergespräch sowie Vorteile und Grenzen werden bei zielorientierten Delegationskonzepten (transaktionale Führung, MBO) vorgestellt *(vgl. Kapitel VII., 4.4 Delegative Führung).*

4. Einzelne Führungsstile in Beziehung zu Demotivation bzw. Remotivation

VII. Interaktiv-direkte Führungsbeziehungen und Demotivationsabbau bzw. Remotivierung

Aus dem breiten Spektrum des möglichen Führungsverhaltens stellen Führungsstile idealtypische Kombinationen mehrerer Komponenten dar.[546] Diese sind nicht situations- und personenübergreifend konstant, sondern variieren auch in Abhängigkeit von situativen Faktoren (z. B. der Qualifikation der Geführten oder der Aufgabenart, Grad der Vertrauensbeziehung). Ein Führungsstil drückt aber längerfristig gültige, wiederkehrende Werte-, Denk- und Verhaltensweisen- und Merkmalskonstellation in Beziehungen zwischen Führenden und Geführten aus. Die folgende Abbildung zeigt unterschiedliche Führungsstile.[547]

Hierbei handelt es sich um Idealtypen, die als vorläufige Beschreibungskategorien für Theorie und Praxis verständnis- und erkenntnisfördernden Wert anstreben. Da sich die Stile in einem Kontinuum bewegen, sind die Grenzen zwischen den einzelnen Führungsstilen fließend. Führungskräfte werden und müssen **in verschiedenen Führungsphasen oder Demotivati-**

onssituationen unterschiedliche Führungsstile anwenden. Je nach Kontext erfüllen verschiedene Stile mehr oder weniger die Erwartungen der Demotivierten oder verändern deren Einstellungen. Da sich reales Führungs- und Kooperationsverhalten stets aus der Interaktion von Situation und Person ergibt, ist eine Generalisierung oder Idealisierung eines »besten« Führungsstils zur Demotivationsüberwindung nicht sinnvoll. Anderseits hilft eine differenzierte und polarisierende Diskussion des Verhaltenskontinuums, genauer zu beurteilen. Im Folgenden werden einzelne Führungsstile vorgestellt und in ihrer Bedeutung für die Demotivation bzw. Remotivation diskutiert.

Gestaltungspraxis

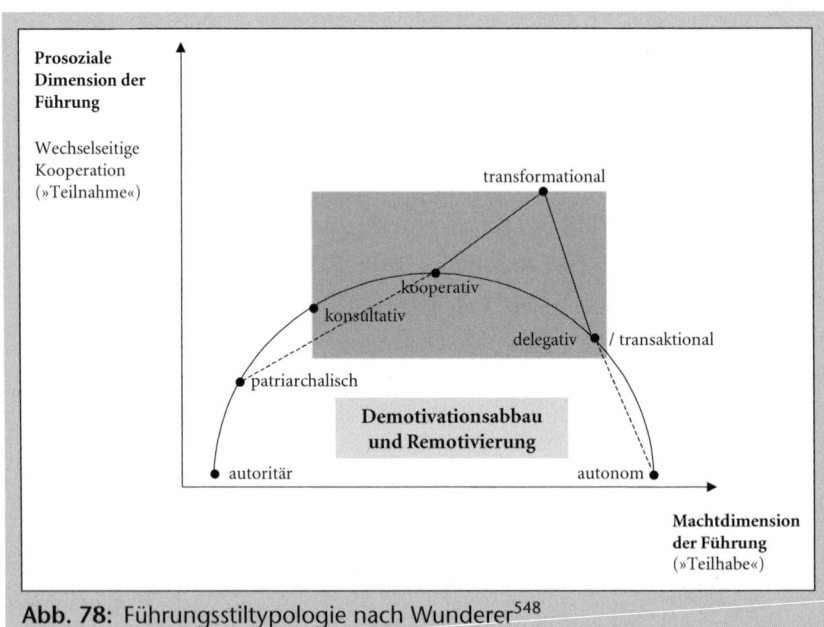

Abb. 78: Führungsstiltypologie nach Wunderer[548]

4.1 Autoritär-Patriarchalische Führung

- **Definition und Bedeutung:**

  Autoritäre Führung basiert auf der Machtbasis formaler Hierarchie. Eine autoritäre Führungskraft entscheidet dabei ohne Konsultation der Mitarbeiter über Ziele und Aufgaben. Auch zeigt sie nur minimale wechselseitige Kooperation. Letztere wird bei patriarchalischer Führung mehr praktiziert.

- **Ziele und Vorteile**

Sie soll schnelle Entscheidungen bei Problemen und Durchsetzung von Lösungen sichern. Über ein allgemein akzeptiertes System von Übergeordneten und Weisungsempfängern werden stark arbeitsteilig gebildete Wertschöpfungsprozesse organisiert. Die hierarchische Führung reduziert dabei die Transaktionskosten, also Kosten der Information und Kommunikation, die zur Vorbereitung, Entscheidung, Durchführung und Überwachung von funktionalen Arbeitsprozessen erforderlich sind.

Konstruktive Aspekte eines autoritativen Stils (z. B. Orientierung durch klare Richtungsvorgabe, Katalysatoreffekt durch Herausforderung) kommen im Rahmen von Demotivation bei orientierungslosen und lageorientierten Mitarbeitern zur Geltung.

- **Probleme und Grenzen der autoritären Führung für die Demotivationsüberwindung betreffen:**

– **fehlende Vereinbarkeit mit Wertwandel**
Die Selbstverständlichkeit hierarchisch begründeter Autoritätsansprüche wird zunehmend in Frage gestellt.[549] Ein autoritäres Führungsverhalten entspricht nicht mehr den Bedürfnissen von immer mehr Mitarbeitern, die u. a. aufgrund des gesellschaftlichen Wertewandels eher eine kooperative oder delegative Mitarbeiterführung und einen entsprechenden Umgang mit Demotivation bzw. Remotivation erwarten.

– **Dominanz des Autoritären**
Die Unterordnung unter die Autorität gibt dem Demotivierten zu wenig Möglichkeit, eigene Schwierigkeiten einzubringen bzw. zu problematisieren. Unter einem autoritären Regime gibt es für ihn kaum Chancen auszudrücken, was er empfindet, zu sagen, was er denkt oder etwas anders zu tun als ihm vorgegeben wird. Ein autoritäres Betriebsklima fördert bei Vielen Verschlossenheit und Ängste.

– **Mangelnde Sensibilität und Problembewusstsein für Demotivation**
Autoritäre Führungskräfte erleben ihr eigenes demotivationsauslösendes und remotivationseinschränkendes Verhalten nicht als Krisenursache, vor allem wenn sie noch wirtschaftlich erfolgreich sind. Durch sie verursachte Demotivationsprobleme schreiben sie sich meist nicht selbst zu, sondern der Unfähigkeit der Mitarbeiter. Damit immunisieren sie sich vor Veränderungen und konservieren die bestehenden Verhältnisse.

– **Folgen einer autoritären Persönlichkeitskultur für die Demotivierten**
In einer autoritären Persönlichkeitskultur erleben sich Demotivierte oft als unterbewertet bzw. minderwertig. Dies kann zu äußerer Unsicherheit oder Ängsten und negativen Affektzuständen führen, die das Denken und Handeln der Demotivierten noch stärker lähmen. Sie passen sich äußerlich an bzw. unterwerfen sich kritiklos der formalen Macht. Damit werden mögliche konstruktive Remotivationsaktivitäten von Mitarbei-

tern bereits im Keim erstickt. Da Mitarbeiter selbst nicht initiativ werden können, geht ihnen das Gefühl der Zugehörigkeit und das Verantwortungsbewusstsein für ihren Anteil an der Demotivationsüberwindung verloren.

– **Einsatz und Folgen einer autoritären Führung für das Unternehmen**
Wegen der Gefahren verstärkter Demotivation durch autoritäres Führungsverhalten – insbesondere bei gegenläufigen Erwartungen – ist die Anwendung nur eingeschränkt akzeptiert. Es wird aber in Situationen starker Demotivation, Unsicherheit, Unklarheiten oder Zeitdruck bzw. Restrukturierungen eingesetzt, die man nur durch Eindeutigkeit, Zielklarheit glaubt überwinden zu können.[550]

Gestaltungspraxis

Die Schnelligkeit und Eindeutigkeit von Entscheidungsfindung in autoritär-hierarchischen Organisationen wird dadurch möglich, dass von den Mitarbeitern eine weitgehende Ignoranz gegenüber dem Inhalt von Anweisungen verlangt wird. Von den Mitarbeitern wird erwartet, dass sie eine Entscheidung eines Vorgesetzten akzeptieren, auch wenn sie aufgrund ihrer eigenen Erfahrungen und ihrer eigenen Kompetenzen die Entscheidung anders treffen würden. Hierarchische Steuerung kann damit jedoch einer zunehmend komplexeren Umwelt von Organisationen und vielschichtigen Demotivationsproblematik nur begrenzt gerecht werden. So vermag eine autoritäre Führung nur einen Bruchteil der in einer Organisation vorhandenen kognitiven und emotionalen Ressourcen für die Bewältigung der Demotivationsprobleme mobilisieren.[551]

4.2 Konsultative Führungskonzepte

- **Definition und Ziele**

Bei **konsultativer Führung** werden Mitarbeiter, vorwiegend auf Initiative des Vorgesetzten, auch beratend tätig. Dabei sind zwischenmenschliches Vertrauen, die Interaktion und Entscheidungspartizipation geringer ausgeprägt als bei kooperativer Führung. Eine selbstinitiierte Einflussnahme durch Mitarbeiter wird nicht besonders erwartet bzw. geleistet. Konsultative Führung bleibt damit eine »reaktive« Beratung der Führungskraft. Immerhin aber avanciert der »Arbeitnehmer« beim konsultativen Führungsstil zum reaktiven »Mit-Denker«, der nicht – wie bei autoritärer und patriarchalischer Führung – überwiegend ausführt, sondern auf Anforderung beratend mitwirkt.[552]

- **Einsatz und Anwendung**

Konsultative Führung kann zur Entscheidungsvorbereitung sowie bei Problemen in der Umsetzungsphase von Remotivationsmaßnahmen und bei demotivationsbedingten Konflikten eingesetzt werden. Vorgesetzte werden durch Vorschläge in ihrer Urteilsbildung unterstützt und können zugleich mögliche Implementationswiderstände bei Mitarbeitern erkennen. Konsultative Führung ist besonders in folgenden **Situationen** erfolgreich:

- (Demotivierte) Mitarbeiter erwarten mehr Fremd- als Selbststeuerung und verfügen allenfalls über mittlere Fachqualifikation und Berufserfahrung.
- Die Führungskraft hat gute Fachkenntnisse und Einblick in die Arbeit der Demotivierten.
- Unternehmens- und Führungskultur weisen zentralistisch-autokratische Züge auf.
- Es bestehen einfache, wenig komplexe und entkoppelte Prozessstrukturen.
- Die Markt- und Umweltsituation des Unternehmens ist turbulent, die Entscheidungs- und Durchsetzungszeit knapp.

- **Vorteile konsultativer Führung für die Demotivationsüberwindung und Remotivation**

- Sie ist ein Vorbereitungs- und Übergangsstil für kooperativ-delegative Führung, der Mitarbeiter zum Mitdenken über Remotivationsmöglichkeiten anregt.
- Das Spezialwissen von Mitarbeitern z. B. zur Lösung von konkreten Demotivationsproblemen wird besser genutzt.
- Sie verbessert die Entscheidungsqualität von Abbaumaßnahmen sowie von Remotivation durch zusätzliche Information und Argumentation.
- Neue Vorgesetzte können sich gezielt und selektiv über Demotivationsprobleme und Remotivationsmöglichkeiten kundig machen, ohne zeitaufwändige Vorbereitungs- und Abstimmungsprozesse zu durchlaufen.
- Relevante remotivierende Programme des Personalmanagements (z. B. Qualitätszirkel und Vorschlagswesen) werden damit vorbereitet und unterstützt.
- Da konsultative Führung in einer Hand liegt, gewährleistet sie größere Einheitlichkeit von strategischen und operativen Entscheidungen. Die Mitarbeiter wissen, wann und inwieweit sie von sich aus aktiv werden sollen, was zu einer selbstorganisierten Demotivationsüberwindung und Remotivation beiträgt.
- Der direkte und persönliche Abstimmungs- und Kommunikationsaufwand ist geringer, insbesondere bei schriftlichen Konsultationsverfahren. Weniger qualifizierte Mitarbeiter können leichter eingesetzt werden, was deren Selbstvertrauen stärkt und remotivierend wirkt.
- Es ist weniger Kooperations- oder Delegationskompetenz der Führungskraft und geringere Initiative und Einsatzbereitschaft der Mitarbeiter erforderlich.

– Die Vorgesetzten befürchten weniger, die »Kontrolle« zu verlieren. Gleichzeitig werden Kontrollkosten minimiert. Dennoch können Führungskräften unerwünschte Beeinflussungsversuche von demotivierten Mitarbeitern frühzeitiger begegnen.

- **Nachteile und Grenzen konsultativer Führung für die Demotivationsüberwindung und Remotivation**
    - Qualifizierte und initiative Mitarbeiter fühlen sich nicht genügend einbezogen und werden so demotiviert.
    - Konsultative Führung kann zur Verschiebungen der Verantwortung auf Mitarbeiter führen, besonders bei unangenehmen oder kritischen Entscheidungen der Führungskraft, was dann die Demotivation verstärkt.
    - Bei entsprechender Gesellschafts- oder Unternehmenskultur kann der Vorgesetzte als inkompetent oder unsicher eingeschätzt werden. Dies kann zu einer Verschlechterung der Führungsbeziehungen führen.
    - Konsultation im Entscheidungsprozess erfordert problemlösungsfähige Kompetenzen der Mitarbeiter, welche Demotivierte oft gerade nicht haben.
    - Initiatives Verhalten von Mitarbeitern bei der Überwindung von Demotivation wird weniger unterstützt.
    - Remotivierende Teambildung und Beziehungsgestaltung werden wenig gefördert.

- **Fazit zur konsultativen Führung**

Mitarbeiter können hier (Demotivations-)Probleme immerhin beratend aufzeigen und bei der Entwicklung von Vorbeugungs- und Remotivationsstrategien mitwirken. Sie eignet sich eher bei »niedrigerem Reifegrad«[553] von demotivierten Mitarbeitern und Vorgesetzten, in Vorentscheidungsphasen und in demotivationsverursachenden Stresssituationen. Bei qualifizierten, jedoch demotivierten Mitarbeitern wird deren Potenzial nicht befriedigend ausgeschöpft. Auch ist sie für komplexe Demotivationsprobleme oder umfassende Remotivationsmaßnahmen nicht optimal. Sie stellt aber eine geeignete Vorstufe zur Weiterentwicklung kooperativer Führungsformen dar.

4.3 Kooperative Führung

> - **Definition**
>
> Kooperative Führung baut auf den beiden Führungsdimensionen »Partizipation« und »pro-soziale Beziehungsgestaltung« auf. Während die erste Bestimmung auf ausgewogene Beteiligung am Entscheidungsprozess verweist, bezieht sich die zweite auf hohe Qualität der interpersonellen Arbeits- und Führungsbeziehungen i. S. partnerschaftlicher bzw. gruppenbezogener Orientierung.[554]

- **Ziele und Vorteile**

Viele Demotivationsprobleme entstehen aus unkooperativer Zusammenarbeit zwischen Mitarbeitern und Führungskräften (*vgl. Kapitel IV., 3*). Mit der Entwicklung einer kooperativen Betriebs- und Persönlichkeitskultur wirkt man Demotivationsproblemen entgegen und fördert Remotivationsinitiativen.

Kooperative Führung will gemeinsame und teamorientierte Bewältigungsstrategien partizipativ entwickeln und entsprechende Remotivationsmaßnahmen ergreifen. Indem so gezielt die Führungsqualität mitarbeiterbezogen und remotivationsorientiert sowie prosozial ausgerichtet wird, können demotivierende Arbeitsbedingungen vermindert oder verbessert werden. Da ökonomischer (z. B. Leistung) und sozialpsychologischer Erfolg (z. B. Teambeziehungen) hier etwa gleichwertig sind[555], trägt sie zu demotivationspräventiver Arbeitszufriedenheit bei.[556]

- **Voraussetzungen**

Die demotivationssabbauende Wirkung kooperativer Führung hängt von der Führer-Geführtenbeziehung in realen Arbeitssituationen ab. Bei hoher Arbeitsteilung und hochstrukturierter Ablauforganisation (z. B. Fließbandarbeit), bei überwiegender Abwesenheit des Vorgesetzten (z. B. in Vertriebsfunktionen) sowie bei introvertierten Mitarbeitern nimmt sie einen niedrigeren Stellenwert ein als bei geringer Arbeitsteilung, häufiger Anwesenheit des Vorgesetzten (z. B. in Projektorganisationen) oder extrovertierten Mitarbeitern mit personellen Identifikationsbedürfnissen. Ihre Relevanz wird auch von individuellen Motivstrukturen der Beteiligten beeinflusst (z. B. »Lageorientierte«). Mitarbeiter, die Bestrebungen zur Demotivationsüberwindung erst dann entwickeln, wenn ihre sozialen und personalen Bedürfnisse grundlegend unbefriedigt sind, werden auf sie anders reagieren als »Selbstläufer«. Vorgesetzte, die Remotivation nur als Belohnungskonzept oder Anreizinstrument für erfolgreiche Mitarbeiter interpretieren, gewichten sie anders, als solche, die in ihr einen motivationalen Wert[557] oder ein Mittel für Selbstorganisation sehen.

VII. Interaktiv-direkte Führungsbeziehungen und Demotivationsabbau bzw. Remotivierung

- **Ambilvalenz**

Mit einer kooperativen Orientierung geht eine spezifische Ambivalenz einher. Einerseits sind gerade bei Demotivierten viele Voraussetzungen für eine Kooperation nicht gewährleistet (insbesondere hohe Motivation, kritische Selbstkontrolle); andererseits begünstigt jedoch eine Kooperationsorientierung die Identifikation mit den Zielen des Unternehmens- oder Kooperationspartnern, deren Erreichen dann wieder remotiviert.[558]

Gestaltungspraxis

Wie empirisch nachgewiesen[559], kann kooperative Mitarbeiterführung die Motivation und die Arbeitsbeziehungen verbessern. Sie steigert dann das Vertrauen und die Loyalität. Führt sie allerdings zu einer Führungs- und Entscheidungsschwäche (z. B. aufgrund übertriebenem Harmoniebedürfnis oder Konsensorientierung), wirkt sie sich negativ auf die Leistung aus. Fehlende Führungsstärke begünstigt demotivationsintensivierende Unsicherheiten, Ängste sowie lähmende Beziehungsstörungen.[560]

- **Probleme und Grenzen der kooperativen Führung**[561]
  - zu anspruchsvolle kooperative Verhaltenspostulate entmutigen oder überfordern »lernwillige« Mitarbeiter.
  - für erfolgsorientierte, kalkulierende Führungskräfte erscheinen kooperativ zu gestaltende Führungsaktivitäten nur begrenzt attraktiv, besonders wenn monetärer Führungserfolg im Vordergrund steht.
  - es besteht eine deutliche Differenz zwischen hoher Bedeutungseinschätzung durch »offiziell« positive Beurteilung und einer wesentlich geringeren Valenz bei der tatsächlichen Bewertung und Praxis.
  - Sie wird oft zu wenig operationalisiert. Werden z. B. konkrete Lernziele oder -inhalte nicht definiert, erschwert dies eine remotivierende Erfolgsbeurteilung.
  - zu umfassende Realisierungsansprüche für die kooperative Lösung von Demotivationsproblemen (z. B. bei Remotivationsprogrammen) und fehlende Anreize und Mittel für konkrete Umsetzungsmöglichkeiten.[562]
  - die Verhaltensänderung von Vorgesetzten wird zu viel, die von Mitarbeitern zu wenig gefordert. Daraus können sich (demotivierende) Überforderungen der Vorgesetzten und Unterforderungen der Mitarbeiter ergeben.
  - Zur Implementierung werden bei Mitarbeitern besondere Umsetzungskompetenzen vorausgesetzt, z. B. entfällt die zeitliche Trennung von Entscheidungsfindung und Umsetzung.
  - Die Einführung kooperativer Orientierung wird durch mangelnde, soziale Kompetenzen von Führungskräften behindert, die bisher als »Alleinherrscher« regierten.

- Mangelndes Vertrauen der Vorgesetzen, der Mitarbeiter sowie der Gruppenmitglieder untereinander in eine kooperative Demotivationsüberwindung und Remotivation schränken deren Umsetzung ein.
- Nichterfüllte Erwartungen bezüglich kooperationsorientierter Führung demotivieren.

• **Fazit zur kooperativen Führung**

Kooperative Führung ist wegen ihrer hohen prosozialen Ausrichtung eine wesentliche Voraussetzung zur Vermeidung und Überwindung von Demotivation sowie nachhaltigen Remotivationspraxis. Sie stellt aber **hohe Ansprüche** an die Organisations- und Kommunikationsstruktur sowie Motivation zur gemeinsamen und zeitaufwendigen Zusammenarbeit und Persönlichkeitsentwicklung. Da Demotivation oft durch Enttäuschungserfahrungen gestörter Zusammenarbeit resultiert, ist bei Demotivierten weitere Kooperation zunächst begrenzt. Die Attraktivität kooperativer Orientierung hängt auch von der Situation und Aufgabenart ab.[563] Demotivationsüberwindende und remotivierende, kooperativer Führung muss daher auch **situationsspezifisch** ausgerichtet werden. Ferner muss sie mit der bestehenden Unternehmenskultur vereinbar sein. Schließlich sind bei kompetitiver Orientierung sowie »rauhen Verhältnissen« im Berufsalltag, die Ideale einer vertrauensgetragenen Kooperationskultur oft kaum zu realisieren.[564] Bei nicht gegebenen Voraussetzungen ist für eine nachhaltige Demotivationsüberwindung eine Kombination von kooperativer und delegativer Führung eine weitere Alternative.[565]

4.4 Delegative Führung

• **Definition**

Dem lateinischen Ursprung entsprechend – »delegare« heißt zuweisen, übertragen, anvertrauen – wird **Delegation** als Übertragung von Rechten und Pflichten verstanden. Im Kontext der Aufbau- und Führungsorganisation bezieht sie sich besonders auf eine vertikale Übertragung von Aufgaben, Kompetenzen und Verantwortung.

• **Ziel**

Mit ihrer Ziel- und Aufgabenorientierung trägt sie zur Prävention und Überwindung von relevanten Demotivationsproblemen bei. Dies besonders bei der von uns als stärkste **aktuelle** ermittelte **Motivationsbarriere** »Arbeitskoordination« (z. B. speziell unklare Ziele) sowie der zweitstärksten **potenziellen Barriere** »Verhältnis zum direkten Vorgesetzen« (z. B. unbefriedigende Fachqualifikation) (*vgl. Kapitel IV., 3 Einzelergebnisse empirischer Untersuchungen*).

- **Merkmale und Voraussetzungen**

Führungskräfte und Mitarbeiter arbeiten hier unabhängiger und selbstständiger, sie führen gemeinsame Entscheidungsaktivitäten planmäßiger und systematischer durch. Die für den kooperativen Führungsstil charakteristische Gemeinsamkeit bei der Entscheidungsfindung und -umsetzung im Team ist weniger ausgeprägt. Da bei ihr die wechselseitige Interaktion geringer ist, muss schon eine positive, prosoziale Beziehung bestehen. Ist diese gegeben, bietet sie für **qualifizierte Mitarbeiter** Möglichkeiten zu selbstorganisierter Remotivation.

Gestaltungspraxis

- **Aufgaben und zielorientierte Delegationskonzepte**
  - **Aufgabenorientierte Delegationskonzepte**

Aufgabenzentrierte Delegation bestimmt transparente, weitgehend entpersönlichte und zeitlich generalisierte Handlungsbereiche, die oft schriftlich in Regeln fixiert sind.[566] Über detaillierte Stellenbeschreibungen[567] wird die Entscheidungs-, Weisungs- und Vertrauensdelegation festgelegt. Damit erhalten Mitarbeiter klar definierte Aufgabenbereiche und Kompetenzregelungen.

Dies ist besonders für Mitarbeiter relevant, die durch unklare Aufgaben- und Kompetenzabgrenzungen bei der »Arbeitskoordination« demotiviert werden. Effiziente Aufgabenorientierung und -erledigung hat direkte Remotivationseffekte für Zielorientierte (i. S. »Ich weiß, was ich tun muss«). Mit klarer Aufgabenregelung allein sind allerdings nur Mittel zur Zielerreichung definiert, ohne die politische Ausrichtung (v. a. Zielbildung) oder persönliche Belange und Interessen sowie Entwicklungsmöglichkeiten[568] zu berücksichtigen.

  - **Zielorientierte Delegationskonzepte: Transaktionale Führung**

Wie wir empirisch zeigen *(vgl. Kapitel IV., 3 Einzelergebnisse empirischer Untersuchungen)*, wirkt unzureichende Festlegung von Zielen als starker Demotivator. Erschwerte Identifikation mit Zielen, verfehlte Leistungsziele (Qualität, Gewinn, Umsatz.) oder Zielkonflikte fördern Demotivation. Zielsetzungstheorien haben den Zusammenhang von Anforderungsgehalt (Zielniveau), verbindliche Zielakzeptanz, Leistungshöhe und Zufriedenheit festgestellt *(vgl. Teil III., 4.5)*. Ausgewogene persönliche und berufliche Ziele und Rückmeldung über den Stand der Zielverfolgung sind auch für einen Hochleistungszyklus entscheidend. Unspezifische, unter- aber auch überfordernde Ziele begünstigen dagegen einen »Low-Performance-Zyklus«.[569] Um diesem entgegenzuwirken und in einen »High-Performance- und Flow-

Zyklus« zu kommen, wird nun das ziel- und ergebnisorientierte Delegationskonzept der sog. transaktionalen Führung vorgestellt.

- **Definition und Merkmale transaktionaler Führung**

Transaktionale Führung[570] umfasst Ziel- und Wegklärung sowie leistungsbezogene Belohnungen. Dabei werden Werte und Bedürfnisse der Geführten als relativ feste Größe berücksichtigt. Nach einer Überprüfung der Zielverträglichkeit (z. B. Arbeits- versus Mitarbeiterziele) werden Ziele möglichst klar definiert und (z. B. als Programme) operationalisiert. Entsprechend der prozessorientierten Motivationstheorie hängt die Zielerreichung von Erfolgswahrscheinlichkeit, Valenz und Instrumentalität ab *(vgl. Kapitel III., 4 Prozesstheorien der Motivation und ihre Bedeutung für Demotivation und Remotivation)*. Die Valenz von Zielen und Wegen zu ihrer Erreichung können intrinsisch oder extrinsisch begründet sein. Intrinsische Motivation wird unmittelbar über die Tätigkeit befriedigt.

- **Ziele und Merkmale transaktionaler Führung.**[571] Sie
- geht von aktuellen Bedürfnissen und Präferenzen der (demotivierten) Mitarbeiter aus und unterstützt sie (z. B. durch Information oder Qualifizierung)
- setzt an der Erwartung an, dass mehr Leistungseinsatz zu mehr Belohnung führt und sorgt für eine Übereinstimmung zwischen Erwartungen und Gegenleistungen
- ist mit der Leistung der Mitarbeiter zufrieden, wenn geplante Ziele erreicht werden und ist v. a. in Phasen nur schrittweiser Veränderungen zweckmäßig
- gibt Rückmeldungen über Fortschritte der Mitarbeiter und drückt Anerkennung aus, wenn die Mitarbeiter sich remotiviert zeigen
- bietet Belohnungen und Anreize als Verstärkung von spezifischen Verhaltenserwartungen (z. B. Remotivation)

Bei der Vergabe von Belohnungen sollten sich transaktionale Führende an den Präferenzen der Geführten orientieren. Eingegriffen wird bei unbefriedigenden Ergebnissen bzw. auf Wunsch des Mitarbeiters (i. S. »Management by Exception«). Die Prinzipien der transaktionalen Führung hängen eng mit den Prämissen des **Management by Objectives** zusammen.[572] Typisch für diesen Ansatz ist die Entwicklung einer **Zielhierarchie** in einem verschränkten »Top-Down- und Bottom-Up-Vorgehen«. Oberziele werden dazu in Subziele zerlegt und den verschiedenen hierarchischen Ebenen und Abteilungen so zugeordnet, dass das Unternehmen insgesamt über ein inhaltlich abgestimmtes Zielsystem geführt wird.[573]

- **Ziel- und ergebnisorientierte Führung**

Der transaktionale Ansatz und das »Management by Objectives« (MbO) finden ihre Umsetzung in einer **Führung durch Zielvorgabe oder -vereinbarung**. Diese bestimmt über Standardaufgaben hinaus, Maßstäbe für den Leistungsbeitrag, klärt erforderliche Ressourcen und mögliche Erfolgsanteile zur Zielerfüllung. Darüber hinaus fördert sie folgende **Ziele und Funktionen:**[574]

Gestaltungspraxis

- **Empowerment** (z. B. Schaffung von Frei- und Handlungsspielräumen auch für selbstorganisierte Remotivation)
- **Orientierung** (z. B. Festlegung von zielorientierten Meilensteinen, Meldepunkten und Unterstützungszusagen)
- **Information** (z. B. Schaffung von Offenheit und Vergleichbarkeit der Leistungsstandards; dies baut auch Dissonanzen ab)
- **Optimierung** (z. B. Vereinbarung von herausfordernden, remotivierenden Zielen)
- **Qualifizierung** (z. B. Förderung von Fach-, Methoden- und Sozialkompetenz und damit eines remotivierenden Kompetenzerlebens)
- **Lokomotion** (z. B. Vereinbarung von materiellen und immateriellen Leistungsanreizen)
- **Aktivierung** (z. B. Initiierung von Engagement und Verantwortung für selbstorganisierte Remotivation)

Abb. 79: Ziele und Funktionen einer Führung durch Zielvereinbarung

In **integrierten Zielvereinbarungssystemen** werden Ziele gemeinsam erarbeitet und ausgewählt und festgelegt. Zur praktischen Umsetzung gemeinsamer Zielvereinbarung und -beurteilung dient das **Mitarbeitergespräch**.[575]

Folgende Auflistung zeigt **Kriterien bzw. Gesprächsinhalte** zur Operationalisierung von Zielvereinbarungen im Mitarbeitergespräch, die situationsgerecht dem Reifegrad der Unternehmung, der Führungskräfte und der demotivierten Mitarbeiter anzupassen sind:[576]

Kreativität/Problemlösungs- und Gestaltungskompetenzen
- Bereitschaft und Fähigkeit andere Wege zu gehen (Innovationskompetenz zur Remotivation)
- Kreative und inkrementale Verbesserungsideen (z. B. zur Veränderung demotivierender Arbeitsorganisation)
- Demotivationsüberwindung als Chance und nicht als Bedrohung wahrnehmen
- Fähigkeit, Entwicklungschancen und -risiken von Remotivation kompetent zu beurteilen

Entscheidungs-, Umsetzungs- und Handlungskompetenzen
- Bereitschaft und richtiges »timing« von Entscheidungen zum Demotivationsabbau
- Konsequente Umsetzung getroffener Entscheidungen zur Demotivationsüberwindung, dabei Wahrung ziel- und bedürfnisgerechter sowie zeit- und nutzenorientierter Effizienz

Selbstorganisation
- Setzen und Verfolgen eigener (Remotivations-)Ziele und eigenständige Organisation erforderlicher Koordinationsprozesse
- Lernbereitschaft und -fähigkeit bei Demotivationsüberwindung

Kooperatives Verhalten und soziale Kompetenzen
- Verantwortungsbereitschaft, Kommunikations- und Teamfähigkeit, Anpassungsvermögen bei Abbau- und Remotivationsprozessen
- Mitarbeit in abteilungsübergreifenden Projekten
- Respektieren anderer Zuständigkeiten, Kompetenzen und Verantwortlichkeiten
- Einfühlungsbereitschaft und -vermögen (z. B. auf Demotivationsprobleme anderer einzugehen)

Führungsverhalten
- Remotivierende Überzeugungskraft zeigen
- Mitarbeitern als remotivierendes Vorbild dienen
- zur Delegation bereit sein
- bei Demotivationskonflikten ausgleichend wirken (Gelassenheit)
- Demotivationsentwicklungen abschätzen können (Weitsicht)

Abb. 80: Kriterien bzw. Gesprächsinhalte zur Operationalisierung von Zielvereinbarungen

- **Vorteile ziel- und ergebnisorientierter Führung**

Wer den größeren Zielzusammenhang und Kontext überblickt sowie über Prioritäten und Ressourcen zur Aufgabenerfüllung verfügt, wird leichter Remotivationsenergien mobilisieren. Wenn Mitarbeiter zielbewusst ihren Beitrag als wichtig, wertvoll oder sogar unverzichtbar empfinden, werden sie sich eher für das gemeinsame Gelingen einsetzen.

- **Zielorientierte Führung und Kooperation**
  - erhöht die Transparenz der Unternehmensziele und vermeidet so demotivierende Ziellosigkeit
  - verhilft Demotivierten zu Rollenklarheit, Rollenakzeptanz, Arbeitszufriedenheit und erhöhter Leistung[577]
  - stärkt die Bereitschaft zur (Re-)Identifikation[578]
  - entlastet Führungskräfte durch Partizipation der Mitarbeiter bei der Zielbildung und fördert die Akzeptanz von Maßnahmen
  - reduziert Demotivation bei Führungskräften durch Entlastung von operativen Aufgaben
  - fördert eine höhere Selbständigkeit in der Zielumsetzung und unterstützt demotivationspräventive und remotivierende Selbstorganisation
  - eröffnet Zugänge zu neuen Betätigungsfeldern und deren remotivierenden Gestaltung
  - ermöglicht ziel- und ergebnisorientierte Bewertung und lässt so remotivierende Selbstwirksamkeit erleben
  - Kenntnis der Ziele sowie intensivere Mitwirkung der Mitarbeiter bei der Zielvereinbarung und -entwicklung wirkt demotivationspräventiv
  - Selbstkontrolle über Zielerreichung fördert Leistungs- und Remotivationsbereitschaft
  - objektive(re) Leistungsentlohnung reduziert demotivierende Ungleichheitsempfindungen und fördert Zufriedenheit
  - Ursachen für positive oder negative Zielabweichungen sind besser zu ermitteln, was personales und organisationales Lernen unterstützt

- **Nachteile, Probleme und Grenzen ziel- und ergebnisorientierter Führung**[579]

  - Geführte werden hier – leichter als bei kooperativer Führung – als rational kalkulierender Entscheider (»homo oeconomicus«) angesehen, die sich über extrinsische Anreize steuern lassen. Bei Demotivierten sind aber gerade emotionale Dimensionen und intrinsische Orientierungen betroffen.
  - Voraussetzungen in der Organisationsstruktur, im Verhalten und den Kompetenzen von Führungskräfte sowie die Bereitschaft (demotivierter) Mitarbeiter zur Verantwortungsübernahme sind nicht immer gegeben.
  - Es wird unterstellt, dass Führer die Präferenz- und Bedürfnisstrukturen sowie die Demotivationslage und Pläne einzelner Mitarbeiter kennen und in adäquater Weise darauf reagieren.
  - Es werden nur zweiseitige Führer-Untergebenen-Beziehungen oder aber nur der individuelle Standpunkt des Geführten beachtet. Bei Demotiva-

tion sind aber noch andere Bedingungen (z. B. Kollegeneinflüsse, Gruppenprozesse, Schulungsmaßnahmen) mitverantwortlich.
- Auch aufgrund subjektiver Daten und fehlender Messinstrumente wird Demotivation selten evaluiert.[580]

Für einen integrierten Ansatz wird vorgeschlagen, sachorientierte transaktionale Ziel-Weg-Konzepte deshalb durch eine wertorientierte transformationale Führung zu ergänzen.

Werte- und delegationsorientierte, transformationale Führung

- **Definition und Merkmale**

Werte- und missionsorientierte Delegation fokussiert auf grundlegende Sinn- und Zieldeutungen und will das »Warum« des Handelns beantworten. Gerade bei stärker Demotivierten fehlt es oftmals an Sinn- und Zielorientierung. Sinnvermittelnde Missionen eröffnen Leitideen für Entscheidungs- und Handlungsspielräume und unterstützen (Re-)Identifikation. Dies soll Betroffene tiefergreifend aus ihrem demotivierten Zustand herausführen. Zur Kommunikation der Missionen können Unternehmens- und Führungsleitbilder[581] eingesetzt werden. Diese werden über Ziele und Aufgaben funktions- bzw. positionsspezifisch operationalisiert. Besondere Anwendung und Umsetzung findet werteorientierte Delegation in der sog. transformationalen Führung nach Bass.[582]

- **Transformationale Führung**

Sie ist durch eine systematische Beeinflussung des Ziel-Anspruchsniveaus der Mitarbeiter gekennzeichnet. Transformationale Führer heben die Werte und Motive ihrer Mitarbeiter auf eine höhere Ebene. Sie verändern damit deren Bedürfnisse und Präferenzen in einem gewünschten oder erwarteten Sinn (z. B. remotiviertes Verhalten). Zentrale Merkmale, Komponenten sowie Vorteile und Grenzen sinnvermittelnder transformationaler Führung werden nun diskutiert.

- **Ziele und Merkmale transformationaler Führung:**

Sie

- verfügt über instrumentelle Zielflexibilität und verfolgt auch ideelle Orientierung, womit demotivierte Mitarbeiter für höhere Ebenen der Motivation (z. B. Selbstständigkeit- und -entfaltung) sensibilisiert werden.
- versucht, die wertorientierten Bedürfnisse und Präferenzen der Demotivierten zu ändern und das Gefühl zu vermitteln einer »Berufung« oder »Profession« zu folgen.

- setzt bei Valenzen von Zielen und Wegen demotivierter Mitarbeiter an.
- will anspornende, (re-)motivierende Zukunftsorientierung und Visionen vermitteln.
- fördert durch Einsatz von Charisma, Identifikationsmacht, Vorbild, Stolz und Freude, mit dieser Führungskraft zu arbeiten.
- fördert bei demotivierten Mitarbeitern die Erfolgserwartung für höhere Leistungsniveaus.
- fordert von Führungskräften demotivierten Mitarbeitern mit Rat und Tat zur Seite zu stehen.
- verlangt, dass »Demotivationsklagen« oder Remotivationsvorschläge mit guten Argumenten untermauert werden.
- fördert Überdenken der Demotivationssituation, sie in einem neuen Licht zu sehen und sie auch selbst zu verändern.
- lässt Demotivationsprobleme als Lernchance zur Weiterentwicklung sehen.
- legt Wert auf zielgruppen- und situationsspezifische Problemlösungen.
- ist in starken Veränderungsphasen besonders effektiv.

- **Komponenten wert- und zielverändernder Führung**

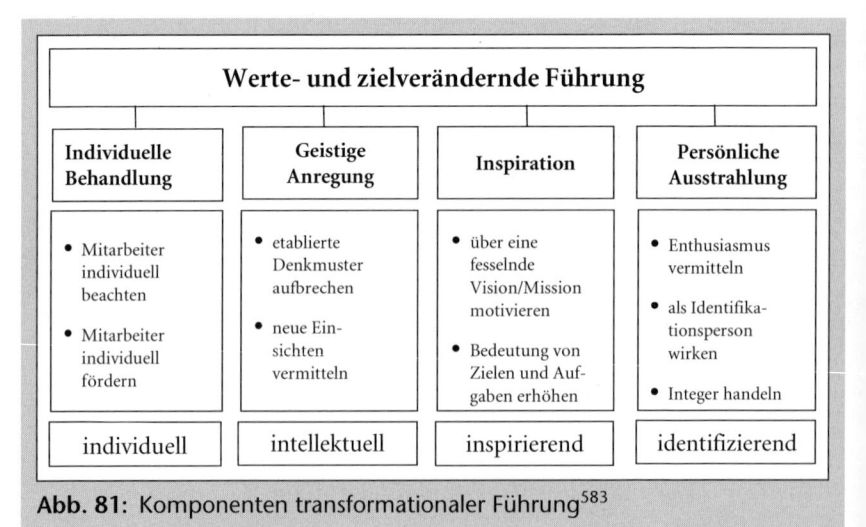

Werte- und zielverändernde Führung			
Individuelle Behandlung	Geistige Anregung	Inspiration	Persönliche Ausstrahlung
• Mitarbeiter individuell beachten • Mitarbeiter individuell fördern	• etablierte Denkmuster aufbrechen • neue Einsichten vermitteln	• über eine fesselnde Vision/Mission motivieren • Bedeutung von Zielen und Aufgaben erhöhen	• Enthusiasmus vermitteln • als Identifikationsperson wirken • Integer handeln
individuell	intellektuell	inspirierend	identifizierend

Abb. 81: Komponenten transformationaler Führung[583]

Das Konzept von Bass wird hier auch für Fragen der Remotivation umgestellt, weil die realistischeren Forderungen am Anfange stehen. Man sollte sich immer im Klaren bleiben, dass nur ein kleiner Teil der Führungskräfte inspirierende und identifizierende Führung realisieren kann. Erwarten sollte man aber von allen individualisierte und intellektuell anregende Einflussbeziehungen.

Durch die Komponente »individuelle Beachtung« können Demotivierte zielgruppen- und situationsspezifisch unterstützt werden. Mittels »geistiger Anregung« werden etablierte Demotivationsmuster und -einstellungen aufgebrochen und neue Einsichten zur Selbst-Remotivierung vermittelt. Die Komponenten »Inspiration« und »persönliche Ausstrahlung« konzentrieren sich auf »visionäre« sowie anregende Inhalte sowie fokussieren emotionale Energien auf die Erreichung gemeinsamer Ziele.[584] »Inspiration« kann mit einer remotivierenden Vision (»Wir schaffen es!«) anspornen und die Bedeutung von Zielen auf Aufgaben aufzeigen. Durch die Ausstrahlung eines integer handelnden Führers können Mitarbeiter aus ihren Demotivationskrisen herausgeführt werden.

- **Vorteile und Möglichkeiten transformationaler Führung**
- Die spezifische Wirkung der transformationalen Führung setzt dort an, wo extrinsische Anreize, Belohnung und Sanktionen oder andere instrumentelle Interventionen zur Remotivation an ihre Grenzen kommen.[585]
- In Erweiterung transaktionaler Führung, die auf einem rationalen Nutzenkonzept aufbaut und sich auf die kognitive Ebene fokussiert, wirkt transformationale Führung auf die Gesamtpersönlichkeit.[586]
- In verschiedenen Untersuchungen wurden der transformationalen Führung – im Vergleich zu anderen Führungsstilen – erhöhte Effektivität und Effizienz bescheinigt.[587]
- Transformationale Führer zeigen verstärkt vorbildliches Handeln – auch i. S. eines Modelllernens.
- Anstelle mit extrinsischen Belohnungen zu locken, soll sie Identifikation und Motivation für Werte, Ziele und Aufgaben in intrinsischer und emotionaler Sicht fördern.
- Eine transformierte Wertbasis kann Grundlagen für nachhaltiges Remotivationsengagement bieten.
- Schließlich fördert sie eine Wertepraxis, die zu konsistenten Einstellungen mit normativer Verbindlichkeit führen. Damit werden Demotivationsprobleme, die durch Dissonanz und Wertkonflikten verursacht wurden (*vgl. Kapitel III., 6 Theorien der kognitiven und emotionalen Dissonanz*) konstruktiv angegangen.

- **Grenzen, Gefahren und Voraussetzungen transformationaler Führung**
- Die letzten zwei Komponenten (vgl. Abb. 81) erfordern sehr selten gezeigte charismatische Führungsbegabungen.
- »Charisma«[588] ist kaum übertragbar[589] und sehr begrenzt lernbar; dazu gibt es Risiken und Missbrauchsgefahren. Sie ist zudem von der

Zuschreibung durch die Geführten abhängig, denn nur ein Teil schätzt die gleichen Führungskräfte als charismatisch ein.[590]
– Die Einflussmöglichkeit der Führungskraft wird leicht überbetont und damit eine elitäre »Great Man«-Ideologie wiederbelebt.[591] Bei veränderten gesellschaftlichen Werten und Remotivation durch stärkere Selbststeuerung ist eine einseitige Ausrichtung auf eine Führungspersönlichkeit problematisch.[592]
– Transformationale Führung wird unkritisch idealisiert.[593]
– Die Passivität demotivierter Mitarbeiter kann sich verstärken, wenn diese sich voll auf die Führungsleistung ihres charismatischen Vorgesetzten ausrichten. Auch Eigeninitiativen zur Remotivationen werden dann reduziert.
– Werden Erwartungen durch anspruchsvolle Visionen auf Dauer nicht realisiert, führt dies zu demotivationsverstärkenden Enttäuschungen und lähmt Remotivationsinitiativen. Wie unsere empirische Studie zeigte, erweist sich gerade die Diskrepanz zwischen »Reden und Handeln« als eine besondere potenzielle starke Motivationsbarriere *(vgl. Kapitel IV., 3.2)*. Schließlich sollte eine dominante Führervision, nicht die »kleinen Visionen« der Mitarbeiter zur Überwindung der eigenen Demotivationssituation verdrängen.

- **Fazit zur transformationalen Führung**

Erfolgsbedingung transformationaler Führung ist die Einbeziehung und Förderung der Mitarbeiter zu selbstbewussten und »mündigen« Organisationsmitgliedern.[594] Solche Mitarbeiter können übrigens auch demotivierte Vorgesetzte in ähnlicher Weise für Ziele und Projekte begeistern, sie also auch transaktional und transformational beeinflussen.[595] Werden ethische Grenzen[596] und situative Bedingungen für Einsatz und Wirksamkeit beachtet, bietet sich die wertorientierte, transformationale Führung auch schon in einzelnen ihrer Komponenten zur Vorbeugung und Überwindung von Demotivation durch direkte Führung an.

- **Fazit zur delegativen Führung**

Wert- und zielorientierte delegative Führung mit ihren Prinzipien (z. B. Selbstorganisation, Eigenverantwortung sowie Ziel- und Ergebnisorientierung) ist zur Demotivationsüberwindung und -vorbeugung sowie Remotivation bei entsprechender »Reife« von Vorgesetzten und Mitarbeiter sehr relevant. Zielvereinbarungen wirken demotivierender Arbeitskoordination entgegen. Auch erhalten dazu geeignete Mitarbeiter Frei- und Handlungsspielräume, zur Entwicklung kreativer Problemlösungen bei Demotivationsproblemen. Über die Wertorientierung wird auch die (Re-)Identifikation angesprochen *(vgl. Kapitel VI., 1.5)*. Zur Realisierung delegativer Führung gibt es zudem erprobte Verhaltensempfehlungen und Leitsätze.[597] Empirische Befunde zeigen jedoch, dass bei delegativer Führung die Diskrepanz zwischen »Soll« (gewünschte Häufigkeit) und »Ist« (erlebte Wirklichkeit) besonders groß ist.[598] Delegative Führung ist **sehr voraussetzungsvoll**. Sie erfordert schon von den Vorgesetzten die Fähigkeit und Bereitschaft, in ihr eine Chance und keine fachliche und soziale Enteignung ihrer Führungsmacht zu sehen. Voraussetzung ist hohes Vertrauen in Fähigkeiten, Verantwortungsbereitschaft, Loyalität und (Re-)Motivation des Mitarbeiters zur Aufgabenerfüllung. Die begrenzte oder fehlende Handlungskontrolle muss durch hohe Selbstkontrolle der Mitarbeiter sowie Ergebniskontrolle des Delegierenden ersetzt werden. Sie eignet sich daher **nur für hinreichend qualifizierte, selbstverantwortliche und (re-)motivationsbereite Mitarbeiter**. Übersteigen die delegativen Handlungsspielräume die Möglichkeiten des Mitarbeiters, kommt es zu demotivationserhöhenden Überforderung.[599] Auch wenn delegative Führung hohe Anforderungen an die Führenden, Geführten und die Organisation stellt und lange Implementationszeiten in Anspruch nimmt, wird sie vermehrt in der Unternehmenspraxis gefordert. Im Kontext wachsender betrieblicher Flexibilitätserfordernisse sowie steigender Qualifikation und Autonomiebedürfnisse der Mitarbeiter wird sie auch zur Demotivationsüberwindung und Remotivation noch weiter an Bedeutung gewinnen.[600] Für eine langfristige Wirksamkeit, sollten die Wert-, Ziel- und Aufgabensysteme mit strukturellen und verhaltensbezogenen Aspekten in einem Rahmenkonzept integriert werden.[601] Dazu gehören Organisations-, Beziehungs-, Anreiz- sowie Entwicklungs- und Kontrollsysteme. Als besonders wertefundierte Führung erfordert sie schließlich eine wirksame und abgestimmte Unternehmens-, Team- und Führungskultur.

VII.
Interaktiv-direkte Führungsbeziehungen und Demotivationsabbau bzw. Remotivierung

VIII. Mitunternehmertum als integrierter Ansatz zur Demotivationsüberwindung und Remotivation

Abschließend wird als ein integriertes Förderungsmodell der mitunternehmerische Ansatz von R. Wunderer (1995, 2001) einbezogen. Dies aus folgenden Gründen.

Gestaltungspraxis

Erstens sind für jede Organisation unternehmerische Mitgestalter die wichtigsten Leistungsträger, denn sie verfügen über die zentralen unternehmerischen Schlüsselqualifikationen. Und zusätzlich zeichnen sie sich durch eine überdurchschnittliche unternehmerische Grundmotivation aus. Dieses Erfolgspotenzial muss nicht noch besonders motiviert werden! Aber die Mitglieder dieser Zielgruppe können – bewusst oder unbeabsichtigt – erheblich demotiviert werden und dabei einen erheblichen Anteil ihrer Produktivität einbüßen. Unsere Befragungen ergaben rund 20%. Dies gilt es auf jeden Fall zu verhindern, will man nicht humane Ressourcenvernichtung betreiben. Da zu dieser Zielgruppe auch noch alle unternehmerisch Motivierten – wenn auch noch nicht so qualifizierten Führungskräfte und Mitarbeiter – zu rechnen sind, sind nach den Erhebungen von Wunderer über die Hälfte aller Führungskräfte und über 30% aller Nichtführungskräfte davon betroffen.[602]

Allein also für all diese Leistungsträger ist es schon wert, sich gründlich konsequent und effizient um die Vermeidung sowie die Verminderung von Motivationshemmnissen zu kümmern. Denn diese Mitarbeiter finden natürlich auch bei anderen schnell eine adäquate Position. Und in der eigenen Organisation hinterlassen sie oft nicht mehr zu schließende Lücken.

Ein zweiter Grund für die gesonderte Diskussion dieses Modells liegt in der berechtigten Erwartung, dass mit seinem Einsatz zunächst präventiv viele aktuelle Motivationsbarrieren vermieden oder vermindert werden. Es kann davon ausgegangen werden, dass mitunternehmerische Mitarbeiter und Organisationen weniger anfällig für Demotivation sind.

Weiterhin werden mit diesem Förderungs- und Transformationskonzept zugleich auch therapeutische Wirkungen zum Abbau von Demotivatoren sowie zur Remotivation ermöglicht. Auch erfordern Remotivationsinitiativen oft ein mit-unternehmerisches Engagement.

Zunächst wird kurz das Konzept des Mitunternehmertum vorgestellt und anschließend die Bedeutung unternehmerischer Schlüsselkompetenzen und -komponenten für Demotivationsabbau und Remotivation aufgezeigt.

1. Konzept des Mitunternehmertums

Der Gedanke, dass unternehmerisches Denken auch innerhalb von Unternehmen durch Angestellte erfolgen kann, ist nicht neu.[603] Herkömmliche Modelle des »Entre-« oder »Intrapreneuring« bleiben aber weitgehend gebunden an individualistische, ja »macchiavellistische Mikropolitik«[604] und konkurrenzorientierte Verhaltensmuster.[605] Einer **mit**-unternehmerischen Ausrichtung geht es demgegenüber um eine möglichst breite Verteilung von unternehmerischen Denk- und Handlungsweisen in der gesamten Personalstruktur, die sich auch nach unterschiedlichen Intensitätsgraden differenzieren.[606] Und es geht um die Förderung kooperativer Formen unternehmerischen Handelns. Mitwissen, Mithandeln, Mitverantworten und Mitentwickeln sind dafür wichtige Ansatzpunkte.

Unter **Mitunternehmertum** verstehen wir daher die aktive und effiziente Unterstützung der Unternehmensstrategie durch problemlösendes, sozialkompetentes und umsetzendes Denken und Handeln einer möglichst großen Anzahl von Mitarbeitern aller Hierarchie- und Funktionsbereiche mit hoher Eigeninitiative und -verantwortung.[607]

Unternehmerische Mitarbeiterführung und -entwicklung zur Demotivationsüberwindung ist eine integrations- und umsetzungsgerichtete soziale Beeinflussung, Koordination und Förderung von Organisationsmitgliedern zu deren aktiven Beitrag zum Abbau von Demotivation und Entwicklung von Remotivation. Die dafür zu beachtenden Kontexte, Ziele, menschlichen Potenziale und Kompetenzen, sowie Steuerungs- und Führungskonzepte und Auswahl- und Entwicklungsmöglichkeiten wurden in einem **Förderungskonzept** integriert.

VIII.
Mitunternehmertum als integrierter Ansatz zur Demotivationsüberwindung und Remotivation

Gestaltungs-
praxis

Mitunternehmer

Was sind die Ziele?

Unternehmensziel:	unternehmerische Wertschöpfung durch Nutzenstiftung für zentrale Bezugsgruppen
Förderungsziel:	aktive und effiziente Unterstützung der Unternehmensstrategie durch problemlösendes, sozialkompetentes und umsetzendes Denken und Handeln möglichst vieler Mitarbeiter aller Hierarchie- und Funktionsbereiche
personale Gestaltungs- und Verhaltensziele:	1. Mitwissen/Mitdenken 3. Mitverantworten 5. Mitentwickeln 2. Mitentscheiden/Mithandeln 4. Mitfühlen/Miterleben 6. Mitverdienen/Mitbeteiligen

Welche menschlichen Potenziale sind nötig?

mitunternehmerische Schlüsselkompetenzen
- Gestaltungskompetenz
- Umsetzungskompetenz
- Sozialkompetenz

mitunternehmerische Identifikation/Grundmotivation
- freiwilliges Engagement
- Einbindung/Verpflichtung
- Identität

mitunternehmerische situationsspezifische Motivation
- Bedeutung
- Instrumentalität
- Erfolgserwartung

Welche Steuerung und Führung ist sinnvoll?

mitunternehmerisches Steuerungskonzept
- interner Markt (Wettbewerb)
- soziales Netzwerk (Kooperation)

mitunternehmerisches Führungskonzept
strukturelle Führung:
- Kultur (z. B. Innovation)
- Strategie (z. B. Empowerment)
- Organisation (z. B. Dezentralisierung)
- qualitative Personalstruktur

interaktive Führung:
- ziel-/ergebnisorientiert
- identifizierend, inspirierend, intellektuell, individuell

Welche Auswahl und Entwicklung ist sinnvoll?

mitunternehmerische Personalstruktur
- portfoliogerechte Förderung
- Selbst-, Team-, Organisationsentwicklung

mitunternehmerische Leitsätze
- Verhaltens- und Entwicklungsleitsätze für Mitarbeiter als Mitunternehmer
- Gestaltungs- und Führungsleitsätze für das Management

Was beeinflusst eine Förderung?

Rahmenbedingungen
Makrokontext
- Politik-/Rechtssystem
- Wirtschaftssystem
- Gesellschaftssystem
- Techniksystem

Mikrokontext
- Kultur
- Strategie
- Organisation
- Personalstruktur

Bedürfnisse der zentralen Bezugsgruppen
- Kunden
- Mitarbeiter
- Kapitaleigner
- Lieferanten
- Gesellschaft

Ressourcen
- personelle
- finanzielle
- informationelle
- natürliche
- technische

UMFELD	POTENZIAL	FÜHRUNG UND FÖRDERUNG

Umsetzung

Mitarbeiter

Abb. 82: Vom Mitarbeiter zum Mitunternehmer – ein Förderungskonzept[608]

Zu fördernden Faktoren gehören demnach neben dem unternehmensexternen und -internen Umfeld, (Rahmenbedingungen, Ressourcen, Bedürfnisse der zentralen Bezugsgruppen), spezifische Ziele, Potenziale und Steuerungs- und Führungsformen sowie Auswahl und Entwicklungskonzepte.

Für den Zusammenhang zwischen den Elementen des mitunternehmerischen Förderungsprozess und Demotivation ergeben sich folgende **Leitfragen** für die einzelnen Aspekte:

- **Umfeld**

Umfeldbedingungen bestimmen in hohem Maße, inwieweit unternehmerisches Denken und Handeln notwendig und möglich ist

Leifrage: Welche unternehmensexternen und -internen Rahmenbedingungen sind für den Zusammhang von Mitunternehmertum und Demotivationsüberwindung zu beachten?

- **Bedürfnisse der zentralen Bezugsgruppen/Wertschöpfung**

Wertschöpfung für das Unternehmen sowie Nutzenstiftung für die zentralen Bezugsgruppen rangieren vor der Nutzenmaximierung für einen Stakeholder.

Leitfrage: Welchen Einfluss hat Demotivation auf die Wertschöpfung für zentrale Bezugsgruppen, insbesondere für interne und externe Kunden?

- **Ressourcen**

Für die Transformation sind personelle, finanzielle, informationelle natürliche und technische Ressourcen erforderlich.

Leitfrage: Welche Ressourcen sind für Demotivationsabbau und Remotivation bereitzustellen bzw. zu berücksichtigen?

- **Potenziale/Schlüsselqualifikationen/Motivation und Identifikation**

Auswahl und Förderung erfolgt nach wenigen unternehmerischen Schlüsselqualifikationen statt nach allgemeinen oder fach- bzw. stellenspezifischen Merkmalskatalogen.

Leitfrage: Wie kann eine Personalauswahl nach und Förderung von Schlüsselqualifikationen dazu beitragen, Demotivation zu überwinden?

(Mit-)unternehmerische Motivation und Identifikation sollten dabei zunächst getrennt von den relevanten Fähigkeiten analysiert und gezielt gefördert werden.

Leitfrage: Welches Verhältnis besteht zwischen Motivation/Identifikation und Demotivation bzw. »Nicht-Identifikation«?

- **Steuerung und Führung**

Markt- und soziale Netzwerksteuerung dominieren und modifizieren die klassische Führungskonfiguration über Hierarchie und Bürokratie.

Leitfrage: Wie beeinflusst Demotivation das Verhalten und die Transaktionen in internen Märkten und sozialen Netzwerken?

Strukturelle Führung und Entwicklung definieren die fördernden Rahmenbedingungen für interaktive, transformationale Mitarbeiterführung.

Gestaltungspraxis

Leitfrage: Welche Möglichkeiten haben strukturelle und interaktive Führung in Hinblick auf den Abbau von Demotivation?

- **Proaktive Selbststeuerung und -organisation im Rahmen der strukturellen Führung reduzieren tayloristische Fremdsteuerung.**

Leitfrage: Wie verhalten sich Demotivationsverhalten und Selbststeuerungsprozesse?

Selbstentwicklung und Entwicklung »on-the-job« durch Führungskräfte rangieren vor zentraler Personalentwicklung und »off-the-job«-Förderung.

Leitfrage: Welche Bedeutung hat die Selbstentwicklung als Überwindungsstrategie von Demotivation?

- **Auswahl und Entwicklung**

Differenzierte (Selbst-)Selektion, Platzierung und Entwicklung nach einem Portfolioansatz verhindern exklusive bzw. utopisch-kollektive Verhaltensanforderungen.

Leitfrage: Wie würde eine portfoliospezifische Zuordnung von Demotivationstypen aussehen? Welche Maßnahmen sind für einen zielgruppenspezifischen Demotivationsabbau zu ergreifen?

- **Teambezogene sowie individualisierte Mitarbeiterentwicklung ergänzen zielgruppenorientierte Förderung.**

Leitfrage: Wie kann eine teamorientierte und individualisierte Mitarbeiterentwicklung als Überwindungsstrategie von Demotivation gestaltet werden?

- **Leitsätze für umfassendes Mitunternehmertum ersetzen Maximen für spezielles Intrapreneurship.**

Leitfrage: Wie sieht eine spezifische Orientierung für den Abbau von Demotivation zur Entfaltung des mitunternehmerischen Verhaltens aus? Welche

Leitsätze können für eine Demotivationsvermeidung und -reduktion aufgestellt werden?

Viele Elemente dieses Förderungs- bzw. Transformationsprozesses wurden im Verlauf dieses Buches schon implizit und explizit besprochen. So wurde die Bedeutung des Umfeldes und der Einfluss von Demotivation auf die Wertschöpfung für Bezugsgruppen beschrieben *(vgl. Kapitel II., 6 Gesamtwirtschaftliche und gesellschaftlich-kulturelle Makroebene der Demotivation und Kapitel II., 3 Phänomen, Begriff und Wirkungen der Demotivation)*. Auch wurde auf das Verhältnis zwischen (Identifikations-)Potenzialen und Demotivation bzw. Remotivation eingegangen *(vgl. Kapitel II., 2 Grundbegriffe: Identifikation, Motiv, Motivation und Motivierung und Kapitel VI., 1.5 (Re-) Identifikation und Wiedergewinnung des Commitments)*. Zur Steuerung und Führung wurde die Bedeutung einer markt- und sozialen Netzwerksteuerung *(vgl. Kapitel VI., 3.1 Organisationale Steuerungskonfigurationen und Führungsorganisation)* sowie Möglichkeiten einer strukturellen und einer interaktiven Führung in Hinblick auf den Abbau von Demotivation und Remotivation aufgezeigt *(vgl. Kapitel VI., Strukturell-systemische Führung zum Demotivationsabbau und Remotivation und Kapitel VII., Interaktiv-direkte Führungsbeziehungen und Demotivationsabbau bzw. Remotivierung)*. Ferner wurden auf eine zielgruppenspezifische Selektion, Platzierung und teambezogene bzw. individualisierte Auswahl und Entwicklung der Mitarbeiter eingegangen *(vgl. Kapitel VI., 4 Gestaltung der qualitativen Personalstruktur und -entwicklung zu Demotivationsabbau und Remotivation)*. Im Weiteren werden spezifische Leitsätze für eine Demotivationsvermeidung und -reduktion aufgestellt *(vgl. Kapitel I., Manual)*.

Hier wird nun deshalb nur noch beschrieben, wie eine Aktivierung und Förderung von mitunternehmerischen Schlüsselqualifikationen und Komponenten dazu beitragen kann, Demotivation vorzubeugen bzw. zu überwinden sowie Remotivation zu unterstützen. In umfassender und monographischer Form wird dies in Wunderer 2001 beschrieben.

2. Aktivierung mitunternehmerischer Schlüsselkompetenzen zur Demotivationsüberwindung und Remotivation

Entscheidend auch im Zusammenhang mit einer Demotivationsüberwindung sind die **mitunternehmerischen Schlüsselkompetenzen,** die Gestaltungs-, Handlungs-, und Sozialkompetenz.

VIII. Mitunternehmertum als integrierter Ansatz zur Demotivationsüberwindung und Remotivation

Gestaltungspraxis

```
          Strategie- und innovationsorientierte
                    Problemlösung
               (Gestaltungskompetenz)
              • grundlegende Restrukturierung
              • kontinuierliche Verbesserung

                         ▲
                        ╱ ╲
   Kooperative         ╱   ╲         Effiziente
 Selbstorganisation  ╱Demoti-╲        Umsetzung
  (Sozialkompetenz) ╱vations- ╲    (Umsetzungskompetenz)
  • Autonomie      ╱Abbau und  ╲     • Durchsetzung
  • Kooperation   ╱Remotivation ╲    • Überzeugung
                 ╱_____╲
```

Abb. 83: Mitunternehmerische Schlüsselkompetenzen[609]

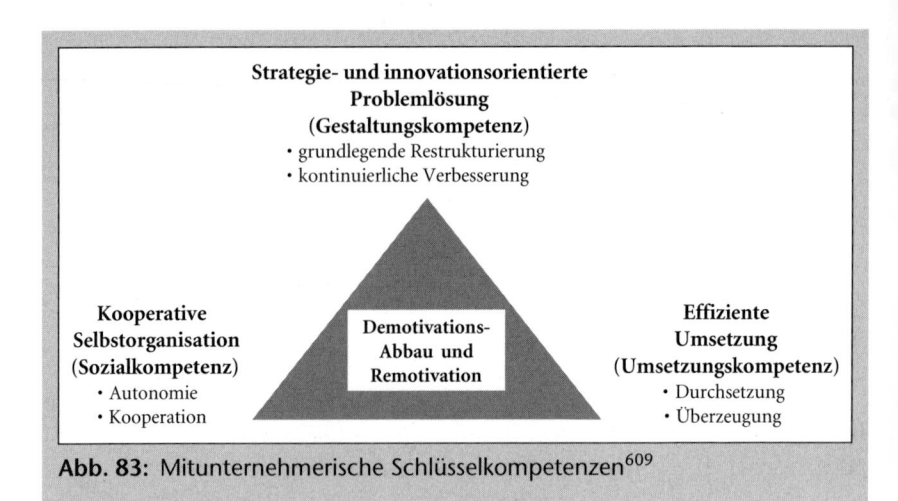

Die vorwiegend kognitive **Gestaltungskompetenz** wird definiert als eine Begabung und Motivation zu innovativ-gestalterischer Aktivität im Dienste der Organisationsziele bzw. -strategie. Schon Schumpeter[610] betonte, dass Kreativität alleine zum Tagträumen führen könne. Die Ausrichtung der schöpferischen Begabung[611] auf unternehmensstrategische Ziele zur innovativen Demotivationsüberwindung zeigt sich keinesfalls nur in exzeptionellen Sonderleistungen. Im Konzept eines umfassenden internen Unternehmertums sind auch kleinere, dafür kontinuierliche Verbesserungen zum Demotivationsabbau im eigenen Arbeitsbereich oder die Entwicklung von Remotivationsideen besonders angesprochen. Durch Anregung von schöpferischen und innovativen Initiativen zur Demotivationsüberwindung kann Gestaltungskompetenz auch für ihre persönliche Remotivationsstrategien aktiviert werden. Demotivierte Mitarbeiter, die sich gestaltend einbringen, erleben so Möglichkeiten eines wirkungsvollen Engagements. Dies kann sowohl zur verändernden Gestaltung der eigenen demotivierenden Arbeitssituation, wie zu weiteren Formen gestalterischer Initiativen dienen. Eine Aktivierung dieser Gestaltungskompetenz setzt allerdings öfter organisationale Veränderungen voraus (z. B. Gestaltungsspielräume, Qualitätszirkel, entwickeltes Vorschlagswesen).

Die aktionale **Umsetzungskompetenz** (synonym: Handlungskompetenz) bezieht sich auf die Fähigkeit und Bereitschaft zur effizienten Verwirklichung oder Implementierung innovativer Problemlösungen gerade auch für Demotivationsschwierigkeiten.[612] Umsetzungskompetenzen kommen erst durch das Zusammenwirken unterschiedlicher Aspekte – v. a. Persönlichkeitsmerkmale, Charakteristika der innovativen Idee und Kontextbedingungen – zustande. So sind Beharrlichkeit, Hartnäckigkeit bei bestimmten

Innovationsaufgaben oder -kontexten unabdingbar, während sie sich bei anderen sogar als umsetzungsbehindernd erweisen können. Auch gerade für die Realisation des praktischen Demotivationsabbaus oder die Umsetzung von Remotivationsideen kommt der Handlungskompetenz eine Schlüsselrolle zu. Eine Förderung der **handlungskompetenten** Fähigkeit und Bereitschaft kann durch die Schaffung von »implementations-freundlichen« Kontextbedingungen sowie umsetzungspraktisches Lernen erfolgen. Demotivierte Mitarbeiter können so erfahren, dass ihre Gestaltungsideen auch tatsächlich zu konkreten Veränderungen führen. Sich gestaltend und handlungspraktisch zu erleben, kann remotivierend aus einer »Demotivationspassivität« herausführen.

Die für den Mitunternehmer zentrale Verhaltensgrundlage **Sozialkompetenz** beschreibt die eigenständige Kooperations- und Integrationsfähigkeit und -motivation, die zur **selbstorganisierten** und zugleich **kooperativen** Verwirklichung von innovativen Ideen im Team oder über Abteilungsgrenzen hinweg dient.

Besonders für die Überwindung von zwischenmenschlichen Demotivatoren ist sozial kompetentes Verhalten zentral. Sozialkompetenz integriert dabei Selbstständigkeit und Kooperation.[613] Im Sinn einer **kooperativen Selbstorganisation** heißt sozialkompetent zu handeln, mit sich selbst und anderen konstruktiv, eigenbestimmt und kooperativ umgehen zu können und zu wollen. Gerade in arbeitsteiligen, sozial relativ stabilen und auf langfristige und enge Kooperation angelegten Organisationen ist die Fähigkeit und Bereitschaft zur abteilungsinternen wie -übergreifenden Zusammenarbeit wichtig. Teamorientierte oder abteilungsübergreifende Verwirklichung von innovativen Remotivationsideen kann durch kooperative Organisations- und Führungsformen unterstützt werden *(vgl. Kapitel VII., 4.3 Kooperative Führung)*. Die Förderung kooperationsorientierten Selbstorganisation kann dabei besonders zur Überwindung von Demotivation bei solchen Mitarbeitern beitragen, die vorwiegend emotional demotiviert sind. Zudem dient die Belebung von sozial kompetenten Verhalten dem Abbau von Gruppendemotivation bzw. einem demotivierenden Organisationsklima.

Die motivationale Förderung der unternehmerischen Schlüsselkompetenzen kann durch folgende Ansätze opernationalisiert werden:

VIII. Mitunternehmertum als integrierter Ansatz zur Demotivationsüberwindung und Remotivation

Gestaltungspraxis	Gestaltungskompetenz	
	Verhaltenskriterien	**Ergebniskriterien**
	• neues Wissen in den Aufgabenbereich und zur Demotivationsüberwindung einbringen • an Problemlösungen zum Demotivationsabbau konsequent und kreativ arbeiten • Suchen und Aufgreifen neuer Remotivationsideen • andere remotivieren und von den Vorteilen einer Demotivationsüberwindung überzeugen	• Anzahl und Qualität von Vorschlägen zum Demotivationsabbau und Remotivation • Akzeptanz und Übernahme bzw. Anwendung entwickelter Problemlösungen und Remotivationsideen • Feedback zu gemeinschaftlichen Gestaltungs- bzw. Anwendungspraxis der Demotivationsüberwindung
	Umsetzungskompetenz	
	• Setzen und Verfolgen persönlicher Realisierungsziele zur Demotivationsüberwindung • systematische Planung, Organisation und Evaluation der Arbeitszufriedenheit • Nutzung von Informationstechnologien und Netzwerken zur Demotivationsüberwindung • Demotivationspräventives Überzeugen, Verhandeln und Umsetzen	• Qualität der erarbeiteten (Re-)Motivationskonzepte und Pläne • verbesserte Arbeitszufriedenheit (geäußert in Mitarbeiterbefragungen bzw. -gesprächen) • Effektivitäts- und Effizienzsteigerungen (Kosten, Wirtschaftlichkeit, Erfolg) • Verbesserung von Umsatz-/Erfolgsindikatoren, technischen, ökonomischen und sozialen Leistungsgrößen
	Sozialkompetenz	
	• Auf Remotivationsideen anderer eingehen und darauf reagieren • Sich in einem Team kooperativ und remotivierend verhalten • andere kontaktieren, begeistern, unterstützen und sozial remotivieren • Ideen zur Demotivationsüberwindung zielbewusst und bestimmt vertreten • sich an Konfliktlösungen bei Demotivationsproblemen aktiv beteiligen • demotivationspräventive soziale Netzwerke aufbauen, pflegen und erweitern	• Zufriedenheit von Mitarbeitern, Vorgesetzten und Kollegen mit verhaltenswirksamen Ergebnissen • Wertschätzung durch andere (z. B. in 360°-Beurteilungen) • Beiträge zur gemeinsamen Lösung von Konflikten • gute und relevante Ergebnisse in Mitarbeiterbefragungen/Beurteilungen • Zahl und Qualität der Einbindung in Netzwerke

Abb. 84: Beispiele motivationaler Aspekte für Gestaltungs-, Handlungs- und Sozialkompetenzen[614]

- **Mitunternehmerische Komponenten zur Demotivationsüberwindung und Remotivation**

Mitunternehmertum zeichnet sich durch eine erfolgreiche Umsetzung bestimmter Komponenten aus: **Mitwissen** und **Mitdenken, Mitentscheiden** und **Mithandeln, Mitverantworten, Mitfühlen** und **Miterleben, Mitentwickeln, Mitverdienen** und **Mitbeteiligen**.[615] Zu ihrer Förderung scheint ein stufenweises Vorgehen sinnvoll: So ist eine Erhöhung des Wissens durch entsprechende Informationen die grundlegende Voraussetzung für unternehmerisches Mitdenken und Mitentscheiden. Umfassende unternehmerische Verantwortung ist nur möglich, wenn die relevanten Entscheide und Handlungen gerade im Demotivationskontext auch genügend selbstverantwortlich getroffen werden können. Und hohes Remotivationsengagement der Mitarbeiter wird nur dann erreicht, wenn sie sich auch emotional einbringen können und wollen. Überdies kann leistungsgerechte Entlohnung sowie Erfolgs- oder Kapitalbeteiligung die Bereitschaft zum Mitdenken, -entscheiden, -handeln, -verantworten, -fühlen, -erleben und -entwickeln in entscheidendem Maße erhöhen und Motivationsbarrieren abbauen *(vgl. Kapitel VI., 2.4 Honorierungs- und Anreizsysteme)*. In der folgenden Abbildung werden verschiedene Ansatzpunkte zur Förderung wichtiger Komponenten des Mitunternehmertums. Die Philosophie ist dabei, dass zunächst Selbstverantwortung und -initiative gefordert wird. Subsidiär ist Unterstützung durch Vorgesetzte, Personalverantwortliche oder externe Stellen zu geben.

Komponente	Mögliche Maßnahmen und Instrumente
Mitwissen/ Mitdenken	**Mitarbeiterinitiative:** • sich selbst Informationen zur Demotivationsüberwindung beschaffen • aktives und remotivierendes Verhalten im Team **Barrierenabbau/-vermeidung:** • empfänger- statt absenderorientiert informieren • Abbau autoritärer demotivierender Führung • Mitdenken bewusst fördern und Barrieren dazu erkennen und gezielt abbauen **Aktive Förderung:** • gezielte strategische Informationen • Förderung demotivationssensibler kooperativer Führung
Mitentscheiden/ Mithandeln	**Mitarbeiterinitiative:** • auch Mitwirkung zur Demotivationsüberwindung als Holschuld sehen • selbst Remotivationsinitiativen ergreifen

Gestaltungspraxis

Mitverantworten	**Barrierenabbau/-vermeidung:** • demotivierende »Alleinentscheidungskultur« abbauen • Umsetzungshürden zur Remotivation reduzieren **Aktive Förderung:** • demotivationspräventive Team- und Projektorganisation • selbstverantwortlichere Umsetzung durch ziel- und ergebnisorientierte Führung **Mitarbeiterinitiative:** • Eigenverantwortung für Demotivationsabbau und Remotivation übernehmen **Barrierenabbau/-vermeidung:** • demotivierenden Taylorismus reduzieren **Aktive Förderung:** • auch Verantwortung delegieren – u. U. stufenweise
Mitfühlen/ Miterleben	**Mitarbeiterinitiative:** • motivierende Arbeitsinhalte und -bedingungen bewusst (aus-)suchen **Barrierenabbau/-vermeidung:** • rationalistische Kultur um emotionale Aspekte ergänzen **Aktive Förderung:** • werteorientierte, transformative Führung fördern • emotionale Remotivationserlebnisse vermitteln
Mitentwickeln	**Mitarbeiterinitiative:** • eigene Vorschläge zum Demotivationsabbau und Remotivation entwickeln (z. B. im Mitarbeitergespräch) **Barrierenabbau/-vermeidung:** • offener sein für meist unbeliebten Demotivationsdiskussionen **Aktive Förderung:** • demotivationspräventive und remotivierende Organisationsformen ausbauen (z. B. Team- und Projektorganisation)
Mitverdienen/ Mitbeteiligen	**Mitarbeiterinitiative:** • partizipative Führung und leistungsorientierte Entlohnung fordern • sich selbst stärker einbringen • Vorschläge für Wertschöpfungssteigerung machen und umsetzen **Barrierenabbau/-vermeidung:** • demotivierende Zeitlohnkonzepte leistungsorientiert gestalten und flexibilisieren • rechtliche/organisatorische Hürden für Beteiligung reduzieren

	Aktive Förderung: • differenzierte Erfolgsbeteiligungsmodelle einführen • Remotivationserfolge materiell und immateriell honorieren

Abb. 85: Ansatzpunkte zur Förderung der Komponenten des Mitunternehmertums und Demotivationsüberwindung

3. Förderung der Selbstentwicklung und Selbst-Remotivation

Ein mit-unternehmerischer Kontext (insbesondere über Kultur und Organisation) ist zur Entfaltung einer Selbstentwicklung für Mitarbeiter von großer Bedeutung. Denn so vermittelte Remotivation ist tiefgreifender und nachhaltiger wirksam als fremdgesteuertes Eingreifen. Selbstentwicklung zielt auf eine Dezentralisierung von Remotivationsprozessen sowie auf Förderung eines emanzipierten, selbstständiger handelnden Mitarbeiters ab. Diese anspruchsvollen Voraussetzungen sind bei stark Demotivierten oft nicht (mehr) gegeben und müssen daher vorbereitet und phasenorientiert entwickelt werden. Und je nach Reifegrad[616] ist Förderung der Selbstentwicklung zielgruppenspezifisch zu differenzieren. So zeigen verschiedene Charaktertypen[617] ganz unterschiedliches Remotivationsverhalten. Während Eigenverantwortliche delegierte Aufgaben selbstständig ausführen sowie Remotivationsprozesse selbst initiieren können, benötigen andere Zielvorgaben, überzeugende Führungspersönlichkeiten und entlastende Kontrolle.

Insgesamt kann zwischen fremdbestimmter, partiell gelenkter sowie teilautonomer Selbstentwicklung unterschieden werden. **Fremdgesteuerte Entwicklung** ist bei sehr stark demotivierten oder zur Selbstmotivation wenig kompetenten Mitarbeitern notwendig. Dies sind Mitarbeiter mit eher passiven Einstellungen, die bei wenig Verhaltensalternativen und fehlender Selbstkontrolle von den Initiativen und Weisungen ihrer Vorgesetzten abhängig sind. Die »**gelenkte Selbstentwicklung**« stellt eine Zwischenform zum Ziel selbstbestimmter Entwicklung dar. Dazu dienen Lernprozesse, »on«-, »near«- und »off-the job« zur Ausbildung von Selbstmanagement, Team- und Konfliktfähigkeiten sowie kooperativer Selbstqualifikation. Mitarbeiter übernehmen dabei vorzugsweise selbst die Verantwortung für ihre Demotivationsvorbeugung und Remotivationsveränderungen.

• **Führung und remotivierende Selbstentwicklung**

Hier unterstützen Vorgesetzte Initiativen zur Selbstentwicklung von demotivierten Mitarbeitern durch Coaching oder Mentoring und koordinieren

Entwicklungsprozesse anderer Mitarbeiter und der Organisation. Dabei hilft Anerkennung und aufbauendes Feedback. Dazu gehört auch der Aufbau einer Konfliktkultur, in der mit möglichen Widersprüchen und Spannungen solcher Entwicklungsprozesse konstruktiv umgegangen wird.

Schließlich sind Selbstentwicklungsprozesse auch auf die Führungskräfte zu beziehen. Auch bei ihnen kommt es auf die Kultivierung und Weiterbildung selbstgesteuerter Entwicklungsfähigkeiten an.

Gestaltungspraxis

Im Rahmen eines strategischen »Management-Developments« können Entwicklungshemmnisse für die Selbstentwicklung abgebaut werden (z. B. Förderungs- und Lernkultur).[618] Die Förderung führungsspezifischer Selbstentwicklung dient der Vermeidung wie dem Abbau demotivierenden Führungsverhaltens.

- **Subsidiaritätsprinzips und Remotivation**

Nach dem Subsidiaritätsprinzip sind alle Mitarbeiter und Führungskräfte in erster Linie selbst als mündige Menschen für ihre Entwicklung verantwortlich.[619] Danach versuchen demotivierte Mitarbeiter zunächst selbst, weitere Demotivation zu vermeiden und Demotivationsprobleme zu lösen. Vorgesetzte leisten dabei »Hilfe zur Selbsthilfe«, während die Personalabteilung und andere professionelle Institutionen (z. B. externe Coachs) in dritter Linie diese Entwicklungsprozesse unterstützen. Eine nachhaltige »Subsidiarisierung« der Entwicklungsverantwortung kann durch Dezentralisation bzw. Delegation von Personalmanagementaufgaben an die Führungskräfte gefördert werden. Diese können dann ihre Mitarbeiter (z. B. im Rahmen des Mitarbeitergesprächs) an der Entwicklung und Vereinbarung von Zielen beteiligen oder eigenverantwortliche Selbstentwicklungsprozesse der Mitarbeiter fordern und fördern.

Diese unterstützende Selbstentwicklung kann durch positive Stimulierung von Anstrengungs- und Konsequenzerwartungen der Mitarbeiter gefördert werden. Neben der Unterstützung auf der Ebene des »Sollens«[620] und des »Könnens«[621] (z. B. Qualifikation, Lernbereitschaft und -fähigkeit) ist die Aktivierung der »Wollens-Komponente« für den Demotivationsabbau und zur Remotivation erfolgsentscheidend. Dazu bieten sich z. B. folgende Möglichkeiten an:[622]

- Ermutigung zum Experimentieren und Tolerieren von Fehlern und Misserfolgen[623]
- Förderung motivationstheoretischer Faktoren (Valenz, Instrumentalität, Erfolgserwartung) *(vgl. Kapitel III., 4.2)*

- Aufforderung zu einer Selbstanalyse und -bewertung, z. B. durch Offenlegung eigener Werte, Motive, Einstellungen aber auch Grenzen der Demotivationsüberwindung
- Delegation von herausfordernden Aufgaben und Verantwortungen für Remotivation
- Gemeinsames Entwickeln von anspruchsvollen Zielen und Remotivationsprogrammen
- Respektieren von individuellen Unterschieden und Interessen verschiedener Mitarbeiter und Führungskräfte
- Rollen-, Aufgaben- und Funktionswechsel als »substitutive Remotivation«
- Ambiguität und Unsicherheit als anerkannte Bestandteile von Demotivationsproblemen und Remotivationsmöglichkeiten

4. Extra-Rollenverhalten und Demotivation bzw. Remotivation

Eine spezifische Form mit-unternehmerischen Engagements äußert sich in dem sog. Extra-Rollenverhalten. Damit werden eigeninitiative Verhaltensweisen bezeichnet, die nicht in formalen Rollenvorschriften festgelegt oder direkt belohnt werden, aber an den organisationalen Werten und Zielen orientiert sind.[624]

Demotivierte Mitarbeiter sind oft nicht (mehr) zu diesem freiwilligen Engagement im Sinn eines organisationsförderlichen Extra-Rollenverhaltens bereit. Bei ihnen reduziert sich das Verhalten auf einen »Dienst nach Vorschrift«, es werden also nur vorgeschriebene Rollenerwartungen ausgeführt. In verstärkter Form kann Demotivation zu antisozialem[625] und kontraproduktivem[626] Rollenverhalten führen.

Um Demotivation abzubauen und ein flexibles Engagement zur Remotivation der Mitarbeiter zu stärken, ist die Sicherung bzw. Entwicklung eines über die üblichen Rollen hinausgehenden Verhaltens sehr bedeutsam. Denn eine freie und spontane Gestaltung des eigenen Rollenhandelns trägt »demotivationspräventiv« zu prosozialem Verhalten[627] bei. Wenn demotivierte Menschen zudem ihre jeweiligen Rollen den situativen Erfordernissen entsprechend selbstverantwortlich ausgestalten, werden dadurch dauerhafte Remotivationsmöglichkeiten eröffnet.

VIII. Mitunternehmertum als integrierter Ansatz zur Demotivationsüberwindung und Remotivation

- **Konzepte zum Extra-Rollenverhalten**

Zu Formen eines Extra-Rollenverhaltens gehören das Konzept der persönlichen Initiative[628], prosozialen, organisationalen Verhaltens[629] bzw.

organisationalen Spontaneität[630] sowie das sog. »Organizational Citizenship Behaviour«[631] und das sog. »Arbeitsengagement aus freien Stücken«[632] Sie alle argumentieren in die gleiche Richtung[633] und sind mit ihrer Förderung von Eigenverantwortlichkeit, Risikobereitschaft, Kooperativität[634] für eine Demotivationsüberwindung und Remotivation von grundlegender Bedeutung. Sie sind auch als Indikator für Demotivation und Remotivation zu sehen. Da hier die Gefahr einer besonderen Demotivation besteht, wenn diese nicht er- oder anerkannt werden, sind sie unbedingt zu erhalten. Dennoch kann nicht erwartet werden, dass dieses Verhalten von allen (auch nicht demotivierten) Mitarbeitern gezeigt wird.

Gestaltungspraxis

Im Weiteren wird ein demotivationsrelevanter Ansatz des Extra-Rollen-Verhaltens näher betrachtet: die »Organisationale Bürgerschaft«. Das »**Organizational Citizenship Behavior**«, kurz OCB,[635] verweist auf ein erfolgskritisches Engagement, dauerhafte Loyalität und ein Commitment der Mitarbeiter gegenüber Kollegen und der eigenen Organisation.[636] Das OCB meint dabei Verhaltensweisen bzw. freiwillige Leistungsbeiträge, die nicht Bestandteil der Stellenbeschreibung sind. Zu den kooperationsförderlichen Verhaltensweisen »organisationaler Bürgerschaft« gehören z. B. spontane oder altruistische Hilfsbereitschaft, Gewissenhaftigkeit und Verbindlichkeit durch Problemvorbeugung (i. S. »courtesey«), Höflichkeit i. S. Rücksichtnahme auf andere, das Ertragen oder Tolerieren von Kleinlichkeiten (i. S. »sportlicher Gelassenheit«), und eine Orientierung an allgemeinen Bürgertugenden.[637]

- **Ursachen und Einflussfaktoren für OCB:**[638]
  - die Stimmung am Arbeitsplatz[639]
  - die erlebte Gerechtigkeit und Fairness am Arbeitsplatz[640]
  - die Überwachung des Arbeitsverhaltens[641]
  - Vielfalt und Anspruchsniveau der Arbeitsaufgaben[642]

- **Beispiele für ein unternehmensbezogenes OCB**
  - Einbringen innovativer Vorschläge für Demotivationsprävention und Remotivation
  - Freiwilliges Übernehmen auch von unangenehmen Aufgaben
  - Auch außerhalb der Firma loyal gegenüber dem Unternehmen bleiben

- **Beispiele für ein mitarbeiterbezogenes OCB**
  - Neue Mitarbeiter in der Einarbeitungszeit unterstützen und bei Schwierigkeiten zu remotivieren

- Kollegen, die mit ihrer Arbeit, z. B. demotivationsbedingt im Rückstand geraten, Hilfe anzubieten
- Zu einem angenehmen und remotivierenden Arbeitsklima beitragen

- **Kritik und Grenzen der Ansätze zum Extra-Rollenverhalten für Demotivationsüberwindung und Remotivation**

Da Befunde zur Bedeutung der einzelnen Elemente sowie Aussagen über Ursachen und Wirkungen des Extrarollenverhaltens noch nicht konsistent sind[643], ist eine eindeutige Rangierung der Einflussfaktoren schwierig.[644] So ist nicht immer bestimmbar, in welchen Situationen oder Arbeitsbereichen ein Extra-Rollenverhalten zur Demotivationsüberwindung und Remotivation besondere Bedeutung hat oder wann es deutlich gehemmt bzw. wie es gefördert werden kann. Auch ist nicht gewährleistet, dass ein Extrarollenverhalten von der Organisation, dem Management oder den Mitarbeitern explizit beachtet, zugeschrieben und gratifiziert wird. Langfristig extrafunktionales Verhalten kann nur in einem wechselseitigen Austauschverhältnis realisiert werden, was bei Demotivation gerade oft gestört ist. Solange Arbeitsprozesse und Beziehungen demotivierend sind, ist kaum eine Bereitschaft zu extrarollenmässigem Engagement erwartbar. Oft ermöglicht daher erst ein Demotivationsabbau und eine Remotivation die Entwicklung dieses wünschenswerten Engagements.

5. Grenzen des Demotivationsabbaus und der Förderung von Remotivation durch Mitunternehmertum

Das Konzept Mitunternehmer beinhaltet neben Chancen auch Gefahren und Grenzen für den Abbau von Demotivation und der Remotivationsförderung. Dazu zählen besonders folgende Aspekte:

- **Grenzen struktureller Führung**
Insbesondere die Unternehmenskultur – der wichtigste Hebel unternehmerischer Förderung – ist ohne umfassenden Personalaustausch nur begrenzt und v. a. nur langfristig veränderbar: Unternehmerische Werte – als Grundlage unternehmerischen Denkens und Handelns – lassen sich nicht verordnen, sondern müssen mit Geduld und Konsequenz über kulturbewusste Führung und Förderung entwickelt werden *(vgl. Kapitel VI., 1 Kulturgestaltung zum Demotivationsabbau und Remotivation)*. Ein weiterer kritischer Bereich sind zu idealistische Menschenbilder und damit verbundene normativ-idealistische Gestaltungsansätze, die sich einseitig auf Strukturgestaltung oder Personalentwicklung konzentrieren. Diese

VIII. Mitunternehmertum als integrierter Ansatz zur Demotivationsüberwindung und Remotivation

greifen ebenso zu kurz wie am Menschenbild des *homo oeconomicus* orientierte Ansätze, die fast ausschließlich auf finanzielle Anreize setzen.

Bei der **organisationalen Förderung** des Mitunternehmertums kann eine Dezentralisierung und Center-Organisation – insbesondere bei unzureichenden begleitenden Koordinations- und Integrationsbemühungen – zur Zersplitterung von Interessen und Aktivitäten, Synergieverlusten, zur Stärkung individualistischer Tendenzen (»Ich-AG«) sowie zu vermehrten Problemen in der horizontalen Zusammenarbeit führen. **Wettbewerb muss deshalb mit Kooperation verbunden werden.**

> Gestaltungspraxis

Noch umfassender sind die Anforderungen beim Wechsel zu einer Steuerungskonfiguration aus internem Markt und sozialem Netzwerk (»coopetition«), *(vgl. Kapitel VI., 3.1 Organisationale Steuerungskonfigurationen und Führungsorganisation)* insbesondere bei stark hierarchisch und bürokratisch geführten Organisationen (z. B. im öffentlichen Dienst).

Typische Gefahrenpotenziale im Bereich **Strategie** sind: unsystematische, punktuelle Aktionen, ein zu taktisches und kurzfristig orientiertes Vorgehen, die Vernachlässigung der Personalselektion und -entwicklung, eine unzureichende Berücksichtigung der spezifischen Situation (insb. Besonderheiten der Unternehmensumwelt, der Branche, des Betriebes, der Aufgaben- und Personalstruktur) sowie eine mangelhafte Abstimmung der verschiedenen Maßnahmen und Instrumente. Weiterhin ist zu berücksichtigen, dass die gezielte unternehmerische Ausrichtung aller Personalfunktionen und -instrumente beträchtlichen Zeit- und Kostenaufwand verursacht.

- **Grenzen interaktiver Führung**
  Die im Konzept Mitunternehmertum geforderten Führungsrollen – Infrastrukturförderer, Motivator und Coach – sowie die transformationale Führung stellen hohe Anforderungen an die Führungskräfte. Sie benötigen – insbesondere bei Mitarbeitern mit geringer unternehmerischer Motivation und/oder Qualifikation – viel psychologisches Geschick, Geduld und Frustrationstoleranz. Diese Fähigkeiten besitzt nicht jede Führungskraft; sie sind auch nur begrenzt entwickelbar. Ebenso muss die Handhabung bestimmter Führungstechniken bzw. -instrumente, wie z. B. MbO, erst erlernt bzw. vertieft werden *(vgl. Kapitel VII., 4.4 Delegative Führung)*. Eine gezielte Betreuung und Förderung von Mitarbeitern mit geringem mitunternehmerischen Reifegrad erfordert auch hohen Zeitaufwand, den Führungskräfte mit chronischem Zeitmangel ungern aufbringen. Ein Mindestmaß an unternehmerischer Fähigkeit und Motivation auf Seiten der Mitarbeiter sowie eine positive, vertrauensgeprägte

Führungsbeziehung sind weitere unabdingbare, aber nicht selbstverständliche Voraussetzungen für eine erfolgreiche Förderung des Mitunternehmertums durch direkte Führungsmaßnahmen.

- **Grenzen der Auswahl und Entwicklung**
Eine Optimierung der Personalstruktur wird durch das beschränkte Potenzial an unternehmerisch qualifizierten und motivierten Personen sowie durch Grenzen der Eignungsdiagnostik – gerade in Bezug auf Schlüsselkompetenzen – begrenzt. Zudem unterliegt die Motivation situativen Schwankungen. Bei der Teamzusammensetzung sind schließlich neben einer hohen Komplementarität der Schlüsselkompetenzen i. d. R. noch weitere Kriterien – so z. B. die fachliche Qualifikation und die Vereinbarkeit der Charaktere – zu berücksichtigen. Als fundamentale Voraussetzung einer unternehmerischen Personalentwicklung können genannt werden: Fähigkeit und Bereitschaft der Mitarbeiter und Führungskräfte, eine Lernkultur (»Fehler sind keine Katastrophen, sondern Chancen«) sowie ein hinreichend ausgereiftes Personalmarketing- und -entwicklungsinstrumentarium *(Kapitel VI., 4 Gestaltung der qualitativen Personalstruktur und -entwicklung zum Demotivationsabbau und Remotivation).*

- **Missbrauchsgefahr**
Es besteht die Gefahr, dass engagierte Mitarbeiter manipuliert oder – im Sinne einer Rundumnutzung[645] – ausgebeutet werden: »Es wird erwartet (...), dass die Vergemeinschafteten ganz für die Firma da sind: arbeitslebenslänglich, arbeitsfreudig, mit vollem Einsatz und unter Aufopferung ihrer Freizeit und ihres Privatlebens.«[646]

Umgekehrt können auch die Mitarbeiter im Modell des internen Unternehmertums typische Freiräume missbrauchen und als »Trittbrettfahrer« die Unternehmung ausbeuten und bei anderen Demotivation auslösen oder verstärken. Deshalb bestehen hier nur auf der Basis eines ausgeglichenen Austauschverhältnisses zwischen Leistung und Gegenleistung langfristige Realisierungschancen.

- **Fehler bei der Implementation des Konzeptes**
Mit dem Konzept »Mitunternehmertum« werden – gerade in visionsorientierten Unternehmen – hohe bis unrealistische Erwartungen formuliert (»*Alle* arbeiten unternehmerisch, unbürokratisch und effektiv« IBM). Dieser Ansatz kann weder von heute auf morgen noch bei allen Führungskräften und Mitarbeitern realisiert werden. Die Umsetzung ist nur als langfristiger, kontinuierlicher sowie zielgruppendifferenzierter Förderungsprozess erfolgversprechend. Unsystematische und wenig umfassende »Strohfeuer-Aktionen« programmieren Enttäuschungen und

damit Demotivation vor. Besondere Fallstricke liegen in einer Überforderung der Mitarbeiter, wenn diese mit Anforderungen konfrontiert werden, die sie – zumindest gegenwärtig – nicht erfüllen können oder wollen. Schließlich bedarf es Fach-, Macht- und Beziehungspromotoren – gerade bei den oberen Führungskräften –, um Probleme und Widerstände erfolgreich lösen und überwinden zu können.

Diese Problempotenziale sollten nicht verharmlost werden. Vielmehr gilt es, sie bewusst zu analysieren, zu reflektieren und gezielt daran als Herausforderung zu arbeiten, um mit-unternehmerisch Demotivation zu vermeiden und abzubauen bzw. Remotivation zu fördern.

Gestaltungspraxis

IX. Grenzen des Demotivationsabbaus und der Remotivation

Zuvor wurden gestaltungspraktische Möglichkeiten zur Vermeidung und Überwindung von Demotivation und Maßnahmen zur Remotivation bzw. Remotivierung vorgestellt. Auch themenspezifische Probleme und Grenzen wurde jeweils angesprochen. Im Folgenden werden noch grundsätzliche Begrenzungen genannt.

- **Kaum untersuchte Thematik und Anwendung**

Demotivation und Möglichkeiten der Vermeidung oder ihres Abbaus bzw. der Remotivation sind bisher wenig wissenschaftlich diskutiert oder praktisch systematisch erprobt und dokumentiert worden. Daher gibt es dazu **noch wenig explizites, bewährtes Wissen**. Das noch kaum untersuchte Forschungs- und Handlungsfeld steht einem hohem praktischem Handlungsbedarf gegenüber.

- **Verschweigen von Demotivationsproblemen**

Demotivationsprobleme werden oft **nicht oder zu spät** geäußert. Sie entfalten dann ihre Wirkungen indirekt oder in einem Stadium, in dem ihre Überwindung erschwert ist. Auch aus Angst vor negativen Konsequenzen[647] oder aus mikropolitischem Kalkül können Mitarbeiter relevante Informationen zurückhalten oder Möglichkeiten der Demotivationsüberwindung verschweigen. Ebenso vermeiden obere Führungskräfte und Personalverantwortliche schon Analysen und Projekte zu diesem sensiblen Thema. Bei unseren Analyseversuchen wurden von manchen interessierten Personalverantwortlichen oder Führungskräften explizit geäußert, entsprechende Umfragen nicht durchzuführen. Begründung: »Wir haben schon genug Probleme«.

- **Wenig ausgereiftes Diagnoseinstrumentarium**

Wie beschrieben[648] erweist sich die **Demotivationsdiagnose** oft als **unbeliebt**. Auch für eine demotivationspräventive Personalauswahl und -einsatz von Mitarbeiter, die weniger »demotivationsanfällig« sind oder die mit Demotivation konstruktiv umgehen können (»Coping-Potenziale«) gibt es noch keine bewährten Selektionskriterien und -methoden. Die hier entwickelte Differenzierung zwischen potenziellen und aktuellen Demotivatoren wurde u. W. noch nicht verwendet.

- **Tiefverwurzelte Demotivationseinstellungen**

Ist Demotivation zu einer mit der Persönlichkeit verbundenen Einstellung geworden, ist sie auch **nur begrenzt veränderbar**. Zumindest sind dann langfristige und mit hohem Aufwand verbundene Maßnahmen erforderlich (z. B. intensive, individuelle auch oft externe Betreuung). Selbstentwicklungsmöglichkeiten zur Remotivierung stoßen besonders bei »lageorientierten« Mitarbeitern an Grenzen.

- **Voraussetzungen für Demotivationsüberwindung bestehen nicht bei allen Mitarbeitern**

Gestaltungspraxis

Die mit dauerhaftem Demotivationsabbau bzw. Remotivation verbundenen **Bereitschaften, Fähigkeiten oder Veränderungskompetenzen** – z. B. weitgehend selbstständig Demotivationszustände zu überwinden oder sich zu remotivieren – sind bei Demotivierten nicht immer vorhanden. Oft ist zunächst ein Abbau von Motivationsbarrieren erforderlich, damit sich Remotivationsengagement entwickeln kann. Dazu treten kognitive oder emotionale **Barrieren** (z. B. Ängste) sowie persönliche **Vorbehalte** gegenüber Maßnahmen zur Demotivationsüberwindung (z. B Prestigeverlust, Einschränkung von Privilegien) oder erwartete Zusatzarbeit und -belastungen. Weiterhin lösen Ungewissheiten, fehlendes Vertrauen und Zweifel des Einzelnen Widerstände gegen Remotivationsmassnahmen aus.

- **Systemwiderstände gegen Veränderungsprozesse zur Demotivationsüberwindung**

Durch den wirtschaftlichen Erfolg der Vergangenheit oder einen »organisationalen **Konservatismus**«[649] manifestieren sich Bedürfnisse nach Stabilität und Kontinuität, die zur Demotivationsüberwindung auch notwendigen strukturellen Wandel einschränken. Organisationale Systemwiderstände zur Demotivationsüberwindung äußern sich u. a. als infrastrukturelle Trägheit.[650]

- **Realitätslücken im Verlauf des Wandels zur Demotivationsüberwindung**

Hier kommt es oft zu Lücken zwischen beabsichtigten Anpassungen und den organisatorischen Veränderungen. Dies insbesondere, wenn Veränderungen auf der sachlichen Ebene sich zu schnell, zu umfassend bzw. zu radikal vollziehen. Dann kommt es zu einer Kluft zwischen dynamisch veränderter Realität und den individuellen bzw. kollektiven Lernprozessen. Oder der Veränderungsprozess der Demotivationsüberwindung erfolgt zu langsam oder zu wenig tiefgreifend. Die Lernbereitschaft kollidiert dann mit den herkömmlichen Strukturen und Prozessen.

- **Operationalisierbarkeit, Praktikabilität und Wirtschaftlichkeit**

Als vielschichtiger, systemischer Zusammenhang lässt sich Demotivation weder einfach noch isoliert erfassen oder »standardisiert« überwinden. Bei Entwicklung und Einsatz von Gestaltungsstrategien sind aus ökonomischer Perspektive nur Instrumente und Maßnahmen zum Demotivationsabbau zweckmäßig, die sich einfach operationalisieren und kostengünstig praktizieren lassen. Die nachhaltige Überwindung von Motivationsbarrieren erfordert eine **langfristigere Ausrichtung und zuweilen höhere Investitionen**. Unter dem dem Druck von Kosteneinsparungsprogrammen und einer eher kurzfristigen Orientierung unterbleiben daher notwendige Maßnahmen. Zusätzlich bestehen Schwierigkeiten einer **Evaluation** des Erfolgs von Präventions- und Abbaumaßnahmen.

- **Komplexität und Grenzen der Steuerbarkeit**

Wie sich zeigte, setzt sich Demotivation aus einer Mischung von personalen und strukturellen aber auch marktlichen, sozialen und ethischen Aspekten zusammen, die sich einer einfachen Bewältigung und eindimensionalen Steuerung entziehen. Bei Demotivationsproblemen und Überwindungsversuchen wirken verschiedene **Logiken** zusammen bzw. gegeneinander:[651]

- **Verwertungslogik:** Weil Demotivation Kosten bedeutet und das vertraglich verpflichtete Arbeitsvermögen nicht optimal ausgenutzt wird. Außerdem entstehen zahlreiche Transaktionskosten (Überwachungs-, Informations-, Kontroll-, Durchsetzungskosten)
- **Machtlogik:** Diese zeigt sich für Demotivierte in einer relativen Kontrolle über die Ressource ihres Arbeitsvermögens (bzw. ihrer Arbeitsleistung). Für das Unternehmen sind solche Positionen durch Abhängigkeits- und Austauschverhältnisse der Mitarbeiter untereinander und zu den Vorgesetzen relevant. Die Eigeninteressen der Mitarbeiter und die Interessen des Managements bzw. des Unternehmens sind machtlogisch verflochten. Tauschtheoretisch ist Macht eine Funktion der Interessen, der Kontrolle und alternativen Ressourcenquellen, während Machtungleichgewichte zu Balancierungsoperationen führen, durch die sich die soziale Struktur verändert. Kooperation ist um so häufiger und intensiver, je mehr zwischen Akteuren ein Machtgleichgewicht auf hohem Niveau besteht.[652]
- **Kooperationslogik:** Wenn durch Demotivation Strukturen und Potenziale der Zusammenarbeit nicht aufgebaut oder genutzt werden können,

kommt es zu Planungs- und Koordinationsproblemen sowie zu Störungen im Ablauf und bei der Qualität von Beziehungen. Andererseits beeinflusst auch der Umgang von Vorgesetzten bzw. der Personalabteilung mit demotivierten Mitarbeitern das Klima in der Organisation. Enge Kontrolle und rigide Sanktionen belasten die Integration ebenso wie das »Wegsehen« bei Missbrauch von Spielräumen oder der Verletzung von Vereinbarungen.

- **Logik der Gefühle:** Wie beschrieben, haben gerade emotionale Dimensionen großen Einfluss auf die Entstehung und Entwicklung von Demotivation. Das Auftreten von Demotivation hat besonders häufig emotionale Gründe bzw. Wirkungen und wird auch gefühlsmäßig bewertet. So treten in demotivierende Arbeitsverhältnissen Enttäuschungen, Ärger, Frust, Aggressivität, Neid oder Ungerechtigkeitsempfindungen auf. Andererseits verweist stärkere Demotivation grundlegend auf emotional unbefriedigende Zustände der Organisation und ihrer Mitglieder. Emotionale Demotivationsempfindungen lassen sich jedoch nur eingeschränkt steuern oder programmieren. Gefühle entziehen sich weitgehend einem führungstechnischen Zugriff und verweisen erneut auf die notwendige Selbststeuerung der Betroffenen.

- **Anpassungslogik:** Vorhandene gesellschaftliche Institutionen werden durch den betrieblichen Umgang mit Demotivation herausgefordert: Das Management ist durch institutionalisierte Erwartungen, Gesetze, Verträge, Traditionen und Werte gebunden. Damit werden die Grenzen betrieblicher Autonomie offenbar. Die Handlungsmöglichkeiten des (Demotivations-)Management werden aber auch durch Anpassungsnotwendigkeiten, Institutionen und Stakeholder eingeschränkt.

Alle diese Logiken benötigen zu ihrer Umsetzung gleichzeitig transparente Information und paradoxerweise auch Intransparenz, Mehrdeutigkeit und Geheimhaltung, weil damit Handlungsspielräume ermöglicht werden, die Patt- und Verriegelungssituation auflösen können. Auch werden durch Demotivation Informationen verschleiert bzw. verfälscht und es konkurrieren unvereinbare mentale Modelle miteinander. Ungewissheit und Uneinsehbarkeit sind Bedingungen dieses komplexen Machtspiels.[653]

- **Grenzen einer erweiterten Selbststeuerung und Ökonomisierung**

Demotivationsüberwindung steht im Zusammenhang mit einem strukturellen Wandel in der gesellschaftlichen Verfassung von »Arbeitskraft«. Die bisher vorherrschende Form des »verberuflichten Arbeitnehmers« wird aufgrund neuer »postfordistischer« Nutzungsstrategien abgelöst und zunehmend durch den Typus des »Arbeitskraftunternehmers« ersetzt.[654] Nach

Pongratz und Voss ist dieser von einer **erweiterten Selbststeuerung** aber auch vom Zwang zur **verstärkten Ökonomisierung der eigenen Arbeitsfähigkeiten und -leistungen** gekennzeichnet. Wenn diese neuen Formen zur Durchökonomisierung aller Arbeits- und Lebensbereiche beitragen sowie Konkurrenz- und Leistungsbedingungen sich für alle verschärfen und damit Formen von Solidarität gefährden, werden auch Motivationsbarrieren anders behandelt.

Sennett[655] befürchtet z. B., dass omnipräsente Diktate zur Flexibilität zu sozialer Desintegration führen. Die gleiche Flexibilität, die im Beruf zu Erfolg führen kann, vermag im Privatleben Rückhalt und Verbindlichkeiten auflösen. Der innere Rollenkonflikt entwurzelt den Menschen und zerstört seinen Charakter.[656]

- **Isolierter Umgang mit Demotivation**

Demotivationsüberwindung kann oft nicht durch isolierte, punktuelle Eingriffe und partielle Veränderungen verwirklicht werden. Integrierte Ansätze sind daher unbedingt erforderlich. Dabei müssen strukturell-systemische und interaktiv-direkte Strategien koordiniert und situationsgerecht eingesetzt werden.

Grundsätzlich bleibt Demotivation und ihre Überwindung damit eine latente, volatile sowie kontextabhängige Thematik. Sie kann nicht einfach »beseitigt« werden. Auch anbetracht der zuvor beschriebenen Ambivalenz der Demotivation geht es um Formen des Umgangs mit ihr und nicht um ihre völlige Verhinderung oder Beseitigung.

Und Führungskräfte müssen lernen, ihr Handeln nicht mit Aktivismus gleichzusetzen. Zur Vermeidung von Demotivation ist vielmehr ein bewusstes »**Unterlassungsmanagement**« oft wirksamer.

IX.
Grenzen des Demotivationsabbaus und der Remotivation

Anmerkungen, Literaturhinweise, Endnoten zu Teil C

Gestaltungspraxis

1 Um in den Systemzusammenhang einzugreifen, werden von Probst (1987, S. 114) folgende Empfehlungen gegeben: Behandle das System mit Respekt. Lerne mit Mehrdeutigkeit, Unbestimmtheit und Unsicherheit umzugehen. Erhalte und schaffe Möglichkeiten. Erhöhe Autonomie und Integration; Nutze und fördere das Potenzial des Systems. Definiere und löse Probleme auf! Beachte die Ebenen und Dimensionen der Gestaltung und Lenkung. Erhalte Flexibilität und Eigenschaften der Anpassung und Evolution. Strebe vom Überleben zu Lebensfähigkeit und letztlich nach Entwicklung; Synchronisiere Entscheidungen und Handlungen im System mit zeitgerechtem Systemgeschehen. Halte die Prozesse im Gang – es gibt keine endgültigen Lösungen. Balanciere die Extreme!
2 Vgl. BC Forschungs- und Beratungsgesellschaft http://www.bc-research.de/forschung/praevention_0.htm
3 Vgl. Pleiss/Oesterreich 1997
4 Vgl. Peter/Pröll 1990
5 Vgl. Antonovsky 1987
6 Vgl. Horst, 1996, S. 815
7 Vgl. Böckmann 1987, S. 71; vgl. auch Böckmann 1989
8 Vgl. Kapitel IV., 2.1 Potenziell besonders starke Motivationsbarrieren
9 Vgl. Kreikebaum & Herbert 1988; vgl. Kapitel III., 3 Inhaltsorientierte Motivationstheorien
10 Vgl. Böckmann 1987; Kleinbeck 1987
11 Vgl. Kapitel IV., 4.1 Arbeitskontext
12 Vgl. Holleis 1987
13 Vgl. Opaschowski 1997, S. 38. Zur Berücksichtigung außerberuflicher Sinnkonkurrenz; vgl. Harvard Business School 2000
14 Vgl. Böckmann 1980, S. 87; 1987; Böckmann beschreibt Leistung als Ausdruck von Sinnverwirklichung.
15 Vgl. Probst/Scheuss 1984, S. 87, 1987; dazu gehört es auch, unternehmensinterne Sinnzusammenhänge der Arbeits- und Beziehungskontexte aufzuzeigen. Für anschauliche Beispiele dazu vgl. Tschirky/Suter 1990, S. 60f; vgl. auch Belzer 1998
16 Vgl. Neuberger 1994a, S. 256
17 Vgl. Coy 1996; Schuster et al. 1997
18 Vgl. Kapitel VII., 3.1 Die Bedeutung einer Vertrauenskultur für Führungsbeziehungen
19 Proaktivität lässt sich als ein Verhalten bestimmen, das sich durch eine frühzeitige und handlungsbezogene Vorbereitung auf die Zukunft und mögliche Entwicklungen auszeichnet.
20 Zur Typologie von Frühaufklärungsansätzen vgl. Krystek/Müller-Stewens 1993, S. 22ff
21 Vgl. Ansoff 1976, S. 121ff. Schwache Signale sind strategische Informationen, die selbst als Ressourcen und Erfolgspotenziale des Unternehmens interpretiert werden können. Vgl. Krystek/Müller-Stewens 1993, S. 162. Die Autoren betrachten dabei

auch die durch individuelle Wertprämissen bestimmte Subjektivität als einen möglichen und legitimen Zugang bei der Suche und Interpretation von schwachen Signalen, die einer Erhöhung des strategischen Bewusstseins und der Erkenntnisfähigkeit dient. Vgl. ebenda, S. 173

22 Vgl. Krystek/Müller-Stewens 1993, S. 195
23 Vgl. Krystek/Müller-Stewens 1993, S. 173, S. 174ff
24 vgl. Kapitel VI.,. 3.5 Organisationales Lernen und Wissensmanagement zu Demotivationsabbau und Remotivation
25 Vgl. Cyert/March 1995, S. 42
26 Vgl. Weidermann 1984, S. 32 und 35ff.; Lawson 2001
27 Vgl. Baecker 1994, S. 151
28 Vgl. Fallgatter 1995; Sharfman et al. 1988
29 Vgl. Kropp 1997, S. 235
30 Vgl. Bourgeois 1981; Sharfman et al. 1988
31 Vgl. Scharfenkamp 1987, S. 29.
32 Zu Auswahlverfahren dafür vgl. Tosi et al 1994. Bei Dienstleistungstätigkeiten zählen dazu solche Mitarbeiter, die mit möglichen Demotivationsbelastungen durch »Emotionsarbeit« umgehen können. Vgl. Morris/Feldman 1996; vgl. Kapitel III., 6 Theorien der kognitiven und emotionalen Dissonanz
33 Vgl. Ashford/Black 1996
34 Vgl. Bandura 1981
35 Vgl. Bandura 1981, S. 16. Schlussfolgerungen von Bandura sind, dass Umfang und Qualität sozialer Beziehungen einen direkten Effekt auf die Gesundheit ausüben. »Je subjektiv befriedigender und auch objektiv hilfreicher das persönliche und soziale Netzwerk eines Menschen, um so geringer die Wahrscheinlichkeit psychischer und/oder somatischer Leiden« (Bandura, 1981, S. 36).
36 Vgl. Kastner/Kreissel 1999, S. 69
37 Vgl. Hacker 1986; Mentzel 1980; Ulich 1994
38 Als ein Realisierungsmodell kann dafür das Konzept der betrieblichen Gesundheitszirkel dienen. Vgl. dazu Westermayer/Baehr 1994
39 Vgl. Kannheiser 1992. Kannheiser unterscheidet als Grundarten des Erlebens in Arbeitstätigkeiten: 1. Das Erleben des Aufnehmens, d. h. die Erfahrung der subjektivierten Aneignung von individuellen Fähigkeiten und Kompetenzen; 2. das Erleben des Angleichens, d. h. die Modifikation des individuellen Handelns, um sich mit der Umwelt auseinanderzusetzen; 3. das Erleben der Anerkennung, d. h. die Anwendung der angeeigneten Objektbezüge und Anerkennung von deren Umsetzung und 4. das Erleben des Nutzens, d. h. die individuelle Benutzung der Objektbeziehungen.
40 Vgl. Schmager 1999, Teske./Witte 2000
41 Vgl. Laireiter 1993
42 Vgl. Frese 1998; Frese/Semmer 1991; House et al. 1988; Röhrle 1994; Udris 1987
43 Vgl. Nijhuis/Smulders 1996; Sauter et al. 1989
44 Vgl. Axelrodt 1984
45 Auch kann dies zur Ausbildung einer Kunst der Gelassenheit beitragen, mit der eine reflektierende (Selbst-)Besinnung für Führungskräfte wiedergewonnen werden kann.
46 Wunderer 1992b
47 »Inhibiting loops« erster Ordnung verhindern, dass Fehler, Widersprüche, Unsicherheiten, neue Erfahrungen etc. in der Organisation thematisiert werden. »Inhibiting

loops« zweiter Ordnung blockieren, dass man die Ursachen für den »Realitätsverlust« thematisieren kann, eben die Differenz zwischen offiziellen und tatsächlich handlungsleitenden Theorien. Vgl. Argyris 1997, S. 53

48 Vgl. Schein 1984
49 Vgl. Pribilla et al. 1996, Wunderer/Dick, 2002, S. 166
50 Vgl. Likert 1972, S. 200; zur Kritik vgl. Oechsler 2000, S. 411. Personen mit niedrigem Selbstwertgefühl bevorzugen negative Informationen über das eigene Selbst.
51 Vgl. Covey 1996, S. 128, 166
52 Nelson 1996
53 Vgl. Kapitel II., 10 Gestaltungsrahmen für strukturell-systemische und interaktive Führung
54 Vgl. Wunderer 2001, S. 5f
55 Vgl. Wunderer 2001, S. 4
56 Vgl. Wunderer 2001, S. 5, 71
57 Vgl. Klimecki/Gmür 1998a, S. 378
58 Vgl. Udris/Frese 1999, S. 436ff
59 Vgl. Probst 1987, S. 36; Luhmann 1994, S. 397; Mayrhofer 1996, S. 456
60 Vgl. Wunderer 2001, S. 154; vgl. auch Pümpin et al. 1985; Dierkes 1993; Heinen 1987; Dülfer 1988; Crozier/Friedberg 1979, S. 111
61 Vgl. Steinmann/Schreyögg 1993, S. 598
62 Vgl. Wunderer 2001, S. 6f
63 Vgl. Klaus 1994, S. 227
64 Vgl. Wunderer 2001, S. 153ff, 168f
65 Vgl. Wunderer 2001, S. 383ff. Dort sind auch Prinzipien, Ziele und Instrumente von Grundsätzen näher beschrieben.
66 Vgl. Meier 1972; Lattmann 1975; Tschirky 1980; König 1982; Töpfer 1982; Knebel/Schneider 1983; Kossbiel 1983b; Küller 1983; Paschen 1983; Wunderer 1983a und b; Kubicek 1984a; Wunderer/Klimecki 1990; Rühli 1992; Matje 1996; Tschirky 1980; Gabele et al. 1982
67 Dies geschieht u. a. durch institutionalisierte Richtlinien zur Führungsorganisation (z. B. Aufgaben- und Kompetenzverteilungen, Aufbau- und Ablauforganisation) oder zum Führungsverhalten, welche die Führungsbeziehungen unternehmensweit die offiziellen Erwartungen an die Führungsrolle (z. B. Remotivation) normiert und formalisiert werden. Die schriftlichen Führungsleitsätze modifizieren, ergänzen und legitimieren damit die direkte Führung der Vorgesetzten und definieren zugleich Verhaltensprämissen und -spielräume in den Subsystemen der Führung.
68 Vgl. Wunderer 1983a und b; Wunderer/Klimecki 1990
69 Vgl. Kapitel VI., 2.6 Strategien der Konflikthandhabung
70 Vgl. Weibler 1995b, Sp. 2022. Kulturspezifische Erkennungs- oder Beglaubigungszeichen stellen sinnbildliche Darstellungen von Botschaften dar. Sie sind auch Ausdruck von unbewussten Bedeutungen in nonverbalen Zeichen, Worten, Redewendungen und Handlungen.
71 Vgl. Neuberger/Kompa 1987, S. 250
72 Vgl. Ulrich 1990, S. 319f
73 Vgl. Neuberger 1989a, S. 81
74 Vgl. Rosenstiel, v. 1992b
75 Vgl. Neuberger/Kompa 1987, S. 254
76 Vgl. Kapitel II., 9 Demotivation im Zusammenhang mit Mikropolitik

77 Vgl. Ebers 1995, Sp. 1665
78 Vgl. Sattelberger 1991a. Zu Risiken und Gefahren der Unternehmenskulturgestaltung vgl. Becker 1999, S. 82ff
79 Vgl. Sackmann 1990, S. 153–188. »Kultur als instrumentale Variable zur bewusst-rationalen Steuerung von Organisationen kann es nicht geben, wäre ein Widerspruch in sich; Organisationskulturen sind zwar Konstrukte, nicht aber konstruierbar.« Türk 1989, S. 110; vgl. auch Knights/Willmott 1987
80 Vgl. Lehnen 1993, S. 147
81 Vgl. Steinle et al. 1994, S. 145; Ulrich 1990; Heinen 1987
82 Vgl. Kapitel III., 6.3 Sozio-kultureller Kontext der Demotivation
83 Vgl. Frankl 1979, S. 155
84 Vgl. Kropp 1997, S. 423
85 Vgl. Kapitel VI., 2.6 Strategien der Konflikthandhabung
86 Vgl. Etzioni 1994, S. 437
87 Vgl. Schein 1985a
88 Vgl. Wunderer/Mittmann 1995a, b
89 Entgegen dem klassischen Identifikationskonzept lautet die Orientierung eines modernen Konzeptes: Sich selbst und der Firma treu bleiben. So können lebensnahe Möglichkeiten unterschiedlicher Einbindungen entwickelt werden. Vgl. Wunderer/Mittmann 1995b, S. 27ff
90 Vgl. Seaman 1959; Kanungo 1982
91 Vgl. Wunderer/Mittmann 1995b, S. 25
92 Vgl. Kieser 1999, S. 161ff
93 Vgl. Wunderer/Mittmann 1995b
94 Vgl. WundererMittmann 1995b, S. 158ff
95 Nicht zuletzt als Folge des Wertewandels hat sich die Bedeutung von Firmentreue gewandelt. Der einzelne Mitarbeiter bleibt weniger der Firma treu, wenn er sich mit ihr identifiziert, sondern bewertet seine Betriebszugehörigkeit zunehmend danach, ob er dabei auch sich selbst treu bleiben kann.
96 Vgl. Wunderer/Mittmann 1995b, S. 114
97 Vgl. Kapitel IV., 3 Einzelergebnisse empirischer Untersuchungen
98 In Anlehnung an Wunderer/Mittmann 1995b, S. 49
99 Vgl. Kapitel II., 6 Demotivationsindikatoren und Remotivationsbedarf
100 Vgl. Wunderer/Mittmann 1995b
101 Vgl. Wunderer/Mittmann 1995b, S. 59
102 Vgl. Kapitel VII., 4 Einzelne Führungsstile in Beziehung zu Demotivation bzw. Remotivation
103 z. B. Informations-, bzw. Wissens-, Outsourcing-, Sozial- oder Teampotenziale vgl. Peters/Sebald 1998
104 Zu Indikatoren sowie bilanzfähigen Bewertung einzelner Potenziale vgl. Peters/Sebald 1998 S. 488
105 Vgl. Wunderer/Mittmann 1995b; vgl. auch Harvard Business School 2000; für Case-Studies und Initiativen zur »work-life balance« vgl. http://www.employersforworklifebalance.org.uk/ vgl. Kapitel IV., 3.1 Personale Motivationsbarrieren
106 Zu internen Wettbewerb und sozialen Netzwerken vgl. Kapitel VI., 3.1 Organisationale Steuerungskonfiguration und Führungsorganisation
107 Vgl. Kapitel VI., 3.1 Organisationale Steuerungskonfiguration und Führungsorganisation

108 Vgl. Wunderer/Mittmann 1995b
109 Vgl. Wunderer 2001, S. 117
110 Vgl. Kapitel VI., 4 Gestaltung der qualitativen Personalstruktur und -entwicklung zu Demotivationsabbau und Remotivation
111 Vgl. Waldschmidt 1999
112 Vgl. Wunderer/Schlagenhaufer 1994; Wunderer/Jaritz 2002
113 Vgl. Lodahl/Kejner 1965; Mowday et al. 1982
114 Die für die (Re-)Identifikation zielgruppenspezifisch koordiniert und auf den gesamten Wertschöpfungszusammenhang ausgerichtet werden müssen.Vgl. Hentze et al. 1997, S. 179
115 Vgl. Morris et al. 1993
116 Vgl. Müller/Bierhoff 1994; Mathieu/Zajac 1990; Bill Gore beschrieb die Bedeutung des »Commitments« für sein Unternehmen folgendermaßen: »Wir managen hier nicht die Menschen, die Menschen managen sich selbst. Wir organisieren uns um freiwillige Selbstverpflichtungen. Es gibt einen fundamentalen Unterschied in der Philosophie zwischen einer Selbstverpflichtung und einem Befehl.« Zitiert nach Bitzer 1991, S. 28
117 Vgl. Kieser 1995, Sp 1442ff; Mowday et al. 1982
118 Vgl. Mowday et al. 1982; Yoon et al. 1994, S. 329–352; Meyer/Allen 1997
119 Vgl. Etzioni 1961
120 Vgl. Wunderer/Mittmann 1995a,b
121 Vgl. Tett/Meyer 1993, S. 259–294 Commitment und engagiertes Verhalten verstärken sich dabei oft gegenseitig. Wie die Autoren aufzeigen, ist Commitment auch nachhaltiger und stabiler als bloße Arbeitszufriedenheit.
122 Vgl. Robertson/Smith 1985; McCoy 1996
123 Vgl. Kapitel VI., 2.2 Ermächtigungsstrategien
124 Vgl. Goleman 1995; Cooper 1997, S. 31; Sawaf/Cooper 1997
125 Vgl. Walton 1987, S. 516–528, bes. 525ff
126 Vgl. Kinlaw 1999
127 Quelle: http://www.iloi.de/fresenius.html
128 Vgl. Kapitel VI., 4 Gestaltung der qualitativen Personalstruktur und -entwicklung zu Demotivationsabbau und Remotivation
129 »Das Commitment zur Organisation und ihren Primärzielen geht als Nebenbedingung in neue Entscheidungsprozesse ein und beeinflusst maßgeblich die Entstehung einzelner organisationszielbezogener Handlungstendenzen. Je besser es den Linienmanagern gelingt, dabei individuelle Bedürfnisse und Präferenzen zu berücksichtigen und nicht nur in prä-dezisonale Motivations-, sondern insbesondere auch in den Volitionsphasen unterstützend in Motivationsprozesse einzugreifen, desto stärker wird letztlich auch wieder das grundsätzliche, kalkulative Commitment zur Organisation sein.« Vgl. Kniehl 1998, S. 241
130 Vgl. Steinle et al 1999
131 Vgl. Bleicher 1996
132 Vgl. Walton 1985
133 Vgl. Foy 1994, S. 55ff
134 Welche psychoanalytisch betrachtet eine symptomatische Abwehr darstellt, vgl. Spiess 1996, S. 220ff; Hier kann ein Bezug zu der von Bruggemann et al. konzipierten »Pseudo-Arbeitszufriedenheit« vermutet werden. Vgl. Bruggemann et al. 1975
135 Vgl. Spiess 1996, S. 227

136 Vgl. Foy 1980, 1994, S. 78ff; Legge 1989, 1995. Legge beschreibt die inhärenten Widersprüche des HRM zwischen Individualismus versus Kooperation, Commitment versus Flexibility, and »strong culture« versus Anpassung.
137 Vgl. Kofman/Senge 1995; zu Besonderheiten eines Commitments in Gruppen; vgl. auch Meyer/Allen 1997
138 Sherwood 1988. Zu Möglichkeiten einer Commitmenkultur durch eine »kunstvolle Arbeitsgestaltung« vgl. Richards 1995
139 Vgl. Wunderer 2001, S. 195
140 Vgl. Büssing 1993; Harrison/Shirom 1998
141 Vgl. Kapitel IV., 2 Gesamtergebnisse der empirischen Untersuchung zu Motivationsbarrieren
142 Übermotivation tritt nach Heckhausen dann ein, wenn die aktuelle Motivationsstärke den Tätigkeitsanforderungen nicht entspricht, sondern stärker ist als es für eine effiziente Ausführung gut wäre. Vgl. Heckhausen 1989, S. 14
143 Vgl. Flanagan 1954. Mit dieser qualitativen und offenen Methode kann ein Verhaltensprotokoll der kritischen Demotivationsereignisse aufgestellt werden. Nachteil dieses Verfahren ist der extrem hohe und kostenintensive Zeitaufwand.
144 Vgl.Wunderer/Jaritz 2002
145 Vgl. Wunderer/Jaritz 2002
146 In Anlehnung eines Schemas von »Success Performance Solutions« http://www.super-solutions.com/demot.html
147 Vgl.Wunderer/Jaritz 2002, S. 293ff
148 Wobei die Gefahren einer demotivationsverstärkenden Enttäuschung bei Nichterfüllung der Vision und einer Manipulation der Betroffenen (z. B. durch einen überbewerteten visionären Führer) bestehen. Zur Missbrauchsproblematik und Grenzen vgl. Bennis/Nanus 1985; Bryman 1992; Neuberger 1994
149 Vgl. Neuberger 1999, S. 176
150 Vgl. Kapitel IV., 4 Einflusskontexte der Motivationsbarrieren
151 Vgl. Gomez 1990, S. 99–113; Thomas/Velthouse 1990
152 Vgl. Spreitzer 1996
153 Vgl. Gardner/Pierce 1998; Bandura (1977) und Conger/Kanungo (1988) betonen die Erfahrung autonomer Selbstwirksamkeit (»Self-efficiency«) für eine dauerhafte Verhaltensänderung; vgl. auch Bandura 1986. Zur ethischen Bedeutung des »enabling« vgl. Kanungo/Mendonca 1996, S. 63
154 Vgl. Spreitzer et al. 1997
155 Zur »shared governance« vgl. Spreitzer 1996
156 Vgl. Kinlaw 1995, S. 65, 132
157 Vgl. Kapitel VI., 3.5 Organisationales Lernen und Wissensmanagement zum Demotivationsabbau und Remotivation
158 Vgl. Krueger 1993; Krueger/Dickson 1994. Die Bedeutung von Wirksamkeitserfahrung ist zudem als soziales Erlebnis zur Verbesserung von gemeinschaftlichen Aufgabenerfüllungen nachgewiesen worden. Vgl. Lindsley et al. 1995. Die Autoren entwickeln ein Spiralkonzept sich wechselseitig verstärkender Zyklen erhöhter unternehmerischer Wirksamkeit und Ausführung. Es wird von wahrgenommenen Wirksamkeitserfahrungen und einer emotionalen Anregung auf der Basis von tatsächlichen Motivatoren und wahrgenommener Motivation (Wünschbarkeit) vermittelt. Ebd. S. 645
159 Vgl. Letize/Donovan 1990 Verantwortung kann psychologisch definiert werden als die freiwillige Selbstverpflichtung autonomer Individuen.

160 Vgl. Minssen 1999
161 Vgl. Rose 1989, S. 141–64; Hollaway 1985; Hacking 1986, S. 222–236
162 Willmott argumentiert, dass Autonomie und Empowerment nicht durch das Management auferlegt werden können, sondern gemeinsam mit den Mitarbeitern erreicht werden müssen, um authentisch zu sein. Vgl. Willmott 1993
163 Vgl. Hosking/Morley 1991, S. 258; vgl. auch Vogt/ Murrell 1990
164 Vgl. Kapitel VI., 1.5 (Re-)Identifikation und Wiedergewinnung des Commitments
165 Vgl. Kapitel IV., 2.2 Aktuelle Motivationsbarrieren
166 Vgl. Karasek/Thorell 1990; Süssmuth/Dyckerhoff 1995, S. 89ff
167 Vgl. Kumar/Kalra 1997, S. 178
168 Vgl. Brunsson 1989, S. 104ff
169 Vgl. Mehrmann/Wirtz 1996
170 Vgl. Bowen/Lawler 1992, 1995
171 Vgl. Stauss/Seidel 1996, S. 279
172 Vgl. Stauss 1989
173 Vgl. Brookson 2000
174 Vgl. Chenall/Brownell 1988; Shields 1998
175 Zum Begriff Lageorientierung vgl. Kapitel II., 3 Phänomen, Begriff und Wirkungen der Demotivation
176 Vgl. Ulich 1994; Ulich et al. 1973; Ulich et al. 1980
177 Dazu, wie ein durchsichtiges Erleben des eigenen Informationstandes das Verhalten in Organisationen massgeblich beeinflusst vgl. Spiess/Winterstein 1999, S. 139
178 Vgl. Franke/Winterstein 1996, S. 2
179 Vgl. Pleitner 1981, S. 539
180 Vgl. Kapitel IV., 3.1 Personale Motivationsbarrieren und Kapitel IV., 6 Gesamtwirtschaftliche und sozio-kulturelle Makroebene der Demotivation
181 Vgl. z. B. Baillod et al. 1997; Blum 1999
182 Vgl. Ulich 1994, S. 464ff; Wagner 1995, Weidinger 1999, S. 886; Web-Sites: www.de; www.bma.bund.de (arbeitszeitrelevante Gesetzestexte); www.bma.bund.de/arbeitszeitmodelle (Arbeitszeit-Praxisbeispiele)
183 Vgl. Gutmann 1999
184 Vgl. Weidinger 1999, S. 886
185 Vgl. Gutmann 1999
186 Vgl. Staehle 1999, S. 832ff; Schanz 1993, S. 339ff. Ein Beispiel für eine klar operationalisierte Maßnahme zur institutionalisierten Bereitstellung von (Zeit-)Ressourcen, die Mitarbeitern zudem ein Gefühl der teilautonomen Selbstbestimmung vermittelt, zeigt eine Regelung bei 3M. Hier wurde bereits 1923 von dem damaligen CEO William McKnight die sog. 15/85 Regel eingeführt. D.h. jeder Mitarbeiter hat das Recht, 15% seiner Arbeitszeit für die Realisierung innovativer Vorhaben oder eigener Projekte zu nutzen, ohne dass er sich dafür rechtfertigen muss. Zumindest innerhalb dieses gewährten Spielraums sind selbstbestimmte Planungs- und Kontrollaktivitäten und auch selbstgesteuerte Initiativen mit Kollegen möglich. Vgl. Arthur D. Little 1985, S. 129
187 Vgl. Berthel 1995, S. 351; Neuberger 1997, S. 171ff., S. 203, als Gegenstand des Personalmanagements, S. 227, Hauptformen S. 244ff. zur Mikropolitik der Zeiterfassung, ebenda S. 287ff; vgl. auch Gerhard/Michailow 1991, S. 247ff
188 Vgl. Rählmann et al. 1993
189 Vgl. Lucere/Allen 1994; Carr et al. 1996

190 Vgl. Weinert 1992b
191 Vgl. Becker 1999, S. 15
192 Vgl. auch Becker 1995, Sp. 39
193 Zum Verhältnis von Anreizoptionen und die Richtung, Stärke und Dauer der (Re-) Motivation vgl. Schanz 1991; Weiner 1992; Schettgen 1996; Campbell et al. 1998
194 Vgl. Adams 1963ab; zudem führt auch eine Überbelohnung anderer oder eine eigene Überbezahlung nur kurzfristig zu einer Anerkennung oder Leistungssteigerung. vgl. Konrad/Pfeffer 1990
195 Vgl. Weibel/Rota 2000, S. 199
196 Vgl. Kapitel III., 4.3 Gleichheitstheorie von Adams und Demotivation bzw. Remotivation
197 Wozu auch ein Umgang mit Paradoxa wichtig ist. Diese betreffen z. B. das Verhältnis von zuteilender (»Jedem das Seine«) und ausgleichender Gerechtigkeit (»Jedem das Gleiche«); kurz- und langfristige, persönliche versus kollektive Zurechnung sowie monetäre versus immaterielle Anreize. Vgl. Wunderer 2001, S. 411
198 Vgl. Wunderer 2001, S. 411
199 Vgl. Hentze 1995, S. 72 ff; Hilb 1997a, S. 97. Aus anreizökonomischer Sicht ist dabei auch eine Mischung aus direkten und indirekten Leistungsanreizen (z. B. erfolgsabhängige Entlohnungsanreize bzw. Karriereanreize) sinnvoll. Vgl. Kräkel 1996.
209 Vgl. Rosenstiel, v. 1992a, S. 393
201 Vgl. Lind/Tylor 1988, S. 200ff. Honorierungskonzepte sind zumindest in Mittel- und Großorganisationen überwiegend kollektiv oder organisationsspezifisch geregelt. Der Spielraum für die Führungskraft steigt mit höherer Führungsebene oder in Organisationseinheiten mit ProfitVerantwortung (z. B. Profit-/Wertschöpfungs-Center). Der Vorgesetzte kann auch über Anträge für Höherstufung oder Beförderung Einfluss nehmen. Im Bereich der ergebnisorientierten Honorierung kann er, besonders bei Qualitäts- oder Verhaltensbeurteilung, eigenverantwortlich Beurteilungsstandards (mit-)definieren bzw. vereinbaren. Im Bereich von teambezogenen oder individuellen Systemen und Zulagen (z. B. Sonderprämien, »Dinner for two«) können Führungskräfte eine Budgetverantwortung erhalten, über die sie frei verfügen. Allerdings bringt solche zuteilende Gerechtigkeit (»Jedem das Seine«), leicht Missstimmung in das Team und wirkt so demotivierend für die, die keinen Anteil erhalten. Daher ist die Zuteilungsorientierung mit einer austeilenden Gerechtigkeit, i. S. des Gleichbehandlungsgrundsatzes, »Jedem das Gleiche« in ein situationsangemessenes Verhältnis zu bringen. Dies gilt besonders dann, wenn Ergebnisse oder Verhalten nicht objektiv evaluierbar ist. Teambelohnungen (»Dinner für Teams«) haben weitaus geringere Demotivationspotenziale
202 Vgl. Kapitel III., 4.2 Erwartungs-Valenz-Modell von Vroom
203 In Anlehnung an Hilb 1999, S. 99
204 Vgl. Becker 1993, S. 329
205 Stock Options gewähren Führungskräften (und u. U. auch weiteren Mitarbeitergruppen) das Recht, Aktien des Unternehmens zu einem vereinbarten Preis zu erwerben. Sie können von ihrem Optionsrecht Gebrauch machen, wenn z. B. der Aktienkurs höher ist als der vereinbarte Kaufpreis. Der faktische Erfolg wird jedoch erst dann realisiert, wenn er die erworbenen Aktien wieder verkauft, um so den höheren Börsenkurs als Erfolgsanteil zu erhalten. Zu langfristigen marktindizierten Anreizsystemen gehören auch sog. »Stock Appreciation Rights«, bei denen der Empfänger am Kursgewinn der Aktien der Unternehmung zu einem bestimmten Zeitpunkt be-

teiligt wird, ohne jedoch Aktien selbst zu erhalten. Ferner können sog. »Phantomaktien« weitergegeben werden, bei dem für die Kurssteigerung einer bestimmten Anzahl fiktiver Aktien ein entsprechender Betrag in bar oder in Aktien ausgezahlt wird. Vgl. Becker 1990; Wälchli 1994

206 Vgl. Pellens 1998
207 Vgl. Oechsler 2000, S. 501
208 Vgl. Becker 1991, S. 284
209 Vgl. Frey 1997; Frey/Osterloh 1997; 2000, S. 26ff; Deci 1975; Deci/Ryan 1985
210 Vgl. Kehr et al. 1999, S. 8
211 Vgl. Dycke/Schulte 1986, S. 578f
212 Neben Barauszahlungen, Sachleistungen, Versicherungsleistungen sind als weitere Formen Gewinn- und/oder Kapitalbeteiligungen oder Arbeitgeberdarlehen oder eine Verrechnung mit der Arbeitszeit (z. B. frühe Pensionierung, längerer Urlaub einschließlich Langzeiturlaub, kürzerer Wochen-, Monats- oder Jahresarbeitszeit) möglich.
213 Vgl. Oechsler 2000, S. 523
214 Auch die Verrechnung von Zeiteinheiten untereinander oder von Geld- und Zeiteinheiten kann mit Problemen verbunden sein. Vgl. Zander 1990, S. 414
215 Vgl. Deci/Ryan 1985
216 Vgl. Heckhausen 1989, S. 458; Deci/Ryan 1987
217 Vgl. Frey 1997, S. 99
218 Vgl. Frey/Osterloh 2000, S. 35f
219 Vgl. Deci/Ryan 1985
220 Vgl. Frey 1997; Frey/Osterloh 1997. Eine Entlohnung als Anreiz kann dabei die intrinsische Arbeitsmotivierung umso stärker verdrängen, je interessanter die Tätigkeit, je personalisierter die Beziehung zum Vorgesetzten und je ausgeprägter die Mitbestimmung ist; vgl. Frey 1997, S. 99
221 Je stärker die Einschränkung der Selbstbestimmung, die sich auch negativ auf die Selbsteinschätzung auswirkt, umso mehr verliert der Mitarbeiter seine Verantwortung für die Aufgabe. Um sich nicht »übermotiviert« zu fühlen, vermindert er entsprechend den intrinsischen Anteil an Motivation, den er selbst kontrollieren kann. Mitarbeiter, die nur monetär belohnt werden, wenn sie sich präzise an die Anweisungen oder Vorgaben ihrer Vorgesetzten halten, verlieren nicht nur ihre Eigeninitiative, sondern reduzieren auch ihre Arbeitsmoral. Zudem besteht die Gefahr, dass sie sich dann nur auf entgeltwirksame Aspekte ihres Tätigseins konzentrieren.
222 Vgl. Kohn 1994, S.15–23
223 Vgl. Frey 1997. Nach Frey können Änderungen in der intrinsischen Motivation in einem Bereich (z. B. infolge von Anreiz- oder Regulierungsveränderung) auch Auswirkungen auf andere Bereiche haben, in denen die monetären Anreize oder Regulierungen unverändert geblieben sind (Übertragungseffekt).
224 Vgl. Frey/Osterloh 1997, S. 29
225 Vgl. Wunderer/Mittmann 1995b; Jordan 1986; Wiersma 1992
226 Vgl. Kapitel III., 6 Theorien der kognitiven und emotionalen Dissonanz
227 Vgl. Kubon-Gilke 1999, S. 53f
228 Vgl. Kapitel III., 4.4 Attributionstheorien, vgl. Reber 1995, Sp. 1599; Thiery 1990, S. 67–82
229 Nach Frey 1997
230 Vgl. Konrad/Pfeffer 1990

231 Vgl. Cropanzano/Folger 1991
232 Vgl. Frey/Osterloh 2000, S. 102. Die Autoren nennen insbesondere zwei Voraussetzungen: Die betreffende Tätigkeit muss einfach und damit leicht messbar sein. Die Mitarbeiter müssen eine Motivation aufweisen, bei der extrinsische Anreize auch tatsächlich zu höherer Leistung veranlassen (z. B. Einkommensmaximierer, Statusorientierte). Dazu treten Team-, Selektions-, Manipulations- und Verdrängungsprobleme. Ebd. S. 200ff
233 Vgl. Thomas 2000
234 »As its heart, intrinsic motivation is not about rational calculation – it is about passion and the positive feeling that people get from their work. These feelings reinforce or energize workers' self-management efforts and also provide the fulfillment that is needed to keep today's workers on the job. Building intrinsic motivation, then, is about finding ways to enable and amplify those feelings.« Vgl. Thomas 2000, S. 107
235 Vgl. Thomas 2000, S. 44, 49, 51ff
236 Zu Verhandlungsmustern und -taktiken sowie Konfliktlösungskonzepten vgl. Wunderer 2001, S. 497ff
237 Vgl. Kapitel III., 8 Entfremdung und innere Kündigung
238 Vgl. Hentze 1991, S. 62
239 Vgl. Regnet/Schackmann 1993
240 Vgl. Mayntz 1975, S. 2181
241 Vgl. Berkel 1991, S 292
242 Vgl. Axelrodt 1984
243 Vgl. Kapitel VI., 1.5 (Re-)Identifikation und Wiedergewinnung des Commitments
244 In Anlehnung an Berkel 1992
245 Vgl. Kapitel VII., Interaktiv-direkte Führungsbeziehungen und Demotivationsabbau bzw. Remotivierung und Kapitel VI., 2.6 Strategien der Konflikthandhabung
246 Vgl. Wunderer 2001, S. 491f
247 Vgl. Wunderer 2001, S. 493f
248 Vgl. Kapitel VI., 4 Gestaltung der qualitativen Personalstruktur und -entwicklung zum Demotivationsabbau und Remotivation
249 Vgl. Axelrodt 1984; weitere Formulierungen der goldenen Regeln sind: »Was Du nicht willst, das man Dir tu, das füg' auch keinem anderen zu« (Sprichwort); »Was Ihr wollt, das die Menschen Euch antun sollen, das tut Ihnen gleichermaßen«; Jesus Christus, in: Matthäus 7, 12, Bibel; »Tue anderen nicht an, was Du nicht willst, das sie Dir antun«. Konfuzius: in: Lesefrüchte – 520 v. Chr; »Handle so, dass die Maxime Deines Willens jederzeit zugleich als Prinzip einer allgemeinen Gesetzgebung gelten könnte.« Vgl. Kant 1989: im kategorischen Imperativ weist diese Regel zusätzlich auf die zentrale Bedeutung entsprechender Institutionen hin – z.B. auf Gesetze und Regeln.
250 Vgl. Wunderer 2001, S. 498f
251 Vgl. Walton 1969
252 Vgl. Blake et al. 1964
253 Zu Aufgaben der Führung zur Konfliktanalyse-, -verminderung bzw. -vermeidung vgl. Wunderer 2001, S. 493f Dazu gehört auch die Analyse eigener Verhaltenswirkungen der Vorgesetzten. Dabei achtet die Führungskraft z. B. auf verbale wie nonverbale Zeichen und Reaktionsweisen seiner Mitarbeiter im täglichen Umgang. Gerade vom Vorgesetzten ausgelöste »Demotivationskonflikte« erweisen sich leicht als »blinde Flecke«. So sind ein offenes Auge und Ohr bei gemeinsamen Besprechungen und Zusammenkünften besonders hilfreich.

254 Vgl. Blake et al. 1964; Walton 1969; Neilsen 1972; Krüger 1973; Deutsch 1976; Wunderer 1978a; Delhees 1979; Bambeck 1989; Ury 1992
2565Vgl. Altmann et al 1999
256 Vgl. Altmann et al 1999, S. 18
257 Vgl. Altmann et al. 1999, S. 107
258 Vgl. Altmann et al. 1999, S. 111
259 Vgl. Altmann et al. 1999, S. 134
260 Vgl. Porter et al. 1975, S. 68ff Zur Problematik der Definition von Organisationen; vgl. Gebert/v. Rosenstiel 1996, S. 19
261 Vgl. die Differenzierung nach Hierarchie, Clan und Bürokratie bei Ouchi 1981
262 Vgl. Beer/Spector 1985, S. 669; Festing et al. 1998, S. 412. Die Autoren stellen dabei das Politikfeld »Mitarbeitereinfluss («Employee Influence«) implizit ins Zentrum der anderen drei Felder Personaleinsatz und -politik (»Work Systems«), Bezahlungspolitik (»Rewards«) und unternehmensspezifische Arbeitsorganisation (»Human Resource Flow«). Zur Kritik an der Harmonisierungsideologie, die mögliche Interessenskonflikte zwischen einzelnen Stakeholder-Gruppen ausblendet; vgl. Oechsler 1997, S. 22; Patsch 2001
263 In Anlehnung an Wunderer 1997, S. 20 und Beer/Spector 1985, S. 669
264 Nach Parson werden die u. a. durch die Kontingenz verursachten Probleme der Handlungskoordination und die Bedingungen des sozialen Handelns überhaupt von außen über gemeinsame Normen und Wertorientierungen stabilisiert. Vgl. Parson 1951, S. 15
265 Vgl. Nerdinger 1998
266 Vgl. Kapitel IV., 4.2 Beziehungskontext
267 Vgl. Wolf 1985
268 Vgl. Kreuter 1997
269 Vgl. Schmalenbach 1947/48
270 Vgl. Süssmuth/Dyckerhoff 1995; Wunderer/Arx 2002. Ein Beispiel für eine marktliche Koordination ist der von Nütten/Sauermann entwickelte Dringlichkeitskatalog, in dem vierteljährlich bisher ungelöste Probleme zur Lösung ausgeschrieben werden. Die Mitarbeiter werden angeregt, in freiwillig gebildeten Lösungsteams neben ihren eigentlichen Aufgaben an diesen Problemen zu arbeiten; sie werden dann in gewissem Umfang von anderen Tätigkeiten befreit. Vgl. Nütten/Sauermann 1993, S. 462
271 Vgl. Deters 1996, S. 1076
272 Zum Begriff Lageorientierung vgl. Kapitel II., 3 Phänomen, Begriff und Wirkungen der Demotivation
273 Vgl. Frey/Osterloh 2000, S. 189
274 Vgl. Wunderer 1999, S. 35
275 Vgl. Wunderer 1999a, S. 35, Wunderer et al. 1998; vgl. Wunderer/Dick 2002, S. 61
276 Vgl. Berndsen 1997
277 Vgl. Wiendieck 1999, S. 623. Zur »autogenen Selbstorganisation« vgl. Göbel 1998; vgl. auch Kapitel III., 6.4 Zusammenhänge von Dissonanz, Reaktanz und Demotivation
278 Vgl. Wiendieck, 1999, S. 626
279 Ulich nennt folgende Merkmale einer erweiterten Aufgabengestaltung: Ganzheitlichkeit, Anforderungsvielfalt, Möglichkeit der sozialen Interaktion, Autonomie, Lern- und Entwicklungsmöglichkeiten, Zeitelastizität und stressfreie Regulierbarkeit sowie Sinnhaftigkeit; vgl. Ulich 1994, S. 161

280 Vgl. auch Ulich et al. 1973, S. 64f
281 Vgl. Hackman et al. 1975
282 Neuberger definiert Mikropolitik wie folgt: »Mikropolitik nenne ich das Arsenal jener kleinen (Mikro-!) Techniken, mit denen Macht aufgebaut und eingesetzt wird, um denen eigenen Handlungsspielraum zu erweitern und sich fremder Kontrolle zu entziehen. Neuberger, 1990, S. 261; zur Bedeutung der Mikropolitik für Demotivation vgl. Kapitel II., 9 Demotivation im Zusammenhang mit Mikropolitik
283 Vgl. Dunckel/Zapf 1996, Ulich 1994
284 Vgl. auch Sydow 1985b
285 Vgl. Staehle 1999, S. 587
286 Vgl. Rüegg-Stürm/Achtenhagen 2000
287 Vgl. Göbel 1993, S. 395; ders. 1998; vgl. Kapitel IV., 6 Gesamtwirtschaftliche und gesellschaftlich-kulturelle Makroebene der Demotivation
288 Vgl. Kapitel VII., Interaktiv-direkte Führungsbeziehungen und Demotivationsabbau bzw. Remotivierung
289 Vgl. Rüegg-Stürm/Achtenhagen 2000, S. 12
290 Vgl. Sydow 1993, S. 245; Faust et al. 1995, S. 89ff
291 Vgl. Minssen 1999. Minssen zeigt, wie die Anforderung der Selbstregulation eine sukzessive Umstellung von hierarchischer auf diskursive Koordinierung auch eine höhere Bedeutung von Kommunikation mit sich bringt, die er empirisch als Zumutung aufweist. Die Ausrichtung auf dialogische Abstimmungen stellt oft einen so tiefen Bruch mit bisherigen Verfahren der Rationalisierung dar, dass sie allenfalls nur nach einem langen Zeitraum gelingt.
292 Bei »fremdbestimmter Selbstorganisation« können Widersprüche und Konflikte einer »verordneten Selbstbestimmung« (vgl. Pongratz/Voss 1997, S. 35) auftreten. Betriebliche Selbstorganisationskonzepte erfordern daher eine Konfliktkultur, in der offen Macht- und Interessensauseinandersetzungen geführt werden. Vgl. Pongratz/Voss 1997, S. 42. Zudem benötigen sie eine Führung, die Gefühle der Verunsicherung aushält sowie selbstkritisch mit eigenen Mehrdeutigkeiten und eigenen Schwächen sowie Demotivationsschwierigkeiten umzugehen versteht. Vgl. Pongratz/Voss 1997, S. 46; Faust et al. 2000
293 Vgl. Probst 1987, 1992
294 Vgl. Franz/Willi 1987
295 Vgl. Kapitel VII., 2.1 Die Bedeutung des zielgruppenspezifischen Reifegradansatzes
296 Vgl. Hackman 1986, S. 93
297 Vgl. Alioth 1995, S. 1900f
298 Vgl. Manz/Sims 1993
299 Vgl. Womack et al. 1990; Senge 1990; Institut für angewandte Arbeitswissenschaft e. V. 1992
300 Vgl. Holbeche 1998
301 Vgl. Rinehart et al. 1997
302 Vgl. Antoni 1990
303 Zu Leitbild, Methode und Instrumente von KVP sowie Übertragbarkeit des japanischen KVP-Systems Auswirkungen und Problemen vgl. Kreuter/Stegmüller 1997; zu weiteren Problemen vgl. Neuberger 1994, S. 222f
304 Vgl. Ulich 1994, S. 176
305 Vgl. Antoni 1996
306 Zu möglichen positiven Auswirkungen der Einführung von Arbeit in teilautonomen

Gruppen vgl. Ulich 1994, S. 223; zum VW-Modell vgl. ders. S. 515ff; vgl. auch Wahren 1994

307 Vgl. Kamp 1994
308 Vgl. Fröhlich 1983; Fiorelli 1988; Sinclair 1992
309 Möglichkeiten gegen diese negativen Gruppeneffekte liegen in einer integrierten Einführung der Gruppenarbeit im Rahmen einer umfassenden Personal- und Organisationsentwicklung sowie der Beschränkung der Ausweitung der Gruppengröße. Vgl. Gebert 1992
310 Das Wort Heterarchie geht auf die griechischen Wörter »heteros« (der andere) und archein (herrschen) zurück. Heterarchie bedeutet wörtlich »die Herrschaft des anderen«. Ein heterarchisches System verknüpft eine Vielheit von hierarchischen Systemen. Heterarchische Systeme sind also verteilte, d.h. distribuierte und in ihrer Distribution kooperativ verknüpfte Systeme.

Gestaltungspraxis

311 Vgl. Taschdjian 1981; Probst 1987; Schreyögg/Noss 1994
312 Vgl. Kapitel IV., 4.2 Beziehungskontext
313 Vgl. Schreyögg/Noss 1994, S. 23
314 Informale Organisation weist in ihrer Unüberschaubarkeit und Nichtlinearität Eigenschaften eines chaotischen Systems auf. Vgl. Krystek 1993; Macharzina 1993, S. 59 (Unternehmensführung). Die Chaosforschung zeigt, dass kleine Veränderung der Ausgangsbedingungen entscheidende Veränderungen in den Konsequenzen (im längerfristigen Verhalten des Systems) nach sich zieht. Vgl. Feichtinger/Kopel 1994
315 Zu beachten ist aber, dass demotivierte Mitarbeiter aus den informellen Netzen ausgeschlossen sein können. Vgl. Kapitel IV., 4.2 Beziehungskontext
316 Brown/Duguid 1991; Wenger 1998; Wenger/Snyder 2000
317 Vgl. Sydow 1993; Netzwerke stellen auch eine Form »verteilter Intelligenz« dar vgl. Minkler 1993
318 Vgl. Sydow et al. 1995 S. 16. Als dezentrale Koordinationsformen sind sie multilateral und simultan angelegt. Sie werden auch als »cluster organisations« beschrieben; vgl. Quinn/Mills 1991
319 Vgl. Krackhardt/Hanson 1993; Loose/Sydow 1997. Die Autoren beschreiben die strukturellen Bedingungen für eine prozessuale und rekursive Vertrauensbildung in Netzwerken. Dazu gehören: Offenheit interorganisationaler Kommunikation, Homophilie interagierender Unternehmen, Multiplexität der Inhalte von Netzwerkbeziehungen, Balance von Autonomie und Abhängigkeit.
320 Die Ressourcen betreffen besonders die technologische Ausstattung sowie die technische Kompetenz der Mitarbeiter im Umgang mit ihnen. Vgl. Sydow et al. 1995, S. 15
321 Die Beziehungsprozesse differenzieren sich nach Verflechtungsmerkmalen, der Kooperationsdauer und Reichweite der Zusammenarbeit sowie dem Niveau der Selbstständigkeit der Partner und Grad der Unterstützung durch Informationstechnologien; vgl. Picot et al. 1996, S. 281
322 Vgl. Neuberger 1994; Straus et al. 1998
323 Vgl. Gapski/Gehrke1999
324 Vgl. Udris 1998, S. 185ff
325 Vgl. Ziegler 1987. Diese »Quasiinternalisierung« kann dabei sowohl auf interorganisationaler Ebene (Umweltkontrolle) als auch auf organisationaler Ebene (Selbstrekrutierung) erfolgen.
326 Vgl. z. B. Steiner 1998

327 Vgl. Sydow 1995, Lave/Wenger 1993
328 Vgl. Duell/Frei 1986
329 Vgl. Crandal/Wallace 1998
330 Vgl. Kühl 1998; Kühl beschreibt verschiedene Dezentralisierungsdilemmata; vgl. ebenda S. 82
331 Vgl. Kieser et al. 1979, S. 149; Sievers 1977, S. 24. Zur Satifizierungsthese, nach der Organisationsentwicklung einen Kompromiss unterschiedlicher Zielsetzung (z. B. Humanisierung und/oder Leistungssteigerung) anstrebt vgl. Gebert 1974, S. 21
332 Vgl. Becker 1999, S. 443
333 Zu Vorteilen von Divisionalisierungskonzepten vgl. Brummund 1983; Kieser 1983
334 Vgl. Campell 1972
335 Vgl. Watzlawick 1981
336 Vgl. Blake et al. 1964; Walton 1969. Das Verhalten der Mitarbeiter hängt dabei von der subjektiven Wahrnehmung der organisatorischen Veränderungen ab, der Interpretation der Folgen für die eigene Person und der Beurteilung eigener Reaktionsmöglichkeiten. Vgl. Hill et al. 1989, S. 476
337 Vgl. Schein 1985a, b; vgl. Kapitel VI., 1 Kulturgestaltung zum Demotivationsabbau und Remotivation
338 Vgl. Thom 1992, Sp. 1478
339 Zur Problemanalyse, Lösungsentwicklung, Implementation, Evaluation und Modifikation vgl. Klimecki 1995,; Richter 1994; Weber et al. 1993, S. 188; Wunderer 1979b
340 Vgl. für einen Überblick z. B. Becker 1999, S. 464ff; Wunderer 2001, S. 89
341 Vgl. Klimecki 1999
342 Vgl. Gebert (1974, S. 30) nennt dazu die Erweiterung der sozialen Sensibilität (Einfühlungsvermögen, Beobachtungs- und Introspektionsfähigkeiten) und den Erwerb von Handlungsflexibilität durch einer Erweiterung des Verhaltensrepertoirs. Diese Probleme fremdinduzierter Organisationsentwicklung verweisen auf die Bedeutung von Selbststeuerung und -entwicklung der Betroffenen.
343 Vgl. u. a. Schreyögg 1998
344 Kubicek et al. fordern daher, neben einer theoretischen Vertiefung, auch eine Reflexion des ethischen Fundaments der Organisationsentwicklung. Vgl. Kubicek et al. 1980, S. 286. Die auch abweichenden Werte und Einstellung der Kerngruppe sollen dabei aus einer prozessorientierten und nicht aus einer statischen Sichtweise gesehen werden. Nach den Autoren sollten alle Mitarbeiter als Subjekte des Wandels begriffen werden, die die Richtung des Prozesses mitbestimmen können. Dazu sollten Mitbestimmungsrechte und partizipative Vorgehensweisen ausgebaut werden. Ebenda, S. 305ff.
345 Vgl. Jochum 1991, S. 321.
346 Vgl. Etzinoni 1994, S. 256
347 Vgl. Commeli 1991, S. 297
348 Vgl. Ulich 1984
349 Vgl. Hauser et al. 1997
350 Vgl. Kapitel VI., 2.6 Strategien der Konflikthandhabung
351 Angelehnt an Kannheiser et al. 1993
352 Aus rollentheoretischer Sicht ist es wichtig, dass in Teams alle wichtigen Teamrollen vertreten sind und zudem alle Mitglieder ihre eigenen Rollenstärken und -schwächen sowie ihrer Kollegen kennen. Ein Konzept zur ausgleichenden Übernahme von Teamaufgaben verschiedener Teamtypen wird in dem Rollenkonzept (»Team-

Design-Methode«) von Margerison/McCann (1985) dargestellt. Diese Konzeption baut auf der Jungschen Persönlichkeitslehre auf. Mit diesem kann eine optimale Gruppenleistung durch verteilte und kooperative Rollentypen optimiert werden.

353 z. B. über gruppenspezfisichen Konfrontationssitzung zur Demotivationsüberwindung, mit der betroffene Organisationsmitglieder mobilisiert werden, um deren Demotivationsprobleme im Rahmen von Kleingruppenarbeit und Gruppendiskussionen unter Anleitung von Moderatoren zu bearbeiten und über prioritätsspezifische Vorschläge zu lösen. Damit können demotivationsauslösende Spannungen und Unzufriedenheiten unter Beteiligung der Betroffenen analyisiert und ohne bürokratische Entscheidungshemmungen gemeinschaftlich angegangen werden. Vgl. Wunderer/Grunwald 1980, S. 507

354 Vgl. Greene et al 1985, S. 190ff

355 Vgl. Kinlaw 1993, S. 46

356 Vgl. Kinlaw 1993, S. 49

357 Vgl. Neuberger 1991, S.204f; vgl. auch Wunderer/Grunwald 1980, S. 502

358 Vgl. Voigt 1993

359 Vgl. Sennett 1998, S. 151

360 »Die Fiktionen der Teamarbeit sind ... durch ihren oberflächlichen Inhalt, die Konzentration auf den Augenblicke, ihre Vermeidung von Widerstand und die Ablenkung von Konflikten der Machtausübung ausgesprochen nützlich.« Vgl. Sennett 1998, S. 155

361 Vgl. Neuberger 1991, S. 203

362 Vgl. Klimecki et al. 1994; Probst/Büchel 1998; v. Krogh/Ichijo/Nonaka 2000

363 Argyris/Schön 1999

364 Vgl. Argyris/Schön 1978

365 Vgl. Duncan/Weiss 1979, S. 75 ff; vgl. auch Nevis et al. 1995

366 Vgl. Klimecki et al. 1994, S. 27

367 Vgl. Agyris/Schön 1978, S. 18ff

368 Vgl. Argyris 1990

369 Vgl. Nyström/Starbuck 1984; Hedberg 1981, S. 18ff

370 Vgl. Probst/Büchel 1994, S. 25; Brandt 1988; Hedberg 1981, S. 3 ff.; McGill/Slocum 1993; McGill/Slocum 1996

371 Argyris und Schön beziehen sich dabei auf Gregory Bateson; vgl. Bateson 1983, S. 378ff

372 Vgl. Sonntag 1996, S. 69

373 Vgl. Klimecki 1995

374 Vgl. Senge 1997, Zur praktischen Umsetzung Roberts et al. 1998

375 Vgl. Senge 1996, S. 24

376 Vgl. Senge 1997, S. 16. f.

377 So setzt z. B. erfolgreiches »Team-Lernen« nicht nur entsprechend befähigte Individuen (und damit »indidviduelle Meisterschaft), sondern auch eine »Gemeinsame Vision« voraus Ebenso erfordert »Systemdenken« z. B. die Fähigkeit, seine mentalen Modelle erkennen und hinterfragen zu können.

378 Vgl. Senge 1997; S. 338. Zu neuen Formen der Führung in lernenden Organisationen vgl. ebd. S. 410ff. Zu Techniken, Prinzipien und Seinsweisen sowie Systemarchetypen vgl. ebd. 449ff. Zur praktischen Umsetzung des Konzepts vgl. auch Roberts et al. 1998

379 Vgl. Marsick/Volpe 1999

380 Vgl. Straka 2000; vgl. auch Bell 1977, S. 280 zitiert nach Wunderer/Grunwald 1980, S. 498
381 Vgl. Shrivastava 1983, S. 10f; Probst et al. 1997
382 Vgl. Polanyi 1985; Nonanka/Takeuchi 1995
383 Vgl. von Krogh/Köhne 1998; Davenport/Prusak 1998
384 Zu Phasen, Methoden und Einflussfaktoren des internen Wissenstransfers vgl. Probst et al. 1997; Krogh/v. Köhne 1998, S. 239
385 Vgl. Szulanski 1996
386 Vgl. Neuberger/Kompa 1994
387 vgl. Herrmann/Scheer/Weber 1998
388 Vgl. Ashford/Cummings 1983, vgl. auch Güldenberg, 1997, S. 266 in: Spiess/Winterstein 1999, S. 178
389 Vgl. Wunderer 2001, S. 197
390 Vgl. Kapitel VII., Interaktiv-direkte Führungsbeziehungen und Demotivationsabbau bzw. Remotivierung
391 Vgl. Kapitel IV., 2.1 Potenziell besonders starke Motivationsbarrieren
392 Vgl. Kapitel IV., 2.2 Aktuelle Motivationsbarrieren
393 Vgl. Kapitel V., 5 Demotivationsberücksichtigende Personalauswahl, -pflege und -förderung
394 Vgl. Wunderer 2001, S. 366
395 Unter Umständen ist auch eine partizipative Bedarfsermittlung sinnvoll; vgl. Domsch 1983
396 Vgl. Neuberger 1991, S. 169ff, 176ff, 182ff
397 Vgl. Neuberger 1991, S. 161
398 Vgl. Kanfer/Heggestad 1997; Brief 1998; Watson/Pennebaker 1989; Weinert 1998, S. 243
399 Vgl. Kapitel VIII., Mitunternehmertum als integrierter Ansatz zur Demotivationsüberwindung und Remotivation
400 Zu Auswahlverfahren dafür vgl. Tosi et al 1994
401 Vgl.Wunderer 2001, S. 334f
402 Vgl. Kapitel II., 5 Dimensionen der Demotivation und der Remotivation
403 Vgl. Kapitel IV., 3 Einzelergebnisse empirischer Untersuchungen
404 Vgl. Kramer 1990, S. 129
405 Vgl. Herzberg 1982, S. 106
406 Vgl. Becker 1999, S. 522
407 Vgl. Wunderer 2001, S. 360f
408 Vgl. Kramer 1990, S. 131
409 Vgl. Kapitel VI., 4.4 Coaching
410 Vgl. Becker 1999, S. 193
411 Vgl. Heyse 1999, S. 564ff
412 Vgl. Heyse 1999, S. 565ff
413 Vgl. Knowles 1975, S. 18
414 Vgl. Bandura 1971; Kolb et al 1995
415 Vgl. Kolb 1984; Kolb et al. 1995
416 Vgl. Rogers/Freiberg 1994
417 Debriefing heißt wörtlich »eine Einsatzbesprechung abhalten« und wird zur Beschreibung von Vor- und Nachbereitung von Arbeitssitzungen und Lernprozessen verwendet. Vgl. Sims 1998; Dennehy et al. 1998

418 Vgl. Sims 1998, S. 95
419 Vgl. Weinert 1987
420 Vgl. auch Neuberger 1994, S. 12; Münch 1995, S. 54; Becker 1999, S. 4
421 Vgl. Kolb et al. 1991, S. 223; vgl. auch Steinmann/Hennemann 1993, in Laske/Gorbach 1993, S. 148
422 Vgl. Neuberger 1993b, S. 209f, 216f, S. 219
423 Vgl. Kappler 1993, S. 61f
424 »PE repariert nicht mehr oder ergänzt bloß dort und da, wo Defizite vorliegen, sie macht das Unternehmen selbst überhaupt erst entwicklungsfähig ... PE geht mit selbstreflexiver Organisationsentwicklung Hand in Hand«. Heintel 1993, S. 21f. Sie fordert damit Abschied von mechanistischen Ideen der rationalen Planbarkeit und vollständigen Beherrsch- und Machbarkeit und deren sozio-technokratischen und patriarchalischen Denkmustern.
425 Vgl. Becker 1999, S. 522
426 Vgl. Wunderer/v. Arx 1999
427 Vgl. Thom 1987; Wunderer 1988; Mentzel 1992; Neuberger 1994
428 Vgl. Bross 1991, Bungard 1992
429 Veränderungen bei einem Systemelement haben Auswirkungen auf die übrigen Komponenten. Wird beispielsweise Fließbandfertigung durch teilautonome Gruppenarbeit ersetzt (Organisation), so werden langfristig sowohl die Beziehungsstrukturen (Team) als auch die individuellen Kompetenzen (Person) verändert.
430 Vgl. Kapitel VI., 3.4 Organisationsentwicklung zum Demotivationsabbau bzw. Remotivation
431 Vgl. Kapitel VI., 2.3 Ressourcenverfügbarkeit
432 Vgl. Domsch/Krüger-Basener 1999, S. 547ff
433 Vgl. Wunderer/Dick 2002, S. 93ff
434 Vgl. Grauer 1997
435 Vgl. Wunderer/Dick 2002, S. 93
436 In der mittleren Lebensphase treten spezifische Anpassungs- und Verteidigungsmechanismen auf, die für die Betroffenen oder andere demotivierend sein können. Vgl. Kets de Vries 1999
437 Die Alterung in Europa zeigt sich nach einem Artikel in der NZZ wie folgt: 1950 waren noch lediglich 12% der Bevölkerung Europas über 60 Jahre alt, heute sind es etwa 20%, und im Jahre 2050 wird nach dem mittleren Bevölkerungsszenario der Uno bereits mehr als jeder Dritte zu den Über-Sechzigjährigen gehören. Einige Länder sind der Entwicklung in Europa bereits voraus: In Deutschland, Italien und Schweden ist schon heute fast jeder vierte mehr als sechzigjährig. In der Schweiz machen die Über-65jährigen derzeit 11% der Bevölkerung aus. Alleine durch die Überalterung der Bevölkerung werden die jüngeren Arbeitskräfte relativ zur Gesamtbevölkerung somit in Zukunft deutlich knapper werden und können umgekehrt Güter und Dienstleistungen, die von den älteren, zunehmend kaufkräftigen Personen besonders nachgefragt werden, mit rosigen Absatzaussichten rechnen. Vgl. Neue Zürcher Zeitung, 23.02.2000 Nr. 45/73
438 Vgl. zum Klima Kapitel IV., 4.3 Kulturkontext
439 Vgl. Wunderer/Dick 2002, S. 93
440 Vgl. Wunderer/Mittmann 1995b
441 Vgl. Wunderer 2001 84f

442 Vgl. Kapitel VIII., Mitunternehmertum als integrierter Ansatz zur Demotivationsüberwindung und Remotivation
443 Vgl. Wunderer 1994, 2000, S. 141
444 Vgl. Brinkmann 1994, S. 9. Wobei die damit einhergehenden Probleme, wie Rollenkonflikte, mangelnde Neutralität des Vorgesetzen bzw. mangelnde Offenheit der Mitarbeiter gerade bei schwierigen Problemen beachtet werden müssen.
445 Vgl. Brinkmann 1994, S. 79
446 Die sich als stärkste, akutelle Motivationsbarriere erwies vgl. Kapitel IV., 3.2 Interpersonelle Motivationsbarrieren
447 Vgl. Rückle 1992, S. 31
448 Vgl. Rauen 1999, S. 31; Rauen 2000
449 Vgl. Kapitel VI., 2.6 Strategien der Konflikthandhabung
450 Vgl. Böning 1999, S. 259
451 Vgl. Bayer 1995, S. 144. Bayer folgt dabei einem individualpsychologisch geprägtem Menschen- und Gesellschaftsbild. Um die Änderungen der vorhandenen Probleme herbeiführen und bewältigen zu können, bedarf es nach Bayer einer spezifischen »Coaching-Kompetenz«, die durch die professionelle soziale Kompetenz im Umgang mit anderen charakterisiert wird. Zu weiteren Anforderungen an den Coach vgl. Rückle 1992, S. 258f
452 Vgl. Hauser 1993; Huck 1989; Kuhlmann 1989; Looss 1991
453 Vgl. Bayer 1995, S. 132
454 Vgl. Kapitel VI., 2.6 Strategien der Konflikthandhabung
455 Vgl. Looss 1991, S. 87ff. Da sich sowohl die Ziele als auch die Rahmenbedingungen des Coaching während des Beratungsprozesses verändern und erweitern können sind diese flexibel zu berücksichtigen.
456 Vgl. Schreyögg 1995. Die Coaches sollten die Grenzen ihres jeweiligen Beratunganansatzes kennen. Vgl. Rückel 1992, S. 202
457 Vgl. Becker 1999, S. 430
458 Zu analogen Copingmechanismen bei Stress vgl. Gebert, 1979
459 Vgl. Lazarus/Folkmann 1984, S. 141
460 Vgl. Kanning 2000. Der Autor beschreibt Strategien und Konsequenzen des selbstwertdienlichen Verhaltens
461 Vgl. z. B. Krohne 1986, S. 211f; Friczewski 1985, S. 283. Friczewski weist auf das methodische Problem, dass eine Trennung zwischen dem kognitiven Phänomen »Situationseinschätzung« und den darauf folgenden kognitiven Reaktionen (wie z. B. Umdeutung, Relativierung) empirisch nicht möglich ist. Dazu tritt die Schwierigkeit intra- und inter-individueller Differenzen bezüglich Wahrnehmung, Bewertung und Verhalten, die eine Ableitung und Überprüfung nomologischer Aussagen höchst problematisch macht.
462 Vgl. Dewe et al. 1993
463 vgl. Prystav 1981
464 Zu beiden lassen sich vielfältige Formen von Bewältigungsverhalten zuordnen. Vgl. Spiess/Winterstein 1999, S. 146f. Zu einer ähnlichen Unterscheidung in umweltveränderndes bzw. selbstanpassendes Coping vgl. Brandtstädter, 1992
465 Vgl. u. a. Battmann/Schönpflug, 1992, S. 220ff; Bayard 1997. Zu ähnlich ausgerichteten Maßnahmen zur Durchbrechung des »Burn-out-Zyklus«, der sich als Resultat aus Stressbelastungen und psychologischen Anpassungsprozessen ergibt vgl. Cherniss 1980; Burish 1989; Richter/Hacker 1998

466 Vgl. Richter/Hacker 1998
467 Vgl. Karasek/Theorell 1990
468 Vgl. Bamberg/Busch 1996
469 Vgl. Altmann et al. 1999
470 Vgl. Kapitel VI., 2.6 Strategien der Konflikthandhabung
471 Vgl. Kahn et al. 1964
472 Krystek et al. 1995, S. 163.
473 Vgl. Ulich et al. 1980, S. 65–69, Krystek et al. 1995 S. 163ff
474 Vgl. Richter 1994, S. 456
475 In Anlehnung an Comelli/Rosenstiel, v. 1995, S. 93 Der Vorteil der Gesprächsinhalte und Grundregeln liegt in der Sicherung einer relativ einheitlichen Gestaltung des Gesprächsverlaufs. Die Gefahr solcher Vorgaben liegt jedoch in einer gedankenlosen Übernahme und damit verbundenen Ausblendung situativer und individueller Besonderheiten. Auch ist es wichtig im Bewusstsein zu behalten, dass der Zweck des Demotivationsgesprächs darin liegt, bestimmte Aspekte eines Mitarbeiterverhaltens zu korrigieren, nicht aber die Person zu ändern. Ängste vor und Fehler während der Gespräche sind vermeidbar, wenn Vorgesetzte und Mitarbeiter Grundprozesse zwischenmenschlicher Kommunikation und Werkzeuge konstruktiver Gesprächsführung anwenden. vgl. Neuberger 1992; Rosner 1999
476 Vgl. auch Becker 1999, S. 379; vgl. auch Prasch/Rebele 1995; London 1997; Sims 1998, S. 109
477 Zu Grenzen des Copings vgl. Jerusalem 1997
478 Vgl. Schwarzer/Leppin 1989
479 Vgl. Kapitel VI., 2.2 Erweiterung der Handlungsspielräume
480 Vgl. Schönpflug 1983, 1986
481 Vgl. Schönpflug 1979
482 Zu weiteren Risiken positiver Rückmeldung vgl. Richter 1994, S. 450
483 Vgl. Hofman 1979 zitiert nach Wunderer/Grunwald 1980, S. 500
484 Vgl. Fatzer et al. S. 30
485 Vgl. Gotthardt-Lorenz 1998
486 Vgl. Buchinger 1997
487 Vgl. Fatzer et al. S. 42
488 Vgl. Wunderer 2001, S. 374; Becker 1994, S. 112. Grundlegend stellt Counseling eine Form professioneller Beratungspädagogik dar; vgl. dazu Lumma 1999, S. 12
489 Dazu in einem speziellen Ansatz vgl. Berger 1990
490 Vgl. Juniper 1995
491 Zu Voraussetzungen des Counsellors vgl. International Centre for Co-operative Inquiry http://www.sirt.pisa.it/icci/98manual.htm; vgl. Wunderer 2001, S. 375
492 Vgl. Rosenthal 1998
493 Lumma 1999, S. 264ff
494 Vgl. Wunderer 2001, S. 253f
495 Vgl. Lumma 1999, S. 195ff
496 Vgl. Jacobs et al. 1997
497 Vgl. Jackins 1975; Berger 1996
498 Vgl. Oher 1999
499 Zur Verwendung von internen EAP sind sozio-psychologische und organisationale Faktoren zu beachten vgl. Hall et al. 1991; Harlow 1998
500 Vgl. Blum/Roman 1989; 1995

501 Die Kosten-Nutzen-Relation liegt bei 1:3 bis 1:4; vgl. Smith/Mahoney 1989
502 Vgl. Wunderer 2001, S. 373; Becker 1994, S. 250
503 Vgl. Ashforth 1989, S. 232
504 In Anlehnung an Megginson 1988, S. 33ff
505 Vgl. Arhèn 1985; Kram 1988; Zey 1990; Hilb 1997a
506 Bei einer Befragung von 1250 US-amerikanischen Topmanagern ergab sich u. a., dass 64% von Mentoren gefördert wurden. Davon gaben 48% ihren direkten Vorgesetzten an, 54% z.T. auch höhere Vorgesetzte. Für 68% begann die Mentorbeziehung innerhalb der ersten fünf Berufsjahre; vgl. dazu Roche 1979. Zu den Rollen eines Mentors vgl. Sattelberger 1991c; Wunderer/Dick 1997, S. 159
507 Zu formalen Mentoringprogrammen vgl. Becker 1994, S. 250
508 Vgl. Witte 1973
509 Vgl. Walter 1998
510 Vgl. Witte 1973, S. 17f sowie ders. 1976, S. 324f
511 Vgl. Wunderer 1975a; Witte 1976
512 Vgl. Walter 1998
513 Vgl. Walter 1998, S. 116
514 Vgl. Walter 1998, 304
515 Vgl. Hauschild/Gemünden 1998
516 Vgl. Kapitel VI., 3.1 Organisationale Steuerungskonfigurationen und Führungsorganisation und Kapitel VI., 3.3 Laterale Netzwerke
517 Vgl. Probst/Raub/Romhardt 1997; v. Krogh/Ichijo/Nonaka 2000
518 Vgl. Kapitel VII., 4.4 Delegative Führung
519 Vgl. Hersey/Blanchard 1988
520 Vgl. Wunderer/Grunwald 1980, S. 238f.
521 Vgl. Neuberger 1994
522 Vgl. Wunderer 2001, S. 217, 229
523 Vgl. Neuberger 1994, S. 196; Graeff 1983
524 Vgl. Haley 1983; Jacobsen 1984
525 Vgl. Vecchio 1987; Goodson et al. 1988; Blank et al. 1990
526 Zudem bestimmt der Vorgesetzte den Reifegrad seiner Mitarbeiter nur selbst. Dadurch entstehen Projektionen, Beurteilungsfehler und selbsterfüllende Prophezeiungen. Auch kann die Führungskraft den u. U. vermeintlich geringen Reifegrad der Mitarbeiter zur Legitimation seines eigenen Führungsverhaltens missbrauchen. Vgl. Wunderer/Grunwald 1980, S. 233ff; Aldag/Brief 1981; Graeff 1983
527 Slocum (1984) betrachtet z.b. den Reifegrad insgesamt als eine weniger wichtige situationale Variable.
528 Vgl. Wunderer 2001, S. 214
529 Vgl. Fiedler/Mahar 1979; Fiedler et al. 1984; Burke/Day 1986. Der eindimensionale Kontingenzansatz klammert allerdings wichtige Faktoren (z. B. Organisationskultur, Marktstrukturen) aus (vgl. Neuberger/Roth 1974; Schriesheim/Hosking 1978; Wunderer 1979a; Meyer 1982; Vecchio 1983; Jago/Ragan 1986; Frost 1986; Kennedy et al. 1987 Wunderer 1979a) und die Möglichkeit eines gleichzeitig aufgaben- und personenorientierten Führungsstil aus. Vgl. Moorhead/Griffin 1989, S. 333
530 Vgl. Kropp 1997, S. 297
531 Vgl. Kropp 1997, S. 297. Anstelle soziotechnologisch-orientierter, kurzfristiger Führungseffizienz, wird so eine werteverankerte mittel- und langfristige Führungseffek-

tivität und ein situationsübergreifender Umgang mit Demotivation und zur Förderung von Remotivation gewonnen.

532 Im Verhaltensgitter von Blake/Mouton (1968) findet zwar die sozio-emotionale Qualität der Beziehungsgestaltung explizit Berücksichtigung, dafür werden aber Machtaspekte allenfalls am Rande, als Unterpunkt im Rahmen der Aufgabenorientierung (»Initiating Structure«) thematisiert.

533 Vgl. Wunderer/Grunwald 1980, S. 259ff, 264; vgl. Weibler 1997

534 Vgl. Weibler 1997, S. 199

535 Vgl. Bierhoff 1993

536 Vgl. Bierhoff 1995, Sp. 2154; vgl. auch Bierhoff 1991, S. 21–38

537 Vgl. Bierhoff/Müller 1993

538 Zu diesen Formen des Vertrauens im Rahmen sozialer Interaktion kann zusätzlich noch ein institutional-basiertes Systemvertrauen angenommen werden, welches nicht an einzelne Personen innerhalb der Organisation gebunden ist. Auch wenn Vorgesetze oft als personifizierte Zugangspunkte und Bindeglieder zwischen Personenvertrauen und Systemvertrauen bestimmt werden können. Vgl. Giddens 1995, S. 144. Das Systemvertrauen beruht vor allem auf der Funktionsfähigkeit des Systems bzw. auf bestimmte Ergebnisse und Ereignisse, die dieses System hervorruft. Weibler 1997, S. 197; Luhmann 1973b. Stark Demotivierte haben dieses Grundvertrauen verloren und vertrauen nicht mehr darauf, dass sie mit ihrer Organisation überhaupt aus ihrer Demotivation herauskommen können.

539 Vertrauen als Steuerungsmedium fungiert als eine wirksame Form der Reduktion von Komplexität. Vgl. Luhmann 1973

540 Vgl. u. a. Zand 1972, zitiert nacht Golembieski/Mc Conkie 1975, S. 162 In: Wunderer/Grunwald 1980, S. 274, Johnson/Johnson 1995

541 Vgl. Weibler 1997, S. 202f

542 Vgl. Kramer et al. 1995

543 Vgl. Jetter/Skrotzki, 2000; zu einem Phasenmodell und Checklisten von Zielvereinbarungen vgl. Becker 1999, S. 350; zur Umsetzung von Zielvereinbarungen vgl. Bungard/Kohnke 2000

544 Für eine Checkliste der Zielvereinbarung sowie Kritieren bzw. Gesprächsinhalte zur Operationalisierung des Mitarbeitergesprächs vgl. Becker 1999, S. 350; Becker 1999, S. 376. Der Vorteil solcher Kriterien liegt in der Sicherung eines unternehmenseinheitlichen Mindestmaßes an Gesprächsinhalten. Die Gefahr solcher Kataloge liegt in der Gefahr einer gedankenlosen Übernahme und damit verbundenen Nichtbeachtung situativer und individueller Besonderheiten. Die gemeinsamen Vereinbarungen und Beurteilungen können schriftlich auf einem vorbereiteten Bogen festgehalten werden. Vgl. auch Prasch/Rebele 1995

545 Zu einem Phasenmodell der Zielvereinbarung vgl. Becker 1999, S. 348

546 Vgl. Nieder 1974, S. 21

547 Der »informierende« Führungsstil wurde hier in den »konsultativen« integriert. Dadurch wurde die Anzahl der Führungsstile auf sechs reduziert.

548 Vgl. Wunderer 2001, S. 210

549 Vgl. Popitz 1987, S. 636; Wimmer 1996, S 49; Brünnecke 1998

550 Vgl. Attems 1996

551 Vgl. Jin 1993, S. 28

552 Zum Vorkommen und Anwendung von konsultative Führung in der Praxis vgl. Wunderer 2001, S. 215

553 Vgl. Hersey/Blanchard 1988
554 Vgl. Wunderer 1995e, Sp. 1371; zur Relevanz und strukturelle Rahmenbedingungen der kooperativen Führung vgl. Wunderer/Grunwald 1980, Bd. 2; Wunderer 1981b; Wunderer 2001, S. 176f, 222f; zu veränderten Werthaltungen der Mitarbeiter vgl. Klages 1985; Opaschowski 1997; Noelle-Neumann/Köcher 1997; Wunderer/Kuhn 1993
555 Eine ausschließlich an Effektivitäts- und Effizienzkriterien orientierte Bewertung kooperativer Führungsformen greift daher zu kurz. Kooperative Führung ist damit »als Versuch aufzufassen, demokratische Postulate der Freiheit und Gleichheit in der betriebswirtschaftlichen Praxis zu verwirklichen, auch wenn zeitweilig geringere Leistungen resultieren sollten.« Vgl. Wunderer/Grunwald 1980, S. 410
556 Bei Studien über menschenorientierte Führungsstile (demokratisch, permissiv, mitarbeiterorientiert, partizipativ, einfühlsam), die teilweise kooperativen Führungsformen entsprechen, zeigt sich hinsichtlich der Wirkung auf die Arbeitszufriedenheit und Gruppenkohäsion ein eindeutig positiver Zusammenhang vgl. Wunderer/Grunwald 1980, S. 434f. Zu methodischen Problemen vgl. ebd. S. 436ff
557 Vgl. Hoffmann 1980, S. 527
558 Vgl. Kapitel VII., 1.5 (Re-)Identifikation und Wiedergewinnung des Commitments
559 Vgl. Benz 2000
560 Vgl. Steiger 1999, S. 34, 50
561 Zu allgemeinen Problemen und Implementierungshindernissen vgl. Wunderer 2001, S. 224f
562 Vgl. Kapitel III., 4.2 Erwartungs-Valenz-Modell von Vroom
563 Vgl. Wunderer/Grunwald 1980, S. 241
564 Vgl. Kropp 1997, S. 342
565 Nach Prognosestudien in der Schweiz (Wunderer/Kuhn 1992; Wunderer/Dick 2002) und der Bundesrepublik Deutschland (Wunderer/Kuhn 1993) zeichnet sich, besonders bei komplexen, wenig strukturierten Aufgaben, ein organisatorisches wie auch motivationales Bedürfnis nach delegativen und selbststeuernden Führungs- und Organisationskonzepten ab. In diesem Kontext könnte sich kooperative Führung als ein historisches Übergangskonzept von vorgesetztenzentrierten Einflussformen der Fremdsteuerung zu mitarbeiterzentrierten Konzepten der Selbstorganisation erweisen.
566 z. T. in sehr ausführlichen Stellenbeschreibungen wie beim Harzburger Modell, vgl. Höhn 1966. Dies läuft allerdings Gefahr, durch ihr dirigistischen und misstrauensgeprägten Züge und überzogenen Erwartungen an die Delegation gerade (Re-)Motivation und ein übergeordnetes Verantwortungsbewusstsein sowie die Flexibilität des Organisationssystems zu unterdrücken. Vgl. Bruch 1996, S. 53
5687Als delegationsrelevante Aufgabenmerkmale gelten: Aufgabenbedeutung, Aufgabenvariabilität und -komplexität, Aufgaben(un)strukturiertheit und -interdependenz, Aufgabenänderungsrate, Aufgabenneuigkeit/Novität. Vgl. Bruch 1996, S. 22
568 Vgl. Bruch 1996, S. 91
569 Vgl. Abschnitt »Low-Performance-Zyklus« in: Kapitel III., 6.3 Kognitive und emotionale Dissonanzen und das »Flow-Erleben«
570 Vgl. Burns 1978; Bass 1985; Bass/Steyrer 1995; Neuberger 1978a
571 Vgl. Steyrer 1995
572 Dazu gehören: Zielorientierung anstelle von Verfahrensorientierung; Mitarbeiter muss die Leistungsbeurteilungskriterien kennen; regelmäßige Zielüberprüfung und -anpassung; Kontrolle und Beurteilung anhand von Soll-/Ist-Vergleichen; vgl. Drucker 1954; Odiorne 1965; Humble 1972

573 Vgl. Gebert 1995, Sp. 427
574 Vgl. Becker 1999, S. 343
575 Vgl. Jetter/Skrotzki, 2000; bzgl. der Umsetzung von Zielvereinbarungen vgl. Bungard/Kohnke 2000
576 In Anlehnng an Becker 1999, S. 376
577 Vgl. Bass 1986 zit. nach Sistenich 1993, S. 40
578 Vgl. Kapitel VI., 1.5 (Re-)Identifikation und Wiedergewinnung des Commitments
579 Vgl. u. a. Neuberger 1976b, S. 276ff
580 Vgl. Rosenstiel, v. et al. 1999, S. 16f
581 Vgl. Tschirky 1980; Wunderer 1983b; Hilb 1990a; Wunderer/Klimecki 1990; Bleicher 1994
582 Nach Bass, vgl. dazu Steyrer 1995; vgl. auch Oelsnitz, v. 1999, S. 152
583 Ursprünglich war die Komponente »Inspiration« in »Charisma« integriert. In der neueren Version des MLQ (vgl. Bass/Avolio 1990) wurden beide Aspekte getrennt, zumal das Vermitteln packender Visionen nicht zwangsläufig mit einer Identifikation mit der Person des Führers einhergehen muss.
584 Vgl. Steyrer 1991, S. 341; vgl. auch Maddock/Fulton 1998, S. 43ff
585 Vgl. Bass/Steyrer 1995, Sp. 2054
586 Sie spricht nicht nur den »homo oeconomicus« im Mitarbeiter, sondern den ganzen, »komplexen« Menschen an. Vgl. Frey 1997, S. 113ff. Der von Frey vorgeschlagene »homo oeconomicus maturus« ist reifer im Sinne einer differenzierteren Motivationsstruktur, die intrinsische Motive ebenso berücksichtigt wie Verdrängungs- und Verstärkungseffekte. Vgl. Kapitel VI., 2.5 Intrinsische und extrinsische Orientierung
587 Vgl. Singer 1985; Avolio/Bass 1988; Hater/Bass 1988; Seltzer/Bass 1990; Yammarino/Bass 1990
588 Jene »außeralltägliche Qualität eines Menschen« die Identifikation, Werthaltungen und Emotionen der Geführten beeinflusst und sie so in ihren Bann schlägt; vgl. Weber 1963 zit. nach Sistenich 1993, S. 8. Die charismatische Führungsstärke wird dabei über Zuschreibung von Untergebenen hervorgebracht. vgl. Neuberger 1990. Sie wird besonders in Stress- und Krisensituationen gesucht und können tiefgreifenden Wandel bewirken. Vgl. House/Shamir 1995
589 Gerade im transnationalen Kontext von Großunternehmen entsteht das Problem der interkulturellen Generalisierbarkeit und Übertragbarkeit bestimmter Eigenschaften und Verhaltensweisen charismatischer oder transformationaler Führer in verschiedenen Kulturen.
590 Die anspruchsvolle Komponente »Charisma« ist jedoch nur eine Komponente, die nicht isoliert oder einseitig, sondern im Verbund mit den übrigen Elementen bzw. Führungsaufgaben zu sehen ist. Letztere können von wesentlich mehr Personen erfüllt und auch gelernt werden. Wobei die Dominanz einer charismatischen Führungspersönlichkeit auch die Effizienz der nachfolgenden Managementebenen beeinträchtigen kann, die möglicherweise, nicht über die Fähigkeiten des strahlenden Charismatikers verfügen. Vgl. Nadler/Tushman 1990
591 Der Glaube an die Macht des charismatischen Führers wird dann zu einer Externalisierungshilfe, die dazu dient von den Möglichkeiten, Verantwortung für sich selbst zu übernehmen, abzulenken.
592 Vgl. Wunderer 2001, S. 246f; vgl. Oelsnitz, v. 1999
593 Vgl. Sistenich 1993; Neuberger 1994; Weibler 1997
594 Vgl. Oelsnitz, v. 1999, S. 153

595 Vgl. Wunderer 2001, S. 253f
596 Vgl. Oelsnitz, v. 1999, S. 153f. Von Oelsnitz formuliert als sozialethische Grundprinzipien einer freiwilligen Selbstbeschränkung der Unternehmensführung: »Zurückhaltung, Behutsamkeit und Umsicht bei außengesteuerten Systemeingriffen«, die ein besonderes Maß an sozialer Sensibilität und persönlichem Verantwortungsgefühl verlangen. Vgl. Oelsnitz, v. 1999, S. 155; Staffelbach 1994; Kreikebaum 1996
597 Zu praktischen Verhaltensempfehlungen für eine aufgaben-, ziel- sowie missions- und wertorientierte delegative Führung vgl. Wunderer 2001, S. 234, 238
598 Vgl. Wunderer 1995d
599 Zu Wirkungen und Barrieren von Delegation vgl. Bruch 1996, S. 46
600 Vgl. Wunderer/Dick 2002 S. 170f
601 Vgl. Wunderer 2001, S. 236f
602 Vgl. Wunderer 2001, S. 62. Andererseits trägt die Überwindung von Demotivation wesentlich zur Entfaltung eines mitunternehmerischen Potenzials bei. Vgl. Wunderer 2001, S. 49ff
603 Vgl. Schumpeter 1912; Pinchot 1988
604 Vgl. Bosetzky 1988, S. 27–38. Dazu wie Mikropolitik ein funktional ambivalentes und doch überlebensnotwendiges Element grosser Organisationen darstellt vgl. Bosetzky 1995, Sp. 1524f. Vgl. grundlegend: Machiavelli 1955;
605 Wie sie in Pinchots Geboten (1988, S. 19) für den Intrapreneur mit ihren Beeinflussungstaktiken zum Ausdruck kommen: Die 10 Leitsätze nach Pinchot lauten: 1. »Komme jeden Tag mit der Bereitschaft zur Arbeit, gefeuert zu werden. 2. Umgehe alle Anordnungen, die Deinen Traum stoppen können. 3. Mach alles, was zur Realisierung Deines Ziels erforderlich ist – unabhängig davon, wie Deine eigentliche Aufgabenbeschreibung aussieht. 4. Finde Leute, die Dir helfen. 5. Folge bei der Auswahl von Mitarbeitern Deiner Intuition und arbeite nur mit den Besten zusammen. 6. Arbeite solange es geht im Untergrund – eine zu frühe Publizität könnte das Immunsystem des Unternehmens mobilisieren. 7. Wette nie in einem Rennen, wenn Du nicht selbst darin mitläufst. 8. Denke daran, es ist leichter um Verzeihung zu bitten als um Erlaubnis. 9. Bleibe Deinen Zielen treu, aber sei realistisch in Bezug auf die Möglichkeiten, diese zu erreichen. 10. Halte Deine Sponsoren in Ehren.« Pinchot betont jedoch in seinen neueren Veröffentlichungen den Wert einer Gemeinschaft. Vgl. Pinchot/Pinchot 1994
606 Vgl. Wunderer 1995i, 1999, 2001
607 Vgl. Wunderer 2001, S. 51
608 Vgl. Wunderer 2001, S. 52
609 Vgl. Wunderer 2001, S. 57
610 Vgl. Schumpeter 1912
611 Vgl. Wiswede 1995, Sp. 827
612 Empirische Befunde unterstreichen die hohe praktische Relevanz dieser Kompetenz: So wurde der Umsetzungskompetenz in einer Umfrage unter deutschen und schweizerischen Personalleitern von allen drei Schlüsselkompetenzen die größte Bedeutung beigemessen. Gleichzeitig wurde eine vergleichsweise geringe Verbreitung festgestellt, was den besonderen Handlungsbedarf auf diesem Gebiet betätigt. Vgl. Wunderer/Bruch 1999
613 Vgl. Preiser 1978
614 Vgl. Gerig 1998
615 Vgl. Wunderer 2001, S. 55f

616 Vgl. Kapitel VII., 2.1 Die Bedeutung des zielgruppenspezifischen Reifegradansatzes
617 Vgl. Franz/Willi 1987
618 Vgl. Strasse 1998, Zu Möglichkeiten strukturierten Selbsthilfe und Training der eigenen Fähigkeiten im Selbst- und Teamcoaching vgl. Heinze/Rinck 1997
619 Vgl. Berthel 1990, S. 223
620 Vgl. Kapitel VI., 1 Kultur
621 Vgl. Kapitel VI., 4.2 (Re-)Qualifizierung und Weiterbildung
622 Vgl. Berthel 1995, S. 232f
623 Oder mit Reinhard Mohn: »Lieber Fehler riskieren als Initiative verhindern.«
624 Vgl. Nerdinger 1998, S. 29; Rosenstiel, v. 1999 b; Van Dyne et al. 1995, S. 215
625 Vgl. Hogan/Hogan 1989
626 Vgl. Storms/Spector 1987; Robinson/Bennet 1975; Jermier 1988
627 Vgl. Brief/Motowidlo 1986
628 Vgl. Frese et al. 1994, 1996
629 Vgl. Brief/Motowidlo 1986; Wunderer/Grunwald 1980
630 Vgl. George/Brief 1992
631 Vgl. Organ 1988; Wunderer/Mittmann 1995b, insb. S. 158f
632 Vgl. Müller/Bierhoff 1994
633 Vgl. zusammenfassend Nerdinger 1998
634 Vgl. Rosenstiel, v. 1999 a, S. 91
635 Vgl. dazu im einzelnen Nerdinger 1998; Bretz et al. 1998
636 Vgl. Weibel/Rota 2000 in Frey/Osterloh 2000, S. 202
637 Vgl. Organ 1988
638 Vgl. Nerdinger 1998
639 Vgl. George 1991
640 Vgl. dazu die Befunde von Moorman 1991; Konovsky/Pugh 1994; Robinson/Morrison 1995; Organ/Konovsky 1989; Kemery et al. 1996
641 Vgl. Niehoff/Moorman 1993
642 Vgl. Farh et al. 1990
643 Vgl. Nerdinger 1998
644 Vgl. Bretz et al. 1998, S. 95
645 Vgl. Deutschmann/Weber 1987
646 Krell 1994
647 Vgl. Morrison/Milliken 2000; Ryan/Oestreich 1991
648 Vgl. Kapitel VI., 2.1 Phasenzyklische Abbaustrategie
649 Vgl. Kieser/Hegele 1998, S. 121ff
650 Vgl. Bleicher 1991b, S. 771
651 Vgl. Neuberger 1997, S. 378
652 Vgl. Nienhüser 1998
653 Vgl. Neuberger 1997, S. 378
654 Vgl. Pongratz/Voss 1998
655 Vgl. Sennett 1998
656 So der Titel von Sennetts Publikation »corrosion of character«; vgl. Sennett 2000

Literaturverzeichnis

Abele, A. (1995): Stimmung und Leistung. Allgemein- und sozialpsychologische Perspektive, Göttingen.
Abele, A. (1999): Motivationale Mediatoren von Emotionseinflüssen auf die Leistung: Ein vernachlässigtes Forschungsgebiet. In: M. Jerusalem/R. Pekrun (Hrsg.): Emotion, Motivation, Leistung, Göttingen, S. 31–50.
Abraham, R. (1997): Thinking Styles as Moderators of Role Stressor-Job Satisfaction Relationships. In: Leadership and Organization Development Journal, 18 (5), S. 236–243.
Abraham, R. (1998a): Emotional dissonance in organizations: a conceptualization of consequences, mediators and moderators. In: Leadership/Organizational Development Journal, Vo. 19, No. 3, S. 137–146.
Abraham, R. (1998b): Emotional Dissonance in Organizations: Antecedents, Consequences and Moderators. In: Genetic, Social and General Psychology Monographs, 124 (2), S. 1–16.
Abraham, R. (1999a): Negative affectivity: Moderator or confound in emotional dissonance-outcome relationships? In: Journal of Psychology, 133(1), S. 67–72.
Abraham, R. (1999b): The Relationship Between Differential Inequity, Job Satisfaction, Intention to Turnover, and Self-Esteem. In: Journal of Psychology Interdisciplinary & Applied, Vol. 133 Issue 2, S. 205–11.
Abraham, R. (2000): The role of job control as a moderator of emotional dissonance and emotional intelligence-outcome relationships. In: Journal of Psychology, S. 169–84.
Ach, N. (1935): Über den Willensakt und die Willenshandlung. In: Abderhalden, E. (Hrsg): Handbuch der biologischen Arbeitsmethoden, Abt. 6, Teil E., Berlin.
Adams, J. (1963a): Wage inequity, productivity and work quality. In: Industrial Relations, Vol. 3, S. 9–16.
Adams, J. (1977): Inequity in social exchange. In: Staw, B. M. (Hrsg.): Psychological foundations of organizational behavior. Santa Monica, S. 110–125.
Adams, J. S. (1963b): Toward and understanding of inequity. In: Journal of Abnormal and Social Psychology, 67, S. 422–436.
Adelmann, P. K. (1989): Emotional labour and employee well being, unpublished doctoral dissertation. University of Michigan, Ann Arbor, MI.
Albach, H. (1983): Zum Einfluss von Führungsgrundsätzen auf die Personalführung. In: Wunderer, R. (Hrsg.): Führungsgrundsätze in Wirtschaft und öffentlicher Verwaltung. Stuttgart, S. 2–16.
Albert, S., Ashforth B., Dutton J. (2000): Organizational Identity and Identification: Charting new waters and Building New Bridges. In: Academy of Management Review Vol 25: S. 13–18

Albert, S./Whetten, D. (1985): Organizational identity. In: L. L. Cummings/ B. M. Staw (Eds.), Research in organisational behavior, Vol. 7: S. 263–295. Greenwich, CT.

Albrow, M. (1992): Sine ira et studio – or do organizations have feelings? In: Organization Studies, 13, 3, S. 313–328.

Alchian, A. (1977): Economic Forces at Work. Indianapolis.

Aldag, R. J./Brief, A. P. (1981): Managing Organizational Behavior. St. Paul.

Alderfer, C. P. (1972): Existence, Relatedness, and Growth: Human Needs in: Organizational Settings. New York.

Alevesson, M./Berg, P. (1992): Corporate Culture and Organizational Symbolism, Berlin.

Alioth, A. (1995): Selbststeuerungskonzepte. In: Kieser, A./Reber, G./Wunderer, R. (Hrsg.): Handwörterbuch der Führung. 2. Aufl., Stuttgart, Sp. 1894–1902.

Altenburg, P. (1996): Heute wieder Stress gehabt ...? Umgang mit psychischen Belastungen im Arbeitsleben, Hamburg.

Altmann, G./Fiebiger, H. & Müller, R. (1999): Mediation: Konfliktmanagement für moderne Unternehmen, Weinheim und Basel.

Ambrose, M. L. (1999): Old friends, new faces: motivation research in the 1990s. (Yearly Review of Management) In: Journal of Management, May-June, 1999, 25, S. 31–292.

Andersson, L. M./Pearson, C. M. (1999): Tit for tat? The spiraling effect of incivility in the workplace. In: Academy of Management Review, 24: S. 452–471.

Andrasik, F./Heimberg, J. S. (1982): Self-Management Procedures. In: Frederiksen, L. W. (Hrsg.): Handbook of Organizational Behavior Management. New York, S. 219–248.

Ansoff, I. (1976): Managing surprise and discontinuity – strategic response to weak signals. Die Bewältigung von Überraschungen – Strategische Reaktionen auf schwache Signale. In: Zeitschrift für betriebswirtschaftliche Forschung, S. 129–152.

Ansoff, I. (1980): Strategic issue management. In: Strategic Management Journal, 1, S. 131–148.

Antoni, C. (1990): Qualitätszirkel als Modell partizipativer Gruppenarbeit. Analyse der Möglichkeiten und Grenzen aus der Sicht betroffener Mitarbeiter. Bern.

Antoni, C. (1995): Gruppenarbeit in Deutschland – eine Bestandsaufnahme. In: Zink, K.J. (Hrsg.): Erfolgreiche Konzepte der Gruppenarbeit. Neuwied, S. 23–37.

Antoni, C. (1996): Teilautonome Arbeitsgruppe. Ein Königsweg zu mehr Produktivität und einer menschengerechten Arbeit. Weinheim.

Antoni, C. (1998): Kooperationsförderliche Arbeitsstrukturen. In: Spiess, E. (1998): Formen der Kooperation. Göttingen, S. 157–168.
Antoni, C. (Hrsg.) (1994): Gruppenarbeit in Unternehmen. Weinheim.
Antonovsky, A. (1987): Unraveling the mystery of health, San Francisco.
Argyris, C. (1957): Personality and Organization. New York.
Argyris, C. (1982): Reasoning, Learning, and Action: Individual and Organizational. San Francisco.
Argyris, C. (1990): Overcoming Organizational Defenses. Boston.
Argyris, C. (1992): On Organizational Learning. Cambridge.
Argyris, C. (1997): Wissen in Aktion. Stuttgart.
Argyris, C./Schön, D. (1999): Die Lernende Organisation: Grundlagen, Methoden, Praxis, Stuttgart.
Argyris, C./Schön, D. S. (1978): Organisational learning. A theory of action perspective. Reading.
Arhèn, G. (1985): Mentoring im Unternehmen. Landsberg a. Lech.
Arnold, J. (1996): »The Psychological Contract: A Concept in Need of Closer Scrutiny?«, In: European Journal of Work and Organizational Psychology, 5(4), S. 511–520.
Arthur D. Little (1985): Management im Zeitalter der strategischen Führung, Wiesbaden.
Arthur, M. B./Rousseau, D. M. (Hrsg.) (1996): The boundaryless career: A new employment principle for a new organizational era. New York.
Ashford, B. E./Humphrey, R. H. (1993): Emotional Labor in Service Roles. The influence of identity. In: Academy of Management Review, 18, 1, S. 88–115.
Ashford, B. E./Humphrey, R. H. (1995): Emotion in the Workplace. A Reappraisal. In: Human Relations, Vol. 48, Nr. 2. S. 97–125.
Ashford, S. J./Cummings, L. L. (1983): Feedback as an individual resource: Personal strategies of creating information. In: Organizational Behavior and Human Performance, 32, S. 370–398.
Ashford, S. J./Black, J. S. (1996): Proactivity during organizational entry: The role of desire for control. In: Journal of Applied Psychology, 81, S. 199–214.
Ashforth, B. E. (1989): The experience of powerlessness in organizations. In: Organizational Behavior and Human Decision Processes, 43, Nr. 2, S. 207–242.
Ashforth, B. E. (1994): Petty tyranny in organizations. In: Human Relations, 47, S. 755–779.
Ashkenas, R. et al. (1995): The Boundaryless Organisation. Breaking the Chains of Organisational Structure. San Francisco.
Atkinson, J. (1975): Einführung in die Motivationsforschung. Stuttgart.

Atkinson, J. W. (1953): The achievement motive and recall of interrupted and completed tasks. In: Journal of Experimental Psychology, 46, S. 381–390.
Atkinson, J. W. (1958): Motives in fantasy, action, and society. Princeton, New Jersey.
Atkinson, J. W./Feather, N. T. (Hrsg.) (1966): A theory of achievement motivation. New York.
Atkinson, J. W./Birch, D. (1970): The dynamics of action. New York.
Attems, R. (1996): Es lebe der Widerspruch. In: Gutschelhofer, A./Scheff, J. (Hrsg.): Paradoxes Management. Widersprüche im Management – Management der Widersprüche. S. 523–548. Wien.
Atteslander, P. (1993): Methoden der empirischen Sozialforschung. Berlin/New York
Averill, J. R. (1982): Anger and Aggression. New York.
Avolio, B. J./Bass, B. M. (1988): Transformational Leadership, Charisma and Beyond. In: Hunt, J. G. et al. (Hrsg.): Emerging Leadership Vistas. Lexington, S. 29–49.
Axelrod, R. (1984): The Evolution of Cooperation. New York. (deutsch: Die Evolution der Kooperation. 3. Aufl., München et al. 1985).

Bachler, C. J. (1995): Workers take leave of job stress. In: Personnel Journal, 74, S. 38–45.
Baecker, D. (1994): Postheorisches Management: Ein Vademecum. Berlin.
Baecker, D. (1999): Organisation als System. Frankfurt.
Baillod, J./Holenweger, T./Ley, I./Saxenhofer, P. (1993): Handbuch Arbeitszeit, Zürich.
Baillod, J./Davatz, F./Luchsinger, C./Stamatiadis, M./Ulich, E. (1997): Zeitenwende Arbeitszeit. Wie Unternehmen die Arbeitszeit flexibilisieren. Zürich.
Baker, G. P./Jensen, M. C./Murphy, K. J. (1988): Compensation and Incentives: Practice vs. Theory. In: Journal of Finance, 43 (3), S. 593–616.
Balcazar, F./Hopkins, B. L./Suarez. Y. (1985): A critical, objective review of performance feedback. In: Journal of Organizational Behaviour Management, 7, S. 65–89.
Bambeck, J. J. (1989): Softpower. Gewinnen statt siegen. München.
Bamberg, E./Busch, C. (1996): Betriebliche Gesundheitsförderung durch Stressmanagementtraining – Eine Metaanalyse (quasi-) experimenteller Studien. In: Zeitschrift für Arbeits- und Organisationspsychologie, 40, S. 127–137.
Bandura, A. (1971): Social Learning Theory. New York
Bandura, A. (1977): »Self-efficiency: toward a unifying theory of behavioral change«. In: Psychological Review, Vol. 84, S. 191–215.

Bandura, A. (1982): Self-efficiency mechanism in human agency. In: American Psychologist, 37, S. 122–147.
Bandura, A. (1986): Social foundations of thought and action: A social cognitive theory. Englewood Cliffs, NJ.
Bandura, A. (1989): Self-efficiency: Toward a unifying theory of behavioral change. In: Psychological Review, 84, S. 191–215.
Bandura, A. (1997): Self-efficiency: The exercise of control. New York.
Bandura, A./Wood, R. (1989): Effect of perceived controllability and performance standards on self-regulation of complex decision making. In: Journal of Personality and Social Psychology, Vol. 56, S. 805–14.
Bandura, B./Litsch, M./Vetter, Ch. (Hrsg.) (1999): Fehlzeiten-Report 1999. Psychische Belastungen am Arbeitsplatz. Zahlen, Daten, Fakten aus allen Branchen der Wirtschaft. Berlin
Bandura, B. (1991): Zur sozialepidemiologischen Bedeutung sozialer Bindungen und Unterstützung, in: Badura B. (Hrsg.): Soziale Unterstützung und chronische Krankheit, Frankfurt, S. 16–24.
Barnard, C. (1938): The Functions of the Executive. Cambridge, MA.
Barnard, C. (1970): Die Führung großer Organisationen. Essen.
Baroff, M. (2000): The inner work of Work. Coching yourself for improved performance, San Francisco.
Baron, R. A. (1993): Affect and organizational Behavior: when and why feeling good (or bad) matters. In: Murninghan (1993): Social Psychology in Organizations. Advances in Theory and Research, Englewood Cliffs, S. 63–88.
Bartscher-Finzer, S./Martin, A. (1998): Die Erklärung der Personalpolitik mit Hilfe der Anreiz-Beitrags-Theorie, in: Martin, A./Nienhüser, W. (1998): Personalpolitik. Wissenschaftliche Erklärung der Personalpraxis. München, S. 113–145;
Bass, B. M. (1985): Leadership and Performance beyond Expectations. New York et al.
Bass, B. M./Avolio, B. J. (Eds.). (1994): Improving organisational effectiveness through transformational leadership. Thousand Oaks, CA.
Bass, B. M./Avolio, B. J. (1990): Transformational Leadership Development. Manual for the Multifactor Leadership Questionnaire. Palo Alto.
Bass, B. M./Steyrer, J. (1995): Transaktionale und transformationale Führung. In: Kieser, A./Reber, G./Wunderer, R. (Hrsg.): Handwörterbuch der Führung. 2. Aufl., Stuttgart, Sp. 2053–2062.
Bateson, G. (1983): Ökologie des Geistes. Anthropologische, psychologische, biologische und epistemologische Perspektiven. 2. Aufl., Frankfurt a. M.
Battmann, W./Schönpflug, W. (1992): Bewältigung von Stress in Organisati-

onen. In: Sonntag, K.: Personalentwicklung in Organisation. Psychologische Grundlagen, Methoden und Strategien. Göttingen, S. 211–228.

Bayard, N. (1997): Unternehmens- und personalpolitische Relevanz der Arbeitszufriedenheit. Bern.

Bayer, H. (1995): Coaching-Kompetenz: Persönlichkeit und Führungspsychologie. München.

Beck, U. (1986): Risikogesellschaft: auf dem Weg in eine andere Moderne. Frankfurt.

Becker, F. (1991): Workplace planning, design and management. In G. Moore and E. Zube (Eds.), Advances in Environment, Behavior and Design (Vol. 13). NY: Plenum.

Becker, F. (1992): Selbstentwicklung. In: Personalwirtschaft – Sonderheft 1992: Weiterbildung, S. 37.

Becker, F. G. (1990): Anreizsysteme für Führungskräfte. Möglichkeiten zur strategisch-orientierten Steuerung des Managements. Stuttgart.

Becker, F. G. (1993): Empirische Personalforschung: Methoden und Beispiele. München.

Becker, F. G. (1994): Lexikon des Personalmanagements. München.

Becker, F. G. (1995): Anreizsysteme als Führungsinstrumente. In: Kieser, A./Reber, G./Wunderer, R. (Hrsg.): Handwörterbuch der Führung. 2. Aufl., Stuttgart, Sp. 34–46.

Becker, M. (1999): Personalentwicklung. Bildung, Förderung und Organisationsentwicklung. 2. Aufl., Stuttgart.

Becker-Töpfer, E. (1992): Veränderungen der Kommunikationsstrukturen am Arbeitsplatz durch Informations- und Kommunikationstechniken, in: Böttger, B./Fieguth, G. (Hrsg.): Zukunft der Informationstechnologie, Münster, S. 136–148.

Beer, M./Spector, B. (1985): Corporate wide Transformations in Human Resource Management. In: Walton, R. E./Lawrence, P. R. (Hrsg.): HRM, Trends and Challenges. Boston, S. 219–253.

Beer, S. (1985): Brain of the firm. 2. Aufl., Chichester.

Belzer, V. (Hrsg) (1998): Sinn in Organisationen? Oder: Warum haben moderne Organisationen Leitbilder? München.

Bennis, W./Nanus, B. (1985): Leaders, New York.

Benz, M. (2000): Partizipation und Kommunikation als Motivatoren, In: ZfO, 2, S. 92ff.

Berg, T. R. (1991): The importance of equity perception and job satisfaction. In: Group & Organisation Management, Vol. 16 Issue 3, S. 268–85.

Berger, K. (1996): Co-Counseln: Die Therapie ohne Therapeut, Reinbek bei Hamburg.

Berger, Peter A./Hradil, Stefan (Hrsg.) (1990): Lebenslagen, Lebensläufe, Lebensstile. In: Soziale Welt. Sonderband 7. Göttingen.
Berkel, K. (1978): Konflikte und Konfliktverhalten. In: A. Mayer (Hrsg.), Organisationspsychologie. Stuttgart, S. 305–331.
Berkel, K. (1984): Konfliktforschung und Konfliktbewältigung. Berlin.
Berkel, K. (1987): Konflikte in und zwischen Gruppen. In: Rosenstiel, L. v./Regnet, E./Domsch, M. (Hrsg.): Angewandte Sozialpsychologie. München, Weinheim. S. 153–167.
Berkel, K. (1992): Konflikttraining, Heidelberg.
Berndsen, D. (1997): Sabotage: Die bewusste und absichtliche Schädigung von Organisationen durch ihre Mitarbeiter. Frankfurt.
Berne, E. (1975): Psychologie menschlichen Verhaltens. München.
Bertelsmann-Stiftung (Hrsg.) (1987): Die Arbeitsmotivation von Arbeitern und Angestellten der deutschen Wirtschaft, Gütersloh.
Bertelsmann-Stiftung (Hrsg.) (1997): Mitarbeiter am Kapital beteiligen. Gütersloh.
Berthel, J. (1989): Personalmanagement. 2. Aufl., Stuttgart.
Berthel, J. (1990): Strategien zur Förderung der Selbstentwicklung. In: Haller, M./Hauser, H./Zäch, R. (Hrsg.): Ergänzungen. Ergebnisse der wissenschaftlichen Tagung anlässlich der Einweihung des Ergänzungsbaus der Hochschule St. Gallen. Bern/Stuttgart, S. 223–228.
Berthel, J. (1995): Personalmanagement. Grundzüge betrieblicher Personalarbeit. 4. Aufl., Stuttgart.
Beyer, H.-T. (1990): Personallexikon. München.
Bierhoff, H. W. (1995): Soziale Motivation kooperativen Verhaltens. In: Wunderer, R. (Hrsg.) (1995): Kooperation: Gestaltungsprinzipien und Steuerung der Zusammenarbeit zwischen Kooperationseinheiten, Stuttgart, S. 21–38.
Bierhoff, H. W./Herner, M. J. (1999): Arbeitsengagement aus freien Stücken: Zur Rolle der Führung. In: Schreyögg, G./Sydow J. (Hrsg.): Führung – neu gesehen. Berlin. S. 55–88.
Bierhoff, H. W./Müller, G. G. (1993): Kooperation in Organisationen. In: Zeitschrift für Arbeits- und Organisationspsychologie, S. 42–51.
Bierhoff, H. U. (1980): Hilfreiches Verhalten. Darmstadt.
Bierhoff, H.-W. (1992): Prozedurale Gerechtigkeit: Das Wie und Warum der Fairness. In: Zeitschrift für Sozialpsychologie, 23, S. 163–178.
Bierhoff, H.-W. (1993): Sozialpsychologie. Stuttgart.
Bies, R. J./Trip, T. M. (1995): Beyond distrust: »Getting even« and the need for revenge. In: Kramer, R. M./Tyler, T. R. (Hrsg.): Trust in Organizations. Thousand Oaks, S. 246–260.
Bihl, G. (1989): Zukunftsorientierte Personalarbeit im Zeichen des Werte-

wandels. Dargestellt am Beispiel des neuen BMW-Werks Regensburg. In: Ackermann, K. F. (1989): Personalmanagement im Wandel. Stuttgart, S. 97–139.

Bitner, M./Booms, B. H./Tetreault, M. S. (1990): The Service Encounter: Diagnosing Favorable and Unfavorable Incidents. In: Journal of Marketing, Vol. 54, January, S. 71–84.

Bitzer, M. R. (1991): Intrapreneurship: Unternehmertum in der Unternehmung, Stuttgart.

Blake, R./Mouton, J. S. (1968): Verhaltenspsychologie im Betrieb, Düsseldorf

Blake, R./Shepard, H./Mouton, J. S. (1964): Managing Intergroup Conflict in Industry. Houston.

Blank, W./Weitzel, J. H./Green, S. G. (1990): A Test of the Situational Leadership Theory. In: Personnel Psychology, S. 578–597.

Blankenship, V. (1985): The dynamics of intention. In: Frese, M./Sabini, J. (Hrsg.): Goal-directed behavior: The concept of action in psychology. Hillsdale, NJ, S. 161–170.

Blauner, R. (1964): Alienation and freedom, Chicago.

Bleicher, K. (1979): Unternehmensentwicklung und organisatorische Gestaltung. Stuttgart, New York.

Bleicher, K. (1986): Strukturen und Kulturen der Organisation im Umbruch: Herausforderung für den Organisator. In: Zeitschrift Führung und Organisation, 55, 2, S. 97–108.

Bleicher, K. (1991a): Organisationslehre. Wiesbaden.

Bleicher, K. (1991b): Organisation: Strategien – Strukturen – Kulturen, 2. Aufl., Wiesbaden

Bleicher, K. (1993): Führungsmodelle im Überblick. In: Berthel, J./Groenewald, H. (1993): Personal-Management. Zukunftsorientierte Personalarbeit. Landsberg, S. 1– 26.

Bleicher, K. (1994): Leitbilder. Orientierungsrahmen für eine integrative Managementphilosophie. 2. Aufl., Stuttgart.

Bleicher, K. (1996): Das Konzept Integriertes Management. 4. Auflg., Frankfurt.

Blickle, G. (1999): Karriere, Freizeit, Alternatives Engagement. Empirische Studien zum psychologischen Kontext von Berufsorientierungen. München.

Block, J./Ozer, D. J. (1982): Two types of psychologists, In: Journal of Personality and Social Psychology, 42, S. 1171–1181.

Block, P. (1997): Entfesselte Mitarbeiter. Demokratische Prinzipien für die radikale Neugestaltung der Unternehmensführung. Stuttgart.

Blum, A. (1999): Integriertes Arbeitszeitmanagement: ausgewählte personalwirtschaftliche Maßnahmen zur Entwicklung und Umsetzung flexibler Arbeitszeitsysteme, Bern/Stuttgart/Wien.

Blum, T. C./Roman, P. M. (1989): Employee assistance programs and human resource management. In: Research in Personnel and Human Resource Management 7, S. 259–312.

Blum, T. C./Roman, P. M. (1995): Cost-Effectiveness and Preventative Implications of Employee Assistance Programs, U.S. Department of Health and Human Services.

Blyton, P. (1990): The Enterprise Culture and its Effects on the Employment Relationship, ERU Annual Conferences, Cardiff.

Blyton, P./Turnbull, P. (1992): Reassessing HRM. London.

Böckmann, W. (1980): Sinn-orientierte Leistungsmotivation und Mitarbeiterführung: ein Beitrag der humanistischen Psychologie, insbesondere der Logotherapie nach Viktor E. Frankl zum Sinn-Problem der Arbeit. Stuttgart.

Böckmann, W. (1987): Sinnorientierte Führung als Kunst der Motivation. Landsberg.

Böckmann, W. (1989): Der Weg zur Selbsterkenntnis und Sinn-Erfüllung. Düsseldorf.

Boden, D. (1994): The business of talk: Organisations in action, Cambridge.

Bögel, R. (1999): Organisationsklima und Unternehmenskultur, In: Rosenstiel, L.v./Regnet, E./Domsch, M. (1999): Führung von Mitarbeitern, Handbuch für erfolgreiches Personalmanagement. 4. Aufl., Stuttgart, S. 729–743.

Böning, U. (1999): Coaching. In: Rosenstiel, v. L. (1999b): Motivation von Mitarbeitern, In: Rosenstiel, L. v./Regnet, E./Domsch, M. (1999): Führung von Mitarbeitern, Handbuch für erfolgreiches Personalmanagement. 4. Aufl., Stuttgart, S. 255–263.

Bono, E. de (1976): Laterales Denken für Führungskräfte. Hamburg.

Bonta, B. D. (1997): Cooperation and Competition in Peaceful Societies. In: Psychological Bulletin, Vol. 121, No. 2., S. 299–320.

Bosetzky, H. (1988): Mikropolitik, Machiavellismus und Machtkumulation. In: Küpper, W./Ortmann, G. (Hrsg.) (1988): Mikropolitik. Rationalität, Macht und Spiele in Organisationen. Opladen, S. 27–38.

Bosetzky, H. (1995): Mikropolitik und Führung. In: Kieser, A./Reber, G./Wunderer, R. (Hrsg.): Handwörterbuch der Führung. 2. Aufl., Stuttgart, Sp. 1517–1526.

Bourgeois, L. J. (1981): On the Measurement of Organizational Slack. In: Academy of Management Review, 6 1, S. 29–39.

Bowen, D. E./Gilliland, S. W./Folger, R. (1999): HRM and service fairness: how being fair with employees spills over to customers. In: Organizational Dynamics; 27: 3, 1999, S. 7–21.

Bowen, D. E./Greiner, L. E. (1986): Moving from Production to Service in Human Resources Management. In: Organizational Dynamics, 15, S. 35–53.

Bowen, D. E./Lawler, E. E. (1992): The empowerment of service-workers: What, why, how, and when? In: Sloan Management Review, 33, S. 31–40.

Bower, G. H. (1981): Mood and Memory. In: American Psychologist, 36, February, S. 129–148.

Bozeman, D. P./Perrewe, P. L./Hochwarter, W. A./Kacmar, K. M./Brymer, R. A. (1996): An examination of reactions to perceptions of organizational politics. Paper presented at the Annual Southern Management Association Meetings, New Orleans, LA.

Bradburn, N. M. (1969): The structure of psychological well-being. Chicago.

Bradburn, N. M./Caplovitz, D. (1954): Reports on happiness. Chicago.

Bradley J. R. (1990): Toward a Multidimensional Model of Entrepreneurship: The Case of Achievement Motivation and the Entrepreneur. In: Entrepreneurship Theory and Practice, Spring,

Brandt, S. (1988): The Blindside of Market-Orientation. Reading, Mass.

Brandtstädter, J. (1992): Personal control over development: Implications of self-efficacy. In: R. Schwarzer (Ed.), Self efficacy: Thought control of action Washington, DC, S. 127–145

Brehm, J. W. (1966): A theory of psychological reactance. New York.

Brehm, J. W. (1982): Psychology of Reactance: A theory of freedom and control. New York.

Bretz, E./Hertel, G./Moser, K. (1998): Cooperation and Organizational Citizenship Behavior. In: Spieß, E./Nerdinger, F. W. (Hrsg.): Kooperation in Unternehmen. München/Mering, S. 79–97.

Brief, A. (1998): Attitudes in and around Organizations. London.

Brief, A. P./Motowidlo, S. J. (1986): Prosocial Organizational Behavior. In: Academy of Management Review, 11, S. 710–725.

Brinkmann, R. D. (1994): Mitarbeiter – Coaching. Der Vorgesetzte als Coach seiner Mitarbeiter. Heidelberg.

Brockhoff, K. (1994): Management organisatorischer Schnittstellen – unter besonderer Berücksichtigung der Koordination von Marketingbereichen mit Forschung und Entwicklung, Göttingen.

Brodsky, C. M. (1976): The Harassed Worker. DC Heath and Company, Toronto.

Brooke, P. B./Price, J. L. (1989): The determinants of employee absenteeism: An empirical test of a causal model. In: Journal of Occupational Psychology, 62, S. 1–19.

Brookson, S. (2000): Essential Managers Handbooks: Managing Budgets, Baltimore.
Bross, K. (1991): Lernen an Projekten in Förderkreisen für Gruppenmeister. In: Sattelberger, T. (Hrsg.): Innovative Personalentwicklung. Grundlagen, Konzepte, Erfahrungen. 2. Aufl., Wiesbaden, S. 150–154.
Brown, J. S./Duguid, P. (1991): Organizational Learning and Communities-of-Practice: Toward a Unified View of Working, Learning, and Innovation, In: Organization Science, Volume 2, Number 1, S. 40–57.
Brown, K. A./Mitchell, T. R. (1986): Influence of Task Interdependence and Number on Diagnoses of Causes of Poor Performance. In: Academy of Management Journal, S. 412–424.
Brown, S. P. (1996): A meta-analysis and review of organizational research on job involvement. In: Psychological Bulletin, Sep, Vol. 120 Issue 2, S. 235–56.
Browne, J. H. (2000): Benchmarking HRM practices in healthy work organisations. In: American Business Review; June 18, 2 S. 50–61.
Bruch, H. (1996): Intra- und interorganisationale Delegation. Management, Handlungsspielräume, Outsourcingpraxis. Wiesbaden.
Bruch, H. (1999): Umsetzungskompetenz – eine (mit)unternehmerische Schlüsselqualifikation und Ansätze zu ihrer Förderung. In: Wunderer, R. (Hrsg.): Mitarbeiter als Mitunternehmer. Grundlagen, Förderinstrumente, Praxisbeispiele. Neuwied/Kriftel, S. 196–218.
Bruggemann, A. (1974): Zur Unterscheidung verschiedener Formen der Arbeitszufriedenheit. In: Arbeit und Leistung, 28. Jg., S. 281–284.
Bruggemann, A./Großkurth, P./Ulich, E. (1975): Arbeitszufriedenheit. In: Ulich, E. (Hrsg): Schriften zur Arbeitspsychologie, Band 17, Bern.
Brummund, W. (1983): Zur Zusammenarbeit zwischen Organisationseinheiten. Diss. Essen.
Brünnecke, K.C. (1998): Autorität des Managements. Wiesbaden.
Brunsson, N. (1989): The Organisation of Hypocrisy. Talk, Decisions and Actions in Organizations. Chichester, New York.
Brunsson, N. (1990): The irrational organisation. Irrationality as a basis for organisational action and change. Chichester et al.
Brunstein, J. B./Maier, G. (1996): Persönliche Ziele: Ein Überblick zum Stand der Forschung. In: Psychologische Rundschau, 47, S. 146–160.
Bryman, A. (1992): Charisma and leadership, London.
Buchinger, K. (1997): Supervision in Organisationen. Den Wandel begleiten. Heidelberg.
Bühner, R. (1997): Personalmanagement, 2. Auflage, Landsberg.
Bundesamt für Statistik (Hrsg.) (1999): Statistisches Jahrbuch der Schweiz 2000. Zürich.

Bungard, W. (1992): Qualitätszirkel in der Arbeitswelt. Ziele, Erfahrungen, Probleme, Göttingen.
Bungard, W./Kohnke, O. (2000): Zielvereinbarungen erfolgreich umsetzen, Wiesbaden.
Burawoy, M. (1979): Manufacturing Consent, Changes in Labour Process under Monopoly Capitalism. London.
Burish, M. (1989): Das Burnout-Syndrom. Theorie der inneren Erschöpfung. Berlin (2. Auflage, 1994).
Burke, M. J./Day, R. R. (1986): A Cumulative Study of the Effectiveness of Managerial Training. In: Journal of Applied Psychology, S. 242–245.
Burke, R. J. (1986): Occupational and life stress and family: conceptual frameworks and research findings. In: International Review of Applied Psychology, 35, S. 347–369.
Burns, J. M. (1978): Leadership. New York.
Burrell, G./Morgan G. (1979): Sociological Paradigms and Organisational Analysis. London.
Busch, R. (Hrsg.) (1999): Autonomie und Gesundheit. Moderne Arbeitsorganisation und betriebliche Gesundheitspolitik. München.
Büssing, A. (1985): Arbeitszufriedenheit – ein Artefakt? Eine Kritik der Arbeitszufriedenheitsforschung. In: Forschungsbericht aus dem Fachbereich Psychologie der Universität Osnabrück.
Büssing, A. (1991): Struktur und Dynamik von Arbeitszufriedenheit. Konzeptionelle und methodische Überlegungen zu einer Untersuchung verschiedener Formen von Arbeitszufriedenheit. In: Fischer, L. (1991): Arbeitszufriedenheit. Stuttgart, S. 85–114.
Büssing, A. (1993): Organisationsdiagnose. In. H. Schuler (Hrsg.): Lehrbuch der Organisationspsychologie. Bern, S. 445–480.
Bussmann, W. S./Rutschke, K. (1996): Team Selling: gemeinsam zu neuen Vertriebserfolgen, Landsberg am Lech.
Butollo, W./Hagl, M./Krüsmann, M. (Hrsg) (1999): Kreativität und Destruktion posttraumatischer Belastungsstörungen. Forschungsergebnisse und Thesen zum Leben nach dem Trauma, Stuttgart.

Campbell, C. (1987): The romantic ethic and the spirit of modern consumerism. Oxford.
Campbell, D./Campbell, K. M./Chia, H. (1998): Merit Pay, Performance Appraisal and Individual Motivation. An Analysis and Alternative. In: Human Resource Management, 37, (2), S. 131–146.
Campbell, J. P./Pratichard, R. D. (1976): Motivation theory in industrial and organizational psychology. In: Dunnette, M. D. (Hrsg.): Handbook of industrial and organizational psychology, Chicago.

Campbell, J. P./Dunnette, M. D./Lawler, E. E./Weick, K. E. (1970): Managerial Behavior, Performance, and Effectiveness. New York.
Campbell, D. T. (1972): In the Genetics of Altruism and the Counter-Hedonic Components in Human Culture. In: Journal of Social Issues, 28, S. 21–28.
Candace, J. Hesterly, W. & Borgatti, S. P. (1997): A General Theory of Network Governance: Exchange Conditions and Social Mechanisms, In: Academy of Management Review, Vol 22 No 4, S. 911–945
Carr, S./McLoughlin, D./Hodgson, M./MacLachlan, M. (1996): Effects of unreasonable pay discrepencies for under- and overpayment on double demotivation Genetic, Social and General Psychology, Monographs 122, S. 475–494.
Cartwright, D./Zander, A. (Hrsg.) (1968): Group Dynamics. Research and Theory. 2. Aufl., New York.
Casey, C. (1995): Work, Self and Society. After Industrialism. London.
Casson, M. (1991): The Economics of Business Culture. Game Theory, Transaction Costs, and Economic Performance. Oxford.
Chenall, R. H./Brownell, P. (1988): The effect of Participative budgeting or job satisfaction and performance: Role ambiguity as an intervening variable. In: Accounting, Organisations and Society, Vol 13, No 3, S. 225–233.
Cheney, G. (1983): On the various and changing Meanings of organizational Membership. A Field study of organizational Identification. In: Communication Monographs, 50, S. 343–362.
Cherniss, C. (1980): Professional burnout in human service organizations. New York.
Cherrington, D. J. (1994): Organizational Behavior: the Management of Individual and Organizational Performance. Boston.
Chrobeck, R. (1993): Ganzheitlich ausgerichtete organisatorische Systemgestaltung. In: ZfO, 1993, Nr. 6, S. 384–390.
Ciompi, L. (1997): Die emotionalen Grundlagen des Denkens. Entwurf einer fraktalen Affektlogik. Göttingen.
Clarke, J./Newman, J. (1993): The right to manage: a second managerial revolution? In: Cultural Studies, 7, 3, S. 427–41.
Cochran, L. (1997): Career counseling: a narrative approach, Thousand Oaks, Calif.
Coleman, J. (1988): Social capital in the creation of human capital. In: American Journal of Sociology, 94: S. 95–120.
Collins, R. (1990): Stratification, Emotional Energy, and the Transient Emotions. In: Research Agendas in the Sociology of Emotions, edited by Kemper, T. D.. New York, S. 27–57.

Comelli, G./Rosenstiel, L. v. (1995): Führung durch Motivation. Mitarbeiter für Organisationsziele gewinnen. München.

Comeli, G. (1991): Qualifikation für Gruppenarbeit: Teamentwicklungstraining, in: von Rosenstiel, L./Regnet, E./Domsch, M. (1991): Führung von Mitarbeitern. Handbuch für erfolgreiches Personalmanagement, Stuttgart, (Neuauflage 1995, S. 387–408).

Conger, J. A. (1989): The charismatic leader: Behind the mystique of exceptional leadership. San Francisco

Conger, J. A./Kanungo, R. N. (Hrsg) (1988a): Charismatic leadership: The elusive factor in organizational effectiveness. San Francisco.

Conger, J. A./Kanungo, R. N. (1987): Toward a behavioral theory of charismatic leadership in organizational settings. In: Academy of Management Review, 12: S. 637–647.

Conger, J. A./Kanungo, R. N. (1988b): The empowerment process: Integrating theory and practice. In: Academy of Management Review, 13, S. 471–482.

Conrad, P. (1988): Motivation durch Identifikation – Der Beitrag der Involvement-Forschung zur verhaltenswissenschaftlichen Organisationstheorie, Berlin

Conrad, P./Sydow, J. (1984): Organisationsklima. Berlin, New York.

Conrad, P./Sydow, J. (1991): Organisationskultur, Organisationsklima und Involvement, In: Dülfer, E. (Hrsg.) (1991): Organisationskultur. Phänomen – Philosophie – Technologie. Zweite Auflage. Stuttgart, S. 93–110

Cooper, R. K. (1997): Applying Emotional Intelligence in the Workplace. In: Training/Development, 51, (12), S. 31–38.

Corsten, H. (1992) (Hrsg.): Lexikon der Betriebswirtschaftslehre. München et al.

Cotton, J. L./Tuttle, J. M. (1986): Employee turnover. In: American Management Review, Vol. 11, S. 55–70.

Covey, S. (1996): Principle centred Leadership. London.

Crandall, N. F./Wallace Jr., M. J: (1998): Work and Reward in the Virtual Workplace. A New Deal for Organizations and Employees. New York.

Cropanzano, R./Folger, R. (1991): Procedural justice and worker motivation. In: Steers, R. M./Porter, L. W. (Eds): Motivation and work behavior. New York, S. 131–143.

Cropanzano, R./Howes, J. C./Grandey, A. A./Toth, P. (1997): The relationship of organizational politics and support to work behaviors, attitudes, and stress. In: Journal of Organizational Behaviour, Vol. 18, Issue 2, S. 59–180.

Crozier, M./Friedberg, E. (1979): Macht und Organisation. Die Zwänge kollektiven Handelns, Königsstein.

Csikszentmihalyi, M. (1988): Motivation and creativity: Toward a synthesis of structural and energistic approaches to cognition. In: New Ideas in Psychology, 6, No. 2., S. 159–76.
Csikszentmihalyi, M. (1990): Flow: The Psychology of Optimal Experience. New York.
Csikszentmihalyi, M. (1992): Flow: Das Geheimnis des Glücks. Stuttgart.
Csikszentmihalyi, M. (1997): Finding Flow: The Psychology of Engagement with Everyday Life. San Francisco.
Csikszentmihalyi, M./Csikszentmihalyi, I. S. (Hrsg.) (1988): Die außergewöhnliche Erfahrung im Alltag. Die Psychologie des Flow-Erlebnisses. Stuttgart.
Csikszentmihalyi, M./LeFevre, J. (1989): Optimal experience in work and leisure. In: Journal of Personality and Social Psychology, 56, No. 5, S. 815–22.
Csikszentmihalyi, M./Rahunde, K. (1993): The measurement of flow in everyday life. In: Nebraska Symposium on Motivation, 40, Lincoln, S. 58–97.
Cube, V. F./Alshut, D. (1992): Fordern statt verwöhnen. Die Erkenntnisse der Verhaltensbiologie in Erziehung und Führung. München.
Cushman, D. P./King, S. S. (Hg.) (1995): Communicating Organizational Change. A Management Perspective, Albany.
Cyert, R. M./March, J. G. (1995): Eine verhaltenswissenschaftliche Theorie der Unternehmung, 2. Auflage, Wiesbaden.

Dachrodt, H.-G. (1976): Management und Menschenführung. Köln.
Damasio, A. (1994): Descartes' Error: Emotion, Reason, and the Human Brain; New York
Daniels, K. (2000): Measures of five aspects of affective well-being at work. In: Human Relations (2000), Vol. 53, No. 2, S. 275–294.
Davenport, Th. H./Prusak, L. (1998): Working knowledge, how organizations manage what they know, Boston, Mass.
Davidow, W./Malone, M. S. (1993): Das virtuelle Unternehmen. Der Kunde als Co-Produzent. Frankfurt a.M.
Davis, W. L. (1993): Economists' uses for cognitive dissonance: An interdisciplinary note. In: Psychological Reports, Dec, Vol. 73 Issue 3 Part 2, S. 1179–84
de Sousa, R. (1987): The Rationality of Emotions. Cambridge.
Deal, T./Kennedy, A. (1982): Corporate Cultures, The Rites and Rituals of Corporate Life, Reading MA.
Deci, E. L. (1995): Why we do what we do: understanding Self-Motivation. New York.
Deci, E. L./Ryan, R. M./Koestner, R. (1999): A Meta-analytic Review of Expe-

riments Examining the Effects of Extrinsic Rewards on Intrinsic Motivation. In: Psychological Bulletin, Vol. 125, No. 6., S. 627–668.

Deci, E./Ryan, R, M. (1985): Intrinsic Motivation and Self-determination in Human Behaviour. New York.

Deci, E. L. (1975): Intrinsic motivation. New York.

Deci, E. L./Connell, J. P./Ryan, R. M. (1989): Self-determination in a work organization. In: Journal of Applied Psychology, 74, S. 580–590.

Deci, E. L./Ryan, R. M. (1980): The empirical exploration of intrinsic motivational processes. In: L. Berkowitz (Ed.): Advances in Experimental Social Psychology, Vol. 13, S. 39–80.

Deci, E. L./Ryan, R. M. (1987): The support of autonomy and the control of behavior. In: Journal of Personality and Social Psychology, 53, S. 1024–1037.

Delhees, K. H. (1979): Interpersonelle Konflikte und Konflikthandhabung in Organisationen. Bern.

Dennehy, R. F./Sims, R. R./Collins, H. E. (1998): Debriefing learning exercises: a theoretical and practical guide for success In: Journal of Management Education 22(1), S. 9–25.

Denzin, N. K. (1984): On Understanding Emotions. San Francisco.

Deters, J. (1996): Profit-Center-Struktur und Mit-Unternehmertum: Instrumente zur Implementierung einer Lernenden Organisation. In: Personalführung, Heft 12, S. 1072–1079.

Deutsch, M. (1976): Konfliktregelung. München.

Deutschmann, C./Weber, L. (1987): Arbeitszeit in Japan. Organisatorische und organisationskulturelle Aspekte der »Rundumnutzung« der Arbeitskraft. Frankfurt a.M./New York.

Dewe, P./Cox, T./Ferguson, E. (1993): Individual strategies for coping with stress at work: a review. In: Work and Stress, 7, 1, S. 5–15.

Dickenberger, D. (1979): Ein neues Konzept der Wichtigkeit von Freiheit: Konsequenzen für die Theorie der psychologischen Reaktanz. Weinheim und Basel.

Dierkes, M./Rosenstiel, L. v./Steger, U. (Hrsg.) (1993): Unternehmenskultur in Theorie und Praxis: Konzepte aus Ökonomie, Psychologie und Ethnologie. Frankfurt.

Dincher, R. et al. (1989): Die Bedeutung des Arbeitsmarktes für die betriebliche Personalpolitik. In: Weber, W./Weinmann, J. (1989): Strategisches Personalmanagement. Stuttgart.

Dommer, E. (1997): Lebensstile. Gießen.

Domsch, M. (1983): Partizipative Bildungsplanung im Betrieb, In: Weber, W. (Hrsg.): Betriebliche Aus- und Weiterbildung. Ergebnisse der betriebswirtschaftlichen Bildungsforschung, Paderborn, S. 97–110.

Domsch, M./Schnebele, A. (Hrsg.) (1991): Mitarbeiterbefragungen. Heidelberg.

Domsch, M.E./Krüger-Basener, M. (1999): Personalplanung und -entwicklung für Dual Career Couples (DCC): In: Rosenstiel, v. L. Regnet, E./Domsch,/M. (Hrsg.): Führung von Mitarbeitern. 4. Aufl., Stuttgart, S. 547–558.

Dörfler, H.-W. (1993): Grundlagen der praktischen Gestaltung von Anreizsystemen zur Unternehmensführung: Ein Weg zur Unternehmenssteuerung durch Erfolgsfaktoren. Frankfurt.

Dormayer, H. J./Kettern, T. (1987): Kulturkonzepte in der allgemeinen Kulturforschung – Grundlage konzeptioneller Überlegungen zur Unternehmenskultur. In: Heinen, E. (Hrsg.): Unternehmenskultur. München S. 49–66.

Dörner, K./Plog, U. (1996): Irren ist menschlich. 2. Auflage, Bonn

Dorow, W. (1982): Unternehmungspolitik. Stuttgart.

Drenth, P. J. D./Thierry, H./Willems, P. J./de Wolff, C. J. (Hrsg.) (1984): Handbook of Work and Organizational Psychology, Chichester.

Drory, A. (1990): Perceived political climate and job attitudes. In: Organization Studies, 14/1, S. 59–71.

Drucker, P. (1954): The Practice of Management. New York.

Drumm, H. J. (1995): Personalwirtschaftslehre, Berlin.

du Gay, P. (1996): Consumption and Identity at Work. London.

Ducharme, L. J./Martin, J. K. (2000): Unrewarding work, coworker support, and job satisfaction: A test of the buffering hypothesis, In: Work and Occupations; 27, 2 S. 223–243.

Duell, W./Frei, F. (1986): Leitfaden für qualifizierende Arbeitsgestaltung, Köln.

Dulabaum, N. L. (1998): Mediation: Das ABC, Weinheim.

Dülfer, E. (Hrsg.) (1991): Organisationskultur. Phänomen – Philosophie – Technologie. Zweite Auflage. Stuttgart (1. Aufl. 1988).

Duncan, R./Weiss, A. (1979): Organizational Learning. In: Staw, B. (Hrsg.): Research in Organizational Behavior. Bd. 1, Greenwich, S. 75–123.

Dunckel, H. (1985): Mehrfachbelastungen am Arbeitsplatz, Frankfurt.

Dunckel, H./Volpert, W. (1997): Aufgaben- und kriterienbezogene Gestaltung von Arbeitsstrukturen. In: Luczak, H./Volpert, W. (Hrsg.) Handbuch Arbeitswissenschaften. Stuttgart, S. 791–795.

Dunckel, H./Semmer, N. (1987): Stressbezogene Arbeitsanalyse: Ein Instrument zur Abschätzung von Belastungsschwerpunkten in Industriebetrieben. In: K. Sonntag (Hrsg.) Arbeitsanalyse und Technikentwicklung, S. 163–177, Köln.

Dunckel, H./Zapf, D. (1996): Psychischer Stress am Arbeitsplatz. Belastungen, gesundheitliche Folgen, Gegenmaßnahmen. Köln.

Dunkel, W. (1988): Wenn Gefühle zum Arbeitsgegenstand werden. Gefühlsarbeit im Rahmen personenbezogener Dienstleistungstätigkeiten. In: Soziale Welt, 39, S. 66–85.

Dunnette, M. D./Campbell, J. P./Hakel, M. D. (1967): Factors contributing to job satisfaction and job dissatisfaction in six occupational groups. In: Organizational Behavior and Human Performance, 2, S. 143–174.

Dwyer, D. J./Ganster, D. C. (1991): The effects of job demands and control on employee attendance and satisfaction. In: Journal of Organizational Behavior, 12(7), S. 595–608.

Dycke, A./Schulte, Ch. (1986): Cafeteria-System. Ziele, Gestaltungsformen, Beispiele und Aspekte der Implementierung. In: Die Betriebswirtschaft, 46. Jg., 5. S. 577–589.

Ebers, M. (1995): Organisationskultur und Führung, In: Kieser, A./Reber, G./Wunderer, R. (Hrsg.): Handwörterbuch der Führung. 2. Aufl., Stuttgart, Sp. 1664–1682.

Eckardstein, D./Lueger, G./Niedl, K./Schuster, B. (1995): Psychische Befindensbeeinträchtigung und Gesundheit im Betrieb. Herausforderungen für Personalmanager und Gesundheitsexperten, München.

Eckenrode, J./Gore, S. (Eds) (1990): Stress between work and family. New York.

Einarsen, S. (1999): The nature and causes of bullying at work. In: International Journal of Manpower 20, S. 16–27.

Elias, S. (1994): Incentives auf dem Prüfstand. In: Harvard Business Manager, 1994, 16, (3), S. 118–119.

Elias, S. (2000): Incentives und ihre Wirkungen auf die Mitarbeiter: Eine empirische Untersuchung des »Mythos Motivation«, Berlin.

Elliot, A. J./Devine, P. G. (1994): On the motivational nature of cognitive dissonance: Dissonance as psychological discomfort. In: Journal of Personality and Social Psychology, 67(3), S. 382–394.

Elsbach, K. D./Kramer, R. M. (1998): Members' responses to organizational identity threats: Encountering and countering the Business Week rankings. In: Administrative Science Quarterly, 41, S. 442–476.

Ensher, E. A./Grant-Vallone, E. J./Donaldson, S. I. (2001): Effects of perceived discrimination on job satisfaction, organizational commitment, organizational citizenship behavior, and grievances. In: Human Resource Development Quarterly; Vol 12., 1, S. 53–72.

Enzmann, D./Kleiber, D. (1989): Helferleiden. Stress und Burnout in psychosozialen Berufen. Heidelberg.

Erlei, M./Leschke, M/Sauerland, D. (1999): Neue Institutionenökonomik, Stuttgart.

Esser, M./Kobayashi, K. (Hrsg.) (1994): Kaishain, Personalmanagement in Japan: Sinne und Werte statt Systeme. Göttingen/Stuttgart.

Etzioni, A. (1961): A Comparative Analysis of Complex Organizations. 1. Auflage. New York.

Etzioni, A. (1975): A Comparative Analysis of Complex Organizations. New York.
Etzioni, A. (1988): The moral dimension: Toward a new economics. New York.
Etzioni, A. (1994): Jenseits des Egoismusprinzips. Ein neues Bild von Wirtschaft, Politik und Gesellschaft. Stuttgart.
Euler, H. A./Mandl, H. (1983): Emotionspsychologie. Ein Handbuch in Schlüsselbegriffen. München.
Europäische Agentur für Sicherheit und Gesundheit am Arbeitsplatz (1998) Wirtschaftliche Aspekte von Sicherheit und Gesundheitsschutz am Arbeitsplatz in den Mitgliedstaaten der Europäischen Union, AS-11-97-689-DE-C. Bilbao.
European Foundation for Quality Management (1996): The European Quality Award. Brüssel.
European Foundation for Quality Management (1997): Selbstbewertung 1997. Richtlinien für Unternehmen. Brüssel.
European Foundation for Quality Management (1999): The EFQM Excellence Model. Brüssel.

Falcione, R. L./Sussmann, L./Herden, R. P. (1987): Communication climate in organizations. In: Jablin, F. M./Putman, L. L./Roberts K. H./Porter L. W. (Eds.): Handbook of organizational communication. London, S. 195–227.
Faller, M. (1991): Innere Kündigung: Ursachen und Folgen. München.
Fallgatter, M. (1995): Grenzen der Schlankheit: Lean Management braucht Organisational Slack. In: Zeitschrift für Organisation, S. 215– 220.
Farh, J./Podsakoff, P.M./Organ, D.W. (1990): Accounting for Organizational Citizenship Behavior. Leader Fairness and Task Scope versus Satisfaction. In: Journal of Management, 14, S. 705–721.
Farr, J. L. (1993): Informal Performance Feedback: Seeking and Giving. In: Schuler, H./Farr, J. L./Smith, M. (Hrsg.): Advances in personnel selection and assessment, individual and organizational perspectives. Series in applied psychology. Hillsdale, New York, S. 163–180.
Fatzer, G. (1993): Ganzheitliches Lernen. Humanistische Pädagogik und Organisationsentwicklung. Ein Handbuch für Lehrer, Pädagogen, Erwachsenenbildner und Organisationsberater. 4. Aufl., Paderborn.
Fatzer, K./Rappe-Gilesecke/W. Looss (1999): Qualität und Leistung von Beratung, Supervision, Coaching, Organisationsentwicklung Köln
Faust, M./Jauch, P./Notz, P. (2000): Befreit und entwurzelt: Führungskräfte auf dem Weg zum »internen Unternehmer«, München.
Faust, M./Jauch, P./Brünnecke, K./Deutschmann, C. (1995): Dezentralisierung von Unternehmen. Bürokratie- und Hierarchieabbau und die Rolle betrieblicher Arbeitspolitik. München, Mering.
Faust, M./Jauch, P./Deutschmann, C. (1998): Reorganisation des Manage-

ments: Mythos und Realität des »Intrapreneurs«. In: Industrielle Beziehungen, 5, 1, S. 101– 118.

Feather, N. T. (1990): Bridging the Gap between Values and Actions: Recent Applications of the xpectancy-Value-Model In: R. M. Sorrentino/E. T. Higgins (Eds.) (1990): The handbook of motivation and cognition: Foundations of social behavior, 2, New York, S. 151–192.

Feichtinger, G./M. Kopel (1994): Nichtlineare dynamische Systeme und Chaos: Neue Impulse für die Betriebswirtschaftslehre? In: Zeitschrift für Betriebswirtschaft 64, S. 7–34.

Feldmann, D. C. (2000): Re-examining the effects of psychological contract violations: unmet expectations and job dissatisfaction as mediators. In: Journal of Organisational Behaviour, Vol. 21, Issue 1, 2000, S. 25–42.

Ferris, G. R./Frink, D. D./Galang, M. C./Zhou, J./Kacmar, K. M./Howard, J. E. (1996): Perceptions of organizational politics: predictions, stress-related implications, and outcomes. In: Human Relations, 49, S. 233–266.

Ferris, G. R./Kacmar, K. M. (1992): Perceptions of organizational politics. In: Journal of Management, 18, S. 93–116.

Ferris, G. R./Russ, G. S./Fandt, P. M. (1989): Politics in organizations. In: Giacalone, R. A./Rosenfeld, P. (Eds.): Impression Management in Organizations. Sage, Newbury Park, CA, S. 143–170.

Ferris, G. R., Frink, D. D., Gilmore, D. C./Kacmar, K. M. (1994): Understanding politics: Antidote for the dysfunctional consequences of organizational politics as a stressor. In: Journal of Applied Social Psychology, 1994, 24, 1204–20.

Festing, M./Groening, Y./Weber, W. (1998): Die theoretische Erklärung der Personalpolitik aus der Perspektive des Harvard-Ansatz. In: Martin, A./ Nienhüser, W. (Hrsg.): Personalpolitik. Wissenschaftliche Erklärung der Personalpraxis. München, S. 407–431.

Festinger, L. (1957): A theory of cognitive dissonance. Stanford, CA.

Festinger, L. (1978): Theorie der kognitiven Dissonanz, Stuttgart.

Fiedler, F. E. (1967): A Theory of Leadership Effectiveness. New York et al.

Fiedler, F. E./Bell, C. H./Chemers, M. M./Patrick, D. (1984): Increasing Mine Productivity and Safety through Management Training and Organization Development. A Comparative Study. In: Basic and Applied Psychology, S. 1–18.

Fiedler, F. E./Chemers, M. M./Mahar, L. (1979): Der Weg zum Führungserfolg: ein Selbsthilfeprogramm für Führungskräfte, Stuttgart.

Fiedler, F. E./Chemers, M./Mahar, M. (1976): Improving Leadership Effectiveness. New York.

Fiedler, F. E./Mahar, M. (1979): The Effectiveness of Contingency Model Training: Validation of Leader Match. In: Personnel Psychology, S. 45–62.

Fiedler, H./Mai-Dalton, R. (1995): Führungstheorien – Kontingenztheorie. In: Kieser, A./Reber, G./Wunderer, R. (Hrsg.): Handwörterbuch der Führung. 2. Aufl., Stuttgart, Sp. 940–953.

Fineman, S. (1993): Emotions in Organisations. London.

Fineman, S. (1994): Organizing and emotions: towards a social construction. In: Hassard, J./Parker, M. (1994): Towards a New Theory of Organizations. London, S. 79ff.

Fineman, S./Gabriel, Y. (1996): Experiencing organizations. London.

Fiol, C. M./Hatch, M. J./Golden-Riddle, K. (1998): Organisational culture and identity: What's the difference anyway? In: D. Whetten/P. Godfrey (Eds.), Identity in organizations: Developing theory through conversations: 56–59. Thousand Oaks, CA.

Fiorelli, J. S. (1988): Power in work groups: Team member's perspectives. In: Human Relations, 41, S. 1–12.

Fischer, G. (1955): Partnerschaft im Betrieb. Heidelberg.

Fischer, L. (1989): Strukturen der Arbeitszufriedenheit. Göttingen.

Fischer, L. (1992): Rollentheorie. In: Frese, E. (Hrsg.) (1992): Handwörterbuch der Organisation. 3. Aufl. Stuttgart, Sp. 2224–2234.

Fischer, L. (Hrsg.) (1991): Arbeitszufriedenheit. Stuttgart.

Fischer, W. (1999): Gesellschaftliche Öffnung des Unternehmens. Anforderungen an die gesellschaftspolitisch orientierte Führungskraft. München.

Fisher, C. D. (1980): On the dubious wisdom of expecting job satisfaction to correlate with performance. In: Academy of Management Review, 5, S. 607–612.

Fisher, C. D. (2000): Mood and emotions while working: missing pieces of job satisfaction? In: Journal of Organisational Behaviour, Vol. 21, Issue 2, 2000. S. 185–202

Fisher, C. D./Locke, E. A. (1992): The new look in job satisfaction: research and theory. In: Smith, S./Stone, E. F. (Hrsg.), Jobsatisfaction: How people feel about their jobs and how it affects their performance. New York S. 163 f.

Fisher, R./Ury, W. (1984): Das Harvard-Konzept. Frankfurt a.M.

Flanagan, G. (1954): The Critical Incident Technique. In: Psychological Bulletin, Vol. 51, July, S. 327–358.

Fleishman, E. A. (1973): Twenty Years of Consideration and Structure. In: Fleishman, E.A./Hunt, J.G. (Hrsg.): Current Developments in the Study of Leadership. Carbondale/Edwardsville, S. 1–37.

Flick, U./Kardorff von, E./Keupp, H./Rosenstiel von, L./Wolff, S. (1995): Handbuch Qualitative Sozialforschung. Grundlagen, Konzepte, Methoden und Anwendungen. Weinheim.

Florek, T. (1986): Das Organisationsklima als Einflussfaktor auf ausgewählte personalwirtschaftliche Aspekte. München.
Folger, R. (1986): Rethinking equity theory. In: Bierhoff, H. W./Cohen, R. L./Greenberg, J. (Eds): Justice in social relations. New York, S. 145–162.
Folger, R./Konovsky, M. A. (1989): Effects of procedural and distributive justice on reactions to pay raise decisions. Academy of Management Journal, 32: 115–130.
Foy, N. (1980): The Yin and Yang of Organizations. London.
Foy, N. (1994): Empowering people at work, Brookfield, Aldershot.
Frank, R. (1988): Passion within Reason. New York.
Franke, J./Winterstein, H. (1996): Arbeitsbezogenes Transparenzerleben als zentrales Element der Organisationsdiagnostik. München.
Frankl, V. E. (1979): Der Mensch vor der Frage nach dem Sinn, München.
Franks, D. D./Gecas, V. (Hrsg) (1992): Social Perspectives on Emotions. A Research Agenda. In: Annual, Vol. 1, Greenwich, S. 95–124.
Franz, G./Willi, H. (1987): Wertewandel und Mitarbeitermotivation; in: Harvard Manager 1/87
Franzpötter, R. (1997): Organisationskultur – Begriffsverständnis und Analyse aus interpretativ-soziologischer Sicht. Baden-Baden
Frayne, C. A./Geringer, J. M. (1993): Joint venture general managers: Key issues in research and training, in Ferris, G./Rowland, K./Shaw, S./Kirkbride, P. (Eds.): Research in Personnel and Human Resources Management, Supplement 3, S. 301–321.
Freeman R. B./Kleiner M. M./Ostroff, C. (2000): The Anatomy of employee involvement and its effects of firms and workers, Cambridge, Mass.
French, E. G. (1955): Some Characteristics of Achievement Motivation. In: Journal of Experimental Psychology, Vol. 50, 1955, S. 232–236.
Frese, E. (Hrsg.) (1992): Handwörterbuch der Organisation. 3. Aufl., Stuttgart.
Frese, M. (1990): Arbeit und Emotion – Ein Essay. In: Frei, F./Udris, I. (1990): Das Bild der Arbeit. Bern, S. 285–301.
Frese, M. (1998a): Social support as a moderator of the relationship between work stressors and psychological dysfunctioning: A longtudinal study with objective measures. Manuscript submitted to University Amsterdam, Faculty of Psychology Amsterdam.
Frese, M. (1998b): Theoretical model of control and health. In: Sauter, S. L./Hurrell, J. J./Cooper, C. L. (Eds) (1989): Job control and worker health. Chichester, S. 108–128.
Frese, M./Erbe-Heinbokel, M./Grefe, J./Rybowiak, V./Weike, A. (1994): Mir ist es lieber, wenn ich genau gesagt bekomme, was ich tun muss: Probleme der Akzeptanz von Verantwortung und Handlungsspielraum in Ost und

West. In: Zeitschrift für Arbeits- und Organisationspsychologie, 38, S. 22–38.
Frese, M./Kring, W./Soose, A./Zempel, J. (1996): Personal Initiative at Work. Differences between East and West Germany. In: Academy of Management Journal, 39, S. 37–63.
Frese, M./Semmer, N. (1991): Stressfolgen in Abhängigkeit von Moderatorvariablen: Der Einfluss von Kontrolle und sozialer Unterstützung. In: Greif, S./Bamberg, E./Semmer, N. (Hrsg.): Psychischer Stress am Arbeitsplatz. Göttingen, S. 135–153.
Frey, B. S. (1992): »Tertium datur: pricing, regulation and intrinsic motivation«. In: Kyklos vol. 45, S. 537–563.
Frey, B. S. (1997): Markt und Motivation. Wie ökonomische Anreize die (Arbeits-)Moral verdrängen. München.
Frey, B. S./Osterloh, M. (2000): Managing Motivation. Wie Sie die neue Motivationsforschung für Ihr Unternehmen nutzen können, Wiesbaden.
Frey, B. S./Osterloh, M. (1997): Sanktionen oder Seelenmassage? Motivationale Grundlagen der Unternehmensführung. In: Die Betriebswirtschaft, 57, (3), S. 307–321.
Frey, D. (1983): Kognitive Theorien in der Sozialpsychologie. In: Frey, D./Greif, S. (Hrsg.) (1983): Sozialpsychologie. München, S. 50–67.
Frey, D. (1995): Die Theorie der kognitiven Dissonanz. In: Frey, D./Irle, M. (Hrsg.): Theorien der Sozialpsychologie: Band I. Kognitive Theorien, 2. Aufl., Bern, S. 243–292.
Frey, D./Kleinmann, M./Barth, S. (1995): Intrapreneuring und Führung. In: Kieser, A./Reber, G./Wunderer, R. (Hrsg.): Handwörterbuch der Führung. 2. Aufl., Stuttgart, Sp. 1272–1284.
Friczewski, F. (1985): Ganzheitlich-qualitative Methoden in der Stressforschung. In: Jüttemann, G. (Hrsg.): Qualitative Forschung in der Psychologie. Weinheim, S. 282–296.
Friedman, M./R. H. Rosenman (1984): Type A Behavior and your Heart. New York.
Friedman, M./Rosenman, R. (1977): The key cause – Type A behavior patterns. In: Monat, A./Lazarus, R. (1977): Stress and coping, New York.
Friedrichs, Jürgen (1998): Methoden der empirischen Sozialforschung. Opladen.
Fritz, R. (1987): The Path of Least Resistance, New York.
Fröhlich, D. (1983): Machtproblem in teilautonomen Arbeitsgruppen. In: Kölner Zeitschrift für Soziologie und Sozialpsychologie (Sonderheft), 12, S. 532–551.
Fromm, E. (1991): Die Pathologie der Normalität, Frankfurt
Froschauer, U./Lueger, M. (1992): Das qualitative Interview, Wien

Frost, D. E. (1986): A Test of Situational Engineering for Training Leaders. In: Psychological Reports, S. 771–782.
Furnham, A. (1997): The Psychology of Behaviour at Work. Hove.
Furnham, A./Drakeley, R. J. (1993): Work locus of control and perceived organizational climate. In: European Work and Organizational Psychologist, 3, S. 1–9.

Gabele, E./Oechsler, W./Liebel, H. (1982): Führungsgrundsätze und Führungsmodelle. Bamberg.
Gagliardi, P. (1996): Exploring the Aesthetic Side of Organizational Life In: Clegg, S./Hardy, C./Nord, W. R. (eds) (1996): Handbook of Organization Studies, S. 566–580.
Galinsky, A. D./Stone, J./Cooper, J. (2000): The reinstatement of dissonance and psychological discomfort following failed affirmations. In: European Journal of Social Psychology, Vol. 30, Issue 1, 2000, S. 123–147.
Gallois, C. (1993): The language and communication of emotion: universal, interpersonal, or intergroup. In: American Behavioral Scientist, 36, 3/1, S. 309–38.
Gandz, J./Murray, V. V. (1980): The experience of workplace politics. In: Academy of Management Journal, 23, S. 237–251.
Gapski, H./Gehrke, G. (1999): Medienkompetenz. Europäisches Zentrum für Medienkompetenz; Marl; http://www.ecmc.de/literatur/medienkompetenz
Gardner, D. G./Pierce, J. L. (1998): Self-Esteem and Self-Efficacy within the Organizational Context: an Empirical Examination. In: Group & Organization Management 23 (1), S. 48–70.
Gardner, W. L., & *Avolio, B. J.* (1998): The charismatic relationship: A dramaturgical perspective. In: Academy of Management Review, 23, S. 32–58.
Garz, D./Kraimer, K. (1991) (Hg.): Qualitativ-Empirische Sozialforschung. Konzepte, Methoden, Analysen. Opladen
Gaugler, E. (1972): Zukunftschancen der betrieblichen Partnerschaft. In: Geißler, A./Fricke, W. (Hrsg.): Das Ahrensburger Modell. Ahrensburg, S. 149–157.
Gaugler, E. (1997): Mitarbeiter als Mitunternehmer – Die historischen Wurzeln eines Führungskonzepts. In: Klimecki, R./Remer, A. (Hrsg.) (1997): Personal als Strategie. Mit flexiblen und lernbereiten Human-Ressourcen Kernkompetenzen aufbauen. Festschrift für Rolf Wunderer. Neuwied et al., S. 507–520.
Gaugler, E./Martin, A. (1979): Fluktuation und krankheitsbedingte Fehlzeiten als Indikatoren für Arbeitszufriedenheit. In: Wunderer, R. (Hrsg.) (1979): Humane Personal- und Organisationsentwicklung, Berlin, S. 93–114.

Gawellek, U. (1987): Erkenntnisstand, Problem und praktischer Nutzen der Arbeitszufriedenheitsforschung, Frankfurt.
Gebert, D. (1974): Organisationsentwicklung – Probleme des geplanten organisatorischen Wandels. Stuttgart.
Gebert, D. (1979): Arbeitsunzufriedenheit, Situationskontrolle und Resignation – Ergebnisse einer Befragung. In: Problem und Entscheidung, 23, S. 1– 32.
Gebert, D. (1992): Arbeitsgruppe. In: E. Gaugler/W. Weber (Hrsg.): Handwörterbuch des Personalwesens. 2. Aufl., Stuttgart, Sp. 120–129.
Gebert, D. (1995): Führung im MbO-Prozess. In: Kieser, A./Reber, G./Wunderer, R. (1995) (Hrsg.): Handwörterbuch der Führung. 2. Aufl., Stuttgart, Sp. 426–436.
Gebert, D./Rosenstiel, L. v. (1996): Organisationspsychologie. 4. Aufl., Weinheim.
Geen, R. G. (1995): Human Motivation: A Social Psychology Approach. Pacific Grove, CA.
Gehlen, A. (1952): Über die Geburt der Freiheit aus der Entfremdung In: Schrey, H. H. (1975): Entfremdung, Darmstadt.
Gehlen, A. (1997): Der Mensch. Seine Natur und seine Stellung in der Welt, 13. Aufl., Stuttgart.
Geißler, A./Fricke, W. (Hrsg.) (1972): Das Ahrensburger Modell. Ahrensburg.
George, J. M. (1989): Mood and absence. In: Journal of the Applied Psychology, 74, S. 317–324.
George, J. M. (1990): Personality, affect, and behavior in groups. In: Journal of Applied Psychology, 75, S. 107–116.
George, J. M. (1991): State or trait: effects of positive mood on prosocial behaviors at work. In: Journal of Applied Psychology, 76, S. 299–307.
George, J. M. (1996): Group affective tone. In: M. A. West (Ed.) Handbook of Work Group Psychology. Chichester, S. 77–93.
George, J. M. (2000): Emotions and leadership: The role of emotional intelligence. In: Human Relations, Vol. 53, S. 8.
George, J. M./Brief, A. P. (1992): Feeling good-doing good: A conceptual analysis of the mood at work-organisational spontaneity relationship. In: Psychological Bulletin, 112, S. 310–329.
George, J. M. (1992): Extrinsic and intrinsic origins of social loafing in organizations. In: Academy of Management Journal, 35, S. 191–202.
Gergen, K. J./Gergen, M. M. (1988): Narrative and the self as relationship. In: Berkowitz, L. (1988): Advances in Experimental Social Psychology, Vol. 21, S. 17–56.
Gerhard, A./Michailow, M. (1991): Dilemmata von Beschäftigen mit flexiblen Arbeitszeiten. In: Littek, W./Heisig, U./Gondeck, H. D. (Hrsg.)

(1991): Dienstleistungsarbeit. Strukturveränderungen, Beschäftigungsbedingungen und Interessenlagen, Berlin.

Gerhards, J. (1988): Emotionsarbeit. Zur Kommerzialisierung von Gefühlen. In: Soziale Welt, 39, S. 47–65.

Gerhards, J. (1989): The changing culture of emotions in modern society. In: Social Science Information, 28, S. 737–754.

Gerhardt, B. (1987): How important are dispositional factors as determinants of job satisfaction – Implications for job design perspectives. In: Learning and Individual Differences, 2, S. 219–237.

Gerig, V. (1998): Kriterien zur Beurteilung unternehmerischen Handelns von Mitarbeitern und Führungskräften. Mering.

Geyer, F. (1994): Alienation, Participation and Increasing Societal Complexity. In: Kybernetes; 23:2 1994; S. 10–34.

Giarini, O./Liedtke. P. M. (1999): Wie wir arbeiten werden. Der neue Bericht an den Club of Rome. Hamburg.

Giddens, A. (1995): Konsequenzen der Moderne, Frankfurt.

Gioia, D. A./Sims, H. P. (1986): The Thinking Organisation. San Francisco.

Gioia, D. A./Schultz, M./Corley, K. G. (2000): Organizational identity, image and adaptive instability. In: Academy of Management Review, 25(1): S. 63–81.

Glaser, J./Büssing, A. (1996): Widersprüchliche Anforderungen in der Arbeitstätigkeit, Zusatzaufwand und psychischer Stress. Konzepte und Überprüfung eines Vermittlungsmodells. In: Zeitschrift für Arbeits- und Organisationspsychologie, 40, S. 87–91.

Glasl, F. (1999): Konfliktmanagement. Bern.

Gniech, G./Grabitz, H. J. (1978): Freiheitseinengung und psychologische Reaktanz. In: Frey, D. (Hrsg.) (1978): Kognitive Theorien der Sozialpsychologie. Bern/Stuttgart/Weinheim.

Göbel, E. (1993): Selbstorganisation: Ende oder Grundlage rationaler Organisationsgestaltung. In: ZfO 1993, Nr. 6, S. 391–395.

Göbel, E. (1998): Theorie und Gestaltung der Selbstorganisation. Berlin.

Goleman, D. (1995): Emotional Intelligence: Why it can matter more than IQ. New York.

Goleman, D./Griese, F. (1996): Emotionale Intelligenz. München et al.

Golembiewski, R. T./McConkie, M. (1975): The centrality of interpersonal trust in group processes. In: Cooper, C. L. (Hrsg): Theories of group processes. London, S. 131–186.

Gollwitzer, P. M. (1987): The implementation of identity intentions: A motivational-volitional perspective of symbolic self-completion. In: Halisch, F./Kuhl, J. (Hrsg.): Motivation, intention and volition. Berlin, S. 349–369.

Gomez, P. (1990): Autonomie durch Organisation. Die Gestaltung unternehmerischer Freiräume. In: Bleicher, K./Gomez, P. (Hrsg.): Zukunftsperspektiven der Organisation. Bern, S. 99–113.

Gomez, P./Probst, G. J. B. (1995): Die Praxis ganzheitlichen Problemlösens. Vernetzt denken, unternehmerisch handeln, persönlich überzeugen. Bern et al.

Gomez, P./Rüegg-Stürm, J. (1997): Teamfähigkeit aus systemischer Sicht – zur Bedeutung und den organisatorischen Herausforderungen von Teamarbeit. In: Klimecki, R./Remer, A. (Hrsg.) (1997): Personal als Strategie. Mit flexiblen und lernbereiten Human-Ressourcen Kernkompetenzen aufbauen. Neuwied et al., S. 136–157.

Goodson, J. R./McGee, G. W./Cashman, J. F. (1988): Situational Leadership Theory. In: Group & Organization Studies, S. 446–461.

Gordon, S. L. (1990): Social structural effects on emotions. In: Kemper, T. D. (1990): Research agendas in the sociology of emotions. Albany, S. 145–179.

Gotthardt-Lorenz, A./Walther, I. (1998): Berufs- und Arbeitsfeldorientierung – der Blickwinkel, der Supervision zur Supervision macht. In: Hausegger, Trude/Tatschl, Siegfried/Walther, Ingrid (Hrsg.), Supervision – den beruflichen Alltag professionell reflektieren, Innsbruck, S. 11–22.

Götz, K. (Hrsg.) (1999): Wissensmanagement. Zwischen Wissen und Nichtwissen. München.

Gouldner, A. (1957): Cosmopolitans and Locals. In: Administrative Science Quarterly, S. 281–306.

Gouldner, A. (1958): Cosmopolitans and Locals. In: Administrative Science Quarterly, S. 444–480.

Graeff, C. L. (1983): The situational leadership theory: A critical view. In: Academy of Management Review, 8, S. 285–291.

Graen, G. (1976): Role Making Processes Within Complex Organizations. In: Dunnette, M. (Hrsg.): Handbook of Industrial and Organisational Psychology, Rand, S. 1201–1245.

Grauer, F. (1997): Betriebliches Personalmanagement für ältere Mitarbeiter. Unveröffentlichte Dissertation. Universität Münster.

Greenberg, J. (1982): Approaching equity and avoiding inequity in groups and organizations. In: Greenberg, J./Cohen R. L. (Eds.): Equity and justice in social behavior. New York, S. 389–436.

Greene R. J. (1985): Coping Creatively With Stress, In: Proceedings 1985. Society of american Value Engineers. Northbrook.

Greif, S. (1983): Konzepte der Organisationspsychologie. Bern.

Greif, S., Bamberg, E., Semmer, N. (Hrsg.) (1991): Psychischer Stress am Arbeitsplatz, Göttingen.

Griffin, R. W./Skivington, D. D./Morrhead, G. (1987): Symbolic and international (sic), Perspectives on Leadership: An integrative Framework. In: Human Relations, 40, S. 199–218.
Gross, P. (1992): Ein Betrieb ist kein Aquarium! Innere Kündigung als gesellschaftliches Phänomen. In: Hilb, M. (Hrsg.) (1992): Innere Kündigung – Ursachen und Lösungsansätze. Zürich, S. 87–98.
Gross, P. (1994): Die Multioptionsgesellschaft. Frankfurt.
Grove, S. J./Fisk, R. P./Bitner, M. J. (1992): Dramatising the service Experience: a managerial Approach. In: Swartz, T. A./Bowen, D. E./Brown, S. W. (Eds.). In: Advances in Services Marketing and Management, Vol. 1, S. 91–121.
Gruneberg, M. M. (1981): Understanding job satisfaction. Reprint, London.
Grunwald, W./Redel, W. (1989): Soziale Konflikte. In: E. Roth (Hrsg.): Organisationspsychologie (Enzykl. d. Psychologie, Bd. D/III/3). Göttingen, S. 529–551.
Guest, D. (1998): »Is the Psychological Contract Worth Taking Seriously?«, Journal of Organizational Behaviour, 19, S. 649–654.
Guetzkow, H./Kriesberg, M. (1950): Executive use of adminstartive conference. In: Personnnel, 26, S. 318–323.
Gutmann, J. (Hrsg.) (1999): Arbeitszeitmodelle. Die neue Zeit der Arbeit: Erfahrungen mit Konzepten der Flexibilisierung. Stuttgart.

Hacker, W. (1986): Aspekte einer gesundheitsstabilisierenden und -fördernden Arbeitsgestaltung. In: Zeitschrift für Arbeits- und Organisationspsychologie, 35, S. 48–58.
Hacker, W. (1999): Regulation und Struktur von Arbeitstätigkeiten, In: Hoyos, C./Frey, D. (Hrsg): Arbeits- und Organisationspsychologie. Weinheim, S. 385–395.
Hacker, W. (1986): Arbeitspsychologie, Bern, Stuttgart.
Hacker, W./Richter, P. (1990): Psychische Regulation von Arbeitstätigkeiten. In: Das Bild der Arbeit; hrsg. von Frei, F. und Udris, I.; Bern, S. 125–142.
Hacket, R. D./Guion, R. M. (1985): A reevaluation of the absenteeism-job satisfaction relationship. Organizational Behavior and Human Decision Processes, 35, S. 340–381.
Hackett, R. D./Guion, R. M. (1985): A re-evaluation of the absenteeism-job satisfaction relationship. In: Organizational Behaviour and Human Decision Processes, 35, S. 340–381.
Hacking, I. (1986): Making up People. In: Heller, T. C./Sosna, M./Wellbery, D. E. (1986): Reconstructing Individualism. Stanford, S. 222–236.
Hackman, J. R./Oldham, G. R. (1975): Development of the job diagnostic survey. In: Journal of Applied Psychology, 60, S. 159–170.

Hackman, J. R./Oldham, G. R. (1980): Work Redesign. Reading, Mass.
Hackman, J. R./Oldham, G./Janson, R./Purdy, K. (1975): A new strategy for job enrichment. In: California Management Review, 17, S. 57–71.
Hackman, J. R./Porter, L. W. (1968): Expectancy theory predictions of work effectiveness, In: Organisational Behaviour and Human Performance, November, S. 417–426.
Hackman, J. R./Porter, L. W. (1975): Behavior in organizations, New York, London.
Hackman, J. R. (1986): The psychology of self-management in organizations. In: Pallack, M.S./Perloff, R.O. (Eds.): Psychology and work: Productivity, change, and employment, S. 89–135.
Hackman, J. R./Oldham, G.R. (1976): Motivation through the design of work: Test of a theory. In: Organizational Behavior and Human Performance, 16, S. 250–279.
Hackstein, R./Heeg, F.-J./v. Below, F. (Hrsg.) (1986): Arbeitsorganisation und neue Technologien, Berlin.
Haley, M .J. (1983): Relationship between Internal and External Locus of Control Beliefs, Self-Monitoring and Leadership Style Adaptability. Dissertation Abstracts International, 44 (11B).
Hall, L./Vacc, N. A./Kissling, G. (1991): Likelihood to use Employee Assistance Programs: The effects of sociodemographic, social-psychological, sociocultural, organizational, and community factors. In: Journal of Employment Counseling, 28, S. 63–73.
Hamann, A./Huber, J. J. (1991): Coaching: Der Vorgesetzte als Trainer. Darmstadt.
Hammer, M./Champy, J. (1994): Business Reengineering. Die Radikalkur für das Unternehmen. Frankfurt a.M.
Hanft, A. (1991): Identifikation als Einstellung zur Organisation. München.
Hanft, A. (1998): Personalentwicklung zwischen Weiterbildung und »organisationalem Lernen«. München.
Hardenacke, H./Peetz, W./Wichardt, G. (1985): Arbeitswissenschaft, München.
Harlow, K. (1998): Employee attitudes toward an internal Employee Assistance Program. In: Journal of Employment Counseling, Sep, Vol. 35 Issue 3, S. 141–51.
Harré, R. (1986): The Social Construction of Emotions. Oxford.
Harris, L. (1996): The high cost of pain. In: HR Focus, Oct 96, Vol. 73 Issue 10, S. 19–21.
Harrison, M. I./Shirom, A. (1998): Organizational Diagnosis and Assessment: Bridging Theory and Practice. London.
Harrison, D. A./Martocchio, J. (1998): Time for absenteeism: a 20-year review of origins, offshoots, and outcomes. In: Journal of Management 24, May-June, S. 305–350.

Harrison, R. (1987): Organization culture and Quality of Service. A Strategy for Releasing Love in the Workplace, London.
Harvard Business School (2000): Harvard Business Review on Work and Life Balance, Boston.
Hater, J. J./Bass, B. M. (1988): Superiors »Evaluations and Subordinates«. Perceptions of Transformational and Transactional Leadership. In: Journal of Applied Psychology, S. 795–702.
Haupt, R. (1988): Arbeitsmoral zwischen Sinnkrise und Leistungsverweigerung. Arbeitsbericht der Universität Köln. Lehrstuhl Personalwirtschaft, Köln.
Hauschild, J./Gemünden, H. G. (Hrsg.) (1998): Promotoren – Champions der Innovation, Wiesbaden.
Hauser, A./Neubarth, R./Obermair, W. (1997): Management-Praxis. Handbuch soziale Dienstleistungen, Neuwied.
Hauser, E. (1993): Coaching von Mitarbeitern. In: L. v. Rosenstiel/E. Regnet & M. Domsch (Hrsg.), Führung von Mitarbeitern – Handbuch für erfolgreiches Personalmanagement (2. Aufl.), Stuttgart, S. 223–236.
Hax, K. (1969): Personalpolitik und Mitbestimmung. Köln.
Heckhausen, H. (1989): Motivation und Handeln. Berlin et al.
Heckhausen, H./Gollwitzer, P. M./Weinert, F. E. (Hrsg.) (1987): Jenseits des Rubikon: Der Wille in den Humanwissenschaften. Berlin, Heidelberg, New York.
Hedberg, B. (1981): How Organizations Learn and Unlearn. In: Nystrom, P./ Starbuck, W. (Hrsg.): Handbook of Organizational Design. New York, S. 3–26.
Heider, F. (1958): The psychology of interpersonal relations. New York.
Heider, F. (1960): The Gestalt theory of motivation, In: M. R. Jones (Hrsg.): Nebraska Symposium on Motivation. Lincoln, Vol. 8, S.145–171.
Heinen, E. (Hrsg) (1987): Unternehmenskultur. München.
Heinrich, P./Schulz zur Wiesch, J. (Hrsg.) (1998): Wörterbuch der Mikropolitik; Opladen.
Heintel, P. (1993): Personalentwicklung in der Spannung von Organisation, Funktion und Person. Eine Skizze. In: Laske, S. (Hrsg.) (1993): Spannungsfeld Personalentwicklung. Konzeption, Analysen, Perspektiven. Wiesbaden, S. 19–40.
Heintel, P./Krainz, E. (1994): Projektmanagement. 3. Aufl., Wiesbaden.
Heinze, R./Rinck, E. (1997): Der Aufschwung beginnt bei mir. Führungskompetenz durch Selbstcoaching, Zürich.
Heinze, T. (1994): Qualitative Sozialforschung. Erfahrungen, Probleme und Perspektiven. Opladen.
Heller, A. (1981): Theorie der Gefühle. Hamburg.

Hemingway, M. A./Smith, C. S. (1999): Organizational climate and occupational stressors as predictors of withdrawal behaviours and injuries in nurses. In: Journal of Occupational and Organizational Psychology, 72, S. 285–299.
Heneman, H. G. (1985): Pay satisfaction. Research in Personnel and Human Resources Management, 3. S. 115–139.
Heneman, H. H./Schwab, D. P. (1972): Evaluation of Research on Expectancy Theory Prediction of Employee Performance. In: Psychological Bulletin, Vol. 78, S. 1–9.
Heneman, R. L./Greenberger, D. B./Anonyuo, C. (1989): Attributions and exchanges: The effects of interpersonal factors on the diagnosis of employee performance. In: Academy of Management Journal, 32, S. 466–476.
Hennemann, C. (1997): Organisationales Lernen und die lernende Organisation. Entwicklung eines praxisbezogenen Gestaltungsvorschlages aus ressourcenorientierter Sicht. München.
Hentze, J. (1991): Personalwirtschaftslehre, 5. Aufl., Bern, Stuttgart.
Hentze, J. (1995): Personalwirtschaftslehre, 6. Aufl., Bern, Stuttgart.
Hentze, J./Kammel, A./Linder, K. (1997): Personalführungslehre. 3. Aufl., Bern, Stuttgart.
Herber, H. F. (1976): Motivationspsychologie. Stuttgart.
Herrmann, T./Scheer, A.-W./Weber, H. (1998): Verbesserung von Geschäftsprozessen mit flexiblen Workflow-Management-Systemen, Berlin
Hersey, P./Angelini, A.L./Carakushansky, S. (1982): The Impact of Situational Leadership and Classroom Structure on Learning Effectiveness. In: Group & Organization Studies, S. 216–224.
Hersey, P./Blanchard, H. H. (1982): Management of Organizational Behaviour. 4. Aufl., Englewood Cliffs.
Herzberg, F. (1966): Work and the Nature of Man. Cleveland.
Herzberg, F. (1973): The Motivation to Work. New York.
Herzberg, F. (1978): One More Time: How do you motivate Employees? In: Natemeyer, W. E. (Hrsg): Classics of organizational behavior. Oak Park, S. 95–106.
Herzberg, F. (1982): The managerial choice: To be efficient and to be human. Salt Lake City, UT.
Herzberg, F. (1987): Innovation: Where is the relish? In: Journal of Creative Behavior, 21, 3, S. 179–192.
Herzberg, F./Mausner, B./Snyderman, B. (1959): The Motivation to Work, 2. Aufl., New York.
Hesch, G. (1997): Das Menschenbild neuer Organisationsformen. Wiesbaden.
Heyse, V. (1999): Selbstorganisiertes Lernen. In: v. Rosenstiel, L./Regnet, E./ Domsch, M. (1993): Führung von Mitarbeitern. Stuttgart, S. 559–583.

Higgins, E. T./Rhodewalt, F./Zanna, M. P. (1979): Dissonance motivation: its nature, persistence, and reinstatement. In: Journal of Experimental Social Psychology, 15, S. 16–34.

Hilb, M. (1984): Diagnoseinstrumente zur Personal- und Organisationsentwicklung. Bern/Stuttgart.

Hilb, M. (1985): Personalpolitik für multinationale Unternehmen. Zürich.

Hilb, M. (1990a): »Persönlichkeit« Unternehmung. In: Personalwirtschaft, (4), S. 26–31.

Hilb, M. (1990b): Förderung der Selbstentwicklung durch unternehmungsspezifische Personalentwicklung. In: Haller, M./Hauser, H./Zäch, R. (Hrsg.): Ergänzungen. Ergebnisse der wissenschaftlichen Tagung anlässlich der Einweihung des Ergänzungsbaus der Hochschule St. Gallen, S. 233–234.

Hilb, M. (1995): Innere Kündigung und Führung. In: Kieser, A./Reber, G./Wunderer, R. (Hrsg.): Handwörterbuch der Führung, 2. Aufl. Stuttgart, Sp. 1186–1200.

Hilb, M. (1997a): Management by Mentoring. Ein wiederentdecktes Konzept zur Personalentwicklung. Neuwied et al.

Hilb, M. (1997b): Management der Human-Ressourcen in virtuellen Organisationen. In: Müller-Stewens, G. (Hrsg.): Virtualisierung von Organisationen. Zürich/Stuttgart, S. 83–95.

Hilb, M. (1999): Integriertes Personalmanagement, 6. Aufl., Neuwied/Kriftel.

Hilb, M. (Hrsg.) (1992): Innere Kündigung – Ursachen und Lösungsansätze. Zürich.

Hill, W./Fehlbaum, R./Ulrich, P. (1989): Organisationslehre. Ziele, Instrumente und Bedingungen der Organisation sozialer Systeme. Band 1 und 2, 4. Aufl. Stuttgart

Hirschhorn, L. (1988): The workplace within. The psychodynamics of organizational life. Cambridge, Mass.

Hochschild, A. R. (1983): The Managed Heart. Commercialization of Human Feelings, Berkeley.

Hochschild, A. R. (1990): Das gekaufte Herz. Zur Kommerzialisierung der Gefühle. Frankfurt.

Hoff, E.-H. (1990): Identität und Arbeit, In: Baitsch, Ch./Ulich, E. (1990): Arbeit und Identität, psychosozial, 13. Jg. 1990 Heft III, S. 7–25.

Hoffmann, F. (1980): Führungsorganisation. Bd. 1. Tübingen.

Hoffstätter, P. R. (1986): Gruppendynamik. 3. Aufl. Reinbek.

Hofstede, G. (1980): Motivation, leadership, and organization: Do American theories apply abroad? Organizational Dynamics, 9 (Summer), S. 42–63.

Hofstede, G. (1997): Lokales Denken, globales Handeln. Kulturen, Zusammenarbeit und Management. München.

Hogan, E./Hogan, K. G. (1989): How to measure employee reliability. In: Journal of Applied Psychology, 74, S. 273–79.
Höhn, R. (1966): Stellenbeschreibung und Führungsanweisung. Bad Harzburg.
Höhn, R. (1983): Die innere Kündigung im Unternehmen. Bad Harzburg.
Höhn, R. (1987): Das Harzburger Modell. In: Kieser, A./Reber, G./Wunderer, R. (Hrsg.): Handwörterbuch der Führung. Stuttgart, Sp. 614–621.
Holbeche, L. (1998): Motivating People in Lean. New York.
Hollaway, W. (1985): Brave New Workplace. New York.
Holleis, W. (1987): Unternehmenskultur und moderne Psyche. Frankfurt.
Hollstein, W. (1989): Der Schweizer Mann. Zürich.
Holzkamp-Osterkamp, U. (1981): Grundlagen der psychologischen Motivationsforschung. Frankfurt.
Homans, G. C. (1958): Social behavior as exchange. In: American Journal of Sociology, 62, S. 597–606.
Homans, G. C. (1968): Elementarformen sozialen Verhaltens. Köln.
Hopf, C./Weingarten, E. (Hrsg.) (1993): Qualitative Sozialforschung. Stuttgart.
Horst, A. (1997): Präventionskonzepte, in: Luczak, H. (1997): Arbeitswissenschaft, Stuttgart 1997, S. 815–818.
Hosking, D. M./Morley, I. E. (1991): A Social Psychology of Organising. Chichester.
House, J. S./Umberton, D./Landis, K. R. (1988): Structures and processes of social support. In: Annual Review of Psychology, 14, S. 293–318.
House, R.J./Shamir, B. (1995): Führungstheorien – Charismatische Führung. In: Kieser, A./Reber, G./Wunderer, R. (Hrsg.): Handwörterbuch der Führung. 2. Aufl., Stuttgart, Sp. 878–897.
Hovland, C. I./Janis, I./Kelley, H. H. (1953): Communication and Persuasion. New Haven.
Howell, J. M./Frost, P. J. (1989): A laboratory study of charismatic leadership. In: Organizational Behavior and Human Decision Process, 43: S. 243–269.
Huber, A. (1998): Demographischer Wandel und Personalmangement. In: Personalführung, 1, S. 39–43.
Huck, H. H. (1989): Coaching. In: H. Strutz (Hrsg.), Handbuch Personalmarketing, Wiesbaden, S. 413–420.
Hulin, C. L. (1991): Adaptation, persistence, and commitment in organizations. In: M. D. Dunnette (Hrsg.), Handbook of industrial and organizational psychology, New York, S. 445–505.
Hulin, C. L./Roznowski, M./Hachiya, D. (1985): Alternative opportunities and withdrawal decisions: Empirical and theoretical discrepancies and an integration. Psychological Bulletin, 97: S. 233–250.

Hull, B. (1995): Building High Commitment in a Low-Commitment World, Old Tappan, NJ.
Hull, C. L. (1943): Principles of behavior. New York.
Hull, C. L. (1951): Essentials of behavior. New Haven.
Humble, J. (1972): Praxis des Management by Objectives. München.
Hummel, H.-P. (1995): Arbeitszufriedenheit: eine individuelle und gesellschaftliche Herausforderung: ein umfassendes Modell der Arbeitszufriedenheit. Aachen, Mainz.
Humphrey, W. S./Ashforth, N. (1994): Cognitive scripts and prototypes in service encounters. In: Swartz, T. A./Bowen, D. E./Brown, S. W. (1994): Advances in Services Marketing and Management. Research and practices, Vol. 3, Greenwich, CT, S. 175–199.
Huseman, R. C./Hatfield, J. D./Miles, E. W. (1987): A new perspective on equity theory: The equity sensitivity construct. In: Academy of Management Review, 12, S. 222–234.
Hyman, J. (1991): Managing employee involvement and participation, London.

Ibarra, H./Andrews, S. B. (1993): Power, social influence, and sense making: Effects of network centrality and proximity on employee perceptions. In: Administrative Science Quarterly, 38, S. 277–303.
Ichniowski, C./Kochan, T./Levine, D./Olson, C./Strauss, G. (1996): What works at work: Overview and assessment. In: Industrial Relations, 35: S. 299–333.
Ilgen, D. R./Fisher, C. D./Taylor, M. S. (1979): Consequences of individual feedback on behavior in organizations. In: Journal of Applied Psychology, 64: S. 349–371.
Inglehart, R. (1977): The Silent Revolution. Changing Values and Political Styles among Western Politics. Princeton, N.J.
Inglehart, R. (1989): Kultureller Umbruch. Frankfurt a.M.
Inglehart, R. (1997): Modernization and Postmodernization: Cultural, Economic, and Political Change in Societies. Princeton; dt. Inglehart, R. (1998): Modernisierung und Postmodernisierung. Frankfurt a.M., New York.
Institut für angewandte Arbeitswissenschaft e. V. (Hrsg.) (1992): Lean Production. Idee – Konzept – Erfahrungen in Deutschland, Bachem.
Irle, M./Möntmann, V. (1978): Die Theorie der kognitiven Dissonanz: Ein Resümee ihrer theoretischen Entwicklung und empirische Ergebnisse, 1957–1976. In: Festinger, L. (1978): Theorie der kognitiven Dissonanz. Bern, S. 291–310.

Isen, A. M./Baron, D. P. (1991): Positive affect as a factor in organizational behaviour. In: Research in Organisational Behavior, 13, S. 1–53.
Israel, J. (1985): Der Begriff Entfremdung, Reinbek

Jablin, F. M./Putman, L. L./Roberts K. H./Porter L. W. (Eds.) (1987): Handbook of organizational communication. London.
Jackins, H. (1975): The Theory of Re-evaluation Counselling, The Human Side of Human Beings. Seattle.
Jacobs, E./Masson, R./Harvill, R. (Eds.) (1997): Group Counseling: Strategies and Skills. Pacific Grove, CA.Cole.
Jacobsen, E. N. (1984): The Subordinate: A Moderating Variable between Leader and Effectiveness. Dissertation Abstracts International, 45 (7B), 2296.
Jago, A. G./Ragan, J.W. (1986): Some Assumptions are more Troubling than Others. Rejoinder to Chemers and Fiedler. In: Journal of Applied Psychology, S. 555–559.
Janis, I. L. (1982): Victims of groupthink, 2. Aufl., Boston.
Jensen, M./Meckling, W. (1976) Theory of the Firm: Managerial Behavior, Agency Costs, and Ownership Structure. In: Journal of Financial Economics(3), S. 305–360.
Jermier, J. (1988): Sabotage at work: the rational view. In: Research in the Sociology of Organizations, 6, S. 101–34.
Jerusalem, M. (1997): Grenzen der Bewältigung [Coping boundaries]. In: C. Tesch-Römer/C. Salewski/G. Schwarz (Eds.), Psychologie der Bewältigung; Weinheim, S. 261–271.
Jerusalem, M./Perkrun, R. (1999): Emotion, Motivation und Leistung. Göttingen.
Jeschke, W. (1992): Managementmodelle. Ein kritischer Vergleich. München.
Jetter, F./Skrotzki, R. (2000): Handbuch Zielvereinbarungsgespräche. Stuttgart.
Jin, K. G. (1993): Overcoming Organizational Barriers to Systems Development: An Action Strategy Framework. In: Journal of Systems Management, No. 5, S. 28–33.
Joas, H. (1991): Rollen- und Interaktionstheorien in der Sozialisationsforschung. In: Hurrelmann, H./Ulich, E. (1991): Neues Handbuch der Sozialisationsforschung. Weinheim, S. 137–152.
Jochum, E. (1991): »Laterale« Führung und Zusammenarbeit – Der Umgang mit Kollegen. In: Rosenstiel, v. L./Regnet, E./Domsch, M. (Hrsg.): Führung von Mitarbeitern. Handbuch für erfolgreiches Personalmanagement, Stuttgart, S. 429–439.
Johannisson, B./Monsted, M. (1997): Contextualizing entrapneurial networking, S. 114 ff. In: International Studies of Management and Organization, 27, (3), S. 109–136.

Johns, G./Nicholson, N. (1982): The meanings of absence: New strategies for theory and research. In: Staw, B. M./Cummings, L. L. (Eds.), Research in organizational behavior, Vol. 4, Greenwich, S. 127–172.

Johnson, D. W./Johnson, R. T. (1995): Social interdependence. in: Bunker, B. B./Rubin, J. Z. (Hrsg.): Conflict, co-operation, and justice, San Francisco, S. 205–251.

Jones, A. P./James, L. R. (1979): Psychological Climate: Dimensions and Relationships of Individual and Aggregated Work Environment Perceptions, In: Organizational Behavior and Human Performance, 23, S. 201–250.

Jonge, J. de/Dormann, C./Janssen, P. P. M./Dollard, M. F. (2001): Testing reciprocal relationships between job characteristics and psychological well-being: A cross-lagged structural equation model. In: Journal of Occupational and Organizational Psychology; Vol. 74, 1, S. 29–46.

Jordan, P. C. (1986): Effects of extrinsic reward on intrinsic motivation: A field experiment. In: Academy of Management Journal, 29, S. 405–412.

Joyce, W. F./Slocum, J. W. (1982): Climate discrepancy: refining the concepts of psychological and organizational climate. In: Human Relations, Vol. 35, S. 951–72.

Jung, C. G. (1939): The integration of personality, New York.

Jung, C. G. (1928): Das Seelenproblem des modernen Menschen, In: Gesammelte Werke, Bd. 10; Olten.

Jung, C. G. (1954): Von den Wurzeln des Bewusstseins. Zürich.

Juniper, D. (1995): Nine insights for a counsellor-manager, in: Journal of Workplace Learning, 07,4, S. 4–14.

Jussim, L./Coleman, L./Nassau, S. (1987): The influence of self-esteem on perceptions of performance and feedback. In: Social Psychology Quarterly, 50, S. 95–99.

Kahle, E. (1998): Systemische Strukturkräfte und ihre Bedeutung für die Herausbildung personalpolitischer Entscheidungen. In: Martin, A./Nienhüser, W. (Hrsg.): Personalpolitik: Wissenschaftliche Erklärung der Personalpraxis. München, S. 353–371.

Kahn, D./Wolfe, D./Quinn, R./Snoek, J./Rosenthal, L. (1964): Organizational Stress: Studies in Role Conflict and Role Ambiguity. New York.

Kahn, W. A. (1990): Psychological Conditions of Personal Engagement and Disengagement at Work. In: Academy of Management Journal, Vol. 33, Nr. 4. S. 692–724.

Kaiser, Th. M. (1997): Vergleich von Electronic Meeting Support Software. Institut für Wirtschaftsinformatik, Universität St. Gallen. Quelle: http://www.ifi.unizh.ch/groups/bauknecht/morger/DokSem97/kaiser.zip.

Kalleberg, A./Knoke, D./Marsden, P. V./Spaeth, J. L. (1996): Organizations in America. London.
Kamp, L. (1994): Konfliktpartnerschaft für die Gestaltung von Gruppenarbeit. In: Die Mitbestimmung, 11, S. 32–34.
Kanfer, R. (1990a): Motivation and individual differences in learning: An integration of developmental, differential, and cognitive perspectives. In: Learning and Individual Differences, 2, S. 219–237.
Kanfer, R. (1990b): Motivation theory and industrial and organizational psychology: Overview. In: Dunnette, M.D./Hough, L. M. (Hrsg.) Handbook of industrial and organizational psychology: Vol 1 (2nd ed.), Chicago, S. 75–83.
Kanfer, R./Heggestad, E. D. (1997): Motivational traits and skills: A person-cantered approach to work motivation. In: L. L. Cummings & B. M. Staw (Eds.), Research in organizational behavior, Vol. 19: Greenwich, CT, S. 1–56.
Kannheiser, W. (1992): Arbeit und Emotion. München.
Kannheiser, W./Hormel, R./Aichner, R. (1993): Planung im Projektteam. Bd. 1. München.
Kanning, U.P. (2000): Selbstwertmanagement. Die Psychologie des selbstwertdienlichen Verhaltens. Göttingen.
Kant, I. (1989): Kritik der praktischen Vernunft. Frankfurt.
Kanter, R. M. (1977) Work and family in the United States: a critical review and agenda for research and policy, New York.
Kanungo, R. N. (1982): Work Alienation – An Integrativ Approach. New York.
Kanungo, R. N./Mendonca, M. (1996): Ethical Dimensions of Leadership. Thousand Oaks et al.
Kappler, E. (1987): Partizipation und Führung. In: Kieser, A./Reber, G./Wunderer (Hrsg.): Handwörterbuch der Führung. Stuttgart, Sp. 1631–1647.
Kappler, E. (1993): Gegenwartsfähigkeit als zentrales Thema der Personalentwicklung. In: Laske, S. (Hrsg.): Spannungsfeld Personalentwicklung. Konzeption, Analysen, Perspektiven. Wiesbaden, S. 61–74.
Karasek, R. A./Theorell, T. (1990): Healthy work. Stress, productivity, and the reconstruction of working life. New York.
Karau, S./Williams, K. (1993): Social loafing: A meta-analytic review and theoretical integration. In: Journal of Personality and Social Psychology, 65: S. 681–706.
Kasper, H. (1991): Neuerung durch selbstorganisierende Prozesse. In: Staehle, W./Sydow, J. (Hrsg.): Managementforschung 1. Berlin, S. 1–74.
Kast, F. E./Rosenzweig, J. E. (1985): Organisation and management, a systems and contingency approach. 4. Aufl., Tokyo et al.

Kastner, M. (1994): Personalpflege – Der gesunde Mitabeiter in einer gesunden Organisation. München.
Kastner, M./Kreissel, S. (1999): Verhalten in Organisationen. In: Hoyos, C./ Frey, D. (Hrsg): Arbeits- und Organisationspsychologie. Weinheim, S. 64–74.
Katz, D./Kahn, R. L. (1978): The social psychology of organizations. New York.
Katzel, R. A./Thompson, D. E. (1990): An integrative model of work attitudes, motivation and performance. In: Human Performance, 3, S. 63–85.
Katzell, R. A. (1964): Personal values, job satisfaction, and job behavior. In: Borow, H. (Hrsg.): Man in a world of work. Boston.
Kehr, H. M./Bles, P./Rosenstiel, L. v. (1999): Motivation von Führungskräften: Wirkungen, Methoden, Defizite. In: Zeitschrift für Organisation 1999, 1, S. 4–9.
Keil, G./Ostner, A. (Hrsg.) (1976): Humanisierung des Arbeitslebens. Bad Honnef/Rhein.
Keller, F./Ribes-Inesta, E. (Hrsg.) (1974): Behavior Modifikation. New York.
Kelley, H. H. (1967): Attribution Theory in social psychology. In: D. Levine (Hrsg.): Nebraska Symposium on Motivation. Lincoln, S. 192–238.
Kelley, H. H./Thibaut, J. W. (1978): Interpersonal relations: A theory of interdependence. New York.
Kellner, H. (1999): Angst im Beruf, Stuttgart.
Kelly, G. A. (1955): The psychology of personal constructs. New York.
Kelly, H. H. (1971): Attribution in social interaction. Morristown, NJ.
Kemery, E. R./Bedeian, A. G./Zacur, S. R. (1996): Expectancy-based Job Cognitions and Job Affect as Predictors of Organizational Citizenship Behavior. In: Journal of Applied Social Psychology, 26, S. 635–651.
Kemper, T. D. (1978): The Social Interactional Theory of Emotions. New York.
Kemper, T. D. (1990): Research Agendas in the Sociology of Emotions. Albany.
Kemper, T. D. (1993): Reasons in emotions or emotions in reason. In: Rationality and Society, 5, 3, S. 275–82.
Kennedy, J. K. (1987): Construct Space of the Least Preferred Co-Worker (LPC) Scale. In: Educational and Psychological Measurement, S. 807–814.
Kerr, N. L. (1993): Motivation losses in small groups: A social dilemma analysis. In: Journal of Personality and Social Psychology, 45: S. 819–828.
Kets de Vries, M. F. R. (1985): Managers can drive their subordinates mad, in: Kets de Vries, M. F. R. (Hrsg.): The Irrational Executive, Psychological Explanations in Management, 2. Aufl. New York, S. 152–170.

Kets De Vries, M. F. R. (1999): Organizational Sleepwalkers: Emotional Distress at Midlife. In: Human Relations, Vol. 52, Nr. 11., S. 1377–1401.
Kets de Vries, M. F. R./Miller, D. (1984): The Neurotic Organizations. Diagnosing and Changing Counterproductive Styles of Management. San Francisco et al.
Kets de Vries, M./Miller, D. (1986): Personality, Culture and Oraganization. In: Academy of Management Review, Heft 11, S. 266–279.
Kieser, A. (1983): Konflikte zwischen organisatorischen Einheiten. In: Wirtschaftstudium, 12, (9), S. 443–448.
Kieser, A. (1985): Einführung neuer Mitarbeiter in das Unternehmen. Frankfurt.
Kieser, A. (1993): Evolutionstheoretische Ansätze. In: Kieser, A. (1993) Organisationstheorien. Stuttgart, S. 243–276.
Kieser, A. (1995): Loyalität und Commitment. In: Kieser, A./Reber, G./Wunderer, R. (Hrsg.): Handwörterbuch der Führung, 2. Auflage, Stuttgart, Sp. 1442–1456.
Kieser, A. (1999): Einarbeitung neuer Mitarbeiter. In: Rosenstiel, v. L./Regnet, E./Domsch, M. (1999): Führung von Mitarbeitern. 4. Auflage, Stuttgart, S. 161–172.
Kieser, A./Hegele, C. (1998): Kommunikation im organisatorischen Wandel, Stuttgart.
Kieser, A./Krüger, M./Röber, M. (1979): Organisationsentwicklung: Ziele und Techniken. In das wirtschaftswissenschaftliche Studium, 8 Jg. 4, S. 149–154.
King, N. (1970): Clarification and evaluation of the two factor theory of job satisfaction. In: Psycholocial Bulletin, Vol. 74, S. 18–31.
King, N./Emmons, R. E. (1990): Conflict over emotional Expression. Psychological and Physical Correlates. In: Journal of Personality and Social Psychology, 58, S. 864–877.
Kinlaw D. C. (1993): Spitzenteams: Spitzenleistung durch effizientes Teamwork. Wiesbaden.
Kinlaw, D. C. (1995): The Practice of Empowerment. Aldershot.
Kinlaw, D. C. (1999): Coaching for Commitment: Interpersonal Strategies for Obtaining Superior Performance from Individuals and Teams. San Francisco.
Kirsch, W. (1997): Kommunikatives Handeln, Autopoiese, Rationalität, 2. überarbeitete und erweiterte Auflage, München.
Klages, H. (1985): Wertorientierungen im Wandel. 2. Auflage, Frankfurt a.M. et al.
Klages, H. (1991): Wertewandel: Rückblick, Gegenwartsanalyse, Ausblick. In: Feix, W. E. (Hrsg.), Personal 2000. Wiesbaden.

Klages, H. (1993): Wertewandel in Deutschland in den 90er Jahren. In: Rosenstiel, v. L. et al.: Wertewandel – Herausforderungen für die Unternehmenspolitik in den 90er Jahren. 2. überarbeitete Aufl., Stuttgart.
Klaus, H. (1994): Führung: Kunst oder Können. Zum Stand der Führungsforschung. In: Personal, H. 5, S. 223–228.
Klein, K. J./House, R. J. (1995): On fire: Charismatic leadership and levels of analysis. In: Leadership Quarterly, 6: S. 183–198.
Kleinbeck, U. (1987): Gestaltung von Motivationsbedingungen der Arbeit. In Kleinbeck, U./Rutenfranz, J. (Hrsg.), Arbeitspsychologie (Enzyklopädie der Psychologie, Themenbereich D, Serie III, Band 1, Göttingen, S. 440–492.
Kleinbeck, U./Quast, H./Thierry, H./Häcker, H. (Hrsg.) (1990): Work Motivation. Hillsdale, S. 3–25.
Kleinbeck, U./Schmidt, K.-H. (1996): Die Wirkung von Zielsetzungen auf das Handeln. In: Kuhl, J./Heckhausen, H. (Hrsg.): Motivation, Volition und Handlungen. Göttingen, S. 875–907.
Klimecki, R. G. (1985): Laterale Kooperation. Ansätze zu einem Analysemodell horizontaler Arbeitsbeziehungen in funktionalen Systemen. Bern.
Klimecki, R. (1990): Keine Zukunft für das Fließband. In: NOK (Hrsg.): Kreativität, ohne Ortsangabe.
Klimecki, R. (1995): Organisationsentwicklung und Führung. In: Kieser, A./ Reber, G./Wunderer, R. (Hrsg.): Handwörterbuch der Führung. 2. Aufl., Stuttgart, Sp. 1652–1664.
Klimecki, R. (1999): Unternehmerische Organisationsentwicklung – Möglichkeiten und Grenzen der Förderung internen Unternehmertums durch Organisationsentwicklung. In: Wunderer, R. (Hrsg.): Mitarbeiter als Mitunternehmer. Grundlagen, Förderinstrumente, Praxisbeispiele. Neuwied/Kriftel, S. 177–195.
Klimecki, R. G./Probst, G. J. B./Eberl, P. (1994): Entwicklungsorientiertes Management. Stuttgart.
Klimecki, R. G./Gmür, M. (1998a): Entwicklungsorientierte Personalpolitik als Evolutionsprozess betrieblicher Qualifikation und Motivationen. In: Martin, A./Nienhüser, W. (Hrsg.) (1998): Personalpolitik. Wissenschaftliche Erklärung der Personalpraxis. München, S. 375–398.
Klimecki, R. G./Gmür, M. (1998b): Personalmanagement. Stuttgart.
Klippstein, M. v./Strümpel, B. (Hrsg.) (1985): Gewandelte Werte – Erstarrte Strukturen. Wie die Bürger Wirtschaft und Arbeit erleben, Bonn.
Knafer, F. H. (1990): Motivation Theory and Industrial and Organizational Psychology. In: Dunnette, M. D./Hough, L. M. (Hrsg): Handbook of Industrial and Organizational Psychology. Vol. 1, Palo Alto, S. 75–170.

Knebel, H./Schneider, H. (1983): Taschenbuch für Führungsgrundsätze. Heidelberg.

Knepel, H. (1995): Datenorientierte Analyse ökonomischer Systeme. In: Roth, E. (Hrsg.): Sozialwissenschaftliche Methoden. Lehr- und Handbuch für Forschung und Praxis. 4. Aufl., München et al. S. 624–641.

Kniehl, A. T. (1998): Motivation und Volition in Organisationen. Wiesbaden.

Knights, D./Willmott, H. C. (1987): Organizational culture as management strategy. International Studies of Management and Organization, 17, S. 40–63.

Knowles, M. (1975): Self-Directed Learning. Chicago.

Kochan, T./Schmidt, S. (1972): Conflict. Toward Conceptual Clarity. In: Administrative Science Quarterly, S. 359–370.

Kofman, F./Senge, M. (1995): Communities of Commitment. The Heart of Learning Organisations. In: Chawlar, S./Renesch, J. (Hrsg): Learning Organizations. Developing Cultures for Tomorrows Workplace. Portland.

Kohn, A. (1994): Warum Incentive Systeme oft versagen. In: Harvard Business Manager, (2), S. 15–23.

Kohn, M. L./Schooler, C. (1982): Job conditions and personality: A longitudinal assessment of their reciprocal effects. In: American Journal of Sociology, 87: S. 1257–1286.

Kolb, D. A. (1984): Experiential Learning: Experiences as the source of learning and development, Englewood Cliffs.

Kolb, D. A./Lublin, S./Spoth, J./Baker, R. (1991): Strategic Management Development: Experiential Learning and Managerial Competencies. In: Henry, J. (Hrsg): Creative Management. London, S. 221–231.

Kolb, D. A./Osland, J. S./Rubin, I. M. (1995): Organisational Behaviour: An Experiential Approach, Englewood Cliffs.

Kollenz, W. (1999): Kunst der Demotivation. Führungsfehlern auf die Schliche kommen. Wiesbaden.

König, H. (1982): Führungsgrundsätze für die öffentliche Verwaltung? In: Zeitschrift für Beamtenrecht, 10, S. 189–296.

Konovsky, M. A./Pugh, D. (1994): Citizenship Behavior and Social Exchange. In: Academy of Management Journal, 37, S. 656–669.

Konrad, A. M./Pfeffer, J. (1990): Do you get what you deserve? Factors Affecting the Relationship between Productivity and Pay, In: Administrative Science Quarterly 35, S. 258–285

Kopelman, R. E./Brief, A. P./Guzzo, R. A. (1990): The role of climate and culture in productivity. In: Schneider, B./Reichers, A. (Eds.), Organizational Climate and Culture. San Francisco, CA. S. 282–318.

Korman, A. (1976): Hypothesis of Work-Behavior revisited. In: Academy of Management Review, Vo. 1, S. 50–63.

Kornard, H. J. (1988): Motivation und Volition, Anmerkungen und Fragen zur wiederbelebten Willenspsychologie. In: Archiv für Psychologie 140, S. 209–222.

Korunka, C./Frank, H./Becker, P. (1993): Persönlichkeitseigenschaften von Unternehmensgründern. In: Internationales Gewerbearchiv, 41, S. 169–188.

Kossbiel, H. (1983b): Die Bedeutung formalisierter Führungsgrundsätze für die Verhaltenssteuerung in Organisationen. In: Wunderer, R. (Hrsg.): Führungsgrundsätze in Wirtschaft und öffentlicher Verwaltung. Stuttgart, S. 17–27.

Krackhardt, D./Hanson, J. (1993): Informal Networks: The Company Behind the Chart, In: Harvard Business Review, July/August, S. 104–111.

Kräkel, M. (1996): Direkte versus indirekte Leistungsanreize – eine kritische Diskussion der traditionellen ökonomischen Anreiztheorie. In: Zeitschrift für Personalforschung, 10 (4), S. 358–371.

Kram, K. (1988): Mentoring at Work. London.

Kramer, R. M./Brewer, M. B./Hann, B. (1995): Collective trust and collective action: the decision to trust as a social decision. In: Kramer, R. M./Tyler, T. R. (Hrsg): Trust in organizations, Thousand Oaks, S. 357–389.

Kramer, W. (1990): Weiterbildungsmotivation. In: Der Ausbilder, 38 Jg. 7, S. 127–131.

Kratz, H. J. (1997): Neue Mitarbeiter erfolgreich integrieren, Wien.

Kreikebaum, H. (1996): Grundlagen der Unternehmensethik, Stuttgart.

Kreikebaum, H./Herbert, K.-J. (1988): Humanisierung der Arbeit: Arbeitsgestaltung im Spannungsfeld ökonomischer, technologischer und humanitärer Ziele. Wiesbaden.

Krell, G. (1994): Vergemeinschaftende Personalpolitik. München/Mering.

Kreps, D. M. (1990): Corporate Culture and Economic Theory. In: Alt, J.E./ Shepsle, K. A. (Hrsg.): Perspectives on Positive Political Economy. Cambridge, S. 90–143.

Kreuter, A. (1997): Verrechnungspreise in Profit-Center-Organisationen. München/Mering.

Kreuter, A./Stegmüller, R. (1997): Kontinuierlicher Verbesserungsprozess (KVP) In: Die Betriebswirtschaft 1, 1997

Krogh G. V./Ichijo K./Nonaka I. (2000): Enabling Knowledge Creation: How to Unlock the Mystery of Tacit Knowledge and Release the Power of Innovation, Oxford

Krogh, v. G./Köhne, M. (1998): Der Wissenstransfer in Unternehmen. Phasen des Wissenstransfers und wichtige Einflussfaktoren. In: Die Unternehmung 52. Jg. Heft 5/6, S. 235–252.

Krohne, H. W. (1986): Coping with Stress: Dispositions, Strategies and the

Problem of Measurement. In: Appley, M. H./Trumbull, R. (Eds.): Dynamics of Stress, New York. S. 207–232.
Kromrey, Helmut (1998): Empirische Sozialforschung. Modelle und Methoden der Datenerhebung und Datenauswertung. Opladen.
Kropp, W. (1997): Systemische Personalwirtschaft: Wege zu vernetzt-kooperativen Problemlösungen. München, Wien.
Krueger, N. (1993): The impact of prior entrepreneurial exposure on perceptions of new venture feasibility and desirability. In: Entrepreneurship Theory and Practice, Vol. 18 No. 1, S. 5–21.
Krueger, N./Dickson, P. R. (1994): How believing in ourselves increases risk taking: perceived self-efficacy and opportunity recognition. In: Decision Sciences, Vol. 25, No. 3, S. 385–400.
Krüger, W. (1973): Konfliktsteuerung als Führungsaufgabe. München.
Kruse, L. (1986), Drehbücher für Verhaltensschauplätze oder: Scripts in Settings. In: Kaminski, G. (Hrsg): Ordnung und Variabilität im Alltagsgeschehen. Göttingen, S. 135–153.
Krystek, U. (1993): Chaos und Ordnung im Wechselspiel, Unternehmenssicherung zwischen Chaos und Ordnung. In: Gablers Magazin, 1993, N. 6–7, S. 23–27.
Krystek, U./Becherer, D./Deichelmann, K.-H. (1995): Innere Kündigung. Ursachen, Wirkungen und Lösungsansätze auf Basis einer empirischen Untersuchung. München.
Krystek, U./Müller-Stewens, G. (1993): Frühaufklärung für Unternehmen. Identifikation und Handhabung zukünftiger Chancen und Bedrohungen. Stuttgart.
Kubicek, H. (1984a): Führungsgrundsätze. Lösungen von gestern für die Probleme von morgen? In: Zeitschrift Führung und Organisation, 53, S. 81–88, S. 182–188.
Kubicek, H. (1984b): Führungsgrundsätze als Organisationsmythen und die Notwendigkeit von Entmythologisierungsversuchen. In: Zeitschrift für Betriebswirtschaft, S. 4–29.
Kubicek, H./Leuck, H. G./Wächter, H. (1980): Organisationsentwicklung: Entwicklungsbedürftig und Entwicklungsfähig. In: Trebesch, K. (Hrsg.): Organisationsentwicklung in Europa, Bd. 1, S. 281–319.
Kubon-Gilke, G. (1999): Intrinsisch motiviertes Verhalten – nicht Anomalie sondern Normalfall? In: Held. M./Nutzinger, H. G. (Hrsg.): Institutionen prägen Menschen. Bausteine zu einer allgemeinen Institutionenökonomie, Frankfurt, S. 44–64.
Kudera, W./Mangold, W./Ruff, K./Schmidt, R./Wentzke, T. (1979): Gesellschaftliches und politisches Bewusstsein von Arbeitern. Eine empirische Untersuchung. Frankfurt.

Kuhl, J. (1983): Motivation, Konflikt und Handlungskontrolle. Berlin et al.
Kuhl, J. (1984): Volitional aspects of achievement motivation and learned helplessness: Toward a comprehensive theory of action control. In: Maher, B. A./Maher, W. B. (Hrsg.): Progress in experimental personality research, New York. Vol. 13., S. 99–171.
Kuhl, J./Beckmann, J. (Eds.) (1994): Volition and personality: Action and state orientation. Göttingen.
Kuhl, J./Goschke, T. (1994): A Theory of Action Control: Mental Subsystems, modes of Control and Volitional Conflict Resolution Strategies. In: Kuhl, J./Beckmann, J. (Hrsg.) (1994): Volition and Personality: Action versus State Orientation. Seattle et al., S. 93–124.
Kühl, S. (1998): Wenn die Affen den Zoo regieren. Die Tücken der flachen Hierarchien. 5. erw. und überarbeitete Auflage. Frankfurt a.M./New York.
Kuhlmann, T. (1989): Coaching. Persönliche Beratung bei strukturellen Veränderungen und Führungskräfteförderung. In: Personalführung, 6, S. 592–597.
Kuhn, D. G./Slocum, J. W./Chase, B. R. B. (1971): Does job performance affect employee satisfaction? In: Personnel Journal (June), S. 455–485.
Küller, H. D. (1983): Gewerkschaftliche Anforderungen an unternehmerische Führungsgrundsätze. In: Wunderer, R. (Hrsg.): Führungsgrundsätze in Wirtschaft und öffentlicher Verwaltung. Stuttgart, S. 248–263.
Kumar Kalra, S. (1997): Human potential management: time to move beyond the concept of human resource management? In: Journal of European Industrial Training 21/5, S. 176–180.
Küpers, W. (1998): Phenomenology of Embodied Productivity in Services. In: International Journal of Service Industry Management, Special Issue: Service Productivity, Number 4, Volume, 9, S. 337–358.
Küpers, W. (1999): Phänomenologie der Dienstleistungsqualität. Wiesbaden.
Küpper, W./Ortmann, G. (Hrsg.) (1988): Mikropolitik. Rationalität, Macht und Spiele in Organisationen. Opladen.
Küpper, W./Felsch, A. (2000): Mikropolitik in Organisationen. In: Organisation, Macht und Ökonomie. Mikropolitik und Konstitution Organisationaler Handlungssysteme, Wiesbaden.

LaBier, D. (1986): Modern Madness. The emotional fallout of success. Reading.
Laireiter, A. (Hrsg.) (1993): Soziales Netzwerk und Soziale Unterstützung. Bern.
Lamnek, S. (1993a): Qualitative Sozialforschung Band 1: Methodologie, Weinheim.

Lamnek, S. (1993b): Qualitative Sozialforschung, Band 2, Methoden und Techniken, Weinheim.
Landmann, M. (1975): Entfremdete Vernunft, Stuttgart.
Lasch, C. (1979): The Culture of Narcissims. London.
Lasch, C. (1984): The Minimal Self. London.
Laske, St./Gorbach, S. (Hrsg.) (1993): Spannungsfeld Personalentwicklung. Wien.
Latham, G. P./Frayne, C. A. (1989): Self-Management Training for Increasing Job Attendance: A Follow-Up and a Replication. In: Journal of Applied Psychology, vol. 74, S. 411–416.
Lattmann, C. (1975): Führungsstil und Führungsrichtlinien. Bern/Stuttgart.
Lattmann, C. (Hrsg.) (1990): Die Unternehmenskultur. Heidelberg.
Lattmann, Ch. (1982): Die verhaltenswissenschaftlichen Grundlagen der Führung. Bern.
Laufer, H. (1988): Wert und Wirkung, In: Management Wissen, 8, S. 36–39.
Lave, J./Wenger, E. (1993): Situated Learning. Legitimate Peripheral Participation. Cambridge.
Lawler, E. E. (1971): Pay and organizational effectiveness: A psychological view. New York.
Lawler, E. E. (1977): Motivierung in Organisationen. Bern und Stuttgart.
Lawler, E. E. (1982): Strategies for improving the quality of work life. In: American Psychologist, 37, S. 486–493.
Lawler, E. E. (1994): Motivation in Work Organizations. New York.
Lawler, E. E. (1996): From the ground-up. San Francisco.
Lawrence, P. R./Lorsch, J. W. (1967): Organisation and Envrionment, Homewood, Ill.
Lawson, M. (2001): In praise of slack: Time is of the essence. In: Academy of Management Executive. 15 (3), S. 125–135.
Lazarus, R. S. (1966): Psychological stress and the coping process. New York.
Lazarus, R. S./Folkmann, S. (1984): Stress, appraisal and coping. New York.
Lazarus, R. S./Folkman, S. (1989): Hassles and uplifts scales. Palo Alto, CA.
Leana, C. R./van Buren III, H. J. (1999): Organizational social capital and employment practices. In: Academy of Management Review, 24 (3), 538–555.
Legge, K. (1989): Human resource management: a critical analysis. In: Storey, J. (ed.) (1989): New Perspectives on Human Resource Management. London, S. 19–40.
Legge, K. (1995): HRM: Rhetoric, reality and hidden agendas. In: Storey, J. (1995a): Human Resource Management: A Critical Text. London, S. 33–59.

Lehnen, H. G. (1993): Lean Management. Chance und Herausforderung für die Personalarbeit (Teil 1). In: Geldinstitute, Heft 3, S.100–104.

Lehner, F. (Hrsg.) (1999): Wertschöpfung. Maßstäbe einer neuen Ökonomie. München.

Leitner, K./Lüders, E./Greiner, B./Ducki, A./Niedermeiern, R./Volpert, W. (1993): Analyse psychischer Anforderungen und Belastungen in der Büroarbeit, Göttingen.

Leonhard, N./Beauvais, L. L./Scholl, R. W. (1995): A self concept-based model of work motivation. http://www.cba.uri.edu/Scholl/Papers/Self_Concept_Motivation.HTM

Lepper, M. R./Greene, D. (Hrsg.) (1977): The hidden Costs of Rewards: New Perspectives on the Psychology of Human Motivation. Hillsdale, NJ.

Letize, L./Donovan, M. (1990): The trend toward an empowered work force: The supervisor's changing role in high involvement organizations. In: Journal Qual. Art. (March): S. 62–65.

Lewin, D./Mitchell, D. J. B. (1995): Human Resource Management. An Economic Approach. Cincinnati.

Lewin, K. (1938): The conceptual representation and the measurement of psychological forces. Durham, NC.

Lewin, K. (1946): Behavior and development as a function of the total situation. In: L. Carmichael (Hrsg.): Manuals of child psychology, New York. S. 791–844.

Lewin, K. (1951): Field theory in social science. New York.

Lewis, K. M. (2000): When leaders display emotion: how followers respond to negative emotional expression of male and female leaders. In: Journal of Organisational Behaviour, 6, Volume 21, Issue 2, 2000. S. 221–234.

Leymann, H. (1993): Mobbing. Psychoterror am Arbeitsplatz und wie man sich dagegen wehren kann. Reinbek/Hamburg.

Leymann, H. (1996): The content and development of mobbing at work. In: European Journal of Work and Organizational Psychology, Vol. 5, S. 165–84.

Lichtman, C. M./Hunt, R. G. (1971): Personality and organisation theory: A review of some conceptual literature. In: PB 1971, S. 271–294.

Likert, R. (1972): New Patterns of Management. Bern.

Likert, R. (1975): Die integrierte Führungs- und Organisationsstruktur. Frankfurt a.M.

Lind, E. A./Tylor, R. R. (1988): The Social Psychology of Procedural Justice. New York.

Lindsley, D.H./Brass, D. J./Thomas, J. B. (1995): Efficacy-performance spirals: a multilevel perspective. In: Academy of Management Review, Vol. 20, No. 3, S. 645–78.

Locke, E. A. (1969): What is job satisfaction? In: Organizational Behavior and Human Performance, 4, S. 309–336.
Locke, E. A. (1975): Personnel attitudes and motivation. In: Annual Review of Psychology, Vol. 26, S. 457–480.
Locke, E. A. (1976): The nature and causes of job satisfaction. In: Dunnette, M. D. (Hrsg.): Handbook of industrial and organizational psychology. Chicago, S. 1297–1349.
Locke, E. A./Latham, G. (1984): Goal setting: A motivational technique that works. Englewood Cliffs, London.
Locke, E. A./Henne, D. (1986): Work motivation theories. In: Cooper, C. L./Robertson, I. (Eds.): International Review of Industrial and Organizational Psychology. Chichester. S. 1–35.
Locke, E. A./Latham, G. (1990a): A theory of goal setting and task performance. Englewood Cliffs, London.
Locke, E. A./Latham, G. (1990b): Work Motivation: The High Performance Cycle. In: Kleinbeck, H. H./Quast, H./Thierry, H./Häcker, H. (1990): Work Motivation. Hillsdale, NJ. S. 3–25.
Locke, J. (1694): Essay concerning human understanding, Book II. London.
Lodahl, T. M./Kejner, M. (1965): The Definition and Measurement of Job Involvement. In: Journal of Applied Psychology, S. 24–33.
Löhnert, W. (1989): Innere Kündigung – Eine Analyse aus wirtschaftspsychologischer Perspektive. Köln.
Lombriser, R./Uepping, H. (2001): Employability statt Jobsicherheit. Die neue Verantwortung des Human Resource Management, Neuwied.
London, M. (1997): Job feedback: Giving, seeking, and using feedback for performance improvement. Mahwah.
Loose, A./Sydow, J. (1997): Vertrauen und Ökonomie in Netzwerkbeziehungen. Strukturationstheoretische Betrachtungen. In: Sydow, J./Windeler, A. (1997) Management interorganisationaler Beziehungen. Vertrauen, Kontrolle und Informationstechnik, Wiesbaden, S. 160–193.
Looss, W. (1991): Coaching für Manager-Problembewältigung unter vier Augen. Landsberg.
Lorey, S. (1997): Maßstäbe für Vergütung und Leistungsbeurteilung. In: Personalwirtschaft, (10), S. 34–37.
Lowin, A. (1968): Participative decision making. In: Organization Behavior and Human Performance, 3, S. 68–106.
Lucere, M. A./Allen, R. E. (1994): Employee Benefits: A Growing Source of Psychological Contract Violation. In: Human Resource Management, Fall 1994, Vol. 33. Number 3, S. 425–446.
Luczak, H./Volpert, W. (1997): Arbeitswissenschaft, Stuttgart.

Lüders, E. (1993): Der tägliche Nervenkrieg – Wie das Büro uns krank macht. In: Psychologie heute: das Bild des Menschen; H. 8; Jg. 20, S. 52–57.
Luhmann, N. (1964): Funktionen und Folgen formaler Organisationen. Berlin.
Luhmann, N. (1973): Vertrauen. Ein Mechanismus der Reduktion sozialer Komplexität. Stuttgart.
Luhmann, N. (1984): Soziale Systeme. Frankfurt.
Luhmann, N. (1997): Die Gesellschaft der Gesellschaft, Frankfurt.
Lumma, K. (Hrsg.) (1999): Counseling – Theorie und Praxis der Beratungspädagogik. Eschweiler.
Luthans, F. (1985): Organisational Behavior. 4. Aufl., Tokyo.
Luton, L./Nordin, J. (2000): Working, Shirking, and Sabotage. In: Public Administration Review, May, 1, Vol. 60, Issue 3, S. 281–84.
Lutz, C./White, G. (1986): The anthropology of emotions. In: Annual Review of Anthropology, 15, S. 405–436.
Lutz, C./Abu-Lughod, L. (Eds.) (1990): Language and the politics of emotion, New York.

Maccoby, M. (1989):Warum wir arbeiten. Motivation als Führungsaufgabe, Frankfurt.
Macharzina, K. (1993): Unternehmensführung: Das internationale Managementwissen. Konzepte – Methoden – Praxis. Wiesbaden.
Machiavelli, N. (1955): Der Fürst. Stuttgart.
Maddock, R. C./Fulton, R. L. (1998): Motivation, emotions, and leadership: The silent side of management. Westport, CT.
Mahoney, M. J. (1977): Kognitive Verhaltensmodifikation. München.
Maier, K. (1979): Das Partnerschaftsmodell als Konzept der Personal- und Organisationsentwicklung. In: Wunderer, R. (Hrsg.): Humane Personal- und Organisationsentwicklung. Berlin, S. 423–441.
Maier, W. (1998): Systemisches Personalmanagement: Möglichkeiten und Grenzen. München.
Mansaray, N. (2000): Wenn Führungskräfte irren – Die 20 gefährlichsten Manager-Fehler. Wiesbaden.
Manz, C. C./Sims, H.P. (1987): Leading Workers to Lead themselves. The External Leadership of Self-Managing Workteams. In: Administrative Science Quarterly, S. 106–128.
Manz, C. C./Sims, H. P. Jr. (1993): Business without Bosses. New York.
March, J. (1990): Entscheidung und Organisation: Kritische und konstruktive Beiträge. Wiesbaden.
March, J./Simon, H. (1976): Organisation und Individuum. Wiesbaden.
March, J./Simon, H. A. (1993): Organizations. Cambridge Mass (Original 1958).

Marchand, R./Boethius, S. (1998): Aktion gegen ineffiziente Meetings, Steinmaur.
Marchington, M./Wilkinson, A./Ackers, P./Goodman, J. (1994): Understanding the meaning of participation: Views from the workplace. In: Human Relations, 47, S. 867–894.
Marcus, B. (2000): Kontraproduktives Verhalten im Betrieb. Eine individuumsbezogene Perpektive. Göttingen.
Margerison, C./McCann, D. (1985): How to Lead a Winning Team. Bradford.
Margraf, J./Rudolf, K. (1999): Angst in sozialen Situationen: Das Konzept der Sozialphobie. In: J. Margraf & K. Rudolf (Eds.), Soziale Kompetenz, Soziale Phobie. Anwendungsfelder, Entwicklungslinien, Erfolgsaussichten (2 ed., pp. 3–24). Baltmannsweiler.
Markowitz, J. (1979): Die soziale Situation – Entwurf eines Modells zur Analyse des Verhältnisses zwischen personalen Systemen und ihrer Umwelt. Frankfurt.
Markus, H./Wurf, E. (1987): The dynamic self-concept: A social psychological perspective. Annual Review of Psychology, 38, S. 299–337.
Marr, R. (Hrsg.) (1996): Absentismus. Göttingen.
Marr, R./Stitzel, M. (1979): Personalwirtschaft: ein konfliktorientierter Ansatz, München.
Marramao, G. (1999): Die Säkularisierung der westlichen Welt, Frankfurt.
Marrow, A./Bowers, D. G./Seashore, S. E. (1967): Management of participation. New York.
Marsick, V. J./Volpe, M. (1999): The Nature and Need for Informal Learning. In: V. J. Marsick and M. Volpe (Eds.) Informal Learning on the Job, Advances in Developing Human Resources, S. 1–9. San Francisco.
Martin, A. (1992): Arbeitszufriedenheit. In: Gaugler, E./Weber, W. (Hrsg.): Handwörterbuch des Personalwesens. 2. Aufl., Stuttgart, Sp. 481–492.
Martin, A./Nienhüser, W. (Hrsg.): (1998): Personalpolitik: Wissenschaftliche Erklärung der Personalpraxis, München.
Martin, J. (1992): Cultures in Organizations: Three Perspectives, New York
Martinez, M. N. (1995): Costs of absenteeism on the rise. In: HR-Magazine, 40(11), S. 22.
Marx, K. (1974): Grundrisse der Kritik der politischen Ökonomie, Berlin.
Maslach, C./Leiter, M. P. (1997): The truth about burnout. San Francisco.
Maslach, C./Leiter, M. P. (1999): Burnout and engagement in the workplace: A contextual analysis. In T. C. Urdan (Ed.) Advances in Motivation and Achievement, 11, S. 275–302.
Maslow, A. H. (1943): A Theory of Human Motivation, in: Psychological Review, Vol. 50, S. 370–396.
Maslow, A. H. (1973): Psychologie des Seins. München.

Maslow, A. H. (1978): Motivation and Personality. New York., dt. Maslow, A. H. (1981): Motivation und Persönlichkeit. Hamburg.
Maslow, A. H. (1998a): Maslow on Management. New York.
Maslow, A. H. (1998b): Toward a Psychology of Being. New York.
Massenbach, v. K. (2000): Die innere Kündigung zwischen Burnout und Hilflosigkeit, Zürich
Mathieu, J./Zajac, D. (1990): A Review and Meta-analysis of the Antecedents, Correlates and Outcomes of Organizational Commitment, In: Psychological Bulletin, Vol. 108, S. 171–194.
Matje, A. (1996): Unternehmensleitbilder als Führungsinstrument. Komponenten einer erfolgreichen Unternehmensidentität. Wiesbaden.
Matsumoto, D./Sanders, M. (1988): Emotional patterns during engagement in intrinsically- and extrinsically-motivating tasks. Motivation and Emotion, 12, S. 353–369.
Matthies, H./Mückenberger, U./Offe, C./Peter, E./Raasch, S. (1994): Arbeit 2000. Anforderungen an eine Neugestaltung der Arbeitswelt. Reinbek.
Matussek, P. (1974): Kreativität als Chance. München et al.
May, T. (1997): Organisationskultur. Zur Rekonstruktion und Evaluation heterogener Ansätze in der Organisationstheorie, Wiesbaden.
Mayntz, R. (1975): Konflikte und Konfliktregelungen im Betrieb. In: Grochla, W./Wittmann, W. (Hrsg.): Handwörterbuch der Betriebswirtschaft, 4. Aufl., Stuttgart, Sp. 2176–2182.
Mayrhofer, W. (1996): Auf der Suche nach dem Sozialen. Plädoyer für ein neues Verhältnis von Systemtheorie und Personalwirtschaft, in: Weber, W. (Hrsg.) Grundlagen der Personalwirtschaft – Theorien und Konzepte, Wiesbaden, S. 89–114.
Mayring, P. (1993): Einführung in die qualitative Sozialforschung. München.
McClelland, D. (1978): Macht als Motiv. Stuttgart.
McClelland, D. (1982): The Need for Power, Sympathetic Activation and Illness. In: Motivation and Emotion 6, No. 1, S. 31–41.
McClelland, D. (1992): Motivational Configurations. In: Smith, C. (Hrsg.): Motivation and personality. Handbook of thematic content analysis. Cambridge, S. 96–112.
McClelland, D. C. (1951): Measuring motivation in phantasy: The achievement motive. In: Gueztkow, H. (Hrsg.): Groups, Leadership, and Men. Pittsburgh.
McClelland, D. C. (1961): The achieving society. Princeton. NJ.
McClelland, D. C. (1987): Human Motivation. Cambridge, Mass. et al. McClelland, D. C./Atkinson, J. W./Clark, R. A. (1953): The Achievement Motive. New York.
McClelland, D. C. (1961): The achieving society. Princeton, NJ.

McCoy, T. J. (1996): Creating an »open book« organization – where employees think & act like business partners. New York.
McGill, M./Slocum, J. (1993): Unlearning the Organization. In: Organizational Dynamics, (Autumn), S. 67–79.
McGill, M./Slocum, J. (1996): Das intelligente Unternehmen. Stuttgart.
McGregor, D. (1960): The human side of enterprise. New York.
McKinlay, A./Starkey, K. (Eds.) (1998): Foucault, Management and Organization Theory, London.
McReynols, P. W. (1968): The Motivational Psychology of Jeremy Bentham, »Efforts toward Quantification and Classification«. In: Journal of the History of the Behavior Science, 4, S. 349–364.
Meder, H.-J./Bitzer, B. (1993): Fehlzeitenreduzierung durch gezieltes Führungskräftetraining – Das Rückkehrgespräch –. In: Personal, Heft 5, S. 212.
Megginson, D. (1988): Instructor, Coach, Mentor. Three Ways of Helping for Managers, In: Management Education and Development, 19. Jg. Nr. 1, S. 33ff.
Mehrmann, E./Wirtz, T. (1996): Effizientes Projektmanagement – Erfolgreich Konzepte entwickeln und realisieren. 2. Aufl., Düsseldorf.
Meier, C. (1997): Arbeitsbesprechungen. Interaktionsstruktur, Interaktionsdynamik und Konsequenzen einer sozialen Form, Opladen.
Meier, R. (1972): Führungsrichtlinien. Bern et al.
Melich, A. (Hrsg.) (1991): Die Werte der Schweizer. Bern.
Mentzel, W. (1980): Personalentwicklung – Handbuch zur Förderung und Weiterbildung der Mitarbeiter. Freiburg.
Mentzel, W. (1992): Unternehmenssicherung durch Personalentwicklung. Mitarbeiter motivieren, fördern und weiterbilden. Freiburg im Breisgau.
Merleau-Ponty, M. (1974): Phänomenologie der Wahrnehmung. Berlin.
Meulemann, H. (1991): Lebenserfolg und Lebenszufriedenheit. In: Kölner Zeitschrift für Soziologie und Sozialpsychologie, 43, S. 644–667.
Meyer, H. (1987): Motivationale Eigenschaften der Geführten. In: Kieser, A./Reber, G./Wunderer, R. (Hrsg.): Handwörterbuch der Führung. Stuttgart. Sp. 1520–1532.
Meyer, J. P./Allen, N. J. (1997): Commitment in the Workplace: Theory, Research, and Application (Advanced Topics in Organizational Behaviour, Vol 1), London.
Meyer, M. C. (1978): Demotivation its Cause and Cure. In: Personnel Journal, May, S. 260–266.
Meyer, W. H. (1982): Arbeitszufriedenheit. Ein interessiertes Missverständnis. Opladen.
Mikula, G./Schwinger, T. (1981): Equity-Theorie. In: Werbik, H./Kaiser, H. J. (Hrsg.): Kritische Stichwörter zur Sozialpsychologie. München, S. 104–122.

Milgrom, P. R./Roberts, J. (1992): Economics Organizations and Management. Englewood Cliffs.
Miller, D./Friesen, P. H. (1984): Organizations: A quantum view. Englewood Cliffs.
Millward, L. J./Hopkins, L. J. (1998): Psychological Contracts, Organizational and Job Commitment, In: Journal of Applied Social Psychology, 28(16), S. 16–31.
Millward, L. J./Brewerton, P. M. (2001): Psychological Contracts: Employee Relations for the 21st Century? In: I.T. Robertson and C. Cooper, (Eds.), Personnel Psychology and Human Resource Management. London.
Miner, J. G. (1980): Theories of Organizational Behavior. Hinsdale, Ill.
Minkler, A. (1993): The problem with disperse knowledge: firms in theory and practice. Kyklos 46 (4): 596–587.
Minssen, H. (1999): Von der Hierarchie zum Diskurs? Die Zumutungen der Selbstregulation. München.
Minter, J. B./Dachler, H. P. (1973): Personal Attitudes and Motivation. In: Annual Review of Psychology, 24, S. 379–402.
Mintzberg, H. (1983): Power in and around organizations, Englewood Cliffs, N. J.
Mintzberg, H. (1992a): Die Mintzberg-Struktur. Organisation effektiver gestalten. Landsberg a. Lech.
Mintzberg, H. (1992b): Structure in Fives: Designing Effective Organizations, Englewood Cliffs
Mitchell, T. R. (1995): Führungstheorien – Attributionstheorie. In: Kieser, A./Reber, G./Wunderer, R. (Hrsg.): Handwörterbuch der Führung. 2. Aufl., Stuttgart, Sp. 847–861.
Mitchell, T. R./Biglan, A. (1971): Instrumental theories: Current uses in psychology. Psychology Bulletin, 76, S. 432–454.
Mitchell, T. R./Mickel, A. E. (1999): The meaning of money: An individual-difference perspective. In: Academy of Management Review, 24: S. 568–578.
Mitchell, T. R./Kalb, L. S. (1982): Effects of Job Experience on Supervisor Attributions for a Subordinate's Poor Performance. In: Journal of Applied Psychology, S. 181–188.
Mitchell, T. R./Liden, R. C. (1982): The Effects of the Social Context on Performance Evaluation. In: Organizational Behavior and Human Performance, S. 241–256.
Mittelstaedt, I. (1998): Mobbing und Emotionen – Aspekte einer Organisationssoziologie. München.
Mittmann, J. (1991): Identitätsorientierte Unternehmensführung. Bern/Stuttgart.

Moorhead, G./Griffin, R. W. (1989): Organisational Behavior, 2. Aufl., Boston.

Moorman, R. H. (1991): Relationship between Organizational Justice and Organizational Citizenship Behaviors. Do Fairness Perceptions Influence Employee Citizenship? In: Journal of Applied Psychology, 76, S. 845–855.

Morris, A./Feldman, D. (1996): The dimensions, antecedents, and consequences of emotional labour. In: Academy of Management Review, Vol. 21 No. 4, S. 986–1010.

Morris, A./Feldman, D. (1997): Managing emotions in the workplace, in: Journal of Management Issues 9, 3, S. 257–274.

Morris, T./Lydka, H./O'Creevy, M. F. (1993): Can Commitment be managed? In: Human Resource Management Journal, S. 21–42.

Morris, W. N./Reilly, N. P. (1987): Toward the Self-regulation of Mood: Theory and Research. In: Motivation and Emotion, 11 (September), S. 215–249.

Morrison, D. W. (1994): Psychological Contracts and Change. In: Human Resource Management, Fall 1994, Vol. 33. Number 3, S. 252–372.

Morrison, E. W./Robinson, S. L. (1997): When employees feel betrayed: a model of how psychological contract violation develops. In: Academy of Management Review, 22, S. 226–256.

Morrison, E. W./Milliken, F. J. (2000): Organisational Silence: A Barrier to Change and Development in a Pluralistic World, in: Academy of Management Review, Vol. 25, No. 4, S. 706–725.

Moser, K. (1996): Commitment in Organisationen. Bern

Mowday, R. T. (1979): Equity theory predictions of behavior in organizations. In: Steers, R. M./Porter, L. W. (Hrsg): Motivation and Work Behavior, 2. Auflage, New York, S. 126.

Mowday, R. T./Steers, R. M./Porter, L. W. (1982): Employee – Organizational Linkages. The Psychology of Commitment, Absentism, and Turnover, New York.

Müller, G. F. (1999): Organisationskultur, Organisationsklima und Befriedigungsquellen der Arbeit. In: Zeitschrift für Arbeits- und Organisationspsychologie, 43, S. 193–201.

Müller, G. F./Bierhoff, H. W. (1994): Arbeitsengagement aus freien Stücken – psychologische Aspekte eines sensiblen Phänomens. In: Zeitschrift für Personalforschung, 8, (4), S. 367–379.

Müller-Stewens, G./Pautzke, G. (1991): Führungskräfteentwicklung und organisatorisches Lernen. In: Sattelberger, T. (Hrsg): Die lernende Organisation, Wiesbaden, S. 183–205.

Mumby D. K./Putnam R. D. (1992): The politics of emotion: A Feminist Reading of Bounded Rationality. In: Academy of Management Review, 17. 3, S. 465–86.

Münch, J. (1995): Personalentwicklung als Mittel und Aufgabe moderner Unternehmensführung. Bielefeld.

Nadler, D. A./Tushman, M. (1990): Beyond Charismatic Leaders: Leadership and Organisational Change. In: California Management Review, 32, 3, S. 77–97.

Nahapiet, J./Ghoshal, S. (1998): Social capital, intellectual capital, and the organizational advantage. In: Academy of Management Review, 23: S. 242–266.

Neff, W. S. (1985): Work and human behaviour, 3. Aufl., New York.

Neilsen, E. H. (1972): Understanding and Managing Intergroup Conflict. In: Lorsch, J. W./Lawrence, P. R. (Hrsg.): Managing Group and Intergroup Relations, Homewood, Ill.

Nelson, B. (1996): Dump the cash load on the praise, In: Personnel Journal Jul vol 75 no. 7, S. 65–70.

Nelson, D./Sutton, S. (1990): Chronic work stress and coping: A longitudinal study and suggested new directions. In: Academy of Management Journal, 33, S. 859–869.

Nelson, D. L./Sutton, C. D. (1991): The relationship between newcomer expectations of job stressors and adjustment to the new job, Work and Stress, 5, S. 241–251.

Nerdinger, F. W. (1995): Motivation und Handeln in Organisationen: Eine Einführung, Stuttgart.

Nerdinger, F. W. (1998): Extra-Rollenverhalten in Organisationen. In: Arbeit, 7, (1), S. 21–38.

Nerdinger, F. W./Spiess, E. (1992): Kommunikative Validierung und Datenfeedback in der Wertforschung – Ergebnisse aus quantitativen und qualitativen Langzeitbefragungen. In: Klages, H./Hippler, H. J./Werbert, W. (Hrsg.): Werte und Wandel. Ergebnisse und Methoden einer Forschungstradition, Frankfurt, S. 653–671.

Neuberger, O. (1974): Messung der Arbeitszufriedenheit, Stuttgart.

Neuberger, O. (1976a): Der Arbeitsbeschreibungsbogen: Ein Verfahren zur Messung der Arbeitszufriedenheit, Problem und Entscheidung, 15, S. 1–129.

Neuberger, O. (1976b): Führungsverhalten und Führungserfolg, Berlin.

Neuberger, O. (1978a): Führung. In: Mayer, A. (Hrsg).: Organisationspsychologie, Stuttgart, S. 272–304.

Neuberger, O. (1978b): Motivation und Zufriedenheit. In: Mayer, A. (Hrsg.) Organisationspsychologie, Stuttgart, S. 201–235.

Neuberger, O. (1984): Führen und geführt werden. 1. Auflage. Stuttgart. (4. Auflage 1994).

Neuberger, O. (1985a): Arbeit. Begriff, Gestaltung, Motivation, Zufriedenheit, Stuttgart.

Neuberger, O. (1985b): Unternehmenskultur und Führung, Augsburg.

Neuberger, O. (1988): Führung (ist) symbolisiert. Plädoyer für eine sinnvolle Führungsforschung. Düsseldorf.

Neuberger, O. (1989a): Symbolisches Management als Vermittlung zwischen Individualisierung und Organisierung. In: Drumm, H. J. (Hrsg.): Individualisierung der Personalwirtschaft. Grundlagen, Lösungsansätze und Grenzen, Bern, S. 69–81.

Neuberger, O. (1989b): Das Konzept der Selbstentwicklung, in: Augsburger Beiträge zu Organisationspsychologie und Personalwesen, Heft 8/1989, S. 1–11.

Neuberger, O. (1991): Personalentwicklung, Stuttgart, 1. Auflage.

Neuberger, O. (1992): Miteinander arbeiten – miteinander reden! Vom Gespräch in unserer Arbeitswelt, 14. Aufl., München.

Neuberger, O. (1993a): Arbeits(un)-zufriedenheit In: Frese, E. (Hrsg): Handwörterbuch der Organisation, 3., völlig neu gestaltete Auflage, Stuttgart, Sp. 198–208.

Neuberger, O. (1993b): Das ist doch keine Kunst. Zur Ästhetik der Personalentwicklung. In: Laske, S. (Hrsg.) (1993): Spannungsfeld Personalentwicklung. Konzeption, Analysen, Perspektiven, Wiesbaden, S. 195–235.

Neuberger, O. (1994): Personalentwicklung, 2. Aufl., Stuttgart.

Neuberger, O. (1995): Mikropolitik. Der alltägliche Aufbau und Einsatz von Macht in Organisationen, Stuttgart.

Neuberger, O. (1997): Personalwesen, Stuttgart.

Neuberger, O. (1999): Mobbing. Übel mitspielen in Organisationen, München.

Neuberger, O. (2002): Führen und führen lassen. Ansätze, Ergebnisse und Kritik der Führungsforschung, 6., völlig neu bearb. und erw. Aufl. Stuttgart.

Neuberger, O./Roth, B. (1974): Führungsstil und Gruppenleistung – eine Überprüfung von Kontingenzmodell und LPC-Konzept. In: Zeitschrift für Sozialpsychologie, S. 133–144.

Neuberger, O./Allerbeck, M. (1978): Messung und Analyse von Arbeitszufriedenheit. Erfahrungen mit dem »Arbeitsbeschreibungsbogen-ABB«, Bern.

Neuberger, O./Kompa, A. (1987): Wir die Firma, Der Kult um die Unternehmenskultur, 1. Auflage, Weinheim.

Neue Zürcher Zeitung 2000 Mensch und Arbeit, 23.02.2000 Nr. 45 73.

Neue Zürcher Zeitung 2000 Mensch und Arbeit, 24.05.2000 Nr. 120 81.

Nevis, E./DiBella, A./Gould, J. (1995): Understanding Organizations as Learning Systems. In: Sloan Management Review, (Winter) 36, S. 73–85.

Nick, F. (1974): Management durch Motivation, Stuttgart.
Nieder, P. (1974): Führungsverhalten und Leistung. Ein Beitrag zur verhaltenstheoretischen Soziologie. Diss. Universität Nürnberg-Erlangen.
Nieder, P. (Hrsg.) (1977): Führungsverhalten im Unternehmen. München.
Nieder, P. (1996): Absentismus. In: Gaugler, E./Weber, W. (Hrsg.) Handwörterbuch des Personalwesens, 2. Aufl., Sp. 1–9, Stuttgart.
Niedl, K. (1995): Mobbing – Bullying am Arbeitsplatz, München.
Niehoff, B. P./Moorman, R. H. (1993): Justice as a Mediator of the Relationship between Methods of Monitoring and Organizational Citizenship Behavior. In: Academy of Management Journal, 36, S. 527–556.
Nienhüser, W. (1998): Macht bestimmt Personalpolitik. Erklärung der betrieblichen Arbeitsbeziehungen aus macht- und austauschtheoretischer Perspektive. In: Martin, A./Nienhüser, W. (Hrsg.) (1998): Personalpolitik: Wissenschaftliche Erklärung der Personalpraxis, München, S. 239–261.
Nijhuis, F. J. N/Smulders, P. G. W. (1996): Die Wirkung von Arbeitsanforderungen und persönlichen Kontrollmöglichkeiten auf Gesundheitsbeschwerden und Fehlzeiten. In: Zeitschrift für Arbeits- und Organisationspsychologie, 40, S. 173–180.
Noelle-Neumann, E. (1978): Werden wir alle Proletarier? Zürich.
Noelle-Neumann, E./Strümpel, B. (1984): Macht Arbeit krank? Macht Arbeit glücklich? Eine aktuelle Kontroverse, München.
Noelle-Neumann, E./Köcher, R. (1997): Allensbacher Jahrbuch der Demoskopie 1993–1997. Bd. 10, München.
Nohria, N./Eccles, R. G. (1992): Face-to-Face: Making Network Organizations Work, in: Nohria, N./Eccles, R. G. (Eds.): Networks and Organizations. Structure, Form, and Action, Boston.
Noll, H.-H./Weick, S. (1997): Starke Beeinträchtigung der Arbeitszufriedenheit durch Konflikte mit Vorgesetzen. In: ISI. Informationsdienst Soziale Indikatoren, Nr. 17, Allensbach, S. 10–14.
Nonaka, I./Takeuchi, H. (1995): The Knowledge-Creating Company. New York/Oxford.
Normann, R./Ramirez, R. (1994): Designing Interactive Strategy. From Value Chain to Value Constellation, New York.
North, K. (1999): Wissensorientierte Unternehmensführung Wertschöpfung durch Wissen, Wiesbaden.
Nütten, I./Sauermann, P. (1993): Die anonymen Kreativen – Instrumente einer Innovationsorientierten Unternehmenskultur, Wiesbaden.
Nystrom, P. C./Starbuck, W. H. (1984): To avoid organizational crises, unlearn. In: Organizational Dynamics, 12, S. 53–65.

Odiorne, G. (1965): Management by Objectives. New York.

Oechsler, W. A. (1997): Personal und Arbeit. Einführung in die Personalwirtschaft unter Einbeziehung des Arbeitsrechts, 6. Aufl., München/Wien.

Oechsler, W. A. (2000): Personal und Arbeit. Grundlagen des Human Ressource Management und der Arbeitgeber-Arbeitnehmerbeziehungen, 7. Aufl., München.

Oelsnitz, D. v. (1999): Transformationale Führung im organisatorischen Wandel: Ist alles machbar? Ist alles erlaubt? In: Zeitschrift Führung + Organisation, 3, S. 151–155.

Ogilvie, J. R. (1986): The Role of Human Resource Management Practices in Predicting Organizational Commitment. In: Group and Organization Studies, S. 335–359.

Oher, J. M. (1999): The Employee Assistance Handbook, New York.

Ohmae, K. (1990): The Borderless World. Power and Strategy in the Interlinked Economy, New York.

Ondrack, D. (1995): Entgeltsysteme als Motivationsinstrument. In: Kieser, A./Reber, G./Wunderer, R. (Hrsg.): Handwörterbuch der Führung. 2. Aufl., Stuttgart, Sp. 307–328.

O'Neill, B. S./Mone, M. A. (1998): Investigating Equity Sensitivity as a Moderator of Relations Between Self-Efficacy and Workplace; In: Journal of Applied Psychology, Vol. 83 Issue 5, S. 805–12.

Opaschowski, H. (1997): Deutschland 2010. Wie wir morgen leben. Voraussagen der Wissenschaft zur Zukunft unserer Gesellschaft. Hamburg.

O'Reilly, C./Chatman, J. (1986): Organizational commitment and psychological attachment: The effects of compliance, identification, and internalization of prosocial behavior. Journal of Applied Psychology, 71, S. 492–499.

Organ, D. W. (1988): Organizational Citizenship Behavior. The Good Soldier Syndrome. Lexington.

Organ, D. W. (1990): The motivational basis of organizational citizenship behavior. In: Staw, B. M./Cummings, L. L. (Eds.): Research in organizational behaviour, Vol. 12, S. 43–72.

Organ, D. W. (1994): Personality and organizational citizenship behavior. In: Journal of Management, 20, S. 465–478.

Organ, D. W./Konovsky, M. (1989): Cognitive versus Affective Determinants of Organizational Citizenship Behavior. In: Journal of Applied Psychology, 74, S. 157–164.

Ortmann, G. (1976): Unternehmungsziele als Ideologie. Köln.

Ortmann, G./Sydow, J./Türk, K. (1997): Theorien der Organisation: Die Rückkehr der Gesellschaft. Opladen.

Ortony, A./Clore, G. L./Collins, A. (1988): The cognitive structure of emotion. Cambridge. New York.

Osnabrügge, G./Stahlberg, D./Frey, D. (1985): Die Theorie der kognizierten Kontrolle. In: Frey, D./Irle, M. (Hrsg.): Theorien der Sozialpsychologie, Band 3: Motivations- und Informationsverarbeitungstheorien, Bern, S. 127–172.

Ospina, S. (1996): Illusion of Opportunity, Employee Expectations and Workplace Inequality, Ithaca.

Osterloh, M. (1988a): Flexibilisierung der Arbeits- und Beschäftigungsbedingungen und ihre Konsequenzen für das System der Arbeitsbeziehungen.

Osterloh, M. (1988b): Organisationstheorie und Transaktionstheorie. In: Diskussionsbeiträge der Universität Erlangen, Nürnberg, Heft 40.

Osterloh, M. (1991): Methodische Probleme einer empirischen Erforschung von Organisationskultur, In: Dülfer, E. (Hrsg.): Organisationskultur. Phänomen, Philosophie, Technologie, 2. Aufl., S. 139–151.

Osterloh, M. (1993): Interpretative Organisations- und Mitbestimmungsforschung, Stuttgart.

Osterloh, M./Thiemann R. (1995): Konzepte der Wirtschafts- und Unternehmensethik: Das Beispiel Brent Spar. In: Die Unternehmung 49, 5, S. 321–338.

Ouchi, W. G. (1981): Theorie Z. How American Business can Meet the Japanese Challenge. Reading, Mass.

Pallak, M. S./Pittman, T. S. (1972): General motivation effects of dissonance arousal. Journal of Personality and Social Psychology, 21, S. 349–358.

Panse, W./Stegmann, W. (1996): Kostenfaktor Angst, Landsberg am Lech.

Park, W./Sims, H. P./Motowidlo, J. S. (1986): Affect in Organisation: how feelings and emotions influence managerial judgement. In: Sims, H. P./Gioia, D. A. (1986): The Thinking Organisation. San Francisco, S. 215–237.

Parson, T. (1951): The Social System. Glencoe.

Pascale, R. T./Athos, A. G. (1981): The Art of Japanese Management. Harmondsworth.

Paschen, K. (1983): Führungsleitsätze. In: Wunderer, R. (Hrsg.): Führungsgrundsätze in Wirtschaft und öffentlicher Verwaltung. Stuttgart, S. 28–34.

Paschen, K. (1995): Duale Führung. In: Kieser, A./Reber, G./Wunderer, R. (Hrsg.): Handwörterbuch der Führung. 2. Aufl., Stuttgart, Sp. 250–256.

Payne, A./Fineman, S./Wall, T. D. (1976): Organizational Climate and Job Satisfaction. A conceptual Synthesis. In: Organizational Behavior and Human Performance, 16, S. 45–62.

Peffer, J. (1996): The Human Equation. Building Profits by Putting People First, Boston.

Pekrun, R. (1988): Emotion, Motivation und Persönlichkeit, München.

Pekrun, R./Frese, M. (1992): Emotions in work and achievement. In: Cooper, C. L./Robertson, I. T. (Eds.) (1992): International Review of Industrial and Organisational Psychology, Chichester, Vol. 7, S. 153–200.

Pellens, B. (Hrsg.) (1998): Unternehmenswertorientierte Entlohnungssysteme. Stuttgart.

Perich, H. (1993): Unternehmensdynamik – Zur Entwicklungsfähigkeit von Organisationen aus zeitlich -dynamischer Sicht. In: St. Galler Beiträge zum integrierten Management, Bern.

Pervin, L. A. (1980): Personality, Theory, assessment, and research, New York.

Peter, G./Pröll, U. (Hrsg.) (1990): Prävention als betriebliches Alltagshandeln, Dortmund.

Peters, T./Waterman, R. (1984): Auf der Suche nach Spitzenleistungen. 10. Aufl., Landsberg a. Lech.

Pettigrew, A. (1990): Organizational Climate and Culture. Two Constructs in Search of a Role. In: Schneider, D. (1990): Organizational climate and culture, San Francisco, S. 413–439.

Pfeffer, J. (1981): Management as symbolic action; the creation and maintenance of organizational paradigms. In Cummings, L./Staw, B. (Hrsg.): Research in Organizational Behavior. Greenwich, Conn. S. 1–52.

Picot, A./Reichwald, R./Wigand, R. T. (1996): Die grenzenlose Unternehmung. Information, Organisation und Management, Wiesbaden, (Neuauflage 1998).

Pinchot, G. (1988): Intrapreneuring, Mitarbeiter als Unternehmer. Wiesbaden.

Pinchot, G./Pinchot, E. (1994): The intelligent organization: engaging the talent and initiative of everyone in the workplace, San Francisco.

Pleiss, C./Oesterreich, R. (1997): Arbeitswissenschaftlich fundierte Prävention, in: Klotter Christoph (Hrsg.): Prävention im Gesundheitswesen, Göttingen.

Pleitner, H. J. (1981): Die Arbeitszufriedenheit von Unternehmen und Mitarbeitern in gewerblichen Betrieben, Berlin.

Plessner, H. (1959): Das Problem der Öffentlichkeit und die Idee der Entfremdung. In: Diesseits der Utopie; Gesammelte Werke X, S. 212–226, Frankfurt

Plessner, H. (1969): Selbstentfremdung – ein anthropologisches Theorem? In: Plessner (1969), Philosophische Perspektiven I, S. 176–183, Frankfurt.

Plessner, H. (1982): Mit anderen Augen. Aspekte einer philosophischen Anthropologie, Stuttgart.

Podsakoff, P. M./Williams, L. J. (1986): The relationship between job performance and job satisfaction, in: Locke, E. A. (Hrsg): Generalizing from laboratory to field settings, Lexington, Toronto, S. 207–245.

Polanyi, K. (1985): Implizites Wissen, Frankfurt.

Pongratz, H. J./Voss, G. G. (1997): Fremdorganisierte Selbstorganisation, In: Zeitschrift für Personalforschung, 1/97, S. 30–53.
Pongratz, H. J./Voss, G. G. (1998): Der Arbeitskraftunternehmer. In: Kölner Zeitschrift für Soziologie und Sozialpsychologie, 50, S. 131–158.
Poole, P. (1985): Communication and organizational climates: review, critique, and a new perspective. In: McPhee, R. D./Tompkins, P. K.: Organizational communication: traditional themes and new directions, London, S. 79–108.
Popitz, H. (1987): Autoritätsbedürfnisse. Der Wandel der sozialen Subjektivität. In: Kölner Zeitschrift für Soziologie und Sozialpsychologie, Bd. 39, S. 633–647.
Poppelreuter, Stefan (1996): Arbeitssucht. Integrative Analyse bisheriger Forschungsansätze und Ergebnisse einer empirischen Untersuchung zur Symptomatik. Witterschlick/Bonn.
Porter, J. L./Hackmann, J. R. (1975): Behavior in Organizations. New York.
Porter, L. W./Roberts, K. H. (1976): Communication in Organisation. In: Handbook of Industrial and Organisational Psychology, hrsg. V. Dunnette, M. D. Chicago, S. 1553–1589.
Porter, L. W./Lawler, E. E. (1968): Managerial attitudes and performance, Illinois.
Porter, L. W./Lawler, E. E./Hackman, R. (1987): Ways Groups Influence Individual Work Effectiveness, in: Steers, R. M./Porter, L. W. (Hrsg.): Motivation and Work Behavior, 2. Auflage, New York.
Powell, G. N./Butterfield, D. A. (1978): The case for subsystem climates in organizations. In: Academy of Management Review, 3, S. 151–157.
Prasch, E./Rebele, D. (1995): Aktive Personalführung in der Vereinsbank: die Umsetzung unternehmerischer Personalkonzepte. In: Wunderer, R./ Kuhn, T. (Hrsg.): Innovatives Personalmanagement. Neuwied et al., S. 75–113.
Preiser, S. (1978): Sozialisationsbedingungen sozialen und politischen Handelns. In: Landeszentrale für politische Bildung (Hrsg.): Selbstverwirklichung und Verantwortung in einer demokratischen Gesellschaft. 2. Aufl., Mainz, S. 126–135.
Pribilla, P./Reichwald, R./Goecke, R. (1996): Telekommunikation im Management. Stuttgart.
Pries, L. (1998): Betrieblicher Wandel in der Risikogesellschaft, München.
Porter, L. W./Lawler, E. E. (1968): Managerial attitudes and performance, Illinois.
Pritchard, R. D./Jones. S. D./Roth, P. L./Stuebing, K. K./Edeberg, S. E. (1988): Effects of group feedback, goal setting, and incentives on organizational productivity. In: Journal of Applied Psychology, 73: S. 337–358.

Pritchard, R. D./Karasick, B. (1973): The effects of organisational climate on managerial job performance and job satisfaction, In: Organisational Behavior and Human Performance, 9, S. 110–119.
Probst, G. J. B. (1987): Selbstorganisation, Ordnungsprozesse in sozialen Systemen aus ganzheitlicher Sicht, Berlin.
Probst, G. J. B. (1992): Selbstorganisation. In: Frese, E. (Hrsg.) (1992): Handwörterbuch der Organisation, Stuttgart, Sp. 2255–2269.
Probst, G./Raub, S./Romhardt, K. (1997): Wissen managen. Wie Unternehmen ihre wertvollste Ressource optimal nutzen, Frankfurt.
Probst, G. J. B./Büchel, B. S. T. (1994): Organisationales Lernen, Wiesbaden.
Probst, G. J. B./Gomez, P. (1991): Vernetztes Denken, 2. Aufl., Wiesbaden.
Probst, G./Raub, S./Romhardt, K. (1997): Wissen managen: wie Unternehmen ihre wertvollste Ressource optimal nutzen. Wiesbaden.
Probst. G. J. B./Scheuss, R. W. (1984): Die Ordnung von sozialen Systemen: Resultat von Organisieren und Selbstorganisation, In: Zeitschrift Führung und Organisation, H. 8, S. 4080–488.
Prystav, G. (1981): Psychologische Copingforschung: Konzeptbildungen, Operationalisierungen und Messinstrumente. In: Diagnostica, 17, S. 189–214.
Puca, R. M. (1996): Motivation diesseits und jenseits des Rubikon, Diss. Bergische Universität-Gesamthochschule Wuppertal.
Pümpin, C./Kobi, J.-M./Wütrich, H. A. (1985): Unternehmenskultur – Basis strategischer Profilierung erfolgreicher Unternehmen. In: Die Orientierung, Nr. 85, Schriftenreihe der Schweizerischen Volksbank, Bern.
Putnam, L./Mumby, D. K. (1993): Organisations, Emotions and the Myth of Rationality. In: Fineman, S. (1993) (ed): Emotions in Organisations, London, S. 36–57.

Quick, J. D./Kertesz, J. W./Nelson, D./Quick, J. C. (1985): Preventive Management of Stress, in: Myers, D. W. (Hrsg.): Employee Problem Prevention and Counseling. A Guide for Professionals, London. S. 125–157.
Quinn, J. B./Mills, D. (1991): The Rebirth of the Corporation. New York.
Quinn, R. E./Spreitzer, G. M. (1997): The road to empowerment: seven questions every leader should consider. In: Organizational Dynamics; 26:2, 1997, S. 37–49.

Rafaeli, A./Sutton, R. (1987): Expression of emotion as part of the work role. In: Academy of Management Review, Vol. 12, No. 1, S. 23–37.
Rahim, A. (1996): Stress, strain, and their moderators: an empirical comparison of entrepreneurs and managers. In: Journal of Small Business Management, Vol. 34 No. 1, S. 46–58.

Rählmann, I./Glanz, A./Funder, M. (1993): Flexible Arbeitszeiten. Wechselwirkungen betrieblicher und außerbetrieblicher Lebenswelt, Opladen.
Raidt, F. (1987): Die innere Kündigung am Arbeitsplatz. In: Der Betriebswirt, H. 1, S. 19.
Raidt, F. (1989): Innere Kündigung. In: Strutz, H. (Hrsg) (1989): Handbuch Personalmarketing, Wiesbaden, S. 68–73.
Rain, J. I./Laane, J. M./Steiner, D. D. (1991): A current look at the job satisfaction/life satisfaction relationship review and future consideration. In: Human Relations 44/1991, S. 287–307.
Ramirez, R. (1991): The Beauty of Social Organisation, München.
Randall, M. R./Cropanzano, R./Bormann, C. A./Birjulin, A. (1999): Organizational politics and organizational support as predictors of work attitudes, job performance, and organizational citizenship behaviour. In: Journal of Organisational Behaviour, Volume 20, Issue 2, 1999, S. 159–174.
Rappaport, A. (1999): New thinking on how to link executive pay with performance. In: Harvard Business Review, March – April 1999, S. 91–101.
Ratner, C. (1989): A social constructionist critique of the naturalistic theory of emotion. In: Journal of Mind and Behavior, 10, S. 211–230.
Rauen, C. (1999): Coaching, Innovative Konzepte im Vergleich, Göttingen.
Rauen, C. (2000): Handbuch Coaching, Göttingen.
Reber, G. (1995): Bewegt sie sich oder wird sie bewegt? Antworten auf diese Frage auf der Grundlage der Evaluierung von Wirkungen von Führungstrainings. In: Wunderer, R. (Hrsg.): Betriebswirtschaftslehre als Management- und Führungslehre, 3. Aufl., Stuttgart. S. 395–415.
Regnet, E. (1999): Stress und Möglichkeiten der Stresshandhabung, in: Rosenstiel, L. v./Regnet, E./Domsch, M. (1999): Führung von Mitarbeitern, 4. Auflage, Stuttgart, S. 99–109.
Regnet, E./Schackmann, V. (1993): Überlegungen zur Führungskraft der Zukunft. In: Rosenstiel, L. v./Regnet, E./Domsch, M. (Hrsg) (1993): Führung von Mitarbeitern, Stuttgart, S. 49–58.
Rehn, M. L. (1990): Die Eingliederung neuer Mitarbeiter. Eine Längsschnittstudie zur Anpassung an Normen und Werte der Arbeitsgruppe, München.
Reichers, A. (1985): A Review and Reconceptualization of Organizational Commitment. In: AMR, S. 465–475.
Reinke-Dieker, H. (1996): Fordern und Fördern, Offenbach.
Reisman, D. (1961): The lonely crowd. New Haven CT: Yale University Press.
Remer, A. (1989): Organisationslehre. Berlin/New York.
Renn, R. R./Prien, K. O. (1995): Employee responses to performance feedback from the task: A field study of the moderating effects of self-esteem. In: Group and Organization Management, 20, S. 337–354.

Rheinberg, R. (1988): Paradoxe Effekte von Lob und Tadel, in: Zeitschrift für Pädagogische Psychologie, Vol. 2. Heft 4, S. 223–226.

Rice, R. W., Phillips, S. M., McFarlin, D. B. (1990): Multiple discrepancies and pay satisfaction. In: Journal of Applied Psychology, 75, S. 386–393.

Richards, D. (1995): Artful Work, Awakening Joy, Meaning and Commitment in the Workplace. Hightstown, NJ McGraw-Hill.

Richter, G. (1999): Innere Kündigung. Modellentwicklung und empirische Befunde aus einer Untersuchung im Bereich der öffentlichen Verwaltung. In: Zeitschrift für Personalforschung, 13. Jg., Heft 2, 1999, S. 113–138.

Richter, G. (2001): Psychologische Bewertung von Arbeitsbedingungen, Bremerhaven.

Richter, M. (1994): Organisationsentwicklung. Entwicklungsgeschichtliche Rekonstruktion und Zukunftsperspektiven eines normativen Ansatzes. Bern.

Richter, P./Hacker, W. (1998): Belastung und Beanspruchung. Stress, Ermüdung und Burnout im Arbeitsleben, Heidelberg.

Richter, R./Furubotn. E. G. (1999): Neue Institutionenökonomik. Eine Einführung und kritische Würdigung, Tübingen.

Rinehart, J./Huxley, C./Robertson, D. (1997): Just Another Car Factory? Lean Production and Its Discontents, Ithaca.

Ringlstetter, M. (1995): Konzernentwicklung. Rahmenkozepte zu Strategien, Strukturen und Systemen, München.

Ringlstetter, M./Kniehl, A. (1995): Professionalisierung als Leitidee eines Humanressourcen-Managements, in: Wächter, H./Meth, T. (Hrsg.) (1995): Professionalisierte Personalarbeit? Perspektiven der Professionalisierung des Personalwesens. München. S. 139–161.

Robbins, S. P. (1997): Essentials of Organizational Behaviour, New Jersey

Roberts, C./Ross, R./Senge, P. M./Smith, B./v. Klostermann, M./Kleiner, A. (1998): Das Fieldbook zur »Fünften Disziplin«. Stuttgart.

Robertson, I./Smith, M. (1985): Motivation and Job Design, London.

Robinson, J. G./Bennet, E. L. (1975): A typology of deviant workplace behaviours. A multidimensional scaling study. In: Academy of Management Journal, 3, S. 555–72.

Robinson, S. (1996): Trust and breach of the psychological contract. In: Administrative Science Quarterly 41, S. 574–599.

Robinson, S. L./Kraatz, M. S./Rousseau, D. M. (1994): Changing Obligations and the Psychological Contract: A Longitudinal Study. In: Academy of Management Journal, Vol. 37, No. 1. S. 137–152.

Robinson, S. L./Morrison, E. W. (1995): Psychological Contracts and OCB. The Effect of Unfulfilled Obligations and Civic Virtue Behavior. In: Journal of Organization Behavior, 16, S. 289–298.

Roche, G. R. (1979): Much Ado about Mentors. In: Harvard Business Review, Jan–Feb. S. 14–28.
Rogers, C./Roethlisberger, F. J. (1961): Barriers and gateways to communication; In: Fleishman, E. A. (ed.), Studies in personal and industrial psychology, Homewood, S. 408–413.
Rogers, C. R./Freiberg, H. J. (1994): Freedom to Learn, 3. Auflage, Columbus.
Röhrle, B. (1994): Soziale Netzwerke und soziale Unterstützung. Weinheim.
Rolls, E. T. (1999): The Brain and Emotion, Oxford.
Rook, D. (1985): The Ritual Dimension of Consumer Behavior. In: Journal of Consumer Research, Vol. 12, S. 251–264.
Roos, L./Starke, F. (1981): Organizational Roles. In: Nystrom, P./Starbuck, W. H. (1981): Handbook of Organizational Design, Band 1, Adapting Organizations in their Environment, Oxford, S. 290–308.
Rose, N. (1989): Governing the enterprising Self. In: Heelas, P./Morris, P. (1989): The Values of the Enterprise Culture. The Moral Debate, London.
Rosenstiel, L. v. (1975): Die motivationalen Grundlagen des Verhaltens in Organisationen. Leistung und Zufriedenheit, Berlin.
Rosenstiel, L. v. (1977): Messung der Arbeitszufriedenheit. In: Pfohl, H. C./Rürup, B. (Hrsg.): Materialien zur Betriebs- und Volkswirtschaftslehre. In: MBV, Band 2, Köln, S. 109–127.
Rosenstiel, L. v. (1980): Grundlagen der Organisationspsychologie. Basiswissen und Anwendungshinweise, Stuttgart, S. 45–47.
Rosenstiel, L. v. (1981): Motivänderung in Organisationen. In: Schuler, H./Stehle, W. (Hrsg.): Sozialwissenschaftliche Konzeption im Personalwesen, Stuttgart.
Rosenstiel, L. v. (1992a): Grundlagen der Organisationspsychologie, 3. Aufl. Stuttgart.
Rosenstiel, L. v. (1992b): Unternehmenskultur, Wiesbaden.
Rosenstiel, L. v. (1993): Organisationsklima, In: Frese, E. (Hrsg.) (1993): Handwörterbuch der Organisation, Stuttgart, Sp. 1514–1524.
Rosenstiel, L. v. (1996): Motivation im Betrieb. Mit Fallstudien aus der Praxis, 9. Auflage, Leonberg.
Rosenstiel, L. v. (1999a): Mitunternehmertum: Unterstützung durch unternehmerische Kulturgestaltung. In: Wunderer, R. (Hrsg.): Mitarbeiter als Mitunternehmer. Grundlagen, Förderinstrumente, Praxisbeispiele. Neuwied/Kriftel, S. 81–106.
Rosenstiel, L. v. (1999b): Motivation von Mitarbeitern, in: Rosenstiel, L. v./Regnet, E./Domsch, M. (1999): Führung von Mitarbeitern, Handbuch für erfolgreiches Personalmanagement, 4. Aufl., Stuttgart, S. 173–192.
Rosenstiel, L. v./Molt, W./Rüttinger, B. (1995): Organisationspsychologie. Stuttgart.

Rosenstiel, L. v./Regnet, E./Domsch, M. (1993): Führung von Mitarbeitern, 3. Aufl. Stuttgart.
Rosenstiel, L. v./Regnet, E./Domsch, M. (1999): Führung von Mitarbeitern, Handbuch für erfolgreiches Personalmanagement, 4. Aufl., Stuttgart.
Rosenstiel, L. v. (1972): Motivation im Betrieb. München.
Rosenstiel, L. v./Djarrahzadeh, M./Einsiedler, H. G./Streich, R. K. (Hrsg.) (1993): Wertewandel, 2. Aufl., Stuttgart.
Rosenstiel, L. v./Stengel, M. (1987): Identifikationskrise? Bern.
Rosenstiel, L. v./Strümpel, B. (Hrsg.) (1990): Wirtschaftspsychologie in Grundbegriffen. München, Weinheim.
Rosenthal, H. G. (Hrsg.) (1998): Favorite Counseling and Therapy Techniques: 51 Therapists Share Their Most Creative Strategies. Accelerated Development. Washington, D.C.
Rosenthal, R./Jacobson, L. F. (1968): Pygmalion in the classroom: Teacher expectation and pupils' intellectual development. New York.
Rosner, S. (1999): Gelingende Kommunikation, München
Rosse, J. G./Miller, H. E. (1984): Relationship of absenteeism and other employee behaviors. In: P. S. Goodman, R. S. Atkin & Associates (Eds.), Absenteeism: New approaches to understanding, measuring and managing employee absence. San Francisco, S. 194–228.
Rotter, J. B. (1966): Some problems and misconceptions related to the construct of internal vs. external control of reinforcement. In: Journal of Consulting and Clinical Psychology, 43, S. 56–67.
Rotter, J. B./Chance, J. E./Phares, E. J. (1972): An introduction to social learning theory. In: Rotter, J. B/Chance, J.E./Phares, E. J. (Hrsg.): Decision, values, and groups, Vol. 2., London, S. 1–43.
Rotz, R. (1994): Arbeit, individuelle Bedürfnisse und organisatorische Effizienz, Bern.
Rousseau, D. M. (1988): The construction of climate in organizational research. In: Cooper C. L./Robertson, I. T. (Hrsg.): International Review of Industrial & Organizational Psychology, Chichester, S. 139–158.
Rousseau, D. M. (1989): Psychological Contracts in Organizations: Understanding Written and Unwritten Agreements, 1. Auflage, Thousand Oaks et al.
Rousseau, D. M. (1995): Psychological Contracts in Organizations: Understanding Written and Unwritten Agreements, Thousand Oaks et al.
Rousseau, D. M./Aquino, K. (1992): Fairness and implied contract obligations in job terminations: The role of contributions, promises and performance. In: Journal of Organizational Behavior, 12, S. 287–299.
Rousseau, D. M./Tijoriwala, S. A. (1998): Assessing psychological contracts: Issues, alternatives and measures. In: Journal of Organizational Behavior, 1998 Special Issue, Vol. 19, S. 679–696.

Rousseau, D. M./McLean Parks, J. (1993): The Contracts of Individuals and Organizations. In: Cummings, L. L./Staw, B. M. (Hrsg) (1993): Research in Organizational Behavior, Grenwich, CT/London.
Rückle, H. (1992): Coaching, Düsseldorf.
Rüegg-Stürm, J./Achtenhaben, L. (2000): Management-Mode oder unternehmerische Herausforderung: Überlegungen zur Entstehung netzwerkartiger Organisations- und Führungsformen. In: Die Unternehmung 54 Jg. Heft 1, S. 3–22.
Rühli, E. (1992): Führungsmodelle. Bern.
Rüttinger, B. (1977): Konflikt und Konfliktlösen. München.
Ryan, K. D./Oestreich, D. K. (1991): Driving fear out of the workplace: How to overcome the invisible barriers to quality, productivity, and innovation. San Francisco.
Rynes, S./Lawler, J. (1983): A policy-capturing investigation of the role of expectancies in decisions to pursue job alternatives. In: Journal of Applied Psychology, 68, S. 620–631.

Sackmann (1990), Möglichkeiten der Gestaltung von Unternehmenskultur. In: Lattman (Hrsg.), Die Unternehmenskultur. Heidelberg; S. 153–188.
Sager, A./Ramseier, R. (1999): Zielmanagement, St. Gallen/Bern.
Saks, A. S./Ashforth, B. E. (2000): The role of dispositions, entry stressors, and behavioral plasticity theory in predicting newcomers' adjustment to work. In: Journal of Organizational Behaviour, Volume 21, Issue 1, 2000, S. 43–62.
Salancik, G. R./Pfeffer, J. (1977): An examination of need-satisfaction models of job attitudes. In: Administrative Science Quaterly, 22, S. 427–456.
Sandelands, L. (1988): The concept of work feeling. In: Journal for the Theory of Social Behavior, 18, S. 437–457.
Sandner, K. (Hrsg.) (1992): Politische Prozesse in Unternehmen, 2. Aufl., 1992, Heidelberg.
Sattelberger, T. (1991a): Kulturarbeit und Personalentwicklung. Ansätze zu einer integrativen Verknüpfung. In: Sattelberger, Th. (Hrsg.): Innovative Personalentwicklung. 2. Aufl., Wiesbaden, S. 239–258.
Sattelberger, T. (Hrsg.) (1991b): Innovative Personalentwicklung. 2. Aufl., Wiesbaden.
Sattelberger, T. (Hrsg.) (1991c): Lernen in der Organisationsfamilie. In: Sattelberger, T. (Hrsg.): Innovative Personalentwicklung. 2. Aufl., Wiesbaden.
Sattelberger, T. (Hrsg.) (1996): Die lernende Organisation. Konzepte für eine neue Qualität der Unternehmensentwicklung. 3. Aufl., Wiesbaden.
Sauter, S. L./Hurrell, J. J./Cooper, C. L. (Eds) (1989): Job control and worker health, Chichester.

Savery, L. K. (1982): Dissonance Factor – How Does it Affect Organisational Effectiveness?, Human Resource Management Australia, Vol. 20 No. 4, S. 48–53.

Sawaf, A./Cooper, K. (1997): Executive EQ: Emotional Intelligence in Leadership/Organisations, San Francisco.

Schacht, R. (1971): Alienation, New York.

Schacht, R. (1989): Social Structure, Social Alienation and Social Change. In: Schweitzer, D. and Geyer, F. (Eds.), Alienation Theories and De-alienation Strategies, Science Reviews Ltd, Northwood, 1989, S. 35–56.

Schacht, R. (1992): The Future of Self-alienation. In: Geyer, FG. and Heinz, W. R. (Eds.), Alienation, Society, and the Individual – Continuity and Change in Theory and Research, Transaction Publishers, New Brunswick/London, 1992, S. 1–16.

Schachter, S. (1964): The interaction of cognitive and physiological determinants of emotional state. In: Berkowitz, L. (1964): Advances in Experimental Social Psychology, Vol. 1, New York, S. 49–80.

Schäfer, A. (1997) EMS – Electronic Meeting System, www.fh-deggendorf.de/doku/fh/meile/bachelor/lehre/gp/f6/ems.pdf

Schaff, A. (1980): Alienation as a Social Phenomenon. Oxford.

Schanz, G. (1978): Verhalten in Wirtschaftsorganisationen. München.

Schanz, G. (1991) (Hrsg.): Handbuch Anreizsysteme. Stuttgart.

Schanz, G. (1993): Personalwirtschaftlehre. Lebendige Arbeit in verhaltenswissenschaftlicher Perspektive, 2. Aufl., München.

Scharfenkamp, N. (1987): Organisatorische Gestaltung und wirtschaftlicher Erfolg – Organizational Slack als Ergebnis und Einflussfaktor der formalen Organisationsstruktur, Berlin.

Scheele, B. (1990): Emotionen als bedürfnisrelevante Bewertungszustände. Grundriss einer epistemologischen Emotionstheorie, Tübingen.

Schein E. H. (1984): Coming to a new awareness of organisational culture, in: Sloan Management review, Winter, S. 3–15.

Schein, E. H. (1980): Organisationspsychologie, Wiesbaden.

Schein, E. H. (1985a): Organisational culture and leadership, San Francisco.

Schein, E. H. (1985b): How Culture forms, develops and changes. In: Killman, R. H. (Hrsg.): Gaining Control of the Corporate Culture. San Fransisco, London.

Scherhorn, G. (1991): Autonomie und Empathie. Die Bedeutung der Freiheit für das verantwortliche Handeln: Zur Entwicklung eines neuen Menschenbildes. In: Biervert, B./Held, M. (Hrsg.): Das Menschenbild der ökonomischen Theorie. Zur Natur des Menschen. Frankfurt/M., New York; S. 153–172.

Schettgen, P. (1996): Arbeit, Leistung, Lohn. Analyse- und Bewertungsmethoden aus sozioökonomischer Perspektive. Stuttgart.
Schlaugat, K. (1999): Mobbing am Arbeitsplatz. Eine theoretische und empirische Analyse. München.
Schlenker, B. R. (1980): Impression management: The self-concept, social identity, and interpersonal relations. Monterey.
Schlenker, B. R. (1984): Identities, identification, and relationships. In: Derlega, V. (Ed.): Communication, intimacy, and close relationships. New York.
Schmager, B. (1999): Leitfaden Arbeitsschutz- Managementsystem. Aufbau und Umsetzung in der betrieblichen Praxis. Frankfurt.
Schmalenbach, E. (1947): Pretiale Wirtschaftslenkung, Bd. 1: Die optimale Geltungszahl, Bd. 2: Pretiale Lenkung des Betriebes. Bremen-Horn.
Schmalenbach, E. (1948): Pretiale Wirtschaftslenkung, Bd. 1: Die optimale Geltungszahl, Bd. 2: Pretiale Lenkung des Betriebes, letzte Auflage. Bremen-Horn.
Schmalt, H./Heckhausen, H. (1992): Motivation. In: Spada, H. (Hrsg.) (1992): Lehrbuch allgemeine Psychologie, Bern, S. 451–494.
Schmidt, A. M. (1994): Einführung neuer Technologien im Bürobereich, München.
Schmidt, J. (1993): Die sanfte Organisations-Revolution. Von der Hierarchie zu selbststeuernden Systemen. Frankfurt a.M./New York.
Schmidt, K.-H. (1996): Wahrgenommenes Vorgesetztenverhalten, Fehlzeiten und Fluktuation, in: Zeitschrift für Arbeits- und Organisationspsychologie 14, 1996, 2, S. 54–62.
Schmiede, R. (Hrsg.) (1996): Virtuelle Arbeitswelten. Arbeit, Produktion und Subjekt in der »Informationsgesellschaft«, Berlin.
Schmitt, M./Dörfel, M. (1999): Procedural injustice at work, justice sensitivity, job satisfaction and psychosomatic well-being. In: European Journal of Social Psychology, Volume 29, Issue 4, S. 443–453.
Schneck, O. (1994): Folgen und Signale der Demotivation, in: WISU, 6, S. 515ff.
Schneider, B. (1983): Work Climates: An interactionist perspective. In: Feimer, N. R./Geller, E. S. (Hrsg.): Environmental psychology: Directions and perspectives, New York.
Schneider, B. (Hrsg.) (1990): Organizational Climate and Culture, San Francisco.
Schneider, B./Synder, R. A. (1975): Some relationships between job satisfaction and organisational climate. In: Journal of Applied Psychology, 60, S. 318–328.
Schneider, B./Gunnarson, S. K./Niles-Jolly, K. (1994): Creating the climate and culture of success, Organisational Dynamics, Vol. 23, No. 1, S. 17–29.

Schneider, B./Reichers, A. (1983): On the etiology of climates. In: Personal Psychology, Vol. 28, S. 447–479.
Schnell, Rainer/Hill, Paul B./Esser, Elke (1995): Methoden der empirischen Sozialforschung. München, Wien.
Schollhammer, H. (1982): Internal corporate entrepreneurship. In: Kent, C./ Sexton, D./Vesper, K. (Hrsg.): Encyclopaedia of entrepreneurship, Englewood Cliffs/N.J., S. 209–223.
Scholz, C. (1988): Organisationskultur – Zwischen Schein und Wirklichkeit. In: Zeitschrift für betriebswirtschaftliche Forschung, 40. Jg., 3/, S. 243–272.
cholz, C. (1993): Personalmanagement. Informationsorientierte und verhaltenstheoretische Grundlagen. 3. Aufl., München (Neuauflage 1994, 2000).
Scholz, C. (1996): Strategische Organisation – Prinzipien zur Vitalisierung und Virtualisierung. München.
Scholz, C. (1997): Strategische Organisation. Prinzipien zur Vitalisierung und Virtualisierung, Landsberg.
Scholz, C./Scholz, M. (1995): Mitarbeiterbefragungen: Mehr als nur einfach Meinungsumfragen: Instrumente, Konzepte, Durchführungen. In: Personalführung Nr. 9, S. 728–740.
Schönpflug, W. (1979): Regulation und Fehlregulation im Verhalten I: Verhaltensstruktur, Effizienz und Belastung – Theoretische Grundlagen eines Untersuchungsprogramms. Psychologische Beiträge, 21, S. 174–202.
Schönpflug, W. (1983): Coping efficiency and situational demands. In: R. Hockey (Ed.), Stress and fatigue in human performance. Chichester, S. 299–330.
Schönpflug, W. (1986): Behavior economics as an approach to stress theory. In: M. H. Appley & R. Trumbull (Eds.), Dynamics of stress. New York, S. 81–98.
Schreyögg, A. (1995): Coaching. Eine Einführung für die Praxis und die Ausbildung, Frankfurt.
Schreyögg, G. (1996): Organisation. Grundlagen moderner Organisationsgestaltung, Wiesbaden (2. Aufl. 1998).
Schreyögg, G./Noss, Ch. (1994): Hat sich das Organisieren überlebt? Grundfragen der Unternehmenssteuerung in neuem Licht. In: Die Unternehmung 48 Jg., Nr. 1. S. 17–33.
Schreyögg, G./Sydow, J. (Hrsg.)(2001): Emotion und Management, Wiesbaden.
Schriesheim, C.A./Hosking, D. (1978): Review Essay of Fiedler, F. E./ Chemers, M. M./Mahar, L.: Improving Leadership Effectiveness: The Leader Match Concept. In: Administrative Science Quarterly, S. 496–505.
Schuller (1991): Die Logik der Entfremdung. Versuch einer wissenschaftlichen Grundlegung der Entfremdungstheorie, Regensburg.

Schultz, M. (1994): On Studying Organizational Cultures: Diagnosis and Understanding, Berlin.
Schulz von Thun, F. (1989): Miteinander reden: Störungen und Klärungen. Bd. 1, Hamburg.
Schulze, G. (1993): Die Erlebnisgesellschaft: Kultursoziologie der Gegenwart, Frankfurt.
Schumpeter, J. (1912): Theorie der wirtschaftlichen Entwicklung. Leipzig.
Schumpeter, J. A. (1947): The Creative Response in Economic History, in: Journal of Economic History 7, S. 149–159
Schumpeter, J. A. (1993): Theorie der wirtschaftlichen Entwicklung, 8. Auflage, Berlin.
Schuster, J. P./Carpenter, J./Kane, M. P. (1997): The Open-Book Management Field Book, New York.
Schwab D./Olian-Gottlieb, J./Heneman, H. (1979): Between subjects expectancy theory research – a statistical review. In: Psychological Bulletin, 86, 140–147.
Schwartz, H. S. (1983): Maslow and the Hierarchical Enactment of Organizational Reality. In: Human Relations, 36, S. 933–956.
Schwartzman, H. B. (1986): The Meeting as Neglected Social Form in Organisational Studies. In: Research in Organisational Behaviour, 8, S. 233–258.
Schwartzman, H. B. (1989): Meetings. Gatherings in organisations and communities. New York.
Schwarz, G. (1997): Konfliktmanagement. Wiesbaden.
Schwarzer, R./Lepping, A. (1989): Sozialer Rückhalt und Gesundheit – Eine Metaanalyse. Göttingen.
Seaman, M. (1959): On the meaning of alienation. In: American Sociological Review, 24, S. 783–791.
Seaman, M. (1967): On the personal consequences of alienation at work. In: American Sociological Review, 32, S. 273–285.
Seaman, M. (1977): Alienation studies. In: Inkeles, A./Coleman, J./Smelser, N. (Eds.): Annual Review of Sociology, 1, S. 91–123.
Seeman, M. (1978): Empirical Alienation Studies: An Overview«, in Geyer, R. F. and Schweitzer, D. (Eds.), Theories of Alienation – Critical Perspectives in Philosophy and the Social Sciences, Martinus Nijhoff, Leiden, S. 265–305.
Seeman, M. (1989): Alienation Motifs in Contemporary Theorizing: The Hidden Continuity of the Classic Themes«. In: Schweitzer, D. and Geyer, R. F. (Eds): Alienation Theories and De-alienation Strategies, Science Reviews Ltd, Northwood, 1989, S. 333–60.
Seibel. H. D./Lühring, H. (1984): Arbeit und psychische Gesundheit, Göttingen.
Seidel, E. (1992): Führungsmodelle. In: Wittmann, W./Kern, W./Köhler, R./

Wysocki, K.v. (Hrsg.): Handwörterbuch der Betriebswirtschaft. Teilband I. 5. Aufl., Stuttgart, Sp. 1299–1311.

Seiwert, L. (1997): Mitbestimmung und Zielsystem der Unternehmung, Göttingen.

Seiz, R. C./Schwab, A. J. Jr. (1992): Entrepreneurial personality traits and clinical social work practitioners, Families in Society. In: Journal of Contemporary Human Services, S. 495–502.

Seligman, M. E. P. (1975): Helplessness: On depression, development, and death, San Francisco.

Seltzer, J./Bass, B. M. (1990): Transformational Leadership: Beyond Initiation and Consideration. In: Journal of Management, S. 693–703.

Selvini-Palazzoli, M./Boscolo, L./Cecchin, G./Prata, G. (1985): Paradox und Gegenparadox, 4. Auflage, Stuttgart.

Selye, H. (1976): The Stress of Live, New York.

Semmer, N. (1984): Stressbezogene Tätigkeitsanalyse: Psychologische Untersuchungen zur Analyse von Stress am Arbeitsplatz, Weinheim.

Semmer, N./Udris, I. (1993): Bedeutung und Wirkung von Arbeit. In: Schuler, H. (Hrsg.): Oganisationspsychologie, Göttingen.

Senge, P. M. (1990): The Fifth Discipline: The Art and Practice of the Learning Organisation, New York.

Senge, P. M. (1997): Die fünfte Disziplin. Kunst und Praxis der lernenden Organisation, Stuttgart.

Sennett, R. (1998): The Corrosion of Character: The Personal Consequences of Work in the New Capitalism. New York.

Sennett, R. (2000): Der flexible Mensch. Die Kultur des neuen Kapitalismus, Berlin.

Shadur, M. A./Kienzle, R./Rodwell, J. J. (1999): The Relationship Between Organizational Climate and Employee Perceptions of Involvement. In: Group and Organizational Management, Vol. 24 No. 4 December, S. 479–503.

Shalley, C. E./Gilson, L. L./Blum, T. C. (2000): Matching creativity requirements and the work environment: Effects on satisfaction and intentions to leave. In: Academy of Management Journal; April 2000; Vol. 43, 2, S. 215–223.

Shamir, B. (1990): Calculations, values and identities: The sources of collective work motivation. In: Human Relations, 43, S. 313–332.

Shamir, B. (1991): Meaning, self and motivation in organizations. Organizational Studies, 12:3, S. 405–424.

Shamir, B./House, R. J./Arthur, M. B. (1993): The motivational effects of charismatic leadership: A self-concept based theory. In: Organization Science, 4: S. 577–594.

Sharfman, M. P./Wolf, G./Chase, R. B./Tansik, D. A. (1988): Antecedents of organizational slack. In: Academy of Management Review, 13, S. 601–614.

Shaw, J. D./Duffy, M. K./Jenkins, G. D., Jr./Gupta, N. (1999): Positive and negative affect, signal sensitivity, and pay satisfaction. In: Journal of Management, 25: 189–205.

Sherwood, J. J. (1988): Creating Work Cultures with competitive advantage. In: Organisational Dynamics, 16, 3, S. 4–27.

Shields, J. F. (1998): Antecedents of Participative Budgeting. In: Accounting, Organisations and Society, Vol. 23, No. 1, S. 49–76.

Shotter, J. (1995): The Manager as a practical author: A Rhetorical-Responsive, Social Constructionist Approach to Social-Organizations Problems. In: Hosking, D. M./Dachler, H. P./Gergen, K. J. (Eds.) (1995): Management and Organization. Relational Alternatives to Individualism, Averbury, S. 125–147.

Shrivastava, P. (1983): A Typology of organization learning systems. In: Journal of Management Studies, 20, S. 7–28.

Siehl, C./Bowen, D. E./Pearson, C. (1992): Service Encounters as Rites of Integration. An Information Processing Model. In: Organization Science, Vol. 3, Nr. 4, S. 537–555.

Sievers, B. (Hrsg.) (1977): Organisationsentwicklung als Problem, Stuttgart.

Sievers, B. (1990): Motivation als Sinnsurrogat. In: Kraus, H./Kailer, N./Sandner, K. (Hrsg.): Management Development im Wandel. Wien, S. 105–122.

Sievers, B. (1995): Motivation as a Surrogate for Meaning. In: Smircich, L./Calás, M. B. (Eds.): Critical Perspectives on Organization and Management Theory. Aldershot, S. 425–441.

Simon, H. A. (1967): Motivational and Emotional Controls of Cognition, in: Psychological Review, 74 (January), S. 29–39.

Simon, H. A. (1981): Entscheidungsverhalten in Organisationen, Landsberg.

Simon, H. A. (1982): Affect and Cognition: Comments. In: Clark, M. S./Fiske, S. T.: Affect and Cognition, Hillsdale, NJ: Erlbaum, S. 333–342.

Simon, H. A. (1950): Methodology and research in the social sciences – a bibliography. In: The American Political Science Review, Vol. 44 through Vol. 50.

Simon, H. A. (1950): Modern organization theories. In: Advanced Management, 15, S. 2–4.

Simon, H. A. (1957): Administrative Behavior. 2. Aufl., New York.

Simon, H. A./Smithburg, D. W./Thompson, V. A. (1950): Public Administration. New York.

Simon, L./Greenberg, J./Brehm, J. (1995): Trivialization: The forgotten mode of dissonance reduction. In: Journal of Personality and Social Psychology, 68(2), S. 247–260.

Sims, R. (1994): Human resource management's role in clarifying the new psychological contract. In: Human Resource Management, Fall, Vol. 33 Issue 3, S. 373–83.

Sims, R. R. (1998): Reinventing Training and Development, Westport.

Sinclair, A. (1992): The tyranny of a team ideology. In: Organisation Studies, 13, S. 611–626.

Singer, M. S. (1985): Transformational vs. Transactional Leadership: A Study of New Zealand Company Managers. In: Psychological Reports, S. 143–146.

Sistenich, F. (1993): Charisma in Organisationen oder vom Regen in die Traufe. Darstellung, Analyse und Kritik eines Führungskonzepts. München/Mering.

Six, B. (1987): Attribution. In: Frey, D./Greif, S. (Hrsg.): Handbuch der Sozialpsychologie. 2. Aufl., Weinheim, S. 122–146.

Six, B./Kleinbeck, U. (1989): Arbeitsmotivation und Arbeitszufriedenheit: Organisationspsychologie, in: Roth, E. v. (Hrsg).: Enzyklopädie der Psychologie, Göttingen. S. 348–398.

Skarlicki, D./Folger, R. (1997): Retaliation in the workplace: the roles of distributive, procedural, and interactional justice. In: Journal of Applied Psychology, 82, S. 434–443.

Slocum, J. W. (1984): Commentary. Problems with Contingency Models of Leader Participation. In: Hunt, J. G./Hosking, D./Schriesheim, C. A./ Stewart, R. (Eds): Leaders and Managers. New York, S. 333–340.

Smircich, L. (1983): Concepts of Culture and organizational Analysis. In: Administrative Science Quarterly, 28, S. 339–58.

Smircich, L./M. B. Calas (1987): Organization culture: a critical assessment. In: F. M. Jablin/L. L. Putnam/K. H. Roberts and L. W. Porter. (Hrsg.): Handbook of Organisational Communication. Newbury Park, S. 228–263.

Smiricich, L./Morgan, G. (1982): Leadership: The Management of Meaning. In: Journal of Applied Behavioral Science, 18, S. 257–73.

Smith, C. A./Organ, D. W./Near, J. P. (1983): Organizational Citizenship Behaviour. In: Journal of Applied Psychology, S. 653–663.

Smith, D. C./Mahoney, J. J. (1989): McDonnel Douglas Corporation employee assistance program financial offset study, 1985–1988. Research presentation, 18th EAPA Annual Conference, Baltimore, Md., October 29–November 1, 1989.

Snyder, R. A./Williams, R. R. (1982): Self theory. An integrative theory of work motivation. In: Journal of Occupational Psychology, 55, S. 257–267.
Sokolowski, K. (1993): Emotion und Volition, Göttingen.
Solomon, M. R. (1980): Emotions and Choice. In: Rorty, R. (1980): Explaining Emotions, Berkeley, S. 251–281.
Solomon, M. R./Suprenant, C./Czepiel, J. A./Gutman, E. G. (1985): A Role Theory Perspective on Dyadic Interactions: The Service Encounter. In: Journal of Marketing, 49, S. 99–111.
Solomon, M. R./Calhoun, C. (1984): What Is an Emotion? New York.
Sonntag, K. (1996): Lernen im Unternehmen. Effiziente Organisation durch Lernkultur. München.
Sparrow, P. R. and C. L. Cooper (1998): New organisational forms: the strategic relevance of future psychological contract scenarios. In: Canadian Journal of Administrative Sciences, 15(4), S. 356–371.
Spencer, D. G./Steers, R. M./Mowday, R. T. (1983): An empirical test of the inclusion of job search linkages into Mobley's model of the turnover decision process, In: Journal Occupational, Psychology. Vol. 56, S. 137–144.
Spiess, E. (1996): Kooperatives Handeln. München und Mering.
Spiess, E./Nerdinger, F. (1998): Formen der Kooperation, Göttingen.
Spiess, E./Winterstein, H. (1999): Verhalten in Organisationen: Eine Einführung. Stuttgart.
Spindler, G. (1954): Partnerschaft statt Klassenkampf. Zwei Jahre Mitunternehmertum in der Praxis. Stuttgart.
Spitzer, R. (1997): The seven deadly demotivators. In: Management Development Review, Vol. 10 Number 1–2–3, S. 50–52.
Spreitzer, G. M. (1995): Psychological empowerment in the workplace: Dimensions, measurement, and validation. In: Academy of Management Journal, 38, S. 1442–1465.
Spreitzer, G. M. (1996): Social Structural Levers to Individual Empowerment in the Workplace. In: Academy of Management Journal, 39 (2), 483–504.
Spreitzer, G. M. (1998): The Leader's Change Handbook: An Essential Guide to Setting Direction and Taking Action. San Francisco.
Spreitzer, G. M./Kizilos, M./Nason, S. W. (1997): A Dimensional Analysis of the Relationship between Psychological Empowerment and Effectiveness, Satisfaction, and Strain. In: Journal of Management, Vol 23, S. 679–704.
Sprenger, R. K. (1990): Performance Effectiveness. In: Personalführung, 1/90, S. 42–45.
Sprenger, R. K. (1995): Mythos Motivation: Wege aus einer Sackgasse. 9. Auflage, (16. Auflage. 1999) Frankfurt.
Sprenger, R. K. (1997): Das Prinzip Selbst. Wege zur Motivation, Frankfurt.

Sprenger, R. K. (1998): Die Floskel vom Unternehmer. In: Manager Magazin, 28, 4, S. 272–274.
Sprenger, R. K. (1999): 30 Minuten für mehr Motivation, Speyer.
Sprenger, R. K. (2000): Aufstand des Individuums. Warum wir Führung komplett neu denken müssen, Frankfurt.
Sprenger, R. K./Buehler, J. (1992): Mythos Motivation: »Stell Dir vor, es gibt Arbeit – und keiner geht mehr hin ...«. In: Index, Heft: 3, 1992, S. 30–33.
Springer, W. (1991): Vom Leiden an den Vorgesetzten. Überlegungen zu einem konstruktiven Führungsverhalten. In: Sozial Extra: Zeitschrift für Sozialpolitik, Sozialarbeit und soziale Bewegung, Heft 1, S. 8–9.
Staehle, W. H. (1989): Unternehmenskultur als neues Managementkonzept, Hagen.
Staehle, W. H. (1991): Redundanz, Slack und lose Kopplung in Organisation: Eine Verschwendung von Ressourcen. In: Staehle, W. H./Sydow, J. (Hrsg.): Managementforschung 1, S. 313–345.
Staehle, W. H. (1992): Organisationsentwicklung. In: Gaugler, E./Weber, W. (Hrsg.): Handwörterbuch des Personalwesens. 2. Aufl., Stuttgart, Sp. 1476–1488.
Staehle, W. H. (1994): Management. 7. Aufl., (8. Auflage, 1999), München.
Staehle, W. H./Sydow, J. (1987): Führungsstiltheorien. In: Kieser, A./Reber, G./Wunderer, R. (Hrsg.): Handwörterbuch der Führung. Stuttgart, Sp. 661–671.
Staffelbach, B. (1994): Management-Ethik. Ansätze und Konzept aus betriebswirtschaftlicher Sicht. Bern.
Staub, E. (1982): Entwicklung prosozialen Verhaltens. München et al.
Stauss, B. (1989): Beschwerdepolitik als Instrument des Dienstleistungsmarketing. In: Jahrbuch der Absatz- und Verbrauchsforschung, 35. Jg. Nr. 1, S. 42–62.
Stauss, B./Seidel, W. (1996): Beschwerdemanagement, München.
Staw, B. B./Ross, J. (1985): Stability in the midst of change: A dispositional approach to job attitudes. Journal of Applied Psychology, 70, S. 469–480.
Staw, B. B./Sutton, R. I./Pelled, L. H. (1994): Employee positive emotion and favourable outcomes at the workplace, in: Organizational Science 15, 1994, 1, S. 51–71.
Staw, B. M./Oldham G. R. (1978): Reconsidering our dependent variables: a critique and empirical study. Academy of Management Journal, Vol. 21, S. 539–59.
Steele, C. M. (1988): The psychology of self-affirmation: Sustaining the integrity of the self. In: L. Berkowitz (Ed.), Advances in experimental social psychology (Vol. 21); New York, S. 261–302.
Steers, R. M./Porter, L. W. (1987): Motivation and Work Behavior, New York.

Steers, R. M./Rhodes, S. R. (1978): Major influences on employee attendance: A process model. In: Journal of Applied Psychology, 63, S. 16–19.
Stegbauer, C. (1995): Die virtuelle Organisation und Realität elektronischer Kommunikation. In: Kölner Zeitschrift für Soziologie und Sozialpsychologie, 1995, Nr. 3, S. 535–549.
Steidl, B. (1999): Synergiemanagement im Konzern. Organisatorische Grundlagen und Gestaltungsoptionen, Wiesbaden.
Steiger, R. (1999): Beziehungsstörungen im Berufsalltag. Ursachen, Erscheinungsformen und Überwindungsmöglichkeiten, Stuttgart, Wien.
Stein, N. L./Trabasso, T. (1992): The organization of emotional experience. Creating links among emotion, thinking, language and intentional action. In: Cognition and Emotion, 6, S. 225–44.
Steiner, U. (1998): Personalinformationssysteme: Einführung und Einsatz in Schweizer Großunternehmen, Bern.
Steinle, C./Ahlers, F./Gradtke, B. (2000): Vertrauensorientiertes Management. In: Zeitschrift für Organisation, 4/2000 S. 208–217.
Steinle, C./Ahlers, R./Riechmann, C. (1999): Management by Commitment – Möglichkeit und Grenzen einer »selbstverpflichtenden« Führung von Mitarbeitern. In: Zeitschrift für Personalforschung, 13. Jg., Nr. 3, S. 221–245.
Steinle, C./Eggers, B./Hell, A. (1994): Gestaltungsmöglichkeiten und Grenzen von Unternehmungskulturen. In: Journal für Betriebswirtschaft, 44. Jg., Heft 3–4, S. 129–148.
Steinmann, H./Hennemann, C. (1993): Personalmanagementlehre zwischen Managementpraxis und mikro-ökonomischer Theorie – Versuch einer wissenschaftstheoretischen Standortbestimmung. In: Weber, W. (Hrsg.): Entgeltsysteme. Stuttgart, S. 41–78.
Steinmann, H./Schreyögg, G. (1993): Management, Wiesbaden.
Stengel, M. (1987): Identifikationsbereitschaft, Identifikation, Verbundenheit mit einer Organisation oder ihren Zielen. In: Zeitschrift für Arbeits- und Organisationspsychologie, S. 152–162.
Stengel, M. (1999): Wertewandel. In: Rosenstiel et al. (1999): Führung von Mitarbeitern, Handbuch für erfolgreiches Personalmanagement, 4. Auflage, Stuttgart, S. 833–857.
Sternberg, R. L. (1990): Thinking styles: keys to understanding student performance, Phi Delta Kappa, Vol. 71 No. 5, S. 366–71.
Steyrer, J. (1991): Transformationale Führung. In: Die Unternehmung, (5), S. 334–348.
Steyrer, J. (1995): Charisma in Organisationen. Sozial-kognitive und psychodynamisch-interaktive Aspekte von Führung, Frankfurt a.M./New York.
Stiensmeier-Pelster J. (1989): Erlernte Hilflosigkeit – Handlungskontrolle und Leistung, Berlin.

Stipek, D. (1998): Motivation to learn. From Theory to Practice, 3. Auflage, Boston.
Stollberg, R. (1968): Arbeitszufriedenheit – theoretische und praktische Probleme, Berlin.
Storey J. (ed.) (1989): New Perspectives on Human Resource Management, London.
Storms, P./Spector, P. (1987): Relationships of organizational frustration with reported behavioural reactions: the moderating effects of locus of control. In: Journal of Occupational Psychology, 60, S. 227–234.
Straka, G. A. (2000): Lernen unter informellen Bedingungen: Begriffsbestimmung, Diskussion in Deutschland, Evaluation und Desiderate. In: Arbeitsgemeinschaft Qualifikationsentwicklungsmanagement Kompetenzentwicklung (2000): Lernen im Wandel – Wandel durch Lernen, Münster, S. 15–70
Strasse, C. (1998): Selbstentwicklung von Führungsnachwuchskräften, Weinheim.
Straus, S. G./Weisband, S. P./Wilson, J. M. (1998): Human Resource Management Practices in the Networked Organization. Impacts of Electronic Communication Systems. In: Journal of Organizational Behavior, 5, S. 127–154.
Strümpel, B./Pawlowsky, P. (1993): Wandel in der Einstellung zur Arbeit – Haben sich die Menschen oder hat sich die Arbeit verändert? (Teil II). In: Rosenstiel, L.v./Djarrahzadeh, M./Einsiedler, H. E./Streich, R.K. (Hrsg.): Wertewandel: Herausforderungen für die Unternehmenspolitik in den 90er Jahren. Stuttgart, S. 29–45.
Sullivan, J. J. (1989): Self theories and employee motivation. Journal of Management, 15, 2, S. 345–363.
Suprenant, C. F./Solomon, M. R. (1987): Predictability and Personalizing in the Service Encounter. In: Journal of Marketing, 51, S. 86–96.
Susman, G. (1976): Autonomy at work: a socio-technical analysis of participative management, New York.
Süssmuth/Dyckerhoff, C. (1995): Intrapreneuring. Ein Ansatz zur Vitalisierung reifer Großunternehmen, Dissertation Universität St. Gallen. Stuttgart/Wien.
Sweeney, P. D. (1990): Distributive justice and pay satisfaction: A field test of an equity theory prediction. In: Journal of Business and Psychology, 4: 329–341.
Sydow, J. (1985a): Der sozio-technische Ansatz der Arbeits- und Organisationsgestaltung, Frankfurt.
Sydow, J. (1985b): Organisationsspielraum und Büroautomation, Berlin.

Sydow, J. (1993): Strategische Netzwerke: Evolution und Organisation, Wiesbaden.
Sydow, J. (1995): Organisation von Netzwerken: Strukturationstheoretische Analysen der Vermittlungspraxis in Versicherungsnetzwerken, Opladen. Sp. 1622–1635.
Sydow, J./Wirth, C. (Hrsg.) (2000): Arbeit, Personal und Mitbestimmung in Unternehmungsnetzwerken, München.
Sydow, J./Windeler, A./Krebs, M./Loose, A./van Well, B. (1995): Organisation von Netzwerken. Strukturationstheoretische Analysen der Vermittlungspraxis in Versicherungsnetzwerken. Wiesbaden.
Szulanski, G. (1996): Exploring internal stickiness: impediments to the transfer of best practice within the firm. In: Strategic Managment Journal, Vol. 17, Winter Special Issue, S. 27–43.
Szyperski, N. (1969): Organisationsspielraum. In: Grochla, E. (Hrsg.): Handwörterbuch der Organisation, Sp. 1229–1236.

Taschdjian, E. (1981): The Role of Ambivalence in Heterarchic Social Systems. In: Lasker, G. (Ed.): Human Systems, Sociocybernetics, Management and Organizations. New York, S.1010–1023.
Taylor, T. (1993): The true cost of turnover and how to prevent it. In: Journal of Property Management, 58: 20–23.
Temme, G./Tränkle, U. (1996): Arbeitsemotionen – ein vernachlässigter Aspekt in der Arbeitszufriedenheitsforschung. In: Zeitschrift für Arbeitsforschung, Arbeitsgestaltung und Arbeitspolitik; H. 3; Jg. 5. S. 275–297.
Teske, U./Witte, B. (2000): Prävention arbeitsbedingter Erkrankungen, Bd. 1, Arbeitsbedingungen, -belastungen und Gesundheitsrisiken, Hamburg.
Tesser, A. (1988): Towards a self-evaluation maintenance model of social behaviour. In: Berkowitz, L. (Eds.): Advances in experimental social psychology, Vol. 21, S. 181–227.
Tett, R. P./Meyer, J. P. (1993): Job Satisfaction, Organizational Commitment, Turnover Intention, and Turnover: Path Analyses Based on Meta-Analytic Findings. In: Personnel Psychology, 46, S. 259–294.
Theis, A. M. (1994): Organisations-Kommunikation, Opladen.
Thibaut, J. W./Kelley, H. H. (1959): The Social Psychology of Groups, New York.
Thiery, H. (1990): Intrinsic Motivation Reconsidered. In: Kleinbeck, U./Quast, H.-H./Thierry, H. (Eds.): Work Motivation, Hillsdale, 1990, S. 67–82.
Thom, N. (1987): Personalentwicklung als Instrument der Unternehmensführung. Stuttgart.
Thom, N. (1992): Organisationsentwicklung. In: Frese, E. (Hrsg.) (1993): Handwörterbuch der Organisation, Stuttgart, Sp. 1477–1491.

Thomae, H. (1965): Zur Allgemeinen Charakteristik des Motivationsgeschehens. In: Thomae, H. (Hrsg.): Motivation. Handbuch der Psychologie, Bd. 3, Göttingen. S. 45–122.

Thomae, H. (Hrsg.) (1983): Theorien und Formen der Motivation, Enzyklopädie der Psychologie, C IV 1, Göttingen, S. 1–61.

Thomas, K. W. (2000): Intrinsic Motivation at Work: Building Energy & Commitment, San Francisco.

Thomas, K. W./Velthouse, B. A. (1990): Cognitive elements of empowerment: An »interpretative« model of intrinsic task motivation. In: Academy of Management Review, 1990, 14 (4) S. 666–681.

Thomas, W. I. (1965): Person und Sozialverhalten, Neuwied/Bonn.

Thommen, J.-P. (1996): Betriebswirtschaftslehre, Band 3, Zürich.

Thorndike, E. L. (1911): Individuality. Boston, MA: Houghton, Mifflin.

Tietjen, M. A./Myers, R. M. (1998): Motivation and job satisfaction. In: Management Decision 36/4 (1998), S. 226–231.

Töpfer, A. (1982): Organisationsprinzipien und Führungsgrundsätze in der öffentlichen Verwaltung. In: Remer, A. (Hrsg.): Verwaltungsführung. Berlin et al., S. 109–139.

Töpfer, A./Zander, E. (Hrsg.) (1985): Mitarbeiter-Befragungen. Ein Handbuch. Frankfurt a.M./New York.

Tosi, H. L./Caroll, S. J. (1984): Management, New York.

Tosi, H. L./Rizzo, J. R./Carrol, S. J. (1994): Managing organisational behavior, Cambridge, Mass.

Townley, B. (1994): Reframing Human Resource Management: Power, Ethics and the Subject at Work, London.

Trice, H. J./Beyer, J. M. (1984): Studying organizational Cultures through Rites and Ceremonials. In: Academy of Management Review, 9, S. 653–669.

Trombetta, J. J./Rogers, D. P. (1988): Communication climate, job satisfaction, and organizational commitment. The effects of information adequacy, communication openness, and decision participation. In: Management Communication Quarterly, 1(4), S. 494–514.

Tsai, W./Ghoshal, S. (1998): Social capital and value creation: The role of intrafirm networks. In: Academy of Management Journal, 41 (4), S. 461–476.

Tschirky, H. (1980): Führungsrichtlinien. Zürich.

Tschirky, H./Suter, A. (1990): Führen mit Sinn und Erfolg, Stuttgart.

Türk, K. (1976): Grundlagen der Pathologie einer Organisation, Stuttgart.

Türk, K. (1989): Neuere Entwicklungen der Organisationsforschung. Ein Trend-Report. Stuttgart.

Turner, B. (1994): The Symbolic Understanding of Organisations. In: Reed, M./Hughes, M. (1994): Rethinking Organization, London, S. 653–669.

Turner, S./Beidel, D. (1989): Social phobia: Clinical syndrome, diagnosis, and comorbidity. Clinical Psychology Review, 9, S. 3–18.

Turnley, W. H./Feldman, D. C. (1998): Psychological contract violations during corporate restructuring. In: Human Resource Management, Spring, Vol. 37, S. 71–83.

Udris, I. (1987): Soziale Unterstützung, Stress in der Arbeit und Gesundheit. In: Keupp, H./Röhrle, B (Hrsg.): Soziale Netzwerke, Frankfurt, S. 123–138.

Udris, I. (1998): Kooperationstraining in Arbeitsgruppen zur Förderung sozialer Handlungskompetenz. In: Spieß, E./Nerdinger, W. (Hrsg): Kooperation in Unternehmen. München/Mering, S. 185–207.

Udris, I./Frese, M. (1999): Belastung und Beanspruchung. In: Hoyos, C./Frey, D. (Hrsg.): Arbeits- und Organisationspsychologie, Weinheim, S. 429–445.

Ulich, E. (1981): Möglichkeiten autonomieorientierter Arbeitsgestaltung. In: M. Frese (Hrsg.): Stress im Büro, Schriften zur Arbeitspsychologie Band 34, Bern, S. 159–178.

Ulich, E. (1994): Arbeitspsychologie. 3. Aufl., Zürich/Stuttgart (5. Aufl. 2001).

Ulich, E. (1985): Das Gefühl. Über die Psychologie der Emotion, München.

Ulich, E./Groskurth, P./Bruggemann, A. (1973): Neue Formen der Arbeitsgestaltung – Möglichkeiten und Probleme einer Verbesserung der Qualität des Arbeitslebens, Frankfurt.

Ulich, E./Udris, I./Frei, F./Allioth, A. (1980): Zur Frage der Individualisierung von Arbeitstätigkeiten. In: Hacker, W./Raum, H. (Hrsg.): Optimierung der kognitiven Arbeitsanforderungen. Berlin, S. 65–69.

Ulrich, H./Probst, G./Studer, H. P. (1985): Konstanz und Wandel in den Werthaltungen Schweizerischer Führungskräfte, Bern.

Ulrich, P. (1984): Systemsteuerung und Kulturentwicklung. In: Die Unternehmung, Nr. 5, S. 303–325.

Ulrich, P. (1990): Symbolisches Management: Ethisch-kritische Anmerkungen zur gegenwärtigen Diskussion über Unternehmenskultur. In: Lattmann, Ch. (Hrsg.): Die Unternehmenskultur, Reihe »Management Forum«, Heidelberg, S. 271–296.

Ulrich, P. (1993): Transformation der ökonomischen Vernunft. Bern.

Ury, W. (1992): Schwierige Verhandlungen. Wie Sie sich mit unangenehmen Kontrahenten vorteilhaft einigen. Frankfurt a.M.

Van Dyne, S. R./Cummings, T. G./Parks, S. (1995): Extra-Role Behaviors. In Pursuit of Construct and Definitional Clarity, L. L. Cummings/ B. M. Staw (Hrsg.). In: Research In Organizational Behavior, Vol. 17, S. 215–285.

van Eerde, W./Thierry, H. (1996): Vroom's expectancy models and work-related criteria: A meta-analysis. Journal of Applied Psychology, 81: 575–586.

van Maanen, J./Kunda, G. (1989): »Real Feelings«: Emotional expression and organizational culture. In: Research in Organizational Behavior, 11, S. 43–103.
van Nostrand, C. H./Atkinson, J. (1975): Einführung in die Motivationsforschung. Stuttgart.
Vartia, M. (1996): The sources of bullying – psychological work environment and organizational climate. In: European Journal of Work and Organizational Psychology, Vol. 5, S. 203–14.
Vecchio, R. P. (1987): Situational leadership theory: An examination of a prescriptive theory. Journal of Applied Psychology, 72, S. 444–451.
Vecchio, R. P. (1983): Assessing the Validity of Fiedler's Contingency Model of Leadership Effectiveness. A Closer Look at Strube and Garcia. In: Psychological Bullentin, S. 404–408.
Vogt, J. F./Murrell, K. L. (1990): Empowerment in Organizations: How to Spark Exceptional Performance. San Diego, CA.
Voigt, B. (1993): Team und Teamentwicklung. In: Organisationsentwicklung, 3/93, S. 34–49.
Volk, H. (1988a): Das neue Bild vom Vorgesetzten: Lernziel Sozialkompetenz. In: Zeitschrift für Organisation, 3, S. 175–178.
Volk, H. (1988b): Fordern statt Verwöhnen! Revolutionieren verhaltensbiologische Erkenntnisse die Menschenführung? In: Zeitschrift für Organisation, 57/1, S. 43–47.
Volk, H. (1989): Demotivierende Führungsfehler und wie sie sich vermeiden lassen. In: Betriebswirtschaftliche Blätter, Heft 7, S. 322ff.
Vollmoeller, W. (2001): Was heißt psychisch krank?, Stuttgart.
Voltz, T. (1998): Mut zur Kritik. Vorgesetztenbeurteilung einführen und durchführen, Zürich.
Vroom, V. (1964): Work and Motivation. New York.
Vroom, V. (1976): »Leadership«. In: Dunnette, D.: Handbook of Industrial and Organizational Psychology. Chicago. S. 1527–1551.
Vroom, V./Yetton, P. (1976): Leadership and Decision Making, Pittsburgh, Pa.

Wagner, D. (1995): Arbeitszeitmodelle, Göttingen.
Wahba, M. A./Bridwell, L. G. (1976): Maslow reconsidered: A review of research on the need hierachy theory, Organizational Behaviour and Human Performance (1976): 15, S. 212–240.
Wahren, H-K. (1994): Gruppen- und Teamarbeit in Unternehmen, New York.
Wälchli, A. (1994): Strategische Anreizgestaltung. Modell eines Anreizsystems für strategisches Denken und Handeln des Managements, Bern.
Waldschmidt, K. (1999): Personalentwicklung und organisationale Identifikation, München.

Wallace, J./Hunt, J./Richards, C. (1999): The relationship between organisational culture, organisational climate and managerial values. In: International Journal of Public Sector Management; 12, 7, S. 548–564.
Walter, A. (1998): Der Beziehungspromotor. Ein personaler Gestaltungsansatz für erfolgreiches Relationship Marketing, Wiesbaden.
Walter-Busch, E. (1977): Arbeitszufriedenheit in der Wohlstandsgesellschaft, Bern.
Walter-Busch, E. (1998): (Komplizierte) Motivationstheorien als theoretische Basis zur Erklärung der Personalpolitik. In: Martin, A./Nienhüser, W. (Hrsg).: Personalpolitik. Wissenschaftliche Erklärung der Personalpraxis, München, S. 146–154.
Walton, R. (1985): From control to commitment in the workplace. Harvard Business Review, March: S. 77–84.
Walton, R. E. (1987): From Control to Commitment in the Workplace. In: Steers, R. M./Porter, L. W. (1987): Motivation and Work Behavior; New York, S. 516–528.
Walton, R. E. (1969): Interpersonal Peacemaking. Confrontations and Third Party Consultations. Menlo Park, Calif. S. 73–84.
Walton, R. E. (1985): From Control to Committment in the Workplace. In: Harvard Business Review, S. 76–84.
Walton, R. E./Dutton, J./Fitch, H. (1966): A Study of Conflict in the Process, Structure and Attitudes of Lateral Relationships. In: Haberstock, C./Rubenstein, A. (Hrsg.): Some Theories of Organisation. Homewood, Ill., S. 444 –465.
Walz, H./Barth, C. (1990a): Intrapreneuring – Ein Aktivierungskonzept für latentes Innovationspotenzial in Großunternehmen. Teil I. In: Personal, Mensch und Arbeit, 9/1990, S. 412–418.
Wanous, J. P./Poland, T. D./Premack, S. L./Davis, K. S. (1992): The effects of met expectations on newcomer attitudes and behaviors: a review and meta-analysis. In: Journal of Applied Psychology, 77, S. 288–297.
Watson, D./Pennebaker, J. W. (1989): Health Complaints, Stress, and Distress: Exploring the Central Role of Negative Affektivity. In: Psychological Review, 98; (2), S. 234–254.
Watzlawick, P. (Hrsg.) (1981): Die erfundene Wirklichkeit. München.
Watzlawick, P./Beavin, J. H./Jackson, D. D. (1974): Menschliche Kommunikation: Formen, Störungen, Paradoxien. 4.Aufl., Bern.
Weber, W. (1996): Fundierung der Personalwirtschaftslehre durch Theorien des menschlichen Verhaltens. In: Weber, W. (Hrsg.): Grundlagen der Personalwirtschaft – Theorien und Konzepte, Wiesbaden, S. 279–296.
Weber, W. (1998): Kooperation in Organisationen unter arbeits- und sozialpsychologischen Gesichtspunkten – vom individualutilitaristischen zum

prosozialen Handeln? In: Spieß, Erika/Nerdinger, Friedemann W.: Kooperation in Unternehmen. München, S. 33–60.

Weber, W., Mayrhofer, W., Organisationskultur (1988): Zum Umgang mit einem vieldiskutierten Konzept in Wissenschaft und Praxis. In: Die Betriebswirtschaft, 48. Jg., 5, S. 555–566.

Weber, W./Mayrhofer, W./Nienhüser, W. (1993): Grundbegriffe der Personalwirtschaft. Stuttgart.

Weibel, A./Rota S. (2000): Fairness als Motivationsfaktor. In: Frey, B.S./Osterloh, M. (2000): Managing Motivation. Wie Sie die neue Motivationsforschung für Ihr Unternehmen nutzen können, Wiesbaden, S. 193–206.

Weibler, J. (1994): Führung durch den nächsthöheren Vorgesetzten. Wiesbaden.

Weibler, J. (1995a): Personalwirtschaftliche Theorien: Anforderungen, Systematisierungsansätze und konzeptionelle Überlegungen. In: Zeitschrift für Personalforschung, 1995, Nr. 2. S. 113–134.

Weibler, J. (1995b): Symbolische Führung. In: Kieser, A./Reber, G./Wunderer, R. (Hrsg.): Handwörterbuch der Führung. 2. Aufl., Stuttgart, Sp. 2015–2026.

Weibler, J. (1997): Vertrauen und Führung. In: Klimecki, R./Remer, A. (Hrsg.) (1997): Personal als Strategie. Mit flexiblen und lernbereiten Human-Ressourcen Kernkompetenzen aufbauen. Neuwied et al., S. 185–214.

Weibler, J. (2001): Personalführung, München.

Weibler, J./Wunderer, R. (1997): Zur Führungskultur in der Schweiz. In: Die Unternehmung, Nr. 4, 1997, S. 243–272.

Weick, K. E. (1977): Organization Design: Organizations as Self-Designing Systems. In: Organizational Dynamics (3/1977).

Weidemann, J./Frey, D. (1992): Dissonanztheorie. In: E. Gaugler/W. Weber (Hrsg.): Handwörterbuch des Personalwesens, 2. Aufl., Stuttgart, Sp. 727ff.

Weidermann, P. H. (1984): Das Management des Organizational Slacks, Wiesbaden.

Weidinger, M. (1999): Strategien zur Arbeitszeitflexibilisierung. In: Rosenstiel et al. (1999): Führung von Mitarbeitern, Handbuch für erfolgreiches Personalmanagement, 4. Auflage, Stuttgart, S. 879–888.

Weierter, S. J. M. (1997): Who wants to play »follow the leader?« A theory of charismatic relationships based on routinized charisma and follower characteristics. In: Leadership Quarterly, 8, S. 171–193.

Weigel, U. (1996): Ungenutzte Personalressourcen in Unternehmen: mögliche Folgen der Entbindung von der Führungsfunktion, Wiesbaden.

Weinberger, J./McClelland, D. (1990): Cognitive versus Traditional Motivational Models: Inreconcilable or Complementary? In: Higgins, E. T./Sorrentino, R. M. (Hrsg) (1990): The handbook of motivation and cognition: Foundations of social behavior, 2, New York. S. 562–597.

Weiner, B. (1976): Theorien der Motivation. Stuttgart.
Weiner, B. (1992): Human Motivation. Metaphors, Theories and Research. London.
Weinert, A. (1987): Lehrbuch der Organisationspsychologie, 1. Auflage 1981, München.
Weinert, A. (1992a): Organisationspsychologie – Ein Lehrbuch, München.
Weinert, A. (1992b): Anreizsysteme, verhaltenswissenschaftliche Dimension. In: Frese, E. (Hrsg.): Handwörterbuch der Organisation. 3. Aufl., Stuttgart, Sp. 112–133.
Weinert, A. (1998): Organisationspsychologie. Weinheim:
Weinshenker, N. J./Goldenberg, I./Rogers, M. P./Goisman, R. M./Warshaw, M. G./Fierman, E. J./Vasile, R. G./Keller, M. B. (1996): Profile of a large sample of patients with social phobia: Comparison between generalized and specific social phobia. Depression and Anxiety, 4, S. 209–216.
Weller, I./Matiaske, W./Habich, J. (2000): Mobbing, Arbeitszufriedenheit und Absentismus. In: Zeitschrift für Organisation, 69. Jg., Nr. 4, S. 226–233.
Wenger, E. (1998): Communities of Practice: Learning, Meaning, and Identity, Cambridge.
Wenger, E. C./Snyder, W. M. (2000): Communities of Practice: The Organizational Frontier, In: Harvard Business Review, Januar–Februar 2000, Number 1, Boston, S. 139–145.
Wessman, A./Ricks, D. R. (1966): Mood and Personality, New York.
Westermayer, G./Baehr, B. (1994): Betriebliche Gesundheitszirkel, Göttingen.
Wharton, A. S. (1993): The affective consequences of service work. Managing emotions on the job. In: Work and Occupations, 20, 2, S. 205–32.
Wharton, A. S./Erickson, R. J. (1993): Managing emotions on the job and at home: understanding the consequences of multiple emotional roles. In: Academy of Management Review, 18, 3, S. 457–86.
Whetten, D./Godfrey, P. C. (1998): Identity in Organisations, Thousand Oaks, CA.
White, R. W. (1995): Motivation reconsidered: The concept of competence. In: Psychological Review, 66, S. 297–33.
Wiendick, G. (1999): Führung und Organisationsstruktur. In: Rosenstiel, L. v. et al. (1999): Führung von Mitarbeitern, Handbuch für erfolgreiches Personalmanagement, 4. Auflage, Stuttgart, S. 619–629.
Wiendieck, G. (1977): Arbeitsleistung und Arbeitszufriedenheit – eine kritische Übersicht. In: Gruppendynamik, 8, S. 415–430.
Wiendieck, G. (1980): Arbeitszufriedenheit. Ein Kunstprodukt der Sozialforschung. In: Bungard, W. (Hrsg.): Die gute Versuchsperson denkt nicht. München.

Wiendieck, G./Maas, P. (1991): Analyse und Intervention. Arbeitszufriedenheitsforschung als sozialer Prozess. In: Fischer, L. (1991): Arbeitszufriedenheit, Stuttgart, S. 199–214.

Wiersma, U. J. (1992): The effects of extrinsic rewards in intrinsic motivation: A meta-analysis. In: Journal of Occupational and Organizational Psychology, 65, S. 101–114.

Wild, T. C./Enzle, M. E./Nix, G./Deci, E. N. (1997): Perceiving others as intrinsically or extrinsically motivated: Effects on Expectancy Formation and Task Engagement. In: Personality and Social Psychology, Vol. 23, No. 8., S. 837–848.

Wilke H. (1993a): Selbstorganisation. Weinheim, München.

Wilke, H. (1993b): Systemtheorie, 4. Auflage. Stuttgart, Jena.

Wilkins, A. L./Ouchi, W. G. (1983): Efficient cultures: exploring the relationship between culture and organizational performance. In: Administrative Science Quarterly, Vol. 28, S. 468–481.

Willke, H. (1989): Systemtheorie entwickelter Gesellschaften: Dynamik und Riskanz gesellschaftlicher, München.

Willmott, H. (1993): Strength is ignorance; freedom is slavery: managing culture in modern organizations. In: Journal of Management Studies, 30, 5, S. 515–52.

Wimmer, R. (1996): Die Zukunft von Führung. Brauchen wir noch Vorgesetzte im herkömmlichen Sinn? In: Organisationsentwicklung, Heft 4, S. 47–57.

Wiswede, G. (1977): Rollentheorie. Stuttgart.

Wiswede, G. (1980): Motivation und Arbeitsverhalten. Organisationspsychologische und industriesoziologische Aspekte der Arbeitswelt. München, Basel.

Wiswede, G. (1995): Führungsrollen. In: Kieser, A./Reber, G./Wunderer, R. (Hrsg.): Handwörterbuch der Führung. 2. Aufl., Stuttgart, Sp. 826–839.

Witt, A. L./Wilson, J. W. (1991): Moderating effect of job satisfaction on the relationship between equity and extra-role behaviors. In: Journal of Social Psychology, Vol. 131 Issue 2, S. 247–53.

Witt, L. A./Andrews, M. C./Kacmar, K. M. (2000): The role of participation in decision-making in the organizational politics-job satisfaction relationship. In: Human Relations; March 2000; Vol. 53, 3, S. 341–358.

Witte, E. (1973): Organisation von Innovationsentscheidungen. Göttingen.

Witte, E. (1976): Kraft und Gegenkraft im Entscheidungsprozess. In: Zeitschrift für Betriebswirtschaft, S. 319–326.

Witten, E. H. (1989): Sozialpsychologie. Ein Lehrbuch. München.

Wittschier, B. M. (1998): Konflixt und zugenäht. Konflikte lösen durch Wirtschafts-Mediation. Wiesbaden.

Wofford, J. C./Goodwin, V. L. (1994): A cognitive interpretation of transactional and transformational leadership theories. In: Leadership Quarterly, 5: S. 161–186.
Wolf, M. (1985): Erfahrungen mit der Profit-Center-Organisation, Frankfurt.
Wolfersdorf, M. (2000): Krankheit Depression – erkennen, verstehen, behandeln, Bonn
Wolff, B. (1999): Anreizkompatible Reorganisation von Unternehmen, Stuttgart.
Womack, J. P./Jones, D. T./Ross, D. (1990): The Machine that Changed the World. New York.
Wood, S. (1999): Human resource management and performance. In: International Journal of Management Reviews, Dec. 99, Vol. 1, Issue 4, S. 367–413.
Woodman, R. W./King, L. A. (1978): Organizational climate: science or folklore? In: Academy of Management Review, No 3, S. 816–826.
Wortman, C. B./Brehm, J. W. (1975): Responses to uncontrollable outcomes: an integration of reactance theory and the learned helplessness model. In: Berkowitz, L. E. (Hrsg.) (1975): Advances in Experimental Social Psychology, Vol. 8, 1975.
Wunderer, R. (1974): Lateraler Kooperationsstil. In: Personal, 26, (4), S. 166–170.
Wunderer, R. (1975a): Nachfolge. In: Gaugler, E./Weber, W. (Hrsg.): Handwörterbuch des Personalwesens. Stuttgart, Sp. 1409–1423.
Wunderer, R. (1975b): Personalwesen als Wissenschaft. In: Personal, 27, (8): S. 33–36.
Wunderer, R. (1975c): Personalbeurteilung. In: Managementenzyklopädie. München, Sp. 2594–2600.
Wunderer, R. (1975d): Personalwerbung. In: Gaugler, E. (Hrsg.): Handwörterbuch des Personalwesens. Stuttgart, Sp. 1690–1708.
Wunderer, R. (1977): Leitbilder bei der Gestaltung und Anwendung der Personalbeurteilung im öffentlichen Dienst. In: Die öffentliche Verwaltung, (10): S. 371–343.
Wunderer, R. (1978a): Kooperationskonflikte. In: Personal-Enzyklopädie. Bd. II. München. S. 407–411.
Wunderer, R. (1978b): Personalverwendungsbeurteilung. In: Personal-Enzyklopädie. Bd. III. München, S. 192–199.
Wunderer, R. (1978c): Verhaltensleitsätze. In: Personal-Enzyklopädie. Bd. III. München, S. 574–581.
Wunderer, R. (1979a): Das »Leader-Match-Concept« als Fred Fiedlers »Weg zum Führungserfolg«. In: Wunderer, R. (Hrsg.): Humane Personal- und Organisationsentwicklung. Berlin, S. 219–255.
Wunderer, R. (Hrsg.) (1979b): Humane Personal- und Organisationsentwicklung. Berlin.

Wunderer, R. (1981a): Führungsgrundsätze als Instrument der Unternehmens- und Betriebsverfassung. In: Bohr, K./Drukarczyk, J./Drumm, H./ Scherer, G. (Hrsg.): Unternehmensverfassung als Problem der Betriebswirtschaftslehre. Berlin, S. 405–443.

Wunderer, R. (1981b): Kooperative Führung – Ein realistisches und realisierbares Konzept. In: Geist, N./Köhler, R. (Hrsg.): Die Führung des Betriebes. Stuttgart, S. 145–164.

Wunderer, R. (1982): Kontingente Organisationsentwicklung in der öffentlichen Verwaltung. In: Remer, A. (Hrsg.): Verwaltungsführung. Berlin, S. 293–315.

Wunderer, R. (1983a): Führungsgrundsätze als Instrument der Unternehmens-/Betriebsverfassung. In: Wunderer, R. (Hrsg.): Führungsgrundsätze in Wirtschaft und öffentlicher Verwaltung. Stuttgart, S. 35–72.

Wunderer, R. (Hrsg.): (1983b): Führungsgrundsätze in Wirtschaft und öffentlicher Verwaltung. Stuttgart.

Wunderer, R. (1985a): Führung wohin führst Du? In: Die Unternehmung, S. 337–350.

Wunderer, R. (1985b): Kritische Thesen zur verhaltensbezogenen Entwicklung von Führungskräften. In: Günther, J. (Hrsg.): Quo vadis Industriegesellschaft? Stuttgart, S. 165–176.

Wunderer, R. (1985c): Zusammenarbeit zwischen Organisationseinheiten. Zur Analyse von Grundmustern lateraler Kooperationsbeziehungen. In: Probst, G. J. B./Siegwart, H. (Hrsg.): Integriertes Management. Bern/ Stuttgart, S. 509–527.

Wunderer, R. (1985d): Strategische Personalarbeit – arbeitslos? In: Zeitschrift für Organisation, 52, S. 220–225.

Wunderer, R. (1986): Unternehmenskultur in mittelständischen Unternehmen. In: Bertelsmann Stiftung (Hrsg.): Unternehmenskultur in Deutschland. Gütersloh, S. 122–1293.

Wunderer, R. (1987a): Entwicklungstendenzen in Führungsforschung und Führungspraxis. In: Personalführung, (3). S. 148–152.

Wunderer, R. (1987b): Umfrage »Führungsforschung und -lehre«. In: Personalführung (3): S. 116–152.

Wunderer, R. (1988): Neue Konzepte der Personalentwicklung. In: Die Betriebswirtschaft, S. 435–443.

Wunderer, R. (1989a): Führungskonzeptionen und -stile. In: Chielewicz, K./ Eichhorn, P. (Hrsg.): Handwörterbuch der öffentlichen Verwaltung. Stuttgart, Sp. 406–415.

Wunderer, R. (1989b): Personal-Controlling. In: Seidel, E./Wagner, D. (Hrsg.): Organisation, Festschrift zum 60. Geburtstag von Knut Bleicher. Wiesbaden, S. 243–257.

Wunderer, R. (1989c): Personalmanagement und Personalchef der neunziger Jahre. Thesen zu einem Szenario. In: Lattmann, Ch./Krulis-Randa, J. (Hrsg.): Die Aufgaben der Personalabteilung in einer sich wandelnden Umwelt. Heidelberg, S. 227–239.
Wunderer, R. (1990a): Führungs- und Kooperations-Controlling. In: Personalwirtschaft, (2): S. 31–32.
Wunderer, R. (1990b): Mitarbeiterführung und Wertwandel. Variationen zum schweizerischen 3K-Modell der Führung. In: Bleicher, K./Gomez, P. (Hrsg.): Zukunftsperspektiven der Organisation. Bern, S. 271–292.
Wunderer, R. (1990c): Förderung der Selbstentwicklung über Führungsstruktur und Führungskultur. In: Haller, M./Hauser, H./Zäch, R. (Hrsg.): Ergänzungen. Ergebnisse der wissenschaftlichen Tagung anlässlich der Einweihung des Ergänzungsbaus der Hochschule St. Gallen. Bern et al., S. 211–216.
Wunderer, R. (Hrsg.) (1991a): Kooperation. Gestaltungsprinzipien und Steuerung der Zusammenarbeit zwischen Organisationseinheiten. Stuttgart.
Wunderer, R. (1991b): Managementrolle Führender. In: Staehle, W. (Hrsg.): Handbuch Management. Die 24 Rollen der exzellenten Führungskraft. Wiesbaden, S. 363–382.
Wunderer, R. (1991c): Personalmarketing. In: Die Unternehmung, 45, (2): S. 435–443.
Wunderer, R. (1991d): Personal-Controlling. In: Personal, (9): S. 272–275.
Wunderer, R. (1991e): Laterale Kooperation als Selbststeuerungs- und Führungsaufgabe. In: Wunderer, R. (Hrsg.): Kooperation. Gestaltungsprinzipien und Steuerung der Zusammenarbeit zwischen Organisationseinheiten. Stuttgart, S. 205–219.
Wunderer, R. (1992a): Managing the boss. »Führung von unten«. In: Zeitschrift für Personalforschung, (3): S. 287–311.
Wunderer, R. (1992b): Vom Autor zum Herausgeber? – Vom Dirigenten zum Impresario? Unternehmenskultur und Unternehmensführung im Wandel. In: Ingold, F./Wunderlich, W. (Hrsg.): Fragen nach dem Autor. Konstanz, S. 223–236.
Wunderer, R. (1992c): Von der Personaladministration zum Wertschöpfungs-Center. In: Die Betriebswirtschaft, 52, (2): S. 201–215.
Wunderer, R. (1992d): Das Personalwesen auf dem Weg zu einem Wertschöpfungs-Center. In: Personal, (4): S. 148–154.
Wunderer, R. (1993a): Führung. In: Hauschildt, J./Grün, O. (Hrsg.): Ergebnisse empirischer betriebswirtschaftlicher Forschung. Zu einer Realtheorie der Unternehmung. Stuttgart, S. 633–672.

Wunderer, R. (1993b): Führung des Chefs. In: Rosenstiel, L.v./Regnet, E./Domsch, M. (Hrsg.): Führung von Mitarbeitern. 2. Aufl., Stuttgart, S. 237–258.

Wunderer, R. (1994): Der Beitrag der Mitarbeiterführung für unternehmerischen Wandel. In: Gomez, P./Hahn, D./Müller-Stewens, G./Wunderer, R. (Hrsg.): Unternehmerischer Wandel. Konzepte zur organisatorischen Erneuerung. Wiesbaden, S. 229–271.

Wunderer, R. (1995a): Betriebswirtschaftliche Führungsforschung und Führungslehre. In: Wunderer, R. (Hrsg.): Betriebswirtschaftslehre als Management- und Führungslehre, 3. Aufl., Stuttgart, S. 33–49.

Wunderer, R. (Hrsg.) (1995b): Betriebswirtschaftslehre als Management- und Führungslehre. 3. Aufl., Stuttgart.

Wunderer, R. (1995c): Betriebswirtschaftslehre und Führung. In: Wunderer, R. (Hrsg.): Betriebswirtschaftslehre als Management- und Führungslehre. 3. Aufl., Stuttgart, S. 33–49.

Wunderer, R. (1995d): Konsultative Führung. In: Kieser, A./Reber, G./Wunderer, R. (Hrsg.): Handwörterbuch der Führung. 2. Aufl., Stuttgart, Sp. 1350–1358.

Wunderer, R. (1995e): Kooperative Führung. In: Kieser, A./Reber, G./Wunderer, R. (Hrsg.): Handwörterbuch der Führung. 2. Aufl., Stuttgart, Sp. 1369–1386.

Wunderer, R. (1995f): Laterale Kooperation als Führungsaufgabe (Schnittstellenmanagement): In: Kieser, A./Reber. G./Wunderer, R. (Hrsg.): Handwörterbuch der Führung. 2. Aufl., Stuttgart, Sp. 1407–1423.

Wunderer, R. (1995g): Mitarbeiterführung – Entwicklungstendenzen. In: Kieser, A./Reber, G./Wunderer, R. (Hrsg.): Handwörterbuch der Führung. 2. Aufl., Stuttgart, Sp. 1539–1548.

Wunderer, R. (1995h): Unternehmerische Führung – aus der Perspektive volkswirtschaftlicher Theorie. In: Brandenberg, A. (Hrsg.): Standpunkte zwischen Theorie und Praxis. Handlungsorientierte Problemlösungen in Wirtschaft und Gesellschaft. Bern et al.

Wunderer, R. (1995i): Unternehmerische Mitarbeiterführung. In: Kieser, A./Reber, G./Wunderer, R. (Hrsg.): Handwörterbuch der Führung. 2. Aufl., Stuttgart, Sp. 2081–2096.

Wunderer, R. (1995j): Zukunft der Mitarbeiterführung. Ergebnisse einer Expertenbefragung. In: Personalführung, (6): S. 452–466.

Wunderer, R. (1995k): Führung – quo vadis? In: Personalführung, (6): S. 480–486.

Wunderer, R. (1995l): Qualitätsförderung und Personal-Management am Beispiel des Europäischen Modells. In: Personalwirtschaft, (6): S. 15–18.

Wunderer, R. (1995m): Unternehmerische Mitarbeiterführung als Ansatzpunkt zur unternehmerischen Gestaltung der Personalarbeit. In: Wunderer, R./Kuhn, T. (Hrsg.): Innovatives Personalmanagement. Neuwied et al., S. 25–42.

Wunderer, R. (1995n): Unternehmerische Personalentwicklung. In: Metzger, C./Seitz, H. (Hrsg.): Wirtschaftliche Bildung. Zürich, S. 505–526.

Wunderer, R. (1995o): TQM fordert das Personalmanagement. In: QZ Qualität und Zuverlässigkeit, (40): S.1040–1042.

Wunderer, R. (1995p): Personalmarketing. In: Bruhn, M. (Hrsg.): Internes Marketing. Integration der Kunden- und Mitarbeiterorientierung. Wiesbaden, S. 344–360.

Wunderer, R. (1995q): Führung von unten. In: Kieser, A./Reber, G./Wunderer, R. (Hrsg.): Handwörterbuch der Führung. 2. Aufl., Stuttgart, Sp. 501–512.

Wunderer, R. (1995r): Führungsanalysen. In: Kieser, A./Reber, G./Wunderer, R. (Hrsg.): Handwörterbuch der Führung. 2. Aufl., Stuttgart, Sp. 513–523.

Wunderer, R. (1995s): Qualitätsmanagement – Chance für die Personalarbeit? In: Persorama, 3, S. 23–27.

Wunderer, R. (1996a): Führung und Qualitätsmanagement. In: Personalwirtschaft, (3): S. 39–45.

Wunderer, R. (1996b): TQM fordert Personalmanagement. In: QZ Qualität und Zuverlässigkeit, 40, S. 1040–1042.

Wunderer, R. (1998): Personalmanagement in der Dienstleistungs- und Informationsgesellschaft. In: io management, 67, (3): S. 90–96.

Wunderer, R. (1999): Mitarbeiter als Mitunternehmer – ein Transformationskonzept, in: Breisig, T. (Hrsg.) Mitbestimmung – Gesellschaftlicher Auftrag und ökonomische Ressource, München, S. 317–352.

Wunderer, R. (1999a): Mitarbeiter als Mitunternehmer – ein Transformationskonzept. In: Wunderer, R. (Hrsg.): Mitarbeiter als Mitunternehmer. Grundlagen, Förderinstrumente, Praxisbeispiele. Neuwied/Kriftel, S. 22–58.

Wunderer, R. (1999b): (Hrsg.): Mitarbeiter als Mitunternehmer. Grundlagen, Förderinstrumente, Praxisbeispiele. Neuwied/Kriftel.

Wunderer, R. (1999c): Mitarbeiter als Mitunternehmer – ein Transformationskonzept. In: Die Betriebswirtschaft, 59/1999, S. 106–130.

Wunderer, R. (2001): Führung und Zusammenarbeit. Eine unternehmerische Führungslehre. 4. neubearbeitete Auflage, Neuwied.

Wunderer, R./Gerig, V./Hauser, R. (Hrsg.) (1997): Qualitätsorientiertes Personalmanagement. Das Europäische Qualitätsmodell als unternehmerische Herausforderung, München.

Wunderer, R./Arx, S. v./Jaritz, A. (1998): Beitrag des Personalmanagement zur Wertschöpfung im Unternehmen. In: Personal, (7): S. 346–350.

Wunderer, R./Arx, S. v. (1999): Personalmanagement als Wertschöpfungs-Center. Integriertes Organisations- und Personalentwicklungskonzept. 2. Aufl., Wiesbaden (3. Aufl. 2002).
Wunderer, R./Bruch, H. (1999): Förderung der unternehmerischen Umsetzungskompetenz von Mitarbeitern. In: Personalwirtschaft, (2): S. 16–21.
Wunderer, R./Bruch, H. (1999a): Führungskonzeptionen. In: Siebertz, P./Stein, v. J. H. (1999): Handbuch Banken und Personal. Frankfurt, S. 587–631.
Wunderer, R./Bruch, H. (2000): Unternehmerische Umsetzungskompetenz. München.
Wunderer, R./Dick, P. (1997): Frauen im Management. Besonderheiten und personalpolitische Folgerungen – eine empirische Studie. In: Wunderer, R./Dick, P. (Hrsg.): Frauen im Management. Kompetenzen, Führungsstile, Fördermodelle, Neuwied, S. 5–205.
Wunderer, R./Dick, P. (2002): Personalmanagement 2010. Analysen und Prognosen zum Personalmanagement in Groß- und Mittelunternehmen. Neuwied/Kriftel (3. Aufl.).
Wunderer, R./Fröhlich, W. (1994): Personalentwicklungs-Controlling mit Schwerpunkt Führungstraining. In: Personalführung, (27): S. 92–102.
Wunderer, R./Grunwald, W. (1980): Führungslehre. Bd. 1: Grundlagen der Führung. Bd. 2: Kooperative Führung. Berlin et al.
Wunderer, R./Jaritz, A. (2002): Unternehmerisches Personalcontrolling. Evaluation der Wertschöpfung im Personalmanagement. Neuwied/Kriftel (2. erw. Aufl.).
Wunderer, R./Klimecki, R. (1990): Führungsleitbilder. Grundsätze für Führung und Zusammenarbeit in deutschen Unternehmungen. Stuttgart.
Wunderer, R./Kuhn, T. (1992): Zukunftstrends in der Personalarbeit. Schweizerisches Personalmanagement 2000. Bern et al.
Wunderer, R./Kuhn, T. (1993): Unternehmerisches Personalmanagement. Konzepte, Prognosen und Strategien für das Jahr 2000. Frankfurt a.M./New York.
Wunderer, R./Kuhn, T. (Hrsg.): (1995a): Innovatives Personalmanagement. Theorie und Praxis unternehmerischer Personalarbeit. Neuwied et al.
Wunderer, R./Kuhn, T. (1995b): Unternehmerisches Personalmanagement – zentraler Ansatzpunkt zur Förderung unternehmerischen Verhaltens. In: Wunderer, R./Kuhn, T. (Hrsg.): Innovatives Personalmanagement: Theorie und Praxis unternehmerischer Personalarbeit. Neuwied et al., S. 3–20.
Wunderer, R./Mittmann, J. (1983): 10 Jahre Personalwirtschaftslehren – von Ökonomie nur Spurenelemente. In: Die Betriebswirtschaft, 43, (4), S. 623–655.
Wunderer, R./Mittmann, J. (1995a): Identifikationpolitik. In: Handwörterbuch der Führung. 2. Aufl., Stuttgart, Sp. 1155–1166.

Wunderer, R./Mittmann, J. (1995b): Identifikationspolitik. Stuttgart.
Wunderer, R./Sailer, M. (1988): Personal-Controlling in der Praxis – Entwicklungsstand, Erwartungen, Aufgaben. In: Personalwirtschaft, (4): S. 177–182.
Wunderer, R./Schlagenhaufer, P. (1992): Die Personalabteilung als Wertschöpfungs-Center. In: Zeitschrift für Personalforschung, (6): S. 180–187.
Wunderer, R./Schlagenhaufer, P. (1994): Personal-Controlling. Funktionen – Instrumente – Praxisbeispiele. Stuttgart.
Wunderer, R./Weibler, J. (1992):Vertikale und laterale Einflussstrategien: Zur Replikation und Kritik des Profiles of Organizational Influence Strategies (POIS): und seiner konzeptionellen Weiterführung. In: Zeitschrift für Personalforschung, (4), S. 515–536.

Yale, S. (1991): Motivation, demotivation and achievement, Dubuque, Iowa,
Yammarino, F. J./Bass, B. M. (1990): Transformational Leadership and Multiple Levels of Analysis. In: Human Relations, S. 975–995.
Yoon, J./Baker, M. R./Ko, J. W. (1994): Interpersonal Attachment and Organizational Commitment: Subgroup Hypothesis Revisite. In: HR, 1994, S. 329–352.
Yukl, G. A. (1994): Leadership in organizations, 3. Aufl., Englewood Cliffs, NJ.

Zaccaro, S. J., Craig, B./Quinn, J. (1991): Prior absenteeism, supervisory style, job satisfaction, and personal characteristics: An investigation of some mediated and moderated linkages to work absenteeism. In: Organizational Behavior & Human Decision Processes, 50 (1), 24–44.
Zander, E. (1990): Handbuch der Gehaltsfestsetzung, 5. Aufl. München.
Zapf, D. (1999): Mobbing in Organisationen – Überblick zum Stand der Forschung. In: Zeitschrift für Arbeits- und Organisationspsychologie, 43, 17, 1, S. 1–25.
Zapf, D./Vogt, C./Seifert, C./Mertini, H./Isic, A. (1999): Emotion Work as a Source of Stress: The Concept and Development of an Instrument. In: European Journal of Work and Organizational Psychology, Volume: 8 Number 3, S. 371–400.
Zedeck, S. (1992): Work, families, and organizations. San Francisco.
Zey, M. G. (1990): The Mentor Connection. 2. Aufl., New Brunswick et al.
Zuschlag, B. (1997): Mobbing – Schikane am Arbeitsplatz. Erfolgreiche Mobbing-Abwehr durch systematische Ursachenanalyse, 2. Aufl., Göttingen.

Stichwortverzeichnis

Absentismus 11, 21, 38, 65, 76, 97, **206**, 316, 334
Anerkennung 17, 24, 31, 34, 38, 40, 80, 86, 88, 106, 108, 109, 112, 113, 120, 144, 180, 202, 241, 242, 248, **297**, 305, 332, 335, 337, 390, 413, 415, 433, 454
- als Motivationsbarriere 176, 201f
Anreize 12, 17, 42, 59, 72, 74, 94, 104, **113f**, 132, 292, **334**, 341f, 382, 422, 433
- extrinsische 62, 71, 88, 340, 341, 344, 414
- intrinsische 71, **344**, 391
- materielle 337
Anreiz-Beitrags-Ansatz *siehe Motivationstheorien*
Anreizsysteme 37, 138, 201, 307, 330, **334f**, 342, 366
- für Leistungsträger 339
- Funktionen 334f
Arbeitsdurchführung 16, 27, 52, 321, 331, 378
- als Motivationsbarriere 176, 183, 188, **215f**
Arbeitsgestaltung 30, 33, 40, 57, 102, **290**, 366, 398
Arbeitsgruppe(n) *siehe Gruppenarbeit*
Arbeitsinhalt 13, 105, 111, 236, 290, 289, 311
- als Motivationsbarriere 16, 24, 33, 49, 176, **180**, 183, **207f**,
Arbeitskontext 30, 102, **236f**, 319, 356
- situative Einflüsse/Faktoren des 239f
Arbeitskoordination 25, 30, 37, 50, 79, 176, 183, 188, **214**, 351, 368, 378, 393, 440

- als Motivationsbarriere 25, 183, 176, 188, **210f,** 215
Arbeitsorganisation/-prozesse 52, 183, 217, 237, 244, **353**, 398, 457
Arbeitssitzungen, unproduktive, 16, 25, 30, 37, 50, **211f**, **213f**, 351
Arbeitszeit(-flexibilisierung) 37, 51, 52, 195, 227, 265, **332f**, 387, 389, 390
Arbeits(un-)zufriedenheit 7, 15, **93f**, 105, 200, 204, 208, 232, 240, 321, 429, 436
- Definition 93
- Formen/Typen/Typologie 15, **95f**
Arbeitszufriedenheitsforschung 15, **92f**
Attribution(-sprozesse) 108, 117, **121**
Attributionstheorien *siehe Motivationstheorien*
Aufgabengestaltung **238**, 317, 357
Aufgabenorientierung 358

Barrieren siehe Motivationsbarrieren
Beurteilungsmerkmale siehe Personalbeurteilung
Bewältigungsverhalten/-fähigkeiten 39, **381**, 383, 401/*siehe auch Coping*
Beziehungskonflikte 79, **80**, 214, 241, 393
Beziehungskontext 31, 97, **241f**, 244, 247, 319, 370
Bezugsrahmen
- zur Demotivation und Remotivation 8, **55f**
Bezugsgruppen(-ansatz) 66, 120, 348, **352**, 354, 445
Budget 52, 216, 226, **331**
Burn-Out 21, 65, **99**, 229, 393

Stichwortverzeichnis

587

Cafeteria-Systeme 339f
Charisma/charismatisch 41, 198, **438**, 439f
Coaching *39, 296, 319, 382 390, 392f, 408, 422, 453/siehe auch Demotivationscoaching*
- Definition *392*
- Techniken 394
Commitment 13, 36, 62, 65, 78, 97, 125, 131, 206, **320**, 346, 456
- Wiedergewinnung des 36, **320f**
Coping 39, 45, *390*, **397f**
siehe auch Demotivationscoping
Counseling 39, 319, 390, **404f**, 406
- Einsatz und Techniken 405

Debriefing 384
Defizitmotive 17, **102**, 104, 112
Delegationskonzepte 18, 126, **432f**
delegative Führung *siehe Führung*
Demotivation
- aktuelle 72, **181**
- Ambivalenz der 21, **66f,** 69, 465
- als Einstellung 60f
- als systemisches Phänomen 63f
- Definition **63**,
- Dimensionen 12, **71f**
- Indikatoren 11, **75f,** 291/*siehe auch Demotivationsindikatoren*
- Einflussfelder 13, **77f**
- konstruktive 21, 60, **68f**
- Low-Performance-Zyklus der 18, **125f,** 203, 213, 432
- Makroebene der 13f, 22, 63f, **261f**
- Phasen 12f, 72, **73**
- potenzielle 72, **180**
- Wirkungen der 21212121, **64f**
Demotivationsabbau 300, **323f**
Demotivationscoaching 393, **395**
Demotivationscoping 397f

Demotivationsdiagnose 256f, 258, 461
Demotivationsindikatoren 75f, **313f**
Demotivationsklima 11, 389/*siehe auch Organisationsklima*
Demotivationskonflikt(e) 37, **79f**, 82f, 314,**344f**, 350, 368, 371, 435
Demotivationskosten 262, **324f**
Demotivations(sub-)kultur 27, 231, 255
Demotivationspolitik 36, 310
Demotivationsprävention 32, 253, **287f**, 336, 393
Demotivationssituation(en) 40, **84f**, 103, 118, 133, 137, 144, 190, 285, 304, 347, 351, 372, 384, 394, 395, 396, 401, 403, 419, 423, 438, 440
Demotivationssyndrom 76f
Demotivatoren *siehe Motivationsbarrieren*
Dissonanz(en) 20, 64, **131**, 137, 138, 143, 203, 209, 217, 225, 233, 342
- kognitive **132**, 249
- emotionale **135f**, 249
Dissonanztheorien 20, **131f**, 201

Einbindung *siehe Identifikation*
Einflüsse auf das persönliche Leben als Motivationsbarriere 27, 177, 183, 188, **194**, 290
Einflüsse aus dem persönlichen Leben als Motivationsbarriere 178, 188, **196**, 234
Einführung neuer Mitarbeiter 226, 296, **381**, 408
Employability
Empirische(n) Analysen/Untersuchungen zu Motivationsbarrieren 22, **175ff**
- Einzelergebnisse der 192ff
- Grenzen der 259f

Employability 147, 198, 389
Employee Assistance Center/Programme 39, **406f**
Empowerment 36, 249, **327f**, 329, 359, 434
Engagement 7, 10, 13, 22, 60, 63, 65, 69, 78, 85, 89, 97, 102, 106, 175, 202, 266, 289, 302, 305, 313, 316, 335, 341, 363, 365, 448, **455f**/ *siehe auch Remotivationsbereitschaft/-engagement*
Entfremdung(-serfahrung) 20, **143f**, 145f, 205, 209, 233, 311, 314, 316, 407
Erfolgsbeteiligung **337**, 338, 451, 453
Erfolgs-/Nutzenerwartung 18, **115**, 116, 117, 122, 249, 383, 438
Erfolgszurechnung/Erfolgszurechner 122, 123, 201
Ermächtigung *siehe Empowerment*
Erwartungs-Valenz-Modell 18, **115f**, 128/*siehe auch Motivationstheorien*
Eskalationsmodell 111, **142f**
Extra-Rollenverhalten 200, **455f**, 457
Extrinsische Motivation/Orientierung 340f

Fairness *siehe Gerechtigkeit*
Feedback 18, 26, 27, 36, 39, 40, 86, 109, **124**, 131, 133, **201**, **202**, 203, 213, 215, 222, 227, 237, 327, 329, 332, 341, 385, **394**, 395, 396, 402, 404, 415, 423, 454
– Regeln des 400
Fehlzeiten *siehe Absentismus*
Flow(-erleben) 20, **138f**, 215, 217
Fluktuation(en) 11, 21, 65, 97, 246, 262, 290, 313, 315, 316

Fremdsteuerung 59, 223, 250, 341, 346, **348**, 427, 446
Frühwarnsystem 33, **291f**, 319
Frustration 11, 16, 21, 62, 64, 70, 79, 83, **103f**, 111, 146, 244, 299, 303
Frustrationstoleranz 96, 183, 458
Führung
– autoritäre 40, 247, 249, 416, **424f**
– charismatische 198, **439**, 440/*siehe auch Charisma/charismatisch*
– Definition **86, 299**
– delegative/delegationsorientierte 41, 390, **431f**, 437, 441
– direkte *siehe interaktive*
– hierarchische 38, 348, 354, 359, **425,** 426
– indirekte *siehe strukturelle*
– interaktive 35, 86f, 302, 348, 391, **413f**
– konsultative 40, 252, **426f**, 428
– kooperative 41, 418, **429f**, 431
– Machtdimension der 420, 424
– patriarchalische *siehe Führung, autoritäre*
– präventive 34, **296**
– prosoziale Dimension der 420, 424
– situative 41, **416f**, 419
– strukturell-systemische 35, 86f, **299f**
– symbolische **305f**, 422
– transaktionale 41, **432f** 434
– transformationale 41, 199, 248, 415, **437f**, 440, 458
– ziel- und ergebnisorientierte 126, **434f**, 436
Führungsaufgabe(n) 45, 148, 248, 249, 360, 397, **414f**
Führungsbeziehungen 40, 98, 183, 221, **223**, 249, 252, 259, **295**, 405, 413, **414f**, 416, 420, 428, 429

Führungsgrundsätze 41, 287, 291, 295, **302f**, 315, 388
Führungskräfte als Demotivatoren **249f,** 252
Führungskräfteentwicklung *siehe Management Development*
Führungskultur 25, 35, 214, 404, 427, 441
Führungsleitbild(er) *siehe Führungsgrundsätze*
Führungsqualifikation 221, 222, 414
Führungsrolle(n) 248, 251, 458
– Impresario 296
– Networker 296
Führungssituation 205, 312, 314, 404
Führungsstil(e) 40f, 98, 222, 240, 256, 315, 345, **416f, 423f**
Führungsstiltypologie 424
Führungsverhalten 26, 91, 98, 109, 123, 220, 221, 220, 223, 230, **247f, 251,** 303, 404, 414, 418, 425, 435, 454

Gefühlsarbeit 136
Gerechtigkeit(-probleme) 304, 310, **335f,** 456
Gestaltungskompetenz 435, **448,** 450
Gestaltungs- und Verhaltensziele
Gleichheitstheorie *siehe Motivationstheorien*
Grundmotivation *siehe Motivation*
Gruppenarbeit/*siehe auch Teamarbeit*
– teilautonome 37, **363**
Gruppendruck 61, 243, 363
Gruppenzusammenhalt 315, 360/ *siehe auch Kohäsion*

Handlungstheorien *siehe Motivationstheorien*

Handlungskompetenz 366, 373, 435, **448f**
Handlungsspielräume 37, 41, 69, 100, 131, 138, 237, 299, 310, **356f,** 390, 394, 398, 401, 422, 434, 437, 440, 441, 464
heterarchische Organisation (-sformen) 363f, 364
Hilflosigkeit (gelernte) 99, 100, **137**, 147
Honorierung/Honorierungssysteme 18, 37, 79, 121, **199, 334f,** 336, 338
– als Motivationsbarriere 177, 199f
– Gerechtigkeitsprobleme der 335f
Hygienefaktor(en) 16, 17, 28, 105, **107**, 111, 112, 188, 222, 232/*siehe auch Kontentfaktoren*

Identifikation 16, *57, 77, 112, 205f, 207, 218, 219, 225, 231, 236, 290, 294, 310f, 312f, 314, 316, 389, 430, 432, 439, 445/siehe auch Re-Identifikation*
– als Motivationsbarriere 23, 24, 177, 181, 182, 186f, **204f**
– Definition *57*
– Fragebogen zur 313
– mitunternehmerische 445
Identifikations-Controlling 319f
Identifikationsobjekte 311f, 316,
Identifikationsorientierung 57, 312
Identifikationspolitik *siehe Re-Identifikationspolitik*
Identifikationsprobleme 36, 311, **313f**
Identifikationsraum *siehe Re-Identifikationsraum*
Identität(en) **57**, 90, 101, 136, 146, 205, 237, 263, 317,
Impresario *siehe Führungsrolle*

indirekte Führung *siehe Führung*
Informations(-politik) 233, 291, 306, 318, 332, 415, 421
Informationsressourcen/-zugänge 36, 227, 228, 332
Informelle(s) 62, 127, 229, 231, 233, 248, 305, 347, 358, 365, 370, 372, 378
- Beziehungen 21, 212, 219, 224, **242**, 364
- Lernen 37, 377
- Organisationsformen 364
- Prozesse 256, 363
Inhaltstheorien der Motivation *siehe Motivationstheorien/-konzepte*
Innere Kündigung 20, 65, 134, **146f**, 205, 209, 222, 233, 246, 247
- Wirkungen und demotivierende Folgen 148
Instrumentalität 17, 18, 19, 77, **115**, **116**, 117, 127, 129, 216, 228, 243, 303, 433
Internes Unternehmertum *siehe Mit-Unternehmertum*
interaktive Führung *siehe Führung*
intrinsische Motivation *siehe Motivation*
Involvement 20, 109, **145**, 146, 229, 256, 384

Job-Characteristic-Modell 237

Kapitalbeteiligung 337, 338, 392, 451
Karriere(-planung/-beratung) 34, 199, 207, 245, 265, 294, 368, 380, **387**, 393, 398, 407
Kohäsion 82, **242f,** 244/*siehe auch Gruppenzusammenhalt*
Kollegenbeziehungen 183, 225, 296/ *siehe auch Verhältnis zu Kollegen und Teams*

Kommunikation(-sprozesse/-sverhalten) 25, 37, 38, 50, 59, 75, 98, 131, 137, 151, 188, **211f**, 213, 220, 229, 255, **291**, 304, 318, 321, 343, 355, 359, 365, 368, 371, 378, 397, 407, 413, 414, 415, 421, 422, 423, 425
Kommunikationsbarrieren 248
Konfliktbewältigung 231, 310, 345, **346f**, 359, 383, 414
Konflikthandhabung/-management 37, **344f**, 346, 390
Konfliktlösungskultur 26, 30, 215, 229, 301, 348, 351, 368
Konfliktverdrängung/-verschiebung 225, 345
konsultative Führung *siehe Führung*
Kontentfaktoren 28, **106**, 188, 198, 202
Kontextgestaltung 35, 86, 299, 300
Kooperation(-sbeziehungen/-sverhalten) 38, **218,** 219, 253, 319, 322, 348, **354,** 365, 424, 430, 436, 449, 463
- laterale 224
Kooperationsgrundsätze *siehe Führungsgrundsätze*
Kooperationskonflikte **81**, 224, 225,
- laterale **348f**
Kooperationskultur 36, 215, 231, **309f**, 351, **354**, 356, 421, 431
kooperative Führung *siehe Führung*
Kultur *siehe Unternehmens-, Führungs-, Kooperationskultur*
Kulturgestaltung 36, 188, 290, **301f**, **307f**
- Grenzen der 297
Kulturkontext 31, **254f**, 256, 323

Lageorientierung 12, 62, 100, 118, **143**, 215, 261, 374,

lageorientierte Mitarbeiter 12, 38, **62, 143**, 331, 355, 361, 378, 425, 429, 462
laterale Kooperation *siehe Kooperation*
Laufbahn *siehe Karriere*
Lean-Konzepte/-management 225, 228, 361
Lebensorientierung 267
Leistungsbereitschaft 7, 10, 68, 71, 88, 110, **115**, 246, 250, 261, 313, 321
Leistungsbeurteilung *siehe Personalbeurteilung*
Leistungsmotivation *siehe Motivation*
Leistungspotenzial(e) 12, 62, 63, 69, 86, 175, 261, 300, 324, 365, 389
Leistungsprozess/-ansprüche/-druck 79, 118, 190, 205, 251, 356, 403
Leistungsträger 7, 12, 40, 62, 339, 414, 442,
Leitbilder/Leitsätze für Führung und Zusammenarbeit *siehe Führungsgrundsätze*
Low-Peformance-Zyklus 18, **125**, 203, 213, 432

Macht(-bedürfnis) 58, 80, **83, 109**, 111, 290, 352, 355, 367, 409, 411, 425, 463,
Makrokontext 175, 261/*siehe auch Demotivation, Makroebene der*
Management Development 318, 331
Manual **44f**
Markt(steuerung),
– interne(r) 38, 316, 320, 352, 353, 354, **355f**, 356, 458
Mediation 37, 51, **349f**, 351

Menschenbild(er) 19, **87f**, 90, 117, 127, 250, 256, 340, 341, 457, 458
Mentor(ing) 39, 319, 390, **407f**, 453
Mikropolitik/mikropolitisch **83f**, 85, 132, 214, 233, 247, 253, 308, 355, 358, 409, 443, 461
Misserfolgszurechner 122, 123
Mission(en) 291, 316, 317, 326, **437**, 438/*siehe auch Vision*
Misstrauenskultur 36, 37, 51, 114, **229,** 301, 314, 351
Mitarbeiterbefragung(en) **258f**, 312, 315, 319, 323, 450
Mitarbeiterführung *siehe Führung*
Mitarbeitergespräch(e) 258, 306, 318, 323, 325, 327, 382, 387, 405, **422f**, 434, 452
Mitarbeiterumfragen 47, 48, 76, 295, 313, 325
Mitarbeiterzufriedenheit *siehe Arbeits(un-)zufriedenheit*
Mitunternehmer/Mitunternehmertum (z. B. G. Fischer, R. Wunderer) 42, 318, 369, 390f, **442f**, 445f, 457f
– Definition 443
– Grenzen **457f**, 459
– Konzept 443f
– Komponenten 451f
– Schlüsselkompetenzen **447f**, 449
Mobbing 15, 22, 60, 65, 68, 96, 98, 104, 134, 225, **244f, 246f,** 260, 350, 409
– Ursachen 244f
– Folgen 245f
– Handhabung 247
Motivation 58f, 59, 188
– Definition 58
– extrinsische 43, **340f, 344**
– intrinsische 12, 62, 201, 209, 217, 237, 340, **341**, 342, 343, **344**

Motivationsbarrieren *22,176f/ siehe auch Demotivatoren*
- Definition 22
- potenzielle 13, 16, 23, **180**
- aktuelle 13, 24, **181f**
- personale 193f
- interpersonelle 209f
- strukturell-organisationale 225f
- Einflusskontexte der 235f
- sonstige 178, 187, **234f**
- Vergleich aktueller und potenzieller 188
- Verluste durch 29, 189

Motivationsinhalte 19, 59, 110, 126, 129,

Motivationspolitik 57, 287, 295

Motivationstheorien/-konzepte
- Anreiz-Beitrags-Ansatz 17, **113f**, 128
- Attributionstheorie(n) (z. B. Atkinson, Weiner) 18, **121f**, 128, 296
- Gleichheitstheorie (z. B. Adams) **120f**, 128, 334
- inhaltsorientierte Theorien (z. B. Alderfer, Herzberg, Maslow) 16f, **100f,** 129, 209
- Integrationsmodell (Porter und Lawler) 18, **119,** 128
- prozessorientierte Theorien (z. B. Lawler, Porter, Vroom) 17f, 19, **112f,** 115, 129, 228, 433
- Zielsetzungstheorien (z. B. Latham, Locke) 18, **124f,** 126, 128, 203, 422, 432
- Zweifaktoren-Theorie (Herzberg) **105f,** 107f

Motivator(en) 10, 105, **106,** 107, 111, 188, 198, 202, 204, 208/*siehe auch Kontentfaktoren*

Motivdimensionen 16, 111
Motiv(e) **58**, 108
Motivierung 1, 2, **59,** 126, 129, 250, 341

Netzwerke 84
- laterale/innerbetriebliche 218, **365f**
- soziale 16, 38, 100, 256, 316, 320, **354f,** 356

Networker *siehe Führungsrollen*

Organisation/*siehe auch Organisationsformen*
- Definition 351
- Strukturell bestimmte Demotivation in der 226

Organisationsentwicklung **367f,** 370, 385, 386
- Definition 367
- Voraussetzung und Einsatz der 368f

Organisationsformen 37, 46, 209, 213, 359, **361f,** 363, 364

Organisationsgestaltung 351f

Organisationsklima 247, **255f,** 368, 449

Organisationskultur *26, 37, 51,* 228, **255,** 258, 259 *290f, 301f, 329, 351, 367/siehe auch Unternehmens-, Führungs-, Kooperationskultur*
- als Motivationsbarriere 23, 24, **26f,** 28, 31f, 176, 181, 182, 185, 188, 189, **228f, 230f,** 232, 254, 288, 421

Organisationales Lernen **373f,** 436

Organizational Citizenship Behaviour (OCB) 456f

Outplacement 46, 331, **389, 399**

Partizipation 111, 222, 232, 304, **328**, 343, **358**, 417, 420, 422, 429, 436
Personalauswahl/-selektion 33, 49, **293f**, 330, 348, 366, 379f, 381, 458, 461
Personalbeurteilung 34, 289, 294, 315, **379f, 381**
Personaleinsatz 34, 38, 48, 70, 318, 330, 353, 382, 391, 392, 398
Personalentwicklung 39, 319, 322, 330, 366, 380, 382, **385f**, 415
– Definition 385
Personalpflege 34, 48, 49, 50, 289, **294**
Personalpolitik *siehe Unternehmens-/ Personalpolitik*
Personalselektion *siehe Personalauswahl*
Personalstruktur
– qualitative 38, 327, **379f**, 385
Persönlichkeitsentwicklung *siehe Personalentwicklung*
Perspektiven als Motivationsbarriere 177, **198f**
Prävention von Demotivation 32, **287f**, **298**, 336,/*siehe auch Demotivationsprävention*
– führungsspezifische 295f
– strukturelle 290f
Potenzialbeurteilung *siehe Personalbeurteilung*
Projektgruppen *siehe task forces*
Promotoren 39, 48, 366, 390, **409f**, 412
– Definition und Typen 409
prosoziale Dimension der Führung *siehe Führung*
Prozesstheorien der Motivation *siehe Motivationstheorien/ -konzepte*

psychologische Verträge 19, **129f**, 131, 203, 209, 289

Qualitätszirkel 37, 52, 321, **362**, 386, 427, 448
Qualifizierung *siehe Re-Qualifizierung*

Reaktanz(verhalten) **137f**, 217, 233
Reifegrad(-ansatz) 41, 42, 88, 90, 285, 369, **416f**, 418, 428, 434, 458,
Remotivation 69ff/*siehe auch Motivation*
– Definition 69
– Dimensionen 74
– Einflussfelder 78
– indirekte 70
– selbstorganisierte 38, 100, 328, 354, 434
Remotivationsbereitschaft/-engagement 15, 18, 34, 39, 100, 103, 105, 110, **117**, 128, 131, 204, 246, 293, 295, 320, 328, 337, 341, 344, 346, 393, 396, 405, 436, 439, 451, 462
Remotivationscoaching **393f**, 396, 397
Remotivationsgespräch **398f**, 400
Remotivationspotenziale 62, 68, 199, 309, 381, 387, 407
Remotivationssituation 40, 419,
Remotivierung 10, 41, 57, **71**, 74, 86, 308, 334, 339, 394, 404, 414f, 462,
Re-Identifikation 36, **310f**, 318, 320, 337, 392, 401, 436, 441
Re-Identifikationspolitik 57, 207, **311f**, 315, 318, 320, 391
– Komponenten und Phasen 312f
Re-Identifikationsobjekte 320/*siehe auch Identifikationsobjekte*

Re-Identifikationsraum **311**, 315, 319
Re-Identifikationsstrategien **315f**, 317
Re-Qualifizierung **382f**, 386, 392
Ressourcen 13, 24, 26, 27, 28, 31, 36, 52, 77, 78, 100, 116, 182, 184, 189, **226f**, **330f**, 332, 340, 365, 371, 375, 386, 410, 421, 434, 435, 445
siehe auch Human-Ressourcen
- als Motivationsbarriere 27, 176, 183, 188,**226f**, 228
Ressourcenüberschüsse *siehe slack(s)*
Ressourcenverfügbarkeit 330f
Rollenkonflikte 21, 65, 80, 98, 137, 398
Rückmeldungen *siehe Feedback*

Schlüsselkompetenzen/-qualifikationen 33, 48, 252, 293, **380f**, 390
- mitunternehmerische 442, 445, **447f**, 450, 459
Selbstentwicklung/-entfaltung 14, 39, 41, **42**, 49, 91, 103, 104, 285, 366, **453f**
Selbstmotivation 57, 59, 90, 114, 138, 250, 285, 381, 453
Selbstremotivierung/-remotivation 10, 42, **70**, 78, 89, 117, 340, 421
Selbstorganisation 37, 38, 215, 217, 314, 355, 358, **359f**, 361f, 365, 429, 435, 436, 440, 449
Selbstkontrolle 20, 137, 360, 430, 436, 441, 453/*siehe auch Selbststeuerung*
Selbststeuerung 39, 57, 285, 311, 316, 319, **346**, 393, 427, 440, 446, 464f
Selektion *siehe Personalauswahl*

Sinnvermittlung 33, 47, 49, **289f**, 298
Slack(s) 33, 49, 50, 227, 228, 286, **292f**, 298, 364
Soziale Unterstützung 34, 50, 137, 202, 225, **294f**, 341, 401,
Sozialkompetenz 33, 418, 448, **449**, 450,
Steuerungskonfiguration 47, **352**, 356
Strategie(-gestaltung) 47, **322f,** 458
- Definition 322
- als Teil struktureller Führung
Stress(-forschung) 15, 16, **97f,** 232, 393
Stressoren **98,** 222/*siehe auch Demotivation und Frustration*
Supervision 366, **402f**
symbolisches Management *siehe Führung symbolisch*
systemischer Integrationsansatz **149f**

Task Force 362
Teamarbeit 225, 243, **370f**, 372,
Teamentwicklung 36, 67, 314, 318, 329, **370f**, 372, 386
teilautonome Gruppenarbeit *siehe Gruppenarbeit, -teilautonome*
Transaktionskosten 262, 425, 463
transaktionale Führung *siehe Führung,*
transformationale Führung *siehe Führung*
Transformationskonzept
Trittbrettfahrer(-verhalten) 262, 459

Überforderung 36, 52, 97, 98, 223, 140, 324, 341, 363, 398, 401, 412, 430, 441, 460

Stichwortverzeichnis

595

Umsetzungskompetenz 37, 252, **448f**, 450
Unterforderung 97, 98, 223, 245, 398, 430,
Unterlassungsmanagement 35, 45, 48, 49, 286, **295f**, 298, 465
Unternehmensentwicklung 311, 320/*siehe auch Organisationsentwicklung*
Unternehmensgrundsätze 302f/*siehe auch Führungsgrundsätze*
Unternehmenskultur 11, 12, 35f, 64, 75, 77, 206, 250, 263, 292, 296, **301f**, 307, 314, 320, 378, 394, 428, 431, 441, 457
– Definition 301
Unternehmens-/Personalpolitik, 23, 24, 28, 40, 181, 182, 188, 189, 221, 230, 254, 414
– als *Motivationsbarriere* 177, 183, 188, **231f**, 233
Unternehmensziel(e) 88, 222, 436
Unternehmertum, internes *siehe Mitunternehmertum*
Unterpunkte zu aktuellen Motivationsbarrieren 183f
Unzufriedenheitsmacher *siehe Hygienefaktoren*

Valenz 18, **115f**, 117, 127, 249, 303, 337, 430, 433, 454
Verhältnis zu anderen Abteilungen als Motivationsbarriere 177, **217f**
Verhältnis zum höheren Management als Motivationsbarriere 177, 183, **219f**
Verhältnis zu direkten Vorgesetzen als Motivationsbarriere 177, 183, **221f**

Verhältnis zu Kollegen und Teams als Motivationsbarriere 177, 183, **223f**
Verantwortung 90, 106, 111, 144, 145, 238, 253, 326, 329, 332, 343, 358, 363, 383, 384, 409, 428, 431, 434, 451, 453
– als Motivationsbarriere 23, 24, 25, 36, 176, 181, 182, 185, **203f**
Verdrängungseffekt(e) 201, **342**, 343
Verhaltenssteuerung 304, 356/*siehe auch Selbststeuerung, Fremdsteuerung*
Verhandlungsführung 347, 350/*siehe auch Mediation*
Vertrag *siehe psychologischer Vertrag*
Vertrauen 41, 63, 77, 82, 204, 210, 224, 229, 248, 249, 296, 301, 310, 314, 332, 346, 352, **354**, 359, 367, 368, 370, 378, 409, **420f**, 422, 426, 430, 431, 441, 462
Vertrauenskultur 48, 49, 51, 63, **204**, **224**, 390, **420f, 422,**
Virtualisierung 212, 219, 225
Vision(en) 41, 297, 302, 316, 323, **326**, 376, **438**, 439, 440
Volition *siehe Willenstheorie*

Wachstumsmotive 16, **102**, 111
Weg-Ziel-Theorien der Führung *siehe Führungstheorien*
Werte/Werteorientierungen 15, 36, 47, 57, 77, 78, 84, 145, 255, 257, **263f**, 301, 302, 303, 305, 307, 309, 311, 316, 319, 369, 377, 381, 433, 437, 439, 455, 457
werteorientierte Führung *siehe Führung*
Wertetypen (sozio-kulturelle) 263f
Wertewandel 14, 98, 111, **264f**, 425

Wertschöpfung(-sprozesse) 7, 33, 40, 66, 86, 267, 300, 344, 425, 445,
Wertschöpfungs-Center 355, 386
Willensprozesse 20, 127, **140f,** 142, 215, 228,
Willenstheorie (z. B. Heckhausen, Kuhl) **140f**
Wissensmanagement 373, **377f,** 379, 414
Work-Life-Balance 14, 34, 195, 333, 317, 390

Zielgruppen(-orientierung/-differenzierung) 129, 287, 312, 320, **387f,** 389f, 453
Zielsetzungstheorien *siehe Motivationstheorien*
Zielvereinbarung(en) 124, 126, 382, 413, 415, **422f, 434f,** 426, 440
Zurechnungstheorien *siehe Attributionstheorien*
Zufriedenheit *siehe Arbeitszufriedenheit*

Das Werk zum internen Unternehmertum

Von Ihnen werden als Führungskraft zwei unterschiedliche Verhaltensweisen verlangt: Einerseits sollen Sie Mitarbeiter führen – also anleiten und motivieren, andererseits aber auf gleichberechtigter Ebene mit ihnen zusammenarbeiten können. Der renommierte Führungsforscher Rolf Wunderer präsentiert Ihnen eine moderne Führungslehre, die die wissenschaftlichen und praktischen Grundlagen sowie die Instrument des Führens darstellt.

Die Themen:

- Führungstheorien
- Unternehmerische Führung
- Wertorientierte Führung
- Führung von unten
- Kooperationsbeziehungen
- Führungsinstrumente

»Ein Meisterwerk vom Autor und vom Verlag.«
Prof. Dr. Norbert Thom, Universität Bern

Wunderer
Führung und Zusammenarbeit
Eine unternehmerische Führungslehre
5. überarbeitete Auflage 2003,
654 Seiten, gebunden
€ 39,- / SFR 64,-
ISBN 3-472-05250-3

Luchterhand Verlag

info@luchterhand.de · www.luchterhand.de · Postfach 2352 · 56513 Neuwied

**Bestellen Sie jetzt: Telefax (08 00) 801 801 8,
Telefon (08 00) 776 366 5 (gebührenfrei) oder über den Buchhandel**

Wertschöpfung messbar machen

Globalisierung, Wettbewerbsdruck und Mitarbeiterorientierung fordern vom Personalmanagement entscheidende Beiträge zur unternehmerischen Wertschöpfung. Diese Auffassung wird heute zwar zunehmend geteilt, doch für Verantwortliche im Personalmanagement besteht die Schwierigkeit nach wie vor darin, den Beitrag messbar und in einer eigenständigen Rechnungslegung für alle Anspruchgruppen erkennbar zu machen. Das Buch zeigt Ihnen auf, wie Sie diese Wertschöpfung quantitativ und qualitativ messen können.

Ihr Praxis-Plus:

Zahlreiche Praxisbeispiele, über 200 Schaubilder und Checklisten sowie ein umfassendes Register machen das Werk zu einem echten Handbuch für Praxis und Wissenschaft.

Wunderer/Jaritz
Unternehmerisches Personalcontrolling
Evaluation der Wertschöpfung im Personalmanagement
2. erweiterte Auflage 2002,
488 Seiten, gebunden
€ 45,–/SFR 90,–
ISBN 3-472-05018-7

Luchterhand Verlag

info@luchterhand.de · www.luchterhand.de · Postfach 2352 · 56513 Neuwied

**Bestellen Sie jetzt: Telefax (08 00) 801 801 8,
Telefon (08 00) 776 366 5 (gebührenfrei) oder über den Buchhandel**